WOHER

WOHIN

aber mit SINN

Impressum:
Autor: Professor Dr. h. c. Dipl.-Ing. Ignaz WALTER
Herausgeber: M+F Media und Facility GmbH, Böheimstr. 8, 86153 Augsburg,
　　　　　　Tel.: +49 821 650510-18, Fax: +49 821 650510-50, E-Mail: info@mundf-media-facility.de
Copyright: Professor Dr. h. c. Dipl.-Ing. Ignaz WALTER
Quellen: Alle öffentlich zugänglichen Informationen.
Design und Gestaltung: M+F Media und Facility GmbH.
Gedruckt in Europa.
ISBN 978-3-00-064911-0

> Jeglicher Gewinn aus diesem Werk geht an eine gemeinnützige Stiftung für hilfsbedürftige Menschen.

II

Ignaz WALTER

Dieses Buch widme ich

– dem Menschen –

der Krönung dieses Planeten

Ignaz WALTER

INHALTSVERZEICHNIS

IX

VORWORT

Wenn wir Menschen die Krone der Schöpfung sind, dann kommen wir nicht umhin, ihn, den Schöpfer, zu fragen:

„Bist du mit uns zufrieden?"

Was sagte Mark Twain?
„Enttäuscht vom Affen – schuf Gott den Menschen, danach verzichtete er auf weitere Experimente."

Der Mensch ist wirklich die Krone der Schöpfung, aber perfekt ist er nicht.
Warum auch? Nichts ist perfekt!
Egal, wie etwas entstand und woher es kommt.
Das Wort – perfekt – ist ebenso selten richtig wie die Feststellung – niemals.

Weil wir Menschen denken, haben wir Fragen.
Solchen für jedermann wichtigen Fragen wird in diesem bescheidenen Werk nachgegangen.
Es geht um die Fragen der Fragen.

Wichtig für jeden Denker sind:
– Woher kommen das Universum, die Galaxien, die Sonnensysteme?
– Wie entstand unsere Erde,
– das Wann, das Woher, das Wie des Lebens?
– Affe oder Mensch?
– Wie ist die räumliche und zeitliche Unendlichkeit zu verstehen?

Auch nachfolgende profane Fragen werden zukunftsorientiert zu definieren versucht.
– Geschlechterdiskussion, Frauenquote, MeToo, Gendern
    Dümmer geht's nicht.
– Übervölkerung unserer Erde
    Weltweite Völkerwanderungen, nicht Tausende, sondern Millionen
    Menschen werden kommen.

- Vermüllung unseres Planeten, Vernichtung menschlicher Grundlagen?
- Das Klima, der Klimawandel –
  Welchen Einfluss haben wir Menschen?
- Wohin bewegt sich unsere menschliche Gesellschaft?
  Demokratie? Gierkapitalismus? Wirtschaftskollaps? Geldvernichtung, Arm gegen Reich?
- Wer beherrscht im Jahr 2050 die Welt?
  China – USA – Russland – Weltrevoluzzer?
- Menschheitsschicksale
  Schlimme Ereignisse könnten es sein.

Fakten bewerten ist angesagt, nicht Hetze und pseudointellektuelles Gehabe, nicht missionarische Weltbelehrung.

Seien wir trotz dunkler Wolken am Himmel und trotz negativer Dauerberieselung durch populistische Medien ganz einfach Optimisten.
Nur ein Optimist ohne Neid kann zufrieden werden.
Nur ein Zufriedener kann glücklich sein.
Ist Zufriedenheit und „Glücklichsein" nicht das oberste Ziel unseres Seins?

Sie wissen doch – Geld macht nicht reich.

Neid macht unzufrieden, bringt Missgunst, Streit und Krieg.

Also hören wir nicht auf die Heere von Missgünstlingen und Weltbelehrern, sondern denken selbst.

Besser ist es, wir bemühen uns Mensch zu sein und als ein biomolekulares Körper-Geist-Seele-Wesen, das wertvollste Wesen auf dieser Erde, Gutes zu tun.

Diesen Menschen, diesen einmaligen Wesen ist dieses Werk gewidmet.
Ich bewundere, wie dieses Seelengeschöpf seit der Menschwerdung vor ca. 350.000 Jahren diese Erde erobert und entwickelt hat.

Wir versuchen, in diesem Werk zu erkunden, wie sich diese wundersamen Geschöpfe weiterhin benehmen.

Werden sie Menschen sein mit Seele, Geist, Intelligenz, Verstand, Vernunft und Gewissen oder werden sie mehr oder weniger stark von der dunklen Energie beherrscht?

In diesem Werk werden Fakten aufgezeigt, die richtige Folgerung obliegt dann dem Leser.

Niemand soll durch diese Zeilen missioniert oder belehrt werden.

Jeder kann sich gemäß dem alten Fritz selbst seine Meinung bilden.

Dieses Werk erhebt auch keinen Anspruch auf wissenschaftliche Unfehlbarkeit.

Ich wünsche viel Vergnügen und schließe mit Goethe:

„Bilde mir nicht ein, was Rechts zu wissen,
bilde mir nicht ein, ich könnte was lehren,
die Menschen zu bessern und zu bekehren."

Johann Wolfgang von Goethe

Prof. Dr. h. c. Dipl.-Ing. Ignaz WALTER

November 2018

Der HIRSCHBRATEN

Was ist unendlich?
Nach Albert Einstein sind das Universum und die menschliche Dummheit unendlich.

Die Unendlichkeit ist ein Thema, welches, seit es Menschen gibt, viele Fragen aufwirft.

Die fünf wichtigsten Fragen sind bis heute unbeantwortet.

Zwar gab und gibt es immer wieder Menschen, die glauben, diese Fragen wissenschaftlich oder philosophisch beantworten zu können.
Aber auch die heutige Wissenschaft ist nicht in der Lage, diese Fragen endgültig zu beantworten.

Tatsächlich hat die Wissenschaft bis heute weder die räumliche noch die zeitliche Unendlichkeit endgültig definieren können.

- Wann begann alles?
- Wann endet es?
- Wo beginnt der Raum?
- Wo endet er?

Man muss auch noch eine Zusatzfrage stellen.

- Wo kam die Energie (Protonen, Elektronen, Neutronen) her, welche notwendig bzw. Voraussetzung war, damit der Urknall überhaupt stattfinden konnte.

Jedermann weiß nämlich, dass Energie nicht **vernichtbar**, aber auch nicht **erzeugbar** ist.

Wenn dieses Naturgesetz gilt – und es gilt wirklich –, dann muss vor dem Urknall die für die Urknall-Explosion notwendige Energie vorhanden gewesen sein.

Diese fünf Fragen beschäftigen jeden Menschen, der nachdenkt.

Seit dem Homo sapiens Nachfolger denkt der Mensch über die Unendlichkeit ebenso wie über nicht ergründbare bzw. übernatürliche Dinge nach.

Diese Themen, diese fünf Fragen beschäftigen auch die hier anwesenden vier sehr klugen Freunde, nämlich Vincent, Schorsch, Hans und Max.

Vier Männer sind dies – keine durchschnittlichen Alltagstypen.
Vier Freunde zwischen 60 und 65 Jahren.
Diese vier Männer sind seit ihrer Kindheit aufeinander verschworen bis aufs Blut.
Männlich, geradlinig, kernig und hochintelligent ist jeder von ihnen.
Jeder hat seine eigene klare Meinung.
Keiner von ihnen ist jedoch unbelehrbar.
Ihre kognitive, ihre intellektuelle Ausstattung ist beträchtlich und ihre Bildung ist nicht Einbildung, sondern Wissen.
Männer sind es, die, wenn sie reden, auch etwas sagen.
Menschen sind es, mit Herz, Gefühl und Charakter.
Zum Beispiel würden sie nie einen hilflosen bedürftigen Menschen in seiner Not und seinem Elend hilflos zurücklassen.

Diese vier Freunde sitzen nun gerade am offenen Kamin in der wunderschönen Berghütte von Vincent.

In 1800 Meter Höhe, oberhalb Davos liegt dieses Stück Paradies.
Vincent lädt seit 21 Jahren jedes Jahr seine drei Freunde zur sogenannten „Einwöchigen Kaminrunde" ein.

Eine Freundschaft pflegen diese vier, auf die man neidisch sein kann.

2018 schreiben wir. Freitag, den 9. November.
Dunkel ist's und draußen schneit es. 14 Grad minus.
Ein kleines Rudel Hirsche steht vor dem Haus. Das Licht stört sie nicht.
Jedes Jahr sind sie da. Immer wenn es kalt wird, kommen sie.
Im Raum, einer Zirbelstube mit offenem Kamin, herrscht eine heimelige, eine ganz wohlige Atmosphäre.

Die Stube ist mit gedämpftem, gelbem Licht, freundlich und gemütvoll ausgeleuchtet.

Das Feuer lodert ganz ruhig vor sich hin. Wohlige Wärme spendet es.

Wunderbar duftet es einerseits nach frischem Holz und andererseits riecht die ganze Zirbelstube dezent und angenehm wie nach Weihrauch.

Warm und urgemütlich ist es vor dem Kamin.

Der Rauch der Zigarren duftet für die vier Raucher fast berauschend.

In ganz langen Kringeln steigen die kleinen Rauchschwaden der Zigarren wie Spiralen langsam in die Höhe.

Herrlichen Rotwein trinken die Herren. Der Lafite, Jahrhundertjahrgang 1982, zaubert jedem der vier Freunde Schluck für Schluck ein unglaubliches Wohlgefühl ins Gesicht.

Die Stimmung ist heute noch gemütlicher und noch erfüllender und froher als bei den vergangenen Kamintreffen.

Die vier Freunde wissen, in zwei Stunden wird ein herrlicher Hirschbraten aufgetischt.

Ein Hirschbraten à la Sternekoch Flori.

Der Sternekoch, der Flori, ein Freund des Hauses, zaubert nämlich gerade in der Küche. Dieser Mensch kocht in einer eigenen Liga.

Er kocht im Niveau der Traumhütte von Vincent.

Alle Türen im Haus Richtung Küche stehen offen.

Die Freunde wollen das so.

Der Duft des Hirschbratens sollte sie schon vor dem Abendessen erbauen.

Im Tal läuten gerade die Abendglocken.

Wie im Märchen dringen gleichzeitig die Lichter aus dem Tal nach oben und verzaubern jeden Betrachter.

Romantik pur könnte man sagen. Ein Stück Himmel.

Eine Stimmung, die bei den Anwesenden wie elektrischer Strom bis in ihr Innerstes dringt.

Alle vier Freunde wissen, heute kommt noch ein hochinteressanter Gast.

Vincent hat ihn eingeladen und angekündigt.

„Eigentlich müsste der Herr schon hier sein", meint Vincent.

Max meint: „Wenn er nicht kommt, bleibt für uns mehr vom Hirsch."
Schorsch beruhigt: „Bei dem Schnee sind die natürlich etwas langsamer."
Die Herren wissen, der Chauffeur von Vincent holt den Gast vom Flughafen Zürich ab. Einen Allradwagen hat er, einen Range Rover.
Der Weg nach hier oben ist nicht ganz einfach.
Ganz besonders gilt dies beim bestehenden Wetter.

Der Gast

Ein großer Wissenschaftler ist dieser Mensch, so die Aussage von Vincent.
Professor für Astrophysik und Kosmologie.
Als Ordinarius lehrt er an angelsächsischen Universitäten.
Dieser Herr dürfte seit etwa 60 Jahren unseren Planeten bewohnen.

Seine Vorlesungen sind bei Studenten äußerst beliebt.
Seine Forschungsergebnisse werden in der Wissenschaft heiß diskutiert.
Sehr erfolgreich beschäftigt sich dieser Mensch mit dem Kosmos und mit allem, was damit zusammenhängt, insbesondere auch mit der freien und mit der dunklen Energie.
Auch paranormale Phänomene bearbeitet er in seinem Forschungsgebiet.

„Der Mann ist selbst ein Phänomen, ein Mysterium", meint Vincent.
Vincent ist wirklich begeistert von diesem Mensch.
Nach Aussagen von Vincent ist der Gast ebenso hochintelligent wie sonderbar. „Als wäre er von einem anderen Stern", war schon beim ersten Treffen der Eindruck von Vincent.

Jedenfalls war Vincent so von ihm beeindruckt, dass er ihn zu diesem Kamintreffen in Davos eingeladen hat.

Vincent erzählt nun, wie der Kontakt mit diesem Herrn zustande kam und einige Besonderheiten.
Er tut dies ausführlich, damit er nicht in mystischen Verdacht gerät.
Das Treffen beider Herren war nämlich wirklich sonderbar gewesen.

Vincent spazierte damals ganz allein entlang des wunderschönen Strandweges von Monaco nach Cap-d'Ail.

Heiß war es, zwischen 30 und 35 Grad. Alle, Mensch wie Tier, suchten den Schatten.

Auf einer Bank im Schatten eines uralten Olivenbaumes saß ein Mann und man sah, er sinnierte. Zufrieden schaute er aufs Meer. Er war konzentriert und ganz in sich gekehrt. Sympathisch schien der Mensch zu sein. Ein freundliches „Bonjour" beidseits und Vincent saß neben dem Herrn auf der Bank, ebenfalls im Schatten.

Schnell waren die Herren im Gespräch. Beide waren positiv gestimmt und sich nicht unsympathisch.

Als Erstes waren gegebenermaßen die Hitze, das glitzernde Meer, die alles durchdringende Ruhe, die Unendlichkeit dieses Wassers und schließlich der herrliche Platz hier im Schatten der Olive der beginnende Gesprächsstoff.

Wo jeder herkommt, was jeder treibt und warum jeder gerade hier ist, lockerte schnell die zurückhaltende, aber beidseits starke Neugier der beiden Schattengenießer auf.

Beide Herren verstanden sich wirklich gut.

Schnell wurde philosophiert.

Nicht alltägliche Themen, nicht Tante-Emma-Philosophie war angesagt, sondern über Sein und Nichtsein, über Woher und Wohin wurde diskutiert.

Das weite Meer war Anlass genug, in diesem Zusammenhang auch über die Unendlichkeit zu sprechen.

Der Urknall tauchte natürlich dabei schnell in ihrer Gedankenwelt auf.

Der Fremde erging sich dabei immer wieder in Äußerungen, die Vincent schlagartig nachdenklich machten, kamen sie ihm doch teilweise fast suspekt vor.

Gedanken des Herrn über das Böse und das Gute zu Beginn allen Seins, Aussagen über den zeitlosen Übergang eines Geistwesens von einem Sonnensystem zum anderen machten Vincent mehr als neugierig.

War dieses Treffen ein Zufall oder Bestimmung?

Vincent befasste sich nämlich schon seit seiner Studentenzeit und insbesondere seit seinem Privatunterricht bei Herrn Prof. Regler, einem der besten Einsteinschüler, mit der Entstehungsgeschichte, mit der Urenergie, mit der dunklen Materie, mit schwarzen Löchern und mit der Gravitation, und das nicht nur hobbymäßig.

Astrophysik lehrte ihn Herr Prof. Regler damals.

Seit dieser Zeit ging Vincent der Frage aller Fragen nach.

Für den Herrn aus Sydney waren diese Themen scheinbar beruflicher Alltag.
Der Herr kam richtig in Fahrt, als er das Interesse von Vincent erkannte.
Vincent wiederum wurde immer nachdenklicher. Waren doch die Einlassungen des Herrn zu diesem Komplex teilweise sonderbar, um nicht zu sagen rätselhaft.
Wohlgemerkt für Vincent nicht unverständlich, aber mysteriös.
Immer wieder sprach der Herr vom Untergang eines ganzen Sonnensystems, ja sogar von einer ganzen Galaxie, er sprach so, als hätte er diesen Untergang selbst erlebt.

Er fantasierte von Entmaterialisierung jeglicher Materie auch bei Lebewesen.

Er sprach von zeitloser Transmission individueller Geistwesen von einem Sonnensystem auf das andere Sonnensystem.

Manchmal meinte Vincent, der Mann spräche über sich.
Nach dem Verständnis dieses Menschen erfolge die Verwirklichung solcher Phänomene angeblich immer in der Form, dass der Geist eines bestimmten Außerirdischen, also eines auserwählten Fremdgeistwesens, sich in so einem Fall eines hiesigen, also eines irdischen Körpers bediene bzw. in diesen befohlen werde.

Zwar hatte dieser Fremde dies beim Gespräch mit Vincent am Meer nicht so exakt, also nicht expressis verbis von sich gegeben, aber alle seine Einlassungen zwangen zu einer solchen Deutung.

Das Verhalten dieses Mannes und der Eindruck von Vincent war der Grund, warum Vincent zu diesem Menschen Kontakt halten wollte.

Vincent hatte ihn also damals im Sommer in Monaco, so quasi aus einem inneren Zwang, zum jetzigen Kamingespräch in seinem Berghaus in Davos eingeladen.

Die Freunde sollten diesen Herrn kennenlernen, mit ihm diskutieren und sich selbst ein Bild von ihm machen.

Der Fremde hatte damals, ohne lange zu überlegen, fest zugesagt. Er wird also kommen.
Vincent lässt ihn heute, wie gesagt, am Flughafen in Zürich abholen.

Natürlich hat Vincent diesen Herrn in all dessen kognitiver Ausstattung, aber auch in seiner mysteriösen Verhaltensweise ausführlich angekündigt.

Die vier Freunde freuen sich jedenfalls sehr auf den angesagten Gast. Sie sind gespannt auf ihn.

Aber der duftende Hirschbraten übertönt zunächst sogar die Neugier der vier Freunde auf den angeblich sonderbaren und mysteriösen Gast.

Flori, der Sternekoch, zaubert heute für fünf Freunde.

Frank, der Gast,

so nennt er sich, ist 62 Jahre alt, äußerst sympathisch, sehr intelligent, flott im Auftreten, klug in der Argumentation und ein ganz toller Vertreter der menschlichen Gesellschaft.
Frank beeindruckt mit seiner kompetenten und angenehmen Persönlichkeit.
Frank ist promovierter Professor, er lehrt und forscht an zwei angelsächsischen Universitäten. Sein Forschungsgebiet ist Astrophysik mit Anthropologie. Er schreibt Bücher und hält viele Vorträge.
Frank ist deutscher Abstammung und lebt seit seiner Kindheit in Australien, er spricht perfekt Deutsch.

Diese Information erhielt Vincent bei seiner Begegnung mit Frank vor einem halben Jahr an der Côte d'Azur.

Bevor die Herren sich mit all ihren Sinnen dem herrlichen Hirschbraten von Flori, dem Sternekoch, hingeben und nachdem Vincent den Gast ausführlich vorgestellt hat, ist es gut und richtig, noch das Wichtigste über die vier Blutsbrüder zu erfahren.

Vincent

Vincent, der Unternehmer, nichts geerbt, nichts angeheiratet, Architektur und Ingenieurwesen studiert und mit Prädikatsexamen abgeschlossen. Seine Frau war ein Flüchtlingsmädchen. Er hatte mit null begonnen und einen weltweit mit 50.000 Mitarbeitern erfolgreich tätigen Baukonzern aufgebaut.

Vincent, der Professor, Doktor mit einem wichtigen Lehrauftrag – zur Schaffung der Grundlagen für den gesamten Betonfertigteilbau – Verfasser von insgesamt 16 Büchern (2 Mathematikbücher, 6 Fachbücher, 2 Bücher über gehaltene Vorträge, 6 Kunstbücher).

Vincent, der ehemalige langjährige Präsident der Deutschen Bauindustrie, der frühere Vizepräsident des BDI, also der gesamtdeutschen Industrie, ist in Deutschland und darüber hinaus sehr bekannt.
In vielen Aufsichtsräten und Beiräten war und ist Vincent vertreten.

Mit dem Bundesverdienstorden wurde er zweimal ausgezeichnet, den Bayerischen Verdienstorden, auf den er sehr stolz ist, hat er auch und eine Reihe anderer Orden und Auszeichnungen.

Außer beim Opernball in Wien, wo er zwölf Jahre eine Loge hatte, trägt Vincent keine Orden.

Weil ihn seine total ärmliche Kindheit immer an Not und Elend erinnert und weil er damals durch harte Zeiten gehen musste, unterstützt Vincent seit vielen Jahren mit seiner eigenen gemeinnützigen Stiftung viele in Not geratene Menschen.

Vincent überlässt auch heute mit 65 Jahren, soweit es geht, nichts dem Zufall.

Seine Hobbys: lebenslang intensiver Sport, Astrophysik und Philosophie, profihaftes Kunstsammeln (eigenes Museum mit ca. 2.300 eigenen Kunstwerken).

Über allem steht aber seine Familie.

Vincent ist aber auch ein Freund, auf den man sich total verlassen kann.

Schorsch

Schorsch, der Bauer, der Großlandwirt, der studierte Agronom, verfügt über ein fundiertes Allgemeinwissen mit einem sehr breiten Blick hinein in die Gesellschaft und in die Politik. Er lebt seit 67 Jahren im Allgäu.

Schorsch ist wegen seiner klugen und immer den Kern treffenden Antworten sehr beliebt, aber auch gefürchtet.

In bürgerlicher Sprache pariert er provokante Fragen und Feststellungen immer unaufgeregt, aber furchtbar treffend.
Trotz seiner hohen Kompetenz ist Schorsch sehr bescheiden.
Als Diskutant ist er bei denen, die denken können, immer gewünscht.
Als verbaler Gegner wird er mehr als ernst genommen.

Wegen seines bescheidenen Auftretens vermutet niemand hinter ihm einen so erfolgreichen Unternehmer, einen Landwirt, der mehr als 1.500 Hektar eigenes Land mit großem Erfolg bebaut, also einen Megabauer.

Vorbild ist er in seiner Branche.
Viele Konkurrenten versuchen, seine Praktiken und seine Geschäftsidee zu kopieren.
Leidenschaftlich kämpft Schorsch für die Natur und diesen wunderschönen Planeten.

Schorsch ist auch ein guter, ein echter Freund.

Hans

Hans, der Philosoph und Schriftsteller, bewohnt diesen Planeten seit 66 Jahren. Ein Denker und Analytiker ist er, ein Mann, dem nahezu kein Problem widersteht.

Hans denkt weniger quer als tief. Tiefdenken ist für ihn selbstverständlich und Pflicht. Alles ist ergründenswert.
Auch jeder Mensch ist für ihn ein tiefgründiges, wichtiges Etwas.

Hans, der Philosoph, muss alles ergründen.

Eine Reihe Bücher von ihm sind auf dem Markt und sind Ausdruck seiner geistigen Unruhe und seines fast unerschöpflichen Wissens.

Natürlich beschäftigt sich Hans mit dem Woher und Wohin sowie mit dem Sinn des Seins. Zurzeit interessieren ihn aber Gesellschaftsthemen wie der Untergang großer Kulturen, Probleme des Abendlandes und das Auf und Ab in der Neuzeit.

Zurzeit beschäftigt ihn auch die Weltpolitik, die derzeitige europäische Unordnung sowie unser deutsches Polittheater.

Auch das Phänomen des seit geraumer Zeit unaufhaltsam fortschreitenden Verdrängungsmechanismus des Mannes durch die Frau beschäftigt ihn sehr.

Schließlich widmet er sich gerade der scheinbar unaufhaltsamen Übernahme der Weltherrschaft durch die Chinesen.

Hans ist ein typischer Philosoph, wenn man davon absieht, dass er fleißig ist.

Trotz seiner immer tiefgründigen Philosophie ist Hans am Ende immer ein lebensnaher Realist.

Auf Hans kann man sich als Freund auch immer verlassen.

Max

Max, der 65 Jahre alte Journalist – um es gleich vorwegzunehmen – ist ein ebenso toller Typ wie die anderen drei.
Sein Merkmal: Charme wie eine Kohlenkiste.

Max ist unendlich gescheit, sehr gebildet und verfügt über ein ganz breites Wissen.

Max hat auch einen starken und guten Charakter.

Max ist kein „Verschobener", kein weltfremder Besserwisser, kein Menschenbekehrer und kein Weltbelehrer.
Pseudointellektuelle Wichtigtuereien überlässt er dem heute großen Heer gestörter Psychopathen.

Max ist ein Journalist mit Leib, mit Herz und mit Seele.
Er ist ein Journalist, der dieses Attribut wirklich verdient, der seinem Berufsstand wirklich nur Ehre macht.

Auf die Frage: „Wer von uns hat den breitesten Blickwinkel, den besten Einblick in die Seele unseres Volkes?"
Kommt von den anderen drei sofort: „Max".

Max lernte seinen Beruf von der Pike auf, er war Volontär bei einer Tageszeitung, Reporter überall im Inland und jahrelang auch im Ausland.
Er war Chefredakteur bei einer Tageszeitung. Dies war er auch bei einer großen Monatszeitung und bei einem sehr erfolgreichen Wochenmagazin.

Heute ist Max Herausgeber einer großen Zeitung und freier Journalist.
Sieben Bücher hat er geschrieben.

Max ist nie belehrend, sondern nachdenklich empfehlend und richtungsweisend handelnd. Max ist authentisch.

Max' Devise war immer: Wahr muss es sein, niemals vorverurteilen, Schurken und miese Typen aber nicht schonen.

Max kennt keinen Sozialneid, nur Recht und Gerechtigkeit.
So arbeitet und so lebt er.

Im Bedarfsfall kann Max aber auch unerbittlich sein.

Max muss man ganz einfach mögen.
Wären alle Journalisten so wie Max, dann gäbe es nie eine Diskussion über Fake News und Lügenpresse.

Ein schöner Abend

Wir kommen nun zum bevorstehenden spannungsgeladenen Hauptabschnitt dieses Abends.
Im herrlichen Berghaus von Vincent wartet nämlich der Hirschbraten und der Gast wird auch gleich da sein.

Wir wissen, dass es heute der 9. November 2018 ist.

Die vier Freunde sitzen seit etwa 17.00 Uhr bei Lafite 1982 in gemütlicher Runde zigarrenrauchend vor dem lodernden offenen Kamin und freuen sich auf den vom Sternekoch Florian in besonderer Weise zubereiteten Hirschbraten.

Fast knisternde Spannung weht durch die Runde. Der Gast ist immer noch nicht da und der Hirschbraten ist gleich servierbereit.

Vom Tal bewegt sich relativ schnell ein helles Autolicht durch die Bergdunkelheit nach oben.
Vincents Fahrer ist es mit dem Range Rover. Ohne große Schwierigkeiten überwindet er offensichtlich die vielen Hindernisse.
Steil ist der Weg nach hier oben, glatt und sehr kurvenreich.

Das Auto hält vor dem Haus. Der Chauffeur öffnet die seitliche Autotür. Der ersehnte Gast ist nun da.

Alle vier Kaminstrategen kommen aus dem Haus und begrüßen den lang erwarteten Gast.

Freundlich und in fließendem Deutsch bedankt dieser sich bei Vincent für die freundliche Einladung.

Alle fünf Herren sind sich auf Anhieb sehr sympathisch, als wäre der Gast auch ein alter Freund, müsste man denken, wenn man das Miteinander dieser Herren betrachtet.

Vincent zeigt nun dem Gast das Haus und führt ihn auf sein Zimmer.

Der gute Geist des Hauses, die 50-jährige Heidi, im Nachbardorf von Davos lebt sie, bringt gemeinsam mit dem Chauffeur das Gepäck des Gastes auf dessen Zimmer.

Die Heidi ist eine ganz Liebe, zuverlässig und sauber ist sie. Ganzjährig versorgt sie das Haus und wenn die Familie von Vincent oder Gäste im Haus sind, auch diese.

Natürlich kümmert sich Heidi auch um die fünf Budenverqualmer, solange diese als Gäste im Hause sind.

Sie macht die Betten, sorgt für Ordnung im gesamten Haus, deckt den Tisch und befehligt die Putzfrau, welche auf ihre Anforderung jeweils kommt. Auch die übervollen Aschenbecher reinigt sie und sie macht das Frühstück.

Zum bevorstehenden Abendessen ist der Tisch wie in einem Drei-Sterne-Lokal gedeckt.

Heidi und die von Flori mitgebrachte Servierchefin Leni haben den wunderschönen Bauerntisch in eine Tafel wie für ein Ritter-Festmahl umgewandelt.

Augenzwinkernd meint Max, als die Herren das Esszimmer betreten: „Jetzt können's kommen." Nach einer kurzen Denkpause meint er noch: „Die Ritterfräulein".

Der Gast hat sich mittlerweile frisch gemacht und nimmt wie die anderen, vom herrlichen Duft des besonderen Hirschbratens animiert, an der wunderschönen Tafel Platz.

Keine Tischordnung, ohne Formalitäten, gemütlich soll es bleiben und schmecken muss es.

Schon kommt Flori, der ja ein großer Sternekoch ist, zur Tafel.
Die Kochmütze hat er in der Küche gelassen.
Berufsdekoration, so Flori, ist hier nicht nötig. Alle sind ja Freunde.
Alle anwesenden Herren begrüßen Flori.
Alle sind sich sympathisch.
Eine Situation, die bei menschlichen Begegnungen nicht immer die Regel
ist.

Flori weiht nun die Gäste in einen wichtigen Teil seiner heute Abend praktizierten Kochkunst ein.
Von ganz frischer Ware spricht er, von zweitägiger Lake und von exoti-
schen Gewürzen.

Auf Wunsch von Vincent meint Flori, sollte „altersgerechte Essmilde",
bei gleichzeitigem Anspruchsdenken die Leitlinie für den heutigen Abend
sein.
Es gibt also nur drei Gänge.
 – Devise 1: Lieber weniger, aber gut.
 – Devise 2: Höchster Geschmack und trotzdem gut verdaulich.

Leni serviert nun die Vorspeise.

Alltäglich und ganz gewöhnlich hört es sich an, was Flori zur Vorspeise
erklärt.
Aber sie ist etwas ganz Besonderes.
Gemischter Salat, ganz knackig und natürlich schön kalt gemischt mit
Pistazien, einem Bruch von Macadamianüssen und einem Esslöffel klein
gehackter Rosinen.
Ein Dressing, aber ganz speziell.
Ein bisschen italienisch, ein wenig französisch und ein wenig Florizu-
taten.
Einen wirklich einmalig delikaten Geschmack hat dieses Dressing.
Zum Salat reicht Flori eine Sülze aus Wachteln, nicht locker, aber auch
nicht ganz steif, sondern in der genau richtigen Konsistenz und mit einer
undefinierbaren Geschmacksnote, dafür aber mit einer Geschmackswucht,
die sofort alle Geschmackspapillen jubeln lässt.
Ergänzt, man könnte auch sagen aufgemotzt, werden dieser Salat und die

Sülze durch drei gehäufte Esslöffel einer Art ganz geschmackigen Eierstichs.
Zusätzlich ist der Tellerrand mit in Öl aufgebratenen Pfifferlingen garniert.

„Guten Appetit!", wünschen sich alle. Jeder ist neugierig, keiner redet, alle beginnen zu genießen.

Am Ende der Vorspeise unterbricht Max als Erster die Stille und gibt zum Besten: „Ich habe noch nie so einen guten Salatmix als Vorspeise gegessen."
Max ist für seine Unfähigkeit zu loben hinlänglich bekannt.
Hans meint: „Das Ganze schmeckt komisch – es schmeckt nach mehr."
Von allen Gesichtern kann man jetzt schon die totale Zufriedenheit ablesen, und dies bei Männern, welche die Welt kennen und schon viel zu oft gaumentechnisch verwöhnt wurden.

Schorsch meint: „Essen und Trinken sind die drei schönsten Dinge."

Bei so viel Zufriedenheit muss es wirklich gut gewesen sein.

Flori, der Koch, wird von allen gelobt.
Er ist das gewohnt.
Mit bescheidener Gestik und mit ruhiger Stimme beginnt er nach einem kurzen „Danke!" seinen Hirschbraten, welcher gerade von Leni serviert wird, zu erklären.
Zunächst weist er darauf hin: „Hirschbraten bekommen Sie in jeder Bauernwirtschaft. Hirschbraten mit Soße, mit Spätzle, mit Blaukraut, geschmorten Kastanien und mit Preiselbeeren oder einer Birne."

„Bei mir gibt es heute einen etwas anderen Hirschbraten.

Ein junger Hirsch war es. Zwei Fleischsorten habe ich verwendet. Ein Stück Filet und ein Stück Kronfleisch. Beide habe ich längs der Faser geschnitten. Zwei Tage wurde das Fleisch in einer Spezial-Sur bzw. Lake eingelegt.
Heute habe ich das Fleisch in Olivenöl behutsam herausgebraten.

Auf das Fleisch bringe ich eine wunderbare Kräuterfarce mit Pecorinoflocken.

Dazu gibt es eine Steinpilzbiersoße mit etwas Cognac und meiner Spezialgewürzmischung.

Als Beilage habe ich mir für Sie etwas Besonderes einfallen lassen:
  – zum einen haben wir drei gehäufte Esslöffel stichfesten, sehr würzigen Stampf aus Sellerie, Süßkartoffeln und Maronenmus,
  – zum anderen servieren wir kleine, grüne, süße Erbsen
  – und wer will, bekommt noch in Ahornsirup herausgebackene kleine Rosenkohlknospen."

Mit einem zufrieden hingesagten „Ich wünsche allseits recht guten Appetit" verschwindet Flori in die Küche.

Der Beifall tönt ihm nach.

Wie im Internat sitzen nun fünf gestandene Männer am Tisch. Ruhig wie in der Kirche ist es im Raum.

Andächtig sucht jeder Gabel für Gabel das Richtige aus seinem Teller.

Das Fleisch ist zart wie Butter und die Pilzsoße kann man nicht besser machen. Der Spezialstich schmeckt nach mehr.

Besser geht's nicht!

Eine Streicheleinheit für alle Geschmacksnerven ist es.

Absolute Stille beherrscht den Raum. Man spürt förmlich, wie es jedem schmeckt. Reiner Genuss liegt in der Luft.

Kein Wort, kein Gespräch, nur fallweise einmal von jenem, einmal vom anderen ein zufriedener, ein anerkennender, ein genießerischer Rundblick.

Wirklich wie die Pennäler sitzen alle da, wie solche, welche schon seit Wochen nichts mehr zu essen bekommen haben.

Plötzlich, ganz plötzlich unterbricht Schorsch die Stille:

„Hier ist es schon besser als im Kongo", meint er trocken.

Alle schmunzeln.

Nun beginnt die Lobeshymne.

Flori wird gerufen. Er kommt auch gleich.

„Flori, du bist der Beste, der Größte, du bist nicht nur ein Kochkünstler, du bist ein Zauberer."
Alle loben Flori nun über den grünen Klee.
Das hat er sich verdient. Nicht aus Wichtigtuerei loben sie ihn, dies hat nämlich keiner der fünf nötig.
Aus Überzeugung und weil jeder so empfindet und weil es wirklich nicht besser geht, wird Flori gelobt.

Vor lauter Genuss ob des Hirschbratens mit „Zubehör" wurde der neue dunkelrote Wein zwar genossen, aber beinahe zu erwähnen vergessen.

Vincent hebt sein Glas und prostet: „Auf unsere Gesundheit!
Habt ihr nicht gemerkt: Wir haben den Weinberg gewechselt."
„Ein Barbaresco von Gaja ebenfalls aus dem Jahrhundertjahrgang 1982 soll uns verzaubern. Dieser Wein passt genau", meint Vincent, „er rundet nämlich das Traummenü komplett ab."

Nun steht noch die Nachspeise aus.
Jeder ist satt, um nicht zu sagen, voll.
Nach dem Motto „Ein bisschen geht immer" und weil jeder weiß und vorhat, sich niemals eine Nachspeise von Flori entgehen zu lassen, erwartet nun jeder der fünf Antiveganstrategen die Nachspeise.
Aus tiefer Überzeugung fordern alle fünf Flori auf, wenigstens die Nachspeise mit ihnen gemeinsam zu genießen.

Flori fühlt sich nicht nur geehrt, sondern auch richtig wohl bei Vincent und den vier Gästen.
Flori kommt nun also an den Tisch.
Leni serviert die Nachspeise.

Jeder bekommt zwei spezielle Eisbecher.
  – Der eine Becher duftet nach Birne.
    Bis zur Hälfte ist der Becher mit Birneneis gefüllt.
    Ein Schnapsglas Williamine, vier ganz dünne, sehr würzige Birnenschnitze und enige wenige Tropfen Mokka bereiten mit dem Eis ein unerwartetes Geschmackserlebnis.
    Ein Eis mit besonderer Note kann man sagen.

— Der andere Becher duftet nach Mango.
  Fünf dünne Mangoschnitze liegen wie eine neue Blumenart im Becher.
  In der Mitte glänzt ein Esslöffel Mangomus mit einer großen Litschi in der Mitte. Ein wenig Limoncello mit zwei Fingerhüten Bündner Kräuterschnaps geben auch diesem Becher eine ganz besondere geschmackliche Note.

Mit wenig Aufwand zauberte der Kochkünstler Flori auch bei der Nachspeise ein nachhaltiges Gaumenerlebnis.

Zur Nachspeise gibt es einen Eiswein vom Rheingau. Selbst eingefleischte Rotweintrinker können ein Glas dieser Rarität und Qualität nicht ausschlagen.

Statt eines Glases trinkt jeder sogar zwei Gläser.

Alle fünf Herren und auch Flori sind wirklich angetan von diesem wunderbaren Tropfen Eiswein.

Das Festessen zum Auftakt der Kaminrunde ist nun vorbei.
Kein normaler Hirschbraten würde man sagen.
Die Kür eines Sternekochs war es.
Eine Sonderveranstaltung für gestandene Männer, die schon fast alles erlebt haben.

Die Herren sind mehr als zufrieden. Aus ihren Gesichtern ist dies unschwer abzulesen. Ihren Gestiken und ihren Worten ist zu entnehmen, dass heute ihr Hypothalamus bestens funktioniert. Gute Arbeit hat er geleistet. Glückshormone, also Serotonin, hat er im Übermaß produziert.

Wie anders ist zu erklären, dass die Herren immer noch am wieder abgeräumten Esstisch sitzen und weiterhin von diesem Essen schwärmen.
Hans, der Philosoph, macht einen Fehler.
Er glaubt, darauf hinweisen zu müssen, dass man bei solch einem Essen fast Gewissensbisse bekommen könnte.
Max, der Journalist, kann es wieder einmal nicht lassen.

Man muss wissen:

Max ist ein super Typ, ein wirklich guter Freund ist er. Aber er ist mit einer beachtlichen Portion sarkastischem Komödiantentum ausgestattet.

Max meint nämlich als Antwort auf Hans' Einlassungen, Hans müsse jetzt nicht in Agonie verfallen und sich auch keine Vorwürfe machen, dass er so geschlemmt und sich den Bauch vollgeschlagen habe, während gleichzeitig Millionen von Menschen an Hunger sterben würden.
Er brauche auch keine Hemmungen gegenüber Vegetariern oder Veganern zu haben.
Max spricht weiter: „Wenn wir heute nur Blut- und Leberwürste gegessen hätten, würde es den Verhungernden dieser Welt nicht besser gehen und die Veganer hätten mit uns kein Mitleid."
„Wenn du Gewissensbisse hast, dann bekommst du morgen eine Pizza", frotzelt Max zu Hans.

Diese Einlassungen von Max wären, wenn man nun darauf eingehen würde, der Auftakt für eine wirklich heiße Grundsatzdiskussion.
Diese will Vincent im Augenblick aber noch nicht führen.
Um eine derartige, noch nicht geeignete Debatte zu verhindern, mischt er sich deshalb sofort ein.

Vincent bedankt sich nun in aller Form natürlich auch im Namen der Freunde und des Gastes bei Flori.

Alle Anwesenden loben Flori.
Er hat es ja auch verdient.
Flori ist als Koch und als Mensch eine positive Ausnahmeerscheinung.

Auch Flori bedankt sich für das Lob aller Anwesenden und das lange Vertrauen von Vincent in ihn.
Flori muss nun in sein Lokal zurück.
Zweimal wurde er schon angerufen.

Bei den fünf Herren stellt sich nun die akute Frage:
Zurück zum Kamin oder doch noch vorher frische Luft schnappen?
Durchlüften ist angesagt.

Die Herren verlassen nun gemeinsam die Tafel und es ist für jeden klar, „Frische Luft tut gut". Wir gehen hinaus auf die Terrasse, in die Kälte.

WOHER

KAPITEL 1

VOM URKNALL ZUM UNIVERSUM

Was ist unendlich? Davon werden wir heute noch hören.

Nach Einstein:
ist das Universum und die Dummheit der Menschen unendlich.

Nach Vincent:
ist es der Kreis und die Oberfläche einer Kugel.

Auf einer großen Terrasse oberhalb Davos stehen die fünf Herren nun und atmen durch. Frische Luft, Sauerstoff wird getankt.

Natürlich ist jeder von ihnen durch eine warme Jacke in der Lage der nicht unbeachtlichen Kälte zu trotzen.
Schließlich hält auch jeder von ihnen ein Glas Whiskey nicht nur in der Hand.

Die frische Luft auf der Terrasse hier und die stramme Kälte sind eine wohltuende Ergänzung zum soeben vorangegangenen, schönen Abendessen.

Wie in hochgelegenen Bergtälern üblich hat der Wind die vor Kurzem noch aktiven Schneewolken schnell vertrieben.
Statt dichten Schneefalls begrüßt nun ein sternenklarer Himmel die fünf Genießer.
Die Luft ist jetzt so rein und der Himmel so klar, dass die Sterne nicht scheinen, sondern funkeln.
Sie glitzern wie der Mond im Wasser und sie funkeln wie Diamanten im Licht.

Die Stimmung ist grandios.

Weit, sehr weit, ja unendlich scheint der Sternenhimmel über der dunklen Bergsilhouette.

Das Tal und die Lichter da unten, die Sterne am Himmel da oben und die Ruhe, die absolute Stille geben schnell Anlass zum Fantasieren.
Allein könnte man in so einem Moment Gänsehaut bekommen.

Die fünf Freunde, die Denker und Macher, beginnen sofort zu diskutieren.
Das ominöse Wort Unendlichkeit fällt, von Sonnensystemen, von Galaxien und vom Universum ist zu hören.

Für Vincent ist das nach 20 Minuten Frischluft die Initialzündung, den Herren zu empfehlen, sich nun doch wieder in die warme Stube an den gemütlichen Kamin zu begeben.

Natürlich ist Vincent klar, die Herren nun in die Stube zu locken ist schwer, sie zu überreden geht gar nicht.
Also lässt er sich ein geeignetes Lockmittel einfallen.

Vincent nutzt seine Erfahrung im Umgang mit Menschen, insbesondere mit großen Denkern.

„Meine Herren, wollen wir hierbleiben, bis wir frieren und sich der eine oder andere erkältet, oder wollen wir lieber ganz gemütlich am warmen Kamin eine Flasche

Château Mouton Rothschild 1989 öffnen?"

Vincent wusste, darauf springen sie an, die Herren „Genießer".

Kommentarlos drehen die Herren ohne Seelenschmerz dieser wunderschönen Nacht, den warmen Lichtern im Tal, den funkelnden Sternen da oben, der guten Luft da draußen den Rücken.
Hinein drängen sie zum gemütlichen Platz am wohligen Kamin.
Der Mouton hat eben magnetische Kräfte.

Die erste Flasche wird geöffnet.
Gekonnt macht das Vincent. Ein Spezialöffner für Wein mit Korken erleichtert Vincent diese von ihm geliebte Werkstätigkeit.

Eine Karaffe steht bereit.

Dunkelrot, wirklich ganz dunkel, leuchtet der Mouton durch das geschliffene Glas der Karaffe.

Die Temperatur stimmt. Der Duft ist betörend. Er korkelt nicht und er schmeckt jetzt schon.

„Ich glaube, man kann ihn trinken", meint Vincent mit verkniffenem Auge nach einer kurzen Verkostung und er fährt fort,

„schließlich wartet dieser Wein ja schon 26 Jahre auf uns.

Lassen wir ihn noch zehn Minuten atmen.

Es tut ihm und auch uns gut."

Vincent ist ja ein erfahrener Mann, ein Stratege im Umgang mit Menschen. Er weiß, wie die verschiedenen Individuen ticken.

Weltweit, in vielen Nationen hat er diesbezüglich alle Typen von Menschen kennengelernt und Erfahrung gesammelt.

Er sagt sich: Jetzt schalten wir wieder in den Gang „Gemütlichkeit, Freundschaft und Diskussion".

„Meine Herren, wir vier Blutsfreunde haben nun für eine Woche einen Gast bei uns.

Sollten wir uns nicht auf das Du verständigen? Natürlich unter der Voraussetzung, dass dieses Du auch unserem Gast angenehm ist."

Alle fünf sind nicht nur einverstanden, sondern auch froh bezüglich dieser Zwanglosigkeit.

Alle fünf Männer – Vincent, Schorsch, Hans, Max und nun auch Frank, der Gast – sind nun Freunde.

Nach dem Du und nach der große Erwartung weckenden „Mouton-Ankündigung" leitet Vincent den, den vier Freunden angekündigten Vortrag mit Diskussion ein.

Auf diese Stunden, auf diesen Gedankenaustausch freut sich Vincent schon lange.

Seit seinem Studium, seit seiner Privatvorlesung bei Prof. Regler in Astrophysik beschäftigt sich Vincent mit der Entstehungsgeschichte, mit der Unendlichkeit, mit der dunklen Energie, mit der Evolution, also mit der Mystik unseres Lebens.

Für Vincent ist diese Beschäftigung mehr als ein Hobby, Leidenschaft ist es mittlerweile geworden.

Acht Fragen

Vincent meint mit ruhiger Stimme:
„Auf der Terrasse hörte ich das ominöse Wort Universum und auch Unendlichkeit.

Dies gibt mir Anlass darauf hinzuweisen, dass wir heute einen Gast bei uns haben, der sich beruflich mit Themen wie der Entstehungsgeschichte, der Unendlichkeit, der dunklen Materie etc. profund beschäftigt.

Ich meine, wenn wir nichts Besseres vorhaben, dann sollten wir jetzt die Gelegenheit nutzen und diesbezüglich unseren Gast zu Wort kommen lassen.“

Vincent hatte in Monaco ja schon einschlägige Erfahrung mit diesem Herrn bezüglich solcher Themen gemacht. Darüber hat er die Freunde ausführlich informiert.

Alle Herren sind einverstanden und aufgrund der Vorinformation durch Vincent total neugierig.

Der Herr, der Gast, also Frank meint: „Ihr solltet nicht zu viel von mir erwarten.“

Vincent versucht nun schnell das Thema in die richtige Bahn zu lenken. Ganz smart, ganz behutsam, sehr diskret und ganz subtil beginnt er:

„Wir wissen, unser Universum ist ja nun je nach wissenschaftlicher Betrachtung zwischen 13,8 und 14 Milliarden Jahre alt.
Vor ca. 14 Milliarden Jahren fand also der Urknall statt.

Wir alle wissen auch, dass für diesen Urknall Energie notwendig war.
Also Urenergie in Form von Atomen, Elektronen, Protonen, Neutronen

seit jüngerer Zeit auch Quarks, Higgs und mittlerweile gemäß dem Teilchenbeschleuniger CERN das sogenannte Gottesteilchen.

Die große Frage stellt sich:

- Woher kam diese Energie für den Urknall, wenn alles doch erst mit dem Urknall begann?

Diese Energie muss ja dann beim Urknall da gewesen sein.

Wie wir ja auch wissen, ist Energie unbestritten weder herstellbar noch vernichtbar.
Wie ist dieses Phänomen zu verstehen?"

Vincent spricht weiter:

„Wir wissen mittlerweile auch
– in diesem Universum befinden sich unendlich viele Galaxien,
– in jeder Galaxie befinden sich unzählbare Sonnensysteme,
– in jedem Sonnensystem scheinen neben einer Sonne und evtl. einem oder mehreren Monden viele Sterne.

Wir wissen also, dass unser Sonnensystem nicht das einzige Sonnensystem in diesem Universum ist."

Vincent fährt fort und stellt schnell die nächsten Fragen:

- „Wie viele Galaxien gibt es eigentlich in diesem Universum und wie viele Sonnensysteme gibt es in dieser Galaxie?"

Vincent meint weiter:
„In diesem Zusammenhang stellen sich auch gleich weitere Fragen:

- Wie groß ist das Universum

- und wo ist schließlich der räumliche Beginn und wo das räumliche Ende des Universums?

Damit ergibt sich schon ganz automatisch die naheliegende nächste Frage:

- Wann ist das zeitliche Ende unserer Erde, dieses Sonnensystems, der Galaxien und des Universums zu erwarten?"

Trotz großer Spannung kann's Schorsch nicht lassen: „Hoffentlich ist das nicht schon in 1000 Jahren, das würde mich nämlich sehr beunruhigen."

Vincent fragt ganz gelassen weiter nach der Unendlichkeit.

- „Wann hört also alles auf?
- Und was ist danach?

Und schließlich ergibt sich da noch die Frage der Menschheit, die Frage, die sich jeder denkende Mensch mindestens einmal im Leben stellt:

- Ist das alles aus der Natur geboren, aus welcher?
  Oder gibt es einen Schöpfer, eine Allmacht?"

Ganz still ist es nun vor dem Kamin.
Nur das Feuer meldet sich immer wieder mehr oder weniger dezent.
Es flammt, es leuchtet, es knistert und manchmal – wenn ein Holzscheit platzt, dann kracht es laut.
Im Gegensatz zum Krach im Krieg – was man heute im Fernsehen fast täglich zu hören und zu sehen bekommt – ist dieses Holzscheitplatzen äußerst angenehm, ja sogar beruhigend.

Einerseits entspannt und andererseits erwartungsvoll blicken Schorsch, Hans, Max und Vincent, der ja gerade profund einleitet, auf ihren Gast, den Frank. Wie wird Frank reagieren?

Zugegeben, die Freunde und auch Frank sind etwas überrascht ob der tiefgründigen Fragestellung von Vincent.

Vincent meint nun: „Frank, du bist jetzt dran. Du kennst dich auf diesem Gebiet ja allerbestens aus.

Wir sind gespannt.
Was kannst du uns zu den offenen acht Fragen berichten?
Du hast nun das Wort."

Bevor Frank zu Wort kommt, meint Vincent noch:
„Lieber Frank, vorab habe ich noch die Bitte:
Du bist ein verdammt gescheiter Mann, du bist ein weltweit anerkannter Wissenschaftler.
Ich bitte dich deshalb bei deinem Vortrag um eine bürgerliche, allgemeinverständliche Sprache.
Wenn es geht, verlasse den Thron des wissenschaftlichen Erklärungshimmels. Sprich so, dass wir Dummen es auch verstehen."

Frank nimmt das Weinglas in die Hand, schaut andächtig in den dunkelroten Schein, der vom Feuer durch das Glas und durch den Wein in seine Augen dringt.
Frank fühlt sich angesprochen, fühlt sich geehrt und prostet in dieser Stimmung den vier Freunden zu.
Vielsagend mahnt er die vier: „Erwartet jetzt nicht zu viel von mir."

Frank kommt nun zur Sache.
Eingangs weist er darauf hin, dass er jetzt keinen Monolog halten will, keine Vorlesung, sondern sich als Freund versteht, der aus seiner beruflichen Erfahrung heraus versucht, die von Vincent gestellten Fragen eine nach der anderen so plausibel und so allgemeinverständlich wie möglich zu beantworten.
Frank meint auch: „Ihr solltet immer sofort Fragen stellen, sobald solche anstehen und ich möchte mit euch auch diskutieren."

Urknall

„Nun, wie soll ich jetzt beginnen?
Ich meine, ich beginne als Erstes mit dem Urknall.
Im angelsächsischen ‚Big Bang' genannt.

Dieser Urknall fand tatsächlich vor ca. 14 Milliarden Jahren statt. Dies ist mittlerweile sicherer Stand der Erkenntnis.

Mathematiker und Astrophysiker haben dies rückgerechnet.

Mit diesem Urknall begann also alles.
Er war der Beginn des Seins, die Geburt des Universums.

Der Schöpfer hat nicht, wie in der Bibel steht, sechs Tage daran gearbeitet und sich am siebten Tag ausgeruht.

Der Urknall war auch nicht ein augenblicklicher riesiger, ohrenbetäubender Knall und dann war das Universum geboren und unsere Erde zog ihre Kreise um die Sonne. Millionen Jahre dauerte es.

Pfarrer Anton und Tante Emma haben mit ihren Kathechismusmärchen nicht recht.

Diese schöne Welt entstand ganz anders.

Der Urknall war vielmehr die Geburt des Universums. Andere sprechen vom Kosmos.
In einem Billionstel einer Sekunde, also in einer Zeit von 1 hoch minus 34 Sekunden, also in 0,000000000000000000000000000000001 Sekunden, so die mathematische Darstellung, vollzog sich der Urknall.

Man könnte auch sagen, aus einem einzigen vorhandenen Schwarzen Loch befreite sich durch den Urknall explosionsartig eine unendliche Menge Energie und gebar das Universum.

Wie konnte nun aber eine Explosion stattfinden, wenn angeblich nichts, aber auch gar nichts an Energie da, also vorhanden war?

Wer sagt, es war nichts da, der muss irren.
Denn jede Explosion benötigt ja schließlich Energie. Diese Energie war also vorhanden, und zwar im Schwarzen Loch, und sie war so unendlich dicht komprimiert, wie es sich das menschliche Gehirn nicht vorstellen kann.

Mit anderen Worten könnte man sagen, das ganze Universum war in einem Sandkorn zusammengepresst.

So eine Verdichtung erzeugte unendlichen Druck und bei Freisetzung unendliche Hitze.

Die Energie war also vorhanden, und zwar
Energie in Form der ersten, kleinsten Elementarteilchen.
Diese Feststellung wird mittlerweile nicht mehr bestritten.

Woher kam nun aber diese Energie vor dem Urknall, wenn alles doch mit dem Urknall erst begann?

So klein die Teilchen auch waren, so groß war ihre Energie.

Aus heutiger Sicht ist dank des Teilchenbeschleunigers CERN in der Schweiz nachgewiesen, dass das kleinste bisher bekannte Teilchen, das sogenannte Gottesteilchen, die Basis ist.

Diesem kleinsten Teilchen folgen der Größe nach aus heutiger wissenschaftlicher Erkenntnis die Higgs, dann die Quarks, dann die Atomkernteilchen wie Protonen, Elektronen und Neutronen.
Dem Atom folgen der Reihe nach die Moleküle und schließlich die Materie.

Diese Energie war also zum Zeitpunkt des Urknalls vorhanden.
Woher sie kam, ist unbekannt.

Was geschah nun nach dem Urknall?

Nicht sechs Tage Arbeit und dann ein Tag Ruhe.

Auch nicht eine einmalig laute Explosion reichte und dann waren das Universum, die Galaxien, die Sonnen, Monde und Sterne geboren.

Die im Schwarzen Loch vorhandene unter unendlichem Druck unendlich klein komprimierte Energie, das gesamte Universum war auf einen Stecknadelkopf zusammengepresst, erzeugte blitzartig eine Explosion und setzte dabei eine unendlich große Hitze frei.
Zehn Billionen Grad heiß war es.

Wie man weiß, entwickelte sich unmittelbar nach dem Urknall schneller als der Blitz eine Art Strahlensuppe, ein Energiechaos in alle Richtungen.

Unendlich viele Elementarteilchen sprangen, jagten, explodierten quer durch den Raum, fusionierten zu Atomen, Kernspaltungen und Kernfusionen folgten in unendlicher Zahl und Größe.

Magnetische Felder bildeten sich und lösten sich wieder auf.
Unendlicher Krach und unendliche Hitze beherrschten den Raum.
Gase bildeten sich und lösten sich wieder auf.
Alles wiederholte sich in unendlichen Varianten in unendlicher Vielzahl.

Nicht mal die Hölle stellt man sich so vor, wie es tatsächlich war.
Dieser Explosion folgten unendlich viele Explosionen.
Apokalyptische Zustände herrschten. Nicht eine Minute, eine Stunde, einen Tag, sondern viele Millionen Jahre dauerte dieser Zustand.

Eine Hypernova nach der anderen entstand und verschwand im Raum.
Gammablitze in unendlicher Zahl zuckten durchs entstandene Universum.
Schwarze Löcher wurden geboren und verschwanden wieder.
Neutrinos, kleiner als ein Atom, füllten den Raum.
Neutronensterne wurden geboren und gleich wieder gelöscht.
Neben der positiven Energie bildete sich eine unendliche Menge dunkler positiver und negativer Energie.

Das Universum begann, sich nach dem Knall in Lichtgeschwindigkeit auszubreiten.
Zwar nahm im Laufe der Zeit die Explosionsfrequenz ab und auch die Hitze reduzierte sich, aber es blieb Jahrmillionen ein Höllenzustand.

Durch die unendlichen Explosionen, Implosionen, Atombildungen, Kernspaltungen und Kernfusionen bildeten sich immer wieder Gasmoleküle, um dann wieder aufgelöst zu werden.
Erst im Laufe von Millionen von Jahren trat allmählich Energiestabilisierung ein.
Sukzessive entwickelten sich nun die jeweiligen Atome zu bleibenden Gasen.

Gaswolken waren die Folge.
Mit Wolken aus Wasserstoff, Helium und Lithium begann die Urnebel-bildung.

Schnell luden sich die einzelnen Wolken elektromagnetisch auf.
Blitze sprangen von einer zur anderen Wolke.

Diese Energie-Brodelung hatte zur Folge, dass sich immer mehr bleibende Atome bildeten und sich aus diesen allmählich immer mehr Moleküle aller Art entwickelten.

Dies gelang, weil der Urknall alle Bausteine enthielt bzw. freisetzte, aus denen heute alles besteht.

Die Bildung von Materie stand also nun bevor."

Frank fährt ergänzend zu dem Vorgesagten fort:

„Von Anfang an entwickelte sich also das Nichts, besser gesagt die Urknallenergie, die subatomaren Energieteilchen wie vorbeschrieben innerhalb von Bruchteilen einer Tausendstelsekunde zu Atomen und diese wiederum zu Molekülen auf die Dimension eines Tischtennisballs.

Das Universum wächst

Mit riesiger Geschwindigkeit expandierte die freigewordene Explosions-energie von null auf tischtennisballgroß und von Tischtennisballgröße zum Universum.

Die apokalyptische Explosionstätigkeit dauert viele Millionen Jahre.
Mit Lichtgeschwindigkeit von ca. 300.000 Sekundenkilometern erfolgte die Energieausdehnung, also der Wuchs des Universums.
Ein Lichtjahr, also 365 Tage, ergeben bei 300.000 Sekundenkilometern rein rechnerisch die schier unvorstellbare Ausdehnungsweite von 94,608 Millionen Kilometern.
Sie haben sich nicht verhört, ich spreche von einem einzigen Lichtjahr", meint Frank.

„14 Milliarden Jahre nach dem Urknall ergeben einen rein rechnerischen Radius des Universums von 1,324 Trillionen km.

Weil die Ausdehnung aber in alle Richtungen verlief, beträgt der Durchmesser des Universums die doppelte Strecke. Dies ergibt: 2 x 365 Tage x 24 Stunden x 60 Minuten x 60 Sekunden x 300.000 km/sec. x 14 Milliarden Jahre = 2.648.512.000.000.000.000 = 2,648 Trillionen km.

Dieser Zustand, diese Universumsbildung dauerte wie schon gesagt nicht sechs Tage und am siebten Tag war Ruhe, sondern je nach wissenschaftlicher Erkenntnis mehrere Milliarden Jahre.

Alles, die gesamte Entstehung unseres Universums lief mit unendlichem Lärm und ebenso unendlicher Hitze ab.

Seit 1964 sind wir in der Lage, das kosmische Hintergrundrauschen als bleibende Erinnerung an den Urknall abzuhören.

Nun, wie erfolgte der Übergang von Gasen zur harten Materie?

Aus der Chemie und Physik wissen wir, dass man Gasmoleküle verflüssigen kann und dass man in der Lage ist, diese nahezu beliebig in feste Materie umzuwandeln.

Was wir Menschen können, das konnte die Natur schon immer.

So entstand im Laufe vieler Millionen, ja Milliarden von Jahren eine unendliche Anzahl verschiedener Gasmoleküle.

Aus den verschiedenen Gaswolken entwickelten sich in Millionen von Jahren Flüssigstoffe und daraus in weiteren Millionen von Jahren allmählich der Urnebel.

Aus ihnen entstand eine Art Urmehl im Raum, der Urstaub im All.

Die erste feste Materie war geboren.

Aus Staub wurde Sand und daraus die ersten festen Brocken.

Diese wuchsen in Jahrmillionen, in Milliarden Jahren zu festen Himmelskörpern, zu Meteoriten, zu Sonnen, zu Monden und zu unendlich vielen Sternen.

Die Gravitation, die innere Anziehungskraft, war hier nun am Werk.

Ganze Sonnensysteme entstanden,
Galaxien entwickelten sich,
das gesamte Universum war geboren."

„Ob es nun ein oder mehrere Universen gibt, das sollten wir später diskutieren", sagt Frank.

Frank unterbricht seinen wirklich spannenden Vortrag und sagt fast verzweifelt:
„Ihr sitzt da wie meine Studenten, habt ihr keine Fragen?"

Vincent meint:
„Viele Fragen haben wir, die kommen später."
Frank macht weiter.
„Du machst das gut, sehr gut, besser geht's nicht."

Frank fährt, locker wie er ist, also ganz lässig fort.

„Wie wir wissen, fand der Urknall vor 14 Mrd. Jahren statt, das heißt das Universum ist dementsprechend 14 Mrd. Jahre lang in Ausdehnung.

Grund dafür ist, dass sich nicht nur die Energie in Lichtgeschwindigkeit ausbreitet, sondern auch dass das Weltall selbst mit Lichtgeschwindigkeit expandiert.

In der Vergangenheit fand diese Expansion etwa in Lichtgeschwindigkeit statt, mittlerweile verlangsamt sich diese Ausdehnung.

So ist jedenfalls die aktuelle wissenschaftliche Erkenntnis.

Will man das alles in für unser menschliches Gehirn vorstellbare Größen einordnen, dann wäre zur Ausdehnung noch zu sagen, dass die Universumsgrenze mittlerweile bei 94,6 Milliarden Lichtjahren liegt, was vom Mittelpunkt der Erde ungefähr einer Entfernung von 2.648 Trillionen Kilometern entspricht.

Wo alles endet und was danach ist, darüber kann ich leider auch nicht berichten."

Frank hebt wieder sein Glas und nimmt einen angemessenen Schluck seines – wie er meint – Zaubertranks.
„So, nun will ich aber nicht weiter theoretisieren, dies verwirrt nur", meint Frank.

Frank wird ganz ernst und erklärt in tiefer Überzeugung:

„Fest steht, der Urknall war nicht nur ein Knall, er war die Geburt des Universums, des Kosmos.
Mit dem Urknall begann alles."

„Vincent hat acht Fragen gestellt", sagt Frank.
„Ich habe versucht, euch einen Überblick zum Urknall und einen Einblick ins Universum zu vermitteln.

Einige Fragen von Vincent sind aber noch zu diskutieren.

Ich reduziere die noch offenen Fragen auf drei Fragenkomplexe. Auf der dann gegebenen Basis sollten wir diskutieren.

Zur grundsätzlichen Orientierung halte ich Nachfolgendes fest.

Der **erste Fragenkomplex**, den wir behandeln sollten, ist:
- Woher kam die Energie, welche für die Urknall-Explosion erforderlich war?

Der **zweite Fragenkomplex** heißt:
- Kommt alles – gemeint ist das vorbeschriebene Universum –
  aus und durch die Natur
  oder gibt es einen Schöpfer, eine Allmacht?

Der **dritte Fragenkomplex** lautet:
- Wann endet alles und was ist danach,
  also die Frage nach der Unendlichkeit."

Frank holt nun tief Luft und bedankt sich – so wie er ist – ganz freundlich für die Aufmerksamkeit der Studentenoldies.

Süffisant meint er: „Ihr habt nun den Urknall schön gemütlich erlebt. So gemütlich und so schnell verlief dieses Höllenereignis natürlich nicht.

Auch hat der Urknall uns, der Menschheit, einige wichtige Fragen hinterlassen bzw. auferlegt.

Für uns fünf stehen nun die drei oben aufgeführten Fragenkomplexe im Raum.

Bevor wir nun diese behandeln, erlaube ich mir, den bescheidenen Vorschlag zu machen, frische Luft zu tanken."

Auch die vier Blutsbrüder, nämlich Vincent, Schorsch, Hans und Max, teilen diese Meinung. Man kann ihnen ansehen, dass sie froh sind, nach dem Übermaß an Konzentrationsbedarf endlich ihrer Denkmaschine wieder frischen Sauerstoff zuzuführen.
Alle fünf Herren begeben sich zur Garderobe.
Jeder schützt sich mit einer warmen Winterjacke gegen die frische Bergluft und den eiskalten Wind.

Wiederum ist es herrlich auf dieser Terrasse.

Jetzt leuchten die Sterne in einem ganz anderen Licht.
Jeder der Herren denkt über die Millionen von Lichtjahren nach, welche wohl zwischen den funkelnden Sternen und unserer Erde liegen.
Was der eine oder der andere über Natur und Schöpfer denkt, das werden wir wahrscheinlich bald erfahren.

Die Herren unterhalten sich intensiv. Die Themen müssen sogar lustig sein, denn alle lachen mehr oder weniger herzlich.
Wahrscheinlich hat Schorsch wieder einen deftigen Witz losgelassen.

Die Luft ist wirklich frisch, aber sie tut gut. Sie frischt auf und sie spendet neue Energie.

Die Herren hatten den Sauerstoff wirklich nötig, denn jetzt wird es ernst und spannend.

Was denken die Herren, jeder für sich, über die Urknall-Energie, über Natur oder Schöpfung und was bezüglich der Unendlichkeit?

Gleich werden wir es erfahren.

Diesmal braucht Vincent die Herrschaften nicht nach innen zum gemütlichen Kamin locken. Der kalte Wind bewegt die Herrschaften hin zum Feuer, hin zur Wärme.

22.30 Uhr ist es mittlerweile. Noch genügend Zeit zu einer ausgiebigen Diskussion und Gelegenheit, eine neue Flasche Château Mouton Rothschild, Jahrgang 1982, zu entkorken und auch eine herrliche dicke Partagas anzuzünden.

Die Herren sitzen wieder rund um den Kamin und das offene Feuer und fühlen sich sichtlich wohl.
Die böhmische Rotweinkaraffe, die mittlerweile wieder gefüllt ist mit dem dunkelroten Lebenselixier, und der silberne Wasserkrug stehen auf einem kleinen Beistelltischchen seitlich am Kamin.

Jeder der Freunde hat sich mittlerweile schon aus der Karaffe bedient.
Auch der Humidor mit den ausgewählten Zigarren ist eine allzu große Verlockung für die fünf Herren.
Jeder gönnt sich eine der herrlichen goldgelben, frisch aus Kuba importierten Rauchbomben.
Jetzt sind die Zimmerverqualmer wieder in ihrem Element. Mit 20 Zentimeter langen Zündhölzern werden die Zigarren genüsslich zum Glühen gebracht.
Herrlich weißer Zigarrenrauch steigt vor dem Kaminfeuer in die Luft.

Vincent prostet nun den Herren zu mit der Bemerkung:
„Auf unsere Gesundheit und auf Frank."
Zu Frank meint Vincent:
„Lieber Frank, nochmals vielen Dank für deinen hochinteressanten Vortrag."

Zu den anderen Freunden meint Vincent weiter:
„Ich glaube, wir sollten jetzt die von Frank vorher zusammengefassten drei Fragenkomplexe diskutieren."

Alle fünf Freunde sind der gleichen Meinung.

Frank beginnt mit dem **Fragenkomplex 1:**
Herkunft der Urenergie

Frank fragt:
„Woher kam nun die Energie, welche für die Explosion des Urknalls notwendig war?"
Ruhig, ganz still ist es im Raum, nur das Knistern des Kaminfeuers ist vernehmbar.

Für Vincent ist die Antwort klar, er beschäftigt sich ja schon fast ein Leben lang mit diesem Thema. Er hält aber zunächst mit seiner Meinung zurück.
Er will sie, so sagt er, nach Max, nach Hans und nach Schorsch, aber vor Frank zum Besten geben.

Also Max ist dran, er spricht:
„Alles kommt aus der Natur. Die Natur hat sich selbst erschaffen bzw. sie war immer da. Sie ist nur zu einem ganz bestimmten Moment im Rahmen einer Explosion gegenständlich, also wahrnehmbar geworden.
Viele wissenschaftliche Arbeiten gibt es, ja sogar mathematische Berechnungen, die dies belegen.
Das Schöpfergerede ist nichts als uralte Angstmacherei. Die Angst der Menschen vor dem Jenseits wird genutzt.
Und warum Angstmacherei? Weil man die Menschen beherrschen will."
„Für mich steht fest", so Max,
„es gibt keinen Gott, den haben die Menschen erfunden.
Nicht Gott hat den Menschen erschaffen, sondern der Mensch hat Gott erschaffen bzw. ihn erfunden.
Damit bin ich aber schon beim zweiten Fragenkomplex", meint Max.
„Auch hierzu habe ich eine klare Meinung, die werde ich, weil Vincent die Fragen auseinanderhalten will, bei der zweiten Frage loslassen."

Hans, der Philosoph, ist nun an der Reihe.

Er geht diesen Fragenkomplex – woher kam die Energie – ganz anders an.

Er sagt: „Schon im Altertum, bei den Urkulturen der Sumerer, der Alt-Babylonier und der Ägypter gab es viele Meinungen über die Erde, den Himmel und die Götter.

Viele Götter und Geister gab es damals.

Sterne wurden verehrt, auch Berge und Tiere. Sogar Gespenster erfanden sie und machten diese zu Göttern usw., usw., usw.

Von diesen Göttern stammt nach ihrer Meinung auch unsere Erde ab.

Im alten Ägypten herrschte 3000 Jahre lang die Vielgötterei.

Jeder Pharao hatte sich zu Gott erhoben, die hohen Priester schufen Tempel, machten den Menschen Angst und sie völlig abhängig.

Diese Systeme wurden jeweils zur Staatsreligion.

Die ägyptische Religion war schnell, wie später bei anderen Religionen, das beste System zur Beherrschung und Ausbeutung der Menschen.

Nur der Pharao Echnaton glaubte an den einen Gott, an Amun.

Diesen Glauben führte er mit der gleichen Brutalität ein, wie seine Nachfolger ihn wieder verboten.

Anders war es dann bereits in der Antike bei den alten Griechen.

Schon vor Sokrates und Plato war man im Begriff, sich von der Vielgötterei zu lösen.

Aristoteles schließlich diskutierte bereits über die Allmacht und die Schöpfung.“

Hans, der Philosoph, spricht weiter:

„Was die Philosophen seit der Antike bis zu unserer Jetztzeit anbelangt, so muss man hier bezüglich Allmacht und Schöpfung von These und von Antithese sprechen.

Die eine Gruppe ist tief davon überzeugt:

Alles kommt aus der Natur,

nichts wurde von irgendeinem Schöpfer oder einem Gott geschaffen.

Die andere Gruppe ist sich sicher, dass die zum Urknall notwendige Energie sich nicht selbst erschaffen konnte und es einen Schöpfer gibt.

Sogar bei den Naturwissenschaftlern muss ich feststellen, dass es bezüglich Schöpfung total gegensätzliche Meinungen gibt.

Die einen behaupten apodiktisch und versuchen, dies sogar mathematisch zu beweisen, dass sich alles aus der Natur selbst entwickelt hat.

Für die anderen kann sich die Natur nicht selbst erschaffen haben. Natürlich ist für alle die Evolution unbestritten.

Ich bin mit mir noch nicht im Reinen, wofür ich mich entscheiden soll", so Hans.

Hans fügt hinzu: „Je mehr ich über dieses Thema nachdenke, je mehr neige ich zum Schöpfer."

So viel zu Hans, dem Philosophen.

Schorsch verhält sich wie immer in solchen Situationen.

Er hört sich zunächst die Meinungen der anderen an und gibt seine Meinung entweder überhaupt nicht oder erst sehr spät preis.

Schorsch ist ein kluger und tiefer Denker.

Er meint ganz kurz und knackig: „Was soll denn eigentlich dieses gesamte Getöse, dieses philosophische Geeiere, diese wichtigtuerische Wissenschaft, diese medialen Belehrungen.

Die einen treten auf und sprechen ex cathedra und tun so, als hätten sie die Intelligenz und die Wahrheit mit Schöpflöffeln zu sich genommen.

Sie wissen alles, zumindest alles besser.

Sie benutzen sogar die Mathematik, um zu beweisen, dass es kein höheres Wesen, keine Allmacht und keinen Schöpfer geben kann.

Die anderen sind zu diplomatisch oder zu feige, um ihre Meinung zu sagen."

„Für mich ist klar", meint Schorsch, „niemand kann beweisen, woher die Energie kam, die für den Urknall notwendig war.

Die Naturgesetze sprechen eindeutig gegen „Entstehung aus der Natur, aus sich selbst" und auch gegen „Sie war einfach da".

Für mich muss es also eine Art höhere Institution, also eine Allmacht, einen Schöpfer geben".

Frank sitzt da.

Er hat ein mildes Lächeln im Gesicht und gelassen hört er zu.

Keine Regung zeigt er. Weder aus seinem Verhalten noch aus seiner Physiognomie noch aus seiner Körpersprache ist zu entnehmen, was er über die Ausführungen der einzelnen Freunde denkt.

Vincent, der sich ja mit dieser Thematik seit seinem Studium intensiv, also ein Leben lang relativ gründlich beschäftigt, war gespannt, welche Meinung seine Freunde vertreten. Er kennt sie jetzt.

Nun ist er nur noch neugierig darauf, was Frank aus seiner wissenschaftlichen, und wie Vincent glaubt, ganz besonderen Perspektive zu sagen hat.

Was die drei Freunde denken, das weiß Vincent nun.

Unabhängig von seiner Neugier hinsichtlich Frank ist nun also Vincent an der Reihe. Er muss sich nun bekennen.

Für Vincent ist die Antwort klar und eindeutig. Er ist zwar in wichtigen Dingen immer selbstkritisch und hinterfragt seine Meinung eher zu viel als zu wenig, aber für ihn ist diese Antwort klar.

Die Antwort auf die Frage: Woher kam die Energie, welche für den Urknall notwendig und auch vorhanden war?

Für Vincent gilt wie für die ehrbaren Naturwissenschaftler das Energieerhaltungsgesetz. Nach diesem ist Energie weder herstellbar noch vernichtbar.

„Die für den Urknall notwendige und vorhandene Energie hat sich also nicht selbst erschaffen können.

Aus der Natur – es war ja keine da – konnte sich die Energie nicht entwickeln.

Was ist nun dann die Folgerung aus allem, was wir hörten?

Diese Energie muss geschaffen worden sein.

Von wem?

Von einer höheren Instanz, von der Allmacht, also vom Schöpfer.“

Vincent ist mit seinen Ausführungen noch nicht fertig.

„Gebt mir bitte noch zwei Minuten“, sagt Vincent.

„Ich benötige diese, damit meine Aussage nicht so leer im Raume steht. Folgendes ist noch wichtig.

Die vor Beginn des Urknalls vorhandene Energie war verpackt wie ein Geschenk. Man muss sich dies wie folgt vorstellen.

Die Energie – also das gesamte Universum – befand sich in einem so-genannten Schwarzen Loch.
In diesem war kleiner als auf ein Sandkorn das gesamte Universum zu-sammengepresst bzw. komprimiert.
Nur so ist zu verstehen, dass bei der Urknallexplosion unvorstellbarer, ja unendlicher Druck frei wurde und Millionen Grad Hitze entstanden."

„Das ist meine Folgerung", meint Vincent.

Vincent schaut nun zu Frank und meint:
„Lieber Frank, jetzt bist du gefragt, ich bin wirklich gespannt, was deine Meinung ist."

Frank, der Professor, der Wissenschaftler, der Mann, welcher sich berufs-mäßig mit dieser Materie beschäftigt, hat mittlerweile von lässig auf ernst umgeschaltet.

Ganz ruhig, aus tiefer Überzeugung beginnt er, sich auf das Konglomerat aus Gedankenkombinationen und Vermutungen einzulassen.

„Ich verstehe euch alle vier.
Jeder hat genügend Gründe für seine Meinung.
Schließlich bewegen wir uns, was den gestellten Fragenkomplex anbetrifft, in einem generell geistigen Vakuum.
Weder nützt uns unsere kognitive Ausstattung noch hilft uns unsere intellektuelle Veranlagung, diese offenen Fragen zu beantworten.
Nichts kann man beweisen und nichts kann man widerlegen.
Wenn wir uns aber der logischen Kombination hingeben und uns dabei auf das unwiderlegbare Naturgesetz, das Energieerhaltungsprinzip beziehen, und wenn wir der Tatsache Rechnung tragen, dass laut Wissenschaft vor der Urknallexplosion nichts, aber auch gar nichts da gewesen ist,
dann kann die zur Urknallexplosion notwendige Energie nur geschaffen worden sein.

Sofort steht die Frage im Raum: Wie geschaffen, aus was und von wem?"

„Von einer bestehenden Instanz!"

„Die einen nennen sie höheres Wesen,
die anderen reden vom Schöpfer
und für die ganz anderen ist es Gott."

Frank schaut zu Vincent und meint:
„Du hast vorhin richtig gefolgert, deinen Ausführungen kann ich eigentlich
nichts hinzufügen.
Sie stimmen nicht nur in der Folgerung, sondern auch im Detail.

Bei richtiger Folgerung
–   Energie kann sich nicht selbst erschaffen
–   Urknall
–   Evolution
–   Universum
–   Materie
ist also eine Schöpfung, ein Schöpfer nicht zu leugnen.

Was ich in dieser Angelegenheit leider auch sagen muss, stimmt mich
nachdenklich, ja sogar traurig.

Es gibt gescheite Menschen, welche sich in ihrer nihilistischen Einstellung
auf folgende Antwort zurückziehen.

„Mit dem Urknall begann erst alles.
Es war weder Zeit noch Raum noch Energie vorhanden.
Nichts war da, auch kein Schöpfer".

Für sie kam alles, was geschehen ist, aus der Natur. So deren Natur-
These.
Diese Menschen sind sich nicht zu schade, zur Untermauerung ihrer Natur-
These sogar die Mathematik zu vergewaltigen.
Alle ihre noch so trickreichen mathematischen Ansätze enden allerdings
immer im Nirwana.
Atheismus, Nihilismus sind ihre Philosophie.

Es gibt aber auch die anderen gescheiten Menschen. Die mit der Schöpfungs-
These.

Für diese Kategorie der Denker gilt das Naturgesetz, nach welchem Energie weder herstellbar noch vernichtbar ist.
Sie vertreten die These

‚Wenn mit dem Urknall alles erst begann, aber vor dem Urknall keine Energie vorhanden war, dann wird von niemandem, auch nicht von den Befürwortern der Natur-These bestritten werden, dass diese notwendige Energie nicht aus der Natur geschaffen sein kann.‘

Diese Energie, welche also vor dem Beginn nicht vorhanden war, muss also irgendwann und irgendwie geschaffen oder erschaffen worden sein. Von wem oder von was war sie geschaffen?

Ja, doch nur von einem schon bestehenden System, von einer bestehenden Macht, von der Allmacht.

Zwar kann dies nicht bewiesen werden. Aber es gibt keine andere Folgerung, zumindest nicht für unser menschliches, für unser irdisches Gehirn.“

Vincent mischt sich ein und stellt fest: „Wenn wir zusammenfassen, ergeben sich folgende Thesen:

Die **These 1 der Schöpfungsgegner:**

‚Alles kommt aus der Natur, es gibt keinen Schöpfer und es gibt auch keine Allmacht.‘
‚Ein Schöpfer kann nicht bewiesen werden.‘
‚Alle philosophischen, alle religiösen und alle mathematischen Beweisversuche für einen Schöpfer sind bisher gescheitert.‘

Die **These 2 der Schöpfungsbefürworter:**

‚Es muss eine Allmacht, einen Schöpfer geben, weil die Energie, welche zum Urknall notwendig war, schon vor dem Urknall vorhanden gewesen ist oder geschaffen wurde.‘
Nach dem Energieerhaltungsgesetz ist Energie weder herstellbar noch vernichtbar.

Hier, also bei dieser These 2, gibt es den Logikbeweis.

- Die vorbeschriebene Energie kann nicht irgendwoher gekommen sein, sie war da bzw. sie wurde geschaffen, bevor alles mit dem Urknall begann.
- Woher kann diese Energie gekommen sein?
Selbst konnte sie sich aber auch nicht erschaffen haben, dagegen sprechen die unwiderlegbaren Naturgesetze.
- Diese Energie kann nur von einer höheren Instanz, von einer Allmacht, also von dem Schöpfer erschaffen worden sein.

Max, der Schlaue, meint: „Mich langweilt das, kommen wir doch zum übernächsten Thema, zum Fragenkomplex drei.
Zur Auflösung der Unendlichkeit."

Den Fragenkomplex 2 – Schöpfungsfrage – haben wir doch schon bei Frage 1 abgehandelt."

Vincent meint: „Max, sei nicht ungeduldig!
Fragenkomplex 2 ist dran."

Frank sitzt in seinem Sessel, zieht genüsslich an seiner Zigarre und schmunzelt zufrieden vor sich hin.
Frank meint nun: „Vincent, deine Zusammenfassung ist auch diesmal nicht zu widerlegen.

Du hast ja nichts behauptet und auch nichts bewiesen, aber du hast ganz logisch gefolgert. Deine Logik stimmt."

Frank fährt fort: „Diese Diskussion um Schöpfung und eine höhere Instanz ist schon fast siebentausend Jahre alt und sie wird so lange weitergeführt werden, wie es Menschen auf diesem Planeten gibt.

Schon die Sumerer und die alten Babylonier diskutierten dieses Thema.

Weder zukünftige Computer noch die weiterentwickelte künstliche Intelligenz (KI) noch zukünftige irdische Super-Entwicklungen werden diese Frage endgültig lösen."

Frank, der Professor, der Wissenschaftler, der prädestinierte Denker auf diesem Gebiet, ist geeignet, nahe, vielleicht am nächsten an die irdische Beantwortung
der **Frage aller Fragen**
heranzukommen.

Fragenkomplex 2: Schöpfungsfrage

Frank meint: „Dieses Thema wurde ganz zwangsläufig, wie Max sagte, recht gründlich beim ersten Fragenkomplex diskutiert.
In Ergänzung hierzu muss ich des besseren Verständnisses wegen wiederholen und Nachfolgendes feststellen:

Die Energie für den Urknall war geschaffen und, wie wir ja unmiss-verständlich feststellten, im Schwarzen Loch komprimiert.

- Gemäß den Naturgesetzen konnte sich die Energie, wie wir wissen, nicht selbst entwickeln.

- Die Energie wurde also geschaffen bzw. erschaffen.

- Wenn die Energie geschaffen bzw. erschaffen wurde, dann kann dies nur durch eine außerirdische, durch eine höhere Instanz, also durch eine für unser 13-dimensionales Gehirn nicht erfassbare Allmacht geschaffen worden sein.

Warum 13-dimensional:
  - 3 geometrische Dimensionen (Länge, Breite, Höhe)
  - 5 physikalische Richtwerte – Denkkategorien
  - (Zeit, Geschwindigkeit, Kraft, Masse, Energie)
  - 5 menschliche Sinne (Sehen, Hören, Riechen, Fühlen, Schmecken,
  - sind zusammen 13 Dimensionen

- Dass die Energie aber Basis für den Urknall war, also dass es ohne Energie keinen Urknall gegeben hätte, dies ist für jedermann unstrittig, auch für die Wissenschaft.

- Des Weiteren ist unbestritten, dass sich das gesamte Universum aus dem Urknall entwickelt hat.

Folgern wir weiter, dann ergibt sich ganz zwangsläufig und folgerichtig:

- Wenn die Energie für den Urknall von einer höheren Instanz, also von der Allmacht erschaffen wurde,
  eine andere logische Folgerung ergibt sich nicht,
- wenn sich aus dem Urknall das gesamte Universum entwickelt hat bzw. entstanden ist, dies ist unbestritten,
- dann ist alles, also das gesamte Universum das Resultat des Urknalls und damit das Ergebnis des allmächtigen Schöpfers.

Natur und Schöpfer stehen sich also gegenüber (These 1 – These 2).
Nur die logische Folgerung gemäß den einschlägigen Naturgesetzen gibt uns die Lösung.

Ab nun, ab dem Urknall gilt, abgesehen von zwei weiteren ganz bestimmten Urknall-Thesen für alles, was sich im Universum entwickelt hat, die Evolutionstheorie.

Zum sogenannten **zweiten** und **dritten Urknall** kommen wir später.

Die Evolutionstheorie ist mit einer unendlichen Zahl an Zufälligkeiten für die weitere Entstehung unseres Universums verantwortlich.
Ab dem Urknall gelten also überall und zu jeder Zeit für jede Entwicklung die vielen Gesetze der Natur oder, wenn man es so will, das unendliche Zufallsprinzip der Evolution."

Die Antwort auf den von Frank formulierten zweiten Fragenkomplex „Gibt es einen Schöpfer?" lautet also nach Frank ganz zwangsläufig:

- Die Entstehung der Urknall-Energie und damit der Urknall ist wie gesagt das Werk der Allmacht, das Ergebnis des Schöpfers.
- Das Universum, die Galaxien, die Sonnensysteme und ihre Planeten sind also die Folge bzw. das Resultat des Urknalls, also das Ergebnis der Schöpfung.

- Und schließlich gilt: Die Entwicklung innerhalb des Universums ergibt sich aus unendlich vielen Zufälligkeiten der Evolution.

Ob es nun einen Plan der Schöpfung für die Evolution gibt und ob sich alles daraus ableitet, bleibt immer noch ein Rätsel.
Ob es eine Bestimmung gibt oder alles Zufall ist, bleibt ebenfalls un-geklärt."

„Zusammenfassend", sagt Frank, „sind sowohl für die sogenannten Detailergebnisse als auch für die summarische Feststellung wichtig:
- Alle obigen Feststellungen sind reine naturwissenschaftliche Folgerungen.
- Alles ist Schöpfung.
- Alle hier gemachten Aussagen haben nichts mit Religion und Glauben zu tun.
- Alle Religionen sind unbestritten das Werk von Menschen.
- Wie nah die eine oder andere Religion an der sogenannten göttlichen Wahrheit liegt, wird später behandelt."

Frank, der Wissenschaftler, ist tolerant:
Er weist deshalb ausdrücklich daraufhin: „Dies ist meine Meinung.

Viele Kollegen und andere Menschen glauben nicht an eine Schöpfung, nicht an ein höheres Wesen, an einen Gott.
Ihre Argumente behandeln wir später."

Frank schaut nun ganz erleichtert in die Runde und meint:
„Das war der zweite Fragenkomplex.

Also auch hier bleibt These 1 gegenüber These 2 bestehen.

Man sollte niemand das Denken verbieten.

Weil wir so gut in Fahrt sind, sollten wir jetzt anschließend noch heute Abend den dritten Fragenkomplex, also das Thema ‚Unendlichkeit' behandeln.

Also **Fragenkomplex 3.**"

Frank hebt sein Glas, prostet den Freunden zu und fragt suggerierend: „Einverstanden?"

Natürlich sind die vier Freunde einverstanden. Sie sind ja sehr gespannt, was Frank zu der ominösen Unendlichkeit zu sagen hat, nicht nur Spannung beherrscht die vier Oldies, sondern auch Neugier.

Vincent fühlt sich durch die vorausgegangenen Folgerungen von Frank voll und ganz bestätigt.
Eine große innere Zufriedenheit hat sich in ihm breitgemacht.

Schorsch, der Agrarökonom, hebt nun auch sein Glas und prostet auf die Schöpfung. Für Schorsch ist das schon eine emotionale Erregung.

Hans, der Philosoph, windet sich, verzieht das Gesicht und will anscheinend zu philosophieren beginnen.

Max fährt ihm ins Wort. Seine Bemerkung „Deine Philosophien kannst du dir sparen" ergänzt er gleich mit dem für Max typischen Zynismus: „Nicht einmal du wirst es schaffen, den Schöpfungsbeweis zu liefern."

Vincent meint, kurz und trocken: „Max, deine Zigarre ist am Ende, der Humidor steht bereit."

Frank schmunzelt und fragt: „Soll ich?"

Alle, auch Max, grinsen verschmitzt vor sich hin und prosten sich zu.

Frank kommt nun zum **dritten Fragenkomplex**, zur Unendlichkeit.

Vincent unterbricht und meint etwas spöttisch und auf seine immer tiefgründige Art: „Die Unendlichkeit ist leicht zu definieren.
Jeder Kreis, jeder Ring, jede Kugeloberfläche ist unendlich: weitere Fragen?"
„Die Unendlichkeit", so fängt nun Frank an, „ist ein Thema für alle:
für Tante ‚Emma', für Herrn Lehrer ‚Ruhe bitte', für den Bankvorstand ‚Herzlos' und nicht zuletzt für den Dippelbruder ‚Unter der Brücke'.

Jeder Mensch interessiert sich für die Unendlichkeit, sowohl für die räumliche als auch für die zeitliche.

Für den **räumlichen** Test steigen wir in eine Rakete und jagen immer geradeaus durch unser Sonnensystem. Wir kommen an das Ende unseres Sonnensystems, durchfliegen das nächste, das übernächste usw. Wir fliegen immer weiter, immer geradeaus.
Wir dringen in die nächste Galaxie ein, durchfliegen sie usw.
Wo ist Schluss, wo ist das Ende?
Niemand hat eine Antwort.

Auch die **zeitliche** Unendlichkeit ist ebenso unergründlich und undefinierbar.
Gehen wir in die Vergangenheit und fragen uns, was war vor dem Urknall.
Keine Antwort.
Blicken wir in die Zukunft, dann ergeben sich ganz zwangsläufig die Fragen:
Wie geht es weiter? Wie lange geht es weiter? Wann ist Schluss, wann ist alles aus?
In einer Million Jahre.
In hundert Millionen Jahren.
In einer Milliarde Jahren.
Keine Antwort.
Und damit ergibt sich die letzte Frage:
‚Was ist nach dem Ende?‘
Nur ein Verrückter hat eine Antwort."

Frank hält inne, gönnt allen eine Denkpause und fragt dann Max:
„Was denkst du?"

Max grinst, Max lacht, seine Zähne leuchten wie die einer Zahnpasta-Werbeikone.
Jeder, außer Frank, weiß, jetzt kann, jetzt wird von Max eine Zote kommen.
Schon ist sie da.
„Die Frage nach dem Ende", meint Max, „wäre für mich nur relevant, wenn alles schon nach einer Million Jahren zu Ende wäre.

Aber bei hundert Millionen Jahren oder auch gar bei zehn Millionen Jahren habe ich keine Probleme.
Ansonsten interessieren mich heute nur dieser wunderbare Wein und meine neue Zigarre."

Vincent meint: „Frank, mach weiter, bei dem ist sowieso alles hoffnungslos."

Bevor sich Vincent wieder setzt, hat er noch einen „Mahnsatz":

„Die Leugnung der Allmacht ist ein Tanz zwischen Arroganz und Erkenntnis."

Frank stellt fest: „Die Unendlichkeit, sowohl die räumliche als auch die zeitliche, ist ein Thema, welches die Wissenschaft in Wahrheit bis heute nicht gelöst hat und welches sie auch in Zukunft nicht lösen wird.

Leider, das muss ich zur Schande meines Berufsstandes sagen, gibt es auch bei uns in der sogenannten Welt der Wissenschaften viel zu viele Herrschaften, die nach außen großes, ja übergroßes Selbstbewusstsein demonstrieren, welches ihnen innerlich aber fehlt.
Dies ist der Grund, warum die Herrschaften so arrogant und unfehlbar auftreten. Sie benehmen sich wie der katholische Kardinal Marx im Dom von München, sie formulieren überheblich geschmeidig und belehrend wie der Protestantenfürst Bedford-Strom ihre ganz persönliche Unendlichkeit.
Beide Religionsfürsten waren sich sogar nicht zu schade, bei einer nichtchristlichen Einladung ihr Kreuz zu verleugnen.
Manchmal sind solche Herrschaften, auch welche aus meiner Fakultät, sogar so von sich überzeugt, dass sie den Bezug zu sich selbst verlieren.
Wenn solche Herrschaften schließlich trotz aller Diplomatie und Faktenignoranz nicht weiterwissen, versuchen sie sogar, mit untauglichen mathematischen und sonstigen Spielereien ihre Umgebung zu verwirren.
Diese Herrschaften treten oft auf, als wären sie Messias selbst.

Sie erklären die Unendlichkeit mit so viel wirrer, pseudointellektueller Theorie, dass normale Menschen aus Respekt vor so viel Wissen das Falsche zu glauben beginnen.

Natürlich können die Herrschaften nichts beweisen – dies kann niemand – aber sie führen viele Menschen in eine geistige Sackgasse."

Frank holt nun tief Luft und meint: „Zusammenfassend ist festzustellen:

- Wir können die Unendlichkeit nicht verstehen.
- Niemand kann sie beweisen.
- Dies gilt sowohl für die räumliche als auch für die zeitliche Unendlichkeit."

Auch hier steht am Schluss **These 1** gegen **These 2**.
Auch bei dieser Frage der Unendlichkeit muss vom Anfang, vom Urknall her gefolgert werden:

- Die Energie für den Urknall kann sich gemäß Energieerhaltungsgesetz nicht selbst erschaffen haben.
  Also wurde sie erschaffen.

- Von was? Von wem?
  Von einer höheren Instanz, also von der Allmacht.

- Die Unendlichkeit ist wissenschaftlich unerklärbar.
  Sie ist und bleibt das Geheimnis der Allmacht.

Niemand hat die Wahrheit.
Wir müssen also auf der Basis der Naturgesetze folgern.

Selbst dann können wir nicht ex cathedra sprechen."

Frank schaut in die Runde, entschuldigt sich bei den Freunden für das schon am Anfang bestehende Unendlichkeitsvakuum.
Er nimmt sein Weinglas und sagt genüsslich:
„Ein Prost auf unsere schöne Welt."

Vincent bedankt sich bei Frank auch im Namen der Freunde für den professoralen Hochgenuss.
„Bei dir möchte ich noch einmal Student sein", meint Vincent.

Frank bemerkt ganz kurz: „Wir sind noch nicht durch."

„Das Thema ‚Planet Erde' und das Thema ‚Leben'
liegen Vincent im Magen
und gleich werden sie euch auch drücken."

Alle fünf Kaminaspiranten sind sich einig, jetzt wird diskutiert bis in die
Nacht.

Urknall - fortgeschritten   Quelle: Adobe Stock

KAPITEL 2
DER PLANET ERDE

Samstag, 10. November 2018, 11.00 Uhr vormittags ist es. Die fünf Freunde wandern hoch oben auf dem sogenannten Höhenweg vom Parsenn in Richtung Davos Platz.

Spät ist es gestern geworden. Bei der Diskussion über den Urknall, über das Universum, über Natur und Schöpfung und über unser Sein prallten diametrale Meinungen aufeinander. Wohlgemerkt, die Freunde streiten nicht, aber sie diskutieren intensiv. Keiner von ihnen ist irgendwie rechthaberisch. Jeder setzt hinter seine Meinung auch ein Fragezeichen.

Jetzt bei dieser wunderschönen Wanderung in der Natur auf einem Höhenweg, der zu allen vier Jahreszeiten, wenn es nicht gerade regnet und stürmt, herrlich ist und immer wunderschöne Gefühle weckt, diskutieren die Herrschaften natürlich nicht über Kosmos, über Sein oder Nichtsein. Die Landschaft bewundern sie, über Davos und über den Weltwirtschaftsgipfel in Davos sprechen sie. Ganz locker und unwissenschaftlich pflegen sie ihre Unterhaltung.
Die Sonne blinzelt mittlerweile leicht durch die Wolken. Der Schnee ist trocken-gefroren. Die Eiskristalle glitzern wie Diamanten auf schwarzem Samt.

Hans, der Philosoph, meint, träumerisch wie er ist: „Hier oben ist die Luft aber schon etwas dünn. Mich strengt das an, auch spüre ich Hunger."

Schorsch erzählt, wie schlecht er heute Nacht geschlafen hat. Immer wieder kamen ihm die apokalyptischen Zustände nach dem Urknall in den Kopf.

Max kann von derlei Belastungen nicht berichten.
„Ich brauche jetzt", so erklärt er unmissverständlich, „nichts Mystisches, sondern etwas ganz Irdisches. Ein Krug dunkles Bier, ein feines Schnitzel, das wär's!"

Vincent macht auf Optimismus: „In einer halben Stunde sind wir da. Ich habe in einem guten alten Graubündner Restaurant in einer Zirbelstube reserviert und ein schönes Mittagessen bestellt."

„Übrigens", fügt er hinzu, „heute Abend kocht Flori wieder."

Frank stellt fest: „In Australien kann man sich dieses herrliche Leben in den winterlichen Bergen gar nicht vorstellen. Ich genieße den Spaziergang und lass alles auf mich zukommen."

Im Restaurant angekommen, finden die Herren die Vorhersage von Vincent bestätigt.

Ein schönes, ein gemütliches, ein echtes Graubündner Lokal hat Vincent ausgesucht. Gerstensuppe gibt es, Lammkarree und eine Nachspeise nach Wahl des Gastes.

Die Herren sind sich einig, so macht das Leben Spaß.

Nach gemütlichen eineinhalb Stunden werden die Herren nun durch den Fahrer von Vincent mit dem Range Rover abgeholt.

Etwas eng ist es im Auto, aber trotzdem nicht ohne Komfort. Gemütlich fahren die Herren zurück zu Vincents Berghütte.

Und wieder sitzen sie, jeder auf seinem Platz, um das Feuer im offenen Kamin.

Alle fünf Freunde fühlen sich wieder rundherum wohl.

Schorsch meint: „Wenn ich könnte, würde ich jetzt jodeln."

Vincent bringt wieder Ernst ins Leben.

„Es ist schön, dass ihr euch wohlfühlt. Heute wollen wir uns einem neuen, zu unserem gestrigen Thema passenden Gebiet widmen.

Frank wird nun über Mutter Erde sprechen. Er wird uns zeigen, wie dieser wunderschöne Planet Erde entstanden ist und sich in Millionen von Jahren zur Beherbergung von Mensch, Tier und Pflanzen entwickelt hat."

„Bevor Frank beginnt", spricht Vincent, „möchte ich doch noch aufgrund der schönen Wanderung von vorhin auf die Einmaligkeit und die Herrlichkeit dieses Planeten Erde hinweisen.

Ich glaube, die Erde ist es wert, einige Gedanken über sie zu verlieren.

Diese Erde hätte es wirklich verdient, dass man mit ihr besser, ich meine liebevoller und mit mehr Achtung umgeht.

Sie ist, verglichen mit allen anderen Sternen, Planeten und sonstigen Himmelskörpern, die wir kennen, einmalig schön, sie ist wunderbar, ja ich muss schon sagen, sie ist paradiesisch.

Dieser Planet Erde ist in unserem Sonnensystem, ich glaube auch in unserer Heimatgalaxie, wie ein ausgesuchtes Nest für Mensch, Tier und Pflanzen.

Ein Blick von einer Weltraumstation ist nach Auskunft der Astronauten so beeindruckend, dass mancher Beobachter da oben sogar nasse Augen bekommt.

Wie ein blau blinkender Diamant, wie ein Himmelsgeschenk, hebt sich unsere Erde von all den anderen Planeten und Sternen ab.

Sowohl bei Tag als auch bei Nacht schimmert dieser Planet Erde wie ein magischer Juwel in der Unendlichkeit des Weltraums.

Auch hier auf Erden zeigt sich dieser Planet in jeder Jahreszeit auf allen Kontinenten und in allen Ländern und Gebieten meist in traumhafter Herrlichkeit – von Erdkatastrophen abgesehen.

Egal auf welchem Kontinent, überall empfängt uns diese Mutter Erde mit wunderschönen Landschaften in paradiesischer Schönheit.

Je nach Region finden wir herrliche Berge, beeindruckende Täler, die Weite des Meeres und wunderschöne Seen.

Je nach Stimmung verursachen Flusstäler, Wälder, Heiden, ja sogar Steppen, Wüsten und Urwälder jeweils individuelle tief ins Gemüt gehende Gefühle.

Gefühle wie im Paradies kann ein ausgeglichener Mensch auch empfinden, wenn er auf einer grünen Wiese liegt, wenn die Sonne scheint, Blumen und Blüten sich in leichtem Wind wiegen, wenn die Bienen summen und die Hummeln brummen, wenn Schmetterlinge fliegen und ein warmer Luftzug durch die Haare weht.

Himmlisch kann ein solches Gefühl sein.

Unsere Erde ist schön. Schön reicht manchmal nicht. Sie ist paradiesisch. Sie ist himmlisch.

Unsere Erde fordert uns Menschen auf, mit ihr fairer umzugehen.

Für mich heißt ‚fair‘ aber nicht bigottisch grenzenlos ‚grün‘.
Nicht die Alleswisser, nicht die Weltbelehrer, nicht die Populisten, auch nicht die selbst ernannten Klimaschützer, nicht die ‚Berufs-Grünen‘, egal von welcher Partei, nicht die Nutznießer populistischer Hetze dürfen die Herrschaft über diese schöne Erde erlangen, sondern die wirklichen Beschützer dieses Planeten.

Diese Erde gehört geschützt vor sinnloser Verschmutzung durch Plastik, überflüssige Verpackung und sonstigen Müll. Sie gehört geschützt vor dümmlicher, menschenverachtender Umweltvergiftung aller Art. Sie gehört geschützt vor durch einzelne Menschen verursachten und dann millionenfach menschenvernichtenden Kriegen und deren Folgen auch für die Natur.“

Vincent unterbricht seinen Vortrag und meint: „Ich wollte nicht politisch werden, sondern nur aufmerksam machen auf unsere schöne Erde. Wir müssen sie schützen, aber wirklich nicht auf eine populistische Art.

Ich bitte um Entschuldigung.

Frank, du bist ja dran. Mein Geschwätz zählt hier nicht. Aber immer, wenn ich an diese kreischenden Umweltpopulisten, mehr weiblich als männlich, denke, dann komme ich unter Dampf.

Frank, du hast uns das Universum erklärt, du wirst uns jetzt auch die Entstehung dieses Planeten erklären.“

Frank legt seine qualmende Zigarre ab, nimmt sein Rotweinglas in die Hand und prostet den Freunden zu: „Auf unsere Erde!“

„Ja, meine Herren, wie war das“, sagt Frank so einfach in den Raum hinein, „wie ist dieser schöne Planet Erde entstanden?

Wir wissen, das gesamte Universum, auch unsere Galaxie und unser Sonnensystem sind Kinder des Urknalls.
Dieser fand vor ca. 14 Milliarden Jahren statt.
Apokalyptische Zustände herrschten im Raum. Der gesamte Kosmos war

gefüllt mit einer Strahlensuppe. Überall und ununterbrochen explodierte, blitzte und krachte ein permanenter, unendlicher Energiekrieg.

Das Universum dehnte sich mit Lichtgeschwindigkeit nach außen, unendlicher Druck war im Universum existent, ca. zehn Billionen Grad Hitze herrschten.

Mehrere Milliarden Jahre dauerte dieser Zustand, bis sich der unendliche Druck und die gewaltige Hitze im Universum abbauten.

Aus der Strahlensuppe bildeten sich durch Kernspaltung und Fusion immer wieder Atome. Sie lösten sich wieder auf, entstanden neu und je nach Abkühlung und Abklingen der apokalyptischen Zustände entfalteten sich Energiewolken, fallweise explodierten diese, fallweise fusionierten sie. Moleküle entstanden und lösten sich wieder auf.

Das ganze Universum bestand aus unendlich vielen Energiewolken.

Eine der größeren Energiewolken war der Ursprung, war die Mutter unserer Galaxie.

Vor etwa acht Milliarden Jahren spaltete sich durch eine Supernova-Explosion diese energiegeladene Super-Wolke auf.

Aus dieser Aufspaltung entstand dann unser Sonnensystem.

Mehr als 99 Prozent der vorhandenen Energiewolke verdichteten sich nun zur Sonne.

Die Sonne verfügte über so viel Energie, dass diese sich auch weiterhin permanent entlud, also durch Supernova-Explosionen aktiv blieb und es unmöglich war und ist, dass diese massive Energieeinheit zu einem molekularen Stern erkaltet.

Aus dem ca. einprozentigen Rest der vorerwähnten großen Energiewolke entstanden vor ungefähr fünf Milliarden Jahren die acht um die Sonne kreisenden Planeten, nämlich Merkur, Venus, Erde, Mars, Jupiter, Saturn, Uranus, und Neptun.

Zwischen der Erde und der Sonne kreisen Merkur und Venus.

Außerhalb der Erde können wir die Planeten Mars, Jupiter, Saturn, Uranus und Neptun jeden Tag bzw. jede Nacht bewundern.
Der einzige Planet, welcher zur Sonne genau in dem Abstand seine Bahn zieht, dass Leben möglich ist, ist die Erde.

Die Energie der acht Planeten, bestehend aus den Urgasen 91 % Wasserstoff – 5 % Heliumgas – 1 % Lithiumgas und 3 % sonstige Gase, begann sich vor ca. 5,5 Millionen Jahren in acht Molekularwolken umzuwandeln.

Sonnensystem   Quelle: Adobe Stock

Aus einzelnen Gasmolekülen entwickelten sich dann die ersten mikroskopisch kleinen Staubpartikel und hieraus also die erste sichtbare Masse – die Materie.
Zunächst war dies fester Staub, daraus entstanden Körner und hieraus Steinmasse. Aus dieser Steinmasse entstanden allmählich Himmelskörper, also kleine und größere Brocken.
Diese flogen nun im All, allerdings im Energiebereich der sich schon in Bildung befindlichen Planeten frei herum.
Die Brocken wuchsen. Mit zunehmender Masse vergrößerte sich ihre Schwerkraft und damit sowohl ihr Gravitationsfeld als auch ihre Zentrifugalkräfte. Die Zentrifugalkräfte zogen im Gegensatz zu den Gravitationskräften nach außen. Die Gravitationskraft, also die innere Anziehungskraft des Zentrums, war überlegen und bewirkte, auch durch ihre magnetischen Felder, schnelles Wachstum.

Hierdurch wuchs die innere Verdichtung des Gesamtgefüges.

Auch kleine im All herumfliegende Brocken und später ganze Meteoriten führten durch Aufprall auf die Erde zu relativ schnellem, zusätzlichem Wachstum.

Der sich bildende Planet Erde war also zunächst ‚kalt'. Er bestand am Anfang ausschließlich aus Gestein.

Je größer der Planet wurde, je kräftiger wurde die innere Anziehungskraft, also die Gravitation. Hierdurch begann sich der Planet Erde durch innere Reibung und durch steigenden Druck aufzuheizen. Die Hitze und der Druck wurden mit zunehmender Masse des Himmelskörpers größer und größer.

Auch durch die gewaltigen Einschläge der Meteoriten von außen stiegen sowohl die Hitze als auch der Druck im Inneren des Planeten Erde.

Mit zunehmender Hitze und Druck begannen sich die Atome im Inneren der Erde zu spalten. Kernspaltung fand nun statt und natürlich auch Fusion von Atomen.

Hierdurch wurden wiederum gewaltige Energien freigesetzt. Die Erde begann vom Kern her zu schmelzen. Die schwere Materie – Metalle und Urgesteine – flossen nach innen zum Kern.

Dieser Vorgang dauerte so lange, bis die gesamte Erde wieder eine flüssige Masse, also Plasma, darstellte.

Im Innenbereich des neuen Planeten Erde herrschten also wieder apokalyptische Zustände. Millionen Grad Temperatur und fast unendlicher Druck waren gegeben. Der Kern des Planeten bestand wiederum vorwiegend aus flüssigen Metallen und flüssigem Urgestein.

Es brodelte und der Druck stieg weiter.

Trotz der riesigen, im Inneren der Erde befindlichen Hitze und dem fast unendlichen Druck stabilisierte sich die Erdkruste, also die Hülle um das flüssige Magma im Inneren, immer mehr.

Mit Beendigung der dauerhaften größeren Meteoriteneinschläge erkaltete und erstarrte der Himmelskörper, also die Erde, wieder natürlich von außen her. Eine ca. acht Kilometer dicke Kruste erkalteter Plasmamasse umgab nun den flüssigen Kern des Planeten Erde.

Der materielle Aufbau der Planeten stellte sich wie folgt dar:

- äußere erkaltete Kruste mit gashaltiger steiniger Struktur, acht Kilometer stark
- mittlerer Mantel mit wesentlich härterer gesinteter Masse aus Urgestein und Metallelementen, ca. 40 bis 60 Kilometer stark
- innere flüssige Magmamasse mit Schwermetall im Kernbereich
- nach außen zunehmend war die Masse mit Gas durchdrungen

Durch weitere Gasbildung im Inneren brach die Kruste an einzelnen Stellen immer wieder auf.
Vulkane entstanden, Gase und Lavamassen drangen nach außen.

Vor ca. 3,9 Milliarden Jahren war die Erde einerseits so auf ihrer Kruste erkaltet, andererseits im Inneren so gleichmäßig energiegeladen, dass man von einem **fast stabilen Planeten** sprechen kann.

Die noch und immer wieder stattfindenden Explosionen im Inneren waren nun nach außen glückliche Ereignisse.

Durch die Explosionen im Inneren drangen Wasserstoff, Ammoniak und eine Reihe anderer Gase durch die Erdkruste nach außen.
Hierdurch baute sich allmählich die erste Erdatmosphäre auf.

Diese Atmosphäre war zunächst eine reine Giftatmosphäre. Dunkle Wolken aus Gasen, aus Schmutz und Asche bildeten eine Hülle um den Planeten Erde.

Vor etwa 3,8 Milliarden Jahren spaltete sich nun plötzlich aus den vorhandenen Gasen Sauerstoff ab.
Die Sauerstoffzunahme stieg potenziell. Der Sauerstoff durchmischte die vorhandene giftige Erdatmosphäre. Die Sauerstoffgase verbanden sich mit Wasserstoff.
Die giftige Atmosphäre begann sich allmählich zu entgiften. Aus Wasserstoff und Sauerstoff entwickelte sich sehr schnell Wasserdampf bzw. Wasser. Dieser wiederum kühlte sich in der kalten Atmosphäre sehr schnell ab. Die relative Luftfeuchtigkeit wurde gesättigt. Es begann zu regnen.

Die in der Luft herumschwebenden Staub- und Dreckpartikel wurden auf die Erde niedergeschwemmt.
Die vorhandenen Giftgase wurden abgebaut. Die Erdatmosphäre wurde gereinigt.

Wasserstoff, Sauerstoff, Stickstoff und viele andere Gase bildeten die erste lebensbejahende Atmosphäre.

Dieser Vorgang dauerte viele Millionen Jahre, ebenso der in der Folge durch Wasserstoff und Sauerstoff verursachte Regen.

Durch die mittlerweile vorhandene Erdatmosphäre entwickelten sich unendlich viele und gewaltige Energieentladungen in Form von Urblitzen.

Als Folge dieser Gesamtentwicklung war dann vor ca. 3,8 Milliarden Jahren die **Erde so weit erkaltet,** dass sich die Erdkruste immer mehr verfestigte.

In der Zeit von vor ca. 3,8 Milliarden Jahren bis vor 650 Millionen Jahren vor unserer Zeitrechnung regnete es nahezu ununterbrochen. Nur so war es möglich, dass die für uns heute schier unendlichen Meere entstehen konnten.
In dieser gewaltigen Zeitspanne entwickelten sich mit der sich bildenden Erdatmosphäre die für komplexe Lebewesen notwendigen, wichtigen Spurenelemente, Mineralien und Aminosäuren.

Durch die Sonne und die neue Atmosphäre bestimmte die Photosynthese die gesamte Erdoberfläche.
Chlorophyllbildung, Assimilation und grünes Wachstum waren die Folge. Die gesamte Erdoberfläche wurde mit ungebremstem Wachstum von Pflanzen aller Art überwuchert.

Die ersten komplexen und teilbaren Organismen breiteten sich aus.
Das erste komplexe Leben mit Erbanlagen begann.

Vor ca. 650 Millionen Jahren stellte die Erdkruste ein Drittel der Erdoberfläche dar, zwei Drittel waren Meer.

Vor etwa 250 Millionen Jahren wurde die Erde wieder völlig unruhig.

Der im Kern der Erde mittlerweile wieder stark angewachsene Druck spaltete die Erdkruste aufs Neue.

Aus dem einzigen zusammenhängenden Festland, aus dieser Kontinentalplatte, **Pangäa** wird sie genannt, entstanden zwei neue Erdplatten bzw. zwei neue Kontinente.

So viel zur Entstehung unseres einmalig schönen Planeten Erde.

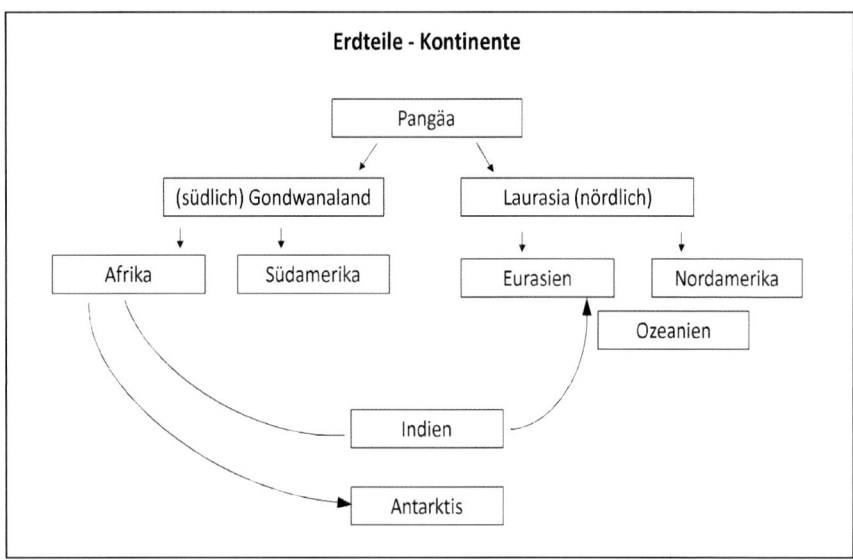

Der nördliche Kontinent, genannt **Laurasia,** und der südliche Kontinent, genannt **Gondwanaland,** waren nun die zwei aus den Meeren herausragenden neuen Kontinentalplatten.

Der Planet Erde war noch nicht zur Ruhe gekommen.
Die Energie im Inneren brodelte weiter. Der Druck der Gase spaltete die zwei vorhandenen Kontinentalplatten vor ca. 200 Millionen Jahren aufs Neue.

Laurasia, der nördliche Kontinent, gebar drei Kontinente.
Eurasien, Nordamerika und Ozeanien entstanden.

Gondwanaland, der südliche Kontinent, brachte die zwei Kontinente Afrika und Südamerika hervor.

Im Laufe der nächsten ca. 80 Millionen Jahre, also vor 120 Millionen Jahren, brach aus dem afrikanischen Kontinent zum einen das heutige Indien heraus und schob sich an Eurasien heran, zum anderen spaltete sich aus der afrikanischen Kontinentalplatte auch die Antarktis ab.

Diese Plattentektonik, also die Verschiebung der Erdplatten von Pangäa beginnend bis zur Bildung der Antarktis ist zweifelsfrei belegbar.

Durch die Geologie, durch tausendfache Messungen, durch Gesteinsproben, durch Funde und schließlich sogar durch Vergleiche aus der Fauna und der Tierwelt ist nachgewiesen, was mittlerweile Stand der heutigen Erkenntnis ist.

Auch die Trennungskonturen der Kontinente belegen unmissverständlich die heutigen Feststellungen.

An dieser Feststellung zweifelt heute niemand mehr.

In der Wissenschaft ist dies feste Sprachregelung.

Selbst für jeden Laien ist schnell erkennbar, dass in Indien die gleichen Tiere leben und Pflanzen wachsen wie in Afrika.

Analoge Umstände gelten für Westafrika und Südamerika.

Was die Antarktis anbetrifft, so kann man sich bei ihr nicht auf die Tier- und Pflanzenwelt und auch nicht den Menschen beziehen.

Die Antarktis ist menschenleer und an Tieren und Pflanzen gibt es nichts relevant Vergleichbares.

Die geologischen Untersuchungen jedoch belegen alle heutigen Feststellungen.

Ein weiterer sehr eindrucksvoller Beweis für die Wanderung der indischen Landplatte von Afrika nach Asien ist durch die vielen mineralogischen Untersuchungsdaten gegeben.

Durch den Aufprall der indischen neuen Erdplatte auf den alten eurasischen Kontinent ergab sich in diesem ein nahezu unendlicher Druck.

Der Druck war derart groß, dass sich das riesige, ja das höchste Falten-gebirge der Erde, also der Himalaya gebildet hat.

Neben den inneren gewaltigen Kräfteverschiebungen litt die Erde damals auch von außen immer wieder unter großen Meteoriten-Bombardements. Unendlich viele Asteroiden, Meteoriten und Meteore rasten damals mehr oder weniger unkontrolliert durch den freien Raum im Universum.

Sehr viele von ihnen prallten auf die neu gebildete Erde.

Vor ca. 65 Millionen Jahren traf ein riesiger Meteorit mit dem Durchmesser von mehreren Kilometern auf den neuen Planeten Erde.

Ein Krater von ca. 180 Kilometer Durchmesser entstand. Der Einschlag war so gewaltig, dass der sich daraus bildende Staub die Atmosphäre um die Erde so verdichtete, dass die Sonne für Hunderte von Jahren nicht mehr auf die Erde durchdrang. Über Jahrhunderte war es dunkel und kalt. Viele, unendlich viele Pflanzen und Tiere starben, ganze Gattungen starben aus. Auch für die Dinosaurier bedeutete dies das Ende.

Die heute noch im Universum befindlichen Meteoriten und Kometen fliegen entsprechend ihren eigenen Bahnen geordnet durch den Raum.

Nur selten ist es uns Menschen heute möglich, einen Kometen mit seinem Schweif zu beobachten. Je nachdem wie weit ein solcher Komet aus seiner Bahn gerät und irgendwann zu wenig Abstand zur Sonne hat, verdampft er zunächst an seiner Oberfläche, meistens sogar im Ganzen. Wasserdampf und Staub entstehen. Wir Menschen nehmen dies als Kometenschweif wahr.

Noch ein kleiner Hinweis:

Unsere Erde ist nicht wie ein Ball kreisrund.

Viel eher sieht sie aus wie ein an den beiden Polen zusammengequetschter Ball.

Warum ist dies so? Weil zum einen die magnetischen Kräfte der Pole wirken und zum anderen durch die Erdrotation starke Zentrifugalkräfte nach außen entstehen. Diese ziehen die Erde im mittleren Bereich nach außen an den Rand, sodass sich hier der Erddurchmesser erweitert.

Der Zustand unserer Erde von heute ist also belegt.

Heute besteht der Planet Erde nach wie vor zu zwei Dritteln aus Wasser und zu einem Drittel aus Festland.
Das Festland unterteilt sich derzeit in sechs Kontinente:
Afrika, Eurasien, Ozeanien, Nordamerika, Südamerika, Antarktis."

So viel zum hervorragenden Vortrag von Frank über die Entstehung unseres Planeten Erde.

Vincent bedankt sich bei Frank natürlich auch im Namen der drei Freunde ganz herzlich, ja fast euphorisch für diesen wiederum wunderbaren und lehrreichen Vortrag.

Wie vereinbart erinnert Vincent noch kurz an das Thema Umwelt.

Fast erregt führt Vincent fort: „Wir dürfen diesen herrlichen Planeten Erde aber verbal nicht verlassen, ohne uns noch kurz mit der heutigen Situation auf unserem Planeten Erde zu beschäftigen."

Vincent erklärt: „Wir hatten es heute ja schon besprochen. Wir Menschen leben auf dem schönsten Planeten in diesem Sonnensystem und wir, ‚die Krönung der Schöpfung', zerstören unaufhaltsam unsere hier gegebenen Lebensgrundlagen.

Ich fühle mich jetzt nicht an der Klagemauer von Jerusalem und ich stimme jetzt auch nicht in das Klagelied der ewigen Weltverbesserer ein, auch bin ich kein Weltuntergangsprediger, aber so wie wir seit fünfzig Jahren mit unserer Erde umgehen, kann und darf es nicht weitergehen."

Max fällt Vincent ins Wort und beginnt sofort, sich verbal mit den alltäglichen Medienberichten über das Schicksal unserer Erde kurzzuschließen.

„Niemand hört auf uns Medien, wir berichten seit Jahrzehnten über diese Katastrophe."

Max, der routinierte Schreiber und der wortgewaltige Kämpfer gegen das Auto, gegen die Industrie und gegen jeden, der die Luft verschmutzt, lässt sich jetzt nicht mehr bremsen.

Keiner seiner vier Freunde tut dies auch.

Jeder weiß: Lassen wir ihn ausreden, dann ist er wieder ganz friedlich.

Also beginnt Max nun: „Ich sage es ja schon seit einem Jahrzehnt.

Wir Menschen sind Täter und Opfer. Die schlimmsten Täter sind die Vertreter der Industrie und Firmen, die Autos produzieren mit einer weit höheren Abgaserzeugung, als technisch notwendig wäre. Eine Wirtschaft, die nur ihren Profit kennt und der die Lebensqualität von uns Menschen piepegal ist, muss verändert werden.

Ich habe es nicht erfunden, aber ich bin für Elektro- oder Wasserstoffautos, ich bin für Carsharing. Ich bin überhaupt dafür, dass in einer Familie nicht mehr als ein Auto gefahren wird und ich bin dagegen, dass man mit großen Autos die Luft verpestet und die Straßen verstopft.

70 Prozent der bestehenden Personenwagen gehören abgeschafft. Warum fahren die Menschen nicht mit öffentlichen Verkehrsmitteln und auf kurzen Strecken mit dem Fahrrad?“

Vincent mischt sich nun ein. Nicht böse, ganz milde und beruhigend sagt er: „Max, wir kennen deine Einstellung zum Auto und zum Autofahrer. Wenn's nach dir ginge, gäbe es gar keine Autos und wir wären wieder im Mittelalter, bei Pferdekutschen.“

Vincent fährt fort und meint: „Ich glaube wir sollten dieses Thema, nämlich die Belastung unseres Planeten Erde, strukturiert angehen. Unter strukturiert verstehe ich, unsere Erde wird ja nicht nur durch Autos und deren Abgase belastet. Auch geht es nicht nur um die ‚Abgasbelastung‘ unserer Erde, sondern in erster Linie um die Zerstörung unserer menschlichen Lebensqualität und die Vernichtung unserer Lebensgrundlage.

Zunächst müssen wir wissen, dass wir kleinen Menschlein, egal wie intelligent wir sind und wie weit wir in Technik, in Medizin und in anderen Bereichen unsers Lebens vorgedrungen sind, dass wir Wichtigtuer für diesen Planeten Erde selbst keine Gefahr sind.

So viel Kernenergie, also Atombomben, gibt es gar nicht, dass dieser Planet nur im Geringsten durch sie erschüttert würde, so viel Kriege können wir nicht führen, dass diese unsere Erde einen Husten bekäme.

Wir dürfen den Vulkanausbruch von 1883 v. Chr. nie mehr vergessen. Der Krakatau verfügte damals über die Energie von 1300 Atombomben wie von Hiroshima und verursachte auf dieser Galaxie den lautesten Krach seit dem Urknall. Er war aber nur ein Nießer für die Erde.

Wir Menschen können die Erde nicht zerstören. Die Erde wird uns immer überleben, aber wir können uns unsere Lebensgrundlage vernichten. Restorganismen bleiben immer übrig.

Nach uns wird die Erde wieder neu beginnen, mit neuer Fauna und neuer Flora und mit neuen menschlichen Wesen. Alles ist dann vielleicht schöner als je zuvor.

Die Frage ist, wie können wir unsere Lebensgrundlage sichern und vielleicht sogar unsere Lebensqualität erhalten?

Ich unterscheide hier **sechs Gefahrenkategorien** für unsere Mutter Erde.
1. **Luftverschmutzung**
2. **Vergiftung unserer Lebensgrundlage**
3. **Vermüllung unserer Umwelt**
4. **Ausbeutung unseres Planeten**
5. **Zerstörung von Leben und Lebensgrundlagen**
6. **Klima"**

Vincent fragt die vier Freunde: „Habt ihr außer den sechs gerade genannten noch einen weiteren schwerwiegenden Vernichtungsfaktor?"

Nach Schorsch ist dies nicht der Fall.
Schorsch nickt wohlwollend und meint: „Vincent, mach mal."

Vincent hält kurz inne und meint: „Für diese sechs Punkte müsste man sechs Tage konferieren, um die Themen einigermaßen zu ordnen und wirksame Lösungen zu finden.

Das war mein augenblicklicher Hinweis zum sogenannten Umweltschutz und zum Klimawandel."

Alles Wichtige zu diesem Thema werden wir im Kapitel 15: UMWELT und KLIMA im Detail besprechen.

Vincent entschuldigt sich bei Frank für seine Einmischung.
Frank hat noch ein wichtiges Thema parat.

„Was wir noch nicht behandelt haben bezüglich unserer nach wie vor und trotz allem wunderschönen Erde, ist die Entwicklung der Pflanzen und der Tierwelt auf unserem Planeten.

Wie wir wissen, begann das erste organische Leben vor ca. 4,2 Milliarden Jahren. Archaeen-Bakterien waren es vorwiegend.
Aus diesen Bakterien entwickelten sich allmählich Algen, Blaualgen und an-dere Vorläufer unserer Pflanzen.

Das Pflanzenleben fand zu dieser Zeit noch unter Wasser statt. Die Sonne, die Wärme und die mittlerweile sich langsam entwickelnde Atmosphäre sorgten vor ca. 3,5 Milliarden Jahren für organisches Leben und lockten die Pflanzen mit ihren ersten Spitzen über das Wasser.

Vor ca. 450.000 Jahren entwickelten sich bereits die ersten Farne. Unendlich viele und verschiedene Arten von Farngewächsen bestimmten unsere neue Faunawelt.
Schon vor 300.000 Jahren begann das Zeitalter der sogenannten Nacktsamer, also Pflanzen, die sich an der Sonne und in der neuen Atmosphäre wohlfühlten und sich über offene Samen vermehrten.
Mit Sonnenlicht, UV-Strahlung und mit Wärme fand in den Pflanzenoberflächen Photosynthese statt. Chlorophyll bildete sich und die Assimilation sorgte für starkes Wachstum.
Die für Pflanzen notwendige Nahrung kam aus den mittlerweile durch organischen Zerfall von Ursubstanzen hervorgegangenen Erdmaterialien.
Die Umwelt für Pflanzen war äußerst günstig, den Pflanzen ging es gut, sie entwickelten sich zu den heutigen Laub- und Nadelbäumen.
Und wie war das mit dem Tierreich?

Auch hier bot unsere Mutter Erde vor ca. 4,2 bzw. 2,3 Milliarden Jahren zunächst apokalyptische Zustände und später paradiesische Verhältnisse.

Die höllischen Zustände waren verursacht durch Meteoriten, durch die Spaltung kontinentaler Urplatten, durch Vulkane, durch unendliche Überschwemmungen und durch immer wieder neue und gewaltige Verschmutzung der Atmosphäre und der Luft.

Paradiesisch war der Zustand auf unserer Erde und auch im Wasser, wenn die Natur nicht gerade verrücktspielte.

Vor ca. 4,2 Milliarden Jahren entwickelten sich die ersten Einzeller, Bakterien waren es.

Die ersten Weichtiere folgten vor 2,3 Milliarden Jahren, natürlich lebten sie nur im Wasser. Milliardenfach und vielfältig entwickelte sich diese Weichtierwelt.

Vor ca. 700 Millionen Jahren tauchten die ersten Wirbeltiere auf. Die Weichtiere hatten ein Gerippe bekommen. Wirbeltiere bildeten sich in großer Vielfalt.

Ab ca. 470 Millionen Jahren vor unserer Zeitrechnung sind die ersten fischartigen Lebewesen nachweisbar. Sie entwickelten sich ganz zwangsläufig ebenfalls in großer Vielfalt.

Die nicht überlebensfähigen Fische starben aus, aus den lebensfähigen Fischen entwickelten sich schnell auch Amphibien.

Vor ca. 250 Millionen Jahren lebten, wie man mittlerweile auch nachweisen kann, die ersten Reptilien.

Dinosaurier folgten vor ca. 200 Millionen Jahren, die Vogelwelt entfaltete sich und schließlich vor ca. 90 Millionen Jahren die ersten Säugetiere."

Frank erklärt: „Damit bin ich mit unserer lieben Mutter Erde erklärungstechnisch für heute am Ende."

Frank, der Wissenschaftler und der Naturfreund, erklärt noch kurz: „Ihr wisst, ich kann's nicht lassen, ich liebe diesen Planeten, ich liebe diese Erde, einen schöneren Planeten als diesen gibt es nicht.

Jeder Astronaut, der diese Erde von oben betrachtet, spricht von einer überwältigenden Schönheit, von einem blau glitzernden Diamanten, von einem nicht zu beschreibenden Planeten.

Wir müssen ihn mit Ehrfurcht behandeln, diesen Diamant im Universum.

So viel zu unserer lieben Mutter Erde."
Alle vier Freunde – Vincent – Schorsch, Max und Hans – bedanken sich bei Frank für dessen Kunst, wissenschaftliche Themen in für jedermann verständlicher Sprache vorzutragen.

Frank meint nun:
„So, und nun auf die Terrasse.
Die Mutter Erde wartet!"
Etwas profan gedacht und spontan gehandelt.
Ein Grillprofi wartet auf der Terrasse, Vincent hat ihn bestellt.
Gegrillte Scampi, Nackenfleisch, Würstchen und frisches Bier bietet er an.

Eine halbe Stunde lang genießen die Herren die Sondereinlage von Vincent.
Dann geht es zurück zum Kamin, zum gemütlichen Ausklang.

Das auf der nächsten Seite 73 dargestellte Bild
zeigt die Entstehung der Kontinente und
die Besiedlung dieser Erde mit Pflanzen, Tieren, Menschen.

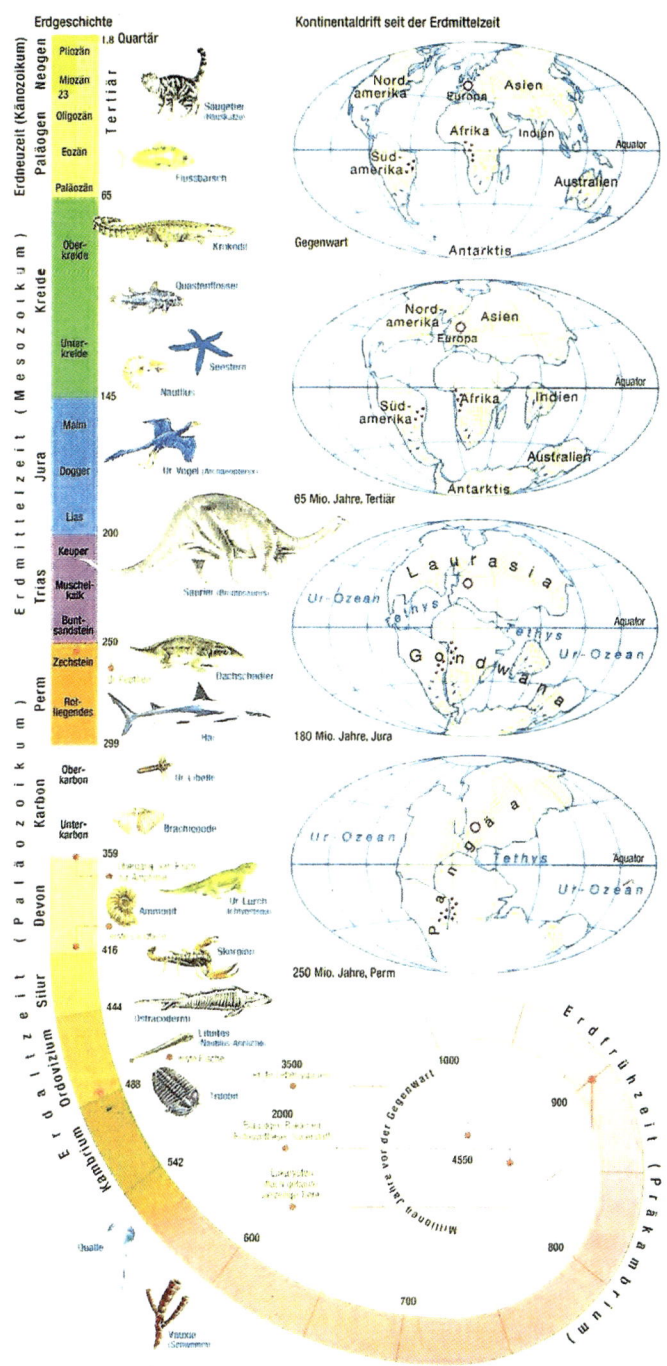

Erdgeschichte

Kontinentaldrift seit der Erdmittelzeit

Gegenwart

65 Mio. Jahre, Tertiär

180 Mio. Jahre, Jura

250 Mio. Jahre, Perm

73

KAPITEL 3

DAS LEBEN
Natur oder Schöpfung

Samstag, 10. Nov. 2018, 20.00 Uhr ist es. Die fünf Freunde haben herrlich zu Abend gegessen und kommen jetzt gut gelaunt, frisch und durchgelüftet von der Terrasse.

Ein hochinteressantes Thema steht heute noch an.

Woher kommt das Leben?

Frank, der Wissenschaftler und Fachmann auf diesem Gebiet, wird nun darüber referieren.

Er nimmt noch schnell einen Schluck „rotes Leben" und beginnt.

Frank hält kurz inne und erklärt:

„Wir beschäftigen uns nun mit der Frage
– Wie entstand Leben?

Hierzu erkläre ich ausdrücklich, dass wir dieses Thema nicht wissenschaftlich behandeln.
Dafür fehlt die Zeit und auch der Sinn.

Ich werde also in ‚Stenoform' und in bürgerlicher Sprache nur die Eckpunkte, also die Marksteine der Lebenswerdung herausarbeiten.

Jeder kann dann für sich folgern und den passenden Schluss ziehen.

Also los geht's.

Schon seit es Menschen gibt, stellt sich bei ihnen immer wieder die Frage nach dem Leben. Woher kommen wir? Wohin geht es?

In Höhlen beschäftigten sich schon Menschen vor mehr als 40.000 Jahren mit diesem Thema. Höhlenmalereien sind Zeugen hierfür.

Die ersten menschlichen Kulturen, die Sumerer, die alten Babylonier, auch die Hethiter hinterließen viele Dokumente in dieser Richtung.

Auch die alten Ägypter, die Griechen und die Römer, ja sogar Nomaden in Europa beschäftigten sich mit dem Leben und mit dem Tod.

Das Leben, jedes Leben, ist endlich.

Jedes Leben ist auch individuell.

Je nach Struktur des jeweiligen Organismus ist ihm ein kurzes oder ein langes Leben beschert. Viele Insekten leben nur wenige Stunden. Schildkröten erreichen bis zu 200 Lebensjahre, seltene Eismeerwale werden bis zu 800 Jahre alt und es gibt nachweislich einen mehrere Quadratkilometer großen lebenden Schwamm, einen Pilz, der mehr als 10.000 Jahre Leben aufweist.

Was ist eigentlich Leben?

Hat ein Stein, ein Berg, ein Fluss das Leben?

Im übertragenen Sinne wäre hier Leben vorhanden.

Der Stein hat Leben in seiner Struktur und seinem Aussehen, der Berg lebt in seiner Mächtigkeit, der Fluss ist oftmals lebendig und strahlt kräftiges Leben aus.

Aber alle drei – der Stein, der Berg und der Fluss – sind tot.

Tatsächlich, also molekular, organisch und genetisch gedacht, haben ein Stein, ein Berg, ein Fluss usw. natürlich kein Leben.

Im Altertum, in der Antike, auch später ordnete man einem Stein, einem Berg, einem Fluss, vielen Tieren und frei erfundenen Geistern Leben zu.

Als Gott wurden solche ‚Wesen‘ sogar verehrt.

Es war eine besondere Art von Leben. Heil oder Fluch war es.

Haben Pflanzen Leben?

Aus der Perspektive der Naturwissenschaft verfügen Pflanzen natürlich über einen biologischen Organismus. Also über organisches Leben.

Pflanzen leben – denn man kann sie töten.

Bei vorhandenem Stickstoff und unter Einwirkung von Sonnenlicht und Wärme findet bei Pflanzen Photovoltaik statt. Über Chlorophyll und Assimilation wird ihr Lebenssaft produziert, erhalten und es erfolgt Wachstum. Sauerstoff wird für die Umwelt produziert.
Pflanzen haben also Leben, organisches Leben, aber nicht das Leben wie Tier und Mensch.

Schon vor vier Milliarden Jahren bildeten sich quasi in der Erd-Ursuppe die ersten Lebewesen. Bakterien (Archaeen) und Blaualgen etc. entwickelten sich in eigentlich lebensfeindlicher Umwelt.
Biochemisch waren die Blaualgen die Vorläufer aller heutigen Pflanzen.

Bei den ersten Organismen für Tier und Mensch ergibt sich folgendes Bild:

- erste Zelle   = Einzeller
                      = Weichteilkern + Schale
                      (biomolekular-physikalisch)
- erste Lebendzelle = Mehrzeller
                      = Weichteil + Zellkern + Schale + DNA-Code
                      (biomolekular-biochemische Erbsubstanz)

Der Treibstoff bei Pflanzen ist der Saft.

Der Treibstoff bei Tier und Mensch ist das Blut.

Damit sind wir beim Leben für Tier und Mensch.
Im Gegensatz zur Pflanze, welche Stickstoff verarbeitet und Sauerstoff produziert, existiert bzw. lebt der tierische und der menschliche Organismus diametral zum Leben der Pflanzen.

Tiere und Menschen benötigen Sauerstoff zum Leben und sie produzieren unter anderem Stickstoff.

Beide, sowohl das Tier als auch der Mensch, verfügen jeweils über einen individuellen und komplexen Organismus.
Durch ihren jeweiligen Kreislauf werden alle Zellen und Organe über Blut mit Sauerstoff und Lebensenergie versorgt und am Leben erhalten.

Der Organismus von Tier und Mensch ist, wie gesagt, sehr komplex und nur durch Biologen und Mediziner darstellbar.

Biologisch ist der Organismus, also der Körper von Tier und Mensch bis ins kleinste Detail biomolekular aufgebaut.

Für beide Körper gilt das gleiche Prinzip, gelten dieselben biomolekularen, biochemischen und bioelektrischen Regeln.

Das Studium eines Tierarztes und eines Humanmediziners unterscheidet sich deshalb in der Grundausbildung nur gering.

Genetisch sind aber beide, das Tier und der Mensch, teils sehr verschieden strukturiert.

Gentechnisch ist jedes Tier in seiner Art anders programmiert.

Auch jeder Mensch verfügt über eine völlig andere Genstruktur als sein Nachbar.

Wo unterscheidet sich dann das Tier vom Menschen?

Gibt es hier überhaupt einen Unterschied?

Ja, natürlich. Rein organisch, also biomolekular, sind beide Wesen, insbesondere bei Säugetieren, sowohl das Tier als auch der Mensch organisch in etwa gleich aufgebaut.

Physiologisch und biomolekular besteht also zwischen der Organstruktur von Tier und Mensch kein wesentlicher Unterschied.

Will man nun hier aber zweigeteilt jedes Wesen für sich komplex definieren, so ergeben sich sehr schnell Erklärungsprobleme.

Tiere sind physiologische, biomolekulare **Körper-Instinkt-Wesen.**

Der Mensch ist ein biomolekulares **Körper-Geist-Seele-Wesen.**

Mit diesem Spezialthema beschäftigen wir uns etwas später.

Und wo entstand nun das erste Lebewesen?

Hierüber diskutiert die Wissenschaft seit Langem. Drei Herkunftsthemen werden gehandelt:

- Vielfach wird die auf diesem Planeten vor ca. 4,2 Milliarden Jahre herrschende Ursuppe, der Urschlamm, als die Geburtsumgebung für das erste Lebewesen, also die Urzelle angenommen.
- Oftmals werden aber auch Unterwasservulkane bzw. deren aufsteigende Heißwasser-Gas-Schlote als Geburtsort für die Urzelle gesehen.
- Auch Asteroiden wird zugeschrieben, von außen, vom Universum, vom Kosmos, vom All, Lebewesen mit auf die Erde gebracht zu haben.

Egal, woher nun das ominöse Leben kommt, in allen der vorbeschriebenen drei Herkunfts- bzw. Gebärmöglichkeiten für die Urzelle ist nicht geklärt, wann und wie das Leben nun entstanden ist.

Für viele Menschen kommt der Strom aus der Steckdose. Was vor dieser Dose passiert, interessiert sie nicht.

Für viele Menschen kommt das Kind aus dem Bauch der Mutter, sie wissen zwar, wie es hineinkam, aber was sich ab dann in der Zwischenzeit bis zur Geburt ereignet hat, ist ihnen egal.

So wie sich die Welt bei vielen Menschen bezüglich des Stromes und des Kindes darstellt, so stellt sich bei vielen Menschen die Erkenntniswelt bezüglich des Lebens dar.

Von welchem Leben sprechen wir?
- Vom Leben der Pflanzen?
- Vom Leben der Tiere?
- Vom Leben der Menschen?

Wann entstand das erste Leben?

Die ältesten Lebenshinweise auf diesem Planeten Erde gehen zurück auf etwa 4,2 bis 3,9 Milliarden Jahre vor unserer Zeitrechnung.
In Nordkanada, in der Region Hudson Bay, fand man in Urgesteinen die ersten Abdrücke von Röhren- und Filamentstrukturen.
Diese sind Vorläufer der ersten Bakterien.

In Westaustralien fand man in Zirkonkristallen Lebensspuren, die ebenfalls auf etwa 4,1 Milliarden Jahre alte, bakterienartige Lebewesen hindeuten.
In vielen, ja sehr vielen, in den letzten Jahrzehnten weltweit durchgeführten Gesteinsuntersuchungen entdeckten Forscher eine Vielzahl von pflanzlichen Molekularstrukturen und von Bakterienvorläufern.
Die ältesten und bekanntesten Bakterien sind Archaebakterien und Cyanbakterien. Sie waren Vorläufer des komplexen Lebens.

Bei der Frage: ,Wann entstand das Leben?' beginnt bereits die große Diskussion.
Manche vertreten die Meinung, die erste Zelle war schon der Beginn des Lebens. Dies ist nachweislich falsch.
Tatsache ist nämlich, dass die erste Zelle nur aus dem spärlichen molekularen Kerninhalt und einer äußeren Membrane bestand. Weder verfügte sie über eine DNA noch über die für ein Lebewesen notwendigen Enzyme.
Diese erste Eizelle war also, widersprüchlich ausgedrückt,
ein totes Leben bzw. der lebende Tod.
Diese bzw. eine solche Zelle hatte keine Erbinformation, konnte sich nicht beliebig teilen, also auch nicht mehrfach vermehren.
Ihr fehlte die DNA, also ihr ganzer Bausatz bzw. ihr spezieller Algorithmus zum Leben.
Diese Zelle war zwar aus Aminosäuren molekular aufgebaut, sie hatte aber kein komplexes Leben.

Bei den Untersuchungen der sogenannten ältesten Lebenshinweise, also von ca. 4,2 bis 3,9 Milliarden Jahre vor unserer Zeitrechnung, hatte es sich also keinesfalls um komplexe Lebenszellen, sondern um die Vorstufe von Leben gehandelt.
Im Gegensatz zur komplexen lebenden Zelle steht wie gesagt die Einzelle.
Ihr kann man das komplexe Leben nicht zuschreiben.

Was ist nun eine komplexe Lebenszelle?
Die Wissenschaft diskutiert über dieses Thema.

Eine komplexe Lebenszelle ist zum einen molekular aufgebaut.
Zum anderen verfügt sie über die ihr eigene Lebens-DNA.

Diese Zelle hat also die richtigen Chromosomen und alle Erbinformationen, sie ist teilbar und kann sich beliebig vermehren.
Sie hat Leben, sie ist das Leben.
Also mit der komplexen Urzelle begann erst das Leben.
Aus allen wissenschaftlichen Untersuchungen ergibt sich, dass das wahre, das komplexe Leben erst vor ca. 2,3 Milliarden Jahren begann.
Zwischen den ersten Einzellern vor ca. 4,2 Milliarden Jahren und der komplexen Urzelle vor ca. 2,3 Milliarden Jahren liegen also ca. 1,9 Milliarden Jahre.
Man kann sich also vorstellen wie viel Mrd. Einzeller in dieser Zeit ‚geboren' wurden, bis endlich die komplexe Urzelle, also das wirkliche Leben begann.

Zeitlich ist also der Beginn des Lebens relativ exakt einzukreisen.

Wie das Leben molekular entstand, versuche ich im Folgenden darzustellen.

Das Leben, also die erste, die komplexe Urzelle, entwickelte sich biomolekular, biochemisch, bioelektrisch und biomagnetisch.

Aus den im Urschlamm vorhandenen Gasen wie Wasserstoff, Kohlenmonoxyd, Kohlendioxyd, Stickstoff, Ammoniak, Schwefelwasserstoff und Methan entwickelte sich in der wechselnden Hitze und unter UV-Strahlung und mit Wasserzuführung und -entzug aus millionenfacher Zufälligkeit ein organisches Molekül.
In ihm wirkten als Bausteine des Lebens: Purine, Zucker, Kohlehydrate, Proteine, Eiweiße, Blausäure, Glycine, Formaldehyde, Milchsäure, Glutaminsäure und weitere Aminosäuren.

Also aus einem Cocktail aus mannigfaltigen Molekülen, aus Kohlenstoffketten, aus Aminosäuren, aus Gasen und aus Mineralien vereinigte sich über Biochemiereaktionen der erste Organismus, eine biomolekulare Zelle.
Diese Biomolekularzelle war von einer Schale umgeben.

Diese Biomolekularzelle war aber noch nicht das exklusive Leben.
Ihr fehlte im Augenblick noch die Lebens-DNA, also ihr spezieller Bausatz, ihr individueller Algorithmus.

Das Leben entstand erst, als die biomolekulare Zelle mit der für sie geeigneten Lebens-DNA vereinigt wurde. Erst hierdurch entstand die komplexe erste lebende Urzelle.

Zum Verständnis sei erklärt

– Biomolekularzelle ist identisch mit Biologie
– DNA-Code ist identisch mit elektromagnetischer Chemie + x

Wie nun die Lebens-DNA in die Molekularzelle gelangte
oder
wie die Struktur der Molekularzelle in die Lebens-DNA Eingang fand, darüber diskutieren Wissenschaftler.

Hier beginnt wiederum die große Diskussion,

– wie schon beim Urknall bzw. dessen Energieherkunft,
– wie bei der Frage nach der Natur und nach der Allmacht,
– wie bei der Unendlichkeitsdefinition.

Eine neue Frage steht also im Raum.

– Kam das Leben aus der Natur?
  oder
– Gibt es einen Schöpfer, eine Allmacht?

Sehen wir einmal von allen Religionsfragen ab und konzentrieren uns nur auf die logische Folgerung, welches ist dann das Ergebnis?

Wie beim Urknall – bei welchem die Folgerung nach der Energieherkunft eindeutig zu einer höheren Instanz, also zur Schöpfung führt, so bleibt uns mangels Beweis auch hier nur die Möglichkeit der logischen und methodischen Folgerung.

Folgern wir:

- In der Zeit von ca. 4,2 bis 2,3 Milliarden Jahren, also in 1,9 Milliarden Jahren, hätte es in der Natur milliardenfache Möglichkeit gegeben,die Eizelle mit der ihr eigenen Lebens-DNA zu vereinigen.

Dies ist aber nicht geschehen, weil die Lebensentstehung anscheinend zu einer bestimmten anderen Zeit vorgesehen war.

- Wenn es einen Schöpfer gibt – dieser ist gemäß der vorhandenen Urknallenergie und der gegebenen Naturgesetze (Energieerhaltungsgesetz bzw. Energieerschaffungsgesetz) nicht wegzudiskutieren – dann ist es unwahrscheinlich, dass dieser Schöpfer die Entstehung des Lebens dem Zufall überließ.

- Die heutige Wissenschaft kann fast alle Fragen definieren, erklären und dafür auch Beweis führen.
  Sie ist aber leider nicht in der Lage zu erklären oder gar zu beweisen, wie die Lebens-DNA in die Struktur der Urzelle gelangte.

- Die Lebens-DNA konnte bis heute weder physikalisch noch chemisch, biologisch oder biomolekular erzeugt werden.

- Die Wissenschaft ist auch bis heute trotz unglaublichem Fortschritt nicht in der Lage, **Leben zu erzeugen.**

- Wissenschaftlich gilt für jegliche biomolekulare Entwicklung die Evolutionstheorie von Darwin.
  Diese ist aber auf die Herkunft der Lebens-DNA, also auf den individuellen Lebensalgorithmus nicht anwendbar.

- Das Leben auf diesem Planeten Erde entstand also nicht irdisch, nicht biomolekular.
  Es ist das Ergebnis eines **zweiten Urknalles,**

  nämlich dem **Urknall des Lebens.**

  Dieser zweite Urknall kommt ebenfalls nicht aus der Natur, er ist irgendwie schöpfungsbedingt.

Trotz dieses klaren Sachverhaltes geht die Diskussion zwischen Schöpfungsgegnern und Schöpfungsbefürwortern unvermindert weiter.

Vincent ruft dazwischen:
Die Behauptung ‚das Leben kommt nicht vom Schöpfer, sondern aus der Natur‘, ist wie die Feststellung:

‚Die Materie kommt nicht aus Atomen, sondern aus Molekülen.'

Allein die Tatsache, dass es bis heute trotz unendlicher Versuche keinem Wissenschaftler gelungen ist, echtes Leben zu erzeugen, müsste eigentlich jeden Schöpfungsleugner nachdenklich machen.

Es reicht nicht, immer wieder auf den missglückten Versuch eines Chemiestudenten in England hinzuweisen.
Dieser Stanley Miller hatte in einem 1953 privat aufgebauten Versuch Umweltbedingungen geschaffen, wie sie vor 3,8 Milliarden Jahren bestanden.
Er füllte dazu einen Glaskolben mit Wasser, mischte einige Gase darunter, welche vermutlich Bestandteile der Uratmosphäre waren, nämlich Ammoniak, Methan und Wasserstoff. Dieses Gemisch entzündete er mit elektrischen Ladungen, um hierbei Blitze damaliger Gewitter zu simulieren.
Das vorhandene leicht gesalzene Wasser sollte das damalige Meerwasser ersetzen, alles wurde entsprechend aufgeheizt, wodurch es zur Verdampfung kam. Den Dampf fing er über Kühlschlangen auf, in welchen wieder Kondenswasser entstand.
Nach mehreren Tagen untersuchte Miller das Wasser und fand darin dann zur Überraschung etablierter Forscher chemische Verbindungen, darunter Aminosäureverbindungen.
Diese sind, wie hinlänglich bekannt, wichtige Bestandteile lebender Zellen, also Bestandteile des Lebens, aber kein Leben.
Mit diesem Versuch hat Miller bewiesen, dass auf einfache Art Urbausteine des Lebens zu erzeugen sind, wie gesagt aber kein Leben.

Wohlgemerkt:
Miller hat nicht Leben erzeugt, sondern nur Bausteine des Lebens.

Unser Wissensstand ist: Das Leben kam zustande, indem die innerhalb der Schale/Membrane liegende Zelle mit der für sie relevanten Lebens-DNA vereinigt wurde.

Wie dies einmalig geschah, ist nach wie vor für die heutige Forschung nicht erklärbar.
Bis heute war niemand in der Lage, Leben zu erzeugen. Heute ist ledig-

lich für jedermann verständlich, dass Leben sowohl bei Tieren als auch bei Menschen durch die Vereinigung eines weiblichen Eies mit dem männlichen Samen entsteht.

Das exklusive, das echte, das für jedes Individuum nur einmal gegebene Leben ist kein Ergebnis der Evolution.
Wir Menschen hätten dies ja sonst schon lange selbst erzeugen können.

Natürlich ist es jedem denkenden Menschen überlassen, sich auch diesbezüglich eigene Gedanken zu machen.
Es wird empfohlen, dann aber von Anfang an zu folgern.

Von Anfang heißt in diesem Fall bei der Frage zu beginnen:
Woher kam die Energie für den ersten Urknall?

Eine weitere Frage bezüglich Leben wird in der Wissenschaft diskutiert:

- Entstand die komplexe lebende Urzelle nur ein einziges Mal und entwickelte sich daraus alles Leben?
- Entstanden Milliarden Jahre lang immer wieder nicht komplexe Scheinzellen, bis endlich das reine Leben begann?

Durch die heute bestehende Gentechnik scheint sich immer mehr herauszukristallisieren, dass sich das Leben auf diesem Planeten aus einer einzigen komplexen, lebenden Urzelle entwickelt hat.

Egal, ob es nur die eine Urzelle gab oder unendlich viele weitere Zellen, immer ist bei der Fortsetzung der Zelle die Evolution im Spiel.

- Was das Universum bzw. den gesamten Kosmos anbetrifft, so begann die Evolution mit dem Urknall.
- Was das Leben anbetrifft, so wirkte die Evolution vor und nach der Lebenswerdung. Sie wirkte auch bei der Entstehung der biomolekularen Urzelle und danach, aber nicht bei der Lebenswerdung.

Schon beim Aufbau der ersten unteilbaren, erbanlagefreien, nicht komplexen Einzelle war die Evolution im Spiel.

Es ging dabei aber nicht ums Leben, sondern um die Vorstufe.

Sowohl bei der Entwicklung der aeroben Bakterien, also der Bakterien mit Sauerstoffbedarf, als auch bei der Entwicklung der anaeroben Bakterien, also Bakterien, die ohne Sauerstoff leben können, wirkte für jede Zelle der jeweils individuelle Algorithmus der Evolution.

Natürlich wirkten die Gesetze der Evolution auch dann bei der biologischen Entstehung der teilbaren, der komplexen, der lebenden Urzelle, nicht aber bei der Entstehung des Lebens.
Nicht also bei der Ausstattung dieser Zelle mit der Lebens-DNA.

Beim Denken über das Leben müssen wir streng unterscheiden zwischen der **einmaligen Entwicklung des Lebens** einerseits
und andererseits zwischen der laufenden **Erzeugung von Leben.**

Die Entwicklung, also die Entstehung des Lebens, geschah wahrscheinlich, wie schon beschrieben, nur einmal.

Ab der Zeit, ab der das Leben bestand, wurde neues Leben jeweils erzeugt, indem eine weibliche Eizelle durch männlichen Samen befruchtet wird.

Rückblickend betrachtet erfolgt heute bei der Erzeugung das, was sich damals bei Entstehung der komplexen, lebenden Urzelle ereignete, nämlich in die molekular aufgebaute Zelle gelangt die für das jeweilige Leben bestimmte DNA.
Also das Ei der Frau und der Samen des Mannes ergeben im Normalfall ein neues Leben.
Viele Menschen denken über die Herkunft des Lebens wenig nach.
Für sie kommt der elektrische Strom aus der Steckdose und das Kind aus dem Bauch der Mutter.
Tiefsinnig gedacht ist das Leben aber das Wertvollste, was wir besitzen.
Für jeden Organismus, für jedes Lebewesen, gibt es nur ein einziges Leben.

Für Menschen, die nachdenken, hat das Leben den höchsten Stellenwert.
Dies ist auch der Grund, warum Menschen, die sich mögen, fürs neue Jahr, zum Geburtstag, gegenseitig Gesundheit wünschen.

Ohne Gesundheit ist nämlich das Leben gefährdet.

Leben ist einmalig und neues Leben ist, um im Volksmund zu sprechen, ein Geschenk des Himmels, eigentlich wie ein Wunder.

Jedes neue Leben bereitet Freude und inspiriert die Eltern, auch bei Tieren gilt dies meistens, zu höchster Aktivität, ihrem Nachwuchs das Leben zu erhalten.

Nicht nur beim Mensch, bei Säugetieren, auch bei Vögeln, Amphibien, Reptilien etc., ja sogar im beschränkten Maße auch bei Fischen gilt diese Naturregel.

Umso gespenstischer sind Diskussionen bei manchen Frauen
‚Der Bauch gehört mir'.

Natürlich gehört der Bauch immer der Besitzerin.

Aber ist eine Mutter mit einem Kind im Bauch, um wiederum im Volksmund zu sprechen, nicht etwas Heiliges? Hat sie nicht die Verantwortung für das neue Leben, das sie in ihrem Körper trägt?

Ihr gehört zwar ihr Bauch, aber sie hat die Verantwortung übernommen, dass ein neues Leben in ihrem Bauch heranwächst.

Dieses Leben darf sie auch ‚aus Sicht des Kindes' nicht töten.

Im Fall, wenn beide, Mutter und Kind gesund sind, ist töten gleich Mord.

Hierbei geht es nicht um Religion, sondern um Ethik und Moral.

Gut, mehr als gut ist es, dass weit mehr als 90 Prozent der Mütter diese Verantwortung nicht nur spüren, sondern alles, aber auch wirklich alles dafür tun, dass das neue Leben gesichert ist.

Natürlich hat die Mutter das Recht, die Erzeugung von Leben zu steuern oder zu verhindern, aber sie darf erzeugtes Leben, solange nicht schwere Krankheit für Mutter und Kind droht, nicht töten.

Hier besteht schon eine weitere wichtige Frage:
Wann entsteht eigentlich Leben?
Ab dem Moment der Zeugung oder bei der Geburt?

Rein physiologisch, rein biologisch gilt, was vorher bei der Entstehung des Urlebens gesagt wurde.

Durch die Zusammenführung der molekularen Zelle mit der speziell bestimmten Lebens-DNA entsteht Leben.

Nichts anderes ist es, wenn eine weibliche Eizelle durch männlichen Samen befruchtet wird.

Anders gesprochen, wenn durch den Samen des Mannes die Lebens-DNA in das Ei der Frau gelangt, entsteht Leben.

Zum Schluss muss also festgestellt werden,

- das erste Leben, also die erste komplexe Urzelle, also das Leben ist nicht durch milliardenfache biochemische Zufälligkeit entstanden,
  sondern
- das Leben muss bei einem zweiten Urknall durch eine höhere Instanz, durch die Allmacht, durch den Schöpfer geschaffen worden sein.

Zusammenfassend ist also bezüglich Leben festzuhalten:

Unser höchstes Gut ist das Leben.

Nur wer sich bewusst ist – man hat nur ein einziges Leben, es gibt kein weiteres auf diesem Planeten – , der schätzt und pflegt sein Leben.

Sorgen wir also dafür, dass unsere Gesundheit und damit unsere Lebensumstände, so weit wie möglich immer positiv gestaltet sind.

Gesundheit macht meistens zufrieden und sehr oft auch glücklich."

Er holt tief Luft, nimmt einen Schluck von seinem roten Gaia und bedankt sich wie in der Uni bei seinen „aufmerksamen wissenschaftlichen Kollegen".

Er schmunzelt und ist tief zufrieden über die positiven Gesichter seiner Freunde.

Alle vier Freunde, Vincent, Schorsch, Max und Hans sind nachdenklich, sogar Max ist beeindruckt.

Jetzt wird nur noch locker geplaudert, bis die Bettschwere drückt.

KAPITEL 4

AFFE ODER MENSCH

Sonntag, 11. Nov. 2018 steht im Kalender, 9.30 Uhr ist es, das Frühstück war englisch.

Frank weist darauf hin, um 10.00 Uhr beginnen wir.
Er meint seinen Vortrag über den Menschen und die Frage, ob dieser vom Affen abstamme.

Um Punkt 10.00 Uhr beginnt die „Vorlesung".

Der Mensch ist das edelste Lebewesen auf diesem Planeten.
Wenn man im Leben steht, sich in der Gesellschaft bewegt und die Medien zur Kenntnis nimmt, dann setzt man hinter den obigen Satz drei Fragezeichen.
Unabhängig davon wird der Mensch oftmals als Krönung der Schöpfung bezeichnet.
Ob er nun Geschöpf ist oder ein Produkt der Natur, seit wann es Menschen gibt und woher sie kommen, mit diesen Fragen werden wir uns nun beschäftigen.

Bekanntlich entwickelte sich das Vorleben, also die Einzeller, vor ca. 3,9 Milliarden Jahren. Es waren Bakterien, es waren Einzeller, also noch nicht das komplexe, das wahre Leben.
Fest steht auch, auf unserem Planeten, auf dieser Erde begann das wahre Leben erst mit der komplexen Urzelle vor ca. 2,3 Milliarden Jahren.

Das pflanzliche Leben gedieh durch die Photosynthese und die mit ihr zusammenhängende Chlorophyllbildung sowie durch Assimilation.

Im tierisch-menschlichen Körper erfolgte die biomolekulare Entwicklung über die Verschmelzung von Zuckerphosphaten mit nukleotiden Basen.
Über Eiweißketten und Nukleotiden bildeten sich Aminosäuren und Nukleinsäureketten, also die Bausteine des Lebens.

Doppelspiralen ergaben schließlich die DNS, die Desoxyribonukleinsäure-Kette. Diese ca. Zwei Meter lange spiralförmige Strecke war schließlich der jeweilige individuelle Bausatz, also der Algorithmus für die Zellen jedes einzelnen Menschen, aber auch der Tiere.

Diese DNS war und ist also der molekulare Plan für den Aufbau jeder einzelnen Zelle, auch der des menschlichen Körpers.
Die DNS ist daher die Regelung und die Steuerung, also das Programm für die Funktion jedes organischen Wesens.
Die DNS verfügt über alle Gene, die für die Veranlagungen und für die Funktion eines bestimmten organischen Wesens nötig sind.
Die DNS gliedert sich bei Menschen auf in 46 Chromosomen, in die weiblichen X-Chromosomen und in die männlichen Y-Chromosomen.
Diese 46 Chromosomen zusammen verfügen über sämtliche Gene, also über alle Veranlagungen eines individuellen Lebens.

Die Samenzellen, sowohl die X- als auch die Y-Zellen, verfügen jeweils über 23 Chromosomen und erst nach der Vereinigung von X-Zellen und Y-Zellen sind sie das Leben.

In einer einzigen menschlichen Zelle sind Tausende von Genen vorhanden, also Tausende verschiedene Anlagen, als Programm gebunden.
Zum Beispiel die Veranlagung für blonde Haare, blaue Augen, für groß oder klein usw.

Aus den vorgenannten verschiedenen, einzelnen Zellen bilden sich sodann die einzelnen Körperteile bzw. Körper.
Ein menschlicher Körper verfügt über ca. 90 Billionen Zellen.
Bei Wachstum spalten sich die Zellen, sie teilen sich also auf.
Die geteilten Zellen bilden wiederum ganze Zellen und leben als solche weiter.
Die Lebensdauer der einzelnen Zellen schwankt zwischen wenigen Tagen bis zum Menschenalter.

Wir erinnern uns. Vor ca. 2,3 Milliarden Jahren begann das erste komplexe Leben auf diesem Planeten. Aus Weichtieren entwickelten sich Wirbeltiere, Säugetiere bis hin zu unseren organischen Vorfahren, den Affen.

Vor ca. 20 Millionen Jahren begann in der Gruppe der Säugetiere die Entwicklung des Menschenaffen.
15 Millionen Jahre lang lebten bis vor ca. fünf Millionen Jahren diese Menschenaffen vorwiegend auf Bäumen.

Vor ca. fünf Millionen Jahren übernahm eine große Kältezeit die Regie auf diesem Planeten Erde. Sie war der Grund und der Anlass dafür, dass auch in Äthiopien die Menschenaffen im Laufe der Zeit gezwungen waren, sich von den Bäumen auch auf der Erde zu bewegen.

Drei Gattungen von „Menschenaffen" waren es, der Orang-Utan, der Gorilla und der Schimpanse, welche nunmehr auch auf der Erde hausend gezwungen waren, vom Gang des Vierbeiners abzuweichen und so allmählich auch auf zwei Beinen zu laufen.
Der Orang-Utan-Stamm blieb in der Entwicklung zurück und starb vor ca. 4,5 Millionen Jahren aus.

Zwei Urstämme der sogenannten Menschenaffen, der Gorilla und der Schimpanse, entwickelten sich zunächst weiter.

Aus dem Urstamm des Schimpansen entwickelte sich in ca. 3,8 Millionen Jahren der Australopithecus und zwar in zwei Stämmen zur sogenannten „Halbmenschenkategorie".
Der gorillaähnliche Stamm starb vor ca. 1,9 Millionen Jahren aus.
Der überlebende Stamm, der schimpansenähnliche, war noch stark behaart und lernte so allmählich aufrecht zu gehen.

Vor ca. zwei Millionen Jahren war dieser Lernprozess so weit abgeschlossen, dass dieses Wesen auch aufrecht ging.
Rückblickend nennt man dieses Affen-Wesen heute Homo erectus.
Diese Beschreibung gilt aber nur physiologisch, also organisch, und nur bezüglich seines Körpers.
Der Homo erectus war nach wie vor ein instinktgesteuertes Körperwesen.
Je nach Betrachtung wird ab dieser Zeit vom Halbmenschen gesprochen.

Vor etwa 1,3 Millionen Jahren war dieses Affenwesen körperlich so weit entwickelt, dass man heute rückwirkend vom „Dreiviertelmenschen" spricht.

Dieser „Dreiviertelmensch" war dem späteren, dem heutigen Menschen, rein körperlich schon etwas näher und sein Körper entwickelte sich immer weiter in Richtung Menschenkörper.

Die Körperbehaarung ging immer mehr zurück. Der aufrechte Gang wurde allmählich besser.

Vor ca. einer Million Jahren war die „Mutation" vom Affenwesen zum menschenähnlichen Körperwesen sehr weit fortgeschritten.

Wohlgemerkt, es geht nur um den organischen, den molekularen Körper.

Physiologisch war damals dieses Körperwesen dem heutigen Menschen schon ganz nah.

Homo sapiens nannte man dieses menschenähnliche Wesen.

Für die Schöpfungsverweigerer bildete der Homo sapiens bereits den Beginn der Menschheit.

Dies ist aber nicht so.

Der Homo sapiens war nach wie vor ein **Körper-Instinkt-Wesen,** also ein Tier.

Der Mensch ist aber ein **Körper-Geist-Seele-Wesen.**

Homo sapiens-Paare waren es, welche die ersten Menschen, also die ersten Körper-Geist-Seele-Wesen gebaren.

Wie unterscheidet sich nun dieses durch die Evolution physiologisch gut entwickelte neue Körperwesen, also der Affe vom Menschen?

Dieses Körper-Instinkt-Wesen Affe hatte nach wie vor alle Ausstattungen und Veranlagungen eines Tieres. Es war ja ein Tier.

Ein Tier ist ausgestattet mit hohen Instinkten und mit starken Sinnen, die weit, sehr weit über denen von Menschen liegen.

Ein Tier ist instinktgesteuert und total auf Überleben programmiert.

Ein Tier existiert ausschließlich, um zu überleben und sich fortzupflanzen.

Ein Fleischfresser jagt und tötet nicht aus Spaß oder anderen Beweggründen, sondern nur um zu überleben.

Kein Tier hat beim Töten ein schlechtes Gewissen, es hat nämlich keines; es spürt aber auch kein Mitleid und es verfügt auch nicht über Reue, allenfalls hat es Angst vor Strafe.

Ein Tier handelt wie gesagt instinktiv und nur, um zu überleben.

Alles, was ein Tier lernt, lernt es entweder von seinen Eltern oder es wird ihm durch „Dompteure" antrainiert, anerzogen oder aufgezwungen.

Was es gelernt hat, zeigt das Tier nur entweder der Belohnung wegen oder weil es Strafe fürchtet.

Kein Tier würde von sich aus irgendwelche Dinge lernen, um vorzuführen, ausgenommen sind z. B. angeborene Balz- oder ähnliche Rituale.

Auch diese Rituale dienen aber nur dem Überlebensinstinkt.

Ansonsten lernt ein Tier nur durch Beobachtung, durch Erlebnis, durch Erfahrung. Das Ergebnis ist beschränkt.

Kein Tier lernt für sich oder trainiert, um etwas Besonderes zu sein.

Kein Tier hat Geist für irgendwie geartete Themen oder Dinge.

Kein Tier kann abstrakt denken.

Kein Tier denkt über die Zeit vor seiner Geburt und nach seinem Tod nach.

Kein Tier glaubt an ein höheres Wesen oder denkt darüber nach.

Kein Tier hat Rachegefühle oder Reue oder Mitleid oder Dankbarkeit.

All diese Gefühle werden vom Menschen grundsätzlich falsch interpretiert.

Wenn sich ein Hund, ein Elefant oder irgendein anderes Tier z. B. einem Menschen gegenüber ganz plötzlich aggressiv verhält, weil es mit diesem Menschen irgendwann ein schlimmes Erlebnis hatte, dann ist sein neues aggressives Verhalten nicht auf Rache und Vergeltung zu projizieren, sondern darauf, dass das Tier das vergangene, schlimme Erlebnis jetzt in dem neuen Augenblick so erlebt, als wäre die Gefahr oder das Erlebte ganz neu, nämlich im Jetzt.

Das Tier wehrt sich also jetzt gegen diese alte Bedrohung.

Das neue, evtl. aggressive Verhalten ist also nicht Rache und Vergeltung.

Auch Reue gibt es bei keinem Tier.

Immer ist es nämlich nur die Angst vor Bestrafung.

Kein Tier kennt Mitleid, auch nicht, wenn es ein anderes Tier, also eine Beute, tötet und frisst.

Auch Dankbarkeit gibt es bei Tieren nicht. Immer ist nämlich die Erwartung auf Belohnung der Grund für scheinbar dankbares Verhalten.

Und was ist nun mit dem Gefühlsleben, mit der Empathie eines Tieres?

Kein Tier hat ein mit dem Mensch vergleichbares Gefühlsleben.

Jedes Tier hat, das eine mehr, das andere weniger, eine instinktprogrammierte, vermehrungsorientierte und nachwuchsbeschützende Empathie.

Eine Hauskatze, ein Haushund, welche schmusen oder sich freuen, wenn der Betreuer kommt, hat diese Gefühlswelt nicht geerbt, also nicht im eigenen Genprogramm, sie, er kann dies auch nicht weitervererben.

Hauskatzen und Haushunde haben ein solches Verhalten abgeschaut oder anerzogen bekommen.

Wenn eine Katze mit seiner Herrin „schmust", dann tut sie das, weil es ihr guttut, so wie sie bei Hitze in den Schatten geht.

Wenn ein Hund sich außergewöhnlich freut, wenn sein Herrchen von einer längeren Reise heimkommt, dann freut er sich, weil er weiß, jetzt gibt es Guttis und viel Streicheleinheiten.

Jedes Tier lebt nur, um zu überleben.

Wenn es bedroht wird, ist die Flucht oder der Kampf immer nur ein durch die Gene programmierter Instinktreflex, immer ist es der „Kampf" ums Überleben.

Kein Tier handelt also entsprechend einer spontanen Überlegung nach Plan oder nach seinem individuellen Gewissen, sondern ausschließlich nach seinem genetisch vorgegebenen Instinktprogramm.

Das Tier ist ein **Körper-Instinkt-Wesen.**

Und wie ist es nun beim „Menschen"?

Der Mensch ist ein **Körper-Geist-Seele-Wesen.**

Dieses Wesen verfügt über ausgeprägte kognitive Fähigkeiten, über Intelligenz, über individuelle Entscheidungsfreiheit, über Vernunft und über ein Gewissen. Statt gentechnisch und instinktiv vorprogrammiertes Handeln muss und darf der Mensch individuell frei entscheiden und gemäß seinem Gewissen und seiner Verantwortung handeln.

Der Mensch verfügt über viele Eigenschaften:
Über Vernunft, Mitleid, Reue, Empathie, abstraktes Denken, logisches Handeln und eine Kombination dieser Gefühle, dies sind Eigenschaften, über welche kein Tier verfügt.

Der Mensch denkt auch über die Zeit vor und nach seinem Leben nach. Der Mensch kombiniert über Schöpfung oder Nichtschöpfung, er sinniert über ein höheres Wesen, über Gerechtigkeit, über Lohn und Strafe für seine Taten und über sein Leben und Handeln nach.

Dies sind Eigenschaften, über die nur das Körper-Geist-Seele-Wesen, also der Mensch verfügt.

All dies kann ein Tier, ein Körper-Instinkt-Wesen nicht.

Der Mensch besitzt, wie vor schon erwähnt, eine relativ hohe kognitive Ausstattung und je nach individueller Veranlagung über hohe intellektuelle Fähigkeiten.
Der Mensch ist zu unglaublich großen geistigen Leistungen befähigt.
Die letzten 150 Jahre legen Zeugnis über dieses geistige Potenzial ab.

Kein Tier ist so strukturiert, dass es je zu menschlichen Leistungen befähigt sein könnte.

Denken wir an die Leistungen der Menschen in den letzten 150 Jahren.
Nur einige wichtige Errungenschaften seien hier genannt.
Die Dampfmaschine, Strom, Telefon, das Radio, Motor, Autos, Flugzeuge, Raketen, Weltraumtechnik, Kernspaltung, Computer, Handy, Internet, Höchstleistungsrechner, Roboter usw.
Denken wir an den Fortschritt in Physik, Chemie, Medizin, Ingenieurleistungen usw.

Denken wir an die neuzeitliche Digitalisierung, an das heute allumfassende Internet, an die fast unendlichen Möglichkeiten der Informatik, an die künstliche Intelligenz und deren fast grenzenlose Möglichkeiten.

Nie, auch nicht in Millionen von Jahren, könnten die Affen solche Leistungen erbringen. Evolution hin, Evolution her.

Interessanterweise kommt es bei der kognitiven Ausstattung und der intellektuellen Veranlagung nicht wie vielfach angenommen nur auf die quantitative Masse an Gehirn an, der Homo sapiens verfügte über 1400 Kubikzentimeter, der Neandertaler über 1230 Kubikzentimeter Gehirn, sondern auf die Vernetzung der Synapsen und die Struktur der Neuronen.

Wenn wir die heutigen Vergleichsverhältnisse Affe zum Menschen zugrunde legen, dann kann niemand mehr für die Entwicklung des Menschen den Affen als Ausgangsbasis betrachten.

Heute sind wir in der Lage, künstliche Intelligenz zu entwickeln, die Gene mit der Genschere Crispr/Cas9 zu schneiden und unsere Genome zu bestimmen usw., und die Affen turnen wie vor 20 Millionen Jahren immer noch auf den Bäumen herum.

Wer bei diesen gegebenen Fakten immer noch die Erkenntnis hat, der Mensch stamme vom Affen ab, bei dem ist Denken unwichtig oder bei ihm hat die Arroganz die Herrschaft über seinen Verstand übernommen.

Wer jetzt noch die Schöpfung bezweifelt, der tut dies nicht aus Intelligenz.

Denn die Evolution schafft weder Geist noch Seele.

Unsere angeblichen „Vorfahren" turnen wie gesagt heute noch auf den Bäumen herum, alle Tiere, auch die intelligentesten, auch die vom Menschen abgerichteten Hunde, Delfine, Pferde, Affen usw. sind nicht mehr als Körper-Instinkt-Wesen.

Gehen wir nun noch mal zurück in die Zeit der Menschwerdung, in die Zeit vor ca. 350.000 Jahren.

Dies ist die Zeit des physiologisch voll entwickelten Körperwesens Homo sapiens.

Die Frage steht im Raum:

Wie war es möglich, dass dieses Körper-Instinkt-Wesen zu einem völlig anderen Wesen, also zum Körper-Geist-Seele-Wesen wurde?

Dies war nie durch die Evolution möglich und ist auch niemals so geschehen.

Die Schöpfung hat sich wie schon bei der Entstehung des Lebens sehr viel Zeit gelassen.

Sie ließ sich auch Zeit bei der Menschwerdung.

Zunächst ließ sie einen kleinen Stamm der Schimpansen körperlich zu einer **Vorstufe** des **Menschen** werden.

Erst als diese Körper durch die Evolution bereit waren, versorgte die Schöpfung einige Nachkommen mit dem menschlichen Geist und der passenden Seele, also mit der DNA des Menschen und mit seinem Algorithmus.

Der Mensch war geschaffen.

Alle Entwicklungen seit dem Urknall, alle Entwicklungen hier auf Erden bis auf zwei haben wir, wie wir ja wissen, der Evolution zu verdanken.

Eine Entwicklung, welche außerhalb der Evolution lief und welche wir als den **zweiten Urknall** bezeichnen müssen, ist die Entwicklung des **Lebens** auf diesem Planeten. Dieses Thema hatten wir schon behandelt.

Und nun stehen wir vor der dritten nicht evolutionären Entwicklung, nämlich vor dem dritten Urknall auf diesem Planeten.

Auch diese Entwicklung haben wir nicht der Evolution zu verdanken.

Der **dritte Urknall – die Menschwerdung.**

Es war keine Mutation und keine Metamorphose, als das Körper-Instinkt-Wesen zum Körper-Geist-Seele-Wesen wurde.

Wer ganz emotionsfrei über die Menschwerdung nachdenkt, der muss sich nachfolgendem Frage-Antwort-Spiel stellen.

- Seit ca. 20 Millionen Jahren gibt es Affen und seit ca. 350.000 Jahren Menschen. Diese stammen angeblich von den Affen ab.
- Warum sind die Affen heute nach 20 Millionen Jahren noch Affen, welche nach wie vor auch auf den Bäumen herumturnen?
- Hat die Evolution aus dem Affen den Menschen geschaffen?
- Nein, nur den biomolekularen Teil, den Körper, nicht aber den Geist und die Seele.
- Wäre der Affe der Vorfahre des Menschen, dann könnte der Affe heute auch sprechen.
  Er kann es aber niemals, weil er organisch dazu nicht gebaut ist. Er war dafür nie vorgesehen.

- Die Evolution stellte also lediglich den physiologisch gut entwickelten Körper des Körper-Instinkt-Wesens zur Schaffung des Körper-Geist-Seele-Wesens zur Verfügung.
- Geist und Seele sind keine Materie, sind nicht irdisch, also konnte die Evolution sie nicht schaffen.
- Geist und Seele sind überirdisch, also nicht molekular, nicht biochemisch, nicht organisch entstanden, sondern das Resultat einer höheren Instanz.

Geist und Seele sind, wie auch jeder Schöpfungsgegner einräumt, keine Veranlagungen und Eigenschaften, die sich organisch entwickeln können. Diese Entwicklung und diese Eigenschaften haben nichts mit der Evolution gemein.

- Der menschliche Körper ohne Geist hätte damals nicht lange überleben können.
- Der Affenkörper wurde gründlich vorbereitet zur Aufnahme von Geist und Seele.
- Im richtigen Zeitpunkt bekam der Körper des Körper-Instinkt-Wesens schließlich Geist und Seele und wurde so zum Körper Geist-Seele-Wesen.

Geist ist nicht Wissen und Intelligenz und er ist auch nicht messbar.
Seele ist ebenfalls nicht messbar, auch nicht definierbar. Beide, Geist und Seele, sind das, was dem Tier fehlt und den Menschen ausmacht.

Wie es nun geschah, dass das Körper-Instinkt-Wesen, also der Affe, zum Körper-Geist-Seele-Wesen, also zum Menschen wurde, darüber kann man nur spekulieren und folgern.
- Sicher ist, dass nicht plötzlich alle Affen zum Menschen wurden. Es gibt ja noch genügend Affen (auch unter den Menschen?) auf dieser Welt. Die Affen leben sowohl körperlich als auch mental heute noch genau so wie vor ca. 20 Millionen Jahren im Urwald und auf Bäumen.
- Sicher ist auch, dass sich der Affe, also das Körper-Instinkt-Wesen, nicht von einer Sekunde auf die andere zum Menschen, also zum Körper-Geist-Seele-Wesen gewandelt hatte.

- Vielleicht war es so, dass die Erschaffung des Menschen ganz profan und doch göttlich verlief.
- Könnte es eventuell so gewesen sein, dass in etwa zur gleichen Zeit irgendwo vor ca. 350.000 Jahren bei mehreren Großsippen männliche und weibliche Affenwesen gezeugt wurden und diese in der Sekunde ihrer Erzeugung, also gleichzeitig, mit den für ein Körper-Geist-Seele-Wesen nötigen Geist und Seele bzw. mit der DNA und dem Algorithmus eines Menschen ausgestattet wurden?
- Wäre es denkbar, dass diese neuen männlichen und weiblichen Körper-Geist-Seele-Wesen als solche geboren, zunächst als Menschen unter Affen aufwuchsen und dass diese Menschen sich, als sie erwachsen waren, vereinigten und neue Menschen gezeugt haben?

So könnte der Beginn der Menschheit verständlich sein.

Nach dem **dritten Urknall**, also nach der Menschwerdung vor etwa 350.000 Jahren, entwickelte sich der Mensch, das Körper-Geist-Seele-Wesen, wiederum im Rahmen der Gesetze der Evolution.

Nur die **einmalige Verwandlung**
vom Körper-Instinkt-Wesen zum Körper-Geist-Seele-Wesen, also die Ausstattung des durch die Evolution vorbereiteten Körpers mit Geist und Seele, ist wie gesagt kein Resultat der Evolution.

Natürlich treten gegen diese Lesart sofort die Schöpfungsgegner versammelt und mehr oder weniger aggressiv an.

Sie haben hierzu das Recht.

Warum sie trotz bestehender Naturgesetze die Herkunft der Energie zum ersten Urknall leugnen, bleibt ihr Geheimnis.

Würden sie akzeptieren, dass Energie nicht herstellbar ist, aber in der Sekunde des Urknalls vorhanden war oder in dieser Sekunde geschaffen wurde, dann müssten sie einen Schöpfer akzeptieren.

Vor diesem Hintergrund könnten die Schöpfungsgegner ihre Theorie, nämlich, dass das **Universum**, das **Leben** und der **Mensch** aus der Natur stammen, nicht mehr aufrechthalten.

Weil hier zwei grundverschiedene Meinungen bestehen, sollte der eine des anderen Meinung zur Kenntnis nehmen, ohne seine eigene zu verwerfen.

Wer dann richtig folgert, kommt zum wahren Ergebnis.

Auch für die **„Affenfreunde"** hat Vincent einen „Mahnsatz":

Die Behauptung „Der Mensch stammt vom Affen ab" ist wie die Feststellung
„Das Wetter kommt aus den Wolken"
oder:
„Der Strom kommt aus der Steckdose".

Die Affenvertreter sind realitätsfremd, man sollte sie in ihrem „Affenkosmos" belassen.

Es stellt sich noch eine neue Frage:

Ist der Mensch bei der Geburt gut oder böse?

Heiß wird über dieses Thema diskutiert.

Diese Diskussion findet oftmals auf der Basis der ewigen Gerechtigkeit statt. Die menschliche Grundausstattung, also die genetische Veranlagung, spielt hier eine große Rolle.

Wie schon ausgeführt, ist nicht nur der molekulare Körper-Bereich, sondern auch der Geist-Seele-Bereich eines Menschen programmatisch festgelegt.

In dem Moment, in dem der Mensch gezeugt wird, also im selben Augenblick, in dem sich der männliche Samen mit dem weiblichen Ei vereint, erhält der neugeborene Mensch Gene des Vaters und Gene der Mutter. Anders gesprochen, der neue Mensch verfügt über Veranlagungen des

Vaters und dessen Vorfahren sowie der Mutter und deren Vorfahren. Je nach Quantität und Qualität der einzelnen Veranlagungsstrukturen ist nun der neue Mensch bei der Geburt programmiert.

Man geht davon aus, dass der Mensch zu 50,01 Prozent „gut" und zu 49,99 Prozent „böse" ausgestattet ist.

Dies hängt mit den im gesamten Universum vorherrschenden positiven und negativen Energien zusammen.

Der Mensch ist also, wenn er das Licht der Welt erblickt, weder nur gut noch nur böse, er ist nahezu bipolar strukturiert.

Wie der Mensch dann in seiner Kindheit, in seiner Jugend und später im Erwachsenenleben sich entwickelt, sich benimmt, sich zurechtfindet, welchen Charakter er hat, darüber entscheiden nicht nur die vorbeschriebenen Gene bzw. seine angeborene Veranlagung, sondern auch die Erziehung. Einem von Geburt an eher negativ veranlagtem Kind kann man viel Gutes anerziehen und natürlich auch umgekehrt.

Ein weiteres wichtiges Persönlichkeitselement ist auch in der Selbsterziehung zu sehen. Es gibt Fälle, in denen sich Menschen trotz guter Veranlagung, trotz fürsorglicher Erziehung durch falsche Selbstprägung zu miserablen Charakteren entwickeln und umgekehrt.

Auch im Fall guter oder schlechter Erziehung kann es ein diametrales Ergebnis geben.

Also ist der Mensch bei der Geburt programmiert.
Man kann dieses Programm verbessern oder verschlechtern.

Der Mensch ist einzigartig, er ist also bei der Geburt weder „nur gut" noch „nur schlecht!"

Mit dieser Bemerkung beendet Frank seinen Supervortrag.
Es ist nun 11.30 Uhr. Unten im weiten Tal läuten die Sonntagsglocken. Die Sonne blinzelt durch die Sprossenfenster des Berghauses.

Eine ganz besondere Stimmung herrscht im Raum.
Es riecht nach Holz und die fünf Freunde sind ganz positiv gestimmt.
Jeder spürt den Sonntag. „Arbeitsfrei" haben wir jetzt.

Alle vier sind begeistert von Frank, er ist, wie die junge Generation sagen würde: mega spitze.

Jeder bedankt sich bei Frank, selbst Max, der sich ja in Sachen Schöpfer und Schöpfung schwertut.

„Wollen wir kurz auf die Terrasse?", fragt Vincent suggestiv.

Alle sind dieser Meinung.

Auf der Terrasse kommt die Idee:
Wir fahren jetzt ins Sertigtal zum Essen und zum Wandern.

Der Affe lebt seit 20 Millionen Jahren nahezu unverändert im Urwald auf den Bäumen.

Mensch   Affe

Die Menschen haben in 350.000 Jahren Menschsein nahezu Unvorstellbares geschaffen.

Wie kann sich aus einem Körper-Instinkt-Wesen (Tier) ein Körper-Geist-Seele-Wesen entwickeln?

Durch die Evolution sind nur biomolekulare, genetische Entwicklungen, nicht aber geistig-seelische zu klären.

Enttäuscht vom Affen,
schuf Gott den Menschen.
Danach verzichtete er auf weitere
Experimente.

Marc Twain (1835 – 1910)

KAPITEL 5

DIE URFRAGEN
Schöpfer – Leben – Mensch

Vincent leitet ein:

„Der Volksmund sagt: Es gibt Dinge zwischen Himmel und Erde, die wir Menschen nicht verstehen.
Tatsächlich gibt es wirklich Fragen, die wir Menschen, egal mit welcher kognitiver Ausstattung wir beschenkt sind, unabhängig von unserer intellektuellen Struktur und egal wie gebildet wir sind, niemals beantworten können.

Die großen Fragen des Lebens sind es, welche fast alle Menschen beschäftigen und sogar die Wissenschaft zur diametralen Diskussion treibt.

Schnell befinden wir Menschen uns mit diesen Fragen im Zentrum des Tornados grundsätzlicher Denkmodelle, totaler Meinungsunterschiede und individueller persönlicher Lebensausrichtungen.

Von ‚harter Nuss‘, von ‚heißem Eisen‘ wird gesprochen und von ‚persönlicher Sturheit‘.

Fakten spielen bei solchen Diskussionen oftmals keine Rolle.

Bei der Diskussion über den Urknall, über das Universum und über die Folgen des Urknalls und natürlich auch bei den Fragen, woher kommt das Leben, ist der Mensch ein Affe, ergibt sich ganz automatisch und sehr schnell die Urfrage, die Frage aller Fragen:

- ‚Gibt es einen Schöpfer, gibt es die Allmacht, gibt es Gott?‘

Ganz zwangsläufig ergeben sich bei dieser Diskussion auch eine Reihe weiterer mit der Urfrage zusammenhängender tiefgründiger Denkmodelle. Schnell, sehr schnell stellen sich dann bei uns Menschen die Neugier und ein immer größer werdender Wissensdrang, besser gesagt ein nicht zu füllendes Begriffsvakuum ein. Fragen folgen Fragen.

Die wichtigsten Abkömmlinge der Urfrage sind folgende:

- Woher kam die zur Urknallexplosion notwendige Energie?
- Kommt alles aus der Natur oder gibt es eine höhere Instanz, ein höheres Wesen, einen Schöpfer?
- Wie ist die zeitliche und die räumliche Unendlichkeit zu verstehen?
  – Wann begann alles und wann endet alles?
  – Wo ist der räumliche Anfang und wo ist das Ende?
- Gibt es eine Dunkle Energie – eine Dunkle Materie?
- Gibt es eine gute und eine böse magische Kraft?
- Ist das Leben ein Produkt der Natur oder der Wille des Schöpfers?
- Stammt der Mensch vom Affen ab? Oder besser gefragt:
  – Ist der Mensch nur ein Ergebnis der Evolution, also der Natur? oder
  – Wurde der Mensch zu einem bestimmten Zeitpunkt durch den Schöpfer vom physiologisch voll entwickelten ‚Körper-Instinkt-Wesen‘ zum ‚Körper-Geist-Seele-Wesen‘ geschaffen?

Vorher sprachen wir von Begriffsvakuum.
Nehmen wir das Wort Vakuum als Leere, dann wäre Begriffsvakuum – gleichwohl Begriffsleere.

Begriffsleere trifft man im allgemeinen Leben bekanntlich des Öfteren an. Meist verinnerlichen die Inhaber einer solchen Leere diesen Zustand nicht. Er tut nicht weh und man lebt halt damit.

Begriffsvakuum bei den von uns zu diskutierenden Themenbereichen ist allerdings keine Schande.

- Wer weiß, wo die Energie für den Urknall herkommt?
- Wer begreift schon die Allmacht, den Schöpfer?
- Wer kann die Unendlichkeit definieren?

- Wer kann die Herkunft des Lebens beweisen?
- Wer weiß, ob der Mensch seinen Geist und seine Seele vom Affen hat?

So viel zu meiner Vorbemerkung.
Nun bist du wieder dran."
Vincent nimmt sein Glas Lafite 1982 und prostet zunächst Frank, dann Schorsch, Hans und Max zu.

Frank meint: „Diese fünf Fragen haben wir nun fast drei Tage diskutiert.
Wir standen gestern vor dem Abgrund,
heute gehen wir einen Schritt weiter."

Die fünf Freunde sitzen wieder im Kaminzimmer, 10.00 Uhr ist es.
Alle fühlen sich wiederum wohl. Wein und Zigarren stehen bereit und das Feuer spendet wieder wohlige Wärme.

Frank kommt jetzt mit seinem neuen Vortrag in Fahrt.

„Im Kapitel Urknall beschäftigten wir uns", so Frank, „mit der Frage:
- ,Woher kam die Energie – die Protonen, Elektronen, Neutronen –, welche Voraussetzung für den Urknall war?'

Wir stellten fest, dass es ein physikalisches Naturgesetz, das Energieerhaltungsgesetz gibt, nach dem Energie nicht herstellbar und nicht vernichtbar ist und nach dem sich Energie auch nicht selbst herstellen kann, also auch nicht aus der Natur.
- Die Folgerung daraus war,
diese Energie muss für den Urknall erschaffen worden sein.

Von wem?
Von einer höheren Instanz, vom Schöpfer, also von der Allmacht.

Damit sind die Fragen
- nach der Energieherkunft,
- nach einer höheren Instanz, also nach dem Schöpfer
aus der Sicht logischer Folgerung beantwortet.

Im Kapitel Urknall stellten wir auch fest, wie die Unendlichkeit zu definieren ist.

Manche, auch einige ‚große‘ Wissenschaftler, stehen auf dem Standpunkt,

- vor dem Urknall gab es weder Zeit noch Raum.

Diese ‚Fantasie‘ ist nicht realistisch.

Natürlich gab es Zeit und Raum, auch dann, wenn manche Menschen in ihrer Überheblichkeit solche Antithesen aufstellen.

Warum solche Antithesen?
Weil man einen Schöpfer nicht erträgt?
Weil das Phänomen der Allmacht niemals in das eigene Weltbild passt?
Weil man sich selbst universell erhaben fühlt.

Blöd wird es, wenn solche ‚Selbstanbeter‘ dann sogar die Mathematik vergewaltigen, dabei im negativen Nirwana landen und dann alles Unbegreifbare als relativ erklären.
Schlimm ist es, wenn dann andere Menschen vor Ehrfurcht daran glauben.

Die Zeit ist tatsächlich eine Komponente der Unendlichkeit und nicht relativ.
Die Unendlichkeit ist mit unserem Menschenhirn nicht begreifbar.

Wir stellen fest, sowohl die Zeit als auch der Raum sind nicht relativ, sie sind realistisch und absolut und sie waren beim Urknall da.

Natürlich kann man in der Theorie zum Beispiel in der Mathematik zeitlos und raumlos rechnen und argumentieren, dies ändert aber nichts an der irdischen Realität.

In der Mengenlehre gibt es den sogenannten leeren Raum.
Dies ist aber nur eine mathematische Fiktion und hat mit der Realität nichts zu tun.

Weil dies so ist und niemand die zeitliche und die räumliche Unendlichkeit erklären kann, muss es eine höhere Instanz, also einen Schöpfer geben", meint Frank.

Frank sagt: „Hoffentlich kommen jetzt nicht allzu viele Weltbelehrer dank ‚Genderismus' auf die Idee,
- es war gar kein Schöpfer, sondern eine Schöpferin."

Für Langsamdenker:
- Der Schöpfer ist geschlechtsfrei.

Frank meint weiter: „Wenn es einen Schöpfer gibt – nach wissenschaftlicher Energiefolgerung muss es einen Schöpfer geben –,
dann ist dieser kein alter Mann mit Bart, keine schöne Frau, sondern eventuell eine Energiewolke, ein grenzenloser Supercomputer oder ein unendliches, allmächtiges Etwas, welches über die absolute Gerechtigkeit und die Allmacht verfügt.

So viel, meine Freunde
- zur Energie für den Urknall,
- zum Schöpfer,
- zur Unendlichkeit."

Frank hebt sein Weinglas, festlich blinkt der Feuerschein durch den dunklen Rotwein und das böhmisch geschliffene Glas.
Süffisant prostet Frank „auf die dunkle Energie in unseren Gläsern".

Frank fährt fort mit seinem Vortrag.

Über – die **Dunkle Energie – Dunkle Materie** – will er berichten.
„Wer beschäftigt sich schon mit der seit dem Urknall vorhandenen
‚Dunklen Energie' und wer
mit der **‚Dunklen Materie'** ", beginnt er.
„Wer macht sich schon Gedanken über die ebenfalls seit dem Urknall wirkende andere Energie, also
die **‚Magische Kraft'.**

Wirklich gläubige Menschen pflegen gelegentlich solche Gedanken,

Mitglieder der verschiedensten Religionen geben sich fallweise solchen sogenannten überirdischen Ideen hin.

Bigottische Menschen träumen von Gespenstern, verirren sich in der Geisterwelt und werden abergläubig.

Die ganz anderen, die Agnostiker, die Atheisten, die Nihilisten, die Gotteslästerer beginnen schnell zu spotten.

Diese Dunkle Energie, die Dunkle Materie und die ‚Magische Kraft‘ sind nicht geeignet, aus religionsorientierter Perspektive zu punkten.

Sowohl die ‚Dunkle Energie‘ als auch die ‚Dunkle Materie‘ sind rein naturwissenschaftlich zu betrachten.

Die ‚Magische Kraft‘ ist als ‚kosmologisches Phänomen‘ einzuordnen.

Im normalen Leben stören uns während des Tages weder Dunkle Energie noch kosmische Phänomene, ja sogar Menschen mit oft okkultisch erscheinenden Gefühlswallungen ignorieren wir.
Aber in der Nacht, bei Krankheit und im Alter beginnen oftmals die Gespenster der dunklen Welt in unseren Köpfen Kreise zu ziehen.
Ob wir dann wollen oder nicht, beschäftigen wir uns gezwungenermaßen mehr oder weniger belastend mit unendlichen Gedanken:
Woher?, Wohin?, Wo ist das Ende?, Was ist danach?
Die einen denken dabei ans Universum und die anderen an ihr Leben, an den sicheren Tod und an Himmel und Hölle.
Mancher Mensch kommt hierbei zur Erkenntnis ‚Ich weiß, dass ich nichts weiß‘, und viele begnügen sich mit der Weisheit
‚Ich will es gar nicht wissen‘.

Viele Menschen finden ihren Frieden im Glauben, in der Religion.

Andere beschäftigen sich wissenschaftlich mit solchen Themen.

Die einen wollen ‚beweisen‘, dass es keinen Gott gibt – es gelingt ihnen aber nicht.

Die anderen folgern aus den vorhandenen Naturgesetzen und kommen zum Ergebnis, dass es ein höheres Wesen, also die Allmacht geben muss.

Beweise gibt es für beide Seiten nicht, aber schlüssige Folgerungen.

Wir Menschen, wir kleine Krabbelwesen auf diesem Planeten haben in unglaublich kurzer Zeit, in weniger als einem Wimpernschlag im Zeitverhältnis zum Universum und zur Unendlichkeit in 650.000 Jahren eine fast unvorstellbare geistige und gesellschaftliche Leistung vollbracht.

Der Affe ist nach 20 Millionen Jahren immer noch ein Affe.

Gesellschaftlich sind wir seit der Französischen Revolution weit, aber für viele noch nicht weit genug vorangekommen.

Technisch haben wir seit der ersten industriellen Revolution ein ‚Wunder‘ nach dem anderen geschafft. Allein über diese ‚Wunder‘ könnte man viele Bücher schreiben.

Trotz dieser gigantischen Leistungen, trotz mittlerweile hoher Intelligenz, trotz höchster KI-Potenz und trotz universeller Rechnersysteme sind wir bis heute, und es ist davon auszugehen auch in ferner Zukunft, nicht in der Lage, die Urfragen richtig und zweifelsfrei zu beantworten bzw. wissenschaftlich exakt zu definieren."

Frank meint: „Heute wollen wir versuchen,
- nach der Energie für den Urknall
- nach der Unendlichkeit

zum einen die Frage nach der Dunklen Energie/Materie,
zum anderen die Frage nach der ‚Magischen Kraft‘
zu behandeln.

Die anderen Fragen werden wir später diskutieren.

Beide, die ‚Dunkle Energie/Materie‘ einerseits und die ‚Magische Kraft‘ andererseits sind Urenergien. Sie bestehen und wirken seit dem Urknall."

Frank meint nun, über dieses Thema – die Urenergien – könne man stundenlang sprechen und diskutieren.

„Welche Überschrift man hierfür verwende, obliegt dann der Vorstellung der jeweiligen Diskutanten.

Eine Vielzahl passender Worte könnte man für die Urenergien als einziges Orientierungssynonym, also als Headline verwenden:

Geheimnisvoll, rätselhaft, nebulös, mysteriös, orakelhaft, übersinnlich bis zu okkult würden fallweise passen.

Ich komme nun zur

Dunklen Energie – Dunklen Materie
Mit dem Urknall begann wirklich alles.

Das Chaos im Universum und später nahm die Verwirrung in den Köpfen der Menschen ihren Lauf.

Einige Fragen stehen seit dem Urknall nun im Raum und man findet selbst bei noch so gelehrten Menschen keine Antwort."

Die fünf Freunde versuchen krampfhaft, sich geistig zu sammeln und zu konzentrieren, um die nun anstehenden Fragen zu verstehen und später zu diskutieren.

Bevor die Herren mit der fast mystischen Diskussion beginnen, stellt Vincent – wie schon einmal erwähnt – noch schnell eine „irdische Frage" an Frank.

„Frank, kannst du aus deiner wissenschaftlichen Sicht zum einen die ‚Dunkle Energie' und die ‚Dunkle Materie' und zum anderen die ‚Magische Kraft' so einfach erklären, dass wir die Sache auch verstehen?"

Frank macht plötzlich ein ganz ernstes Gesicht, runzelt schon wieder die Stirn und erwidert:

„Diese Fragen muten ein bisschen mehr als irdisch an, sie sind außerirdisch, wirken aber auch irdisch; sie sind aus der Sicht eines Laien nur schwer erklärbar und noch schwieriger zu verstehen."

Frank nimmt also das Thema Dunkle Energie und Dunkle Materie gleich auf die Schippe und beginnt:

„Die **‚Dunkle Energie‘** wird in der Kosmologie teils als hypothetische und teils als reale Energie gesehen.
Die Dunkle Energie ist wissenschaftlich großteils ungeklärt. Sie ist experimentell noch nicht exakt nachzuweisen, aber es gibt sie.

Auch wenn die Dunkle Energie physikalisch noch nicht dargestellt werden kann, so ist sie trotzdem für die Wissenschaft unentbehrlich.

Die Dunkle Energie wirkt z. B. seit dem Urknall stabilisierend auf das immer noch in Ausdehnung befindliche Universum.
Sie verlangsamt den Ausdehnungskoeffizienten, also die Ausdehnung des Universums.
Oftmals wird die Dunkle Energie mit der Dunklen Materie verwechselt.

Entsprechend mathematischen Berechnungen, kosmologischen Annahmen und der Erkenntnis aus Supernova-Explosionen wird davon ausgegangen, dass sich die Dunkle Energie und die Dunkle Materie im Kosmos wie folgt verteilen:

- Dunkle Energie   ca. 68 %
  noch nicht aktive Teilchen
  (Higgs, Quarks, Neutronen etc.)

- Dunkle Materie   ca. 26 %
  elektromagnetische und sonstige aktive Strahlung
  (atomar bedingte Kernreaktionen und
  Sonnenstrahlungen)

- baryonische Materie   ca. 4 %
  (z. B. unsichtbare Sterne)

- sichtbare Masse   ca. 2 % (z. B. Sonne,
  Mond, Sterne,
  Planeten etc.)

Zwar konnte bis heute weder die ‚Dunkle Energie/Materie' noch die ‚Magische Kraft' experimentell dargestellt werden.
Weder Algorithmen noch mathematische Sonderbegabung noch empirische Fakten reichen aus, um diese Energien zu entschlüsseln.

Folgt man nun aber den bisherigen Erkenntnissen und den Fakten bezüglich der Dunklen Materie im Universum, so kommt man nicht umhin: Ohne Dunkle Energie würde das ‚Kosmos-System' gar nicht funktionieren.
Weder würde die gravitationsabhängige Ausdehnung des Universums ausbalanciert sein noch würde der elektromagnetische Ausgleich im Kosmos funktionieren.

Obwohl sowohl die Dunkle Energie als auch die Dunkle Materie kosmologisch viele Rätsel aufgeben und für Nichtkosmologen ein theoretisches Monster darstellen, ist davon auszugehen, dass die Dunkle Energie und die Dunkle Materie reale Komponenten im Universum sind.

Neben dieser für Kosmologen wahrnehmbaren Dunklen Energie gibt es aber noch eine auch für Kosmologen nicht real wahrnehmbare, nicht messbare, nicht einmal erklärbare positive und negative andere Energie.
Nennen wir diese andere Energie ganz einfach ‚Magische Kraft'.

Die Magische Kraft

Diese Kraft ist eine naturwissenschaftlich unpopuläre, mehr oder weniger mystische, vielleicht auch übersinnlich anmutende Energie.
Bei dieser ‚Magischen Kraft' handelt es sich, egal aus welcher Sicht man sie betrachtet, um eine ‚Gewaltige Macht'."

Frank legt schon wieder seine Stirn in Falten und sagt mehr oder weniger empfehlend: „Wir sollten diese Magische Kraft jetzt im Anschluss an die eben behandelte Dunkle Energie diskutieren.

Beide Energiearten müssen wir auseinanderhalten in
- die Dunkle Energie
und
- die ‚Magische Kraft'.

Beide sind Urenergien.

Ich wiederhole mich: Mit dem Urknall begann wirklich alles.

Die ‚Dunkle Energie/Dunkle Materie‘,
auch die andere Energie,

die ‚Magische Kraft‘

sind beide Phänome, welche wir Menschen mit unserem menschlichen
Gehirn nicht ohne Weiteres erfassen und definieren können.
Aber wir nehmen die Kraft permanent wahr.

Ich versuche, diese Energie in einer allgemeinverständlichen Sprache und
so einfach strukturiert wie möglich darzustellen“, sagt Frank.

„Die ‚Magische Kraft‘ müssen wir uns quasi als digitale Energie vorstellen.
Digital heißt in diesem Fall: These und Gegenthese, plus und minus, auf
und ab, schwarz und weiß, heiß und kalt, hell und dunkel usw.
Auch magnetisch kann man diese Kraft betrachten. Denken wir an den
Nordpol und den Südpol, an plus und minus, an anziehend und abstoßend,
und schließlich müssen wir auch an **Gut** und **Böse** denken.

Alles was im Universum oder auch hier auf Erden geschieht, ist entweder
GUT oder **BÖSE.**

Diese Energie wirkt also sowohl in relevanter Materie, bei irdischen
Gegebenheiten, als auch in mystischen und übersinnlichen Empfindungs-
welten.

Also alles was geschieht in diesem Universum, auf unserem Planeten Erde
und auch auf anderen Planeten, ist je nach Betrachtungsperspektive **gut**
oder **böse.**

Diese ‚Magische Energie‘, sehr oft muss man auch von ‚Magischer
Kraft‘ sprechen, ist Ursache und hat die Macht darüber, ob im jeweiligen
Augenblick am jeweiligen Ort Gutes oder Böses geschieht.

Auch das Ausmaß an Gut und Böse wird durch diese besondere Energie, durch diese ‚Magische Kraft' sowohl im Bereich des Guten wie auch des Bösen bestimmt.
Beide Kräfte sollten normal im Gleichgewicht sein.

Auch wenn es zunächst okkult, gespenstisch, mystisch, bigottisch oder abergläubisch klingt, diese ‚Magische Kraft' ist so real wie die Sonne am Himmel.

Seit Milliarden von Jahren wirkt diese Kraft im ganzen Universum, auch bei der Entstehung des Universums und unserer Erde hat sie gewirkt.
Viel Gutes und viel Böses hat sie verursacht.

Keine Energiewolke hat sich aufgelöst, um hieraus eine Galaxie oder ein Sonnensystem zu gebären, ohne diese ‚Magische Kraft'.
Keine Supernovaexplosion hat stattgefunden, ohne die ursächliche Wirkung dieser ‚Magischen Kraft'.
Nichts, aber auch gar nichts Gutes oder Böses geschah oder geschieht auch hier auf Erden, ohne dass die positive oder negative ‚Magische Kraft' wirkt.

Seit dem Urknall sind beide magischen Kräfte Gut und Böse bei allem, was geschieht, immer im Spiel.

Meist sind Gut und Böse im Gleichgewicht, manchmal überwiegt die positive, manchmal auch die negative ‚Magische Kraft'.
Alle Ereignisse, die positiven wie die negativen, sind jeweils das Ergebnis und die Folge dieser positiven oder negativen ‚Magischen Kraft'.

Kein Erdbeben, kein Vulkanausbruch, keine Überschwemmung, kein Flugzeugabsturz, kein Verkehrsunfall, kein Sturz von Oma, kein Nasenbruch bei Onkel Hans erfolgt ohne die Wirkung der **negativen** ‚Magischen Kraft'.

Jeder Sonnenaufgang, jedes Ende einer Dürreperiode, gutes Klima, gesunde Wälder, der Wohlstand bei Völkern, lang andauernder Frieden, Glück in der Familie, die Geburt eines Kindes, ein Lottogewinn und viele andere positive Selbstverständlichkeiten sind immer das Ergebnis der **positiven** ‚Magischen Kraft'.

Auch auf die Menschen, auf jede Person wirkt diese Kraft.
Alles, was ein Mensch denkend tut, wird von dieser Kraft beeinflusst, und zwar im Positiven wie im Negativen.

Ein Albert Schweitzer, eine Mutter Theresa und viele andere ‚Menschenengel' wären niemals in der Lage gewesen, ihr Werk ohne den Einfluss der positiven ‚Magischen Kraft' zu vollbringen.
Teufel wie Adolf Hitler, Josef Stalin, Mao Tse-tung und andere wären als normaler Mensch niemals imstande gewesen, solche Verbrechen zu begehen.
Auch bei jeglicher Art von Sonderbegabungen wie Mathematikgenie, Sprachgenie, Gedächtniswunder, Musik- und Gesangswunder usw. liegt die Geniequelle in der „Magischen Kraft".
Auch wir Alltagsmenschen werden jeden Tag positiv und negativ von dieser ‚Magischen Kraft' nicht nur in Versuchung geführt.
Wenn Menschen Gutes tun, ist die positive ‚Magische Kraft', also das Gute, in Wirkung.
Wenn ein Mensch plötzlich negativ ausrastet und zum Brandstifter, Kinderschänder, Mörder usw. wird, ist immer – wie im Volksmund – ‚der Teufel am Werk'. Tatsächlich wirkt in solchen Fällen immer die negative ‚Magische Kraft', also das Böse, wenn man so will – der Teufel.

Bei oberflächlicher Betrachtung der Wirkung beider magischen Mächte, der negativen und der positiven, also von Böse und Gut, könnte man schnell zum Ergebnis gelangen, die negative Macht gewinne öfter.
Dies ist nicht so. 50,01 Prozent sind gut und 49,99 Prozent sind böse.
Beide Mächte sind fast immer im Gleichgewicht.
Beide, das Gute und das Böse, also die positive und die negative ‚Magische Kraft', wirken nicht und niemals aus sich, sondern immer im Auftrag.
Hier scheiden sich schon wieder die Geister.

Für schöpfungsorientierte Menschen, auch für viele Wissenschaftler kommt jeder Auftrag von der Allmacht. Nichts ist Zufall.
Anders gepolte Menschen, auch viele Wissenschaftler nennen diese

Allmacht, diese ‚Mystische Kraft‘, dieses für die Wissenschaft nicht definierbare Etwas ganz einfach Natur.
Für sie sind alle Ereignisse naturgegeben, naturgewollt. Eine Allmacht gibt es für sie nicht.

Für eine andere Gruppe von Menschen ist alles, was geschieht, ganz einfach Vorsehung oder Bestimmung.
Bestimmung woher, von der Natur oder von der Allmacht?
Alle Erklärungen, jede Art von Meinung wird immer mit Inbrunst vertreten.

Die Allmachtsnegierer sind hierbei die Schlimmsten.
Sie bestreiten ganz aggressiv jede Allmacht, obwohl sie selbst nicht in der Lage sind,
- die Herkunft der Energie, welche zur Urknallexplosion notwendig und vorhanden war, zu erklären.

Die gleichen Herrschaften sind auch nicht in der Lage,
- die Unendlichkeit zu definieren.

Sie haben keine Beweise, aber sie bestreiten alles.
Manche dieser Menschen versuchen, sich mit mathematischen, physikalischen oder philosophischen Hilfskrücken aus ihrer Erklärungsnot zu retten.

Die andere Gruppe, die Schöpfungsgläubigen, sind pragmatischer.
Sie verlassen sich auf den Folgerungsbeweis: Wir wissen, dass die Energie, welche zur Urknallexplosion notwendig war, sich nicht selbst erschaffen konnte. Also wissen wir auch, dass sie erschaffen wurde.

Von wem wohl?

Fassen wir zusammen:
Die ‚**Magische Kraft**‘, sowohl die **gute** als auch die **böse,** ist kein religiöses Hirngespinnst.
Sie ist im gesamten Universum, auch auf unserem Planeten Erde existent und sie wirkt immer und überall ohne Unterlass.

Als Streitfrage bleibt:

Ist die ‚Magische Kraft', sowohl die **positive,** die **gute** als auch die **negative,** die **böse**

    – naturgegeben

oder

    – schöpfungsrelevant?

Dies sollte jeder Denker, jeder Diskutant für sich beantworten.

Wenn er richtig folgert, hat er die wahre Lösung.

Noch zwei Weltfragen stehen an:

- Woher kommt das Leben?
- Stammt der Mensch vom Affen ab?

Auch diesen Fragen werden wir nicht aus dem Wege gehen.
Wir werden sie allerdings etwas später diskutieren und versuchen, aus unserer Sicht zu folgern und Lösungen zu finden.

Auf diese Themen sollten wir dann im Detail, und zwar in Abhängigkeit von Gegebenheiten und Fakten sowie auf der Grundlage richtiger Folgerungen näher eingehen."

Alle vier Freunde prosten Frank zu und bedanken sich.
Vincent bittet die Freunde wieder an die frische Luft.

Gehirn mit Sauerstoff erfrischen, Lungen durchpusten und sich wieder fit machen für die Diskussion ist angesagt.

Kalt ist es auf der Terrasse, noch kälter als gestern, auch der Wind ist lebendiger.

Zehn Minuten dauert der Aufenthalt auf der Terrasse.
Die Zugkraft zum Mittagessen ist bei allen fünf Freunden sehr beachtlich.

Der Mittagstisch ist schon angerichtet.
Eine herrliche bayerische Hochzeitssuppe, Züricher Geschnetzeltes mit Rösti und als Nachspeise Eis mit frischen Beeren gibt es.

16.00 Uhr ist es. Frank führt wieder Regie und beginnt.

„Jetzt diskutieren wir die ‚Dunkle Energie‘ und die ‚Magische Kraft‘. Jeder soll nicht nur zu Wort kommen, sondern auch präzise seine Meinung sagen“, so Frank.

„Wir beginnen mit Max, dem Oberkritiker, dem Vertreter der – wie sagt man in Deutschland – Lügenpresse.
Also Max, was hast du an der ‚Dunklen Energie‘ und an der ‚Magischen Kraft‘ auszusetzen?
Ich gehe davon aus, dass du meinen Ausführungen nicht zustimmst.“

Max beginnt, natürlich jetzt etwas gereizt, aber seine Meinung hat sich dadurch nicht geändert:
„Dunkle Energie – Magische Kraft – solche Hirngespinste. So ein intelligenter Mensch wie du kann doch an so einen faulen Zauber nicht glauben“, so beginnt Max seine Offensive.

„Ich sagte euch doch schon:
Die Urknallenergie, der Schöpferglaube wie auch der Unendlichkeitswahn sind Hirnkonstruktionen für Angsthasen.
Das einzig Wahre ist die Natur.
Sie ist es, aus der alles kommt und die alles bestimmt, sowohl im Universum wie auch hier auf Erden.
Meine Herren, liebe Freunde, wir verstehen uns so gut – aber nicht in dieser virtuellen Welt.
Wir wollen Freunde bleiben und uns nicht streiten.
Ich meine, es ist richtig, wenn ich zu diesem Thema keine weiteren Meinungsäußerungen von mir gebe“, endet Max.

Frank beherrscht so ein Spiel und fordert, ohne auf Max näher einzugehen, nun Hans, den Philosophen, auf, sich zu äußern.
„Hans, ich bin gespannt auf deine Meinung“, so Frank.

Hans beginnt diesmal nicht mit ‚tief Luft holen‘, mit ‚langer Einleitung‘ und mit ‚umständlichen Formulierungen‘.
Nein, Hans kommt gleich zur Sache.

„Wie schon früher von mir festgestellt, beschäftigten sich schon vor 9000 Jahren die allerersten menschlichen Kulturen, die Urkulturen mit Göttern, mit Geistern und auch mit Phänomenen wie z. B. der ‚Dunklen Energie‘ und der ‚Magischen Kraft‘. Sie nannten es nur anders.
Gewitterwolken, Morgenrot, Abendrot, bestimmte Nebelschwaden, der Mond, die Sonne, Berge, Tiere waren damals freudebringende Götter oder leidbringende Dämonen.

Heute haben wir das Universum entschlüsselt, die wirkenden Energien und Kräfte (Atome, Moleküle, Materie, ja sogar die Gene) enträtselt, auch sogenannten übersinnlichen Phänomenen sind wir auf der Spur.

Warum soll ich bestreiten, dass es solche Energien und Kräfte, wie sie Frank vorgetragen hat, wirklich gibt, wenn ich sie selbst jeden Tag und überall wahrnehme, wahrnehmen muss. Ich denke ans Internet.
Zwar kann ich diese Kräfte nicht definieren, aber für mich sind sie eben da, für mich gibt es sie.
Wo sie herkommen, das war für mich trotz vieler Mühen – jedenfalls bis heute – wissenschaftlich noch eine ungeklärte Frage.
Wenn ich folgere, komme ich auf Schöpfung.“
Frank bedankt sich bei Hans für seine Offenheit.

„Nun, Schorsch, jetzt bist du an der Reihe“, sagt Frank.

Schorsch, der Multi-Bauer, der studierte Agronom, der Privatphilosoph, nimmt noch schnell einen kräftigen Schluck dunkelrote – Energie –, wie er schmunzelnd meint, und beginnt ruhig, aber sicher mit seinen Ausführungen.
- „Für mich kommt die Energie für den Urknall nicht aus der Natur, sondern aus der Schöpfung. Die Natur selbst gibt uns die Antwort allein schon durch das Energieerhaltungsgesetz.
- Für mich kann deshalb die Energie und der aus ihr resultierende Urknall nicht aus der Natur geboren sein.
- Auch die naturwissenschaftlich nicht erklärbare Unendlichkeit ist für mich ein Phänomen, mit welchem durch logische Folgerung nur ein höheres System das Ergebnis unserer Überlegungen sein kann.

- Die Natur ist immer erklärbar. Alles, was nicht erklärbar, definierbar oder beweisbar ist, muss deshalb übernatürlich sein.
- Vieles von dem, was Frank vortrug, ist wissenschaftlich undefinierbar, unirdisch, also übernatürlich.

So und nun noch mal zur ‚Dunklen Energie' und zur ‚Magischen Kraft'.

Natürlich gibt es beide.
Wir spüren sie doch täglich und überall – Handy – Internet – Cloud – Navi – 5G-Strahlung – Vogelflug – Fisch zum Laichort usw."

Schorsch: „Meine Meinung ist klar:
Wenn wir systematisch folgern, dann gibt es nur ein Ergebnis:
Die Natur kann es nicht sein, sie konnte sich nicht selbst erschaffen.
Es muss ein höheres System geben."
Schorsch: „Das war's – ich habe fertig."
Frank bedankt sich bei Schorsch und blickt zu Vincent.
„Du bist jetzt dran."

Vincent beginnt ebenso lustig, wie Schorsch endete.
Vincent grinst bis zu den Stockzähnen und meint:
„Kommt alle zu mir, da werden sie geholfen.

Meine Meinung ist eigentlich schnell gesagt:
Die ‚Dunkle Energie/Materie', die ‚Magische Kraft' haben nichts mit Glauben und Religion zu tun.
Nachdem aber beide wissenschaftlich nicht exakt nachzuweisen sind, haben wir uns bezüglich unserer Einstellung zu diesen Urenergien zu entscheiden zwischen ‚an die Natur oder an die Schöpfung glauben' oder ganz systematisch zu folgern.

Ich habe für mich entschieden
- gemäß den gegebenen Fakten zu folgern,
statt
- nach dem Bauchgefühl zu entscheiden.
Die Urknallenergie kann gemäß den unumstößlichen Naturgesetzen nur erschaffen worden sein. Sie konnte sich nicht selbst erschaffen.

Die Folgerung daraus ist:
Alles im Universum kann nur Ergebnis der Schöpfung sein.

Und wenn wir dann weiter folgern, ergibt sich:
Auch die Urenergien sind Organe der Schöpfung.
Ich betone noch mal, diese meine Feststellung hat bis auf Weiteres nichts mit Glauben oder Religion zu tun.

Über dieses Thema sollten wir uns noch ausführlich unterhalten."

Vincent gibt noch den Hinweis:

„Wir beschäftigten uns bisher
- mit dem Urknall und dessen Energieherkunft,
- mit der Frage – Schöpfer oder alles aus der Natur,
- mit der Unendlichkeit,
- mit der Erde und wie sie entstand,
- mit der Dunklen Energie und Dunklen Materie,
- mit der ‚Magischen Kraft‘.

Jetzt stehen noch zwei nicht abschließend behandelte Urfragen im Raum.
- Ist das Leben ein Produkt der Natur oder der Wille des Schöpfers?
- Stammt der Mensch vom Affen ab?

Fassen wir beide Fragen zusammen, dann ergibt sich
der ewige Streit
zwischen
Schöpfungsgegnern und Schöpfungsbefürwortern."

Vincent sagt: „Hierzu habe ich meine Meinung ausführlich offengelegt."

Frank bedankt sich bei Vincent und beginnt seinen Vortrag.
Frank, „der Dozent", geht wieder in Stellung.

Die vier Freunde machen es sich wieder gemütlich und jeder freut sich auf den spannenden Inhalt der Ausführungen von Frank.

„Der nächste Titel heißt:

Ist das Leben ein Produkt der Natur oder der Wille des Schöpfers?

Was das Leben anbetrifft, so haben wir schon früher festgestellt,
- wo erstes Leben nachweisbar war,
- wie es biomolekular, biochemisch, elektromagnetisch, also physiologisch aufgebaut ist.

Wir versuchten nun nochmals darzustellen, dass die Einzelle mit Kern und der Membrane als Schale, aber ohne Erbsubstanz noch kein exklusives lebendes Wesen, also kein Leben in unserem Sinne war.

Wir wissen, dass das Leben erst mit einer teilbaren und mit der Erbmasse ausgestatteten komplexen Zelle begann.

Wir wissen, dass die teilbare komplexe Zelle aus einem Zellkern, aus der Schale, der Membrane und aus ihrer ganz speziellen Lebens-DNA, also ihrem individuellen Bausatz bzw. Algorithmus besteht.

Wir wissen nicht, wie und wann sich der Urzellkern mit der zu ihr passenden DNA vereint hatte.
Wir wissen also nicht, wie und wann das erste Leben erzeugt wurde.
Was wir wissen ist, dass eine Zelle nur dann ein eigenes Leben hat und sich vermehren kann, wenn ihr die zu ihr passende DNA zugeführt wird.

Wir wissen auch, dass als Folge der Urzelle, also nachdem Leben besteht, neues weiteres Leben nur dann entsteht, wenn der weiblichen Eizelle der passende männliche Samen zugeführt wird.
Dies gilt für alle organischen Lebewesen.

Worüber die Menschen, insbesondere die Wissenschaft, diskutieren, um nicht zu sagen streiten, ist die Frage:
‚Das erste Leben?‘

Wie gelangte die passende DNA in den vorhandenen geeigneten Zellkern?

- War es der Wille und die Fügung des Schöpfers?

oder

- War es ein millionenfacher Zufall der Natur?

Für diesen Fall des ersten Lebens gibt es keine Fakten des Geschehens z. B. wie bei der Energie für den Urknall.

Es ist also hier zunächst nicht möglich, mit logischer Folgerung zu erklären, wie die richtige DNA in die geeignete Zelle kam und so die erste Urzelle des Lebens entstand.

Schöpfungsgegner könnten das Argument benutzen:
- Es stand so viel Zeit zur Verfügung, dass durch millionenfachen Zufall die richtige DNA in die geeignete Zelle gelangen konnte und so das Leben entstand.
- Ein Schöpfer war hier nicht nötig.

Schöpfungsbefürworter folgern, und zwar aufgrund der Logik und Fakten. Ihre Argumentationskette ist folgende:

- Es ist wissenschaftlich erwiesen, dass der Urknall nur mit Energie stattfinden konnte und dass diese, also die Protonen, Neutronen und Elektronen zum Urknall vorhanden waren oder im selben Moment geschaffen wurden.

- Die unumstößlichen und von der Wissenschaft uneingeschränkt anerkannten Naturgesetze sagen nämlich aus: Energie kann sich nicht selbst erzeugen, auch nicht aus der Natur, folglich wurde die beim Urknall vorhandene Energie geschaffen. Von wem? Von einer bestehenden höheren Instanz?

- Folgerung: Es muss also einen Schöpfer für die Energie des Urknalls und damit für die Entstehung des Universums geben.

Diese Folgerung ist weder physikalisch noch mathematisch, auch nicht philosophisch wegzumanipulieren.

Die Schöpfungsbefürworter folgern weiter:

- Und dieser Schöpfer wollte Leben erst zu einem bestimmten Zeitpunkt entstehen lassen.
  Die Natur hätte nämlich nicht 11,7 Milliarden Jahre gewartet. Die Natur hätte in dieser Zeit milliardenfache Möglichkeiten gehabt, Leben zu erzeugen
- Wenn es einen Schöpfer gibt, wissenschaftlich muss es ihn geben (siehe oben), dann wollte er zur richtigen Zeit, wenn alles fürs Leben bereit ist, in einem zweiten Urknall das Leben erzeugen.
- Ein weiteres Argument für einen Schöpfer steht im Raum. Bisher ist es der Wissenschaft trotz unendlich vieler Versuche nicht gelungen,

Leben zu erzeugen … warum?

- Wenn es also einen Schöpfer für das Universum gibt, gemäß obigen Folgerungen gibt es ihn, dann ist nur dem Schöpfer die Schaffung des Lebens zuzuschreiben.

Auf bekannte wissenschaftliche Schöpfungsgegner werden wir noch ganz speziell und im Detail etwas später eingehen."

Frank holt plötzlich tief Luft und meint:
„Wir sind jetzt so gut in Fahrt, wir sollten gleich die nächste Frage behandeln.

Noch ein Thema steht uns bevor.

Mensch oder Affe?

Diese Frage sollte nicht so primitiv und so provokant gestellt werden, wie sie gerne als Headline in der ‚Lügenpresse' gedruckt wird.
Die Gefahr für den Fragesteller liegt nämlich auf der Hand:
Die Antwort könnte sein: – Vielleicht Sie? – ich nicht –.

Ernst gemeint ist das Thema anders zu behandeln.

Wir wissen, sowohl der tierische als auch der menschliche Organismus ist gleichermaßen biomolekular, biochemisch und biomagnetisch aufgebaut.

Wir wissen, wie sich aus dem Urschlamm die Tierwelt über Bakterien, über wirbellose Weichtiere, über Fische, die Amphibien, die Reptilien, die Vögel bis hin zu den Säugetieren und den Affen zu reinen Körperwesen entwickelt hat.

Wir wissen auch, dass diese manchmal fast wundersame Entwicklung, dass jegliche Veränderung und jegliche Mutation immer nach der Darwinschen Evolutionstheorie erfolgten.

Wir wissen, dass die Gattung der Affen vor ca. 20 Millionen Jahren zum ersten Mal in Erscheinung trat.

Wir gehen davon aus, dass die Menschenaffen, insbesondere die Schimpansen, die Gorillas und mit Abstand noch die Orang-Utans, **physiologisch,** also **organisch** und **körperlich** die Vorfahren der Menschen waren.

Des Weiteren wird davon ausgegangen, dass es zwei Urstämme waren, eine Abstammung der Gorillas und eine Abstammung der Schimpansen, aus welchen sich körperlich menschenähnliche Wesen entwickelt hatten.

Der von den Gorillas abgeleitete Urstamm starb vor etwa fünf Millionen Jahren aus.

Vor ca. 4,8 Millionen Jahren stiegen die Affen von den Bäumen und bewohnten auch die Erde.

Der schimpansenabhängige Urstamm entwickelte sich zunächst gut weiter.
Aus ihm ging vor ca. 2,8 Millionen Jahren der Australopithecus hervor.
Manche sprechen diesbezüglich schon von einem Viertelmenschen.
Diese Aussage ist völlig falsch. Dieses Tier war kein Mensch.

Ganz zwangsläufig mussten die neuen Erdbewohner damals den aufrechten Gang erlernen.
Zwangsläufig entwickelten sie sich auch zu trickreichen und für Tiere zu klugen Wesen.
Dies war für sie auch dringend nötig. Sie waren langsamer als die Vier-

beiner, hatten viel weniger Kraft, als ihre Gegner, insbesondere die Raubtiere, und sie mussten sich jetzt gegen diese behaupten.

Vor ca. zwei Millionen Jahren gingen diese Wesen schon fast aufrecht.
Als Homo erectus ging dieses neue Affenwesen in die Geschichte ein.
Dieser Homo erectus war aber auch kein Mensch.
Trotzdem wird er von vielen Fachleuten rückblickend Halbmensch genannt.

In der Zeit von ca. zwei Millionen Jahren bis 0,65 Millionen Jahren vor unserer Zeitrechnung entwickelte sich der Homo erectus physiologisch zum ‚körperlichen Vollmenschen‘.
Dieses Körperwesen war nur noch gering behaart, hatte einen Körperbau wie ein Mensch. Er war aber auch noch kein Mensch.

Die Entwicklung vom Affen, besser gesagt vom Homo erectus, zum physiologischen „Vollmenschen" dauerte also ca. 1,35 Millionen Jahre.
Sie verlief, wie alle Ereignisse im Universum, ebenfalls nach den Regeln der Evolution.
Tausendfache Zufälligkeiten waren hierbei die Regel.
Dieses nach den Regeln der Biologie bzw. der Evolution entwickelte Körper-Instinkt-Wesen nennen wir heute rückblickend Homo sapiens.
Aus dem Homo sapiens wurde der Mensch.

Die Schöpfung hat sich bei der Menschwerdung wieder sehr lange Zeit gelassen, um einen Affenkörper so umzuformen, dass er durch Aufnahme von Geist und Seele zum Menschen werden konnte.

Vor etwa 350.000 Jahren geschah es, das lange vorbereitete **Körper-Instinkt-Wesen,** der Homo sapiens, wurde mit Geist und Seele ausgestattet und wurde so zum **Körper-Geist-Seele-Wesen.**

Der Mensch war geboren.

Hier beginnt nun die Diskussion
- Die einen, die Schöpfungsgegner, sind der Meinung
    - mit diesem Homo sapiens begann nun die Menschheit,
    - der Homo sapiens ist für sie der fertige Mensch,

- der Homo sapiens, also dieses Körper-Instinkt-Wesen, ist für sie der unmittelbare Beginn der Menschheit.

- Die anderen, die Schöpfungsbefürworter, vertreten die Meinung,
    - der Homo sapiens war ein durch die Evolution entwickeltes reines **Körper-Instinkt-Wesen,** aber noch kein Mensch.
    - die Menschwerdung, also der Übergang zum **Körper-Geist-Seele-Wesen** erfolgte durch Nutzung des Homo-sapiens-Körper und Hinzufügung von Geist und Seele vor ca. 350.000 Jahren.
      Hierbei war die Evolution nicht beteiligt.
    - durch die Menschwerdung im Embryo entwickelten sich die Hirnvernetzung, der Kiefer, der Gaumen, die Zunge, die Lippen, also der gesamte Sprechapparat des Menschen.
    - niemals war der Mensch ein Affe und umgekehrt.

Sofort nach der Menschwerdung war der Mensch dem Affen in allen Belangen des Geistes turmhoch überlegen.
Natürlich lernte der Mensch in den folgenden 350.000 Jahren unendlich viel dazu. Hier wirkte die Evolution wieder.
Der Affe blieb aber ein Affe, ein Körper-Instinkt-Wesen.

Der Mensch ist jedoch ein **Körper-Geist-Seele-Wesen.**

Worin besteht nun der Unterschied zwischen Körper-Instinkt-Wesen und Körper-Geist-Seele-Wesen?

Das Körper-Instinkt-Wesen ist geprägt durch Instinkte, durch Hormone und durch Gene. Diese steuern den Körper. Durch sie verfügt dieser über alle Fähigkeiten, die für sein Überleben notwendig sind.
Dieses Körper-Instinkt-Wesen hat also alle Instinkte zum Überleben, z. B. für Futter, für Wasser, für Vorsicht, für Flucht, für Angriff, für Jagd und für Fortpflanzung usw. genetisch programmiert. Diese Instinkte sind für das Körper-Instinkt-Wesen immer im richtigen Moment abrufbar.
Alle Fähigkeiten, die ein Tier, ein Körper-Instinkt-Wesen über seine Instinkte hinaus beherrscht, sind nur angelernt.

Angelernt wofür? – Immer zum Überleben, dies gilt auch im Falle von Belohnung und Bestrafung.

Angelernt durch wen? – Durch die Eltern, durch Erlebtes, durch Menschen.

Kein Körper-Instinkt-Wesen, kein Tier handelt frei auf eigene Initiative, es handelt immer instinktiv. Immer geht es bei ihm ums Überleben, immer reagiert es für Lohn oder aus Angst vor Strafe und Tod.

Kein Tier hat ein Gewissen, es hat nur Angst oder Freude und den Willen zum Überleben.

Kein Tier handelt aus Dankbarkeit, es handelt nur in Erwartung auf Lohn.

Kein Tier hat Mitleid, wenn es eine Beute tötet und frisst, oder fühlt Reue.

Ein Tier ist genetisch auf Überleben, auf Vorsicht programmiert und fühlt nur Angst vor Strafe und Tod.

Das Körper-Geist-Seele-Wesen, der Mensch dagegen handelt, wenn er nicht gezwungen wird, immer frei, eigenständig und nach seinem Gewissen.

Leider dehnen manche Menschen hierbei je nach Bedarf ihr Gewissen bis zum Zerreißen.

Immer steht dem Mensch das Gewissen zur Seite oder im Wege.

Der Mensch verfügt immer über die Freiheit, eigenständig zu entscheiden und entsprechend individuell zu handeln.

Kein Tier kann das.

Der Mensch kann gut oder böse handeln.

Das Tier handelt immer nach angeborenem Instinkt und Genbefehl.

Der Mensch ist im Vergleich zum Tier hochintelligent, forscht an den schwierigsten Projekten und entwickelt unvorstellbare Dinge.

Der Affe lebt immer noch im Urwald und auf den Bäumen, auch unsere ‚Vorfahren‘, der Schimpanse.

Trotz dieser Fakten gibt es nach wie vor genügend Menschen, auch Wissenschaftler, die nicht loskommen von ihrer ‚Affenliebe‘.

Der Mensch stammt nach ihnen vom Affen ab.

Erstellen wir einmal eine unwissenschaftliche Folgerung.

Wenn man nur den Körper des Affen und des Menschen, vom Sprechapparat abgesehen, zum Vergleich und als Argument nimmt, dann könnte die Evolution der Schöpfer des Menschen sein.

Wenn man aber den Affen vor 350.000 Jahren mit dem heutigen Menschen und seiner Leistung vergleicht, dann kann der Mensch kein mutierter Affe sein.

Streiten wir nicht, lassen wir noch einmal Fakten sprechen.

- Es ist nicht anzunehmen bzw. absolut unmöglich, dass sich ein Körper-Instinkt-Wesen, wie beispielsweise ein Affe, auch wenn es im Tiervergleich relativ ‚intelligent‘ ist, zu einem Körper-Geist-Seele-Wesen, also zu einem Menschen entwickeln kann.
- Wäre dies möglich, dann wäre der Affe heute nicht genau der gleiche Affe wie vor 350.000 Jahren.

Vergleichen wir doch einmal.
Der Mensch hat in 350.000 Jahren, insbesondere in den letzten 150 Jahren Dinge auf dieser Erde entwickelt und Leistungen erbracht, zu denen kein Affe, auch nicht in einer Million Jahre, je in der Lage wäre.
Von der Dampfmaschine über Strom, Telefon, Radio, Fernsehen, Auto, Flugzeug, Handy, Physik, Kernspaltung, Raketen, Weltraumtechnik bis hin zu den kompliziertesten elektronischen Rechnern, Computern, Roboter, IT-Technik und schließlich bis zur KI – Künstlichen Intelligenz und zur Genschere.
Von der Chemie, dem Fortschritt in Medizin und in unendlich vielen wissenschaftlichen und gesellschaftlichen Bereichen sei noch gar nicht gesprochen.
Der Affe, von dem wir angeblich abstammen, turnt seit 20 Millionen Jahren unverändert auf den Bäumen herum und lebt noch im Urwald.
Warum? Weil er ein Affe ist und kein Mensch.
Niemand bestreitet, dass der Körper des Körper-Instinkt-Wesens ‚Affe‘ organisch die Basis für die Entwicklung des Menschen war.
Aber es ist absurd, ja sogar pervers zu behaupten, aus dem instinktge-steuerten Körperwesen ‚Affe‘ hätte sich im Rahmen der Evolution das Körper-Geist-Seele-Wesen ‚Mensch‘ entwickelt.
Die Evolution ist für alle irdischen Entwicklungen hier auf Erden zuständig.
Nicht aber für die Entwicklung oder Beschaffung von Geist und Seele.

Wichtig ist hierbei zu erkennen, dass Geist nichts mit Intelligenz, also der neuronalen Vernetzung unserer Gehirnstrukturen zu tun hat und die Seele nichts mit Instinkt und genetischer Veranlagung.

Geist und Seele haben nichts – auch ein noch so großer Wissenschaftler muss das zur Kenntnis nehmen – mit der evolutionären, irdischen Entwicklung auf diesem Planeten zu tun.

Bei Geist und bei Seele geht es um andere, um überirdische Phänomene. Es geht um die wenigen Dinge hier auf dieser Erde, welche Wissenschaftler nicht definieren, nicht erklären, ja sogar selbst nicht begreifen können.

Vielleicht ist das auch der Grund, warum solche Menschen nicht von ihrem arroganten Thron heruntersteigen und erklären – ja, hier sind wir mit unserer Wissenschaft am Ende.

Hier ist etwas Außerordentliches passiert.

Hier muss sich **etwas ganz Großes, etwas Wunderbares** ereignet haben. Was könnte dies sein?

Zu irgendeinem bestimmten Zeitpunkt vor ca. 350.000 Jahren, als das höchstentwickelte Körperwesen, der Homo sapiens lebte, muss sich das Körper-Instinkt-Wesen zu einem Körper-Geist-Seele-Wesen gewandelt haben.

Diese ‚Metamorphose‘ kann aber niemals rein irdisch abgelaufen sein.

Woher soll plötzlich der Geist kommen?

Hier ist nicht die Intelligenz gemeint, sondern Geist, und der Geist kann sich nicht molekular entwickeln wie ein organischer Körper.

Woher soll plötzlich die Seele kommen?
Hier geht es nicht um Aberglauben oder Glaube, sondern um eine überirdische Energie. Eine Energie, die kein Tier hat, die aber bei jedem Menschen die individuelle Ureinstellung, also das Gewissen lenkt.

Dieses außerordentliche, dieses wunderbare Ereignis, also die Umwandlung vom Körper-Instinkt-Wesen zum Körper-Geist-Seele-Wesen

erfolgte in einem **dritten Urknall.**

Dieser Urknall fand nicht im Rahmen der Evolution statt, sondern war Schöpfung.

Wer zweifelt, sollte die Fakten, beginnend beim Urknall, sprechen lassen und systematisch folgern.

Natürlich gibt es auch hier Zweifler und Kritiker.
Ihnen sei gesagt, sie haben das Recht, zu zweifeln.
Sie sollten aber nicht verzweifeln.

Drei Urknallereignisse bestimmen unser Dasein

Urknall 1	**Entstehung des Universums**
Urknall 2	**Entstehung des Lebens**
Urknall 3	**Menschwerdung**

Wir haben es also mit Befürwortern und mit Gegnern einer höheren Instanz, also eines Schöpfers zu tun.

Warum intelligente Menschen, auch Wissenschaftler, eine höhere Instanz, also einen Schöpfer verneinen, ja sogar mit Inbrunst ablehnen, könnte vielleicht mit Überheblichkeit, mit einem gewollten Alleinstellungsmerkmal, mit gefühlter Göttlichkeit, noch krasser gesprochen, mit Arroganz oder mit erahnter Ungerechtigkeit, z. B. eines Krüppels, zu tun haben.
Keiner sagt die tiefenpsychologische Wahrheit."

Frank unterbricht nun seine Feststellungen und meint:
„Das Abendessen steht auf dem Tisch."
„Ab 20.00 Uhr geht's weiter."
Eine Stunde nach einem herrlichen Abendessen fahren sie fort.
Frank geht wieder „in Stellung"
und beginnt mit der Fortsetzung seines Vortrages.

„Wir wollen jetzt nicht hören, was Tante Emma oder Onkel Hans zu einer höheren Instanz zu sagen haben.

Wir lassen stattdessen zunächst einmal Stephen Hawking, einen strikten Gegner der Allmacht, zu Wort kommen.

Stephen Hawking:

Alles kommt aus der Natur, es gibt keine Schöpfung, war sein Credo.
Für ihn hat sich nach Auswertung all seiner Veröffentlichungen das Universum aus der Natur, also aus sich selbst geschaffen.
Für ihn waren drei Zutaten für den Urknall nötig: Zeit, Energie und Raum.
Keine der drei Zutaten waren seiner Meinung nach vor dem Urknall vorhanden gewesen.
Diese drei Zutaten begannen, seiner Meinung nach, erst mit dem Urknall.

Zu Beginn des Urknalls bestand nach Meinung von Hawking die **Raum-Zeit-Singularität.**
Ein Schwarzes Loch war also vorhanden und sonst gar nichts.

Erst durch den Urknall wurden Energie und Raum geschaffen und die Zeit begann.
Gleich viel positive und negative Energie wurde erzeugt. Sie verteilte sich im gesamten Kosmos gleichmäßig.
Stephen Hawkings Erklärung ‚für das Volk‘ lautete:
‚Im Augenblick des Urknalls geschah etwas Wunderbares.
Aus im Schwarzen Loch vorhandenen Protonen, Neutronen, Elektronen entwickelte sich beim Urknall ohne Hilfe von irgendwoher
Energie, Materie und Raum und die Zeit begann.‘

Zum einfachen Verständnis brachte Hawking noch folgendes Beispiel:
‚Nichts war beim Urknall vorhanden, nur eine gerade Ebene.
Dort hebt man ein Loch aus, dieses gibt einen Hügel.
Das Loch und der Hügel haben dann den gleichen Rauminhalt.
Nichts war also notwendig, alles war vorhanden.‘

Daraus folgerte Hawking:

‚Das Universum gab es umsonst.
Kein Gott hat das Universum erschaffen müssen.
Es war also kein Gott nötig, der alles arrangieren musste.'

Nach Ansicht von Stephen Hawking gab es vor dem Urknall ja auch keine Zeit und damit auch keine Möglichkeit für die erschaffende Existenz eines Schöpfers.
Nach Hawking gibt es also keinen Schöpfer und niemand lenkt unsere Geschicke und es gibt auch kein Leben nach dem Tod.

Hawking war gewiss ein großer Geist, ein brillanter Forscher, aber auch er konnte seine Theorie vom Nichts mit keinem einzigen Beweis untermauern.

Das ist die Aussage vieler seiner wissenschaftlichen Kollegen.

Wer aus der Relativität argumentiert, kann alles behaupten, braucht nichts beweisen, kann nicht widerlegt werden.

Jeder sollte sich daraus seine eigene Meinung bilden.

So viel zu Stephen Hawking, einem der großen Geister unserer Zeit.

Auch ein großer Geist kann sich verirren!

Was sagt Albert Einstein?

Jedermann weiß, Albert Einstein war der Begründer der allgemeinen Relativitätstheorie. Einstein war bezüglich seiner Theorie ein harter Vertreter und Verfechter:
‚Alles kommt aus der Natur, es gibt kein höheres Wesen, es gibt keinen Gott', war sein Credo.
Nach Einstein sind Raum und Zeit nichts Absolutes, sondern relativ.
Nichts war für ihn absolut, alles war für ihn relativ.
Einstein stellte neben der Relativitätstheorie einige weitere Theorien auf.
Für Einstein hat sich das Universum selbst erschaffen. Alles kam aus der Natur, es gab und gibt keinen Schöpfer. Es gibt keine absolute Zeit, keine Vergangenheit und keine Zukunft, alles ist relativ.

Ebenso theoretisch war eine Aussage von Einstein:
‚Man kann durch eine offene Tür in einen Raum hineingehen und trotzdem nicht im Raum sein.‘

Solche Aussagen sind theoretisch. Sie sind relativ, sie sind nicht widerlegbar und sie sind aber auch nicht beweisbar.

Mathematisch kann man das alles als Relativität darstellen, aber es bleibt auch mathematisch eine Fiktion.

Manche sagen, es sei die perfekte, theoretische Arroganz.

Eine weitere bekannte und manche meinen, sehr überhebliche Aussage von Einstein war:
‚Es ist sinnlos, von einer Zeit zu sprechen, die vor dem Universum und danach liegt‘.
Dies wäre nach Einstein nämlich genauso absurd wie die Frage nach einem Punkt südlich des Südpols.

Für manche Kollegen von Einstein ist dies billige Selbsterhöhung.

Damit hier kein falscher Zungenschlag entsteht und niemand auf die Idee kommt, einen der größten mathematisch-philosophisch-arbeitenden Wissenschaftler der Geschichte in falsches Licht rücken zu wollen, sei gesagt, auch ein großer Geist kann sich irren.

Jeder Mathematiker schätzt die Relativitätstheorie, solange sie ernsthaft angewandt wird.

Niemand bezweifelt den Urknall.
Jeder weiß, für den Urknall war Energie notwendig.

Wenn Energie beim Urknall nicht vorhanden war – wer hat sie dann erzeugt?
Wenn Energie beim Urknall vorhanden war – z. B. im Schwarzen Loch –, woher kam dann diese?
Die Antwort ist klar: Die Energie kann sich nicht selbst erschaffen, also wurde sie geschaffen.

Wovon oder von wem? – Von einer höheren Instanz.

Für Einstein gilt die gleiche Argumentation wie für Stephen Hawking.

Beide Wissenschaftler und viele andere mehr beschäftigen sich sowohl mit der **Relativitätstheorie** als auch mit der **Evolutionstheorie.**

Beide Theorien sind relativ
- Mit der Relativitätstheorie kann man also, was in unserem Universum geschah und geschieht, relativ berechnen, relativ darstellen und relativ behaupten.
  Alles ist also dann relativ richtig.
  Relativ richtig heißt aber nicht absolut richtig.
- Mit der Evolutionstheorie kann man jede materielle Veränderung in unserem Universum wie auch auf unserem Planeten Erde und außerhalb definieren und begründen.

Dies kann man aber nur bei der Materie, also bei allen organischen, bei allen molekularen, bei allen biomolekularen, bei allen biochemischen, bioelektrischen, biomagnetischen Vorgängen und Ereignissen praktizieren. Eine solche Begründung stimmt aber schon nicht mehr, wenn es sich um die Definition und die Beschreibung von Geist und Seele handelt.
Geist ist wissenschaftlich nicht definierbar und auch nicht messbar.
Seele ist weder messbar noch irgendwie darstellbar.

Es ist also bedenklich, vielleicht sogar anmaßend, wenn selbst große Wissenschaftler Geist und Seele mit Materie gleichstellen und wenn sie Thesen aufstellen und diese relativieren.
Alles kann man auf diese Weise relativ definieren und beschreiben. Es muss ja nicht absolut sein, es ist ja relativ – richtig oder falsch.

Man kann mit der Relativitätstheorie alles berechnen und behaupten, man kann es aber auch nur relativ beweisen, aber nicht absolut.
Amüsant werden solche Gedankenspiele, wenn andere Wissenschaftler, wissenschaftliche Kollegen nachweisen, dass die relative Mathematik, die relative mathematische Berechnung im relativen beweislosen Nichts, also im beweislosen Nirwana endet.

Was bedeutet also folgende Aussage eines Wissenschaftlers:

‚Zum Zeitpunkt des Urknalls war nichts da. Es gab weder eine Zeit, noch Raum, noch Energie.'

Sie bedeutet relativ viel und relativ wenig.

Fest steht und zwar für jeden Wissenschaftler, dass eine Explosion, also der Urknall, nur mit einer vorhandenen Energie stattfinden konnte, und wenn keine Energie da war, und wenn sich Energie nach dem Naturgesetz nicht selbst herstellen und auch nicht selbst vernichten kann, dann muss sie von irgendeiner ‚höheren Instanz' geschaffen worden sein.

Wenden wir nun diese Erkenntnis nachfolgend an und folgern.

- Ist das Universum aus nichts entstanden, hat es sich selbst erschaffen oder ist es das Ergebnis einer höheren Schöpfungsinstanz?
- Ist das Leben das Ergebnis der Evolution oder der Schöpfung, nachdem es trotz vieler Tausender Versuchen der Wissenschaft bis heute nicht gelungen ist, Leben zu erzeugen?
- Kann der Mensch vom seit 20 Millionen Jahren nahezu unveränderten Affen abstammen oder wurde er vor ca. 350.000 Jahren als Krönung der Schöpfung geschaffen?

Es wird empfohlen, ohne Philosophie, ohne glaubensrelevante Emotion die bekannten naturwissenschaftlichen Gegebenheiten, also die Fakten, systematisch richtig zu werten, um hieraus die richtige Antwort zu erhalten.

Egal, ob es sich um Agnostiker, Atheisten oder Nihilisten handelt, sie kommen nicht umhin, diese Frage für sich zu beantworten.

Was sagt nun einer der größten Philosophen der Antike, was sagt Aristoteles?

Aristoteles dachte damals, das Universum bestehe, schon immer, also seit aller Ewigkeit.

Für Aristoteles war ein Schöpfer für das seinerzeit gedachte Sonnensystem nicht erforderlich. Alles war ja schon ewig da.

Für Aristoteles gab es aber mehrere höhere Mächte.

Er glaubte also an ein höheres Schicksal und an ein Leben nach dem Tode.

Hätte Aristoteles Zugang gehabt zu den heutigen wissenschaftlichen Erkenntnissen, wäre seine ganz persönliche Meinung zur Schöpfung sicher eine etwas andere gewesen.

Und was sagt Immanuel Kant?

Lassen wir also einen der größten Philosophen der jüngsten Zeit zu Wort kommen.

Kant geht nämlich wie Aristoteles davon aus, das Universum bestehe seit aller Ewigkeit.
Kant fragt: Wenn das Universum einen Anfang hatte, warum wartete es dann eine unendliche Zeit, bevor es begann?
Wenn das Universum erst seit dem Urknall existiert, warum brauchte dann der Schöpfer so viel Zeit, um den gegenwärtigen Zustand des Universums zu erreichen?

Für Kant war nämlich die Zeit, anders als bei Hawking und Einstein, etwas Absolutes.
Für ihn gibt es die unendliche Vergangenheit und die unendliche Zukunft.
Trotz dieser Erkenntnis lässt Kant dem Schöpfer keine Chance.
Es gibt keinen Schöpfer und es gibt keinen Gott.

Ein Philosoph muss nichts beweisen.

Viele Wissenschaftler und viele Philosophen sind diesbezüglich anderer Meinung.

Jeder Leser mag nun mit Fakten folgern und darüber nachdenken, welcher Argumente

- der Schöpfungsbefürworter und
- der Schöpfungsgegner

man sich bedient.

In Anbetracht der vielen Schöpfungsgegner und Gottesleugner einerseits und in Wahrnehmung einer noch größeren Anzahl von Schöpfungsbefürwortern und Gottesgläubiger andererseits und unter Berücksichtigung der bestehenden harten Fakten sollte eigentlich jeder denkende Mensch in der Lage sein, bei gründlicher Auswertung dieser Fakten sich ein eigenes Bild zu verschaffen.

Ist das Universum und alles, was damit zusammenhängt, aus der Natur geschaffen
oder
gibt es eine höhere Instanz, einen Schöpfer, also eine Allmacht?

Natürlich ist dieser Gott

- kein alter Mann mit Bart und menschlicher Struktur
- vielleicht eine allmächtige, unendliche, absolute, gerechte Energie-wolke
- vielleicht ein allmächtiger, unendlicher, gerechter Super-Computer
- vielleicht irgendein anderes allmächtiges Gerechtigkeitssystem

Was immer er oder es auch ist, unendlich ist es, allmächtig ist es und gerecht."

Frank meint:
„Wechseln wir nun von der Philosophie zum Bauchgefühl, zur Vernunft und zur Gerechtigkeit.

Was Aristoteles und Kant denken, wissen wir.
Beschreiten wir den Weg der Philosophie über Sokrates, Plato über Ignatius von Loyola, Thomas von Aquin bis Feuerbach.
Beschäftigen wir uns auch mit anderen Vordenkern, mit Hegel und Schopenhauer, mit solchen und solchen, ja sogar mit Marcuse und Co., dann stellen wir schnell fest, dass auch bei diesen großen Denkern immer die Allmacht wesentlicher Bestandteil ihres Denkens war.

In Anbetracht dieser Sachlage muss man sich nicht mehr als abergläubisch oder als Ewiggestriger fühlen, wenn man über Religion, über Gott und über die Allmacht nachdenkt.
Die Meinungen über die Allmacht, über ein höheres Wesen und über die reine Evolutionstheorie gehen bekanntlich auch in der Philosophie weit auseinander.

Es gibt abergläubische, bigott, tiefgläubige, es gibt ungläubige und alles leugnende Menschen, es gibt Agnostiker, Atheisten und Nihilisten.
Fast immer verhalten sie sich bei der Frage aller Fragen extrem.

Diese Feststellung gilt bekanntlich für dumme, aber auch für sehr gebildete und manchmal sogar für intelligente Menschen.

Die Philosophie räumt zunächst ganz generell ein, dass der Mensch mit seinen kognitiven Fähigkeiten, mit seiner intellektuellen Veranlagung einen grundlegenden Hang zur Religiosität hat.
Religiosität beruht oftmals auf Angst vor dem Jenseits.
Glaube und Aberglaube sind Früchte daraus.
Die Erkenntnis der Schöpfungstheorie dagegen ist weder Glaube noch Aberglaube, sondern das nüchterne Ergebnis aus den niemals zu klärenden Fragen hinsichtlich der räumlichen und zeitlichen Unendlichkeit einerseits und der Herkunft der Energie vor dem Urknall andererseits.

Aus der Physik weiß auch die Philosophie unumstößlich:
- Energie ist nicht herstellbar und Energie ist nicht vernichtbar.
- Die Unendlichkeit – die zeitliche und die räumliche – ist nicht beweisbar.

Weder die Urknalltheorie noch die ab dem Urknall folgende evolutionsbedingte Entwicklung – Energie-Chaos – Milliardengrad Hitze –
– unendlicher Druck – Energiewolken – Materiebildung – Bildung des Universums – des Kosmos mit Milliarden von Galaxien, und darin Milliarden von Sonnensystemen, je bestehend aus Milliarden von Sternen und Planeten, sind geeignet, weder die Herkunft der Energie vor dem Urknall noch die zeitliche und räumliche Unendlichkeit zu erklären.

Auch die völlig unbestrittene evolutionsbestimmte Entwicklung der Pflanzen sowie des Lebens aus dem Wasser, vom Einzeller über die Tierwelt bis zum menschlichen Wesen, widerlegt nicht die Schöpfungstheorie, also ein höheres Wesen, also einen Schöpfer.

Aus der Astronomie wiederum wissen wir, dass über die Urknalltheorie, nämlich über die Kosmosausdehnung ebenso wie über die Kosmosschrumpfung sowie über die Kosmoserkaltung heftig diskutiert wird.

Folgende Fragen bleiben also auch aus Sicht der Philosophie offen:

- Woher kommt die Energie vor dem Urknall?

- Wie ist die Unendlichkeit zu verstehen?

Wann beginnt die Zeitrechnung und wann endet sie?
Wo beginnt der räumliche Kosmos, das Universum und wo endet alles?

- Woher kommt das Leben, aus der Natur oder durch den Schöpfer?
- Stammt der Mensch vom Affen ab oder ist er ein Körper-Geist Seele-Geschöpf?

Weder die Naturwissenschaft noch die Philosophie haben Lösungen.

Lassen wir Fakten sprechen und folgern.

Die aus Überzeugung und voller Inbrunst agierenden Gottesverachter und Allmachtleugner, in der Mehrzahl die Denkfaulen, also Gedankenlemminge, auch gebildete Menschen, aber auch Hochintelligenzler, belehren lauthals die Welt, bleiben aber die offenen Antworten ganz einfach schuldig.

Die dümmlichen Argumente – „Gott haben die Menschen aus Angst erschaffen, nicht umgekehrt" – „Gott, der alte Mann mit grauem Bart, ist was für die Dummen und die Angstgläubigen" – kann man problemlos kontern. Auch das Argument, es gebe keinen Gott, weil es keine Gerechtigkeit gibt, ist widerlegbar.

Gott bzw. die Allmacht kann nämlich völlig beliebig dargestellt werden, als menschenähnlich, als maschinenkonform, als computeradäquat, als irgendeine Materie, als Energieeinheit, als unsichtbarer Machtkomplex.

Egal, wie Gott, wie das höhere Wesen dargestellt und definiert wird, wichtig ist, dieses ‚Etwas' verfügt über die Allmacht.

- Die Allmacht herrschte vor dem Urknall.
- Die Allmacht verursachte die Energie vor dem Urknall.
- Die Allmacht kennt das räumliche und zeitliche Ende.
- Die Allmacht ist auch gerecht.
- Die Allmacht ist in der Lage, jede Seele zu überwachen, zu bestrafen und zu belohnen.

Aus all den vorgenannten Fakten abgeleitet
muss es sowohl naturwissenschaftlich als auch philosophisch die Allmacht, muss es Gott geben.

Beweise hierfür gibt es allerdings aber ebenso wenig wie Gegenbeweise. Auch ohne Fakten, rein philosophisch folgernd, ist die Allmacht, ist Gott nicht wegzudiskutieren – ganz im Gegenteil.
Allein aus der Sicht der Gerechtigkeit muss es die Allmacht, muss es Gott geben.

Auch die **Gerechtigkeit** ist nämlich nur über die Allmacht sicherzustellen.

Der Mensch, das auf diesem Planeten einzige Wesen mit Vernunft und Geist, mit Gewissen und Reue, mit der individuellen, intellektuellen **Entscheidungsfreiheit für Gut oder Böse** muss, wenn es Gerechtigkeit gibt für sein Tun, belohnt oder bestraft werden.

Oft könnte man allerdings in unserer Welt die Meinung vertreten, es gibt keine Gerechtigkeit und damit auch kein höheres Wesen, also keinen Gott.

- Wenn z. B. ein Kind krank oder als Krüppel auf die Welt kommt, dann ein ganzes Leben lang leidet, ohne je etwas Böses getan zu haben, wo ist dann hier die Gerechtigkeit? Unendlich viele passende Beispiele gibt es.

- Wenn ein anderes menschliches Individuum ein Leben lang hier auf Erden wie im Paradies lebt und nie etwas Gutes tut.

- Wenn ein Mensch hier auf dieser Erde in Luxus, in Saus und Braus lebt und wenn er dazu noch böse und verbrecherisch ist und das alles ohne Strafe.

Wo ist hier Gerechtigkeit?

Könnte es vielleicht aber doch sein, dass es die Allmacht und eine Gerechtigkeit gibt, wenn man weiterdenkt?

Zum Beispiel wäre denkbar:

- Der Kranke oder der Krüppel befindet sich nach metaphysischer Überlegung in diesem Leben in der ‚Hölle' oder im ‚Fegefeuer', weil er für Böses aus seinem Vorleben büßt.

Dass also dieses Leben die ‚Hölle' oder das ‚Fegefeuer' für ihn ist?

Könnte es sein, dass der, welcher in diesem Leben zurzeit wie im Paradies lebt, sich wirklich in einem ‚Versuchs-Paradies' befindet, weil er in seinem Vorleben ein ‚Guter' war?

Könnte es sein, dass auf den, welcher derzeit in Luxus und in Saus und Braus lebt und dazu noch schlecht und böse ist, im nächsten Leben die Hölle als Krankheit oder Krüppelhaftigkeit oder auf andere Art wartet, sofern er in diesem Leben nicht mehr bestraft wird?

Nur ein Denkansatz.

Gilt nun auf unserem Planeten Gerechtigkeit oder nicht?

Versuchen wir eine Antwort mit dem Blick auf die großen Religionen zu finden.

Nichtgläubige unterstellen allen Religionen, dass deren Ursprung und die Herkunft von Religionen ausschließlich in der Angst der Menschen vor dem Sein nach dem Tod begründet ist.
Viel Wahrheit steckt dahinter.

Alle vier großen Weltreligionen – das Christentum, der Islam, der Hinduismus und der Buddhismus – Letzterer mehr Philosophie als Religion – sind immer auf das Jenseits orientiert.
Auch die quantitativ unbedeutende, aber sehr alte Religion der Juden richtet sich ins Jenseits.

Je nach dem diesseitigen Leben ergibt sich bei allen Religionen als Gerechtigkeit ein schönes oder ein unschönes Leben im Jenseits.

Die hiermit verbundene Gerechtigkeitsfrage stellt sich bei Beurteilung der seit Jahrhunderten praktizierten Religionsriten im Hinduismus und im Islam bei objektiver Betrachtung nicht.

Wer käme auf die Idee, dass das Kastenwesen der Hinduisten gerecht ist?

Wer hält den Islam mit seinen seit Jahrhunderten vielfältig unmenschlich praktizierten Methoden für gerecht?

Natürlich kann man auch den Christen Kreuzzüge und viele andere Ungerechtigkeiten, ja sogar Verbrechen und Mord vorhalten.

Trotz allem ist das Christentum die fortschrittlichste Religion.

Dies gilt trotz – **‚Gottes Sohn'** alles in allem und **‚Gottes Mutter'.**

Die Allmachtleugner und Gottesverachter versuchen, den Glauben im Allgemeinen und den christlichen Glauben im Besonderen als unzeitgemäße, abergläubisch-bigott, dümmliche und als angstbegründete ‚Alte-Leute-Risiko-Versicherung' für die Zeit nach dem Tode zu verunglimpfen.

Jesus Christus ist für sie niemals Gottessohn, welcher mit Leib und Seele nach seinem Tode in den Himmel aufgefahren ist.

Maria, die Mutter Jesus, ist für sie weder heilig noch gilt für sie die sogenannte ‚unbefleckte Empfängnis'.

Natürlich ist nach unserem heutigen physikalisch-chemisch-biologischen Verständnis das damalige, vor 2000 Jahren in Sachen – „Spurloses Verschwinden von Jesus Christus nach seinem Tod" – praktizierte Versteckspiel nicht ohne Widerspruch zu akzeptieren.

Wahrscheinlich befürchteten damals seine Jünger durch die Hinrichtung und den Tod ihres Meisters Jesus den totalen Glaubensverlust bei der gläubigen Bevölkerung.

Vielleicht haben sie deshalb Jesus aus dem Grab entfernt und ihn auf Nimmerwiedersehen verschwinden lassen.

Denken wir ein paar Gedanken weiter.

Wenn es eine Allmacht gibt, kann es dann nicht möglich sein, dass diese Allmacht so lange wartete, bis diese ihre geschaffenen ‚Sonderwesen'

Menschen auf dieser Erde so weit entwickelt waren, dass es sich lohnte, diese Menschen nun durch einen Messias auf den richtigen Weg zu führen?

Ob diese Allmacht diesen Messias als ‚ihren Sohn' schickt oder in anderer Form, dies hatte die Allmacht doch wirklich in der Hand.

Die Allmacht könnte auch gewollt haben, dass der tote Körper von Jesus durch dessen Jünger beseitigt würde.
Die Allmacht hätte aber den Körper Jesus auch durch eine für sie einfache Entmaterialisierung, also durch Auflösung der Moleküle, der Atome des Körpers und durch Zurückholung von Geist und Seele, also durch Wegbeamen verschwinden lassen können.
Die Allmacht, wenn es eine gibt, hätte und hat die Macht hierzu.

Oder ist es nicht denkbar, dass Jesus, also ein Wesen, welches etwas so Großes und Unzerstörbares wie den christlichen Glauben, der nun schon über 2000 Jahre besteht, geschaffen hat, alles in allem kein normaler Mensch war und deshalb eine Sonderbehandlung erfuhr.

Diesbezüglich ist zu empfehlen, positiv zu denken, auch wenn das Bodenpersonal der christlichen Kirche immer wieder Anlass zu großen Zweifeln am benannten Christentum gibt.

Es wird empfohlen, das Christentum nicht an seinem Bodenpersonal zu messen, sondern mit den anderen Religionen zu vergleichen.

Kommen wir zurück zur Mutter von Jesus.
Ist diese Frau, welche einem ‚Menschen' das Leben schenkte, der nachgewiesenermaßen nur die Liebe predigte und nur Gutes tat und nur Gutes wollte, ein Mensch, für den es in der bisherigen Menschheitsgeschichte keinen Vergleich gibt, ist eine solche Frau nicht etwas Besonderes, etwas Einmaliges?

Wenn die späteren Bibelschreiber bei dieser Mutter von Jesus von ‚unbefleckter Empfängnis' schreiben, dann ist dies heute schwer zu verstehen, aber aus der Schreibersicht wie folgt erklärbar.
Man wollte den nicht erwarteten überdimensionalen Zulauf zum neuen

Glauben, dem Christentum, nicht stören, indem man Christus, den Glaubensverkünder – den Messias – als Ergebnis einer sexuellen Beziehung zwischen einer einfachen Frau und eines Zimmermanns darstellte.

Also musste die Zeugung von Christus als übersinnlich, als ein Wunder dargestellt werden.

Man erfand aus damaliger Sicht die unbefleckte Empfängnis.

Unabhängig wie die Empfängnis war, ist die Mutter Jesus keine gewöhnliche Frau. Sie ist ein auserwählter Mensch, sie ist eine Art übermenschliche Frau.

Natürlich hätte die Allmacht jede Art von übernatürlicher Empfängnis ermöglichen können – vielleicht war es sogar eine.

Ganz billig ist es und der Beweis, mit welcher Unbeholfenheit die Allmachtsverleugner vorgehen, wenn sie solche Argumente wie

- Christus ist niemals in den Himmel aufgefahren
- Maria hatte niemals eine unbefleckte Empfängnis

benötigen und hochspielen, um damit den christlichen Glauben im Ganzen als faulen Zauber zu verunglimpfen.

Alle Religionen sind jenseitsorientiert und haben ihren ethischen Sinn.

Jeder kann mit seiner Religion, wenn sie das Gute fordert und das Böse verbietet, selig werden, also Gerechtigkeit erlangen.

Die allein seligmachende Religion gibt es nicht.

Religionsphilosophisch steht jedoch die christliche Religion dem praktischen Leben am nächsten, auch wenn viel Irdisches falsch läuft und das christliche Bodenpersonal oftmals uns viele Gründe gibt, am Glauben zu zweifeln.

In ihrer Philosophie und in ihrer Lehre ist das Christentum aber friedlich und gerecht.

Der christliche Gott ist ein Gott der Liebe und des Verzeihens; er ist kein Rachegott.

Leider weisen ihre bis zu 2000 Jahre alten Schriften oftmals falsch wiedergegebene Formulierungen, Darstellungen und Forderungen auf.

Der ‚Himmel', die ‚Hölle', das ‚Fegefeuer', die ‚Auferstehung am Jüngsten Tag' usw. werden seit über zweitausend Jahren unzeitgemäß erklärt und damit falsch verstanden.

Um bei der Masse der nicht gerade denkfreudigsten damaligen Menschen viele Mitglieder zu gewinnen, waren oftmals kindliche und falsche Thesen und völlig naive Formulierungen verwendet worden.

Durch jahrhundertelange falsche Übersetzungen und naive Formulierungen und deren Weitergabe entsprechender ‚christlicher Grundsätze' ergab sich ganz automatisch oftmals ein falsches wörtliches Verständnis.

Heute würde die Bibel anders geschrieben, ohne den Sinn zu ändern.
Der Himmel ist nach christlichem Verständnis ein wunderschöner Ort, an den nur gute Menschen mit christlichem Hintergrund gelangen, andere nicht.
Das war so nicht gemeint, jedem ‚Guten' öffnet sich der Himmel.

Die Hölle ist **irgendein** Raum oder ein Bereich mit Schmerz, Leid und Elend. Hier werden die bestraft, welche auf dieser Erde ein absolut böses Leben geführt haben.
Beim Fegefeuer handelt es sich um eine Art vorübergehendes Gefängnis zur Abbüßung milderer Strafe.
Die Auferstehung wird als eine Art Wiedergeburt von Leib und Seele am Jüngsten Tag verstanden.

So naiv wie eben beschrieben, ist der wahre christliche Glaube aber nicht gedacht.

Würde man diese alten Schriften nach dem damaligen Willen des Gründers Jesus Christus und unter heutigen Erkenntnissen formulieren, ohne dabei irgendwelche Abstriche in der Grundphilosophie des Christentums vorzunehmen, so wäre das Christentum heute die zeitgemäßeste, die modernste, die richtige und eine für jedermann akzeptable Religion.
Für die Christen gibt es die Auferstehung am Jüngsten Tag.
Für die Buddhisten gibt es den Eingang ins Nirwana.
Beide Religionen meinen das Gleiche.

Der Mensch lebt im Diesseits und seine Seele lebt irgendwann fort im Jenseits.

Für die Christen gibt es das Fegefeuer, vielleicht das nächste Leben.
Für die Buddhisten die Wiedergeburt.

Der Christ büßt im Fegefeuer.

Der Buddhist büßt beim nächsten Leben hier auf Erden.

Für die Christen gibt es den Himmel, dort erfahren sie Lohn für ein gutes Leben im Diesseits.

Die Buddhisten müssen so lange im Diesseits, also auf Erden leben, bis sie rein sind.

Erst dann können sie eingehen ins Jenseits, also ins Nirwana – in den Himmel.

Für die Christen gibt es die Hölle, dorthin gelangen alle, welche hier auf Erden Unverzeihliches vollbracht haben.

Die Buddhisten müssen hier auf Erden – Hölle – in einem oder in mehreren Leben – je nach bösen Taten – so lange und so schlimm büßen, bis sie rein sind und ins Nirwana eingehen können.

Beide Religionen versuchen also auf ihre Weise, die individuelle Gerechtigkeit darzustellen, zu belohnen und zu bestrafen.

Sowohl die Christen als auch die Buddhisten streben Gerechtigkeit an.

Weil, wie wir aus dem Beispiel mit dem als Krüppel geborenen Menschen wissen, die gewünschte Gerechtigkeit oftmals in diesem irdischen Leben nicht gegeben ist, muss es also eine jenseitige Gerechtigkeit geben.

Beide, sowohl das Christentum als auch der Buddhismus, gehen jedenfalls von Gerechtigkeit aus.

Ganz zwangsläufig ergibt sich dann aus Vorgesagtem, dass es schon allein wegen der Gerechtigkeit ein Jenseits geben muss.

Erst durch das Jenseits ist es – wie immer das geartet ist – möglich, zu belohnen oder zu bestrafen.

Das Christentum verehrt den Allmächtigen, den Schöpfer.

Der Buddhist ignoriert einerseits die Allmacht, erkennt sie aber andererseits durch seine Philosophie an.

Die Reinkarnation, die Wiedergeburt, die Buße, die Strafe und der irgendwann folgende Eingang ins Nirwana – in den Himmel – ist also die Erklärung für die buddhistische Gerechtigkeit.

Das Christentum sieht die Gerechtigkeit durch Fegefeuer, durch Himmel oder Hölle dargestellt.

Die Auferstehung könnte also die Wiedergeburt sein und der Jüngste Tag der Eingang ins Nirwana.

Die Hölle wäre ewige Verdammnis oder ewiges schlimmes Leben im Diesseits, dies wollte Jesus aber nicht.

Der christliche Wille gepaart mit der buddhistischen Philosophie wäre also die Lösung für hundertprozentige Gerechtigkeit und der unwiderlegbare Hinweis auf die Allmacht.

Darüber später mehr!

Wir sehen, sowohl **naturwissenschaftlich** als auch aus der Sicht der **Philosophie** wie auch aus der Perspektive der **Gerechtigkeit** ist die Allmacht gegeben und nicht widerlegbar.

Sie ist aber auch nicht beweisbar.

Bei naturwissenschaftlicher Auswertung der Fakten, bei gründlicher philosophischer Folgerung der Gegebenheiten, bei Gegenüberstellung und Wertung – des Buddhismus und des Christentums – und bei religionsstrategischer richtiger Darstellung der vorhandenen Schriften ergibt sich also unwiderruflich der Zwang zur Gerechtigkeit.

Zusammenfassend ist aus der Sicht der Naturwissenschaft, aus der Sicht der Philosophie und aus der Bewertung der Gerechtigkeit eine höhere Instanz unbestreitbar, also die Allmacht gegeben.

In Anbetracht dieses, von Menschen weder in der Vergangenheit noch in der Gegenwart noch in der Zukunft begreifbaren Wissensvakuums bezüglich Unendlichkeit, Energieherkunft, Leben, Menschwerdung, Gerechtigkeit ist eine alles ordnende Allmacht zwangsläufig abzuleiten.

Wer hier – sowohl bei einfachster Überlegung als auch bei hochwissenschaftlicher Analyse – nicht das Göttliche oder die Allmacht verspürt,

- bei dem ist entweder der Mangel an menschlichem Urinstinkt zu sehr ausgebildet

oder

- er strotzt vor außerordentlicher Denkfaulheit

oder

- er ist eben mit einer unglaublichen Selbstüberschätzung, mit einer grenzenlosen Überheblichkeit und einer krankhaften Arroganz belastet.

Wer sich für zu intellektuell hält, als sich mit einer unzeitgemäßen
    ‚Armeleute-Philosophie‘
zu beschäftigen, der sollte die Frage stellen:
Warum ist bis heute keine der vorher behandelten Urfragen wissenschaftlich im Detail definiert und folgerichtig beantwortet, also **bewiesen oder widerlegt worden?“**

Vincent hat die Antwort:
‚Die Leugnung der Allmacht ist ein Tanz zwischen Arroganz und Erkenntnis‘.

**Die Behauptung ‚Das Leben kommt nicht vom Schöpfer, sondern aus der Natur‘ ist wie die Feststellung,
‚Die Materie kommt nicht aus Atomen, sondern aus Molekülen‘.**

**Die Behauptung ‚Der Mensch stammt vom Affen ab‘ ist wie
die Feststellung ‚Das Wetter kommt aus den Wolken‘.**

Schöpfungsverweigerer sind realitätsfremd, man sollte sie in ihrem ‚Affenkosmos‘ leben lassen.

Wer nicht fragen will, sollte ganz einfach sagen.
- Ich weiß es nicht.
- Mich interessiert es nicht.
- Ich sage auch nichts mehr.

Die obigen Feststellungen sind nicht getroffen, um eingefleischten Schöpfungsgegnern die Allmacht näherzubringen,
sondern

um Menschen zum Denken anzuregen.

Jeder kann also – gemäß dem Alten Fritz – nach seiner Fasson selig werden.

Die obigen Aussagen sollen also nur Ansporn zum Nachdenken sein."

Frank ist nun richtig erleichtert.

„Jetzt machen wir es uns gemütlich."
Über alles Mögliche wird nun geplaudert.
Vincent bedankt sich bei Frank auch im Namen von Schorsch, Hans und Max für die gut strukturierten und mit viel Engagement gehaltener Vorträge.

Vincent spricht weiter:

Nun geht es aber noch um eine wichtige Angelegenheit.
Um was geht es?

Um eine

ZWISCHENINFORMATION

Wir müssen den Lesern sagen, was hier läuft.
Wir vier Freunde – Vincent, Schorsch, Hans und Max – kennen und mögen uns schon seit unserer Kindheit.
Seit über 30 Jahren treffen wir uns jedes Jahr mindestens ein Mal. Jedes Mal ist es ein bleibendes Erlebnis.
Die Treffen finden immer entweder im Gutshof von Schorsch oder in diesem Berghaus hier oder in meinem Haus am Meer zwischen Nizza und Monaco statt.

Bei diesen Treffen stehen immer an oberster Stelle die Freundschaft und die Erholung.
Wir sind in dieser Zeit immer total entspannt, locker und sehr witzig. Viel Lachen ist angesagt.
Zu gegebener Zeit wird aber auch ernsthaft und wirklich qualifiziert diskutiert.

Weil die Themen immer aktuell und heiß sind, lassen wir schon seit sieben Jahren bei unseren Vorträgen und Diskussionen ein Aufnahmegerät mitlaufen.
Das Gerät wird am Ende abgehört, wenn nötig wird korrigiert und der ganze Text wird im Sekretariat in Reinform gebracht.

Jeder der Freunde erhält ein Original.

Eventuelle Änderungen oder Ergänzungen werden nachträglich berücksichtigt und eingetragen.

Aufsätze gibt es dann, manchmal sogar ein Buch.
Erlöse daraus kommen immer sozialen Zwecken zu 100 Prozent zugute.
Mutter Theresa und ihr Orden hatten schon einige Hunderttausend Deutsche Mark erhalten.

Wir haben vor, unseren diesjährigen Männerurlaub für die Herausgabe eines Buches zu nützen. Ein eventueller Erlös fließt wie immer zu 100 Prozent in ein gemeinnütziges soziales Werk.

KAPITEL 6

VON DER MENSCHWERDUNG BIS ZU DEN URKULTUREN
350000 bis 6500 v. Chr.

Diesmal ist Vincent dran:

„Ab heute beginnt's zu menscheln.
Wir wollen wissen, wie sich die neue Spezies Mensch verhält und
entwickelt und wir wollen feststellen und vergleichen, wie sich die schon
20 Millionen Jahre auf diesem Planeten lebenden Affen, ‚unsere Vorfahren', heute verhalten und ob sie sich verändert haben.

Nicht nur nach dem Volksmund ist der Mensch die Krönung der Schöpfung.
Auch aus naturwissenschaftlicher, philosophischer und auch aus gesell-
schaftspolitischer Sicht muss der Mensch als die Krönung aller Lebewesen
auf diesem Planeten gesehen werden.
Es gibt nichts Vergleichbares unter den Lebewesen.

Lang, sehr lange hat es gedauert, bis sich aus dem Einzeller, aus dem
‚vorläufigen Leben', das komplexe Leben, also die Mehrzelle und hieraus
die Tiere und der Mensch entwickelt hatten.
Halten wir des besseren Überblickes wegen noch einmal kurz Rückblick
auf diese Entwicklung.

Vor ca. vier Milliarden Jahren ist aus paläontologischer Sicht der erste
Einzeller, also noch nicht das komplette Leben nachweislich.
Vor ca. 2,3 Milliarden Jahren, dies ist wissenschaftlich nachgewiesen,
erhielt die in einer Membrane befindliche Einzelle (Einzeller) die für sie
passende DNA, womit aus dieser Kombination, wie wir ja schon wissen,
das erste Leben entstand.
Ca. 1,7 Milliarden Jahre hatte es also gedauert, bis aus dem ersten Einzeller, wahrscheinlich waren es in dieser Zeit Billionen solcher Zellen, das
erste nachhaltige komplexe Leben, die Mehrzelle (Mehrzeller) entstand.
Biologie + DNA (Zellkern und Membrane) + (spezieller Algorithmus für
diese Zelle) ist Leben.
Diese Kombination ergab Leben, das erste wirklich nachhaltige komplexe

Leben. Ganz so biomolekular, so biochemisch, so biomagnetisch und so algorithmisch entstand das Leben natürlich nicht.

Über dieses Geheimnis diskutiert auch die Wissenschaft diametral.

Wie wir ja wissen, begann das wirkliche, das vererbbare Leben vor ca. 2,3 Milliarden Jahren in der Ursuppe.

Über Bakterien entwickelten sich die ersten Weichtiere, ihnen folgten die Wirbeltiere, Fische, Amphibien, Reptilien, Vögel bis hin zu den Säugetieren.

Die Flora und die Tierwelt waren schließlich die Grundlage für das zukünftige Leben auf diesem Planeten.

Lange dauerte es, bis vor ca. 20 Millionen Jahren aus den Säugetieren unser biologischer Vorfahre, der Affe, ,geboren' war.

Ca. 15 Millionen Jahre lebten die Affen ausschließlich auf den Bäumen.

Vor ca. fünf Millionen Jahren stiegen sie, wahrscheinlich durch äußere Einflüsse (z. B. Kälte) ausgelöst, von den Bäumen auf die Erde herunter und lernten den aufrechten Gang.

Über vier Millionen Jahre dauerte es, bis sich aus drei Affenstämmen ein physiologisch voll entwickeltes, menschenähnliches Körper-Instinkt-Wesen entwickelt hatte.

Rückblickend gesehen ergibt sich folgendes Bild:

- Vor ca. 2,8 Millionen Jahren lebte der Australopithecus in zwei Stämmen und wird rückblickend irrtümlich als Halbmensch bezeichnet.
  Der Gorilla-Stamm starb vor ca. 1,9 Millionen Jahren aus.
- Vor ca. zwei Millionen Jahren lebte der Homo erectus, man nennt ihn irrtümlich Dreiviertelmensch. Er war aber kein Mensch.
- Vor einer Million Jahren hatte dieses Wesen körperlich schon sehr viel Ähnlichkeit mit den Menschen.
  Heute nennt man es Homo sapiens.
  Oftmals wird der Homo sapiens als Mensch bezeichnet. Dies ist falsch.
  Es war nach wie vor ein Körper-Instinkt-Wesen, also kein Mensch.
- Vor ca. 0,65 Millionen Jahren entwickelte sich aus dem Körper-

Instinkt-Wesen des Homo sapiens der erste Mensch, das Körper-Geist-Seele-Wesen.

Der Neandertaler, der Cro-Magnon-Typ und viele andere Stämme entwickelten sich nach ihm.

Wie und wann sich nun das **Körper-Instinkt-Wesen,** nämlich der **Affe,** zum **Körper-Geist-Seele-Wesen**, nämlich dem **Menschen,** verwandelt hat, darüber diskutiert selbst die Wissenschaft gegensätzlich.

Vor ca. 350.000 Jahren dürfte es geschehen sein.

Die Schöpfungsverneiner gehen davon aus, dass auch diese Wandlung vom Affen zum Menschen evolutionsbedingt erfolgte.

Die Schöpfungsbefürworter lassen Fakten sprechen und beziehen sich auf die unwiderlegbaren Naturgesetze.

Unwiderlegbar ist, dass weder der Geist noch die Seele biomolekular, biochemisch, bioelektrisch, also niemals über die Evolution, ,herstellbar' sind bzw. sich evolutionstechnisch entwickeln konnten.

- Geist ist nicht Wissen und nicht Intelligenz.
- Seele ist wissenschaftlich nicht definierbar.
- Beide, Geist und Seele sind unbiologisch und nicht messbar.
- Beide, Geist und Seele, sind das, was dem Tier fehlt und den Menschen ausmacht.

Zweiflern, egal auf welcher Seite, wird empfohlen, sich mit den gegebenen naturwissenschaftlichen Fakten zu beschäftigen und zu akzeptieren, dass es auf diesem Planeten tatsächlich Dinge gibt, die man wissenschaftlich nicht definieren und damit auch nicht beweisen kann.

Solche Dinge sind außerirdisch, also überirdisch, und weder durch Naturgesetze noch durch die Evolutionstheorie behandelbar.

Die Urfragen, also die großen Fragen der Fragen, sind weder wissenschaftlich noch philosophisch zu beantworten.

Kein Einstein, kein Stephen Hawking, kein Aristoteles, kein Kant hat sie wirklich beantwortet.

Viele große Geister haben überirdischen, also durch die Wissenschaft nicht

beantwortbaren Fragen oftmals fragwürdige Thesen entgegengestellt und diese, obwohl falsch, mit Klauen und Zähnen verteidigt, sie aber nie bewiesen.
Die Urfragen blieben damit von diesen Herren leider unbeantwortet.
Die wichtigsten Abkömmlinge der Urfrage – gibt es Gott – sind folgende:

- Woher kam die für die Urknallexplosion notwendige Energie?
- Kommt alles aus der Natur oder gibt es ein höheres Wesen, einen Schöpfer?
- Wie ist die zeitliche und die räumliche Unendlichkeit zu verstehen?
  – Wann begann alles und wann endet alles?
  – Wo ist der räumliche Anfang und wo ist das Ende?
- Gibt es eine Dunkle Energie – eine Dunkle Materie?
- Gibt es eine gute und eine böse magische Kraft?
- Ist das Leben ein Produkt der Natur oder der Wille des Schöpfers?
- Stammt der Mensch vom Affen ab? Oder besser gefragt:
  – Ist der Mensch nur ein Ergebnis der Evolution, also der Natur? oder
  – Wurde der Mensch zu einem bestimmten Zeitpunkt vom physiologisch voll entwickelten ‚Körper-Instinkt-Wesen‘ zum ‚Körper-Geist-Seele-Wesen‘ durch ein höheres Wesen, also durch den Schöpfer geschaffen?

Wir stellen fest, der Mensch ist **einmalig** unter allen Lebewesen.
Er ist tatsächlich die Krönung der Lebewesen auf diesem Planeten.
Und wie sieht es nun mit der Menschheit aus?"

Vincent fragt die Freunde: „Wisst ihr es?"

Max´ kurze Bemerkung: „Wofür haben wir dich?"

Vincent grinst und beginnt mit der Antwort.

„In Ostafrika, man geht hierbei von der Region Äthiopien aus, begann die Menschheit".
Aufgrund bestehender Fakten ist davon auszugehen, dass gleichzeitig in

verschiedenen Sippen der dort lebenden Körper-Instinkt-Wesen, also des Homo sapiens, jeweils in der Sekunde der Zeugung ein Körper-Instinkt-Wesen mit dem bis dato fehlenden Geist und der fehlenden Seele ausgestattet wurde (siehe Kapitel 5).

Auswanderung der
Menschen aus Äthiopien

Wenn dies bei völlig unabhängigen, nicht verwandten Sippen geschah, ist für die unmittelbare Zukunft Inzucht auszuschließen und davon auszugehen, dass das jeweils geborene Kind kein Körper-Instinkt-Wesen mehr war, sondern ein Körper-Geist-Seele-Wesen, also ein Mensch.

Diese Menschen waren nun andere Wesen als ihre Eltern, aber sie wuchsen zunächst bei diesen auf.

Diese Menschenwesen wurden zwar zunächst von Affenwesen aufgezogen, entwickelten sich aber von Anfang an als Menschen.

Wenn sich nun junge Menschen-Männer eines Stammes A mit Menschen-Frauen eines Stammes B, welche nicht miteinander verwandt waren, vereinigten, gab es als Kinder also gesunde Menschen.

Mehrere analoge Vorgänge in verschiedenen Sippen ergaben eine inzuchtsfreie Basis für die nächsten Generationen, also für die Entwicklung der Menschen, der Menschheit.

Diese Menschen hatten nun aber ein großes Problem. Sie waren ja keine Tiere mehr. Ihnen fehlten nun die tierischen Instinkte und eigentlich alle körperlichen Voraussetzungen, um in dieser hochgefährlichen Welt der Raubtiere zu überleben.

Sie verfügten nicht mehr über die Schnelligkeit, die Kraft und die Instinkte von Tieren, sie konnten nicht mehr klettern wie ihre körperlichen Vorfahren, sie waren zunächst auch nicht in der Lage, erfolgreich zu jagen.

Eine große Phase der Änderung und der Anpassung stand nun bevor.

Ihr neuer Geist, ihr individuelles Denk- und Kombinationsvermögen, ihr menschliches Handeln und ihre neuen menschlichen Instinkte halfen ihnen, sich schnell neue andere Methoden des Lebens z. B. der Verständigung und der ‚Futterbeschaffung', also der Beschaffung von Nahrung anzueignen.

Was die Verständigung anging, so waren und sind die Affen auf Gestik und Kehllaute angewiesen. Eine Sprache gab es nicht. Der Affe kann organisch bzw. physiologisch gar nicht sprechen. Der neue Mensch ist organisch für Sprache geeignet und entwickelte sehr schnell eine solche.

Auch ihre Jagdmethoden mussten diese ersten Menschen schnell entsprechend ihren neuen Fähigkeiten umstellen.

Sie begannen Werkzeuge zu bauen.

Bei Jagd auf Beutetiere nutzten sie auch Fallgruben statt die körperliche Auseinandersetzung mit den oft gefährlichen Beutetieren.

Nach den Steinwerkzeugen entwickelten sie sehr schnell Keulen, Speere und Lanzen aus Bambus und Knochen.

Bis dato nicht vorhandene Pfeil und Bogen wurden erfunden, mit Tiersehnen wurde der Bogen gespannt, die Pfeilspitzen waren aus geeigneten Knochenspitzen und aus Stein.

Diese Menschen schliefen nicht mehr in Bäumen, sondern in Höhlen oder bauten eigene Unterkünfte aus Ästen, Laub und Lehm.

Schon seit der 120. Generation hatten die Menschen Feuer. Sie konnten es aber selbst noch nicht entfachen. Mit dem Feuer begann ein neues Leben für die Menschen.

Sie waren damit in der Lage, sich zu wärmen, zu grillen und sich vor Raubtieren zu schützen.
Durch das mittlerweile vorhandene Feuer waren die neuen Menschen auch in der Lage, nassen Lehm, also Ton zu brennen.
Schnell entwickelten sie hierdurch auch die Fähigkeit, zwar noch ganz primitiv, Töpfe zu formen und zu brennen. Töpfe, Schalen, Schüsseln und Wasserbehälter machten das Leben leichter.
Mit Feuer ‚schnitten' sie ihre überlangen Haare, mit Feuer verscheuchten sie Raubtiere und sicherten sie ihre Behausungen, mit Feuer fabrizierten sie neue Werkzeuge.

Während diese neuen Menschen in sehr kurzer Zeit begannen ihre Umwelt zu erobern und zu beherrschen, blieben die Affen wie seit 20 Millionen Jahren nach wie vor Affen.

Aus den kleinen Menschensippen entwickelten sich immer größere Sippen.
Groß-Sippen entwickelten sich und siedelten sich als ziehende Nomaden heute hier, morgen da, aber immer mit Abstand zu anderen Großsippen überall im Lande an.

Diese Groß-Sippen, diese Siedlergemeinschaften zogen je nach bestehendem Klima und je nach vorhandenem Wasser, Früchten und jagdbaren Tieren immer weiter.
Sie breiteten sich in ganz Äthiopien aus.

In solchen Siedlergemeinschaften war es schnell ganz zwangsläufig nötig, dass sich bei einzelnen Menschen, welche von bestimmten Dingen mehr verstanden als die anderen, so etwas entwickelte wie persönliche, auch spezielle bzw. handwerkliche Fähigkeiten.

Die eine Familie war in der Lage besser Brot zu backen als die andere.
Die anderen konnten besser töpfern, die nächsten waren fähiger eine Unterkunft zu bauen, wieder andere waren Meister in der Herstellung von Bekleidung aller Art.

Die einen waren die besseren Jäger und die anderen wurden Tierzüchter.
Auch der gute Umgang mit Pflanzen, mit Beeren, mit Obst, mit Früchten und mit Kräutern aller Art, mit gemüseähnlichen Pflanzen – kurz gesagt – mit der Anpflanzung allen Essbaren wurde sippenweit entwickelt.
In fast jeder größeren vorübergehenden Menschensaiedlung gab es auch schnell meist eine ältere Person, Mann oder Frau, welche sich mit der Heilung von Krankheiten beschäftigte.
Der geheimnisvolle Beruf eines Heilers war damit schnell geboren.
Die ersten Zauberer, auch Betrüger, etablierten sich.
Auch Jagd- und Fischergruppen bildeten sich heraus.

Diese Basis, also die Konzentration auf individuelle Fähigkeiten, war der Ursprung für den Aufbau späterer Handwerkstätigkeiten.

Diese Strukturen waren später wichtige Säulen für den Beginn der ersten menschlichen Kulturen, also der Urkulturen.

Diese Menschen wären fähig gewesen, sich irgendwo fest anzusiedeln.
Sie zogen aber immer wieder weiter.
Sie waren ja Nomaden.
Ihre Gene, aber auch das Klima, das Wetter, fehlende Nahrung veranlassten sie zum Wandern.

Um den vorbeschriebenen beginnenden Werdegang des mittlerweile völlig neuen Lebewesens, nämlich des Menschen, wenigstens in etwa nachvollziehen und verstehen zu können, wird nun der Versuch unternommen, einen Tag vom Erwachen bis zum Wieder-schlafen-gehen einer solchen menschlichen Sippe darzustellen.

In der 170. Generation, also etwa 350 Jahre nach der Menschwerdung, lebte eine größere Menschensippe in einer primitiv ‚ausgebauten' Höhle im heutigen Äthiopien.

Etwa zehn ähnliche große Sippen neuer Menschenbürger lebten im Umkreis von mehreren Hundert Kilometern.

Und wie verlief so ein Tag bei den späteren Sippen?
Zwischen 4 und 5 Uhr geht die Sonne auf. Die Sippenmitglieder haben die Nacht über in der Höhle geschlafen.
Zwei Wächter hielten am brennenden Feuer vor der Höhle die ganze Nacht Wache. Neues Feuermachen ist vereinzelt zwar möglich, aber schwierig. Wilde Raubtiere, Schlangen und anderes Getier bilden ja permanent, also Tag und Nacht, Gefahr für die Sippe.

Schon in der 120. Menschengeneration wurde das Feuer entdeckt. Ein glücklicher Zufall war es damals als in der Mittagshitze wahrscheinlich ein heißer Sonnenstrahl auf einen Quarzstein traf – wir nennen diesen schon immer Feuerstein – und dieser die Hitze, noch konzentrierter als sie bei ihm ankam, auf ein neben ihm liegendes dürres Gras oder Laub weiterleitete, welches sich dann spontan entzündete.

Feuer war nun da – aber man konnte es noch nicht selbst entzünden. Also durfte es nie ausgehen.

Eine in der Nähe lebende Menschensippe hielt seitdem dieses Feuer Tag und Nacht am Brennen.
Andere Sippen beschafften sich das Feuer und seitdem verfügen die ersten Menschensippen über Feuer.

Später, etwa in der 150. Generation, lernten die Menschen selbst Feuer zu entzünden.
Sie taten dies mit der Reibung von Feuersteinen (Quarzsteinen) unter gleichzeitiger Verwendung von trockenen und brennbaren Materialien wie dürrem Gras, dürrem Laub etc., bis sich dies entzündete.

Für die damaligen Menschen war das Feuer ebenso wichtig wie Wasser.

Die 170. Generation beherrschte es schon gut, ‚Feuer selbst anzuzünden‘. Das lodernde Feuer sollte die gefährlichen Tiere abhalten bzw. für die Wächter die Gefahr sichtbar machen.

Feuer war lebensnotwendig.

Warmes Wasser war wichtig für die kleinen Kinder, zum Kochen, fürs Haareschneiden, für Werkzeugfertigung und zum Töpfern.

Wie es nun über den Tag weitergeht bei ‚unserer‘ 170. Sippe, was jeder Einzelne vorhat, das weiß in der Früh niemand, das ist auch nicht wichtig, denn einen organisierten Tagesablauf mit ‚Frühstück‘, ‚Mittagessen‘, ‚Abendessen‘ usw. gibt es nicht.

Die ersten Sippenmitglieder, natürlich die Alten, auch die Eltern werden mit der aufgehenden Sonne wach. Die Jüngeren und die Kinder schlafen noch weiter.

Alle schlafen auf dem harten Boden in der Höhle, manche hatten sich Gras gezupft oder Laub beschafft, auf dem sie in der Nacht dann etwas weicher liegen.

Einem Jäger ist es gelungen, das Fell eines Schafes so zu präparieren, dass es nicht mehr riecht, einigermaßen sauber ist und vor allem weich. Er hatte also als Einziger eine weiche, warme Schlafunterlage.

Ein eigenes Zimmer mit Daunenbett, wie wir es genießen, gab's damals nicht.

Natürlich werden unmittelbar nach dem Aufwachen die ersten menschlichen Bedürfnisse nicht in der Höhle erledigt, sondern draußen hinter einem Busch oder einem Strauch oder vielleicht auch hinter einem Baum.

Eine Toilette mit Wasserspülung, Klopapier und Handtuchhalter mit Seife und Eau de Cologne standen für die Herrschaften nicht bereit.

Auch eine Morgentoilette besonders für die „Dame" war natürlich auch nicht angesagt.

Alles, was die heutige Frau benötigt, fehlte in der Höhle.

Mit einem Spiegel, mit Cremes, mit Puder und Lippenstift hätten die Damen wohl schwerlich umgehen können.

Man konnte sich aber in einer ruhigen Wasseroberfläche spiegeln und im kalten Wasser des Baches erfrischen.

Nach Zahnbürste, Duschgel, Cremen, Schminkutensilien sehnte sich keine dieser Frauen.

Der Mann vermisste weder eine Kalt-Warm-Dusche noch einen elektrischen Rasierer noch duftendes Eau de Cologne.

Hygiene, wie wir sie kennen, war damals nicht ‚en Vogue'.
Wer kürzere Haare haben wollte, der brannte sie mit Feuer kürzer.
Wenn einer der Höhlenbewohner das Bedürfnis nach Wasser hatte, dann war hierfür der Bach, der Fluss und der See geeignet.

Nur ganz wenige Sippen waren damals in der Lage, aus feuchtem Ton primitive Gefäße zu formen.
Nur ganz wenige Sippen beherrschten schon, diese Gefäße, Schalen und Töpfe zu brennen.

Erst etwa in der 250. Generation, so ist anzunehmen, waren die Menschen in der Lage, solche Gefäße aus gebranntem Ton serienmäßig herzustellen.
Wir kommen später darauf.

Mittlerweile ist es in der Sonne schon ganz schön warm.
Ca. 9 Uhr vormittags ist es nämlich.

Für alle Mitglieder der Sippe beginnt nun der oft beschwerliche Tag.

Die Jugend ist mittlerweile auch wach und lautstark präsent, auch die kleinen Kinder hüpfen bereits außerhalb der Höhle herum, spielen und schreien und fütterten das Feuer mit Brennbarem.

Je nach Sippe kümmern sich die Mütter, die Tanten und wer gerade Lust und Zeit hat, um die Kleinen.

Die bei uns hochgehandelte Kita war für diese Menschen nicht vorstellbar.
Kein Kind wurde verzogen oder falsch programmiert.

Und was gibt es nun zum ‚Frühstück'?

Früchte aller Art wuchsen in Äthiopien in Hülle und Fülle. Auch Nüsse, Beeren, Oliven und viele andere Köstlichkeiten gab es umsonst. Bestimmte Gräser, verschiedene Blätter, geeignete junge Baumtriebe und Pilze ergänzten die gesammelten Vorräte einer solchen Sippe.
Heute gibt es sogar Eier und Fleisch. Eier aus Vogelnestern und Fleisch,

weil einige Sippenmitglieder ein Tier ähnlich wie eine Ziege oder ein Reh erlegt hatten.

Einige Sippenmitglieder essen das Fleisch roh, andere heben es auf einen Stecken gespießt ins brennende Feuer.

Natürlich gibt es weder Tischordnung noch bestimmte Riten, Rituale oder gar Sitten für das ‚Frühstück‘.
Jeder tut das, woran er gerade denkt und was für ihn im Moment wichtig ist.

Niemand in der Sippe träumte von einem Supermarkt, von Pizzalieferung oder gar von Feinschmeckerrestaurants.

Der Tag steht nun vor der Sippe. Die Sonne steigt am Himmel hoch, die Temperatur bewegt sich von angenehmer Wärme beim ‚Frühstück‘ zu großer Hitze in der Mittagszeit.

Einen Plan für den Tagesablauf gibt es, wie schon gesagt, ja nicht.
Jeder tut das, wozu er Lust hat.

Die älteren Frauen kümmerten sich während des Tages um die kleinen Kinder. Andere Frauen sorgten sich um das Essen, sie ergänzten die Vorräte mit allem, was man sammeln konnte.

Natürlich sorgten sie sich auch darum, dass alle Essvorräte wenigstens für einige Tage haltbar gemacht werden. Sie wickelten die Vorräte in große, frische Blätter ein und verstauten diese Vorräte dann in Erdlöcher. Alles wurde dann jeweils mit frischem Blattgrün und feuchter Erde, vorzugsweise Lehm abgedeckt.

Und was taten nun die Männer?

Sie dachten schon damals, sie seien der Nabel der Welt, die Krönung der Schöpfung.

Die eine Gruppe ging mit Leidenschaft in Richtung Wasser, die andere Gruppe in den Busch oder in den Wald.

Die Männer am Wasser versuchten trickreich Fische zu fangen, sie suchten Muscheln, Frösche und vieles andere Getier.

Es gab in dieser Gruppe bereits einige Männer, welche schon über ganz spezielle Tricks und Fähigkeiten verfügten, um Fische zu fangen.

Natürlich war dies nur möglich, wenn ein Bach, ein Fluss oder ein See in der Nähe war. Deshalb waren Siedlungen immer am Wasser.

Die andere Gruppe, die sogenannten Buschmänner, raubten Vogelnester aus, Eier und junge Vögel brachten sie mit. Dies war ein ‚kulinarischer Hochgenuss‘.

Eidechsen, Geckos und anderes Krabbelgetier waren für sie weitere wertvolle Beute. Auch Rebhühner und andere hühnerartige Vögel fingen sie.

Als große Jäger wurden der- oder diejenigen angesehen, welche in der Lage waren ziegenähnliches, schafähnliches, rehähnliches, gazellenähnliches Wild zu erlegen.

Solche Beute war mehrfach wertvoll. Das Fleisch war zum Verzehr, das Fell für die Bekleidung, Därme, Magen usw. wurden teilweise als Flüssigkeitsbehälter aufbereitet.

Auch die Knochen und Sehnen waren wichtig, ja sogar sehr wichtig. Größere Knochen mit Spitzen am Ende wurden zur Faustwaffe, Knochenspitzen wurden in lange, stabförmige Bambus- oder Nussstangen eingedrückt und stellten die ersten Speere dar.

Aus Weidenästen und aus Tiersehnen wurden Bögen gefertigt, aus Bambusstäben und Knochenspitzen wurden Pfeile hergestellt.

Speere, Pfeil und Bogen waren schnell die modernsten Jagdwaffen.

Manche Sippen bauten bereits Fallgruben für große Tiere.

Weil hierzu natürlich Schaufeln, Spaten, Haken usw. fehlten, musste man alle Grabarbeiten nur mit der Hand und Ästen erledigen.

Die Mehrheit der in der Sippe lebenden Männer beschäftigte sich mit der Jagd, mit dem Fischen, mit dem Herstellen von Werkzeugen und Waffen aller Art, also mit der Versorgung der Sippe.

Wie auch in der heutigen Gesellschaft gab es schon damals diejenigen, welche von der Leistung der anderen lebten und sich auf deren Kosten durchs Leben schlugen.

Sie lagen im Schatten eines Baumes oder eines Strauchs, genossen die Sonne und verzehrten die Vorräte, welche die anderen beschafften.

Abend ist es nun.
Die Sonne sank und jeder wusste, sie würde bald untergehen und die Nacht kommen.
Außer dem Feuer hatten diese Menschen in der Nacht kein Licht.

Auch ein ‚Abendessen‘ im Sinne späterer menschlicher Gesellschaften gab es damals nicht.
Natürlich wurden die Kinder versorgt.
Die Erwachsenen mussten sich selbst ernähren.
Jeder bediente sich an den untertags von allen gesammelten Vorräten und an den Jagderrungenschaften.

Bei fortschrittlicheren Sippen wurde das Fleisch im Feuer geröstet. Früchte, Beeren, Gräser, Blätter und Kräuter wurden noch roh gegessen.
Jeder ist jetzt kurz vor der Nacht gesättigt und eigentlich zufrieden.

Weil es Menschen sind und keine Affen und weil sie auch abstrakt denken, sitzt die Sippe, zumindest ein Großteil der Sippe, abends vor dem Feuer zusammen.
Gesprochen wird in einer speziellen Anfangssprache und mit viel Gesten.
Ein Alphabet mit Umlauten und Selbstlauten gab es noch nicht.
Aber man konnte sich verständigen, man konnte sich mitteilen. Man ahnte, was der andere meinte. Man konnte ‚sagen‘, was man sagen wollte.
Die menschliche Sprache entwickelte sich damals überraschend schnell zu einem Verständigungskodex, mit dem man sich auch bei anderen Sippen, die wiederum ihre eigene ‚Sprache‘ hatten, problemlos austauschen konnte.

Ca. 10 Uhr abends ist es mittlerweile.
Die Sonne ist schon untergegangen und es wird Zeit, sich der Nacht hinzugeben. Jeder der Erwachsenen sucht nun einen Schlafplatz, manche haben ihre feste Ruhestätte.

Zwei, meist Männer, müssen in der Nacht das Feuer und die Unterkunft bewachen.
Zwei- bis dreimal werden die zwei Bewacher jeweils durch zwei andere abgelöst.

Die Sippe ist in Sicherheit und der nächste Tag verläuft nicht anders als der heutige.

So viel zur Betrachtung einer damaligen Sippe in der 170. Generation, also ca. 7000 Jahre nach der Menschwerdung.

Die Menschen wandern und leben nun verteilt auf Afrika bis zum Mittelmeer. Sie wandern als Nomaden dem Klima und ihrer „wilden" Nahrung nach.

Wärme, Wasser, Früchte, Obst, Kräuter, Nüsse, Datteln, Beeren, Wild und Fische bestimmten ihren Wanderungskompass.

Kleinfamilien und größere Sippen waren es. Menschen mit Intelligenz, mit Verstand und mit viel Menschsein.

Diese Menschen sind mittlerweile unterwegs, diesen Planeten Erde Kontinent für Kontinent zu erobern.

Aus europäischer Sicht ergibt sich nachfolgende Darstellung.

530.000	bis	480.000 v. Chr.	Heidelberg-Mensch
515.000	bis	460.000 v. Chr.	Jura-Mensch
400.000	bis	240.000 v. Chr.	Steinheim-Mensch
180.000	bis	90.000 v. Chr.	Neandertaler-Mensch
60.000	bis	20.000 v. Chr.	Cro-Magnon-Mensch

Und was ist mit den Affen?

Die Affen leben unverändert wie vor ca. 20 Millionen Jahren im Wald. Statt von Geist und Seele werden sie von ihren Überlebensgenen, also von ihrem Instinktprogramm gesteuert.

Sie haben nichts dazugelernt und sie denken nicht an gestern und an morgen, sondern leben nur in der Gegenwart.

Ihr Leben hat sich in ca. 20 Millionen Jahren nahezu nicht verändert.

Diese Menschen haben sich seit der Menschwerdung vor 350.000 Jahren zu den Beherrschern dieses Planeten entwickelt. Unwichtig ist hierbei, dass sie körperlich den Raubtieren unterlegen sind.
Die Menschen verfügen nach nunmehr 150.000 Jahren über eine gut ausgebaute Sprache. Sie können sich schon lückenlos und fehlerfrei verständigen.

Interessant und bemerkenswert ist, dass diese Menschheit schon nach so kurzer Zeit mehrere verschiedene komplette Sprachen entwickelt hat.
Warum und wie konnte dieses geschehen?

Schon ab der 50. Generation nach der Menschwerdung wanderten nämlich viele Sippen aus Äthiopien aus.

Die eine Sippe verbreitete sich in Afrika nach Westen, die andere nach Afrikas Süden. Weitere Sippen zogen nach Norden.
In Nordafrika, entlang des Mittelmeers, fanden sich ideale Lebensbedingungen.
Andere Sippen breiteten sich östlich des Mittelmeeres aus, ein Teil davon wanderte dann schnell hitzebedingt in Richtung Norden und Nordwesten – Europa und der Mittlere Osten wurden bevölkert.

Eine andere große Welle wandernder Sippen begab sich zunächst nach Arabien. Schnell versuchten sie der arabischen Hitze zu entkommen, aber die nördliche Kälte zu meiden, sie wanderten nach Fernost und Asien weiter.

Eine ganz schlaue Großsippe eroberte den nördlichen Teil des Mittelmeeres.
Am Mittelmeer waren sowohl die klimatischen als auch die anderen Lebensbedingungen bestens.
Abenteuerlustige Sippen versuchten über Alaska nach Kanada zu gelangen.

Einige schafften dieses Abenteuer und verbreiteten sich in Nordamerika, viele wanderten über Mittelamerika weiter nach Südamerika.

Auf diese Art entwickelten sich also innerhalb mehrerer Generationen und je nach Land verschiedene, völlig eigenständige Sprachen.

Sogar die Haut dieser Menschen färbte sich je nach Klima, je nach Lebensbedingungen und je nach Nahrung.
Eines blieb jedoch bei allen Menschen gleich, besser gesagt stabil.

Die geistige Entwicklung und die Persönlichkeit dieser Menschen erfolgten kontinuierlich schnell und stabil nach oben.

Von Anfang an beschäftigten sich die Menschen bereits mit der Zeit nach ihrem Tode. Sie glaubten an höhere Wesen, an übernatürliche Mächte und sie dachten schon auf relativ hohem Niveau.

Die Affen, von denen diese Menschen angeblich abstammen, leben nach wie vor mit der gleichen ‚Intelligenz‘ wie vor der Menschwerdung und vor 20 Millionen Jahren auf den Bäumen.

Halten wir kurz inne und beschäftigen uns mit dem Weg der Menschen zu den ersten Urkulturen, mit einer kurzen Standortbestimmung.

Niemand, weder die Schöpfungsgegner noch die Schöpfungsbefürworter, kein Mensch zweifelt daran, dass wir Menschen uns körperlich, also organisch und biomolekular, aus dem Körper eines Affen entwickelt haben.

Betrachten wir nun aber die Dipolarität zwischen Körper-Instinkt-Wesen, also den Affen, und den Körper-Geist-Seele-Wesen, also den Menschen, und zwar von der wissenschaftlich, nicht messbaren Perspektive aus, nämlich von der geistigen, von der empathischen, also der seelischen Seite aus, dann ergibt sich schnell ein unwiderlegbares Ergebnis.

Der Affe ist instinktgesteuert.
Der Mensch ist Geist-Seele-bestimmt.
Was soll man einem Chirurgen antworten auf seine Feststellung:

‚Ich habe schon so viele Operationen getätigt und noch nie einen Geist oder eine Seele gefunden.‘

Was soll man einem Pathologen sagen, der erklärt:
‚Hunderte von Menschen habe ich schon in all den Jahren aufgeschnitten und darin herumgesucht, aber noch nie ist mir ein Geist oder eine Seele begegnet.‘

Antworten sollten wir nicht, er ist es nicht wert.
Aber wir müssen wissen, dass der Körper eines Affen und der Körper eines Menschen physiologisch, also biologisch, biomolekular und biochemisch nahezu identisch sind.

Aber wir müssen auch wissen, dass der Affe als Körper-Instinkt-Wesen nur durch seine Überlebensgene instinktgesteuert lebt.

Der Mensch dagegen, das Körper-Geist-Seele-Wesen, wird weniger durch Instinkt, dafür aber vielmehr durch einen ausgeprägten Geist und die darüber regierende Seele bestimmt.

Wie wir oben ja schon erfahren haben, können weder Geist noch Seele organisch definiert werden.
Weder Geist noch Seele sind biomolekular, biochemisch oder biomagnetisch erfassbar.

Alles Wichtige hierzu ist im Kapitel 5 beschrieben.

Mit ein klein bisschen naturwissenschaftlichem Habitus dürfte sich weder ein Chirurg noch ein Pathologe niemals ‚auf die Suche nach sichtbarem Geist und greifbarer Seele begeben.‘

Vor dem oben geschilderten Hintergrund ist zu verstehen, dass bei der Sektion bzw. bei dem scheibchenweisen Aufschnitt zum einen eines Affengehirns und zum anderen eines Menschengehirns molekular sichtbar keine allzu großen Unterschiede festzustellen sind.
Beide Gehirne sind, was ihre biologischen und ihre organischen Vernetzungen anbetrifft, nämlich in etwa identisch.

Wenn es aber um die individuelle neuronale Funktion der beiden Gehirne, also des Affen und des Menschen geht, dann verhält sich der instinktgesteuerte Affe völlig anders als der Geist-Seele-bestimmte Mensch. Diesbezüglich besteht ein großer Unterschied.

Der Affe ist seit ca. 20 Millionen Jahren ein Affe, er kann immer noch perfekt klettern und er hat in 20 Millionen Jahren geistig nichts dazugelernt. Er spricht auch nicht. Warum auch? Bei ihm gilt diesbezüglich all das, was für alle anderen Tiere auch gilt.

Der Mensch jedoch verfügte bereits unmittelbar nach der Menschwerdung über beträchtlichen Geist und eine beachtenswerte seelische Persönlichkeit.

Eigentlich müsste schon allein die obige Feststellung zu der einzig richtigen Beurteilung ausreichen: Der Affe war vor ca. 20 Millionen Jahren Affe und er wird in 20 Millionen Jahren auch ein Affe sein. Der Mensch stammt nicht vom Affen ab, auch wenn beide Körper biologisch ähnlich sind.

Die Menschwerdung war vor ca. 350.000 Jahren und schon nach kurzer Zeit hatte der Mensch beträchtlichen Geist und eine starke Seele. Mit ca. 15 Jahren war damals jeder Mensch erwachsen und mit umfangreicher Intelligenz und mit einer komplexen Persönlichkeit ausgestattet.

Beide Wesen, der Affe und der Mensch, waren also nie vergleichbar.

Fassen wir zusammen:

Die Urfragen, also die Frage aller Fragen, in diesem Fall auch die Frage:
Stammt der Mensch vom Affen ab?
Sie veranlasst sogar die Wissenschaft zu großen Debatten.

Wenn man nun aber die gegebenen Fakten ohne Voreingenommenheit wissenschaftlich, methodisch, systematisch und richtig folgert, dann ergeben sich zwangsläufig auch die richtigen Antworten.

Unverständlich ist es, wenn große, ansonsten sehr geschätzte Wissenschaftler warum auch immer ex cathedra sprechen und Thesen aufstellen, wie z. B.

– zum Zeitpunkt des Urknalls war weder Zeit noch Raum noch Energie vorhanden,
– alles kommt aus der Natur,
– der Mensch stammt vom Affen ab,
– es gibt keine Schöpfung.

Schlimm ist es also, wenn sich heute Wissenschaftler zum Helfer geistiger Fehlspekulanten machen, indem sie sich, um zu verwirren, in theoretische Sphären flüchten, die Mathematik vergewaltigen und mit ihrem Resultat dann im Nirwana landen und die Menschen verwirren.

Gehen wir zurück zu unseren Sippen 100.000 Jahre nach der Menschwerdung.
Viele Menschen sind also, wie oben schon erwähnt, mittlerweile aus Äthiopien ausgewandert und nahezu weltweit auf diesem Globus unterwegs. Der Affe ist dort geblieben, wo er war.

Die Menschen haben sich im Gegensatz zu den Affen unglaublich fortschrittlich entwickelt. Sie verfügen mittlerweile über unzählige Sprachen.

Ihr Geist beschäftigt sich mit Übersinnlichem, der Alltag wird von ihnen schon in etwa geplant. Sie leben nicht nur in der Gegenwart, ihnen ist die Vergangenheit bewusst und sie denken auch in die Zukunft.

Rein profan festgestellt beherrschen sie das Feuermachen, verfügen über die notwendigen, schon klug ausgeklügelten Waffen aller Art, leben in Familien, in Kleinsippen, in Großsippen und in Verwandtschaften.
Die Sippe ist für diese Menschen mittlerweile wichtig und die Hauptzelle ihres Daseins.

Zwar sind diese Menschen nach wie vor Nomaden, sie ziehen durch das Land, nicht in ‚Urlaubsstimmung', sondern dem Wetter, dem Klima nach, zum Wasser hin und dorthin, wo es genügend Früchte, Beeren und anderes Essbares gibt. Natürlich ist hierbei immer auch wichtig, fischreiche

Gewässer und jagdbare Tiere zu finden. Gleichzeitig gehen sie aber auch gefährlichen Raubtieren aus dem Wege.

Auf der Wanderschaft von Großsippen verbleiben natürlich immer irgendwann und irgendwo Kleinsippen zurück. Aus diesen entstehen dann wiederum mittlere und größere Sippen. Das jeweilige Land wird so bevölkert.

Auf diese Art hat der Mensch diesen Erdball, überall, wohin man gehen kann, erobert.

Die Menschen haben sich auf jedem Kontinent niedergelassen, eigene Sprachen entwickelt und sich sogar in ihrem Äußeren der Landschaft, dem Klima und der Nahrung angepasst und entsprechend entwickelt.

Gehen wir nun in die Zeit ca. 200.000 Jahre nach der Menschwerdung.

Eine Großsippe, die sich zwischen Euphrat und Tigris angesiedelt hat, lebt dort wie im Paradies.

Das ausgesuchte Land ist klimatisch ideal. Das ganze Jahr, also zwölf Monate, ist es warm. Nach unserer heutigen Lesart im Winter warm und erträglich, im Sommer heiß, aber noch wohltuend. Wasser ist vorhanden und Bäume, vorwiegend Zedern und Pinien, gibt es in Hülle und Fülle. Früchte in unzählbarer Vielfalt, auch Nüsse aller Art, von den Erdnüssen angefangen bis zu Kokosnüssen gibt es alle Nussarten. Früchte aller Art, Gemüse und Beeren wachsen wie im Paradies. Schafe, Ziegen, Gazellen und viele andere jagdbare Tiere stehen auf dem Jagdplan. Die Gewässer sind fischreich, selbst zum Handfischen geeignet.

Und es gibt wenig Raubtiere.

Paradiesisch kann man die Umgebung dieser Generation beschreiben.

Zwar sind die Sippen auch zwischen Euphrat und Tigris Nomaden. Diese Bezeichnung trifft aber nur noch beschränkt zu. Ihre Bereitschaft, ihr jeweiliges ‚Nest‘, ihre Behausung zu verlassen, geschieht meist nur wetterbedingt wegen Hochwasser, nach Blitzeinschlag, durch Sturm oder durch absolute Dürre, also wenn die Lebensqualität mittelfristig negativ beeinflusst ist. Nur dann sind sie bereit, ihre Behausung zu wechseln. Nicht das Land zu verlassen, sondern nur einen besseren Ort zu suchen.

Auf dieser Basis, der Grundeinstellung dieser Menschen, entwickelten sich sehr schnell Großsippen mit kleinen vorübergehenden Ansiedelungen, um in der heutigen Wortwahl zu sprechen, kleinen Dörfern.

Nach unserer heutigen Beurteilung sind diese Sippen oftmals zwar ansässig, aber nicht sesshaft.
Sesshaft werden die Menschen erst dann, wenn sie an einem Ort endgültig verbleiben und beginnen, sich dort selbst zu versorgen.
Selbst zu versorgen heißt nicht nur durch Jagd und Fischen und durch Sammeln von Früchten, Beeren usw. zu leben.
Ansässig heißt bzw. sind diese Menschen, wenn sie auch Vieh züchten und Ackerbau betreiben. Dies ist noch nicht der Fall.

Obwohl diese Menschen noch nicht endgültig ansässig waren, denken sie schon strukturiert und beginnen sich kulturell zu entwickeln.

Wie vor schon erwähnt, beschäftigten sich diese Menschen bereits mit ihrem Leben vor Beginn und mit ihrem Leben nach dem Tode.
Sie glaubten an höhere Mächte, verehrten Götter und Götzen.
Sie entwickelten Riten, Rituale mit für uns oft nicht nachvollziehbaren Handlungen bis hin zu Opfern aller Art.
Sie erfanden Spiele, spielten Theater und betrieben persönliche Wettbewerbe verschiedenster Art.

Überall, wohin man bei diesen ‚Siedlungen‘ schaute, ‚menschelte‘ es.
Es ‚menschelte‘ sowohl im Guten als auch im Bösen.

Es gibt doch den Spruch:
‚Wenn zwei Menschen beieinander sind, gibt es drei Meinungen.‘
Dies galt auch schon damals.
Zwar lebten die damaligen Menschen einerseits weit friedlicher als heutige Generationen, andererseits endeten Streitereien bei ihnen viel öfter mit dem Tode als bei uns heute. Ganze Sippen vernichteten sich, Feindschaften entstanden, regional und überregional.
Die Folge war: Ganze Nomadenstämme führten Krieg.
So viel zu Sippen von damals und zur herrlichen Gegend zwischen Euphrat und Tigris.

Auch die Menschen am Mittelmeer lebten gut. Sowohl im Norden von Afrika, am südlichen Mittelmeer als auch südlich der Alpen, am nördlichen Mittelmeer.

Hier war das Klima für die damaligen Menschen auch sehr günstig.
Diese Menschen verweilten länger in ihrer Wahlheimat als Nordsippen.

Anders, völlig anders, verlief jedoch das Leben bei den von Äthiopien nach dem heutigen Europa ausgewanderten Sippen.
Hier herrschte im Winter wirklich Kälte. Hier konnte man im Winter nur mit warmen Fellen und mit großem Feuer und womöglich in einer menschenfreundlichen Höhle überleben.
Nennenswert ist: Damals war es in Europa aber viel wärmer als heute.

In Mitteleuropa, im kälteren Norden war deshalb das Nomadentum, die Wanderungen der Sippen, weit bewegter als im Süden.
Die Menschen suchten ganz einfach geschützte Plätze und Wärme.
.
Umso verständlicher wird diese Feststellung, wenn man weiß, dass im heutigen Europa in der Zeit vor unserer Zeitrechnung vier mehr oder weniger große Eiszeiten die Lebensqualität verschlechterten.

Erste Eiszeit: 600.000 bis 540.000 v. Chr.
Zweite Eiszeit: 480.000 bis 430.000 v. Chr.
Dritte Eiszeit: 240.000 bis 180.000 v. Chr.
Vierte Eiszeit: 120.000 bis   20.000 v. Chr.

Zum Verständnis des Lebens unserer Vorfahren sei noch auf folgende Daten hingewiesen.

- Steinzeit (Alt/Mittel/Jung)   350.000 bis 3500 Jahre v. Chr.
- Kupferzeit   3700 bis 2000 Jahre v. Chr.
- Bronzezeit   3000 bis 1200 Jahre v. Chr.
- Eisenzeit   500 bis   300 Jahre v. Chr.

Wie oben schon erwähnt begannen die Menschen schon in der 50sten Generation nach der Menschwerdung aus Äthiopien auszuwandern.

Wie ebenfalls schon beschrieben, haben sie mittlerweile den ganzen Planeten erobert.

Überall, in jedem Kontinent, waren sie seit Anbeginn Nomaden. Sie folgten dem für sie besseren Klima – die einen liebten Wärme, die anderen Kälte – und der Nahrung, sprich dem, was die Natur bot, den Früchten, dem Wild und den Fischen, bedingt auch den Vögeln.

Die Menschen waren also völlig anders als ihre angeblichen Vorfahren, nämlich die Affen.

Die Affen blieben immer, wo sie waren. Sie wanderten nicht aus und sie veränderten sich in den letzten 20 Millionen Jahren nicht einmal körperlich, zumindest nicht wesentlich.

Geistig konnten sie sich ja nicht verändern, sie haben keinen Geist, sie sind, wie wir wissen, instinktgesteuert.

Ihr Gehirn ist nur auf minimale Denkvorgänge, aber nicht auf geistige Kombinatorik strukturiert.

Das Tierleben ist einzig und allein auf Überleben ausgerichtet. Alles, was Tiere tun, lenkt ihr angeborener, genetisch programmierter Überlebensinstinkt.

Die Menschen haben sich im Gegensatz zu den Affen in rasender Geschwindigkeit ab dem Zeitpunkt der Menschwerdung nicht evolutionstechnisch entwickelt, sondern fortgebildet.

Ab der Sekunde der Menschwerdung war der Mensch ja mit Geist und Seele ausgestattet.

Der Mensch hatte eine völlig andere neuronale Vernetzung in seinem Gehirn, sein algorithmisches Lebensprogramm war nicht auf Instinkte ausgerichtet; solche hat der Mensch zwar auch, aber weniger und andere als das Tier. Seine Instinkte sind auf freie, individuelle Gewissensentscheidung ausgerichtet.

Gesteuert wird dieses Programm ausschließlich durch Geist und Seele.

Zwar ist jedes Individuum Mensch über die Erbanlagen genetisch und neuronal programmiert, aber die freie Gewissensentscheidung steht immer über den genetischen Veranlagungen.

So viel zur Grundstruktur des Menschen."

Vincent nimmt ‚einen Schluck rote Energie' – wie er meint – und fährt gleich fort mit seinem Vortrag.

„Weil dies nun alles so ist, weil der Mensch, wie gerade beschrieben, kein Körper-Instinkt-Wesen, sondern ein Körper-Geist-Seele-Wesen ist, deshalb hat er sich völlig anders als sein angeblicher Vorfahre, der Affe, entwickelt.
Der Mensch, die Menschheit, hat sich also nach der Menschwerdung vor ca. 350.000 Jahren auf diesem Planeten, auf dieser Erde sehr breit verteilt.

Je nach Erdteil, je nach Land, je nach Landschaft und je nach Klima sind die dort lebenden Menschen mit ihren jeweils ganz eigenen, ganz speziellen Lebenseinstellungen ausgestattet, besser gesagt programmiert.

Die im Süden, die in der Sonne Lebenden, sind meist froher, aufge-schlossener und zugänglicher als die im Norden, in kalten Regionen lebenden Menschen.
Menschen oben auf den Bergen sind freier und ungezwungener als Menschen in tiefen Tälern oder in dunklen Wäldern.
Menschen am Meer sind eroberungsfreudig und weltoffener als andere.

Je nach Veranlagung der einzelnen Sippen gab es zwischen ihnen Friede, Freude und Verständigung oder Zwiespalt, Streit und Krieg.
So wie es sich im Kleinen abspielt, so geschieht es auch im Großen.

In den vielen Tausenden von Jahren seit der Menschwerdung gab es unendlich viel Freude und auch unendlich viel Leid.
Hierbei ist nicht an Leid durch Krankheit und Schicksal gedacht, sondern an Leid durch Streit der Menschen untereinander.

Trotz allem, trotz Streit und Leid hat sich die Menschheit in diesen 350.000 Jahren unglaublich positiv entwickelt.

Diese wunderbare Entwicklung des einzigartigen Wesens – Mensch – beruht nur auf minimaler Beteiligung der Evolution.
Nur der Körper des Affen wurde durch die Evolution sozusagen aufgemotzt, also upgedatet.

Aus diesem Körper-Instinkt-Wesen wurde erst durch die ‚Injektion' von Geist und Seele das Körper-Geist-Seele-Wesen, also der Mensch.
Der Einfluss des Geistes und der Kraft und Macht der für viele ominösen Seele verursachte das ‚Wunder', also die Verwandlung vom Tier zum Mensch.

Der Mensch ist seit 350.000 Jahren Mensch.
Der Affe, der angebliche Vorfahre des Menschen, turnt wie vor 20 Millionen Jahre auf den Bäumen herum.

Wir befinden uns nun in der Zeit 20.000 Jahre v. Christus.

Je nach Autor wurden die Menschen 10.000 Jahre oder 20.000 Jahre v. Chr. sesshaft.

Wenn man vieles, was bisher über die Menschen berichtet worden ist, auswertet, müssten die Menschen eigentlich schon in der Zeit 30.000 Jahre v. Chr. teilweise sesshaft geworden sein.
Die nachgewiesenen Höhlenmalereien vor ca. 36.000 Jahren wurden nicht von sesshaften Menschen, sondern von Nomaden gefertigt.
Endgültig sesshaft wurden die Menschen vor ca. 12.000 Jahren.

Sesshaft im Sinne des Wortes bedeutet, die Nomaden hatten sich an irgendeinem Fleck Erde eingefunden, dort ihre Behausung aufgebaut, begonnen Pflanzen anzubauen, also Ackerbau betrieben, und begonnen Tiere zu zähmen und zu züchten.

Mit der Sesshaftwerdung, also mit der Bildung sesshafter Großsippen, entwickelten sich schnell so etwas wie zunächst kleine dörfliche Gemeinden und allmählich wie heute sogenannte Marktgemeinden.

Weil der Mensch kein Affe ist und strategisch denkt, bildeten sich in solch kleinen Gemeinschaften, in solchen Siedlungen, heute sagen wir Dörfer, schnell gewisse menschliche ‚Herrschafts'-Strukturen heraus.

Ein Anführer übernimmt die Regie, das Sagen. Er ist der Vordenker, der Beschützer und der Orientierungspunkt für diese kleine menschliche Gesellschaft, heute ist es der Bürgermeister.

Fast immer entwickelten sich parallel auch der Zauberer, der Leuteverängstiger, der Menschenbeeindrucker. Solche Typen hatten immer fast magische Kräfte, damals mehr als heute, denn die Menschen waren ja tausendfach abergläubisch. Alles, was irgendwie erstaunlich schien, war für sie schnell sozusagen übernatürlich. Solches gibt es ja heute noch.

Je größer die Siedlung, die Gemeinde – nennen wir es einmal Kommune – wurde, je schneller kristallisierten sich auch individuelle Fähigkeiten der einzelnen Menschen heraus.
Die einen waren die besseren Jäger, die anderen die besseren Fischer, wieder andere beschafften am meisten sonstiges Essbares.
Die einen konnten besser Brotbacken, die anderen hatten die beste Fähigkeit, eine Unterkunft zu errichten, wieder andere machten die bessere Fellkleidung, die ganz anderen waren bessere Töpfer.
Die ersten Urberufe entstanden.

Weil diese 350.000 Jahre alten Menschen ja geistig schon sehr rege waren und im Gegensatz zu den 20 Millionen Jahre alten Affen schon großes Interesse zeigten für harmonische, musikalische Klänge, für Theaterspielen, für Schmuck und Mode, für Jagd und Sport, deshalb bildeten sich in solchen Gemeinschaften oftmals auch schnell Interessengruppen. Theater- und Schauspielgruppen, Jagdgemeinschaften und andere Lebensgruppen wurden ins Leben gerufen.
Gesungen und getanzt wurde, Feste am nächtlichen Feuer wurden gefeiert.

Der Geist und die Seele standen aber schon damals über allem Profanen, also über allem Körperlichen und natürlich über allem, wofür man keinen Verstand benötigte.

Diese Menschen waren ja Menschen und keine Affen.

Das Menschsein war in ihnen, den Menschen, genetisch programmiert. Seit der Menschwerdung ist dies so.
Nicht die Evolution hat ihnen in Jahrtausenden beigebracht, was sie seit der Menschwerdung fühlen und in der Lage sind zu tun.
Der Geist und die Seele sind es, welche den Mensch ausmachen.
Wo führt uns der Weg des Menschen, besser gesagt der Menschheit hin?

Wir nähern uns also nun den Urkulturen der Menschheit.
In der Zeit ca. 12.000 Jahre v. Chr. befinden wir uns.

Die ersten Menschen werden sesshaft.

Fest verwurzelte Dorfgemeinschaften entstanden.
Aus vielen Nomaden wurden fest ansässige Menschen.
Andere Nomaden blieben noch unterwegs.
Schnell verlief diese Gründerwelle.
Überall im Lande Mesopotamien entstanden
völlig selbstständige, zunächst autarke Siedlungen.
Jede Siedlung, meist sind es verwandte Sippen, verfügte über die zum selbstständigen Leben nötigen Strukturen.

Interessanterweise hatten diese Menschen bereits irgendwie eine Ahnung von Inzuchtschäden.
Dies dürfte der wahre Grund für die nachgewiesene Tatsache sein, dass diese Menschen sich ihre Lebenspartner sehr oft aus anderen Nachbarsiedlungen, aus anderen Sippen aussuchten.

Der Ordnung halber muss aber festgestellt werden, dass es damals bei diesen Menschen noch keine mit unseren westlichen Verhältnissen vergleichbare Familien gab.

Alle Menschen lebten in Sippen.
Dort gab es zwar Paarverbindungen, diese waren aber locker und selten von Dauer. Meist waren die Sippenverbindungen wichtiger und von längerem Bestand.

Ansonsten waren diese Menschen von damals in ihrem Denken nicht allzu weit entfernt von unserem Denkprinzip.

Diese Menschen konnten schon sehr tiefsinnig und abstrakt denken.
Sie philosophierten über Gott und die Welt.

Religion war für sie ein wichtiges Thema. Vielgötterei wurde praktiziert und Aberglaube beherrschte die Menschen.

Auch schöpferisch waren sie tätig.

Farben hatten sie und die Malerei war ‚in'. Auf Felsen und Steine und auf ihre Tonwaren malten sie ihre gedanklichen Schöpfungen. Auch die Töpferei wurde neben dem Zweck zur Kunst.

Diese Menschen waren keine Affen, sondern Menschen.
Sie waren wirklich intelligent.
Die Affen lebten seit 20 Millionen Jahren immer noch auf den Bäumen.

Diese Menschen waren bereits in der Lage, zu schreiben.
8000 v. Chr. entwickelten sie die Bilderschrift.
Diese Schrift wurde immer fortgeschrieben und Bild für Bild weiterentwickelt.
Nicht jedermann konnte sie schreiben und lesen.
Jeder in höherer Position, der Herrscher, der Stadtherr, die Ältesten, die Templer, die Händler und natürlich die Schreiber beherrschten zumindest die wichtigsten Teile der Schrift.

Wer die Menschen beherrscht, wer Handel treibt, der muss auch rechnen können.
Die Grundrechenarten plus und minus und später auch die Multiplikation und das Dividieren wurden erfunden und weiterentwickelt.
Allmählich entstand die Mathematik.
Aus Indien, Arabien kam sie – die Mathematik – wie die zweite Schrift.
Die Inder und Araber waren diesbezüglich geistige Vorreiter.

Wir sehen, die Menschen von damals waren nicht dümmer als wir, nur ungebildeter waren sie.
Sie hatten die gleiche Hirnsubstanz wie wir heute, auch das Programm war da, nur die vorhandene Ladung war noch geringer. Natürlich war die Abrufkapazität mangels Weltinformation noch bescheiden.
Die vorhandene Hirnkapazität hätte es spielend geleistet.

Wie vor schon erwähnt, waren diese Menschen schon sehr zivilisiert. Für manchen Weltbelehrer von heute wären sie sogar Vorbild.
Die kleinste soziale Zelle war wie schon gesagt ein Paar bzw. die Sippe.
Hier stand gegenseitige Hilfe über allem.

Interessant war, dass man bereits damals bei strebsamen Menschen auf die Erziehung, auf Aus- und Fortbildung der Kinder großen Wert legte.
Bei höher gestellten Menschen gab es bereits damals so etwas wie Schulen für Kinder und Jugendliche.
Die Kinder wurden hier für das Leben vorbereitet.

In größeren Siedlungen, in Städten, versuchte man auch für die Gesundheit zu sorgen. Aus den sogenannten Dorfbadern, aus selbst ernannten Heilern bildeten sich so etwas wie ‚Ärzte‘. Gute und ernst zu Nehmende gab es, aber auch Scharlatane. Für die damalige Zeit gab es schon versierte Heiler.
Mit Pflanzen, mit Kräutern, mit Pilzen, mit Wasser, mit Wärme und Kälte und mit den Händen, mit Beten und Zaubern wurde geheilt oder auch nicht.

Auch so etwas wie Kultur wurde in den ersten größeren Ansiedlungen praktiziert.

Gesang machte je nach Gesundheit und Wohlstand die Menschen glücklich.
Gesangsgruppen bildeten sich. Auch in der Sippe wurde gesungen.
Theater wurde gespielt.
Auch viele andere Spiele wurden erfunden und gespielt.
Natürlich beteiligten sich Jung und Alt am gesellschaftlichen Leben.
Sport aller Art, damals natürlich anders als heute, wurde betrieben. Wettbewerbe fanden statt. Schwere Steine lupfen, Steine und Speere weit werfen, Laufwettbewerbe, Springen, Klettern, Ringen, Reiten und viele andere Sportarten waren angesagt.

Je nach Herrscher, je nach Freiheit, nach Wohlstand und je nach gutem Befinden der Menschen in so einer Großsiedlung bzw. Stadt waren die Menschen glücklich, zufrieden und bereit für Spiele und für Miteinander.

Am wichtigsten war wie überall und zu allen Zeiten das tägliche Leben.
Auf dem Land wurde das Essen in allen Variationen erzeugt.
Handwerk wurde betrieben.
In der Stadt wurde gehandelt und verwaltet.

Auch die große, die obere gesellschaftliche Ebene, die Verwaltung der Siedlung, der Gemeinde, der Stadt funktionierten gut.

Natürlich wurden solche Siedlungen, je größer sie waren – ganz wichtig war dies bei Städten – durch einen Herrscher geführt.

Dieser hatte seine Bedienstete, seine Lakaien, seine – nach Lenin – ‚nützlichen Idioten'.

Die Menschen wurden je nach Struktur des Herrschers mild oder streng geführt.

Meist war der Herrscher menschlich und auch seine Behörden.

Manche Herrscher waren aber unklug.

Durch sie wurde viel, manchmal zu viel von den Verwaltern verlangt.

Wie nicht anders zu erwarten, gaben dann diese den ihnen auferlegten Druck nach unten weiter.

Schnell entstand in manchen Siedlungen ein straffer, leider allzu oft ein strenger, manchmal brutaler ‚Behördenstaat'.

Diktatur, Bürokratie und Vasallentum waren oftmals das Ergebnis eines angstvollen oder rücksichtslosen Herrschertums.

Es gab wie gesagt aber auch gute, kluge und menschliche Herrscher.

Hier war Harmonie im Alltag. Die Menschen waren glücklich und alles lief bestens.

Schlimm war es, wenn Neid aufkam. Streit im Kleinen und Streit im Großen war dann schnell angesagt und manchmal auch Krieg.

Kämpfe zwischen Städten brachten Leid und Not.

Allerdings entstanden hierdurch auch Länder und hieraus Nationen."

Die Menschen hatten sich in 350.000 Jahren zu den Beherrschern dieses Planeten entwickelt.

Die Affen leben seit 20 Millionen Jahren immer noch auf den Bäumen.

Vincent schmunzelt und meint:

„Wer vor diesem Hintergrund uns immer noch zu den Affen zählt, den sollte man im Tierpark unterbringen."

Schorsch meint:

„So viele Tierparks können wir gar nicht bauen, dass wir alle ‚unsere Affen' unterbringen könnten."

ca. 3200	ca. 3000	ca. 2500	ca. 1800	ca. 700	Bedeutung
					Himmel Gott
					Gebirge
					Kopf
					Mund
					Wasser
					Vogel
					Fisch
					Rind

Weiterentwickelte Bilderschrift 3200 Jahre v. Chr. bis 700 v. Chr.

Quelle: https://www.lernhelfer.de/schuelerlexikon/geschichte/artikel/keilschrift

KAPITEL 7

DIE DREI URKULTUREN
Sumerer – Babylonier – Ägypter

Überblick:

Vincent meint: „Jetzt begeben wir uns gedanklich in das Universum, in den Kosmos der Menschen vor 10.000 bis 800 Jahren v. Christus.

Nach dem Frühstück im Berghaus von Vincent geht nun Vincent in „Stellung". Über die drei Urkulturen wird er nun sprechen.

Vincent fasst des besseren Überblicks wegen die wichtigsten Entwicklungsdaten seit dem Urknall kurz zusammen:

- „Vor ca. 14 Milliarden Jahren begann mit dem Urknall die Zeit und das Universum
- Vor ca. 5 Milliarden Jahren entstand, wie wir wissen, unsere Erde
- Vor ca. 3,9 Milliarden Jahren eroberten die ersten Einzeller als Vorläufer des Lebens diesen Planeten
- Vor ca. 2,3 Milliarden Jahren begann dann schließlich das wahre Leben auf dieser Erde
- Seit ca. 20 Millionen Jahren bevölkern die Affen unseren Planeten
- Vor ca. 0,35 Millionen Jahren begann der Mensch, sich die Erde untertan zu machen

350.000 Jahre Menschheit sind im Verhältnis zu 14 Milliarden Jahren seit dem Urknall nicht einmal ein Wimpernschlag.
Die Zeit vergeht also langsam und schnell.
Trotzdem ist sie nicht relativ, sondern absolut.

Und doch, trotz dieses zeitlichen Unendlichkeitsverhältnisses Universum zu Mensch ist der Mensch die Krönung dieses Sonnensystems.

Einzigartig ist dieses Wesen Mensch.

Was ist nun so einzigartig an diesem kleinen unscheinbaren Wesen?

Die Evolution schuf in ca. 14 Milliarden Jahren nichts mit dem Menschen Vergleichbares.

Ca. 3,9 Milliarden Jahre, also 3.900 Millionen Jahre waren nötig, dass sich auf dieser Erde vom Einzeller ausgehend der Affe, also unser angeblicher Vorfahre entwickelt hat.

Seit 20 Millionen Jahren lebt nun der Affe völlig unverändert auf diesem Planeten.

Nur 350.000 Jahre dauerte es, bis sich aus den ersten Menschen die Menschheit von heute entwickelt hatte.

Immer wieder stellt sich die Frage: Stammt der Mensch vom Affen ab?

- Körperlich, organisch, biologisch, also biomolekular, hat sich der menschliche Körper aus dem Affenkörper entwickelt.

  Die Evolution war auch hier wie bei jeder Materie in diesem Universum tätig.

  Die Entwicklung des Affenkörpers zum Menschenkörper erfolgte also evolutionstechnisch.

  Die Evolution ist nicht nur für die langen Hälse der Giraffe, für den Umbau der Fischflossen zu Gliedmaßen der Säugetiere zuständig, sie war auch bei der biologischen Entwicklung der Affenorgane zu den Organen von Menschen, ja sogar für die Entwicklung der molekularen Hirnstrukturen verantwortlich.

- Nicht verantwortlich ist die Evolution aber für den wissenschaftlich nicht definierbaren Geist der Menschen und für die umstrittene Existenz und Funktion der menschlichen Seele.

- Der menschliche Geist und seine Seele sind also nicht das Werk der Evolution.

  Geist und Seele sind nicht materiell, nicht biologisch und nicht molekular erfassbar.

  Geist und Seele machen bekanntlich den Unterschied zwischen Tier und Menschem aus.

  Der Geist und die Seele benützten nur die von der Evolution bereitgestellte Materie, also den Körper und seine Moleküle.

- Und wozu ist nun ein Körper nötig?
  Zur Menschwerdung, also um dem Menschen das Leben zu geben.

Analysieren wir nun unvoreingenommen diese Situation, dann ist der

Unterschied zwischen dem Tier, in diesem Fall dem Affen, und dem Menschen relativ einfach zu definieren.

- Das Tier, der Affe, also das Körper-Instinkt-Wesen, ist nur durch den Überlebensinstinkt gesteuert.
- Der Mensch dagegen ist gewissengesteuert und dies wird über seinen Geist und die Seele gelenkt.
- Der Mensch, also das Körper-Geist-Seele-Wesen, ist geistgelenkt und über freie Gewissensentscheidung seelebefohlen.
- Sein Gehirn ist ein Hochleistungsorgan und mit den Tiergehirnen nicht zu vergleichen.

(Zum besseren Verständnis wird empfohlen, die Kapitel 4 und 5 zu sichten.)

Kommen wir nun also zum Menschen und zu der Zeit von der Menschwerdung bis zu den Urkulturen.

Von 350.000 Jahren v. Chr. bis 10.000 Jahre v. Chr.

Es wird hier nicht Geschichtsunterricht betrieben und nicht die Geschichte der Menschen und der Menschheit dargestellt.
Die Geschichte ist in jedem einschlägigen Geschichtsbuch im Detail nachzulesen.

Hier und heute ist es wichtig, den Menschen, also das Körper-Geist-Seele-Wesen, seinen Werdegang und seine Wirkung hier auf Erden zu verfolgen und zu beleuchten.

Der Mensch ist und dies muss dezidiert gesagt werden, mit dem Tier, z. B. dem Affen, nur organisch, aber sonst überhaupt nicht vergleichbar.

Das intelligenteste Tier auf Erden, wahrscheinlich der Affe, hier der Schimpanse, könnte in 20 Millionen Jahren nicht vollbringen, was der Mensch in 150 Jahren, also nur in der Zeit von 1865 bis 2015 n. Chr. geleistet hat.

Wer nach wie vor davon überzeugt ist, ,dass der Mensch vom Affen abstammt', den sollte man in seinem ,Affenkosmos' nicht stören.

Und nun wollen wir wissen, wie kam es zu den Urkulturen der Sumerer, der Babylonier und der Ägypter? Wie existierten diese Menschen in der Zeit ab ca. 10.000 Jahren v. Chr., als sie zum ersten Mal sesshaft wurden?

Blicken wir also von heute ca. 12.000 Jahre zurück.

Im Nahen Osten, in der Nähe des Euphrat und in der Gegend von Tigris bzw. im Gesamtgebiet Mesopotamien fühlten sich viele Menschen wohl. **Ursippen sind es: Semiten, Araber, Sumerer, Babylonier, Inder, Afghanen und eine ganz große Sippe Eurasier.**

Aus der kleinsten Zelle, also aus der Familie, entwickelten sich jeweils kleine Sippen, aus diesen große Stämme und aus diesen sogenannte Haufensiedlungen, nach heutiger Lesart kleine Gemeinden.

Die eine Siedlung war größer, die andere war etwas kleiner, viele verschiedene Siedlungen lebten meist in Eintracht nebeneinander.
Sie hatten Kontakt, tauschten sich aus und vermehrten sich.
Durch die dann entstehenden Verwandtschaften war meist Frieden im ganzen Land gesichert.

Wir sollten nicht hoffärtig auf diese Menschen zurückblicken oder gar nach unten schauen, wir sollten wissen und zur Kenntnis nehmen, dass dies Menschen waren und keine Affen. Es waren im Vergleich zu Tieren Menschen mit beträchtlicher geistiger Ausstattung.

Die Persönlichkeitsstruktur der damaligen Menschen, ca. 10.000 Jahre vor unserer Zeitrechnung, entsprach unseren heutigen Veranlagungen.
Sie waren also Menschen wie wir. Sie konnten genauso abstrakt denken wie der Durchschnitt unserer heutigen Gesellschaft.

Natürlich war ihre Bildung, also ihr Wissen, nicht mit seiner der heutigen Menschheit vergleichbar.

Wollte man die damalige Bildung mit der heutigen vergleichen, so ergäben sich sehr wahrscheinlich die gleichen Probleme, als wenn wir unsere heutige Bildung mit der von Menschen in 10.000 Jahren vergleichen würden.

Die damalige Leistungskapazität der menschlichen Hirne war nicht geringer als die heutige, es wurde nur weniger abgerufen, es war weniger gespeichert. Die Informationen fehlten.

Schließlich erfanden Menschen vor ca. 8000 Jahren schon die erste Schrift und vor 6000 Jahren die zweite. Hierzu später mehr.

Diese Menschen konnten rechnen, vielleicht besser als mancher von heute.

Als die Menschen vor ca. 10.000 Jahren sesshaft wurden, begannen sie unsere Erde zu kultivieren.

Sie hatten hohe Intelligenz, sie dachten abstrakt.

Mystisches Denken erfasste alle Menschen.

Sie glaubten an höhere Wesen. Vielgötterei wurde praktiziert.

Alles Mögliche wurde als Gott verehrt und angebetet. Die Sonne war immer in allen Frühkulturen der höchste Gott. Auch der Mond, die Berge, alte Bäume, gewisse Tiere usw. wurden als Götter verehrt.

Nicht nur von Göttern wurden die damaligen Menschen beherrscht, auch mit Dämonen trieben sie ihr geistiges Unwesen.

Diese Menschen waren aber nicht dümmer als wir heute, ihnen fehlte nur die heutige Erkenntnis; für sie war die Erde eine Scheibe und die Sonne, der Mond und die Sterne göttliche Wesen.

Fragen wir den Durchschnittsbürger von heute, welches Wissen er über die Zusammenhänge unseres Universums hat.

Wir werden feststellen, die Grundintelligenz der Bürger von damals ist nicht wesentlich geringer als die heutige.

Auch die großen Denker von damals stehen unseren heutigen großen Denkern nicht nach.

Bemerkenswert ist, der Mensch konnte von Anfang an abstrakt denken und fühlen.

Er dachte an höhere Instanzen, an die Zeit vor seiner Geburt und an die Zeit nach dem Tod.

Er philosophierte auch schon damals.

Kein Tier ist hierzu fähig, auch kein Affe.

Der Mensch war nie instinktgesteuert, sondern von Anfang an über sein Gewissen Geist-Seele-gelenkt.

Für diese Menschen galt, was auch für uns heutige Menschen Gültigkeit hat.

Der Mensch ist von Geburt an zu 50,01 Prozent gut und zu 49,99 Prozent böse. Wie sich nun der Mensch dann im Laufe seines Lebens weiterentwickelt, dies hängt von seiner elterlichen Erziehung, von seiner Selbsterziehung und schließlich von schicksalhaften Einflüssen im Laufe seines Lebens ab.

Der Mensch wird wie in vorigen Kapiteln im Detail beschrieben, von seinem Geist und Gewissen gelenkt und diese werden von der positiven oder negativen dunklen Energie beeinflusst.

Die Menschen lebten also seit dem Beginn der Menschwerdung in einer völlig anderen Welt als die Tiere.

Das Tier ist, wie wir wissen, nur durch einen einzigen Trieb, nämlich den Überlebenstrieb instinktgesteuert.

Alles, was das Tier tut, also jede Handlung, erfolgt mit dem Ziel zu überleben. Sein Algorithmus, seine Gene und seine Instinkte steuern ihn.

Der Mensch hingegen ist Geist-Seele-gesteuert und wird von zwei Urkräften, nämlich **Gut** und **Böse** gelenkt.

Wie wir aus obigen Kapiteln wissen und wie wir aus unten stehenden Skizzen entnehmen können, handelt es sich um die **positive Urkraft,** also die **Liebe** und deren Auswirkungen einerseits, und andererseits um das **Böse** und dessen Auswirkungen, welche bei jedem Mensch immer da sind.

Beide Urtriebe, das **Gute** und das **Böse,** wirken seit der Menschwerdung in uns Menschen und machen uns sozusagen ‚menschlich‘.

Das Wort ‚menschlich‘ ist sowohl im Positiven wie im Negativen und in Ausnahmefällen auch in extremer Gestalt zu erleben.

Es gibt Menschen wie Albert Schweitzer, also wirklich unvorstellbar ‚liebe‘ Menschen, z. B. Mutter Theresa, für die das Prädikat ‚heilig‘ nicht als übertrieben zu werten ist.

Es gibt aber auch unglaublich ‚böse' ja ‚verbrecherische' Menschen z. B. Hitler, Stalin, Mao und Co., für welche die Beschreibung ‚Teufel' uneingeschränkt zutrifft.

Entsprechend dieser geistig-seelischen, dieser ‚moralischen' Veranlagung des jeweiligen Individuums Mensch stellt sich die Menschheit beginnend mit der Familie, der Sippe, der Kleinsippe, der Großsippe, der Siedlung, Gemeinde, Stadt, Land, Volk immer sehr heterogen dar.
Kaum ein Mensch ist wie der andere.
Die Menschen unterscheiden sich untereinander weit mehr als die Tiere.
Dies hängt natürlich mit ihrer vielfältigen geistig-seelischen Struktur zusammen.

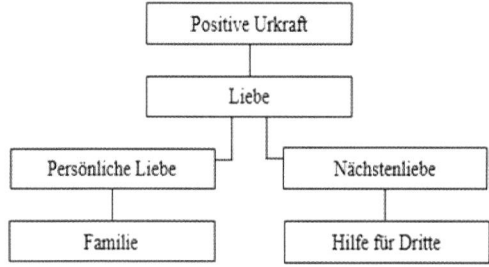

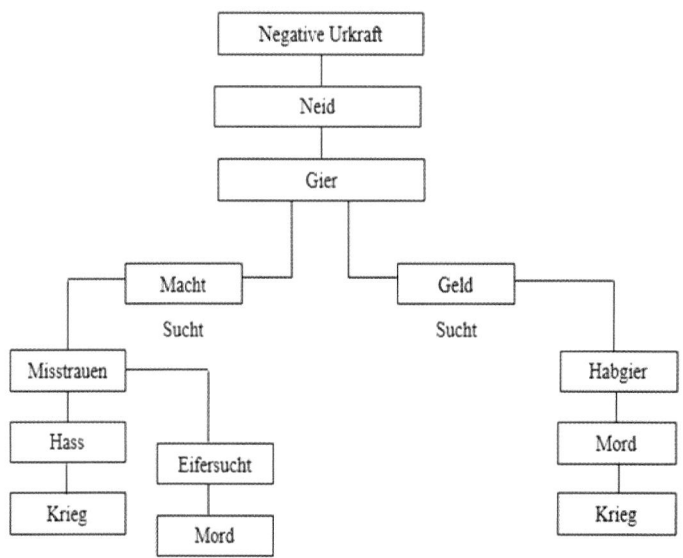

Ein Tier ist in seinem Verhalten meist vorhersehbar.
Ein Mensch dagegen handelt individuell und oftmals nicht voraussagbar.

Die obige Kurzdarstellung der menschlichen Grundstruktur sollte ausreichen, um die nun folgende Entwicklung der Menschen durch ihre Sesshaftwerdung vor ca. 10.000 Jahren besser verstehen zu können.

350.000 Jahre sind diese menschlichen Wesen nun als Nomaden von Afrika und zwar von Äthiopien ausgehend unterwegs.
‚Weiße Afrikaner‘ haben also die Welt erobert.

Alle Kontinente dieser schönen Erde sind mittlerweile von Menschen besiedelt.
Weiße, Schwarze, Gelbe, Farbige und Inuit leben mittlerweile auf dieser wunderbaren Erde.
Viele Sprachen haben sie inzwischen entwickelt.

Die Menschen lebten wie vorher schon ausgeführt mittlerweile in Sippen, in Großsippen und Stämmen, um in unserer Sprache zu sprechen, in kleinen Dörfern friedlich zusammen.
Aus Nomaden, aus den früheren Höhlenmenschen wurden Siedler mit selbst gebauten Hütten.
Fortschrittliche Familien lebten bereits schon in der 350. Generation in Lehmhäusern.
Ganz fortschrittliche Familien und Sippen brannten sogar Ziegel aus Lehm und bauten damit die ersten Ziegelhäuser.

Das Rad wurde erfunden, Zinn, Zink und Kupfer wurden entdeckt und so lag es nahe, dass die ersten Karren bzw. Transportwagen gebaut wurden.

Die Sesshaftwerdung hatte schnell zur Folge, dass die Familien Ackerbau betrieben und hierzu Schaufeln und einen primitiven Pflug erfanden.
Natürlich wurde auch Viehzucht betrieben. Vögel, Hühner, Gänse, Enten wurden schon seit Tausenden von Jahren gezähmt und gezüchtet und als Haustiere gehalten.

An Hunger litten diese Menschen nicht. Aus der Landwirtschaft bekamen sie Milch, Eier, Fleisch, Käse, Fett. Auch Felle, Federn, Häute fielen als Nebenprodukte ab.

Aus der Natur wurden sie mit Wild aller Art, Fisch, Datteln, Nüssen, Früchten, Ölen und vielem mehr versorgt.

Auch Schafe, Ziegen, Rinder und sogar Pferde hatten sie domestiziert.

Im Orient waren Kamele die wichtigsten großen Haustiere.

Durch einen glücklichen Zufall, als eine Familie einen ganz jungen Elefanten aufzog, dessen Mutter gestorben war, diente plötzlich auch der erste Elefant als zahmes Haustier.

Die Großtiere wurden für Schwerarbeit auf dem Acker und für den Wald, damals gab es in Mesopotamien noch Wald, eingesetzt.

Schon damals versorgten die Menschen ‚auf dem Land‘ die Menschen ‚in der Stadt‘.

Durch die Sesshaftwerdung der Menschen wurden einzelne Familien plötzlich ‚wohlhabend‘. Sie hatten ein eigenes Haus, eigene Felder, eigene Pflanzen, eigene Haustiere, eigene Obstbäume.

Diese Menschen waren also unabhängig und wie wir heute sagen: Sie waren selbstständig. Sie waren ihr eigener Herr.

Sie versorgten sich, also ihre Familien, und sie versorgten teilweise auch andere. Oftmals geschah dies sozusagen aus Nächstenliebe, später wurde ein ‚Geschäft‘ daraus.

Zunächst bestanden solche ‚Geschäfte‘ im Tauschhandel.

Alle möglichen Dinge wurden gegenseitig je nach individuell festgelegtem Wert getauscht.

Ein oder mehrere Zahlungsmittel mussten nun erfunden werden. Lange Zeit war es die Kaurimuschel. Ihr folgten ganz bestimmte handelbare getrocknete Früchte wie Erbsen, Bohnen, Nüsse etc. Kräuter, Gewürze und Salz standen zur Verfügung. Schon bald waren es Münzen.

Was innerhalb so einer Ansiedlung, also Haufensiedlung oder Gemeinde, an ‚Geschäft‘ praktiziert wurde, war schnell auch zwischen den einzelnen Siedlungen bzw. Gemeinden wichtig.

Die ersten überregionalen Handelsgeschäfte fanden statt.

Weil es damals bei diesen Menschen schon so war wie bei uns heute, nämlich dass einzelne Menschen, jedes Individuum für sich, andere oftmals spezielle Fähigkeiten hatten, entstanden durch die Sesshaftwerdung schnell auch so etwas Ähnliches wie Berufe.
Handwerker aller Art kristallisierten sich heraus und wurden wichtig.
Die eine Familie konnte töpfern, die andere Hütten und Häuser bauen, wieder eine andere hatte die besondere Geschicklichkeit, bestimmte Pflanzen anzubauen, zu ernten und zu lagern, andere hatten die Fähigkeit, Tiere zu züchten und somit Milch und Milchprodukte, auch Häute und Felle zu produzieren.
Die nächste hatte die besondere Begabung, Kleidung aller Art herzustellen usw.
Sehr wichtig waren auch die Bäcker und die Metzger.
Auch der Friseur und der Dorfschreiber waren sehr geachtet.
Ganz wichtig waren diejenigen, welche Werkzeuge und Waffen schmieden und Hufeisen für die Pferde herstellen konnten, also die Schmiede.
Auch die Garnhersteller, die Weber und Stricker nahmen einen ganz hohen Rang bei der Bevölkerung ein.
Natürlich waren auch die Bootsbauer und die Fischernetzhersteller von hohem Rang.
Aus den ‚Kleidermachern' kamen plötzlich Handwerksberufe wie der Schuster und der Schneider hervor.
Durch die Bauarbeiten wurden der Maurer, der Zimmermann und sogar der Dachdecker wichtig.

Schnell, viel schneller, als wir uns das heute vorstellen können, entwickelten sich diese Handwerker und ihre Berufe.
Diese handwerklichen Fähigkeiten waren also schnell sehr wichtig, besonders bei größeren Menschensiedlungen.

Neben den Häusern mussten Wege gebaut werden; das Regenwasser, das Abwasser und die Fäkalien mussten abgeleitet werden.
Gräben und Brücken wurden hergestellt, Wasserquellen wurden erschlossen.
Die ersten Infrastrukturen entstanden.

Zum Glück für das Handwerk und zum Segen für die Berufe gab es damals noch keine Handwerkskammer oder eine IHK (Industrie- und Handelskammer).

Durch den täglichen Bedarf aller möglichen Güter sowohl für die Familien also auch für die Sippen entstand schnell ein ausgedehnter überregionaler Handel.

Händler bildeten sich heraus, seriöse und Halsabschneider.

Die ganze Entwicklung dieser bestehenden Menschheit lief schnell in Richtung menschliche Kulturen.

Weil der Mensch aufgrund seiner individuellen und sehr komplexen Persönlichkeitsstruktur nicht wie die Schafe innerhalb eines Pferches problemfrei zusammengehalten werden kann, war es von Anfang an, also bereits bei den ersten größeren Menschensiedlungen notwendig, jeweils Minimalorganisationen und einfache Verhaltensregeln zu schaffen.

Bei den damaligen Menschen war zum Glück neben dem Verstand auch das Bauchgefühl gefragt.

Auf dieser Basis waren diese Menschen damals von Anfang an darauf bedacht, so etwas wie eine Zivilisation aufzubauen.

Dies begann damals schon in der Familie, in der Sippe.

Auch eine klare Arbeitsteilung für Mann und Frau war schnell naturgegeben.

Gendern und Quotenregelungen gab es nicht.

In der Siedlung, in der Gemeinde wurden Regeln für das tägliche Miteinander durch die Alt-Oberen festgelegt, organisiert und überwacht.

Je größer die Siedlung bzw. die Gemeinde wurde, desto notwendiger war es, einen ,Siedlungsvorsteher', eine Art Bürgermeister zu haben, diesen zu ehren und ihm zu folgen. Meist wurde schnell der Dorfälteste bestimmt.

Hierbei reichte es nicht, dass er nur der Älteste war, sondern er musste auch über die notwendige Persönlichkeit verfügen.

Ihm unterwarf sich dann die ganze Siedlung.

Er bestimmte, wenn es notwendig war, über das Wesentliche.

Er schlichtete Streit und sorgte für Ordnung und Frieden.

Damals war so ein ‚Mini-Diktator' wichtig und wenn er der Richtige war, dann war es auch Glück für die ganze Siedlung.

Später, wir werden es ja dann noch im Detail erleben, wurden die Menschen

- von macht- und geldgierigen Herrschern unterdrückt und manipuliert,
- von mächtigen Priestern und Templern für dumm verkauft und ausgebeutet.

Je größer die einzelnen Siedlungen wurden, desto einflussreicher und mächtiger wurden ein solches Siedlungsoberhaupt und seine ‚Diener'.

Je mehr derartige Siedlungen sich in einem Gebiet bildeten und je mehr solche Oberhäupter mächtig und mächtiger wurden, desto größer wurde die Gefahr, dass zwischen solchen Siedlungen bzw. Gemeinden Streit entstand.

Machtsucht und Geldgier begannen also schon damals die Menschen gegeneinander aufzubringen.

Manchmal war es je nach Gebiet sinnvoll, zum einen, um Streit zwischen den verschiedenen Siedlungen zu vermeiden oder zu schlichten, und zum anderen, um Frieden zu haben und Wohlstand zu steigern, dass sich die vorerwähnten Dorfältesten bzw. Oberhäupter verständigten und ein sogenanntes ‚Ober-Oberhaupt' bestimmten.

Schon war ein Herrscher ‚geboren', ein Scheich, ein Mogul, ein Sultan, ein Fürst, ein König, also ein überregionaler größerer Herrscher.

Eine Stadt war sein Untertanenreich oder ein Staat oder ein Volk.

Der Herrscher war jeweils der Motor für so eine Entwicklung.

Dies galt sowohl im Guten als auch im Bösen.

Die kleinen Siedlungen, also die Gemeinden, waren die Basis für die gesellschaftliche Entwicklung und für die Kultur solcher Volksstämme.

Das Miteinander lief noch bescheiden und in persönlicher Begegnung ab.

In großen Ansiedlungen, in Städten wurde das Leben schnell anonym.

‚Burgen' für solche Oberhäupter, für die Herrscher wurden gebaut.

Von hier aus herrschten die Oberhäupter über die jeweiligen Stämme und über das jeweilige Land. Später wurden aus Burgen Paläste.
So war es schon immer und so wird es auch immer sein."

Vincent unterbricht seinen Vortrag, nimmt einen Schluck Rotwein und stellt fest:
„Wir brauchen keine Burg und keinen Palast, wir bleiben hier – hier haben wir das Paradies."

Vincent macht weiter:

„Eine Stadt konnte nur wachsen und gedeihen, wenn ihre Struktur stimmte, wenn sie gut organisiert war und von starker und guter Hand geführt wurde.
Dasselbe galt auch für ein Land, für ein Volk.

Auf diesem Wege entstanden die ersten Urkulturen der Menschen.

Doch ganz so weit sind wir noch nicht.
Wir befinden uns in der Zeit ca. 8000 Jahre v. Chr.

Die ganze Erde ist, wie wir wissen, von Menschen erobert.
Überall leben Menschen, in allen Kontinenten und in allen Gebieten, wo Menschenleben möglich ist.

Haufensiedlungen gab es, große Gemeinden, kleine Städte, große Städte.

Unabhängig davon sind aber noch sehr viele Menschen auf permanenter Wanderschaft. Nomaden sind es, die immer noch nach der besten Lebensmöglichkeit suchen.
Je nach Klima, je nach vorhandenen, lebensnotwendigen Ressourcen ist das jeweilige Land mehr oder weniger dicht bevölkert.

Am meisten besiedelt, also am beliebtesten aller Länder, ist 8000 Jahre v. Chr. das Land Groß-Mesopotamien.
Dieses reichte damals in seiner Gesamtausdehnung vom Persischen Golf bis zum Schwarzen Meer und von dort bis zum Mittelmeer.

Das am meisten bevorzugte Gebiet liegt zwischen Euphrat und Tigris. Auch der Jordan besaß große Anziehungskraft.

An diesen drei Flüssen haben sich bereits eigenständige Volksstämme herausgebildet.

Semiten sind es, Sumerer, Araber, Palästinenser, Sunniten, Jesiden, Babylonier, und einer der größten Stämme war der aus dem kalten Osteuropa zurückgewanderte **Eurasierstamm.**
Auch aus Indien und Afghanistan wanderten einige Großsippen zurück nach Mesopotamien.
Einige Ursippen aus Mesopotamien zogen, wie schon viele Jahre, noch als Nomaden durchs schöne Land.
Die oben erwähnten Stämme lebten mittlerweile **8000 Jahre v. Chr** teilweise schon auf eigenem Land.
Viele Nomaden wanderten wie gesagt aber immer noch seit Jahrhunderten im schönen Mesopotamien ohne Sesshaftwerdung, ohne Streit mit den anderen Volksstämmen umher.

Alle Stämme lebten im Grunde friedlich nebeneinander. Was der eine Stamm neu entwickelte, übernahm der andere Stamm so schnell wie möglich. Ein regelrechter Wettbewerb entstand zwischen den einzelnen Stämmen hinsichtlich Kultivierung, Sozialisierung und Zivilisierung.

Durch das enge Zusammenleben der Menschen innerhalb eines größeren Stammes fand ganz zwangsläufig täglicher Austausch von Informationen, von Neuigkeiten und von Problemen statt.
Diskutiert wurde, wo überall man sich traf, Zeit war ja im Überfluss vorhanden.
Diskussionen bringen normalerweise bei friedlichen Menschen immer positive Ergebnisse.

Dies war den Herrschern der damals noch kleinen Städte bekannt.
Sie nutzten es und gewannen das ‚Volk‘.

Spiele wurde erfunden, Spiele für die Jüngeren und Spiele für die Älteren. Spiele für Männer und Spiele für Frauen.

Spielgruppen kristallisierten sich heraus. Theater wurde gespielt. Sportliche Wettbewerbe fanden statt.

Gesungen wurde, Gesangsgruppen entstanden.

Jagdgruppen und Fischergruppen wurden gebildet.

Wettbewerbe innerhalb der jeweiligen Gruppen und auch zwischen den Städten fanden statt.

Ein ausgiebiges soziales und kulturelles Leben entwickelte sich überall.

Auch geistig und religiös setzte man sich auseinander.

Ein sinnvolles und geordnetes Sozialsystem wurde in den einzelnen Siedlungen aufgebaut.

Auch wirtschaftlich war fast überall eine schnelle positive Entwicklung zu verzeichnen.

Wie schon einmal beschrieben, entwickelten sich entsprechend vorhandenen individuellen Fähigkeiten spezielle Berufe.

Viele verschiedene Handwerksberufe und andere Wohltäter entstanden.

Zur Heilung von Menschen bildeten sich sogenannte Heiler heraus. Sie arbeiteten mit Kräutern, mit Gewürzen, mit Wärme und Kälte und oftmals mit viel dämonischen ‚Fähigkeiten‘.

Bei so einer Entwicklung dürfen natürlich der Glaube und der Aberglaube nicht fehlen.

Templer, Priester, Hohepriester und viele Glaubenszauberer machten sich wichtig, trieben ihr Unwesen und machten Menschen abhängig.

Nur selten meinte es einer ehrlich.

Und noch ein wichtiges Thema ist festzuhalten.

Hunderte von Sprachen haben sich entwickelt.

Die erste Schrift, wie vor schon erwähnt, wurde vor ca. 7000 Jahren v. Chr. entwickelt. Eine Bilderschrift war es.

Das Leben in einer Großsippe, in so einer Haufensiedlung in Städten war meist sehr bunt und mehr positiv als negativ gekennzeichnet.

Natürlich gab es auch Streit, der fallweise je nach Individuum auch schlimm enden konnte.

Für solche Streitfälle – so war die Struktur in einer Großsiedlung bereits angelegt – war der Älteste oder der Ältestenrat zuständig.
Meist waren dies noch Menschen mit Bauchgefühl. Andere hätten sich bei dieser damaligen Struktur der einzelnen Menschen nicht halten können.

Wenn die gesellschaftliche und soziale Struktur in der einen Großsiedlung bzw. Stadt funktionierte, dann wurde diese Struktur in der anderen Siedlung übernommen.
Leider war es nicht zu verhindern, wie es bei der Spezies Mensch oftmals geschieht, dass die eine Großsiedlung mit der anderen, warum auch immer, in Streit geriet. Aus Streit ergab sich manchmal Feindschaft und leider dann auch so eine Art Kleinkrieg.
Solche Kleinkriege waren oft die Chance, dass sich größere, mächtigere Herrscher in ‚Frieden‘ oder im Streit mehrere Großsiedlungen untertan machten.

Auf diese Weise entstanden dann die ersten kleinen Länder. Sogenannte Landesherrscher, zunächst Scheichs, später, nach unserer Lesart, Fürsten oder sogar Könige ergriffen die Macht.

Im wunderschönen und für die damalige Zeit flächenmäßig großen Mesopotamien, einem Land vom Persischen Golf bis zum Schwarzen Meer und von dort bis zum Mittelmeer, entstanden auf diese Art mehrere verschiedene Herrschaftshäuser.
Diese jeweiligen Herrscher beherrschten ihr Volk und ihre Landflächen.

Zwischen diesen einzelnen Völkern wanderte wie gesagt nach wie vor eine Großzahl von Nomaden. Diese Nomaden bestanden zum einen aus nicht sesshaften Menschen, welche von der Herkunft mit dem einen oder anderen Stamm blutsverwandt waren, und sie bestanden aber auch aus Einwanderern aus dem heutigen Europa, aus dem heutigen Asien und auch immer wieder aus Afrika.
Durch mehrfachen Zusammenschluss einzelner Siedlungen oder vorbenannter Herrschaftsstämme, durch Krieg und Eroberung bildete sich die erste Urkultur, nämlich die Kultur der Sumerer.
Zum besseren Verständnis der sozialen Entwicklung der Menschen siehe nachfolgenden Überblick.“

Überblick – Entwicklung der Kulturen

Urkulturen

– Sumerer	4900 v. Chr. – 2200 v. Chr.
– Alt-Babylonier	3500 v. Chr. – 1600 v. Chr.
– Ägypter	3300 v. Chr. – 800 v. Chr.
	bis heute

Ergänzungskulturen

– Chinesen	2900 v. Chr. – heute
– Europäer (Germanen, Kelten, Alemannen)	2100 v. Chr. – heute
– Juden	1950 v. Chr. – heute
– Hethiter	1580 v. Chr. – 1150 v. Chr.
– Meder	1550 v. Chr. – 540 v. Chr.
– Sonstiges Asien	1500 v. Chr. – heute
– Kassiten	1450 v. Chr. – 1160 v. Chr.
– Assyrer	1300 v. Chr. – 650 v. Chr.
– Neu-Babylonier	800 v. Chr. – 540 v. Chr.
– Perser	540 v. Chr. – heute
– Urstämme Amerikas (Olmeken, Mayas, Azteken, Inkas)	330 v. Chr. – 1.500 n. Chr.

Antike Kulturen

– Griechen	850 v. Chr. – 100 v. Chr.
– Römer	400 v. Chr. – 376 n. Chr.

Vincent unterbricht seinen Vortrag und stellt fest: „Jetzt ist Mittag."

Schorsch bedankt sich im Namen von Hans, Max und Frank bei Vincent.
Vincent weist nochmals auf Folgendes hin:
„Wir kommen nachmittags zu den Sumerern.
Wir machen keinen Geschichtsunterricht.
Hierfür gibt es Tausende Geschichtsbücher.

Uns interessiert hier nur der Mensch, dieses einzigartige Wesen in diesem Sonnensystem.

Wir wollen sehen, wie sich diese Spezies Mensch im Vergleich zu den Tieren, auch in Bezug auf die Affen entwickelt.

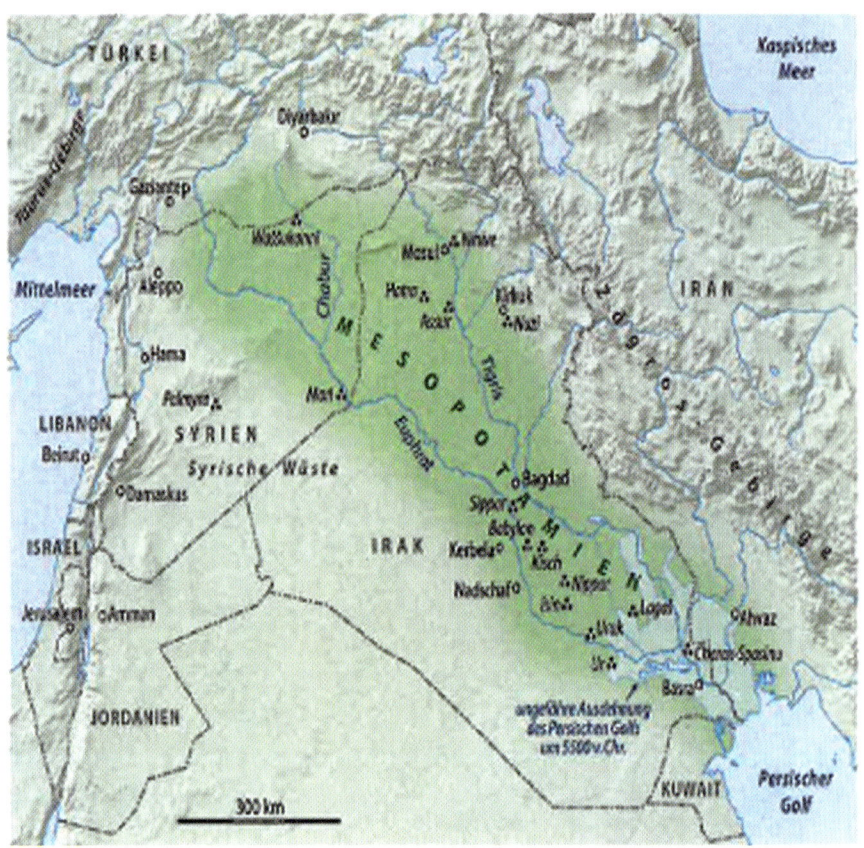

Übersicht – Mesopotamien ca. 4000 Jahre v. Chr. zu heute

Quelle: Goran tek-en
https://upload.wikimedia.org./wikipedia/commons/thumb/d/d...

Die drei Urkulturen

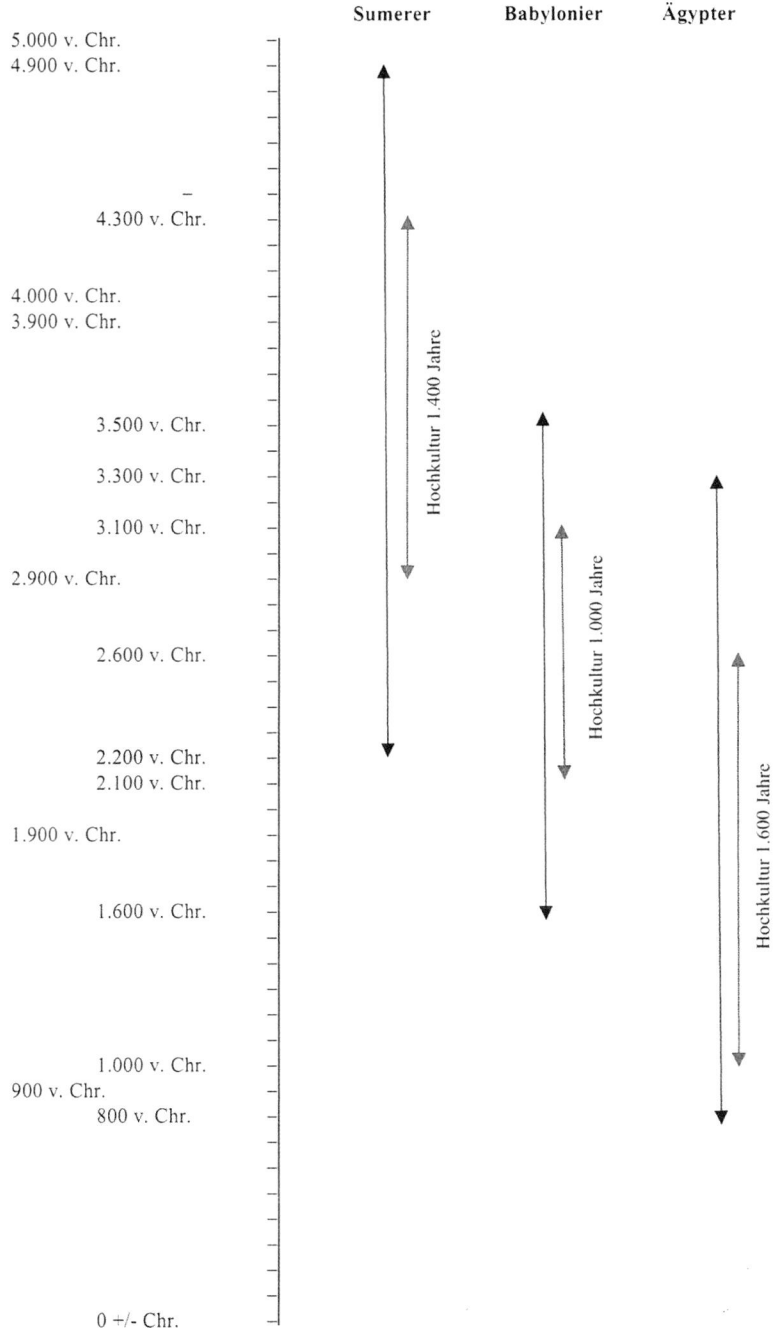

Die Sumerer 4900 v. Chr. bis 2200 v. Chr.

Vincent steht wieder bereit und beginnt.

„Die Sumerer gelten als die erste große Urkultur der Menschheit.
Weder sie selbst noch ihre Kultur hat sich über Nacht einen Platz in unserer Geschichte erobert.
Wie vor schon ausführlich beschrieben, erfolgte die kulturelle Entwicklung insbesondere in den letzten 15.000 Jahren. In immer mehr und immer größer werdenden Ansiedlungen bzw. Dorfgemeinschaften und in kleinen Städten bildete sich relativ schnell eine Art Vorkultur heraus.
Die ersten Grundstrukturen menschlicher Zusammenarbeit, eine Mindest-organisation in den Siedlungsgemeinschaften und der Beginn von Zivilisation entwickelten sich je nach Struktur der Siedler einmal mehr, einmal weniger qualifiziert.

Mehrere größere Ansiedlungen im Lande Mesopotamiens sind bekannt.

Die Ubaid-Kultur zählt zu den ersten Vorkulturen, also zur Basis, aus welcher sich die Urkultur der Sumerer herausgebildet hatte.

Schon 9000 Jahre v. Chr. waren namenlose größere Ansiedlungen überall im Land verteilt.

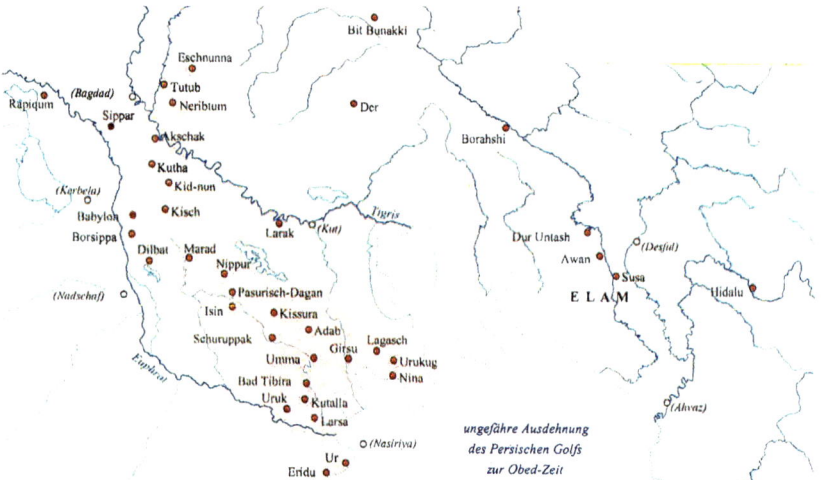

Vorzeit – Obed- bis Hochkultur Sumer 5900 – 4000 v. Chr.

Obed-Kultur bis erste Hochkultur der Sumerer

Ca. 5200 Jahre v. Chr. lebten, für damalige Verhältnisse, zwei überragend mächtige Siedlungsgemeinschaften unten am Zusammenfluss von Euphrat und Tigris.

Die eine nannte sich Ur, die andere Uruk.
Städte waren es.

Das Land am Zusammenfluss von Euphrat und Tigris nannte sich Sumer.

Aus vielen Familien, aus vielen Sippen, aus mehreren Großsippen entstanden damals Kleinsiedlungen, Großsiedlungen bis hin zu größeren Gemeinschaften, z. B. die kleine Obed-Kultur, und schließlich hin zu den Städten wie Ur und wie Uruk.

Egal wie groß die Gemeinschaft dieser Menschen war, immer stand die Sippe über allem Denken, Fühlen und Handeln. Jeder konnte sich auf seine Sippe, auf seinen Stamm voll und ganz verlassen.

Die Sippe bedeutete für jedes Individuum Sicherheit und Schutz.
Die Sumerer, so nannte sich das erste Urvolk, entstammt nicht wie vielfach angenommen einem einzigen Urstamm. Vielmehr waren sie das Jahrhunderte andauernde Ergebnis mehrerer in diesem Gebiet in Mesopotamien lebenden Urstämme sowie rückkehrender Stämme aus Europa und Asien.

Bei den Sumerern handelte es sich um Sumerer, Semiten, Araber, Palästinenser, Afrikaner und sogar um Vorläufer aus babylonischen Gefilden.
Großen Einfluss auf die Herkunft der Sumerer hatten auch die eurasischen Stämme aus Europa, Russland, Aserbaidschan, Afghanistan und aus Indien.
Die Sumerer waren also ein sehr gesundes Mischvolk.

Uruk war damals ihr heiliger Gral, ihr Stammesstolz, ihre Selbstinszenierung, es war zugleich die erste große Stadt dieser Erde.
Die Sumerer begannen wie gesagt ihre Kultur nicht bei null, sondern

übernahmen aus allen sozusagen eingemeindeten Siedlungen immer das Gute, das Beste.

Schnell war es ihnen deshalb möglich, eine zivilisierte Struktur aufzubauen.

Die Sumerer pflegten menschlichen Umgang zwischen Alt und Jung, zwischen stark und schwach, zwischen gesund und krank und zwischen Arm und Reich.

Die damaligen Menschen respektierten sich gegenseitig, sie sorgten sich umeinander und sie lebten in Frieden.

Auch die Herrscher waren human.

Diese Menschlichkeit war also der Hauptgrund und die Ursache für den schnellen und nachhaltigen Aufstieg und dafür, dass die Sumerer zur ersten Kultur, also zur für alle Zeit vorbildlichen Urkultur auf dieser Erde aufstiegen.

Natürlich war auch eine andere wesentliche Ursache Grundlage ihres großen Erfolges.

Die Sprache war es und die Schrift, also die Bildung.

Die sumerisch-akkadische Hochsprache dieses Volkes resultiert nicht wie allgemein angenommen in erster Linie aus mesopotamischen Grunddialekten, sondern vielmehr aus agglutinierenden Sprachen – so was wie Finnisch, Ungarisch, Türkisch – und aus vielen eurasischen Grundsilben und nur geringfügig aus der mesopotamischen Ursprache.

Erst im Laufe vieler Jahrhunderte wurde diese dann praktizierte, sumerische Hochsprache durch semitische Einflüsse erweitert.

Ab 2500 v. Chr. galt die sumerische Sprache dann als die sprachliche Grundausrichtung für Wissenschaft, Religion und Literatur.

Uruk und Ur wuchsen und wurden allmählich immer größer.

Gleichzeitig mit Uruk und Ur entstanden andere Städte wie Kisch, Nippur, Umma, Girsu, Lagasch.

Das Land der Sumerer wuchs und breitete sich nach allen Seiten im ganzen Land aus.

Eine nie da gewesene Hochkultur entstand.

Weitere Städte wuchsen regelrecht aus dem Boden heraus. Heutige Ausgrabungen legen Zeugnis darüber ab.

Nur einige der wichtigsten weiteren Städte seien nachfolgend genannt: Adab, Larsam. Kullab, Erech, Eridu, Eschnunna, Isin, Dschemdet Nasv, Schuruppak und Tutub.

Auch die Schrift ist eine wesentliche Säule der kulturellen Entwicklung im Land der Sumerer.

Aus der schon **aus der Zeit der Obed vorhandenen Bilderschrift entwickelten die Sumerer** ihre weltbekannte **Keilschrift.**

Sie war und ist die Urschrift der Menschheit.

Zwar gibt es in späterer Zeit, nämlich bei den Ägyptern, eine von diesen selbst entwickelten Schriften. Die **Schrift der Hieroglyphen.**

Diese blieb aber ägyptisch.

Die Sumerer schrieben anfangs auf Holz und Stein und später auf Schiefertafeln so wie wir Europäer im 18. und 19. Jahrhundert.

Mit Schiefergriffeln wurde zunächst geschrieben und später mit Kreidesteinen.

Ihre Keilschrift auf schwarzen Schiefertafeln war selbst nach heutiger Beurteilung eine vorbildliche Kunstschrift.

Eine andere ebenfalls sehr wichtige Säule der Entwicklung und der Kultur war das Zählen und das Rechnen.

Rechnen begann bei ihnen mit Addition und Subtraktion, relativ schnell folgten Multiplikation und Division und ob wir es glauben wollen oder nicht, sie kannten schon die Verhältnisrechnung und das Prozentrechnen.

Hierbei wurden sie stark beeinflusst durch den arabischen und indischen Geist. Dort war schon damals die Fähigkeit vorhanden, Zahlen zu entwickeln und Zahlen zu verstehen.

Die Sumerer waren auch ein sehr gesundes Mischvolk mit damals schon sehr hoher Intelligenz.

Vor den Sumerern hatte sich nie eine derart intelligente Gesellschaft entwickelt, weder eine Großsiedlungsgemeinschaft noch eine Stadt noch ein Land waren so perfekt wie jene der Sumerer.

Warum war das so?

Die Sumerer waren ein intelligentes Volk und deshalb auch in der Lage, zukunftsorientiert zu denken und klug zu handeln.

Die Sumerer wussten genau, alles beginnt bei jedem Einzelnen, bei der Familie, bei der Sippe.
Ihre Sippen waren solide, stark verbunden und bodenständig.

Das Land, die **Landwirtschaft,** war das Fundament des Staates.
Aus der Landwirtschaft kamen die Kraft, das Selbstbewusstsein und die volkswirtschaftliche Hauptleistung für den starken Staat der Sumerer.

Die Landwirte waren am Anfang Eigentümer ihres Landes bzw. von Grund und Boden.
Sie betrieben schon damals, also 4900 Jahre v. Chr., Ackerbau und Viehzucht.

Für den **Ackerbau** hatten sie schon damals Pflüge, zunächst aus Hartholz, später aus Metalllegierungen.
Gezogen wurden diese für damalige Verhältnisse ‚Hightech-Geräte' von selbst domestizierten oder selbst aufgezogenen Rindern, Pferden, Kamelen und sogar von Elefanten.
Bei Wassermangel wurden die Felder sogar mit klug angelegten Bewässerungsanlagen mit Wasser versorgt.
Jeder Landwirt produzierte für sich bzw. seine Familie, seine Sippe, seinen Stamm, aber auch zum Verkauf.
Ein Vielfaches seiner Produktion verkaufte er an Dritte.
Wer waren nun die Dritten?
Menschen in seiner Siedlergemeinschaft und vor allem die Menschen in den größeren Städten.
Was wurde nun im Ackerbau produziert?
Getreide, Reis, Früchte, Obst, Gemüse, Honig, Öl und Rüben aller Art.
Teilweise wurde aus Getreide schon so etwas wie Mehl produziert.
Zwischen Steinplatten wurden Getreidearten gerieben.

Auch **Viehzucht** wurde sehr erfolgreich betrieben. Ställe hatten sie nicht.

Die Tiere wurden im Freien in Höhlen und manchmal sogar in kleinen Pferchen gehalten.

Eine solche Viehzucht war, man glaubt es kaum, auch ohne Kunstdünger sehr erfolgreich. Viele Tiere wurden gehalten:
Rinder, Pferde, Esel, Kamele, Schweine, Schafe, Ziegen, Hühner, Gänse, Enten.

Und was wurde nun aus der Viehzucht geliefert?
Fleisch und Fett, Felle, Leder, Knochen und Sehnen für Waffen, Mägen und Därme für Wassergefäße, Milch, Eiweiß, Rahm, Käse, Eier, Datteln, Nüsse, Honig von eigenen Bienen. Sogar geräuchert wurde.

Nicht zu vergessen ist bei den Landwirten die Jagd.
Alles wurde gejagt. Wildschweine, Wildziegen, Wildschafe, Antilopen, Hirsche, Hasen, Vögel aller Art und sonstiges Getier.
Auch Fischfang in Flüssen, Seen und im Meer wurde betrieben.

Auch Bier wurde gebraut.
Wein wurde angebaut und hergestellt.
Schnaps wurde gebrannt.

Alle landwirtschaftlichen Produkte, welche die Sippe nicht selbst verbrauchte, wurden verkauft oder eingelagert.
Verkauft wurde an Nichtlandwirte, natürlich vorwiegend an die Stadtbevölkerung.
Interessant war die Einlagerung. Es gab keine Kühlschränke und keine Tiefkühlanlagen.
Alles kam in Tonkrüge oder Holzfässer, diese waren in Lehmerde eingelassen. Die meisten Lebensmittel wurden aber direkt in lehmige Erde oder in gebrannten und mit Wasser abgelöschtem Kalk eingelegt und mit Strauchästen und darauf Krautblättern, aber auch mit Zypressenästen und darauf Lehm abgedeckt.
Die Bauern wussten sich schon damals gut zu helfen.

Die Bauern waren seinerzeit auch die Quelle für das Brauchtum und sie waren verantwortlich für den Beginn der Kultur.
Die Bauern arbeiteten ansonsten auf dem weiten Land und sorgten für Essen und vieles, was der Mensch täglich benötigte.

Auch die **Handwerker** waren wichtig, sehr wichtig. Sie sorgten für den anderen täglichen Bedarf.

Wie schon beschrieben, kristallisierten sich in großen Gemeinschaften schnell die besonderen Fähigkeiten der einzelnen Menschen heraus. Der oder die eine verfügten über diese besonderen Fähigkeiten und die anderen über jenes wichtige Können.
Hieraus entstanden schnell Berufe.

Bäcker, Metzger, Töpfer, Korbmacher, Schneider, Schreiner, Schiffbauer, Schmied, Braumeister, Haarschneider, Ärzte, Lehrer, Schreiber, Verwalter, Templer, Bürgermeister usw.

Diese Handwerker waren für das Volk der Sumerer ebenso wichtig wie das Bauerntum.

Die Bauern versorgten die Menschen mit Essbarem, die Handwerker lieferten den Bürgern alles, was sie zum täglichen Bedarf benötigten.

Nun fehlt noch die dritte Sparte, nämlich der **Handel.**

Alles, was die Landwirte nicht produzieren und liefern konnten, und alles, was die Handwerker nicht herstellen konnten, musste der Handel beschaffen.
Ein mehr als reger Handel fand statt zwischen den Landwirten, den Handwerkern und den Händlern sowie zwischen den einzelnen Siedlungen bzw. Städten und Volksstämmen.
Zunächst wurden die Waren gemäß Schätzung im Tauschhandel vertrieben.
Schnell erfand man zusätzliche Zahlungsmittel.
Zunächst waren es die Kaurimuschel und ganz spezielle, seltene, gedörrte Fruchtkerne. Später wurden Münzen aus Zinn, Zink, Kupfer und schließlich Bronze benutzt.
Diesen Zahlungsmitteln wurde von den sogenannten ‚Altforderern' irgendwie und irgendwann ein Wert zugesprochen.
Damit war das wichtige, auf lange Zeit gültige Zahlungsmittel, nämlich die Münze festgelegt.

War beim Tauschhandel es rein praktisch nicht möglich, größere Handelsgeschäfte abzuwickeln, so ermöglichte nunmehr die Zahlungsmünze, auch
große Handelsgeschäfte zu tätigen.

Wo Zahlungsmittel im Umlauf sind, sind immer ganz automatisch sofort
Händler am Werk.
Oftmals handelten gewisse Leute sogar mit den Zahlungsmitteln.
Wer waren solche Händler?
Geldhändler waren es, nach dem heutigen Sprachgebrauch Bankleute.

Diese Geldhändler, diese Bankleute waren schon damals suspekt. Man
wollte sie nicht, man verachtete sie, man verbot ihnen den Zugang zu
Tempeln und zu wichtigen gesellschaftlichen Veranstaltungen.

Alle Händler lebten damals ansonsten schon gut.
Die Geldhändler lebten mehr als gut. Sie wurden in gleichem Maße reich,
wie sie verachtet wurden.
Die Geldhändler wurden ja nicht nur reich vom Handel, sondern dadurch,
dass sie mit diesem Geldhandel Menschen übervorteilten.
Nichts hat sich geändert seit 7800 Jahren.

Wir sehen also hier plötzlich eine Parallele zwischen 5800 Jahren vor
Christus und heute.
Wer kennt heute nicht den Fragesatz:
‚Was ist schlimmer, in einer Bank einzubrechen oder eine Bank zu
gründen?‘

So viel zur Versorgung der Menschen, also der Bürger der Sumerer.

Auch die Nachwuchsbildung und die Weiterbildung der Menschen, und
zwar in allen Berufen, hatte hohen Stellenwert.

Schulen wurden betrieben. Weil die Tafel dort wichtig war, hieß man sie
Tafelhäuser.

Man muss wissen, zur Zeit der Sumerer gab es noch kein Papier und auch
noch kein Papyrus.

Alles musste auf Stein geschrieben oder in Holz eingeritzt werden.

Durch Zufall entdeckte man, dass auf Schieferplatten – später Schiefertafeln – geschrieben werden konnte.

Zunächst wurden mit harten Steinspitzen, mit spitzen Hartholzgriffeln die Schriftzeichen in die weiche Schieferplatte eingeritzt.

Später fand man weiche, weiße Kalkstücke, mit welchen auf den dunklen Schiefertafeln geschrieben wurde.

Bald waren die Sumerer sogar in der Lage, Kreide herzustellen.

Sie löschten gebrannten Kalk mit Wasser ab, ließen diesen trocknen und formten Kreide- bzw. Schreibstücke.

Gelehrt wurde Schreiben, Lesen, Rechnen, Zeichnen, Malen, sogar das Verfassen von Gedichten, Epen und Theaterstücken.

Die Sumerer beherrschten auch schon die hohe Mathematik.

Diese kam von den Arabern und den Indern.

Die Schüler waren meist Nachkommen bessergestellter Familien.

Nur Söhne durften es sein. Mädchen hatten keinen Zugang zum Lernen.

Damals gab es keine Geschlechterdiskussion und keine Frauenquoten.

Die **Schreiber** brachten Vorschriften und Gesetze auf die Tafel. Die Tagesgeschichte wurde geschrieben.

Auch die Priester schrieben ‚Bücher'. Viele ‚Bücher'-Tafelwerke entstanden.

Auch das Gilgamesch-Epos (Tontafeln sind Zeugen) ist auf diese Zeit zurückzuführen.

Der Mensch ließ damals seinem Hirn freien Lauf.

Die vielen Schriftstücke, also die Tafeln, wurden gesammelt und verwahrt.

Die ersten Bibliotheken entstanden und der Beruf des Bibliothekars war geboren.

Die vorhandene Keilschrift wuchs, das heißt, schon 4000 v. Chr. bestand sie aus 2500 Zeichen.

Diese mussten auswendig gelernt werden.

Man sieht, die Menschen waren 350.000 Jahre nach der Menschwerdung nicht nur klug, sondern auch intelligent.

Und was ist mit ‚unseren' Vorfahren, den Affen?
Sie leben, wie schon vor 20 Millionen Jahren, immer noch auf den Bäumen.

Auch die **Architektur** war ganz wichtig bei den Sumerern.
Sie hatten längst den Ziegel entwickelt, gebrannt und ungebrannt.
Sie erfanden das Gewölbe.
Die ersten großen Monumentalbauten entstanden.
Große Tempel mit viel Technik wurden gebaut.
Wunderbauten, Monumentalprojekte wie die Zikkurate wurden errichtet.
Wie man weiß, waren sie Vorbild für die späteren ägyptischen Pyramiden.

Wehmütig muss man allerdings feststellen, dass die wirklich großen, die Monumentalbauten, immer erst dann entstanden, als man Sklaven zur Verfügung hatte.
Wann stehen Sklaven zur Verfügung?
Wenn Menschen entrechtet werden.
Und wann sind die Menschen entrechtet?
Wenn der oder die Herrscher Verbrecher sind.

Diese Regel galt auch bei der Urkultur der Sumerer. Dann begann der Niedergang. Auch in Zukunft wird dies so sein.
Zur Regel wird es immer dann, wenn Menschen übermütig werden.
Warum? Weil die Menschen, die Herrscher ebenso wie die Untertanen, nach einer längeren Zeit paradiesischer Zustände anfällig und aufnahmebereit werden für den Bazillus des Übermutes, der Herrschsucht und der Geldgier.

Wir werden sehen, wie es weitergeht bei der Spezies Mensch.

Auch wenn man es nicht glauben will, die Sumerer beschäftigten sich bereits mit der **Astronomie.**
Die Sonne, der Mond, die Sterne waren für sie zum einen real und zum anderen aber auch manchmal mysteriös.
Weil bei ihnen aber nicht nur das Bauchgefühl und der Aberglaube Einfluss hatten, sondern auch ihre Intelligenz, wussten sie schon damals, dass die Sonne, der Mond und die Sterne und auch die Erde, auf der sie lebten, irgendwie ein Gesamtsystem darstellten.

Sie untersuchten die Zusammenhänge, die 24 Stunden für Tag und Nacht, und teilten das Jahr in Drittel oder Quartale ein. Sie bastelten damals schon an einer Art Jahreskalender und sie richteten sich nach Mondphasen.
Am wichtigsten war aber für sie die Sonne, die alle 24 Stunden aufging.

Alles in allem waren die Sumerer bereits auf dem besten Wege, ihre Zeit einzuteilen und zu präzisieren. Wir werden sehen.

Auch die **Religion** hatte bei den Sumerern einen großen Stellenwert.
Die sumerische Religion ist die älteste Religion der Menschheit.
Eine Mehrgötter-Religion war es.
Sonne – Mond – Sterne – Berge – Meer – Bäume – Tiere und vieles mehr wurden angebetet.
Hauptgötter bzw. Untergötter gab es.
Viel Aberglauben wurde praktiziert.
Die Herrscher waren aber noch keine Götter auch keine Vertreter Gottes wie später im alten Ägypten.

Auch die **Politik** war für die Sumerer schon ein fester Begriff.
Die Sumerer lebten in paradiesischen Verhältnissen.

Die Bürger wussten genau, Menschensiedlungen müssen gut strukturiert sein und klug geführt werden.
Sie wussten, gute Führung ist nur dann gesichert, wenn ein guter ‚Führer‘, also ein ‚menschlicher‘ Herrscher das Sagen hat.
Anscheinend gelang es den Sumerern fast immer, den richtigen Anführer als obersten Herrscher zu haben.
Der oberste Herrscher einer Stadt war wichtig, noch wichtiger war der oberste Herrscher über mehrere Städte, also der Oberherrscher, der Herrscher des Landes.
Eine **Demokratie** gab es damals nicht.
Die Herrscher selbst wurden bestimmt durch die Ältesten und durch die Templer. Später bestimmten sich die Herrscher selbst.
Die Herrscher bestimmten dann ihren Oberherrscher.
Ein Herrscher allein reicht natürlich nicht, um Menschen die beste Richtung vorzugeben und dafür zu sorgen, dass die Menschen auch mit dieser Vorgabe leben.

Eine mehr oder weniger ausgereifte Struktur ist notwendig innerhalb der gelebt wird, eine optimale Organisation ist wichtig, um alles zu überwachen, zu lenken und bei Bedarf zu bestimmen und wenn nötig zu sanktionieren.

Schließlich ist es wie bei den Menschen immer wichtig, dass die Menschen selbst von sich aus eine gesunde Sozialstruktur in sich haben und so leben.

Dies war bei den Sumerern gegeben.

Sie waren friedlich, sie waren sozial strukturiert, sie pflegten Kultur und sie hatten ein schönes Leben.

Dieses Leben war die Basis für die beachtenswerte Hochkultur der Sumerer.

Wie bei Menschen üblich galt auch bei den Sumerern der profane Spruch: ‚Wenn sich die Kuh zu wohl fühlt, geht sie aufs Eis.‘

Hier bei den Sumerern war es aber nicht so, dass die Bürger aufs Eis gingen, sondern in späteren Zeiten die Herrscher.

Wie wir aus Vorkapiteln wissen, wird das Universum, auch unser Planet Erde, seit Beginn durch zwei Energien bestimmt.

Nämlich durch **Gut** und durch **Böse.**

Bei dieser Aussage geht es nicht um Religion, sondern um wissenschaftlich erforschte Kräfte.

Wenn also ein solcher oben bekannter Herrscher die Kontrolle über sich selbst verliert und meint, seine Machtsucht durch Krieg befriedigen zu müssen, dann leidet immer als Erstes das Volk.

Den Sumerern, dem Volk und auch den Herrschern ging es wirklich gut. Sie lebten in persönlicher Freiheit, in Wohlstand und in Frieden.

Alle Siedlungen bis herauf zu den Städten lebten wirtschaftlich in guten Verhältnissen.

Die Landwirtschaft, die Handwerker und die Händler versorgten Stadt und Land mit allem, was die Menschen täglich benötigten.

Die Menschen damals waren so klug, dass sie nicht nur an das tägliche Leben, also an das Jetzt dachten, sondern auch an morgen und übermorgen.

Alle Sippen waren deshalb für längere Zeit mit allem, was zum Leben notwendig ist versorgt.

Darüber hinaus gab es damals schon eine Art Sozialsystem.

In der Stadt befand sich nämlich der Tempel, welcher gleichzeitig als Depot aller Lebensmittel, aller Waren und aller Erzeugnisse fungierte, an welchen Produkte verkauft werden konnten und bei welchem man einkaufen konnte bzw. versorgt wurde.

Zunächst war das alles fair und sozial.

Wie das bei Menschen so ist, vom einfachen bis zum Herrscher, begannen die verdammten menschlichen Urtriebe relativ schnell zu wirken, nämlich **Geldgier** und **Machtsucht.**

Und so geschah es, dass ein Stadtherrscher glaubte, er wäre so mächtig, dass er eine andere Stadt, vielleicht sogar einige Städte durch Krieg erobern könne und so zu mehr als zum Stadtherrscher, also zu einer Art Fürst, zu einem König werden könnte.

Einen Krieg zu inszenieren, war sein Credo.

Krieg ist immer der Anfang vom Ende. Selbst der Sieger kommt am Schluss immer in irgendeiner Form unter die Räder.

Wer Krieg führt, kommt zwangsläufig immer in Not, in finanzielle Not, in wirtschaftliche Not und schlussendlich meist auch in persönliche Probleme.

Aber schon wer Krieg vorbereitet, muss sparen, muss in den bevorstehenden Krieg investieren.

Was heißt dies? Er muss dem Volke nehmen, was er glaubt nehmen zu können, meistens viel zu viel. Das Volk wehrt sich und plötzlich ist der Herrscher auch der Gegner des Volkes.

Bei den Sumerern waren es nach langer guter Zeit mehrere Statthalter, welche in Richtung Krieg zündelten.

Aus einem guten, menschenfreundlichen Herrscher wird auf einmal ein Egomane, ein Menschengegner, ein Teufel, ein Verbrecher.

Aus einem Regierungssystem zum Wohle der Menschen wird jäh ein System der Unterdrückung und Ausbeutung des Volkes, der Bürger, der Menschen.

Aus einem Rechtssystem wird ein System des Unrechts.

Die Menschen wurden nun entrechtet und ausgebeutet.

Waren bisher der Tempel und alle darin befindlichen Lebensmittel, alle handwerklichen Güter und alle Waren des Handels allein im Eigentum des Volkes bzw. Eigentum der Bürger,
so war nun quasi über Nacht, durch den Befehl des Herrschers, alles im Eigentum des Herrschers.

Die Landwirte mussten produzieren, so viel sie konnten, und alles im Tempel abliefern. Sie bekamen weniger, als ihnen eigentlich zustand.
Das Handwerk und die Händler mussten höhere Leistung erbringen als sonst und bekamen dafür weniger Entgelt als bisher.
Das Volk wurde ärmer.
Das Geld floss in die Kriegsvorbereitung.
Der Herrscher musste die empörten Bürger im Zaum halten. Dies tat er mit Gewalt.

Statt Miteinander entwickelte sich unaufhaltsam ein Gegeneinander.
Der Herrscher befahl seinen Verwaltern, den Templern und den Priestern, das Volk ruhig zu halten und es auch auszubeuten.

Den Landwirten wurde das Land genommen und dem Tempel übereignet.
Der Tempel wiederum war mittlerweile Eigentum des Herrschers.
Die Landwirte waren ab diesem Zeitpunkt nur noch Arbeitskraft auf ihrem eigenen Land, also auf jetzigem Land des Tempels.

Dasselbe geschah mit den Handwerkern und mit den Händlern.
Diese waren zwar wie die Bauern nach wie vor selbstständig, aber sie

mussten alle ihre Produkte und ihre Waren dem Tempel übereignen und bekamen dafür weit geringeres Entgelt als früher.

Was geschah nun im Staate Sumer?
Statt Freiheit in allen Lebensbereichen herrschte plötzlich, ohne dass jemand von Marx und Engels oder gar von Lenin je etwas gewusst hätte, Kommunismus.
Ja, richtig verstanden. Kommunismus, nicht Sozialismus.
Sozialismus verteilt, was er nicht hat und was ihm nicht gehört.
Kommunismus nimmt Eigentum und die Menschenrechte.

Niemand außer dem Herrscher bzw. dem Tempel hatte nun noch Eigentum.
Kein Mensch war mehr wirklich selbstständig, alle Menschen waren nun abhängig vom System, vom Tempel.
Alle waren gleich, manche waren gleicher.
Nackter, purer Kommunismus herrschte also im Land und über die Menschen.
Alle im Land waren jetzt gleich – wie immer – gleich arm.
Die Menschen waren nunmehr nicht nur unfrei, arm und unzufrieden, sie waren auch unglücklich.

Ein unzufriedenes Volk, unglückliche Menschen sind aber nicht mehr bereit, meist sogar nicht mehr in der Lage, Leistung zu erbringen.
Weniger Leistung bei den einzelnen Menschen ist weniger Leistung im ganzen Volk und dies heißt, wie immer im Kommunismus, steigende Armut.

Kommunismus war vor 5500 Jahren ebenso unheilbringend wie heute.
Schlimm ist, dass dies die Menschen nicht begreifen.

Die Not wird durch Gleichmachen immer groß und größer und dies geschieht immer im ganzen Land.

Die Unzufriedenheit zieht ihre Kreise, Menschen laufen davon, wandern aus und je nach Stadt zerstreiten sich sogar die Bürger.

So geschah es in ganz Sumer.

Die Menschen lehnten sich gegen die Obrigkeit und auch gegen den Herrscher auf.
Aus Wohlstand wurde Not.
Aus Frieden und Freude wurden Streit und Leid.
Aus einer Hochkultur wurde ein Staat, den man leicht erobern konnte.

Und wer hat das alles angerichtet?
Der eine oder andere Herrscher, welcher durch Machtsucht und Geldgier den Verstand verloren hatte, und seine Helfershelfer, seine ‚nützlichen Idioten'.
Aber auch jeder Bürger für sich.

Wären die Menschen trotz Wohlstand und langem Frieden – oder gerade deswegen – nicht übermütig, nicht unzufrieden, nicht neidisch und streitsüchtig geworden, dann hätte sich die Obrigkeit, auch der Herrscher, nicht mit Volkskommunismus und Krieg durchsetzen können.

Kurz vor dem Untergang dieser Hochkultur versuchten die schnell wechselnden Herrscher, wieder Teileigentum an die Bürger zurückzugeben.

Dies half jedoch nicht mehr, der Staat war morsch, die gesunde und solide Menschenstruktur war zerbrochen.
Die Bürger waren gespalten. Das Volk lebte untereinander im Streit.

Die Menschen sehnten sich zwar wieder nach Ordnung, nach Führung und natürlich wieder nach einem geregelten Leben.
Die Produkte aus der Landwirtschaft, die Leistungen des Handwerks und die Waren des Handels sollten wieder zu vernünftigen Preisen angeboten werden.

All diese Wünsche gingen aber nicht mehr in Erfüllung.
Stattdessen drangen ‚Soldaten', besser gesagt ‚Streitkräfte', aus fremden Städten ins Land.
Diesen folgten ebenso fremde Bürger.

Der langsame, aber unaufhaltsame Niedergang der sumerischen Hochkultur kam immer mehr ins Laufen.

Neid und Missgunst bestimmten das Leben.

Wer mehr hatte, als man selbst, war Feind.

Das Denkmodell – ich will gar nicht mehr, ich wäre schon zufrieden, wenn's **dem da** – der Nachbar war gemeint – schlechter ging – greift immer mehr um sich.

Das vernichtende System des neidbegründeten ‚Kommunismus' wuchert immer mehr und wirkt im ganzen Volk wie ein Krebsgeschwür.

Dieses System, dieser Kommunismus wirkte also bereits vor ca. 4300 Jahren vernichtend.

Dieser Bazillus infizierte wie gesagt alle Menschen, zunächst den einen, dann den anderen und schließlich die eine Stadt und nach dieser die andere Stadt.

Auch die Herrscher waren befallen von Gier und beuteten die Bürger aus bis aufs Blut.

Und immer gibt es genügend ‚nützliche Idioten', die mitmachen.

Dies war der Beginn vom Untergang der sumerischen Kultur.

Die erste Urkultur ging also an etwas unter, welches wir heute – K O M M U N I S M US – nennen.

Kommunismus ist nichts anderes als ein Nebel aus Unzufriedenheit, aus Neid und aus Missgunst, welcher sich übers ganze Land legt.

Nie wurden Menschen durch Kommunismus **gleich reich,** sondern immer **gleich arm.**

Dies hatten die Menschen vor 4300 Jahren nicht begriffen und viele sind auch heute unbelehrbar.

Wenn ein Land irgendwo auf diesem Planeten untergeht, wirkt immer das Naturgesetz

Unzufriedenheit, Neid, Gier und Machtstreben zerstören jede Kultur."

Vincent brennt nun seine Zigarre an,
eine Torpedo aus Havanna ist es,
und stellt fest:

„So viel zu den Sumerern.

Wir kommen nun zu den Babyloniern."

Die Babylonier von 3500 v. Chr. bis 1600 v. Chr.

Vincent beginnt:

„Die Babylonier sind, wie jedermann weiß, die zweitälteste Kultur der Menschheit.
In den Darstellungen der Urkulturen, in diesem Fall der Babylonier, wird meistens nur über den Abschnitt der jeweiligen Hochkultur berichtet.
Die Kulturen hatten aber immer früher begonnen und viel länger existiert als die dargestellte Hochkultur.

Obwohl hier und jetzt kein Geschichtsunterricht betrieben wird, sondern nur großer Wert darauf gelegt ist, wie sich die Spezies Mensch seit der Menschwerdung und nun in diesem Fall in der zweiten Urkultur der Babylonier verhalten und weiterentwickelt hat, sei darauf hingewiesen, dass die Kultur der Babylonier nicht wie ein reifer Apfel vom Baum gefallen ist, also nicht plötzlich da war.

Das babylonische Volk entwickelte sich in etwa ab 3500 Jahre v. Chr. und existierte bis 1600 v. Chr.

Die Babylonier begannen ihren Aufstieg etwa 1000 Jahre nach der Hochkultur der Sumerer und lebten dann etwa 1700 Jahre parallel zu diesen.

Sie lebten nördlich von Sumer ebenfalls zwischen Euphrat und Tigris.
Beide Völker beeinflussten sich in dieser Zeit positiv.

Die Hochkultur der Babylonier bestand in etwa 3100 bis 2100 v. Chr.
Wie schon bei den Sumerern festzustellen war, sind auch die Babylonier keine reine Rasse.
Es waren **Palästinenser, Semiten, Sumerer, Urbabylonier, Afrikaner.**

Alle diese Stämme lebten schon lange im Lande Mesopotamien.
Großen Einfluss hatten, wie schon bei den Sumerern, aber auch Stämme aus Indien, aus Afghanistan und vor allem auch aus Zentraleuropa.
Nomaden, kleinere und größere Sippen waren es, die aus der Ferne einwanderten und über Jahrhunderte durch Mesopotamien zogen.

Größere Sippen der verschiedenen obigen Urstämme siedelten sich schließlich im nördlichen Bereich zwischen Euphrat und Tigris an.
Einzelne Siedlungen vermischten sich, größere Siedlungen entstanden.
Große, heute noch bekannte Städte entwickelten sich und wurden Basis der zweiten Urkultur, der babylonischen Urkultur.
Heute noch sind bekannt die Städte Babylon, Borsippa, Kutha, Tutub, Mari, Larsa, Isin, Sippar, Akschak u. a.

Der zweite große Kulturstaat stieg auf wie die Sonne am Himmel.
Babylon nannte er sich.

Das Land zwischen Euphrat und Tigris war im nördlichen Teil wirklich ideal für die Menschen. Das Klima stimmte, im Sommer war es warm, aber nicht zu heiß und im Winter war es kühl, aber nicht kalt.
Die Böden waren fruchtbar. Über mehrere Tausend Jahre waren sie die Kornkammer der damaligen Welt.

Den Menschen, den Babyloniern, ging es gut.
Sie waren glücklich.

Es war ein Privileg, im Lande Babylonien zu leben.

Wie schon die Sumerer lebten auch die Babylonier in absolut geordneten Verhältnissen.
Zunächst stimmte alles in diesem Staat.

Ihre Struktur von der Landwirtschaft über das Handwerkertum bis zum Handel war Garant für hohe tägliche Lebensqualität.
Die Herrscher in den ersten zig Generationen waren wie bei den Sumerern humane und kluge Menschen. Sie liebten ihr Volk und sie führten es mit großer Verantwortung durch ihre damalige Geschichte.

Babylonien war zunächst ein Sozialstaat, ein Kulturstaat, eine paradiesische Friedensveranstaltung.

Heute noch legen ihre monumentalen Bauten Zeugnis ihrer Hochkultur ab. Feudale Tempel wurden gebaut. Herrschaftshäuser entstanden.

Nicht von ungefähr wird heute noch vom Turmbau zu Babel gesprochen.

Schulen wurden betrieben für Kinder und auch für Erwachsene.
Wie schon bei den Sumerern durften jedoch leider nur männliche Schüler unterrichtet werden.

Alles wurde wie bei den Sumerern in Keilschrift auf Schiefertafeln geschrieben.

Der Wissensdurst war im gesamten Volk groß und führte zu überdurchschnittlicher Gelehrigkeit der breiten Masse.
Rechnen, Schreiben und Lesen war in den oberen Schichten der Bürgerschaft kein Privileg, sondern Selbstverständlichkeit.
Die Babylonier betrieben schon wie die Sumerer eigene Bibliotheken.
Beschriebene Schiefertafeln wurden gesammelt.

Auch der Sozialstaat Babyloniens funktionierte gut.
In jeder Großgemeinde, besonders in Städten, war das Herz der Versorgung immer der Tempel.
Er kaufte von den Bauern, den Handwerkern und den Händlern alles, was wichtig ist und alles, was er bekommen konnte, und er verkaufte an die Menschen.
Wenn notwendig, versorgte er auch Bedürftige in gut ausreichender Form.

In der Zeit seiner Hochkultur war Babylon eigentlich eine Kopie der Vorgängerkultur, also der Sumerer.
Die Menschen in der damaligen Hochkultur Babylon 3100 bis 2100 v. Chr. lebten im allgegenwärtigen Überfluss.
Sie waren frei, hatten Eigentum, lebten im Wohlstand und in großer Kultur und in einer wunderbaren menschlichen Gesellschaft.
Den Menschen ging es einfach gut.

Der Körper, das Herz und der Geist bekamen täglich Nahrung und Streicheleinheiten. Was will man mehr.
Den Menschen in Babylon konnte es nicht besser gehen.

Alles funktionierte lang im Staate Babylon.

Die Landwirtschaft, das Handwerkertum und der Handel.

Die Menschen kannten keine Not.

Auch kulturell lebten sie auf hohem Niveau.

Schließlich lebten alle Menschen in Frieden, Wohlstand und Zufriedenheit.

Die Spezies Mensch ist wirklich ein einmaliges Geschöpf auf dieser Erde.

Der Mensch machte sich innerhalb 350.000 Jahren wie nach einem Geniestreich die Schöpfung untertan.

Der Mensch, das Körper-Geist-Seele-Wesen, beherrschte bereits 4500 Jahre v. Chr. diesen Planeten Erde.

Das geistbestimmte und das seelegelenkte Wesen Mensch ist allen instinktgesteuerten Lebewesen auf dieser Erde, also allen Tieren überlegen.

Er, der Mensch, ist als einziges Lebewesen in der Lage, sein Leben über die Evolutionsmechanismen hinaus zu bestimmen.

Dies gelingt ihm aber nur so lange, wie das Schicksal, also die positive Energie, ihn lässt.

Und was macht der Affe, sein instinktgesteuerter angeblicher Vorfahre? Er turnt wie vor 20 Millionen Jahren immer noch unverändert auf den Bäumen herum.

Perfekt ist der Mensch im Aufbau und in seiner Fortentwicklung. Er ist aber leider auch perfekt in seinem Tun, sowohl im Positiven wie auch im Negativen.

Wie sonst kann man verstehen, dass sich der Mensch, wie nach einem Naturgesetz, trotz großer positiver Entwicklung immer wieder negativ verhält?

Negativ sogar zum eigenen Nachteil.

Wie schon die Sumerer so lebten auch die Babylonier lange Zeit wie im Paradies.

Plötzlich begannen sich die Menschen nahezu in allen Schichten der

Gesellschaft zuerst ganz langsam und dann immer schneller negativ zu entwickeln.

Im Kleinen begann alles und allmählich ergriff es das ganze Volk.

Der Bazillus der Unzufriedenheit und der Missgunst breitete sich aus.

Die Menschen wurden aufnahmebereit für die dümmsten und unheilvollsten Ideen.

Je abstruser die Ideen, desto größer der Zulauf der menschlichen Lemminge.

Auch der Herrscher und seine ihm im vorauseilenden Gehorsam ‚nützlichen Idioten‘, begannen unzufrieden zu werden, Machtgelüste zu entwickeln und immer mehr der Geldgier zu verfallen.

Sie nutzten die ‚günstige Situation im Volke‘ aus.

Der Mensch wird scheinbar übermütig, die Unzufriedenheit beginnt bei ihm zu wuchern und die Dummheit siegt querbeet, wenn es ihm zu lange gutgeht.

Auch die Herrscher verfielen wie gesagt ihren Machtgelüsten und ihrer Geldgier. Sie begannen Krieg vorzubereiten.

Das Volk, wer sonst, musste bezahlen und wurde arm.

Als es nicht mehr bezahlen konnte, wurde es zunächst entrechtet und dann enteignet.

Und schon wieder hatte die ominöse, die dunkle, die böse Energie über die gute Energie gesiegt.

Auch wenn es immer wieder bezweifelt wird, das Universum, die Galaxien, unsere Erde und auch jeder Mensch werden von diesen zwei diametral gegenüberstehenden Energien beherrscht.

Ausführlich sind die beiden wissenschaftlich belegten Energien in den Vorkapiteln, besonders in Kapitel 6 beschrieben.

Wie ist das zu verstehen – was geschieht, welche Wirkung haben diese Energien auf die Menschen?

Fest steht: Plötzlich beginnen negative Gedanken im Menschen zu wirken.

Die bis dato so perfekt funktionierenden Gehirne werden neuronal umgesteuert. Die positive Energie wird durch die negative ersetzt und dies geschieht nicht nur im individuellen Gehirn der Menschen, sondern auch in der gesamten Gesellschaft dieser Spezies.

Das ‚Schwarmgesetz‘ zeigt plötzlich seine Wirkung.

Die Folgen sind: Es geht bergab.

Wie schon die Sumerer, so wurden auch die Babylonier von ihren Herrschern nach langer guter Zeit entrechtet und enteignet.

Auch das Volk der Babylonier wird arm und ärmer.

Die Menschen verlieren die Lust, die Lust an Leistung, die Lust am Kollektiv, die Lust am Staat.

Jeder lebt nur noch für sich und um zu überleben.

In der gesamten Gesellschaft geht es nur noch bergab.

Die Hochkultur der Babylonier geht zu Ende.

Der bei uns immer wieder teils als vorbildlich gepriesene Sozialismus zerstörte schon damals alle soliden Strukturen.

Aus ihm wuchs langsam, aber sicher der theoretische Marxismus und aus diesem unaufhaltsam der immer leidbringende Kommunismus.

Niemand kannte Marx und Engels und trotzdem war es da, das Gespenst aus Neid und Gier.

Der neidbedingte Sozialismus und der dann immer folgende, alles zerstörende Kommunismus führen immer zunächst in Armut, dann in Not, in Leid, in Elend, in Verzweiflung und schließlich in den Krieg.

Nun haben wir es zum zweiten Mal erlebt. Nach den Sumerern ging auch die zweite Urkultur, die Kultur der Babylonier, an sich selbst zugrunde.

Diese beiden menschenverachtenden Systeme, der leistungshemmende Sozialismus und der ‚gleichmachende‘ Kommunismus, werden wir in den nächsten 4000 Jahren weltweit immer wieder erleben.

Die Menschen lernen nicht aus der Vergangenheit.

Woran ging nun die menschliche Struktur der Babylonier zugrunde?

An den negativen Urtrieben an **Neid,** an **Unzufriedenheit,** an **Geldgier** und an **Machtsucht.**

Die Menschen scheiterten also wieder einmal an sich selbst.

Rückwärtsgewandt, also im Blick auf die Sumerer und die Babylonier, gilt dies ebenso wie nach vorne gesehen.
Auch die zukünftigen menschlichen Generationen, die zukünftigen Kulturen, einfach gesagt, das zukünftige gesellschaftliche Leben der Menschen wird sich immer ‚menschlich‘ und zwar im positiven wie im negativen Sinne verhalten.

Der Mensch ist nämlich frei, er ist nicht zwanghaft instinktgesteuert, sondern darf und kann selbst entscheiden.
Sein Gewissen ist je nach Dehnbarkeit sein Maßstab.

Im Tierreich, beim Körper-Instinkt-Wesen, geht es bekanntlich generell nur ums Überleben.

Der Mensch, das Körper-Geist-Seele-Wesen, funktioniert völlig anders.
Der Mensch ist nicht instinktgetrieben.
Bei ihm werden „die Gedanken“ in seinem Gehirn materialisiert.
Leider gilt das sowohl bei positivem wie auch bei negativem Denken.
Die hirntechnische Materialisierung wird sodann neuronal in das Wesen Mensch, in seine weiteren Hirnregionen für Denken und Handeln übergeleitet und dort zum Abruf und zur Verwendung programmiert.
Der Mensch selbst kann sich mit seinem Verstand dagegen nur bedingt wehren.

Es geschieht eben, nur sein Gewissen regelt je nach Dehnbarkeit die Dinge.
Er hat also die Macht, positiv und edel oder negativ und bösartig zu denken und demgemäß sein Tun zu bestimmen.
Die in einigen Vorkapiteln schon beschriebene, in der Wissenschaft großteils schon bewiesene, im Universum überall und zu jeder Zeit wirkende positive und negative Energie lenkt den Mensch in seinem von ihm ansonsten bestimmten Geschehen.

Schlimm wird es, wenn hierbei die negative Energie überwiegt.
Dies gilt sowohl für den Menschen im Volke wie auch für den Herrscher.

Jeder Herrscher, jeder Politiker, über welchen die negative Energie die Macht ergriffen hat, wird zum Problem für sein Volk.

Immer bereitet er dann Böses vor, im Extremfall plant er Krieg, treibt sein Volk in diesen hinein, macht die Menschen unglücklich oder bringt ihnen Not, Leid und den Tod.

Nicht nur das damalige Individuum ‚diktatorischer Herrscher‘ wird von solch dunkler Energie getrieben.
Auch genügend Politiker in heutigen ‚Demokratien‘ gibt es, welche dieser negativen Energie plötzlich verfallen.
Ihr Handeln geschieht aber subtil und niemals individuell, sondern immer in ‚demokratischem‘ Mehrheitsbestreben.

Nie ist ein Politiker der Demokratie schuld, egal welchen Unsinn er mit beschloss. Oft weiß der Demokrat gar nicht, welches Unheil er anrichtet.
Wie sonst kann man ‚Demokratiebeschlüsse‘ verstehen, die wissentlich Völker in Streit und im Extremfall sogar in den Krieg gegeneinander treiben?

Täglich werden solche Beschlüsse in nahezu allen ‚Demokratien‘ weltweit gefasst.
Wenige Menschen, oft einzelne, bestimmen dabei trotz Demokratie die Mehrheit.

Nur vor diesem Hintergrund ist zu verstehen, was Churchill meinte, als er sagte:
‚Demokratie ist die schlechteste Regierungsform.
Es gibt aber keine bessere.‘

Auch in der Wirtschaft treiben solche Teufel ihr Unwesen.
Ein Herr Ackermann, ein Herr Achleitner und andere stehen als Beispiel für riesige Kapitalvernichtung, für Existenzzerstörung und für viel Leid in der Zeit ab 2000 n. Chr.

Fast könnte man zur Erkenntnis kommen, diese negative Seite unserer Spezies ist der **Tribut für die intelligente Entwicklung der Menschen** in den vergangenen 350.000 Jahren, insbesondere in den letzten 10.000 Jahren.

Einen Ackermann, einen Achleitner und Co. könnte man sich auch als Verursacher, als unmenschlichen Kollateralschaden einer verkommenen Wirtschaft und einer ausufernden Politik vorstellen.

Die seit 20 Millionen Jahren auf den Bäumen lebenden Affen können solche Beschlüsse nicht fassen.

Nur vor diesem oben geschilderten Hintergrund ist zu verstehen, dass sowohl die Sumerer als auch die Babylonier es nicht verhindern konnten, dass ihr so wunderschönes Land, dass diese bedeutenden Hochkulturen zugrunde gehen mussten.

Die zweite Urkultur der Menschheit, nämlich die der Babylonier, ist also nun den gleichen Weg gegangen wie die der Sumerer."

Vincent stellt fest:

„Meine Herren, so viel zu Babylon.
Und wie es nun bei der dritten Urkultur bei den Ägyptern weitergeht, das werden wir sehen!

Die Unzufriedenheit der Menschen, denen es gutging, der folgende Sozialismus und schließlich der Kommunismus waren die Killer.

Die Ägypter 3300 Jahre v. Chr. bis 800 Jahre v. Chr. bis heute

Vincent beginnt.

„Oftmals wird über die sogenannten ‚alten Ägypter' gesprochen. Locker und meist sehr banal sind solche Feststellungen.
Die alten Ägypter verdienen aber wirklich nicht nur Achtung, sondern die höchste Anerkennung, die es eigentlich gibt.

Bereits 3300 Jahre v. Chr., also aus heutiger Sicht vor 5200 Jahren, lebten im Unterlauf des Nils, mit Memphis als Zentrum, und nilaufwärts mit Theben als Zentrum, weit verstreut viele Menschen in Klein- und Großsippen.

Von der Herkunft waren die Ägypter vorwiegend Afrikaner, Araber und zurückgewanderte Eurasier.
Nur wenige Menschen stammten aus dem Kulturland Mesopotamien.

Die Menschen, die einzelnen Sippen, lebten in Frieden miteinander.
Der Großteil der Menschen war ortsansässig und versorgte sich mit eigenen Landwirtschaftsprodukten.
Das Land im Nildelta und aufwärts des Nils war äußerst fruchtbar, Schwemmland war es ja und die Sonne schien im Übermaß.

Drei Ernten waren pro Jahr möglich. Für die dort lebenden Menschen reichte damals jedoch eine Ernte pro Jahr.

Auch Nomaden lebten in diesem fruchtbaren Land. Im Verhältnis zu den ortsansässigen Menschen waren es aber wenige.

Natürlich hatten die Ägypter Kontakt zu den Menschen in Mesopotamien, sowohl zu den Babyloniern als auch zu den Sumerern.
Vieles an Lebensweisheit, an landwirtschaftlicher Erkenntnis, an handwerklicher Fähigkeit, an Handelskontakten hatten die Ägypter, soweit sie dieses nicht selbst schon entwickelt hatten, von den Babyloniern und den Sumerern übernommen.
Der Gedankenaustausch und die Zusammenarbeit waren für jede Seite fruchtbar.

Zunächst siedelten sich die Nomaden im nördlichen Ägypten, also im Nildelta an, dort waren die Böden am fruchtbarsten, das Klima am ertragreichsten und es gab immer Sonne und Wasser.

Im Laufe der Zeit, einige Jahrhunderte waren vergangen, wurden immer mehr Menschen auch weiter südlich entlang des Nils sesshaft.
Alle Ansiedlungen erfolgten immer am Rande des Schwemmlandes, sodass ganzjährig Landwirtschaft betrieben werden konnte.

Zunächst gab es kein ‚Ägypten', von dem man später spricht, immer nur waren es einzelne Siedlungen. Die eine Siedlung wuchs gemächlich, die andere wuchs stark und wieder andere lösten sich auf.
Kleine Städte entstanden, größere Städte wurden mächtig.

Auch die Sippen der Menschen entwickelten sich.
Aus kleinen Sippen entstanden je nach Gegebenheit große Sippen bis hin zu Stämmen und zu Dynastien.
Dies galt sowohl für den Süden von Ägypten, also am Niloberlauf, als auch für den Norden am Nildelta.

Mehr als 300 Jahre lebten die vorerwähnten Sippen in diesem Land, im Nildelta und am Oberlauf des Nils in kleinen Siedlungen, aber auch schon in größeren Städten friedlich zusammen, als die ersten nationalen Bestrebungen begannen.

Wie nicht anders zu erwarten war – es handelte sich ja um Menschen – , entstand auch fallweise Streit.
Streit zwischen Sippen, Streit zwischen Siedlungen, Streit zwischen Städten und schließlich auch Streit zwischen Norden und Süden.

Wie immer im Leben waren bei Streit, bei Krieg immer Herrscher im Spiel.
Der erste große Herrscher im aufstrebenden ägyptischen Land war Menes.
Sonderbarerweise gibt es unter heutigen Forschern Diskussionen, ob es Menes jemals gab oder ob er nur eine Legende war.
Tatsache ist, Menes war der erste große Herrscher, der das ganze Land,

sowohl den Süden als auch den Norden einigte, sich zum König ernennen ließ, das ganze Land in **Gaue** aufteilte und es gut führte.

In Sumer und auch in Babylon gab es **Stadtregionen** und **Provinzen.**

In Ägypten war wie gesagt das Land in Gaue aufgeteilt.

König Menes war es also, der die Menschen in Ägypten etwa 3.000 v. Chr. einte und den Staat Ägypten gründete.

Unter ihm gedieh das Land prächtig.

Ägypten entwickelte sich unaufhaltsam zur **dritten Urkultur** auf diesem Planeten.

Von 3000 v. Chr. bis ca. 1600 v. Chr. wuchs Ägypten zum ersten großen Weltreich.

Ca. 200 Jahre vergingen, bis sich aus den ersten größeren Ansiedlungen im nördlichen Nildelta und aus dem südlichen Nil die Hochkultur Ägyptens entwickelt hatte.

Wie gesagt tauschten sich die Menschen aus Ägypten mit den Menschen aus Sumer und aus Babylon ständig aus. Alles, was wichtig war, wurde diskutiert.

Alle drei Kulturen beeinflussten sich gegenseitig mehr positiv als negativ.

Wie schon bei den Sumerern und bei den Babyloniern bildete auch in Ägypten die Landwirtschaft die Basis der gesamten Entwicklung.

Auch das Handwerk diente von Anfang als wichtige Säule des ägyptischen Aufschwungs.

Nicht zu vergessen ist auch der Handel. Über ihn war es möglich, das ganze Land Ägypten mit Handelswaren aus dem Lande Sumer, aus Babylon, aus Afrika und aus dem Mittelmeerraum zu versorgen.

Alles, was die Ägypter nicht selbst herstellen und produzieren konnten, beschaffte der Handel.

Ägypten entwickelte sich ab 2800 Jahre v. Chr. unaufhaltsam zu einem Land, in dem Milch und Honig flossen.

Den Menschen ging es gut, sie waren zufrieden und sie waren motiviert.

Sie genossen ihr Leben und lebten in Freiheit und Frieden.

Ein solider Sozialstaat war entstanden.

Die Gesunden kümmerten sich um die Kranken, die Jungen um die Alten und die Begüterten um die Armen.

Wohlstand herrschte im Land und teilweise sogar Überfluss.

Die wirtschaftlichen Bedingungen waren also sehr gut, sowohl für das Volk als auch für die Herrscher.

Auch die Kultur war seinerzeit für alle Beteiligten ein wichtiger Teil ihres Lebens, für manche sogar die Erfüllung ihrer Träume.

Die Ägypter entwickelten aus der vorhandenen Bilderschrift und aus der in Sumer gepflegten Keilschrift ihre eigene Schrift.

Hieroglyphen nannten sie ihre neue Zeichenschrift.

Schwierig war diese zu lernen, aber wenn man sie beherrschte, war sie eine brauchbare Schrift.

Wie schon bei den Sumerern und den Babyloniern durften nur männliche Nachkommen schreiben, lesen und rechnen erlernen.

Die Herrscher praktizierten sie, die Oberschicht, die hohen Priester, die Templer, die Schreiber und auch der Handel. Sie hatten täglich mit diesen Hieroglyphen zu tun.

Die Sumerer und die Babylonier schrieben auf Stein und auf Schiefertafeln.

Die Ägypter gingen einen Schritt weiter.

Sie erfanden bereits 2800 v. Chr. das Papyrus.

Auf schier endlosen Papyrusrollen schrieben sie nun in ihrer Zeichenschrift, also in Hieroglyphen, ganze Bücher.

2800 v. Chr. führten die Ägypter das Sonnenjahr ein und den zwölfmonatigen Kalender.

30 Tage hatte bei ihnen der Monat und das Jahr hatte fünf Zusatztage.

Drei Wochen hatte der Monat und zehn Tage je Woche.

Neun Tage je Woche wurde gearbeitet, der zehnte Tag war arbeitsfrei.

Lange nach König Menes ging es allen Ägyptern wirklich gut.

Die Bürger waren frei, hatten Eigentum, der tägliche Nahrungsbedarf kam von der Landwirtschaft, die nötigen Güter und Produkte lieferten die Handwerker und alle anderen Waren beschaffte der Handel.
Die Menschen hatten Arbeit und Wohnraum und waren zufrieden.

Die Missgunst zwischen Arm und Reich gab es nicht – noch nicht.

Auch die Hygiene und die Selbstdarstellung spielte bei den Ägyptern, insbesondere in der oberen Gesellschaft, eine ganz große Rolle.

Die obersten Schichten der Gesellschaft verfügten über die herrlichsten Düfte aus Rosen, Lavendel, Aloen, Rosmarin, Pinien und vielen Kräutern.
Öle und Cremes aller Art wurden hergestellt.
Räucherharz gab es in Fülle.
Gespritzt, geölt und massiert wurde in der feinen Gesellschaft, zu Hause und in Bädern.
Räume, öffentliche und private, wurden mit Rauch aus den besten Harzen zu Lusthöhlen verwandelt.

Die obere Gesellschaft lebte nicht nur in Saus und Braus.
Sie schwelgte wie in Sodom und Gomorrha in unvorstellbarer Dekadenz.

Und wie ging es dem breiten Volk, den Bürgern?

Die ersten Jahrhunderte in den ersten Dynastien der Pharaonen waren gut.
Die Menschen waren zufrieden. Doch bald ab der 4. Dynastie, ab 2.600 v. Chr., änderte sich dies.
Bei den meisten späteren Herrschern wurden die Bürger entrechtet. Sie waren ohne jegliches Eigentum und oft auch noch verknechtet.
Bei manchen Herrschern gab es Tagelöhner, Leibeigene und Sklaven.
Dem Volk, dem Bürger ging es sehr oft schlecht.

Von wegen Hygiene.

Die kleinen Leute hatten weder Frisch- noch Abwassermöglichkeiten in ihrer ‚Unterkunft‘.

An angenehme Düfte, an weiche Öle, an Cremes, nicht einmal an Reinigungsmittel dachten diese Menschen.

Ihre täglichen Bedürfnisse verrichteten sie in der Stadt in Gefäßen und in Töpfen. In seltenen Fällen gab es sogenannte ‚Verrichtungshäuschen‘.

Die Töpfe wurden auf die Straßen entleert.

Milliarden Keime und Viren verbreiteten sich.

Die schlimmsten Krankheiten Krätze, Ruhr, Cholera bis hin zur Pest brachen aus.

Nicht viel besser war es auf dem Land. Hier ging man direkt ins Freie, hinter den Busch oder Baum.

Die Krankheitsfolgen waren fast die gleichen.

Auch die Religion spielte eine große Rolle.

Die Ägypter praktizierten die Vielgötterei – Sonne, Mond und Sterne waren Gott, auch Berge, Flüsse, Tiere aller Art und anderes.

Amun war lange Zeit der Hauptgott.

Mystik und Aberglauben beherrschten die Menschen.

Auch die Herrscher, die ‚kleinen‘ und die ‚großen‘, waren diesem Zauber verfallen.

Die Tempel waren Eigentum der Herrscher und sie waren die Machtzentralen.

Die Templer und die hohen Priester trieben dort ihr Unwesen.

Sie waren mittlerweile ein Staat im Staate.

Ab etwa 2600 v. Chr. waren die ägyptischen Herrscher gleichzeitig die alleinigen Vertreter Gottes auf Erden.

Je nach der Persönlichkeit des einzelnen Herrschers spielte dieser selbst Gott.

Wie bei den Sumerern und Babyloniern, bei welchen die Herrscher in der jeweiligen Schlussphase ihrer Hochkultur begannen, ihr Volk zu entrechten, zu enteignen und zu knechten, so begannen die ägyptischen Herrscher bereits kurz nach Erreichung ihrer Hochkultur, ihr Volk auszubeuten.

Bei wenigen Pharaonen ging es den Bürgern gut.

Aber auch gute Pharaonen gab es.

Die Pharaonen waren auch nur Menschen.

Sie waren die Vorreiter heutiger Diktatoren.

Jeder Bürger bekam vom Staat Arbeit, vom Tempel wurde er mit allem für ihn und seine Familie nötigen Alltagsbedarf versorgt.

Das Leben war geregelt, kein Mensch sollte sich sorgen müssen, für ihn sorgte der Staat, also der Tempel.

Dieses Prinzip der Eigentumslosigkeit, der Vollversorgung und Sorglosigkeit galt für jeden Bürger, den Bauer, den Handwerker, den Händler, den Schreiber und die kleinen Verwalter.

Die Hauptverwalter und die Hohepriester waren inoffiziell von dieser Regelung ausgenommen.

Sie hatten Sonderrechte.

Dass diese Regelung – es war ja schon wieder Kommunismus in perfekter Ausprägung – auf lange Zeit nicht gutgehen konnte, war klar.

Der Herrscher war der Staat, manchmal sogar ‚Gott‘.

Der Staat war Eigentümer aller Tempel.

Die Tempel waren Eigentümer aller Güter, Produkte und Waren.

Bei manchen Herrschern sogar Eigentümer der Menschen.

Ägypten war die erste ‚Kultur‘ mit Sklaven.

Sklaven woher?

Verschleppt aus Afrika, besiegte Kriegsgegner und bei Bedarf auch versklavte eigene Bürger.

Sehen wir von der Sklaverei und von der Entrechtung ab, dann könnte man dieses vorbeschriebene Staatssystem der Vollversorgung, diesen ‚Vollkasko-Staat‘ als Idealsystem, als humanes Staatswesen, als wirklich menschliches Bürgerparadies apostrophieren.

Wäre jeder Herrscher ein Gerechter, ein Mensch mit Verstand, mit Herz, mit Gerechtigkeitssinn und mit Pflichtbewusstsein, dann müsste man aus Sicht von leistungsschwachen, alten und kranken Menschen dieses System akzeptieren, man könnte es sogar gutheißen.

Aus der Sicht freiheitsliebender Menschen mit dem Willen und der Fähigkeit zur Leistung wäre dieses System aber niemals wünschenswert.

Geht man nun von der Tatsache aus, dass von 100 Herrschern nur ein einziger gleichzeitig mit Verstand, mit Herz, mit Gerechtigkeitssinn und mit Pflichtbewusstsein ausgestattet ist, dann endet ein solches Staatswesen immer in Ausbeutung, in Armut, in Not und Elend, in Unfreiheit und oftmals in einer Art Sklaventum.

Ein solches Staatssystem ist die Fortentwicklung von Sozialismus zum praktischen Kommunismus.
Und wo endet dieser?

Wie bei den Sumerern und bei den Babyloniern, so auch bei den Ägyptern, im Untergang der Kultur.

Lange, viele Jahrhunderte, dauerte dieses unwürdige Spiel mit den mittlerweile verknechteten Menschen.

Der Urenkel von Thutmosis III., also Amenophis IV. aus der 18. Dynastie, wollte seinen eigenen Gott, den Sonnengott Aton als den einzig gültigen Gott im ganzen Land Ägypten verpflichtend einführen.

Weil dies beim Volk, insbesondere bei den Hohepriestern und bei den Templern auf großen Widerstand stieß, griff er zu harten Maßnahmen.
Zunächst änderte er seinen eigenen Namen in **Echnaton.**
Aton war nun auch in seinem Namen enthalten.
Damit wollte er beweisen, wie wichtig ihm diese Angelegenheit war.

Ab sofort verfolgte er Andersgläubige, ließ alle Tempel des bisherigen Hauptgottes **Amun** und andere Gotteshäuser zerstören.

Aton war ab sofort der einzige Gott im Reich.
Seine Frau Nofretete unterstützte dieses Vorgehen.

Aber nichts Irdisches ist beständig.
Nach Echnatons Tod wurden alle seine Aton-Tempel wieder zerstört und die Aton-Gläubigen verfolgt.

Auch der Baukunst frönten die Ägypter.
Noch nie da gewesene Bauten entstanden.

Tempel mit monolithischen riesigen Säulen, Gebäude mit überdimensionalen Ausmaßen wurden erstellt.

Auf der Basis babylonischer Zikkurate entwickelten die Ägypter schließlich ihre Idee der Pyramiden und der Großtempel.

Solche Bauprojekte konnten sie sich aber erst leisten, als sie genügend Sklaven zur Verfügung hatten.

Wie kommt man an Sklaven?

Nur durch grenzenlose Unmenschlichkeit.

Diese Unmenschlichkeit war bei den späteren Herrschern bei den Pharaonen in den schlimmsten Dimensionen vorhanden.

Kriege zu führen war für sie kein Problem, Sklaven sammelte man bei den Verlierern und wenn es notwendig war, konnte man auch eigene Menschen zu Sklaven entehren.

Der Staat funktionierte, aber den Menschen ging es schlecht.

So ging es je nach regierendemHerrscher einmal auf, einmal ab.

Unmenschlichkeit zahlt sich aber langfristig nie aus.

Diese Weisheit galt schon vor 4000 Jahren.

Ist es nicht so, dass der Mensch, wenn es ihm längere Zeit gut – besser gesagt – zu gut geht, Hirnsausen bekommt, neidisch und unzufrieden wird, zu revoltieren beginnt?

Völlig abstrus wird es, wenn der Mensch in seinem Denken und Fühlen so weit degeneriert ist, dass er schon zufrieden wird, wenn es seinem ‚Nachbarn‘ schlechter geht als ihm.

Dies gilt für die breite Masse des Volkes ebenso wie für die Herrscher.

Die Zeit ist gekommen, die Ägypter befinden sich wieder zu lange auf einem Höhepunkt ihrer Kultur und im Übermaß an Wohlstand.

Wie nicht anders zu erwarten, begann in Ägypten nun schon wieder das Naturgesetz der Menschheit ungebremst zu wirken.

Die Urtriebe, Neid und Missgunst waren Nahrung für Geldgier und Machtsucht.
Sowohl die Bürger als auch die Herrscher litten immer mehr unter dieser Gier und Sucht.

Wie gesagt, immer, wenn es den Menschen eine Zeit lang zu gut geht, beginnen sie übermütig zu werden.
Übermut treibt den Menschen immer in Sucht.
Sucht nach Vergnügen, Sucht nach Lebensoptimierung und Sucht, sich als Individuum neu zu entwickeln.
Die Pflicht wird zur Last und jedes Individuum beginnt unaufhaltsam unzufrieden zu werden.
In diesem Zustand verliert ein Mensch schnell die Kontrolle über sich und über sein Leben. Die Wertmaßstäbe kommen ihm abhanden und der persönliche Absturz beginnt.

Wie es dem Individuum ergeht, so überkommt es das Volk.

So wie es dem kleinen Mann, dem Bürger und der Mittelklasse ergeht, so wirken auch beim Herrscher die vorerwähnten Urtriebe stark und stärker.
Der Herrscher sieht sich als Oberherrscher und schnell als wichtiger Vertreter der Götter und schließlich selbst als Gott.
Ohne Bodenhaftung wird schnell jeder Herrscher zum Tyrannen.

In Ägypten war schon früh aus dem König der Pharao geworden und aus dem Pharao wurde der Stellvertreter der Götter und aus ihm wurde Gott selbst.

Ein ‚Gott' herrscht also jeweils über Ägypten.
Er allein kennt die Wahrheit und er allein ist die Wahrheit, so ist die Auslegung der Pharaonen und so die Akzeptanz im Volk.

Alles, was der Pharao sagt, ist alternativlos und ist zu befolgen.
Er ist Gesetz, er ist auch Eigentümer.
Jede Materie auf dieser Erde ist sein Eigentum.
Jedes Grundstück, jeder Baum, jeder Strauch, jede Blume, jedes Haus, jedes Tier, aber damit nicht genug, auch jeder Mensch ist Eigentum des jeweiligen Gott-Pharao.

Der Pharao hatte also die Macht, seinen unmittelbar beauftragten Verwaltern und deren Schergen für jede Tat zu jeder Zeit die schlimmsten Befehle zu erteilen.
Der Pharao konnte also Gutes tun wie ein Heiliger und Verbrechen begehen wie der Teufel persönlich.

Und viele Pharaonen, die meisten sogar, lebten in diesem Wahn.
Die ägyptischen Pharaonen waren die ersten Herrscher, die Sklaven hatten.
Sklaven, welche rekrutiert wurden aus besiegten Kriegsgegnern und aus verschleppten Afrikanern.
Bei Bedarf auch aus dem eigenen Volk.

In obigen Kapiteln sprachen wir von einem paradiesischen Ägypten.
Jetzt sprechen wir von einer Sklavenherrschaft vieler Pharaonen.

Schon bei den Sumerern und auch bei den Babyloniern gab es jeweils zwei grundsätzlich verschiedene Lebensabschnitte. Der eine Lebensabschnitt, der für die Menschen wunderbare, und der andere, spätere, der für die Bürger und dann für das ganze Volk vernichtende.

Von der Hochkultur der Herrscher mit Herz und Seele sprachen wir und von Herrschern, für welche Entrechtung und Ausbeutung das Herrschaftsprinzip war.
Letztere waren damals Herrscher, welche als Diktatoren begannen, und ohne jemals etwas von der Theorie eines Marx und Engels gehört zu haben, unbewusst den Sozialismus züchteten und schließlich den Kommunismus etablierten und praktizierten.

Nichts anderes geschah nun auch bei vielen Pharaonen.
Sie waren selbstgefällige, unerbittliche Herrscher ohne Mitleid, ohne Empathie und Gefühl für andere.
Bei ihnen waren die beiden Urtriebe Geldgier und Machtsucht zur totalen Besessenheit geworden.
Für sie waren Menschen nicht einmal Wesen, sondern nur Dinge, nur Gebrauchsgegenstände.

Wenn diese Pharaonen ihre unmittelbar beauftragten Verwalter, Templer,

Schreiber, Soldaten bzw. Söldner mit irdischen Gütern überhäuften, dann nicht aus Freundschaft und Empathie, sondern nur aus Eigennutz und als Anreiz zu möglichst unmenschlichem Handeln.

Es ist wie ein Wunder, ja es ist sogar ein Wunder, dass sich solche Herrschaftssysteme jeweils mehrere Hundert Jahre an der Macht hielten.

Die Bürger, das Volk, waren es und sind es immer wieder, die trotz derartiger Herrscher, sei es in Diktaturen, sei es in ‚Demokratien‘, trotz dümmster und schlimmster Behandlung sich immer wieder unterordnen, das Gute suchen, friedlich leben und Nächstenliebe praktizieren.

Wie sonst ist zu verstehen, dass sich solche Systeme wie die der späteren Tyrannen von Sumer, der Ausbeuter von Babylon und der späteren göttlichen Pharaonen jeweils so lange an der Macht halten konnten?

Wie ist es zu verstehen, dass Menschen im 21. Jahrhundert sich von ‚Demokratien‘ und deren Vertretern wie Dummköpfe ‚am Nasenring durchs Dorf‘ führen lassen?
Wie ist es möglich, dass Komödianten wie z. B. in USA, in der Ukraine, in Italien, ja sogar in Brüssel ganze Länder führen?

Wie wir wissen, wird das ganze Universum, wird dieser Planet Erde und wird jeder Mensch von den beiden **Urenergien – Gut** und **Böse** – immerwährend bestimmt bzw. gelenkt.

Wie wir ebenfalls wissen ist der **Mensch bei seiner Geburt** zu 50,01 Prozent **Gut** und zu 49,99 Prozent **Böse.**
Nur bei Akzeptanz der gerade beschriebenen zwei Existenzkriterien kann man verstehen, dass die Menschen der drei Urkulturen – Sumer, Babylon, Ägypten – nach jeweils langer, fast paradiesischer Zustände die spätere Entrechtung und Ausbeutung ohne Selbstaufgabe überstanden.

Der Mensch war ja schon damals ein Wesen mit Geist und mit Seele und deshalb nicht nur irdisch orientiert.

Nur so übersteht er anscheinend ‚Unüberstehbares‘.

Zusammenfassend ist festzustellen:

- Bei allen drei Urkulturen – Sumerer – Babylonier – Ägypter gelten die gleichen menschlichen Gesetzmäßigkeiten.
- Die Menschen sind im Grunde vernunftgelenkte, gutmütige und gescheite Wesen.
  Wenn es ihnen längere Zeit gut bzw. sehr gut ergeht, werden sie übermütig, unzufrieden und streitsüchtig
- Diese Gesetzmäßigkeit gilt sowohl für den kleinen Bürger wie für die Oberschicht als auch für den oder die Herrscher.
- In jeder der drei Urkulturen folgte einer guten Zeit das Schlechte, die Entrechtung, die Enteignung und schließlich die Ausbeutung.
- All dies überstand der Mensch, weil er leidensfähig ist, vernunftbegabt und seine ihm gegebene menschliche Intelligenz benutzte.

Wird das in Zukunft auch gelingen?"

Vincent endet mit der Feststellung.
„Also alle drei Urkulturen, die der Sumerer, der Babylonier und der Ägypter, sind am Ende an den menschlichen Urtrieben, der Geldgier und der Machtsucht gescheitert.
Das Volk, die Mehrheit der Masse, hatte schon damals, also vor 5000 Jahren, das Hirngespinst einer Art ‚Vollkaskoversorgung' im Kopf.
Das heißt, wenig eigene Leistung, aber trotzdem komplette Rundumversorgung durch andere, am besten durch den Staat.
Dass dies immer zum wirtschaftlichen Bankrott und damit auch zum gesellschaftlichen Zusammenbruch führen muss, dies ignorierten die Menschen schon damals.

Auch die Herrscher waren damals schon, wie heute auch, vom Virus der **Selbstherrlichkeit** befallen, von den Parasiten **Überheblichkeit** aus dem Gleichgewicht gebracht und von **Populismus** und **Opportunismus** charakterlich aufgeweicht.

Dass ein Herrscher, wenn er das Volk entrechtet und ausbeutet und wenn er dann noch Krieg ‚spielt' damals nur ganz selten eines natürlichen Todes starb oder zumindest in Ungnade fiel, änderte nichts an der Zwangshaltung dieser Politikverbrecher.

Und wie ist es heute?
Unsere ‚Demokratien' machen Politik und beschließen oftmals Dinge, von denen jeder Mensch, der geradeaus denken kann, sofort weiß, dieser Beschluss schadet der Wirtschaft, kostet Arbeitsplätze, schafft Not, Leid und Elend, ist ungerecht und unsozial, ja er verursacht sogar Streit mit anderen Ländern und schafft Kriegsgefahr.

Solche Beschlüsse fasst der heutige ‚demokratische Abgeordnete' sogar ohne schlechtes Gewissen, er hat ja nicht allein, sondern ‚demokratisch' beschlossen.

Wenn deutsche ‚Demokraten' USA- und England-Sanktionen gegen Russland zustimmen, beschließen sie Gefahr für das deutsche Volk!
Warum?
Im Falle einer kriegerischen Auseinandersetzung zwischen USA und Russland würde sich diese auf deutschem Boden abspielen.
Weder USA noch England hätten Schaden.
Deutschland wäre – allein wegen des riesigen Atomwaffenarsenals – in Ramstein völlig zerstört.

Was sind das für deutsche Volksvertreter?

Pharaonen

Frühdynastische Epochen v. Chr.:

0. Dynastie (3150 – 3050)	1. Dynastie (3050 – 2890)	2. Dynastie (2890 – 2686)
„Skorpion"	Hor-Aha	Hetepsechemui
Narmer (Menes?)	Djer	Raneb
	Djed	Ninetjer
	Den	Seth-Peribsen
	Anedjib	Chasechemui
	Semerchet	
	Qu'a	

Das Alte Reich:

3. Dynastie (2686 – 2613)	4. Dynastie (2613 – 2498)	5. Dynastie (2498 – 2345)
Sanacht	Snofru	Userkaf
Djoser	Cheops (Chufu)	Sahure
Sechemchet	Djedefre	Neferirkare
Chaba	Chefren (Chafre)	Schepseskare
Huni	Mykerinos (Menkaure)	Neferefre
	Schepseskaf	Menhauhor
		Djedkare
		Unas

1. Zwischenzeit (2281 – 2040)

6. Dynastie (2345 – 2181)	7./8. Dynastie	9./10. Dynastie
Teti	Wadjkare	Meriibre Cheti
Pepi I.	Qakare Ibi	Merikare
Merenre		Kaneferre
Pepi II.		Nebkaure Achtoy

Mittleres Reich:

11. Dynastie (2134 – 1991)	12. Dynastie (1991 – 1782)
Antef I.	Amenemhet I.
Antef II.	Sesostris I. (Senwosret I.)
Antef III.	Amenemhet II.
Mentuhotep I.	Sesostris II. (Senwosret II.)
Mentuhotep II.	Sesostris III. (Senwosret III.)
Mentuhotep III.	Amenemhet III.
	Amenemhet IV.
	Königin Sobeknofru

Zweite Zwischenzeit:

13. Dynastie (1782 – 1650)	14. Dynastie	15. Dynastie (1663 – 1550)
Ugaf	Nehsi	Scheschi
Ameni Antef IV.		Jakobher
Hor		Chian
Sobekhotep II.		Apopi I.
Chendjer		Apopi II.
Sobekhotep III.		
Neferhotep I.		
Sobekhotep IV.		
Aja		
Neferhotep II.		

16. Dynastie (1663 – 1555)	17. Dynastie (1663 – 1570)
Anather	Sobekemsaf I.
Jakbam	Sobekemsaf II.
	Antef VII.
	Ta'a I.
	Ta'a II.
	Kamose

Neues Reich:

18. Dynastie (1570 – 1293)	19. Dynastie (1293 – 1185)	20. Dynastie (1185 – 1070)
Athmose I.	Ramses I.	Sethnacht
Amenophis I. (Amenhotep I.)	Sethos I.	Ramses III.
Thutmosis I.	Ramses II. (Moses)	Ramses IV.
Thutmosis II.	Merenptah	Ramses V.
Thutmosis III.	Amenmesse	Ramses VI.
Königin Hatschepsut	Sethos II.	Ramses VII.
Amenophis II. (Amenhotep II.)	Siptah	Ramses VIII.
Thutmosis IV.	Königin Tausret	Ramses IX.
Amenophis III. (Amenhotep III.)		Ramses X.
Amenophis IV. (Echnaton) – Sonnengott Aton		Ramses XI.
Semenchkare		
Tutenchamun – zurück zu Hauptgott Amun		
Eje		
Haremhab		

Dritte Zwischenzeit:

Hohepriester (1080 – 945)

in Theben
Herihor
Pianchi
Pinodjem I.
Masaharta
Mencheperre
Smedes II.
Pinodjem II.
Pinodjem III.

21. Dynastie (1069 – 945)

in Tanis
Smedes I.
Amenemnisu
Psusennes I.
Amenemope
Osorkon der Ältere
Siamun
Psusennes II.

22. Dynastie (945 – 712)

in Tanis
Scheschonq I.
Osorkon I.
Scheschonq II.
Takelot I.
Osorkon II.
Takelot II.
Scheschonq III.
Pami
Scheschonq V.
Osorkon IV.
Harsiese

23. Dynastie (818 – 712)
in Leontopolis
Pedibastet
Scheschonq IV.
Osorkon III.
Takelot III.
Rudamun
Iuput

24. Dynastie (727 – 714)
in Sais
Tetnacht
Bakenrenef

25. Dynastie (747 – 656)
Nubier bzw. Kuschiten
Pinachi
Schabaka
Schebitku
Taharqa
Tanotamun

26. Dynastie (664 – 525)
Psamtik I. (Psammetich I.)
Nekau (Necho)
Psamtik II. (Psammetich II.)
Uahibre (Apries)
Ahmose II. (Amasis)
Psamtik III. (Psammetich III.)

Spätzeit:

27. Dynastie (525 – 404)

Perser
Kambyses II.
Darius I.

Xerxes
Artaxerxes I.
Darius II.
Artaxerxes II.

28. Dynastie (404 – 399)

Amyrtaios von Sais

30. Dynastie
Nachtnebef (Nektanebos I.)
Djedhoer (Theos)
Nachthorehbi
(Nektanebos II.)

29. Dynastie (399 – 380)

Nefaarud I. (Nepherites I.)
Hakor (Achoris)

31. Dynastie
Artaxerxes III.
Arses
Darius III.

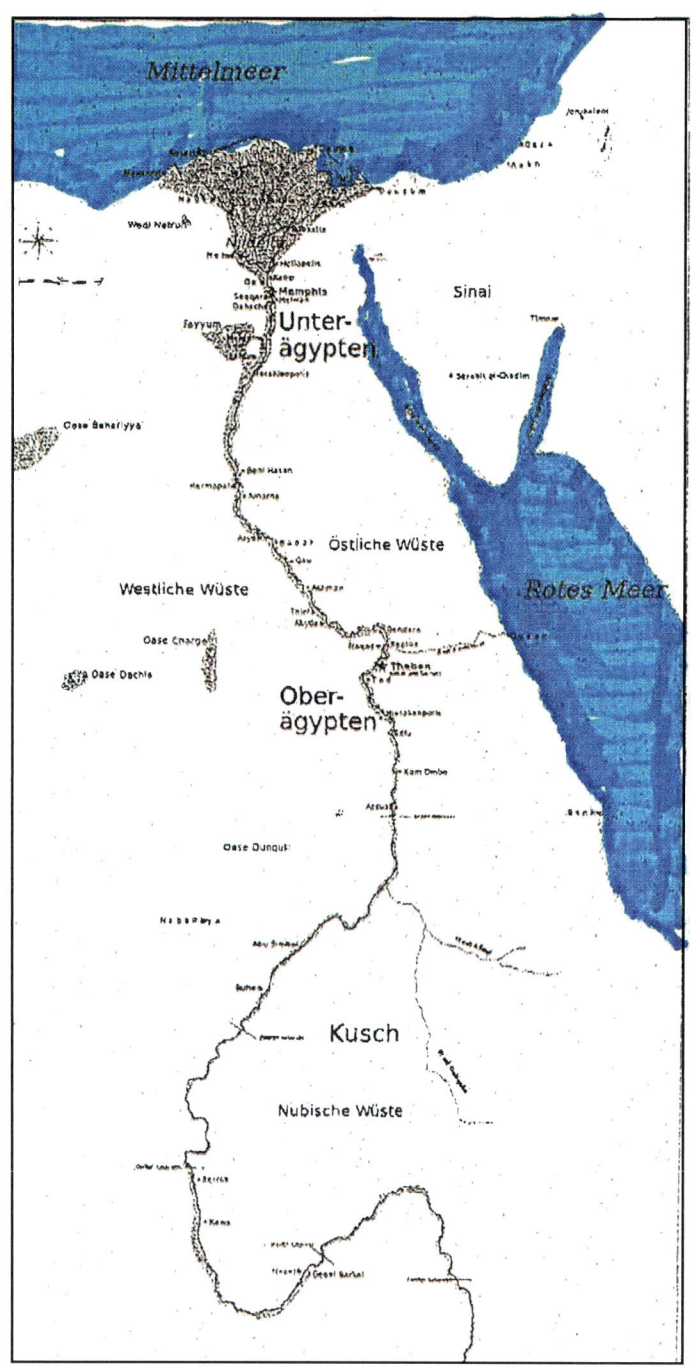

Ägypten 3.000 v. Chr.

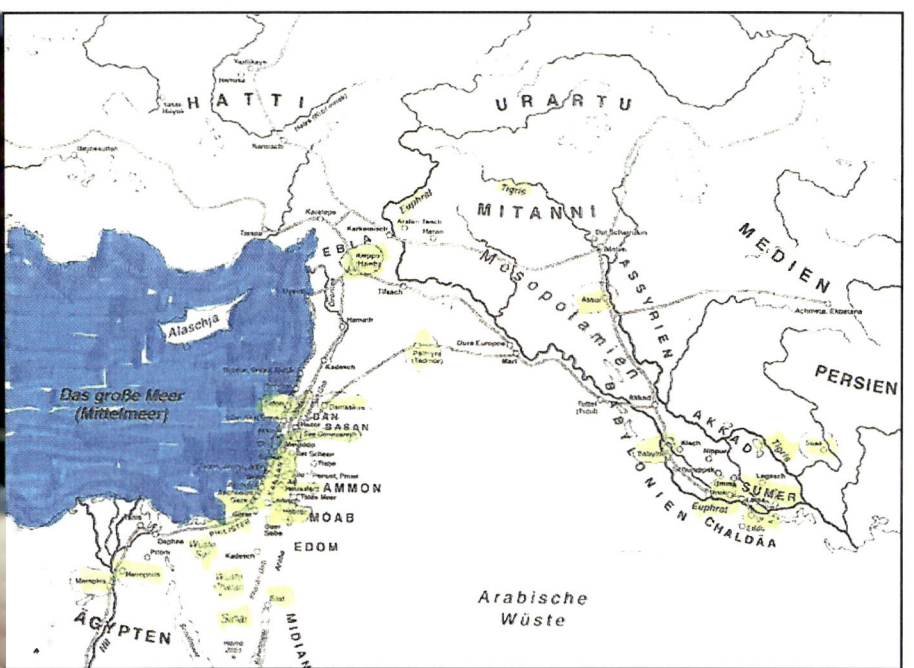

Naher Osten 1.300 v. Chr.

KAPITEL 8

SONSTIGE KULTUREN

**Chinesen – Europäer – Juden – Hethiter – Meder – Asiaten –
Kassiten – Assyrer – Neu-Babylonier – Perser – Mittelamerikaner**

Rückblick und Vorschau
2500 v. Chr. – 1500 n. Chr.

Vincent macht weiter.

Vincent beginnt seinen Vortag mit einer kurzen Einleitung:

„Blicken wir auf die drei Urkulturen, die Sumerer, die Babylonier und
die Ägypter zurück, dann dürfen wir als Menschen einerseits stolz sein,
andererseits müssen wir nachdenklich werden.

Der Mensch muss anscheinend seiner persönlichen und seiner geistigen
Freiheit immer wieder Tribut zollen.

Der Mensch ist vor ca. 350.000 Jahren angetreten, diesen Planeten Erde
geistig und seelisch zu erobern, ihn in diesem Sinne zu entwickeln und die
Erde zu beherrschen.

Der Affe, von dem der Mensch angeblich abstammt, lebt seit 20 Millionen
Jahren im Wald und turnt dort immer noch auf den Bäumen herum.

Der Mensch hat in den letzten 10.000 Jahren eine fast unvorstellbare
geistig-seelische Entwicklung durchgemacht.
Zum einen hat er seinen kognitiven Zustand explosionsartig fortentwickelt,
zum anderen hat der Mensch diese Erde auch rein praktisch zunächst
landwirtschaftlich, dann handwerklich und schließlich technisch in
kürzester Zeit so stark entwickelt, wie man sich dies rückblickend niemals hätte vorstellen können.

Der Mensch ist also tatsächlich ein völlig anderes Wesen auf dieser Erde als alle bisherigen Bewohner dieses Planeten.

Der Mensch ist ein einmaliges Wesen, er ist, wie schon beschrieben, das einzige Körper-Geist-Seele-Wesen auf dieser Erde.
Er ist geistgesteuert, seelegelenkt und gewissenkontrolliert, also absolut selbstbestimmt.

Das Tier, das Körper-Instinkt-Wesen, ist hingegen instinktgesteuert und körperhandelnd, also völlig vorprogrammiert und fremdbestimmt.

Organisch, also biomolekular, funktionieren beide Körper nach den gleichen Prinzipien.
Sogar die Gehirne von Mensch und Tier arbeiten neuronal.
Die Unterscheidung der Gehirnleistung stellt sich weniger durch die Quantität als durch die Struktur, durch die Anzahl und die neuronale Vernetzung und durch das vorhandene Programm dar.

Eine weitere wichtige, wissenschaftlich nicht widerlegbare Tatsache ist:
Die Geschicke in diesem Universum und auf dieser Erde wurden und werden von den beiden bipolaren Energien plus und minus, also von Gut und Böse bestimmt.
Der Nordpol und der Südpol – Tag und Nacht – auf und ab usw. funktionieren digital.
Auch Gut und Böse wirken in gleicher Weise.

Und wir Menschen, wir leben in dieser digitalen Welt.
Mit diesem Phänomen haben wir permanent zu tun.

Auch die Menschen in den drei Urkulturen der Sumerer – Babylonier – Ägypter waren diesen beiden Mächten **Gut** und **Böse** ausgeliefert.
Auch alle zukünftigen Menschen sowie das gesamte Universum werden von diesen Mächten bestimmt.

In Anbetracht dieser unumstößlichen Tatsache wird in nachfolgenden Texten großer Wert auf die Entwicklung und das Verhalten der Menschen auf diesem Planeten gelegt.

Wie verhalten sich die Menschen in den elf ‚Überbrückungs'-Kulturen und darüber hinaus?
Leben sie in Wohlstand und Frieden oder manipulieren sie sich immer wieder in Armut, in Leid und in Krieg hinein?

In den vergangenen drei Urkulturen hat sich eindeutig herausgestellt, dass der Mensch zunächst immer eine positive Einstellung zu sich und seiner Umwelt pflegt.
Wenn es dem Menschen dann aber längere Zeit bzw. lange gut oder, besser gesagt, zu gut ergeht, füllt sich sein gesamtes Ich immer mehr mit negativem Vakuum.
Anders gesprochen: Der Mensch wird unzufrieden, Missgunst überkommt ihn, er glaubt etwas zu versäumen, er fühlt sich schließlich ungerecht behandelt, begehrt auf, zunächst in der Familie, dann gegen jede Obrigkeit und schließlich beginnt er zu streiten.

Der Mensch wird sich selbst zum Feind.
Und genau dies ist ‚menschlich'.
Das Tier geht niemals gegen sich selbst vor.

Wie dies beim sogenannten ‚kleinen Mann', beim Bürger, beim Beamten, auch bei vielen Templern geschieht, so wirkt sich dies auch bei manchem Herrscher aus.

So war es vor 7000 Jahren und so gilt es für alle Zwischenkulturen.

Das Gute hierbei ist, dass der sogenannte ‚kleine Mann' als Individuum durch seinen Frust wenig breiten Schaden verursachen kann.
Der Herrscher dagegen ist in der Lage, Krieg vorzubereiten und zu führen.
Not und Elend sind dann unabwendbare Folgen für das ganze Volk.

Die drei Urkulturen der Sumerer, Babylonier und Ägypter sind geschichtliche Zeugen für obige Aussagen.
Alle drei Urkulturen begannen klein und friedlich.

Vorausschauend und klug entwickelten sie sich zum Wohle aller Menschen zu humanen Hochkulturen.

Den Menschen ging es damals zunächst gut und immer besser. Wirtschaftlich, gesellschaftlich, kulturell und friedlich entwickelten sich alle drei Völker zu großen Kulturen mit Vorzeigewert für die gesamte Menschheit.

Doch dann geschah es:
Als es den Menschen, dem Volke – auch den Herrschern – zu lange gutging, begann der innere Zerfall.
Beim Individuum fing er an, die Bürger und die Herrscher in den drei Urkulturen überfiel er und das Virus der Unzufriedenheit breitete sich immer weiter aus,.

Streit im Volk war die Folge, die Herrscher schürten und führten Krieg. Not und Elend legten sich dann wie Nebel übers ganze Land.

Die eine Urkultur versank in der Geschichte, die nächste wuchs nach oben.

Die Frage stellt sich nun: Wie ging es nach den drei Urkulturen weiter? Was geschah in der Folge? Wie entwickelt sich diese neue Spezies Mensch?

Natürlich wird auch in Zukunft das ‚Naturgesetz‘ – plus und minus, auch **Gut** gegen **Böse,** diesen Planeten bestimmen?

Die Existenzfrage der Menschheit stellt sich nicht.

Aber wie werden sich die Menschen, wie wird sich die Menschheit in Zukunft verhalten?

Werden die Menschen aus vergangenen Fehlern lernen oder wird die negative Energie auch weiterhin immer wieder über die Vernunft, über die kognitive Ausstattung der Menschen und über Geist und Seele siegen?

Wir werden sehen."

Sonstige KULTUREN

Chinesen – Europäer – Juden – Hethiter – Meder – Asiaten – Kassiten – Assyrer – Neu-Babylonier– Perser – Mittelamerikaner

Vincent ist wieder dran.
Er stellt fest:
„Ob es diese elf oder mehr sonstigen Kulturen waren, welche für unsere heutige Welt nachhaltig prägend sind, dies ist hier nicht entscheidend.

Wichtig ist hier aber zu bemerken, dass wir bei nachfolgender Abhandlung keinen Geschichtsunterricht betreiben.
Die Geschichte auf diesem Planeten Erde ist nämlich in mehr als tausend Geschichtsbüchern in allen Details nachzulesen.

Unser Bestreben hier ist:
Wir wollen untersuchen und festhalten, wie wir Menschen wirklich sind, wie wir uns auf dieser Erde bisher entwickelt und verhalten haben und wohin wir treiben, also wie unsere Zukunft sein könnte.

Elf sonstige Kulturen werden wir hierfür kurz beleuchten.

Es sind

1	Chinesen	5	Meder	9	Neu-Babylonier
2	Europäer	6	Asiaten	10	Perser
3	Juden	7	Kassiten	11	Mittelamerikaner
4	Hethiter	8	Assyrer		

Jede dieser Kulturen hatte Einfluss auf die damalige Zeit, auf die Menschen danach und auf den Fortschritt der Menschheit.

Im Nachfolgenden interessiert uns vorwiegend, wie sich in der jeweiligen Kultur die Menschen verhielten und wie es ihnen erging.

Chinesen   2900 v. Chr. bis heute

Bei den heutigen Chinesen handelt es sich ebenfalls um ein aus Afrika eingewandertes, mittlerweile urasiatisches Volk.

Wie aus Vorgesagtem ersichtlich, gibt es aus China schon seit ca. 30.000 v. Chr. menschliche Zeichen.

Die ersten chinesischen Kulturen beginnen etwa 2900 v. Chr.
Unser Wissen hierüber erschließen wir heute ausschließlich aus Funden und Ausgrabungen.

Die sagenumwobenen Urkaiser des Chinesischen Reiches pflegten schon 1800 v. Chr. völlig intakte Kulturen mit für heute unglaublich geistigem und gesellschaftspolitischem Standard.

Die erste Hochkultur der Chinesen wurde fast parallel zu der Hochkultur der 12. Dynastie der Ägypter praktiziert.
Unser Wissen stammt aus Überlieferungen.

Die ersten großen chinesischen Dynastien, welche uns bekannt sind:

Hia und Schang	1800 v. Chr. –	1050 v. Chr.
folgte die Tschou-Dynastie	1050 v. Chr. –	256 v. Chr.
die Ts'in-Dynastie	221 v. Chr. –	206 v. Chr.
die Han-Dynastie	206 v. Chr. –	220 n. Chr.
die T'ang-Dynastie	618 n. Chr. –	907 n. Chr.
die Sung-Dynastie	961 n. Chr. –	1278 n. Chr.
die Yüan (Mongolen)	1278 n. Chr. –	1368 n. Chr.
die Ming-Dynastie	1368 n. Chr. –	1644 n. Chr.
die Tsing-Dynastie (Mandschu)	1644 n. Chr. –	1912 n. Chr.

Dem Volk, den Menschen erging es je nach Herrscher meist gut.

Die chinesischen Herrscher pflegten gemäß ihrer Philosophie Harmonie sowohl in sich selbst als auch für das Volk.

Ausnahmen bestätigen die Regel.

Harmonie war und ist die Grundregel der Menschen in China. Dies gilt schon seit Tausenden von Jahren.

Trotz dieser chinesischen Mentalität gab es auch in China immer wieder Krieg.
Auch in China menschelte es.

Die ersten Dynastien kamen jeweils so zustande, dass im Volk, im Reich, verschiedene Fürsten- bzw. Herrscherhäuser immer gegeneinander kämpften und jeweils die stärkeren die Macht ergriffen.
So lebten zeitweise mehrere Dynastien zur gleichen Zeit nebeneinander.

Neben den internen Kämpfen war das Land auch von außen bedroht, insbesondere von den Mongolen.

Der innere Zusammenhalt zerfiel deshalb immer wieder, er wurde aber auch immer wiederhergestellt.

Erst die Ts'in-Dynastie war in der Lage, das gesamte Chinesische Reich, also alle einzelnen Fürstentümer unter eine Regierungshoheit zu bringen. Unter ihrem neuen Kaiser begann man dann ab 210 v. Chr., sich gegen äußere Feinde zu wehren.

Gegen die nördlichen Grenzvölker wurde nun die chinesische Mauer gebaut. Die Han-Dynastie brachte das Reich zu ganz hoher Blüte.
Doch nach ihr löste sich das Reich wieder in drei Teilbereiche auf.
Die Wiedervereinigung des Reiches erfolgte erst unter dem Herrscherhaus Sui bzw. dann unter den T'ang-Kaisern ab 618 n. Chr.

Ab 1000 n. Chr. begannen die Mongolen aufs Neue, mit unglaublicher Macht gegen das Chinesenreich zu drängen. Sie eroberten ganz China und kamen – wie bekannt – auch nach Europa und Vorderasien.
Unter ihrer Herrschaft, also unter dem Hause Yüan, welches Mongolen waren, kam China wiederum zu ganz hoher Kultur.

Erst unter der Macht des Hauses Ming wurden die Mongolen endgültig aus China vertrieben.

Den Ming-Kaisern folgte die Tsing-Dynastie, also Kaiser aus der Mandschurei, welche zum Chinesischen Reich gleichzeitig die Mandschurei brachten. Unter ihrer Herrschaft war die höchste Ausdehnung des bisherigen Chinesischen Reiches zu verzeichnen.

Aufgrund der riesigen Ausdehnung waren nun auch Berührungspunkte mit Japan, mit Indien, mit Russland und mit Europa gegeben.

Europäische Seemächte stießen auf chinesisches Festland (Opium-Krieg). Die Städte Shanghai, Hongkong und Nanking wurden zu Weltstädten, ebenso Kanton. In wechselseitigen Streitereien, Kriegen, Handel und wieder Kämpfen wurden einerseits Staatsgebiete abgegeben, andererseits festigte sich das gesamte Reich.
In den Hafengebieten kamen immer mehr Fremde durch Handel zur Geltung.
Die Fremdenfeindlichkeit nahm zu. So kam es zu den Boxeraufständen um ca. 1900. Das Land war innerlich zerstritten und begann sich zu spalten.
Das Volk wurde immer mehr unzufrieden und begehrte auf.

Dr. Sun Yat-sen gründete 1911 die demokratische, sozialistische Volkspartei ‚Kuomintang'. Diese übernahm sofort die Macht. 1911 bis 1948 wurde China zur Republik, nachdem Sun Yat-sen 1911 in Nanking die Regierung übernahm bzw. bildete. Die Mandschu mussten abdanken.
Das war das Ende des chinesischen Kaiserreiches.

1916 wurden die Mongolei und Tibet selbstständig und unabhängig von China.
Tschiang Kai-schek, der militärische Führer der Kuomintang, stellte 1927/1928 die Einheit unter den zerstrittenen chinesischen Völkern her.
Er wurde Vorsitzender der Nationalregierung.
Die Kommunisten bildeten eine Gegenregierung in Kanton, und zwar unter Mao Tse-tung und Tschou En-lai.
Schon wieder begann der völlig unsoziale Sozialismus groß zu werden.
Wir werden sehen, welches furchtbare Unheil er anrichtet.

Im Herbst 1931 begann der Krieg zwischen den Japanern und den Chinesen.

Die Japaner eroberten die Mandschurei und besetzten später Peking und Nanking. Ab 1937 tobte ein offener Krieg mit Japan.

Ab 1941 mit Deutschland. Kommunistische Partisanen kämpften ständig gegen die Japaner und übernahmen nach 1945, dem Zusammenbruch Japans, unter Tschou En-lai und Mao Tse-tung einen Teil des Reiches und kämpften gegen Tschiang Kai-schek, welcher den anderen Teil beherrschte.

Am 01.10.1949 übernahm die Kommunistische Partei mit Unterstützung der Sowjetunion unter Führung von Mao Tse-tung die Gewalt und rief die Volksrepublik China aus. Ihr folgte die sogenannte Kulturrevolution von 1966 bis 1976, bei welcher alles intellektuelle und bürgerliche Denken und Handeln abgestellt wurde. Unendlich viele Millionen Menschen, man spricht von über 70 Millionen, fanden den Tod.

Ab 1979 begann sich China wieder auf seine jahrtausendealten Werte zu besinnen.

Der körperlich nur 1,56 Meter kleine Mann Deng Xiaoping, einer der ganz großen Chinesen, verändert in der Zeit von 1979 bis 1997 aufs Neue die Welt der Chinesen.

Er war es, der den dritten Weg, den Weg zwischen sozialistischer Planwirtschaft und der sozialen Marktwirtschaft propagierte.

Deng Xiaoping war es, der die gesamte chinesische Nomenklatura umfunktionierte und auf den dritten Weg lenkte.

Ihm fiel dieser Weg relativ leicht, weil sich die im Westen praktizierte soziale Marktwirtschaft mittlerweile in eine alles fressende gierige Kapitalwirtschaft entwickelt hatte.

Beides wollte man in China nicht.

Ob China, ob der 99,99 prozentige Parteikader der chinesischen Partei das Land China auf diesem Weg zum nachhaltigen, zum dauerhaften Erfolg führen kann, wird sich zeigen.

Mit Sicherheit wird dies nicht gelingen, wenn in China das Individuum, der einzelne Mensch nur noch zu einer Nummer degradiert wird.

Wir werden uns später mit diesem Thema im Detail befassen.

Europäer   2100 v. Chr. bis heute

Wer sich mit der Menschheitsgeschichte beschäftigt, denkt zunächst an die drei alten Urkulturen – Sumerer, Babylonier, Ägypter –, er denkt sicher auch an die Antike, also an die philosophierenden alten Griechen und an die organisierenden und kämpferischen Römer.

Er denkt aber nicht an die europäischen Altkulturen.

Dass die vor über 600.000 Jahren aus Afrika ausgewanderten Menschen sich auch im kalten Mitteleuropa angesiedelt hatten, erfährt man erst bei näherer Betrachtung.
Nachgewiesenermaßen lebten schon vor mehr als 100.000 Jahren Menschen in Mitteleuropa.

Vor der Bronzezeit, also 3500 Jahre v. Chr., waren in Europa, insbesondere in den Mittelgebirgen Deutschlands viele einzelne Bauernstämme angesiedelt.

Nördlich der Mittelgebirge und östlich des Rheins siedelten Menschen. Die **Großsteingräberleute. Germanen** waren es.
Südlich der Mittelgebirge und westlich des Rheins die **Pfahlbauerleute,** auch **Bandtöpfer. Kelten** nennt man sie heute.

Um 2200 v. Chr. drangen urplötzlich aus **Südosteuropa Kampfvölker,** die sogenannten **Streitaxtleute,** auch sogenannte **Schnurtöpfer,** nach Mitteleuropa ein.

Etwa zur selben Zeit suchten über **Spanien** aus **Afrika** die **Glockenbecherleute,** ein Volk mit Dolchen aus Bronze, das bisher friedliche Mitteleuropa heim.

Diese eingedrungenen Völker vermischten sich dann mit den Landesstämmen zu den sogenannten **Indoeuropäern.**

Die **Indoeuropäer** stammen also **aus** dem Blute der **Germanen, Kelten, Griechen** und der **Römer.**

Große Teile der **Indoeuropäer** waren dann wieder stets auf Wanderschaft und Eroberung vom Atlantik bis Asien unterwegs.

Diese Leute benutzten das Pferd als Reittier und waren so im Kampfe allen Fußvölkern überlegen. Auf Grund ihrer Kampfkraft eroberten die Indoeuropäer ihrerseits bereits um 2300 v. Chr. Kleinasien, vermischten sich mit den Urvölkern, später besonders mit den **Medern,** und bildeten das Urvolk der **Perser.**
Ab 1200 v. Chr. eroberten sie dann ganz Europa, Italien, den Balkan, Griechenland, Kleinasien, Arabien und Asien.

Die in Mitteleuropa zurückgebliebenen zwei Urvölker, die **Urkelten** und die **Urgermanen,** entwickelten sich ab etwa 1200 v. Chr. zu selbstständigen Kulturen.

Die **Urgermanen** hausten nördlich der deutschen Mittelgebirge und östlich vom Rhein, vom Atlantik bis zur Ostsee.

Die **Urkelten** lebten südlich der deutschen Mittelgebirge und besiedelten dort die Gebiete westlich und östlich des Rheins bis Italien, Nordspanien, den Ostteil Frankreichs und östlich bis zum Bayerischen Wald einschließlich Österreich.

Beide Völker, die **Urgermanen** und die **Urkelten,** bestatteten ihre Toten in großen Gräbern aus Steinen und Erdhügeln, den sogenannten Kelten- oder Germanengräbern.
Meist wurden die Toten in Eichenstämme gelegt.

Die Kelten:

Im Jahre 1200 v. Chr. drangen starke Kampftruppen aus Böhmen in das Gebiet der Urkelten ein. Diese vermischten sich mit den vorhandenen Volksstämmen und bildeten so endgültig die Kelten. U. a. brachten sie die Urnenbestattung mit, ebenso die Benutzung von Eisen und die Herstellung von Eisengeräten und Eisenwaffen.
Es begann also auch hier die Eisenzeit (ca. 800 v. Chr.). Es war die Blütezeit der Kelten. Sie waren damals führend in Europa.

Die Töpferkunst kam zur Blüte. Großer Tatendrang entstand im ganzen Volk.

Ab 400 v. Chr. begannen keltische Stämme wieder zu wandern. Sie eroberten Frankreich, England, Spanien und Italien. 387 v. Chr. eroberten sie auch Rom.
Griechenland und Kleinasien wurden besiedelt.
278 v. Chr. gründeten sie das keltische Galaterreich in der heutigen Türkei. Von 278 bis 100 v. Chr. beherrschten sie ganz Europa vom Atlantik bis zum Schwarzen Meer.

Die Germanen:

Das Land und ihre Stämme, die Urgermanen, wurden ebenfalls ab 1000 v. Chr. durch aus Osteuropa eingedrungene Stämme unterwandert und bildeten so endgültig das Volk der Germanen.
Die Germanen beherrschten den Raum nördlich der deutschen Mittelgebirge vom Rhein bis zur Oder und Weichsel. Mit den südlichen Nachbarn, den Kelten, gab es Grenzstreitigkeiten, die jedoch nie zu Kriegen führten.

Der innere Zusammenhalt der Germanenstämme wuchs. Nach und nach kristallisierten sich zwei **Germanenstämme, die Kimbern** und **Teutonen** heraus.
Auch diese begannen ca. 250 v. Chr. wiederum zu wandern. Sie drangen ebenfalls nach Frankreich, England, nach Skandinavien und nach Osteuropa vor.
Auch wanderten sie in Richtung Süden und eroberten Teilgebiete, in denen die **Kelten** ansässig waren. Sie mischten sich mit ihnen und den Landesstämmen und **bildeten so den endgültigen starken Stamm der Germanen** für ganz Europa, insbesondere für Deutschland.

Die Menschen in Deutschland sind also **Indoeuropäer,** vorwiegend eine Mischung aus Germanen und Kelten und einem kleinen Teil Griechen und Römer.
Im Norden mehr Germanen, im Süden mehr Kelten.
Noch ein Hinweis zu Völkerwanderungen:

Die Menschen erobern den Planeten durch Wandern.
Die Affen blieben immer, wo sie waren.

Die erste Wanderung der Menschen begann vor ca. 600.000 Jahren, als sie von Äthiopien aus diesen Planeten Erde zu bevölkern begannen.

Aus europäischer Sicht halten wir nachfolgende Völkerwanderungen fest:

Zweite Völkerwanderung: 2000 v. Chr.
Südosteuropäische Stämme (Streitaxtleute) drangen in den nördlich der Mittelgebirge liegenden Bereich der Germanen und südeuropäische Stämme (Glockenbecherleute) drangen über Spanien und Italien in den südlich der deutschen Mittelgebirge liegenden Bereich der Kelten ein.
Alle vermischten sich mit dem dortigen Urvolk.

So bildeten sich die Urgermanen im Norden und die Urkelten im Süden der deutschen Mittelgebirge.

Dritte Völkerwanderung: 1200 v. Chr.
Nach jahrhundertelanger Ruhe drangen aus dem Gebiet der Unteren Donau und dem heutigen Böhmen und Mähren starke Kampftruppen in das Gebiet der Kelten ein und bildeten die Urnenfelderkultur.
Auch nach Osten und Süden wanderten sie aus.

Vierte Völkerwanderung: 400 v. Chr.
Keltische Stämme wanderten in Richtung Frankreich, Spanien, England und Italien aus. Sie eroberten 387 v. Chr. Rom. Auch Griechenland und Kleinasien wurden von ihnen besetzt.

Fünfte Völkerwanderung: 250 v. Chr.
Germanische Stämme, die Kimbern und die Teutonen, wanderten durch ganz Europa. Besonders Süddeutschland, Italien, Spanien, Frankreich und England wurden erobert und besiedelt.

Sechste Völkerwanderung: 1945 n. Chr.
Vertriebene aus der heutigen Tschechei und den russisch besetzten ehemaligen deutschen Ostgebieten wanderten nach Westdeutschland.

Siebte Völkerwanderung: ab 2015 n. Chr.
Menschen aus Afrika, aus Afghanistan, aus dem Nahen und Mittleren Osten wandern nach Europa."

Vincent stellt fest:
„So viel zu den alten Europäern.
Nun kommen wir zu den Juden."

Frank unterbricht nun Vincent:
„Ich muss jetzt eine Erklärung abgeben!", sagt Frank.

Vincent übergibt Frank das Wort.
„Meine Freunde, jetzt in der Folge geht es nun um die Juden.
Bevor wir damit beginnen, müsst ihr wissen, dass ich Jude bin, ein echter, ein hundertprozentiger.

Von der Erbanlage, nationalistisch bin ich 100 Prozent Jude, religiös habe ich jene Einstellung, welche wir bezüglich Christentum und Buddhismus auch schon im Detail besprochen haben."

Vincent bedankt sich bei Frank für den wertvollen Hinweis und meint mit Blick auf Schorsch, Hans, Max und Frank:
„Dieses Thema besprechen wir heute Abend.
Du bist unser Blutsbruder."

Vincent stellt weiter fest:
„Ich glaube, wir sollten nun Frank den Vortritt lassen bei der Aufklärung der jüdischen Geschichte."

Alle drei Freunde – Schorsch, Hans und Max – stimmen Vincent zu und ergänzen:
„Wir sind jetzt fünf Blutsfreunde."

Alle fünf Freunde sind nämlich wirklich in kurzer Zeit als echte Blutsfreunde zusammengewachsen.

Frank übernimmt nun den Vortrag.

Juden   1950 v. Chr. bis heute

Frank beginnt, wie die Christen sagen würden,
bei Adam und Eva,
also bei Abraham und Isaak.

„Der jüdische Urstamm, die Israeliten, eine kleine Volksgruppe, lebte
etwa 1950 v. Chr. im damals stark bevölkerten Mesopotamien.
Semiten, Sumerer, Babylonier, Hethiter, Araber, Palästinenser, Eurasier
und Inder waren die großen Stämme.
Die Juden nannten sich damals noch Israeliten. Sie lebten als eine andersgläubige kleine Sippe ohne Kontakte zu anderen Stämmen zwischen dem
Roten Meer und dem Zusammenfluss von Euphrat und Tigris.

Abraham ~ 1950 v. Chr. – war ihr Urvater.

Isaak, der Sohn von Abraham, das symbolische Opfer, ging als solches
durch das Alte Testament in die Geschichte ein.

Joseph ~ 1850 v. Chr. – hatte eine große Familie.
Diese Urfamilie war der eigentliche Beginn des Judentums.

Weil die Juden mit den anderen Stämmen in immer wiederkehrendem
Streit lebten, wurden sie immer wieder vertrieben.
Nie hatten sie einen festen Wohnsitz.
Immer waren sie auf Wanderschaft.

Isaak, der **Sohn von Abraham,** führte auf ihrer andauernden Wanderschaft
ab etwa 1820 v. Chr. die Juden nach Ägypten.
Dort lebten sie von ca. 1820 bis ca. 1420 v. Chr. in ‚Gefangenschaft‘.
Moses führte die Juden/Israeliten ca. 1420 v. Chr., also 400 Jahre später,
von Ägypten zurück nach Mesopotamien.

Nach der Rückkehr aus der ‚ägyptischen Gefangenschaft‘ bildeten die
Juden zwölf Stämme.
Diese lebten dann von ca. 1420 v. Chr. bis ca. 1000 v. Chr. auf immer
wieder fremdem Land.

Es war das Land der Araber, der Alt-Palästinenser, der Semiten, der Sumerer, der Babylonier, der Hethiter, der Eurasier.

Die Juden lebten nun aufgeteilt in zwölf Stämme zunächst ohne einen gemeinsamen Herrscher, wie gesagt auf fremdem Land.

Etwa 420 Jahre dauerte es, bis sich aus den auch intern zerstrittenen zwölf Stämmen ein großer gemeinsamer Stamm der Juden bildete.

Im Jahre 1000 v. Chr. wurde dann David zum König der Juden ernannt.
Er führte Kriege, besiegte schließlich Jerusalem und machte es zu seiner Hauptstadt.

Salomo, der **Sohn Davids,** baute den ersten jüdischen Tempel in Jerusalem.

Die Nachkommen Davids und Salomos regierten nun ca. 400 Jahre von 1000 v. Chr. bis 600 v. Chr. das Volk der Juden.

Die Juden waren in dieser Zeit zum ersten Mal 400 Jahre lang ein geeintes Volk.
Doch auch jetzt fanden die Juden keinen Frieden, weder intern noch extern.

Die Juden führten Krieg, besetzten Gebiete benachbarter Stämme und sie waren nicht bereit, sich mit diesen zu arrangieren.
Ihr monotheistischer Glaube hinderte sie daran.

Ihre oberste individuelle Pflicht war, sich keinesfalls mit anderem Blut zu mischen.
Hierdurch war viel Streit vorprogrammiert.

Wie die alten Ägypter unter Pharao Echnaton, welche den ersten Eingottglauben – Aton – pflegten, praktizierten die Juden auch einen Eingottglauben.
Sie glaubten an Messias, den Erlöser.

Sie hielten sich für das auserwählte Volk. Sie sahen sich in einer Sonderstellung.

Ihre immer wieder selbst gewählte Sonderstellung machte sie immer wieder und immer mehr unbeliebt.

Niemand mochte die Juden.

Die Folgen waren und sind tragisch.

Die Juden wurden schon damals von allen Seiten verfolgt.

Oft mussten sie außerhalb des Dorfes, der Stadt, der Gesellschaft leben.

Sie durften kein Handwerk betreiben, durften nicht produzieren und waren geächtet und von den Handwerkstätigkeiten ausgeschlossen.

Sie waren meist Außenseiter und konnten deshalb nur Handel treiben und waren gezwungenermaßen in Geldgeschäften tätig.

Auch intern stritten die Juden viel.

Ihr Zusammenhalt nach außen, ihr Überlebensstreben und ihr Talent, erfolgreich zu verhandeln und zu handeln, waren schon damals ausgeprägt.

Die Juden handelten mit allem, was zu handeln war; mit Waren, mit Produkten, mit Rohstoffen, mit Gewürzen, mit Salzen, mit Ölen, mit Tieren, mit Immobilien und mit Geldwerten.

Sie betrieben Banken und untermauerten damit ihren Einfluss.

Die Juden ließen ihren Kindern schon damals die beste Ausbildung angedeihen. Sie waren gebildet, klüger und fast immer besser als die meisten anderen. Sie waren wohlhabend.

Sie waren aber auch überheblich und sie verhielten sich oft anmaßend.

Niemand mochte sie.

Ihre Überlegenheit und ihr Verhalten machten sie immer unbeliebter.

Die Juden waren besser ausgebildet, sie waren gebildeter als die meisten anderen und sie waren meist auch intelligenter und klüger.

Sie waren auch vermögender, viele waren sogar reich.

Man war ihnen ganz einfach neidisch.

Nach 400 Jahren Judenstaat war die Abneigung gegen die Juden so groß, dass man sie wiederum bekämpfte.

70 Jahre lang, von 600 bis 530 v. Chr., waren sie nun wieder in Gefangenschaft, in **‚babylonischer Gefangenschaft'**.

Der **persische Kaiser Cyros** besiegte 530 v. Chr. das Land Babylon und ‚befreite' dabei auch die Juden.
Viele von ihnen gingen in das alte Land Palästina zurück.
Dort waren sie aber wieder nicht willkommen.

Die in Babylon verbliebenen Juden waren bei den Persern gleichfalls nicht beliebt.
210 Jahre lang, von 530 bis 320 v. Chr., waren sie deswegen in **‚persischer Gefangenschaft'**.
Alexander der Große besiegte nun etwa 320 v. Chr. das Persische Reich.
Alexander und seine Nachfolger beherrschten damit das gesamte Nahostgebiet von 320 bis 90 v. Chr., also 230 Jahre.

Die Juden waren in dieser Zeit eine **Provinz des Griechischen Reiches**.
Auch jetzt waren sie wieder nicht eigenständig und nicht frei.

90 v. Chr. kamen die Römer.
Diese besiegten alle Völker nördlich, östlich und südlich des Mittelmeeres.
Auch die Perser wurden unterjocht.

Die Juden waren zuletzt Abhängige der Perser und nun wurden sie in die **Provinz der Römer** zwangseingegliedert.
Wiederum waren sie nicht frei, also kein eigenständiges, selbst regiertes Volk mit eigenem Grund, mit eigener Regierung.

- Jesus wurde geboren und von den Juden mit Zustimmung der Römer umgebracht.

- Die Römer zerstörten Jerusalem und verschleppten viele Juden als Sklaven in ihr damaliges Weltreich.

- Die Juden wurden nun Weltbürger, allerdings auch weiterhin ohne eigene Regierung, ohne eigenes Land und ohne eigene Nation.

Auch in der Zeit ab Christus bis 1948 gab es nie einen eigenen selbstständigen Judenstaat. Immer waren die Juden abhängig.
Immer waren sie unbeliebt, oft wurden sie sogar gehasst und verfolgt.

Die Juden standen in ihrer ganzen Lebensgeschichte, also ab 1850 v. Chr. bis 1948 n. Chr. – abzüglich 400 Jahren ‚Davidherrschaft‘, – also 3400 Jahre lang immer unter Fremdherrschaft.

Gefangenschaft unter den Ägyptern	1850 bis 1420 v. Chr.
Gefangenschaft unter König Nebukadnezar (Babylon)	600 bis 530 v. Chr.
Gefangenschaft unter Kaiser Cyrus (Persien)	530 bis 320 v. Chr.
Gefangenschaft unter Alexander dem Großen (Griechenland)	320 bis 90 v. Chr.
Gefangenschaft ab der Herrschaft der Römer	90 v. Chr. bis 200 n. Chr.
Menschen ohne Volk	200 bis 1948 n. Chr.

In diesen Zeiten waren die Juden also immer fremdbestimmt.
3400 Jahre waren sie ohne Nationalität.

Die Juden waren zwar immer eine eigene Rasse, aber lebten nie in Frieden.
Nie, außer unter David, waren die Juden ein selbstbestimmtes Volk, eine eigene, eine selbst regierte Nation.
Sie hatten nie wirkliche Freunde (von Individualfreundschaften abgesehen).

Auch in der Zeit nach den Römern bis 1948 n. Chr. lebten die Juden wie gesagt ohne eigenen Staat.
Ab den Römern lebten die Juden weltweit im Exil.
Auch im Exil wurden sie immer irgendwo verfolgt.
In Spanien, in Frankreich, in Deutschland, in Polen, in Russland und in vielen anderen Ländern waren sie ungewollt.

Die Juden wurden also auch ab der neuen Zeitrechnung ab Christus bis heute immer in irgendeiner Weise abgelehnt und teilweise sogar verfolgt.

Die allerschlimmste Zeit für die Juden war die ab 1933 beginnende und bis 1945 dauernde Vernichtung der Juden durch die Nazis in Deutschland.
Es wird davon ausgegangen, dass der auf dieser Erde in Person als Teufel

lebende Verbrecher Hitler und seine Teufelskinder in Deutschland, Polen und Frankreich ungefähr 6 Millionen Juden das Leben genommen hatten.

Die Juden hatten seit Urbeginn 1950 v. Chr. bis heute immer Feinde!
Sie wurden – abgesehen von 400 Jahren Davidgeschlecht – immer gesellschaftlich und politisch verfolgt und beherrscht!

Ab der neuen Zeitrechnung, ab dem Jahre 1, ab Jesus Geburt, änderte sich weder an der Einstellung der Juden zur Welt noch an der Einstellung der Welt zum Judentum Wesentliches.

Immer waren die Juden in ganz Europa unbeliebte Außenseiter, teilweise wurden sie wie beschrieben geächtet, gehasst und sogar verfolgt.
Deutschland, Spanien, Frankreich, Polen und Russland sind besonders zu nennen.

Auch im gesamten Nahen und Fernen Osten, in Arabien, in Afrika und in Gesamtasien sind die Juden, wie gesagt, seit fast 4000 Jahren nicht willkommen.
Im heutigen Italien, in Spanien, in Frankreich, in Deutschland und in vielen Ländern in West- und Osteuropa sind sie seit 2000 Jahren ungewollte Außenseiter.
In Spanien, in Frankreich und in Italien wurden die Juden wirklich verfolgt.
In Russland kam es zu den ersten Pogromen gegen die Juden.
In Deutschland gipfelte der Judenhass unter den Naziverbrechern sogar in einer, für einen Menschen nicht nachvollziehbaren systematischen Massenvernichtung der Juden.

Welche Gründe gibt es für die heutige Abneigung gegen die Juden?

- Ein ganz wichtiger Grund ist wie schon beschrieben der Neid.
- Ein weiterer Grund ist, dass ein großer Anteil des Weltkapitals durch jüdische Eigentümer und durch jüdische Banken kontrolliert wird.
- Ein anderer Grund für die Judenfeinde ist auch die Tatsache, dass weltweit die meisten Medien den Juden zuzurechnen sind.

- Schließlich besteht noch die nicht zu bestreitende Tatsache, dass die Juden über das weltweit mächtigste Netzwerk verfügen und damit großen Einfluss auf das gesellschaftliche und politische Leben der Menschen haben.

Seit 1948 n. Chr. haben die Juden nun einen eigenen Staat.

Endlich, so müsste man meinen, hat dieses geschundene Volk ein eigenes Zuhause und Ruhe und Frieden gefunden.

Was hier bei der Staatsgründung Israels die Amerikaner, die Engländer und die Franzosen natürlich bewusst programmiert hatten, war nichts anderes als die Vorbereitung späterer Kriege.

Viele ‚Minen' wurden gelegt, unzählige ‚Pulverfässer' wurden versteckt.

Mit ihnen kann man in den nächsten 100 Jahren bei Bedarf zu jeder Zeit einen kleineren, einen größeren oder einen großen Krieg beginnen.

Und wer hat diese Verbrechen begangen? Gewählte Politiker von Demokratien in USA, England und Frankreich.

Oder ist es kein Verbrechen, wenn man zwei ohnehin nicht gerade befreundeten Völkern, den Palästinensern und den Juden, 1948 Landesgrenzen vorgibt, was unaufhaltsam zu Krieg führen muss.

Denken wir an das Westjordanland und an den Gazastreifen.

Auf den Karten Seite 277 mit 280 ist dies dargestellt.

Jeder, selbst der dümmste Mensch wusste, dass es hier Krieg geben würde.

Krieg unmittelbar und auf alle Zeit.

Und nun muss Israel Krieg führen.

Einzelkriege: 1948 – 1956 – 1967 – 1973, mit den Palästinensern und mit andern ‚mesopotamischen' Staaten.

Vier Kriege waren es in den ersten 25 Jahren.

Und die Kriege werden weitergehen.

Leute wie Scharon und Netanjahu taten bzw. tun dies anscheinend mit Wonne.

Dies ist auch ein Grund, warum man in der Welt schlecht über die Juden spricht.
Die Mehrheit der Menschen in Israel ist unschuldig an den Verbrechen solcher Führer."

Frank hält kurz inne,
prostet mit seinem herrlichen Lafite den Freunden zu und meint:
„Die Judengeschichte ist lang – sehr lang, wir handeln sie in der kürzestmöglichen Zeit, also im Stenostil, ab.

Einige wichtige Fakten müssen wir noch nachholen.

Wie entwickelten sich eigentlich die geschichtlichen **Bevölkerungszahlen** der Juden?

• 1450 v. Chr. bis 1000 v. Chr.	ca.	800	bis	3.500 Juden
• 1000 v. Chr. bis 600 v. Chr.	ca.	3.500	bis ca.	50.000 Juden
• 600 v. Chr. bis 500 n. Chr.	ca.	50.000	bis ca.	15.000 Juden
• 500 n. Chr. bis 1200 n. Chr.	ca.	15.000	bis ca.	10.000 Juden
	ca.	100.000	Palästinenser	
• 1200 n. Chr. bis 1500 n. Chr.	ca.	6.000	Juden	
	ca.	120.000	Palästinenser	
• 1800 n. Chr.	ca.	8.000	Juden	
	ca.	285.000	Palästinenser	
• 1918 n. Chr.	ca.	54.000	Juden	
	ca.	900.000	Palästinenser	
• 14. Mai 1948	ca.	600.000	Juden	
	ca.	1.300.000	Palästinenser	
• 30. Mai 1948	ca.	4.200.000	Juden	
	ca.	160.000	Palästinenser	
• 31. Dez. 2018 in BRD	ca.	0,12 Mio.	Juden	
	ca.	82,00 Mio.	Menschen BRD	} 0,146 %
• 31. Dez. 2018 weltweit	ca.	18,00 Mio.	Juden	
	ca.	7,67 Mrd.	Menschen weltweit	} 0,235 %

Aus der oben aufgezeigten Bevölkerungsentwicklung ist selbst für jeden Laien schnell abzuleiten, dass die Juden immer in ihrer Geschichte eine winzige Minderheit waren und auch deshalb immer unter äußerem Druck standen.

Noch ein Wort zu den Menschen in Israel:

Was die heutige Zeit anbetrifft, ist für jedermann unschwer erkennbar, dass die Juden durch die von den Engländern und Franzosen unter dem Druck der USA am 14. Mai 1948 festgelegten Gründungsgrenzen des Staates Israel unverhinderbar zu Streit und zu Krieg gezwungen sind.
Und wer sind die Leidtragenden dieser ‚Kriegsplanung‘? Natürlich sind es die Menschen in Israel und die Palästinenser.

Der Streit wurde bewusst vorprogrammiert.
Ein solches Westjordanland und dieser Gazastreifen sind Krebsgeschwüre zwischen den Israelis und den Palästinensern.“

Frank stoppt seinen Vortrag, steht ruhig, hält regelrecht eine Gedenkminute. Nun fährt er weiter fort und meint:

„Hoffentlich unterstellt man mir jetzt nicht die Verbreitung einer ‚Verschwörungstheorie‘ und uns ein Komplott gegen die Demokratie.
Wir wollen doch nur Frieden für die Menschen dort.

Gier nach Macht und Gier nach Öl waren und sind die wahren Gründe für diesen rücksichtslos geplanten Völkermord.
Alle diese verbrecherischen Planungen spielten sich in ‚Demokratien‘ ab.
Nicht die Juden und nicht die Palästinenser sind schuld.
Sie haben keine Lösung.
Eine große Lösung muss von außen kommen.

Auch die Religion spielt bei den Juden immer eine große Rolle, wenn Streit zwischen den Juden und anderen Volksstämmen auftrat.

Ihre Religion ist der Grund dafür, dass die Juden kein fremdes Blut in ihrer Verwandtschaft dulden und dies ist ein Grund für permanenten Streit mit Andersgläubigen.

Auch ihre Behauptung, das Land sei ihr Land und es sei das Heilige Land, bringt Streit.

Weder gehörte das Land, in dem die Juden vor der Flucht nach Ägypten als Nomaden lebten, noch das Land, in welchem sie nach der Rückkehr aus Ägypten zunächst umherzogen, den Juden, noch ist es ein heiliges Land.

Es gibt kein Heiliges Land. Insbesondere nicht in Mesopotamien, einem Land, in dem seit Jahrtausenden Krieg geführt wird.

Auch die Behauptung der Juden, sie seien das ‚auserwählte Volk', macht sie bei allen Völkern unbeliebt und zum Außenseiter.

Wenn die Juden auserwählt sein könnten, dann doch nur für viertausendjährige Verfolgung.

In Anbetracht dieser, für einen normal denkenden Menschen nicht vorstellbaren Menschheitsgeschichte der Juden
stellt sich die Frage:
Warum dieses einmalige Schicksal für ein ganzes Volk?

Wir kommen später noch auf diese Frage zurück", sagt Frank.

„Noch eine Bemerkung:
Ich darf das alles sagen,
– zum einen ist es die Wahrheit
– zum anderen bin ich Jude."

Frank übergibt nun wieder an Vincent.

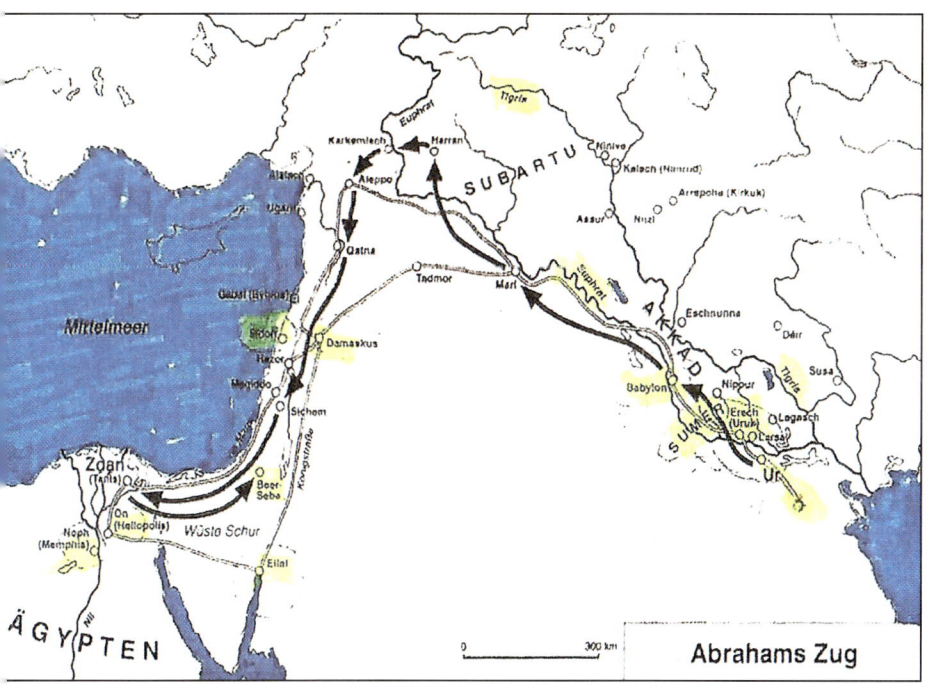

ak: Vertreibung der Juden nach Ägypten   1820 v. Chr.

se: Vertreibung der Juden aus Ägypten   1420 v. Chr.

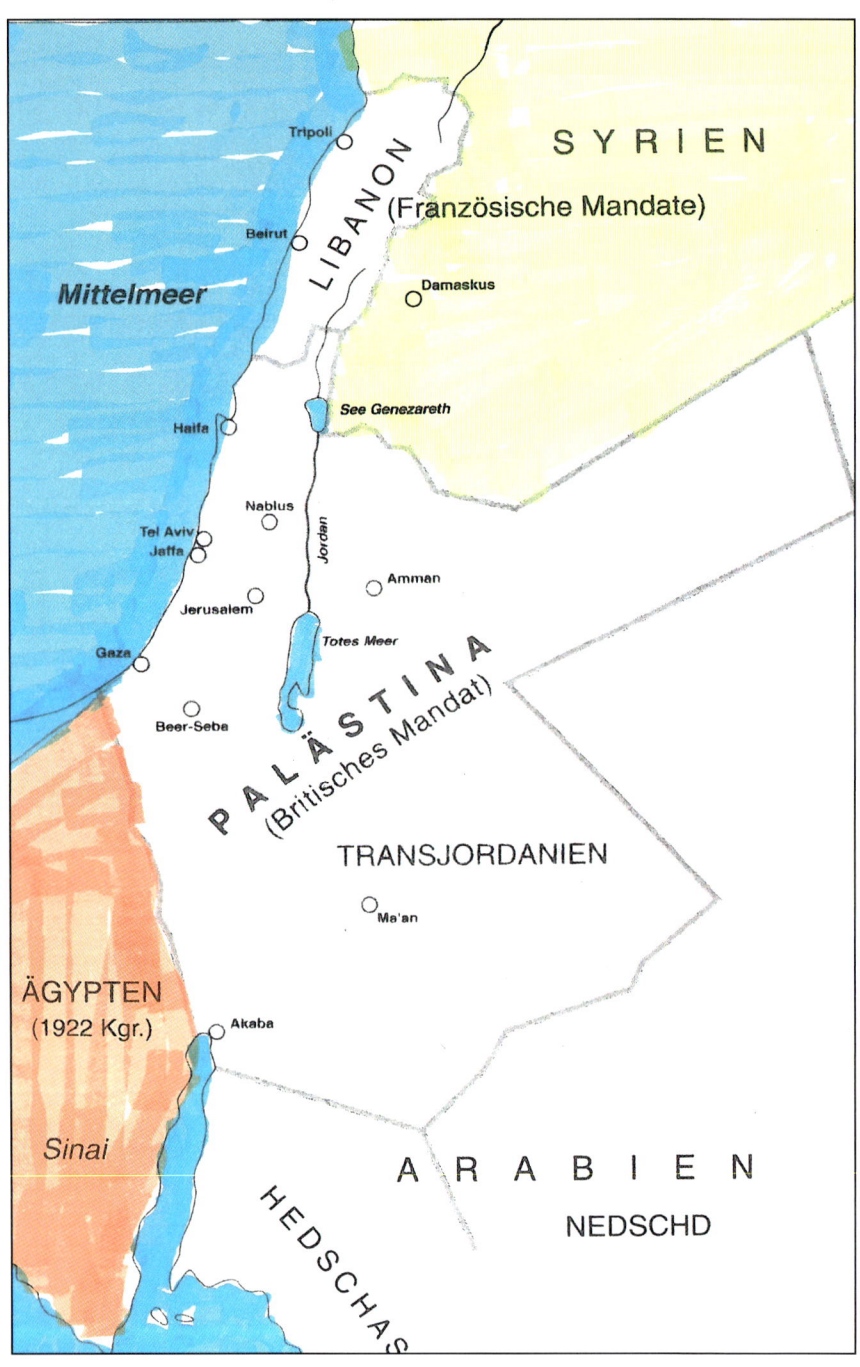

Palästina 1930

SYRIEN
(1941/46 Rep.)

Mittelmeer

Nahariya
Akko (Acre)
Safed
See Genezareth
Haifa
Nazareth
Tiberias
Bet-Schean
Hadera
Natanya
Tulkarm
Nablus
Tel Aviv
Jaffa
Jerusalem (Al-Quds)
Jericho
Bethlehem
Aschkelon
Hebron
Gaza
Beer-Seba

ISRAEL
(1948 Republik)

Negev

ÄGYPTEN

Sinai

Jordan
Nahr as-Zarqa
As-Salt
Zarqa
Amman

JORDANIEN
(1946 Königreich)

Totes Meer
Kerak
Wadi Al-Hasa

Wadi Al-Arabeh
Wadi Al-Arisch
Paran
Ma'an

Golan-H
Jarmuk

-Arisch

Eilat
Akaba
Golf von Akaba

UNO-Teilungsplan 1947
ISRAEL

Israel 1948 - 1967

von Israel besetzte Gebiete Juni 19(
(Israels Rückzug von der
Sinai-Halbinsel im April 1982)

0   100 km

Israel 1948

279

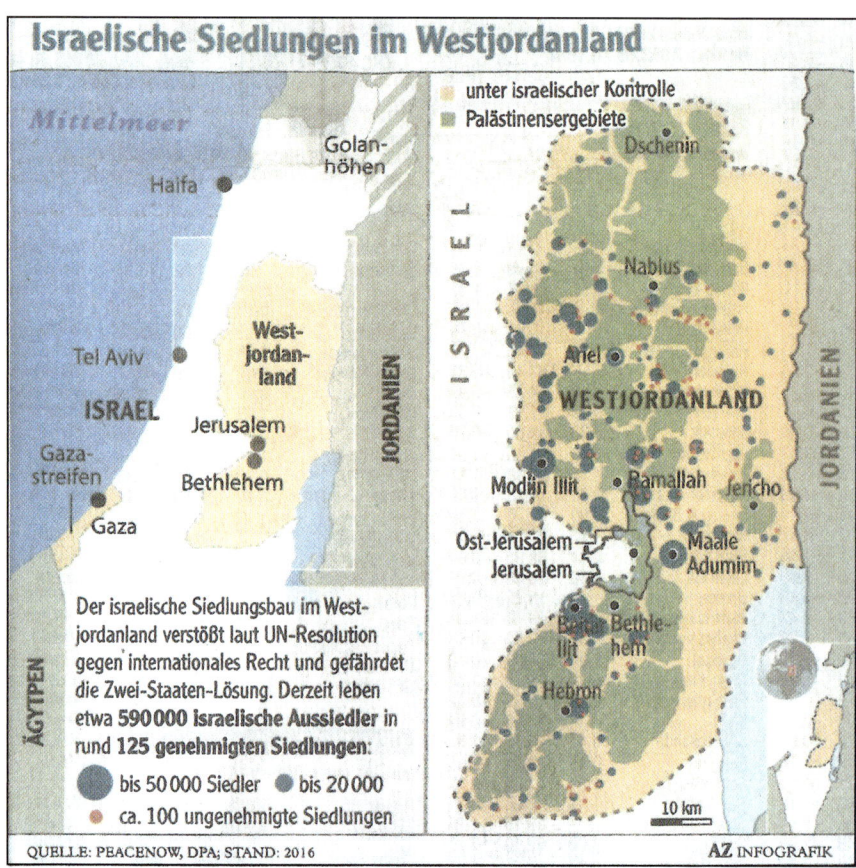

Jüdische Siedlungen 2016 n. Chr.

Vincent bedankt sich bei Frank und fährt gleich fort.

„Sieben weitere sonstige Kulturen sollten wir noch kurz beleuchten.

Hethiter   1580 v. Chr. bis 1150 v. Chr.

Die Hethiter sind eine Mischung aus ausgewanderten Sumerer- und Babylonierstämmen, welche sich mit eingedrungenen nordeuropäischen Stämmen vermischt hatten und zunächst in der Gegend des heutigen Syriens und später auch in der heutigen Türkei (am Bosporus) sesshaft wurden.
Das Reich der Hethiter bestand seit 1.580 v. Chr. immer als selbstständiges Volk, bis es 1150 v. Chr. durch den Einfall von Seeräubern und griechischen Nachbarstaaten unterging.

Meder   1500 v. Chr. bis 540 v. Chr.

Der Volksstamm der Meder entwickelte sich aus in Mesopotamien ansässigen einzelnen kleinen Landesstämmen, vermischt mit eingedrungenen indoeuropäischen Menschen. Die Meder lebten ca. 1000 Jahre im heutigen **Persien** bzw **Iran**. Sie waren die Vorfahren der Perser.

Sonstiges Asien   1500 v. Chr. bis heute

Sprechen wir von der asiatischen Kultur, dann meinen wir eigentlich fast immer China.
Jede sonstige asiatische Kultur entstand aus der 2900 Jahre alten Kultur der Chinesen.
Jede dieser vielfältigen einzelnen Kulturen hatte sich aber völlig eigenständig zu jeweils einer Nationalkultur entwickelt.

Kassiten   1450 v. Chr. bis 1160 v. Chr.

Sie waren eine kleine Handelsmacht und lebten in etwa im heutigen Gebiet Jordaniens. Ihre hohe Kultur mit Alphabet, Rechnen, Kunst und einer gut organisierten Gesellschaft war für die damalige Zeit bei ihren Nachbarländern richtungsweisend.

Assyrer   1300 v. Chr. bis 612 v. Chr.

Die Assyrer waren ein grausames Kampf-, also ein Kriegsvolk. Sie lebten in der Gegend des heutigen Syrien.
Das Volk der Assyrer entstand aus dem Zusammenschluss von semitischen und arabischen Nomadenstämmen nördlich von Babylon. Sie beherrschten von 1300 v. Chr. bis 612 v. Chr. das gesamte Ostmittelmeergebiet vom Libanon, Syrien, Babylon bis Ägypten.

Griechen   1200 v. Chr. bis heute

Die Griechen müssen zeitlich hier aufgeführt werden. Sie sind aber keine Ergänzungskultur, sondern eine der beiden Hochkulturen der Antike.
Sie waren die Gründer der griechischen Kultur.
Ihr Geist und ihr Weltbegriff entwickelten sich über mehrere Jahrhunderte zur großen antiken griechischen Kultur (Kapitel 9).

Viele Jahre kämpften griechische Stämme und später griechische Könige gegeneinander.
Die menschlichen Urtriebe Neid und Machtsucht beherrschten auch die Griechen. Gestritten wurde und Krieg geführt.

König Philipp II. von Makedonien hatte als Erster die Kraft und die persönliche Struktur, dem seit 486 v. Chr. langsamen Verfall des Reiches entgegenzuwirken.
Er schaffte wieder Ordnung in dem mittlerweile zerklüfteten Staat Griechenland, unterband die Streitigkeiten der einzelnen Herrscher und sorgte für eine neue Struktur.
Er schuf die Basis für seinen Sohn Alexander den Großen.

Alexander der Große, 356 v. Chr. geboren, wurde mit 20 Jahren der Nachfolger seines Vaters.
Alexander war ein intelligenter Schüler Aristoteles und gleichzeitig durch seinen Vater schon erfahren in der Beherrschung aufmüpfiger Landesfürsten.

Nicht nur im Reichsinneren sorgte Alexander der Große für Ordnung, auch jeden aufsässigen Nachbarn und jeden Herrscher, welche Griechenland gefährlich sein könnten, besiegte er kurzerhand.

Auch Alexander der Große praktizierte im Reichsinnern sowie in allen besetzten Ländern Humanität. Jeder Bürger, jeder Mensch, der treu zu seinem Reich stand, wurde als vollwertiger Staatsbürger behandelt.

Im Jahre 322 v. Chr. starb Alexander der Große im Alter von 34 Jahren.

Neubabylonier   800 v. Chr. bis 539 v. Chr.

Neubabylonien entstand durch die Verschmelzung der durch die Assyrer besetzten Altbabylonier mit den Chaldäern.
Es entstand ein reiches, ein einflussreiches sehr geachtetes Mischvolk.

Dieses Mischvolk wurde 539 v. Chr. durch den Perserkönig Kyros, also durch die damaligen Nachfolger der Meder erobert.

Neubabylon ging im Reich der Perser unter und verschwand aus der Geschichte.

Dies geschah, obwohl Babylon seit 3500 v. Chr. immer kulturellen Einfluss auf ganz Mesopotamien, also auf ganz Kleinasien ausübte.
Neubabylon war fast immer von irgendeinem Land besetzt.

Perser   540 v. Chr. bis heute

Zunächst zurück zu den Medern.
Aus einer Reihe von indoeuropäischen Reiterstämmen, vermischt mit ortsansässigen Volksstämmen, entstand, wie wir wissen, 500 v. Chr. im Hochland des heutigen Iran das Reich der Meder.
Europäer waren diese, keine Araber oder Afrikaner.
Die Meder wiederum waren die Vorfahren der Perser.

Über 1000 Jahre beherrschten die Meder einen Großteil von Mesopotamien.
Etwa 700 v. Chr. begannen innere Kämpfe im Meder-Reich.
Einzelne Reiterstämme, Reiterfürsten, kämpften um die Vorherrschaft gegeneinander.

Einer dieser Reiterstämme waren die sogenannten Perser unter ihrem Fürsten Kyros I.

Sein Sohn, Kyros II. (539 – 529 v. Chr.), war der erste Perserkönig, er besiegte in elf Jahren Kampf von 559 bis 548 v. Chr. alle Mederfürsten.

In weiteren Kriegen gegen den König Krösus von Lydien (Türkei), dann gegen das babylonische Reich, gegen die Assyrer, gegen die Phönizier und gegen ganz Kleinasien siegte er und legte so den Grundstock zu einem großen Weltreich.

Dessen Sohn, Kyros III. (529 – 522 v. Chr.), der zweite Perserkönig, besiegte 525 v. Chr. Ägypten und beherrschte so das gesamte arabische Reich, die nordafrikanischen Gebiete, also die südlichen Mittelmeergebiete und das nördliche Mittelmeergebiet bis zum Bosporus und bis Indien.

Dieser zweite Perserkönig Kyros III. schuf das bisher größte Weltreich.

Der dritte Perserkönig Dareios I. (522 – 486 v. Chr.) teilte sein Reich in 20 Provinzen, baute Straßen, druckte Geld, erhob Steuern in Form von Gold, Silber oder Naturalien.

Die Perser glaubten an einen guten und einen bösen Gott. Zarathustra war ihr Prophet.

Alle besiegten und besetzten Völker wurden von den Persern human behandelt. Kein Volk wurde unterjocht. Jedes Volk konnte nach seiner Fasson leben, sofern es treu zu den Persern stand.

Die Organisation des Persischen Reiches war optimal und trotzdem human.

Noch unter Dareios I. wurden Thrakien und Makedonien erobert.

Sein Sohn Xerxes I. (486 – 465 v. Chr.) führte weitere Kriege, die sogenannten Perserkriege, gegen den ganzen Mittelmeerraum.

Die weiteren Perserkönige waren nicht vom Format eines Dareios I.

Sie konnten dessen Reich nicht als ein geeintes Reich zusammenhalten.

Von 323 – 240 v. Chr. wurden die Perser von den Seleukiden beherrscht.

Erst unter den Sassaniden entstand ab 226 v. Chr. das zweite große Perserreich.

Dieses kämpfte erfolgreich gegen die Römer, gegen die Araber, gegen die Hunnen, gegen die Türken und gegen die Inder.
Das Reich hatte große Macht bis 642 n. Chr.

Allmählich zerteilte sich das Reich in verschiedene Dynastien, aus welchen dann teilweise arabische Länder entstanden.

Das Kernland Persien blieb jedoch nach wie vor ihr Ursprungsland.
Später wurde das Reich ab 1220 n. Chr. von den Tartaren, Dschingis Khan, den Mongolen und durch den Großkhan immer wieder bekämpft und Teile vernichtet.

Ab 1500 n. Chr. kam der islamische Glauben in Form des Schiismus (Schiiten) ins Land, und unter der Dynastie der Safawiden begann das Reich nun zum dritten Mal neu aufzublühen.
Unter dem Schah Abbas I. (1586 – 1628 n. Chr.) entwickelte sich das Reich mit Handel, Kunst und Kultur wieder zu hoher Blüte.

1722 n. Chr. drangen die Afghanen ein und brandschatzten im ganzen Reich.
Nach der Schreckensherrschaft der Afghanen herrschten die Turkmenen bis 1797.
Sie wurden durch die Dynastie der Kadscharen bis 1925 abgelöst.
Zunächst war die Stadt Isfahan, später die Stadt Teheran das Zentrum.

Um 1900 stritten sich Russland und England um persische Besitzungen und die Vorherrschaft in Persien. 1907 wurde Persien wieder völlig unabhängig.

Im ersten Weltkrieg 1914 bis 1918 war Persien neutral, aber von russischen, englischen und türkischen Truppen besetzt.

Ab 1925 wurde die Dynastie der Kadscharen abgesetzt und Ministerpräsident **Reza Pahlavi I.** zum Schah ernannt.

Er sicherte Persien durch Verträge mit europäischen Großmächten und den Nachbarstaaten und durch innere Reformen die nahe Zukunft.

Auch im zweiten Weltkrieg 1939 bis 1945 war Persien neutral, doch ebenfalls durch russische und englische Truppen besetzt. Nach diesem Krieg wurde Persien endgültig unabhängig.
Die Russen und die Briten räumten Persien und gaben es frei.

Persien gedieh unter Schah Reza Pahlavi I. zu einem mächtigen und nach weltlichem Vorbild strukturierten Staat im Nahen Osten.

Und wieder spielten USA, Frankreich und England eine schlimme Rolle.
Wieder geschah alles im Namen der Demokratie.

Der Schah musste den Machtbestrebungen der USA, der Engländer und der Franzosen weichen.
Jeder wusste, dass hierdurch der ganze Nahe und Mittlere Osten wieder völlig instabil und Kriege folgen würden.
Dies geschah dann. Die Ölgier war der Grund.

Amerikanische Urstämme   300 v. Chr. – 1500 n. Chr.
Mayas, Azteken, Inkas

Auch der gesamte amerikanische Kontinent, sowohl Süd-, Mittel- als auch Nordamerika, war 300 v. Chr. durch Menschen besiedelt.
Die Menschen siedelten sich jeweils in den für sie entsprechend dem Klima und der Ernährung günstigen Gegenden an.
Mittelamerika – heute Lateinamerika genannt – war beliebt.
So entstanden auf dem amerikanischen Kontinent – unabhängig von den Kulturen in Arabien am Mittelmeerraum, im europäischen Bereich oder in Asien – eigenständige amerikanische Kulturen.

Die ersten kulturellen Zeichen in Amerika finden wir aus den Jahren 300 bis 200 v. Chr. in Mittelamerika.
Die mittelamerikanischen Kulturen entwickelten sich schnell.
Aber erst in den Jahren ab 1100 bis 1200 n. Chr. waren Hochkulturen zu verzeichnen.

Dies galt sowohl für die **Mayas** als auch für die **Azteken** und für die **Inkas.**

Die **Mayas,** welche das weitestentwickelte mittelamerikanische Kultur-volk waren, sind ein **indianischer Kulturstamm** mit selbstständiger Sprache, mit hoch entwickelter Mathematik, mit Astronomie, mit Kunst und mit einer Bilderschrift.

Das Rechnen beruhte auf einem Zwanziger-System.

Vielgötterei mit Menschenopfern war an der Tagesordnung.

Die Mayas lebten ursprünglich in Mexiko.

Wegen dauernde Kämpfe mit den Azteken zogen sie dann nach **Guatemala, Honduras** und **Salvador.**

Dort entwickelten sie ihre Hochkultur.

Erst durch das Eindringen der Spanier 1524 n. Chr. wurde ihre Entwicklung gestoppt und sie gingen als Kultur unter.

Die **Azteken** waren ebenfalls ein mächtiger **Indianerstamm,** welcher sich in **Mexiko** zu hoher Kulturstufe entwickelte.

Ihren Höhepunkt erreichten die Aztekten im 14. und 15. Jahrhundert n. Chr.

Durch das Eindringen der Spanier unter Cortez (1519 – 1521 n. Chr.) wurden sie praktisch vernichtet.

Auch die **Inkas** sind ein **altindianisches Volk.** Ihr Ursprung liegt in **Peru.**

Ihre Hochkultur beginnt allerdings erst um 1000 n. Chr.

Die höchste Blüte wurde etwa 1500 erreicht.

Auch sie wurden durch das Eindringen der Spanier vernichtet."

Vincent schaut in die Runde und bemerkt zufrieden:

„Das war's, die drei Urkulturen und elf Ergänzungskulturen haben wir nun Revue passieren lassen.

Jetzt beschäftigen wir uns mit der Esskultur.

Ein herrliches Abendessen wartet auf uns – wenn es so schmeckt, wie es duftet, dann guten Genuss."

Noch ein Hinweis von Vincent:

„Die alten Griechen und die Römer wird uns Schorsch zu Gemüte führen."

Die Herren bedanken sich bei Vincent.
Nun geht's auf die Terrasse und dann zum Abendessen.

„Schön ist's hier auf der Terrasse", meint Schorsch.

Max hört das und gibt – einen – zum Besten.

Ach, die Welt ist nicht gerecht,
dir geht's gut und mir geht's schlecht,
wär die Welt etwas gerechter,
ging's mir gut und dir ging's schlechter.

KAPITEL 9

ANTIKE HOCHKULTUREN
Griechenland – Rom

Griechen   1200 v. Chr. bis heute

Schorsch ist nun an der Reihe.
Über die alten Griechen wird er referieren.

„Die heutige griechische Halbinsel war schon 3500 Jahre v. Chr. besiedelt.
Dies waren aber noch keine ‚Griechen'.
Viele Sippen fanden schon damals auf ihrer langen Wanderung von Afrika über Mesopotamien nach Mitteleuropa dieses Land als liebenswert und klimatisch als kleines Paradies.
Die einen zogen weiter nach Zentraleuropa oder nach dem heutigen Russland.
Die anderen blieben auf der wunderschönen peloponnesischen Halbinsel.

Der griechische Name des Landes war seit dem 8. Jahrhundert v. Chr. Hellas.
Die Einwohner hießen Hellenen.
Erst die Römer nannten die Griechen Graeci, das Land nannten sie Graecia.
Aus diesem Namen entwickelte sich Griechenland.

Das alte Griechenland war die Balkanhalbinsel. Diese gliederte sich in die nordgriechische Landschaft (Thessalien und Epirus), in die mittelgriechische Landschaft (Doris, Attika, Ätolien, Akarnanien u. a.), in die Provinz am Peloponnes (Korinth und Sikyon) sowie in die Landschaften (Lakonien, Sparta, Messenien, Achaia, Arkadien u. a.) auf.
Zum alten Griechenland muss man auch eine große Zahl umliegender Inseln und die kleinasiatische Westküste (Türkei) zählen.

Der griechische Volksstamm entstand durch Mischung der in der südlichen Balkanhalbinsel lebenden Urbevölkerung aus Kleinasien mit den um 1600 v. Chr. zurückgewanderten indogermanischen Stämmen.

Diese wiederum bildeten drei griechische Urstämme, nämlich die Dorer, die Ionier und die Korinther.
Diese unterschieden sich in erster Linie in religiöser Hinsicht.

Für die Entwicklung der griechischen Gesellschaft war auch der Einfluss der kretisch-mykenischen Kultur verantwortlich. Sie kam ab 1400 v. Chr. nach Griechenland, als die Achäer Kreta eroberten.

Gegen 1200 v. Chr. besiedelten die Griechen die Westküste Kleinasiens, also das damalige Hethiter-Gebiet.
Es war die sogenannte Dorische Wanderung.
Auch die Ägäischen Inseln und Gesamt-Kleinasien wurden durch die Dorer erobert.
Etwas später folgten noch die Stämme der Ionier und der Korinther.

Gegen 800 v. Chr. breiteten sich die Griechen nach Osten und Westen aus und gründeten zahlreiche Siedlungen in Unteritalien, in Sizilien, an den Küsten des Hellesponts, des Bosporus und am Schwarzen Meer.

Das Königtum wurde in den meisten Ländern durch eigene Adelsherrschaften verdrängt bzw. ersetzt.
Im Mutterlande selbst traten Sparta und Athen immer mehr in den Vordergrund.
Der von zwei gemeinschaftlich regierenden Königen beherrschte spartanische Militärstaat unterwarf im 8. und 7. Jahrhundert v. Chr. Messenien und sicherte sich hierdurch die Vorherrschaft im Peloponnes.

In Athen war ein anderes Herrschersystem zuständig. Dort standen neun Archonten an der Spitze der Regierung.
Man weiß vom ersten athenischen Recht 624 v. Chr. durch **Drakon** (drakonische Strafen).
Die erste Verfassung des ersten demokratischen Volkes stammt von **Solon** 594 v. Chr.

Von 560 bis 527 v. Chr. errang der Tyrann Peisistratos die Alleinherrschaft.
Seine menschenverachtende Einstellung zum Volk und die überlieferten

Berichte aus Sumer, aus Babylon und aus Ägypten über die bösen Herr-schaftsmissstände am Ende der jeweiligen drei Hochkulturen, veranlassten die Menschen in Griechenland, ein solches System erst gar nicht aufkommen zu lassen.
Das griechische Volk begehrte rechtzeitig gegen eine solche Tyrannen-herrschaft gegen einen allein herrschenden Diktator auf.

Die Griechen waren schon gebildet und hatten verstanden, dass ein Allein-herrscher sehr schnell zu einem Tyrannen, zu einem Volksfeind, ja sogar zu einem Verbrecher gegen das eigene Volk werden kann.
Sie hatten aus der Geschichte der Sumerer, der Babylonier und der Ägypter gelernt, wie ein Einzelherrscher selbst die schönste Kultur vernichten kann.

In keinem Land ist es dem Volk bisher gelungen, sich gegen die eigene Ob-rigkeit, insbesondere gegen einen Einzelherrscher durchzusetzen.
Immer sind solche Versuche des Volkes an der Vernichtung des Bürgertums und im Sklaventum gescheitert.

Die Bürger der Griechen hatten 520 v. Chr. aber ihr Ziel erreicht.
Die Obrigkeit diskutierte mit ihnen über Pflichten, aber auch über Rechte der Bürger.

Aus den vergangenen schlimmen Zeiten hatten sowohl die Obrigkeit als auch das Volk gelernt, dass es besser ist, ein **Miteinander** zu pflegen, als im **Gegeneinander** in Not und Elend unterzugehen.

Erst **Kleisthenes** schuf 507 v. Chr. die Grundlage für die Volksherrschaft, also für die **Demokratie** in Athen.

Wie wir wissen, hatte Griechenland die erste Demokratie dieser Welt.
Seit Kleisthenes 507 v. Chr. auf der Basis der ersten Verfassung von Solon 594 v. Chr. die Grundlagen für eine Volksherrschaft schuf, besteht unter den Menschen **zum ersten Mal** das Recht, auf welchem ein Volk mit seinen Herrschern auf Augenhöhe verhandeln und mitbestimmen konnte.

Demokratie nennen wir dieses System heute u**nd was praktizieren wir?**

Drei Herrschaftssysteme, mit welchen Menschen geführt, gelenkt oder regiert werden können, gibt es.

In **Unternehmen** nimmt diese Aufgabe ein einzelner Chef oder mehrere Geschäftsführer oder ein Vorstandsgremium wahr.

In der **Politik** bestimmt

- im Fall 1: der Kaiser, der König, der Fürst, der Diktator, also irgendein einzelner Herrscher.
- im Fall 2: eine politische Gruppe, welche von den Bürgern mitelbar oder unmittelbar gewählt wird, die Demokratie.
- im Fall 3: beim sogenannten dritten Weg bestimmt eine Mischung aus Fall 1 und Fall 2.

Jeder Mensch, auch der Dümmste weiß, dass bei allen drei Fällen je nach politischer Führung ein sehr gutes, aber auch ein sehr böses Ergebnis möglich ist.

Immer hängt das Resultat von dem oder den Menschen ab, welche führen.

Ein qualifizierter, ein anständiger, ein menschlicher Einzelherrscher ist Glücksumstand.

Besser gesagt: Er ist ein Lottogewinn.

In der Demokratie sind qualifizierte, kluge und persönlich unabhängige Menschen eine Rarität.

Die meisten sogenannten ‚Demokraten‘ sind zumindest von ihrem Mandat und damit von ihren Wahlstimmen abhängig.

In fast 100 Prozent aller Fälle ist deshalb maximal **Mittelmaß** angesagt.

Meist werden unqualifizierte Politikkarrieristen hochgespült.

Ausnahmen bestätigen diese Regel.

Churchill sagte:

‚Die Demokratie ist die schlechteste Regierungsform.

Es gibt aber keine bessere.‘

Im Fall 3, also bei einer Mischung aus Fall 1 und Fall 2, geht die Politik so lange gut, als die Gesamtpolitik frei ist von Machtsucht, von Politkarrieristen und von einer unmenschlichen Einheitspartei.

Z. B. in China – Russland – Afrika und in vielen sogenannten ‚Volks-demokratien‘ bestimmt die Ein-Partei-Diktatur.

Meist endet so ein System im Chaos.

Es gibt keinen einzigen Fall in der Menschheitsgeschichte, in welcher dieser dritte Weg langfristig gutging.
Die oben geschilderten Voraussetzungen für eine solide Politik gemäß Fall 3 sind nämlich nachhaltig bzw. langfristig niemals sicherzustellen.

China könnte für längere Zeit erfolgreich werden, aber nur, wenn sie von der schon begonnenen Einzelüberwachung und Bewertung der Menschen abgeht.

Bei den Sumerern, bei den Babyloniern, bei den Ägyptern ging deren Politik jeweils so lange gut, als das Volk mit sich und seiner Welt zufrieden war und so lange, als der Herrscher ein wirklich guter und kluger Führer war. Eine echte Volksherrschaft, eine kluge Demokratie gab es bisher nicht.

Wie funktionierte nun die griechische Demokratie?
Der König wurde ‚abgedankt‘.
Das Volk durfte seine Herrscher selbst wählen.
Wahlberechtigt waren Männer ab 18 Jahren.
Frauen, Leibeigene und Sklaven durften nicht wählen.
Jeder Wahlberechtigte konnte sich als Kandidat für die 500 Personen starke Volksversammlung bewerben.
Zehn ausgewählte Männer führten den Rat der Volksversammlung.
Dort wurde über Gesetze, über Richter usw., auch über Kriege und Frieden entschieden.

In der damaligen Demokratie bestimmte also tatsächlich das Volk über sein Schicksal.

Warum ging es dann trotzdem schief?
Weil schon damals die Bürokratie jeden guten Gedanken auffraß, die Dummheit der Masse nur Mittelmaß zuließ und die Korruption jede gute Entwicklung aushöhlte.

Wo in der Welt gibt es eine Demokratie, welche dauerhaft funktioniert? In Griechenland lebten die Menschen lange, sehr lange mit ihrer Politik. Irgendwann war das Ende für das stolze Griechenland gekommen.

Im Inland rumorte es, die Menschen wurden unzufrieden.

Auch außerhalb Griechenlands waren Menschen unzufrieden. Im Ausland drohten Aufstände, Athen war gefordert und musste handeln.

So kam es zu den Perserkriegen von 500 bis 479 v. Chr. Hierdurch wurde Athen zunächst zu großer Seemacht und Griechenland zur Weltmacht.

Unter der Staatsführung Perikles errang Athen höchste Blüte in Kunst, Dichtung, Wissenschaft und Kultur. Dieser Aufschwung erregte Missgunst in Sparta. Im Peloponnesischen Krieg 431 bis 404 v. Chr. siegte zunächst Athen, verlor aber in Sizilien einen Krieg und später endgültig gegen die Spartaner 405 v. Chr. Ein Jahr später eroberten die Spartaner Athen und vernichteten deren Macht.

Unter der Vorherrschaft der Spartaner, welche schnell sehr verhasst waren, wurde nun der Kampf gegen die Perser wiederaufgenommen. Gleichzeitig erhoben sich andere griechische Stämme wie die Thebaner, die Athener, die Korinther neu gegen Sparta.

Bis 387 v. Chr. dauerten diese Kämpfe und auch der Krieg mit den Persern.

Die Perser nutzten den Streit der Griechen untereinander. Sie besiegten die Griechen.

Die griechischen Staaten mussten alle griechischen Städte in Kleinasien an die Perser abtreten. Die Spartaner verloren ihre Vorherrschaft in Griechenland, diese ging zunächst an die Thebaner über.

König Philip von Makedonien brachte die kriegerische Wende. Er siegte über die Thebaner und die Athener und eroberte ganz Griechenland bis Makedonien im Nordosten Griechenlands, also an der Nordwest/Nordost-Buchtecke des Ägäischen Meeres.

Der Sohn von König Philip, also **Alexander der Große**, einte schließlich Griechenland und die Perser und gründete durch unzählige Siege ein riesiges Reich (Seite 299).

Dieses reichte von Griechenland bis zur Donaumonarchie, von Vorderasien bis zum Himalaja, von Arabien bis Nordafrika.

Nach dem Tode Alexander des Großen (322 v. Chr.) begannen die Diadochenkämpfe. Makedonien behielt trotzdem die Oberherrschaft.
Auch der Achäische Bund (Zusammenschluss einiger griechischer Stämme gegen die Makedonier) konnte die Macht der Makedonier nicht brechen.

Erst der Sieg der Römer über Philip V. 197 v. Chr. beendete die Herrschaft der Makedonier.

Die Römer unterwarfen Makedonien und den ganzen Achäischen Bund und zerstörten Korinth 146 v. Chr. Damit ging die Freiheit Griechenlands zu Ende.

Griechenland hatte nun politisch keine Bedeutung mehr, kam jedoch unter den römischen Kaisern Trajan und Hadrian im 2. Jahrhundert n. Chr. wieder zu hoher Blüte und Kultur.

Durch die Römer kam das Christentum nach Griechenland.
257 n. Chr. drangen die Germanen (Kimbern und Teutonen) und die Goten in Griechenland ein.

Seit der Teilung des Römischen Reiches 396 n. Chr. gehörte Griechenland zum Byzantinischen Reich, damit auch zum oströmischen Christentum.

Im Byzantinischen Reich war Griechenland eine Provinz von geringer Bedeutung und ständig der Völkerwanderung preisgegeben.

Vom 6. bis 9. Jahrhundert n. Chr. drangen laufend slawische Völker in das Land ein. Das Land verödete, die Städte verloren ihre wirtschaftliche Be-deutung.

Ab dem 9. Jahrhundert n. Chr. fielen die Araber, die Bulgaren und die Normannen in das Land und trieben ihr Unwesen.

Nach der Eroberung Konstantinopels durch die Latiner 1204 entstand eine große Zahl kleiner lateinischer Herrschaftsgebiete in Griechenland.

Nach der Einnahme Konstantinopels 1453 durch die Türken wurde 1458 auch Griechenland von den Türken erobert. Das Land wurde von den Türken ausgebeutet und geplündert. Erst Anfang des 19. Jahrhunderts wurde die Befreiung des griechischen Volkes durch Geheimbünde vorbereitet. Im Februar 1821 brach ein Aufstand aus. Im Januar 1822 wurde die Nationalversammlung einberufen und die Unabhängigkeit Griechenlands verkündet. Die Türken wurden wiederholt geschlagen, griechenfreundliche Freischaren aus Westeuropa unterstützten den Freiheitskampf der Griechen.

1825 eroberte Ibrahim Pascha aus Ägypten zusammen mit den Türken einen Teil Griechenlands. Hierauf unterzeichneten Russland, England und Frankreich 1827 den Londoner Vertrag zugunsten der Griechen.

Die türkisch-ägyptische Flotte wurde vernichtet und Griechenland von den Eindringlingen befreit. Die Londoner Protokolle erklärten Griechenland 1830 zum selbstständigen Königreich.

1823 wurde mit Zustimmung der drei Schutzmächte und der griechischen Nationalversammlung Prinz Otto von Bayern zum König ernannt. Er gab dem Land 1844 eine neue Verfassung. Trotzdem wuchsen wiederum innere Schwierigkeiten, besonders durch die Militärs. Nach einem Aufstand wurde der König abgesetzt und 1863 Prinz Wilhelm von Dänemark als Georg I. auf den Thron gehoben. Er konnte alle griechischen Stämme einen und 1881 von den Türken Thessalien und weitere Grenzgebiete übernehmen.

1897 besetzten die Griechen Kreta, darauf erklärte die Türkei den Griechen

den Krieg. Griechenland musste seine Truppen aus Kreta zurückziehen, Thessalien wieder räumen und Waffenstillstand schließen.
Im Frieden von Konstantinopel 1897 erhielt Griechenland die Friedensbedingungen. 1908 beschloss die Nationalversammlung von Kreta den Anschluss an Griechenland. Dieser konnte durch die militärische Schwäche Griechenlands nicht vollzogen werden.
1912 bis 1913 gewann Griechenland die Balkankriege.
So erhielt es Gebiete von Makedonien, eine Reihe von Ägäischen Inseln und Kreta zurück. Nach der Ermordung Georg I. 1913 kam sein Sohn Konstantin auf den Thron. Durch die Friedensschlüsse 1919/1920 nach dem Ersten Weltkrieg wurde Griechenland beträchtlich vergrößert. Thrakien, die Ägäischen Inseln, Ionien mit Smyrna kamen hinzu. Streitigkeiten mit den Türken folgten.

1924 wurde in Griechenland die Republik wieder ausgerufen.
Venizelos, welcher seit 1910 für die Wiedervereinigung mit Kreta und für ein starkes Griechenland kämpfte, hielt immer die Zügel in der Hand. Erst nach dem Aufstand der Royalisten in Kreta musste er 1935 Griechenland verlassen.
Durch Volksabstimmung wurde 1935 wieder die Monarchie eingeführt.

Kommunistische Unruhen führten dann 1936 zur Bildung der Diktatur des Generals Metaxas. Er stand im Zweiten Weltkrieg auf der Seite der Alliierten.

Die Italiener und die Deutschen eroberten Griechenland.
König Georg II. bildete in London eine Gegenregierung. Im Lande entstanden monarchistische und kommunistische Widerstandsbewegungen, die sich selbst heftig bekämpften.

Nach der Entfernung deutscher Truppen 1944 brach in Griechenland der Bürgerkrieg aus. 1945 wurde Griechenland Mitglied der Vereinten Nationen,
1946 kehrte König Georg II. nach einer Volksabstimmung nach Griechenland zurück. Sein Nachfolger wurde 1947 sein Bruder Paul I.

Der kommunistische Aufstand in Nordgriechenland konnte erst 1948 niedergeworfen werden. Ab 1949 war in Griechenland ein demokratisches Kabinett mit dem König an der Spitze und wechselweise eine konservative Union oder die Liberalen oder die neu gegründete radikal-nationale Union an der Spitze.

Ab 1955 begannen erneut Streitigkeiten mit der Türkei um Zypern.

Ab 1964 errang die Zentrumspartei die absolute Mehrheit. Ab 1967 wurde der König verboten.

Die Demokratie war wiederhergestellt.

Wir sehen also, die Menschen sind wie die Tiere sowohl von der positiven als auch von der negativen Energie gelenkt.

Die Tiere sind als Körper-Instinkt-Wesen zwar nur instinktgesteuert.

Die Menschen sind als Körper-Geist-Seele-Wesen dagegen geistgesteuert und seelegelenkt.

Manchmal aber kann man Tier und Mensch nicht unterscheiden.

Betrachten wir den Mensch etwas näher, dann könnten wir fast zur Überzeugung gelangen:

- Der Mensch lernt nicht aus seinen Fehlern.
- Immer wieder geht seine Vernunft bankrott.

Geht es ihm längere Zeit gut, dann beginnt er plötzlich unzufrieden zu werden, unerfüllbare Ansprüche hat er dann, natürlich immer an die anderen, bevorzugt an den Staat.

Streit ist angesagt. Streit im Kleinen und Streit im Großen.

Von Solidarität wird gesprochen, von sozialer Gerechtigkeit, von ‚da unten und da oben‘, von links und von rechts, von der Gleichheit aller Bürger und schließlich davon, dass Eigentum Betrug sei.

Obwohl zur Zeit der alten Griechen Marx, Engels, Lenin und Co. der Welt ihre Ehre noch gar nicht erwiesen hatten, wurde auch schon in Griechenland die Saat des Sozialismus gesät.

Der Neid und die Missgunst waren auch schon in Griechenland eine nie versiegende Quelle für menschliches Leid.“

Schorsch beendet seinen Vortrag über die Griechen mit der Feststellung:
„Wir glauben immer, die Griechen seien Denker.
Leider hört Denken bei ihnen ebenso wie bei all ihren Vorfahren auf, wenn
der Neid und die Geltungssucht zu wirken beginnen.

Die Griechen sind auch nur Menschen."

Das Weltreich von
Alexander dem Großen

Römer   90 v. Chr. bis 476 n. Chr.

Schorsch ist wieder zuständig.
Über die Römer wird er jetzt berichten.

„Rom und ganz Italien war seit etwa 1000 v. Chr. besiedelt. 600 v. Chr.
wurde es durch etruskische Fürsten erobert. Etwa 510 v. Chr. wurde in
Rom die erste **republikanische** Staatsform begründet.
Ab etwa 500 v. Chr. dehnte sich Rom nach Süden und Norden aus.
Ab etwa 350 v. Chr. eroberten die Römer in schweren Kriegen die Latiner,
die Etrusker, die Samniten und Tarent und allmählich ganz Italien.
Ab 272 v. Chr. war ganz Italien zum ersten Mal unter römischer Herr-
schaft.
Dies war insbesondere Griechenland und Karthago ein Dorn im Auge.

Im Osten wurden 197 v. Chr. Kriege gegen Makedonien und 190 v. Chr.
gegen Syrien geführt. Rom war siegreich.
Auch Ägypten wurde unterjocht.
In den drei schweren Punischen Kriegen kämpfte Rom gegen Karthago
und siegte endgültig 146 v. Chr.

Die Ausdehnung der Macht im Ausland wirkt sich im Landesinneren sehr
nachteilig aus. Die schweren Kriege hatten den Bauernstand und den Mit-
telstand fast völlig ruiniert. Der vom Ausland einströmende Reichtum
konzentrierte sich bei wenigen Menschen.
Soziale Krisen waren die Folge.

Die alte republikanische Staatsform war für die herrschenden Militärs zur
Beherrschung ihres Weltreiches nicht mehr geeignet.
Von 133 bis 31 v. Chr. tobte ein Bürgerkrieg um die Neugestaltung des
Römischen Reiches.
Während dieser Zeit traten immer mehr einzelne Persönlichkeiten in den
Vordergrund. Diese stützten sich in erster Linie auf das von Marius ge-
schaffene Söldnerheer und konnten sich meist gegen das Senatsregiment
durchsetzen.
Marius selbst gewann den Krieg gegen die Kimbern und Teutonen.
Von 113 bis 101 v. Chr. dauerten diese Auseinandersetzungen.

Die Italiener, ein unabhängiger Stamm, erkämpften sich das Bürgerrecht (90 bis 88 v. Chr.).

Marius kämpfte 88 bis 82 v. Chr. gegen den Senat und gegen die Bürger.
Sulla, der inzwischen einen schweren Angriff des Königs Mithridates und Pontos abgewehrt hatte, versuchte als Diktator die Staatsherrschaft neu zu festigen, jedoch ohne Erfolg.
Pompeius kämpfte in den folgenden Jahren gegen Aufständische, gegen Rebellen, gegen Seeräuber und gegen König Mithridates.

Die endgültige Neugestaltung des Staates aber nahm erst Cäsar in Angriff.
Als Feldherr kämpfte er gegen Gallien und unterwarf es.
Er dehnte das Römische Reich bis an den Rhein und Ägypten aus.
Mit Macht zurückgekehrt ins Reich, überwand er den Senat und Pompeius.
Er errichtete eine mächtige **monarchische Staatsform** und wurde kurz danach von Brutus und Cassius ermordet.

Die folgende republikanische Bestrebung vermochte jedoch nicht die neue monarchische Staatsform wieder zu beseitigen. Nach der endgültigen Niederlage der Republikaner stritten Antonius und Octavian um die Alleinherrschaft.
Die Schlacht bei Actium (31 v. Chr.) gewann Octavian.
Er wurde nun zum alleinigen Herrscher des Römischen Reiches.

31 v. Chr. bis 14 n. Chr. → Octavian – Augustus

Octavian änderte seinen Namen ab 27 v. Chr. in **Augustus.**
Seine Staatsgewalt gründet er wiederum auf republikanische Formen.
Außerhalb Italiens beruhte seine Macht auf dem Heer.
Er teilte die Eroberungsgebiete in Provinzen auf.
Jeder Bürger, ob ‚Inländer' oder ‚Ausländer', konnte in Rom nach seiner Fasson leben, wenn er die Bürgerpflichten Roms erfüllte.

In Italien, in Rom selbst, gründete er seine Macht in erster Linie auf sein großes persönliches Ansehen und eben auf seine diktatorische Macht.
Er gab dem Reich die **Augusteische Verfassung** (Prinzipat), welche sich in seinen Grundzügen bis Diokletian erhalten hat.

Sie war schließlich auch die Grundlage einer 200-jährigen friedlichen Ord-nung für Rom.

Im Norden wurden Rhein und Donau als Grenze fixiert, nachdem die Eroberung östlich des Rheins und nördlich der Donau durch die Niederlage des Varius im Teutoburger Wald 9 n. Chr. verhindert wurde.

Durch die mittlerweile wieder eingeführte Staatsgrundform der Republikaner war eine Erbfolge des Herrschers nicht möglich.

Meist jedoch wurden Mittel und Wege gefunden, um den gewünschten Nachfolger zu installieren.

Durch Adoption bildeten sich wiederum neue Dynastien.

14 – 37 n. Chr. → Tiberius (Kaiser)

37 – 41 n. Chr. → Caligula (Kaiser)

41 – 54 n. Chr. → Claudius (Kaiser)

54 – 68 n. Chr. → Nero (Kaiser)

All diese Kaiser waren durch Adoption der Dynastie der Julier angehörig.

69 – 79 n. Chr. → Vespasian (Kaiser)
Er ging aus den Wirren nach dem Sturz Neros hervor. Ihm folgten seine Söhne.

79 – 81 n. Chr. → Titus (Kaiser)

81 – 96 n. Chr. → Domitian (Kaiser)
Mit Domitians Ermordung erlosch die Flavische Dynastie.

96 – 98 n. Chr. → Nerva (Kaiser)
Nachdem Claudius bereits England erobert hatte und Domitian Südwestdeutschland besetzte (Limes), wurden unter Nerva Armenien, Assyrien, Mesopotamien und Südarabien erobert und besetzt.
Nervas Adoptivsohn war dafür auserwählt.

117 – 136 n. Chr. → Hadrian (Kaiser)
Unter ihm, dem Adoptivsohn Trajans, begann der Umschwung. Er zog sich aus den östlichen Eroberungen in Arabien und Syrien zurück.

137 – 161 n. Chr. → Antonius Pius (Kaiser)
Er behauptete das ihm übertragene Reich und war der letzte Adoptivkaiser.

161 – 180 n. Chr. → Mark Aurel
Marc Aurel hatte große Schwierigkeiten, sein Reich im Norden gegen die Markomannen und im Osten gegen die Parther zu schützen.
Im Laufe der Zeit bekamen deshalb die besetzten Länder die gleichen römischen Rechte wie die italienischen Provinzen.

Caracalla gab 212 n. Chr. schließlich allen freien Reichsangehörigen das römische Bürgerrecht.

Der Schwerpunkt der Macht verlegte sich immer mehr auf das Meer.
Mit dem Ende der Severerdynastie 193 bis 235 n. Chr. begann allmählich die Auflösung des Römischen Reiches. Thronstreitigkeiten und Einbrüche bis ins Innere des Reiches durch die germanischen Stämme im Westen und Norden und die Perser im Osten sowie die Auseinandersetzung zwischen Staat und Christentum (Christenverfolgung) zerrütteten das Reich völlig.

241 – 251 n. Chr. → Decius (Christenverfolgung)

Einzelne Herrscher wie

268 – 270 n. Chr. → Claudius II. (Kaiser)

270 – 275 n. Chr. → Aurelius (Kaiser)

276 – 282 n. Chr. → Probus (Kaiser)

versuchten das Reich zu erneuern.

284 – 305 n. Chr. → Diokletian (Kaiser)
Ihm gelang dies noch einmal.

Die Augusteische Staatsordnung wurde durch eine absolutistische orientalisch geprägte Staatsordnung ersetzt.

Das Reich wurde in vier Regentschaften aufgeteilt und bürokratisch verwaltet.

324 – 337 n. Chr. → Konstantin (Kaiser)

Er vereinte die Macht wieder, und zwar im Sinne einer Monarchie. Konstantin beendete die Glaubenskämpfe. Er erkannte das Christentum an und trat auf dem Konzil von Nicäa 325 n. Chr. für die Einheit der Kirche ein. Die Residenz des Kaisers wurde 330 n. Chr. von Rom nach Byzanz (Konstantinopel) verlegt.

364 – 375 n. Chr. → Valentinian I. (Kaiser)

Wiederum drangen Germanen 370 n. Chr. in das Römische Reich ein. Auch litt die Zentralgewalt erheblich unter den ständigen Thronstreitigkeiten. Noch einmal wurde das Reich geeint, und zwar unter

379 – 395 n. Chr. → Theodosius I. (Kaiser)

Nach seinem Tode wurde die längst vorprogrammierte Trennung des Römischen Reiches in **Ost-Rom** und **West-Rom** endgültig vollzogen. Ostrom nahm seine eigene Entwicklung in Byzanz, Westrom hatte zunächst die Hauptstadt Ravenna zum Sitz (404, 395 – 423 n. Chr.)

395 – 423 n. Chr. → Honorius (Kaiser)

425 – 455 n. Chr. → Valentinian III. (Kaiser)

Die Kämpfe gegen die Germanen wurden immer schwerer. Diese drangen immer wieder und immer tiefer in das Römische Reich ein. Nacheinander gingen Spanien, Gallien, England und Afrika verloren.

476 n. Chr. übernahm der Herulerfürst Odoakar anstelle des letzten römischen Kaisers Romulus (Augustulus) die Herrschaft.

Damit war ab 476 n. Chr. das Weströmische Reich beendet.

Sowohl die römische Kultur, die Kunst, das Recht, die Religion, die Staatsformen wie auch die Wirtschaftstheorien und Wirtschaftspraktiken waren und sind für das **Abendland** wie für den **gesamten Westen** Grundlage und Vorbild.

Die Verschmelzung der römischen Eigenschaften und Erkenntnisse mit der griechischen Staatsform war großartig.

Im Gegensatz zu den Griechen, welche mehr zur Philosophie neigten als zum Tun, waren die Römer ein immerwährendes, starkes Militärvolk.

Von 272 v. Chr. befanden sich die Römer bis 476 n. Chr. immer im Krieg.

Vieles von dem, was sie mit viel Kampf aufgebaut hatten, ging durch Überheblichkeit und durch Dekadenz wieder verloren.

Man kann es kaum glauben, 748 Jahre Rom bedeuteten 372 Jahre Aufbau und 376 Jahre Zerstörung und Niedergang.

Dieses mächtige, für viele unbezwingbare Römische Reich ging an sich selbst unter und wurde Geschichte.
Italien blieb übrig. Das war's.

Wirklich mächtig war dieses Reich, zeitweise sogar unbesiegbar.

In höchster Kultur lebten die Menschen, große Geister brachte es hervor, Philosophen mit großem Tiefgang und Jahrtausendweitblick, Künstler, welche Kunstwerke für Jahrtausende schufen, Baumeister, die nicht nur kolossale Bauwerke errichteten, sondern schon damals Zentralheizung und automatische Belüftung einbauten.

Die Mächtigen des damals weltbeherrschenden Roms waren nicht nur macht-orientiert, sondern auch intelligente, humane und weitblickende Herrscher.
Die Menschen Roms, auch die von besiegten Völkern, wurden menschlich behandelt. Jeder Bürger, der es wollte und sich einfügte, erhielt die römische Staatsbürgerschaft und hatte damit alle Bürgerrechte.
Jawohl, Bürgerrechte – die gab es damals wirklich.

Und warum ging dann das so vorbildliche, das so mächtige Römische Reich unter?

Rom litt an der **,Krankheit Mensch'.**

Was ist das?

Im Gegensatz zum **instinktgesteuerten Tier** hat der Mensch **Geist** und **Seele,** also Intelligenz, Verstand, Vernunft und ein Gewissen.
Der Mensch ist also nicht instinktgesteuert, sondern **selbstbestimmt.**

Je nachdem, wie weit er sein Gewissen zu dehnen bzw. es sogar auszuschalten in der Lage ist, kann er human, also menschlich, oder auch ohne Gewissen, also in **Unmenschlichkeit** agieren bzw. reagieren und so zum Untergang eines ganzen Volkes maßgeblich beitragen.

Es gibt Menschen, die fallweise gar keine Menschen mehr sind.
Schlimmer als Raubtiere verhalten sich solche ‚Unwesen'.
Aus Menschen werden oft schnell Verbrecher.
Befehlende Verbrecher wie beispielsweise Mao, Stalin, Hitler und andere.
Ausübende Verbrecher wie beispielsweise die KZ-Schergen oder andere ‚Menschenschlächter'.

Die andere besondere ‚menschliche' Eigenschaft, welche den Untergang eines ganzen Volkes verursachen kann, ist die **Dekadenz.**
Denken wir an das zunächst teilweise und später vielfach herrschende, immer mehr ausufernde, völlig dekadente Leben in Rom.
Nicht nur die herrschende Gesellschaft, auch die obere und sogar die mittlere Gesellschaft, hatten vergessen, dass der Mensch ein Wesen mit Vernunft und Verstand ist.
Allzu viele dieser Typen lebten, als gäbe es kein Morgen.

Das breite Volk lebte dagegen in Armut, in Not und in Leid.

Was nun kommen musste, das kam.
Ebenso verbrecherische wie überhebliche Herrscher führten das Volk, also die ohnehin schon gequälten Menschen, in aussichtslose Kriege gegen die aus Westen und Norden eindringenden Germanen und gegen die an den Osttoren stehenden Perser.
Der Tod war den armen Vätern aus Rom von Anfang an sicher.
Auch im Inneren des Reiches rumorte es immer mehr.
Die Witwen und die heranwachsenden Jugendlichen begannen gegen die

Inhumanität der Herrscher und gegen die unglaubliche Dekadenz der oberen Schichten zu rebellieren.

Rom – das Römische Reich – ging also am Verbrechertum vieler Herrscher und an der Dekadenz der oberen Bevölkerung zugrunde.

Die breite Masse der Menschen im „großen Rom" waren aber ganz normale Menschen.
Wie in den drei Urkulturen der Sumerer, der Babylonier und der Ägypter, wie die in den elf Zwischenkulturen und wie bei den ‚alten Griechen' suchten diese Menschen nichts anderes als Frieden, ein gesundes Leben und Zufriedenheit.

Der Mensch vor 350.000 Jahren war tatsächlich nicht anders als der Mensch vor 15.000 Jahren, vor 2000 Jahren oder von heute.

Die Intelligenz war die gleiche – sehen wir die alten Mathematiker und Philosophen, denken wir an die ersten Schriften, denken wir an die alten Astrologen, an die ersten Kalender, an die ersten Sonnenuhren, an Papyrus usw. Diesen damaligen Gehirnen fehlte nur die Information, also das aufgelaufene Wissen. Die Programm-Ladung war noch nicht vorhanden, es gab ja fast noch nichts zu speichern.

Der Algorithmus, also die kognitive Kapazität des Gehirns, ist bei den Menschen seit 350.000 Jahren gleich.
Die Menschen von damals waren neuronal nicht schlechter ausgestattet als wir Menschen von heute.
Jedes damalige Neuron hatte wie bei uns heute 10.000 elektromagnetische Verbindungen zu den Nachbarneuronen.
Die Speicherkapazität eines damaligen Gehirns war also genauso komplex wie die unserer heutigen Gehirne.
Nur die gespeicherten Daten waren wie gesagt geringer.
Es gab ja auch weniger Information.

Vor diesem Hintergrund ist festzustellen: Die Menschen von damals vor 350.000 Jahren hatten hirntechnisch und mental die gleiche Struktur wie wir Menschen von heute.

Wir Menschen verfügen also heute über die gleichen menschlichen Vorzüge und die gleichen Fehler wie die Menschen von damals.
Wir können heute nicht anders reagieren als die alten Sumerer oder die alten Römer.

Warum ist dies so?

- Weil die beiden Urenergien, die positive und die negative, welche das gesamte Universum beeinflussen, heute genauso wie damals auf uns Menschen wirken.
- Weil uns Menschen heute wie damals unser Gewissen, unsere geistgesteuerte und unsere seelegelenkte persönliche Energie führt.
- Weil wir Menschen dazu neigen
  – entweder vorwärts und nach oben
  – oder lieber den Weg des geringeren Widerstandes zu gehen.
- Weil wir oftmals wie die Lemminge immer der Masse nachlaufen.
- Weil wir Menschen sind und keine Affen!"

Schorsch macht Schluss mit der Feststellung:

„Wir Menschen sind gut und böse,
wir sind gescheit und dumm,
wir Menschen sind keine Affen,
wir benehmen uns aber manchmal so.

Das war immer schon so!"

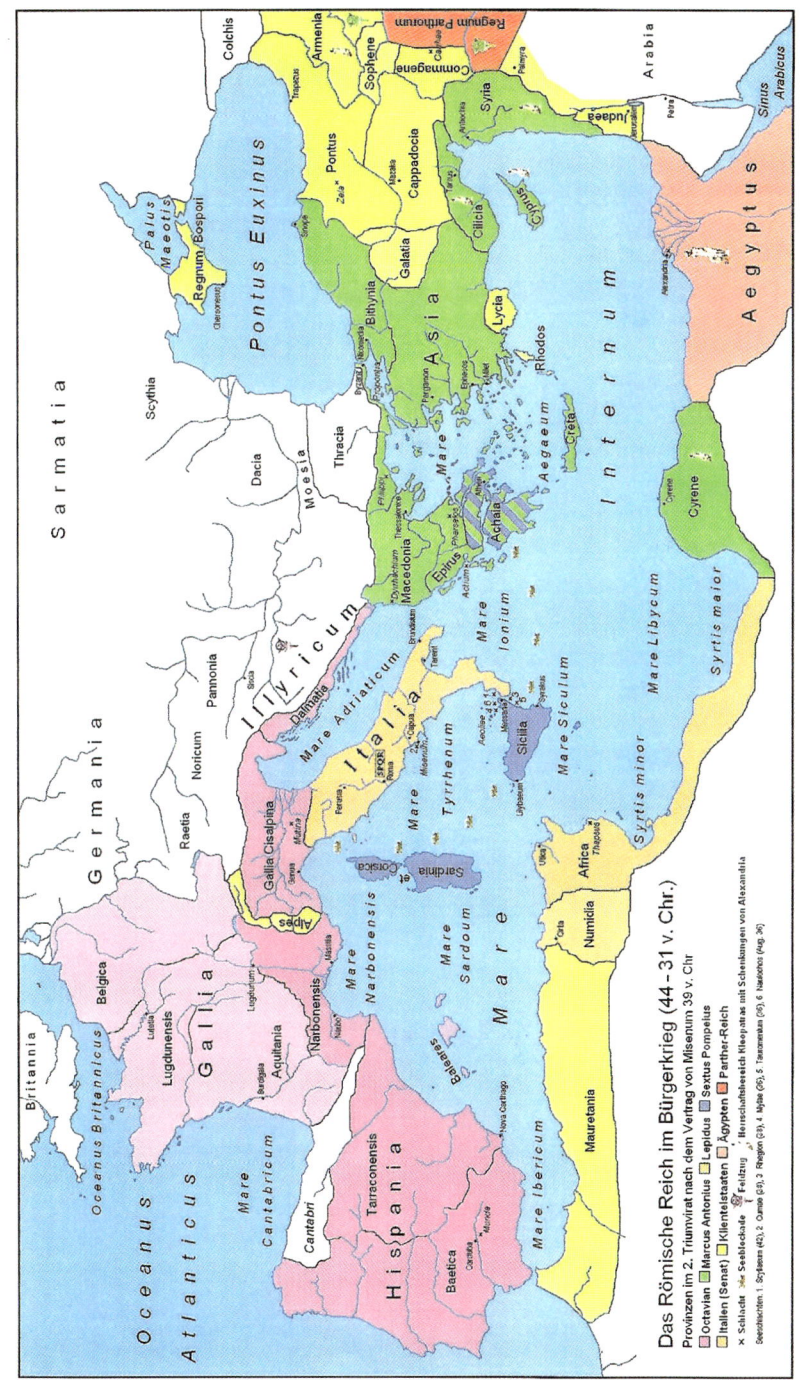

Das Römische Reich im Bürgerkrieg (44 – 31 v. Chr.)

Provinzen im 2. Triumvirat nach dem Vertrag von Misenum 39 v. Chr

Octavian   Marcus Antonius   Lepidus   Sextus Pompeius
Italien (Senat)   Klientelstaaten   Ägypten   Parther-Reich

× Schlacht   Seeblockade   Feldzug   Herrschaftsbereich Kleopatras mit Schenkungen von Alexandria

Seerobber 1: Scybaeum (42), 2: Cumae (38), 3: Reggion (39), 4: Mylae (36), 5: Tauromenium (36), 6: Naulochos (Aug. 36)

309

KAPITEL 10

VON ROM BIS ZUR FRANZÖSISCHEN REVOLUTION 1789
(und bis zum Ende des Hl. Röm. Reiches Deutscher Nation 1806)

Vincent ist wieder an der Reihe.

Nach einem kräftigen Schluck dunkelroten Bordeaux geht er wieder in seine typische „Vortrags-Körperhaltung".

„Erinnerung:

Betrachten wir das Verhalten der Menschen in den letzten 10.000 Jahren, dann kommt schnell die Frage, stammen wir Menschen evtl. doch von den Affen ab?" – so beginnt Vincent seinen Vortrag.

„Wir wissen, die Affen genießen diesen wunderschönen Planeten Erde seit ca. 20 Millionen Jahren.
Die Evolution hat es nicht besonders gut mit ihnen gemeint.
Sie leben nämlich immer noch im Urwald auf den Bäumen oder in unseren Tierparks und ihr aufrechter Gang ist nicht viel besser als vor 15 Millionen Jahren.
Auch ihre geistige Ausstattung ist heute keine andere als vor 20 Millionen Jahren.

Erst vor ca. drei Millionen Jahren gab es für die Evolution eine Veranlassung, bestimmte Affen körperlich für etwas Großes vorzubereiten bzw. umzubauen.

- Heute spricht man von – ,updaten' – oder
- diese Affen sollten einen neuen Algorithmus erhalten.

Die Evolution hatte nun 17 Millionen Jahre nach der Geburt der Affen wieder eine neue, eine zusätzliche Aufgabe.

Die Affen sollten Affen bleiben, einige wurden geändert.

Aus ausgewählten Affenpaaren sollten Homo sapiens werden und irgendwann deren spezielle Nachkommen zu unseren Vorgängern.

Ca. 2,35 Millionen Jahre dauerte es dann, bis aus normalen ausgewählten Affenpaaren menschenähnliche Tierwesen entstanden.

Diese neuen Tierwesen waren aber nach wie vor Körper-Instinkt-Wesen, also Tiere.

Sie hatten einen Körper ähnlich wie ein Mensch, aber es waren nur instinktgesteuerte und nur auf Überleben programmierte Tiere.

Diese Wesen dachten nicht an die Vergangenheit, also an die Zeit vor ihrer Geburt, sie dachten auch nicht an die Zukunft, also an die Zeit nach ihrem Tod.

Diese Tiere konnten nicht abstrakt denken. Ihnen fehlte dafür der Geist.

Diese Tiere hatten auch kein Gewissen, kein Mitleid und kein tief gehendes intellektuelles Gefühl.

Hierzu fehlte ihnen die Seele.

Soweit bei Säugetieren fallweise Gefühle entstehen, sind diese immer genetisch programmiert und immer im Zusammenhang mit Nachwuchs oder äußeren ‚Streicheleinheiten'.

Tiergefühle sind nur instinktgesteuert, nicht aber empathischen Ursprungs.

Wie in früheren Vorkapiteln schon näher beschrieben, erhielten diese Tierwesen, diese Körper-Instinkt-Wesen, in irgendeinem Moment der Zeugung vor ca. 350.000 Jahren die für manche Menschen ominösen Geist und Seele und wurden hierdurch zu jeweils einem Körper-Geist-Seele-Wesen, also zu einem Menschen.

Egal wie nun der eine oder andere heutige Zeitgenosse zu diesen Aussagen steht.

Egal, ob Agnostiker, Atheist, Nihilist oder Gottgläubiger.

Interessant für uns ist, wie sich die Menschen
- nach der Menschwerdung
- in den drei Urkulturen der
  Sumerer, der Babylonier, der Ägypter
- in den elf Ergänzungskulturen der Chinesen, Europäer, Inder,

Hethiter, Meder, Asiaten, Kassiten, Assyrer, Neu-Babylonier Perser, Mittelamerikaner
- in den beiden antiken Kulturen der Griechen und Römer verhalten und entwickelt hatten.
- Wie sie persönlich strukturiert waren, wie sie dachten, wie sie fühlten und ob ihr Wesen und ihre Persönlichkeit schon damals so programmiert waren wie bei uns Menschen heute?

Wir wissen, die damaligen Menschen waren biomolekular genauso gebaut wie wir heute, sie verfügten schon über 90 Milliarden Zellen und ihre neuronale Ausstattung war mit unserer heutigen vergleichbar.
Wir wissen auch: Damals wie heute konnte ein einziges Neuron dieser Menschen 10.000 elektromagnetische Verbindungen herstellen.

Fest steht auch und das muss noch mal gesagt werden: Die neuronale Gehirnausstattung eines Menschen war damals exakt die gleiche wie die eines heute lebenden Menschen.
Nur die gespeicherte Menge war wegen fehlender Information geringer.

Fest steht auch: Der Mensch vor ca. 350.000 Jahren war nicht so allmählich und langsam über die Evolution vom Tier zum Menschen geworden.
Die Evolution war nur bei der Mutation des Affenkörpers vor drei Millionen Jahren zum Menschenkörper vor 0,35 Millionen Jahren tätig.

Das Körper-Instinkt-Wesen ist nicht evolutionstechnisch zum Körper-Geist-Seele-Wesen mutiert.

Die Evolution kann Materie generieren, kann biomolekulare Strukturen aufbauen. Sie kann sie auch verändern, ja sogar neue gestalten.
Die Evolution kann aber weder Geist noch Seele erzeugen.

Der Mensch, das Körper-Geist-Seele-Wesen, wurde also in der Sekunde der Zeugung bei bestimmten Homo-sapiens-Paaren erschaffen.
Diese Menschen sind dann zunächst unter mutierten Körper-Instinkt-Wesen aufgewachsen. Sie haben sich aber in einer einzigen Generation vom Kind zum vollwertigen erwachsenen Menschen entwickelt.
Und wie hat sich der damalige neue Mensch verhalten?

Gemeint ist ab der Menschwerdung, ab seiner Geburt, also vor und bis zu den Urkulturen, bei den Ergänzungskulturen und in der Antike?

Diese Menschen waren auf Menschsein programmiert, sie waren also intelligent, gefühlsstark und gewissengelenkt.
Menschlich dachten sie, menschlich lebten sie und menschlich handelten sie. Menschsein heißt, alle Veranlagungen nützen, die guten und die bösen.
Alles Gute tun und alle Fehler, die einen Menschen belasten, wird er gemäß seinem menschlichen Algorithmus begehen.

Der Mensch war nie ein Affe.

Der damalige Mensch war nicht anders als der heutige.
Er war von Anfang an nicht dümmer als wir.
Ihm fehlten nur die Infos von außen.
Sein Gehirn war mangels Informationen nur nicht so breit programmiert.
Ihm fehlte also das programmierbare Wissen, ihm fehlte die Bildung.
Sein Hirn war aber genauso leistungsfähig wie unser heutiges.

Hätte man heute ein damaliges Gehirn zur Verfügung und würde dieses mit den heutigen Informationen füttern, dann könnte man von einem damaligen wie von einem heutigen Gehirn alle gespeicherten Informationen abrufen.
Die damaligen Gehirne waren tatsächlich so leistungsfähig wie die heutigen Gehirne.

Wichtig ist zu wissen,
- wir nützen unser menschliches Gehirn heute nur mit etwa 18 bis 20 Prozent der eigentlich vorhandenen Kapazität,
- nicht die vorhandene Hirnmasse ist für unsere kognitive Leistung verantwortlich, sondern die Hirnstruktur,
  – der Neandertaler verfügte über ca.1.520 Gramm Hirnmasse,
  – der heutige Mensch hat ca. 1.350 Gramm Hirn,
- ein Elefantenhirn wiegt viel mehr als ein Menschenhirn.

Aufgrund der gegebenen Fakten können oder müssen wir davon ausgehen, dass wir Menschen heute und in Zukunft strukturell, geistig, seelisch und mental genauso funktionieren und reagieren werden wie unsere Vorgänger vor 600.000 Jahren und vor 10.000 Jahren.

Natürlich haben wir heute mehr gespeicherte Kapazität als damals und wir werden immer weiter dazulernen und immer gebildeter werden und unser Speicher wird immer voller, dies hat aber wenig mit Intelligenz und gar nichts mit der Evolution zu tun.

Unser wachsendes Wissen, unsere Bildung ergibt sich aus permanenter Speicherung gesammelter Informationen, aus Fakten und Daten aller Bereiche unseres Lebens.

Unsere Intelligenz resultiert aus der neuronalen Struktur, aus der Speicherkapazität und aus dem Algorithmus unseres Gehirns.

So, und nun verlassen wir die Antike – das diskutierende Griechenland und das kampfstarke Rom.
Wir beenden auch unser Denken über die Gehirnstrukturen von Menschen vor 350.000 Jahren und von heute.

Wir wagen uns nun auf den **Trip in eine neue Welt.**

Nicht Geschichte ist für uns hierbei wichtig, sondern die Vorgehensweise und das Verhalten der Menschen bei deren weiteren Eroberung dieses wunderschönen Planeten Erde.
Für Geschichte stehen tausend Geschichtsbücher zur Verfügung.

Wie verhält sich nun dieses einmalige Wesen Mensch in seinem Eroberungsdrang rings ums Mittelmeer und in die andere, die neue Welt?

Nennen wir diese neue Welt – **Abendland.**

455 – 911 n. Chr.   →   **Deutschland – Frankreich – Italien – Spanien – England etc.**

Im gesamten Abendland – in Deutschland, Frankreich, Italien, Spanien,

England – herrschte damals dauerhafter Streit, teilweise Krieg unter den ständig wechselnden Kaisern, Königen, Herzögen, Fürsten etc.

Kein Land konnte sich entsprechend den gegebenen Möglichkeiten entwickeln.

Erst **Karl der Große** von 747 bis 814 n. Chr. war in der Lage, mit Klugheit und Macht sein Reich, also Europa, zu einigen.

Alle oben genannten fünf Länder führte er zu einem Reich zusammen und zum Frieden.

Er, **Karl der Große,** war der erste **europäische Herrscher.**
Er wäre auch heute als Einziger in der Lage, dieses bürokratisch verkorkste Europa zu retten.
Seine übergeordnete Verwaltung funktionierte auf Recht, auf Ordnung und auf Menschlichkeit.

Unser heutiges Europa geht an der Bürokratie, an der ‚Postenjägerei' in Brüssel und an der unterschiedlichen Leistungsbereitschaft der Menschen einzelner Staaten, nicht an den Nationalstaaten, zugrunde.

Ein vereinigtes Europa schuf Karl der Große.

Nach dem Tod Karl des Großen siegten leider die fünf verschiedenen nationalen Kulturen und die individuellen Ansprüche der Herrscher.

Nach dem Tod von Karl dem Großen waren die fünf Länder wieder geteilt.
Schnell standen sich die Länder wieder feindlich gegenüber.
In ihrer Eigenstaatlichkeit entwickelten sich die einzelnen Länder mehr rückwärtsgewandt als vorwärts.
Innerhalb der Länder, besonders in Deutschland, spalteten sich Regionen in Königreiche, Herzogtümer, Fürstentümer und Grafschaften auf.

Deutschland:
911 – 918 n. Chr.   →   Konrad I., König (Sachse)
Bayern = Herzogtum

919 – 936 n. Chr.   → Heinrich I., König (Sachse)
Er eint die deutschen Stämme und zwingt sie, sich zusammenzuschließen, legte Fluchtburgen an, die später Städte wurden.

Er schuf das erste **Deutsche Reich** und drang nach Osten vor.

936 – 973 n. Chr.   → Otto I. der Große, Kaiser und König (Sachse)
Sieg am Lechfeld gegen die Ungarn 955.

Er gründet die Lausitz, Meißen, Nordmark; sein Reich hatte die größte Ausdehnung seit Karl dem Großen (aber ohne Frankreich und ohne England).

950 – 1250 n. Chr.   → Erste Stilepoche Romanik
Die Romanik dürfen wir nach Rom als die erste europäische Kulturepoche bezeichnen.
Zum einen erinnert sie an das gute Alte Rom und zum anderen an die Zeit des römischen Untergangs sowie an die schlimmen Zeiten ab 476 bis 950 n. Chr.

Schlimm für die Menschen war es wirklich im Ausgang der römischen Zeit und während der vielen Jahre der schrecklichen Kleinkriege im Lande.

Die Menschen waren durch ständige Unterdrückung, Ausbeutung und Entrechtung wehrlos und verzweifelt.
Schließlich bestimmte die Not das Denken.

Insofern ist zu verstehen, dass die Frühromanik für die spätere kulturelle Entwicklung nicht gerade motivierend war.

Am besten erkennbar ist dieser Zustand an den Bauwerken der Romanik. Die Bauwerke waren nahezu alle dunkel gestaltet. Massive dicke Mauern mit kleinen Fenstern und Türen, meist halbkreisförmig, legen Zeugnis ab von Menschen mit Angst und wenig Hoffnung.

Die Kirchen z. B., welche aus höherem mittlerem Hauptschiff und aus zwei niedrigeren Seitenschiffen bestanden, manchmal sogar mit Querschiff, was zu einer Kreuzform führte, wurden als Zufluchtsort gebaut. Innen waren die Bauten schlicht gestaltet, und dunkle Gebäude waren es, die Schutz bieten sollten. Schutz vor dem, was da draußen drohte.

Zunächst war die Romanik, besser gesagt die Frühromanik für Menschen nicht geeignet, hoffnungsvoll in die Zukunft zu schauen. Erst allmählich im Laufe der romanischen Zeit verbesserte sich ja auch draußen die Welt. Den Menschen ging es langsam besser.
Ein Umdenken in der gesamten Gesellschaft war spürbar.
Auch die Bauwerke wurden heller, wurden mit größeren Fenstern ausgestattet, die tragenden Mauerbögen höher und eleganter gebaut.

Die Menschen schöpften wieder langsam Mut und drückten dies auch in vielfältiger Weise aus. In ihrer Kleidung, in der Malerei, in der Musik und in der Literatur wurde immer mehr Optimismus erkennbar.
Hoffnung und Aufbruchsstimmung wuchs in den Menschen.

Die Spätromanik entwickelte sich zu einer positiven Epoche in allen Lebensbereichen.
Diese Entwicklung betrifft in erster Linie Deutschland und Italien.

973 – 983 n. Chr.   → Otto II., Kaiser und König (Sachse)
Zerfall des Reiches in Teilstaaten (Fürsten-, Herzogtümer und Grafschaften)

**983 – 1002 n. Chr. → Otto III., König im Deutschen Reich,
                              ab 996 Kaiser in Rom (Sachse)**
Plant Erneuerung des Römischen Reiches

**1002 – 1024 n. Chr. → Heinrich II., Kaiser und König,
                              Bayer. Herzog (Wittelsbacher)**
Polen wird selbstständig (1000);
Die Ungarn werden unter König Stephan zu Christen;
Bayern ist Herzogtum.

1024 – 1039 n. Chr. → Konrad II., Kaiser und König (Salier)
1039 – 1056 n. Chr. → Heinrich III., Kaiser und König (Salier)
Trennung der Ost- und Westkirche (1054)

1056 – 1106 n. Chr.→ Heinrich IV., Kaiser und König (Salier)
Papst Gregor VII. verbietet Priesterehe und Laieninvestitur (Papstwahl);
Heinrich IV. will, dass die Kaiserwahl ohne Papst erfolgen soll;
gekrönt vom Gegenpapst;
Gang nach Canossa

1073 n. Chr.   → Beginn des Investiturstreits

1106 – 1125 n. Chr.→ Heinrich V., Kaiser und König (Salier)
Kampf gegen Vater;
neuer Zerfall des Reiches in Teilstaaten

1125 – 1137 n. Chr.→ Lothar von Supplinburg, Kaiser und König
                        (Sachse)
Konrad von Wettin erhält 1123 Mark Meißen und 1136 Lausitz;
Albrecht der Bär erhält 1134 Nordmark.
Beide waren starke Fürsten.
Beginn des Streits zwischen Staufen und Welfen

1138 – 1152 n. Chr.→ Konrad III., König (Staufer)
Kreuzzüge / großer Handel / hohe Kultur

1152 – 1190 n. Chr.→ Friedrich I. (Barbarossa), Kaiser und König
                        (Staufer)
Versöhnung mit **Welfenherzog Heinrich des Löwen** von Sachsen, dieser
bekommt Bayern zurück.
Gründung des Herzogtums **Österreich;**
Gründung München 1158 und Lübeck;
Niederlage Barbarossas bei Legnano 1177;
Sturz Heinrich des Löwen und Aufteilung Sachsens;
Wittelsbacher werden Herzöge von Bayern 1180

● Salier (Franken)
● Staufer (Schwaben)
● Welfen (Bayern und Sachsen)
● Sachsen (Sachsen)
● Nassau (Rheinland-Pfalz)
● Böhmen

- Wittelsbacher (Bayern)
- Habsburger (Österreich)

1190 – 1197 n. Chr. → Heinrich VI., Kaiser und König (Staufer)

Papst Innozenz ruft zu Kreuzzügen gegen Ostrom auf;
Papst wird weltlicher und kirchlicher Herr,
aber vorher hatte Heinrich VI. nach Karl dem Großen das größte Reich geschaffen,
drei Königreiche (Deutschland, Italien, Burgund),
hinzu kam Sizilien und Unteritalien;
er beherrschte auch Tunis, Tripolis, Zypern und Armenien;
plötzlicher Tod von Heinrich VI. bringt das Kaisertum wieder in große Schwierigkeiten.

1197 – 1198 n. Chr. → Konstanze, Kaiserin (Frau von Heinrich VI.) (Stauferin)

Neuer Kampf zwischen **Welfen** (Bayern) und **Staufer** (Schwaben) schwächt das ohnehin schon kranke Kaisertum noch mehr.
Deutschland wird in Fürstentümer gespalten;
Beginn der Inquisition (Verfolgung der Nichtchristen);
Franziskaner-, Benediktiner- und Dominikanerorden,
später kommen Jesuiten;
Thomas von Aquin und Albertus Magnus wirken mäßigend.
Die Kaiserin hält ihren Thron für ihren Sohn Friedrich II.

1212 – 1250 n. Chr. → Friedrich II., Kaiser und König (Staufer)

Totaler Niedergang des Reiches;
bei Laterankonzil Inquisitionsbeschlüsse;
alle Rechte an Kirche und Papst;
Höhepunkt des Papsttums;
Magna Charta = engl. Menschenrechte;
Walther von der Vogelweide;
Blütezeit des Rittertums in Deutschland;
Friedrich war sehr gebildet (8 Sprachen),
lebte in Sizilien, gründete **Universität in Neapel 1224,**
vernachlässigte Deutschland,
Städtebündnisse, Hanse entstanden;

Fürsten werden selbstständige Landesherren;
Kampf gegen das Papsttum;
Kampf gegen Welfen und Staufer

1250 – 1530 n. Chr. → Zweite Stilepoche Gotik

Wenn wir von **Gotik** sprechen, denken wir in erster Linie an Deutschland und Frankreich.
Die Italiener konnten zunächst der nach oben strebender Gotik wenig abgewinnen.
Gotisches Denken heißt vorwärts und nach oben denken, Unangenehmes hinter sich und unter sich belassen.
Gotisch heißt auch optimistisch sein.

Dieser Optimismus breitete sich in der Zeit der Gotik in ganz Europa aus.
In Frankreich und in Deutschland wird die Gotik besonders gepflegt.

Das gotische Denken erfasste alle Gesellschaftsbereiche.

Vorauseilend war das Bauen, es folgten die Mode, die Malerei, die Musik und die Literatur. In all diesen Kulturgebieten spiegelten sich Hoffnung, Streben nach vorne und oben sowie Erfolg und sogar Glück.
Die Menschen dachten also wieder positiv.

Die Bauten der Gotik sind es, welche dies auch der Nachwelt vermitteln.
Insbesondere die Kirchenbauten, Dome und Münster wurden errichtet, die heute zum Kulturerbe zählen.
Spitze Bögen, spitze Gewölbe und spitze Türme sowie wertvolle, farbige, hohe Glasfenster mit höchster architektonischer Kunst entstanden.
Statisch und konstruktiv sind die Bauten heute noch selbst für die erfahrensten Ingenieure Vorbild und manchmal sogar Rätsel.

Der gotische Baustil ist aus der Sicht der Architektur und des Ingenieurwesens in keiner Weise zu überbieten.
Die damaligen Baumeister wollten also die finstere Vergangenheit vergessen machen.
Weil solche Bauten aber große Finanzkraft erforderten, wurden sie nur rea-lisiert, wenn jeweils ein Finanzier gefunden wurde.

Wer konnte so was finanzieren?
Die Kirche und der Adel.

In Anbetracht dieser Sachlage ist es rückblickend verständlich, dass in fast allen gotischen Bauten viele Kirchenfürsten und hohe Adelige als Stifter beerdigt sind.

1250 – 1267 n. Chr.→ Kein König in Deutschland, nur rivalisierende Landesfürsten

1250 – 1273 n. Chr.→ = Interregnum = kaiserlose Zeit in Deutschland;
Könige waren nur dem Namen nach da und selbst ernannt.

1267 – 1268 n. Chr.→ Konradin, König (Staufer)
Konradin ist der Enkel von Friedrich II.;
er wird mit 16 Jahren enthauptet, als er sich Sizilien zurückholen wollte, dort war Karl von Frankreich König durch Papst.

1268 – 1273 n. Chr.→ Kein König in Deutschland
Kampf gegen Mongolen;
Ansiedlung der Ostgebiete;
Aufstieg des Bürgertums;
Zünfte entstanden;
Fürsten, Ritter, Städte und Bürger taten, was sie wollten.

1273 – 1291 n. Chr.→ Rudolf I., König (Habsburger)
Sieben Kurfürsten (Wahlfürsten) wählten in der Kaiserstadt Frankfurt Rudolf I. zum König;
staatliche Zersplitterung Italiens;
Engländer erobern Wales;
Schwyz, Uri und Unterwalden 1291;
Schweiz wird selbstständig 1295;
König Rudolf I. verfügte nach seinem Sieg gegen Ottokar von Böhmen über Deutschland, Österreich, Kärnten, Steiermark und Böhmen.

1291 – 1314 n. Chr. → Kein echter König in Deutschland

Nach Rudolfs plötzlichem Tod kämpften alle deutschen Fürsten
(die Häuser Nassau, Habsburg, Wittelsbach, Luxemburg, Böhmen, Staufer,
Welfen und Hohenzollern) gegeneinander um die Vormacht.

1314 – 1347 n. Chr. → Ludwig IV. der Bayer, Kaiser und König (Wittelsbacher)

Ludwig der Bayer (Wittelsbach) 1314 – 1347 söhnte sich mit dem Gegen-
könig Friedrich dem Schönen (Habsburg) aus und ließ sich zum Kaiser
krönen.

1339 – 1453 n. Chr. → 100-jähriger Krieg England – Frankreich

1346 – 1378 n. Chr. → Karl IV., Kaiser und König (Luxemburger = Lützelburger)

Er regierte größtenteils in Prag (Hradschin wurde gebaut);
goldene Bulle = Mitregierungsrecht der Kurfürsten = größter Fehler, so
zerfiel das Reich wieder in Fürstentümer;
Universität in Prag wurde 1348 gegründet;
die Pest war in Deutschland;
Judenverfolgung;
Gefangenschaft des Papstes in Avignon (1309 – 1376);
1409 Konzil zu Pisa – drei Päpste;
Schisma – Kirchenspaltung 1377 – 1416;
Wirre Beziehung zwischen Deutschland – Frankreich – Italien – Spanien
und anderen.

1410 – 1437 n. Chr. → Sigismund (Sohn Karls IV.), Kaiser und König (Lützelburger)

Die einzelnen Länder waren zerstritten, das Volk war unzufrieden mit
Staat und Kirche, es begehrte auf. Keine ordnende Hand war vorhanden.
Es begann die Renaissance, Reformation und die deutsche Seefahrt.

Großes Aufbegehren gegen verweltlichtes Kirchentum, gegen unlauteres
Papsttum, gegen Ablassgeschäfte.

1430 – 1630 n. Chr. → Dritte Stilepoche Renaissance

Die Renaissance kann man eigentlich nicht nur als Stilepoche bezeichnen.

Die Renaissance ist zum einen eine beträchtliche Rückbesinnung und zum anderen eine hieraus resultierende Wiedergeburt in allen Bereichen des Lebens.

Die Renaissance geht maßgeblich von Italien aus. Dort wurde ja die Gotik nicht gerade mit offenen Armen empfangen.

Stattdessen begann in Italien eine Sinnsuche nach dem römischen, ja sogar nach dem antiken griechischen Lebensstil.

Statt vorwiegend Denken in Richtung Jenseits war Beschäftigung mit dem Diesseits angesagt.

Die Menschen sollten endlich selbst nachdenken, und zwar über alles. Schluss mit dem Himmelsstürmen der Gotik.

Am Boden bleiben war die Devise. Klare Formen in der Kunst und horizontale und waagerechte Harmonie waren angesagt.

Die Menschen sollten im Humanismus erzogen und gebildet werden.

Im Mittelpunkt sollten die Wissenschaft, die Kultur und die Kunst stehen.

Der Mensch sollte Maß aller Dinge sein.

Dieser Satz wurde damals übernommen von Protagoras 485 bis 415 v. Chr.

Nach den neuen Verfechtern der Renaissance sollte das Bürgertum selbstbewusst zu sich stehen und sich nicht manipulieren lassen. Entdeckungen und Erfindungen wie beispielsweise Gutenbergs Buchdrucktechnik sollten gleichwertig sein mit der Rolle der Kirche.

Manch einer kann seine Verwunderung nicht verbergen, wenn er feststellt, dass dieses Gedankengut aus dem damals katholischen Italien kam.

Aber auch bei uns in Mitteleuropa gab es eine gebildete Elite.

Zu denken ist an Erasmus von Rotterdam, an Ulrich von Hütten und Hans Sachs, um nur einige zu nennen.

Auch kirchenkritisch war das Volk in Deutschland, Frankreich und die Schweiz ,erfolgreich' unterwegs. Schließlich ging die Reformation von Luther in Deutschland aus.

Viele herrliche Renaissancebauten entstanden, zunächst in Italien, später in Deutschland.

Viele für jeden Bürger sichtbare Erinnerungen an die Renaissance sind in Stein gehauen.

Die Baukunst ist gemeint.

Die Baukunst der Renaissance reduzierte die ziselierten, feingliedrigen, manchmal sogar künstlerisch völlig überladenen Bauwerke der Gotik auf einfach und klar gegliederte Renaissance-Proportionen.

Sowohl die Grundrisse als auch die Fassaden solcher Bauwerke sind architektonisch nicht mehr zu überbieten.

Wohin man bei solchen Objekten schaut, überall stellt man den Goldenen Schnitt fest.

Die Gliederung ist immer harmonisch und für das Wohlgefühl jedes Ästheten geschaffen.

Herrliche Renaissance-Gebäude legen Zeugnis ab für höchste Baukunst. In der ehemals freien Reichsstadt Augsburg steht eines der schönsten Renaissance-Rathäuser aus dieser Epoche.

1438 – 1439 n. Chr. → Albrecht II., König (Habsburger)

Als Habsburger heiratete er die Tochter von König Sigmund und erbte so die gesamte Hausmacht von Böhmen. Böhmen, Mähren, Schlesien, Ungarn kamen zu Österreich hinzu, von dort aus versuchte König Albrecht II. die deutschen Fürsten zu einigen und zu vereinen.

Die Habsburger herrschten nach dem Prinzip:

‚Lass die anderen streiten, du glückliches Haus Habsburg, heirate.'

1440 – 1493 n. Chr. → Friedrich III., Kaiser und König (Habsburger)

Schwacher König, auch er hoffte sein Land durch Heirat und Erbe zu vergrößern;

Portugiesen am Kap der Guten Hoffnung;

Columbus entdeckte Amerika 1492.

1459 – 1530 n. Chr. → Luther

95 Thesen

Beginn der Reformation 1517

Zwingli 1518 in Zürich

Calvin 1541 von Frankreich nach Genf

Bilderstürmer, Schwarmgeister

Bibelübersetzung

1493 – 1519 n. Chr. → Maximilian I. (Sohn Friedrichs III.), Kaiser und König (Habsburger), schwacher König

Vasco da Gama findet Seeweg nach Indien 1498;
König von Frankreich kämpft mit Habsburg um Erbansprüche in Italien;
Höhepunkt der Renaissance (Leonardo da Vinci, Michelangelo, Raffael);
Erste Erdumsegelung von Magellan;
Cortez vernichtet Aztekenreich;
Zar Iwan befreit Russland.

1517 – 1555 n. Chr. → Reformation

Blicken wir 200 Jahre zurück, dann ist in Mitteleuropa weder politisch noch gesellschaftlich und schon gar nicht humanitär große Euphorie angesagt.
Ein Jammertal folgte dem anderen.

Trotz dieser Minuskurve in der gesellschaftlichen Entwicklung hat sich das Denken der Menschen in dieser Zeit bemerkenswert positiv entwickelt.

Ihr, der denkenden Minderheit der Spezies Mensch, ist nicht mehr unbewusst geblieben, dass die Mehrheit der Menschen Jahrtausende eigentlich immer nur benutzt, um nicht zu sagen ausgenutzt wurde.

Die Hauptprofiteure waren immer die Herrscher, der Adel und die katholische Kirche.

Von den Herrschern und vom Adel war selten Gutes zu erwarten.

Die Kirche jedoch sollte, wenn sie ihrem Auftrag gerecht wird, etwas ganz Wertvolles verteten.
- Sie sollte Orientierung geben bei der Suche nach dem Sinn des menschlichen Lebens.
- Sie sollte mentale Kraft spenden bei geistig-seelischem Notstand.

Und was tut die katholische Kirche?
- Sie macht den Menschen Angst vor dem Jenseits.
- Sie beutet die Menschen oftmals regelrecht aus.
- Sie versucht sogar Menschen zu verdummen.
  – Wie anders kann man den Verkauf eines Ablasses nennen?

Die Kirche ist durch das Verhalten und die Taten ihres göttlichen ‚Boden-personals' immer unglaubwürdiger geworden.

Feudales und immer unchristlicheres Verhalten bringt die Vertreter der Kirche und das Volk immer weiter auseinander.

Viele Päpste sind teilweise zu regelrechten ‚Anti-Menschen' mutiert.

Aus Bischöfen wurden oftmals die reichsten Fürsten, gierig und kriegerisch waren sie, ohne Mitleid und ohne Gnade.

Den Menschen fehlt die Orientierung, der seelische Halt.

Viele Menschen beginnen an der Kirche zu zweifeln.

Das Misstrauen gegenüber der Kirche wird immer größer.

Auflehnung macht sich breit.

Martin Luther (1483 – 1546) tritt auf die Bühne.

Luther nutzte die Armut des Volkes und den Feudalismus des Klerus – der Päpste, Bischöfe und Äbte.

95 Thesen veröffentlichte er an der Tür der Schlosskirche von Wittenberg.

Was alles ist und nicht sein darf in der Kirche, was, wie und wann zu ändern ist, das fordert er öffentlich.

Der Kirche dringend verboten ist nach Luther:

- Ablässe zu verkaufen,
- Bischofstitel gegen Geld zu vergeben,
- Bistümer gegen Geld zu verkaufen,
- weiteres Lotterleben von Papst, Kardinal, Bischof und Priester zu führen,
- weiter zu behaupten, der Papst sei unfehlbar.

Luther war schnell nicht mehr allein in seinem Kampf mit der Kirche.

Aus der Schweiz kam Unterstützung durch den Reformator Ulrich Zwingli.

Aus Frankreich kämpfte Johannes Calvin an Luthers Seite.

Aus Böhmen kam Hilfe von Johann Hus.

Aus Schottland und sogar aus Italien meldete sich lautstark Unterstützung für Luther, besser gesagt Freunde der in der katholischen Kirche herr-schenden ‚Kirchen-Feinde'.

Die Päpste Leo X., Hadrian VI., Clemens VII., Paul III., Julius III. waren außer Stande, eine kirchliche Katastrophe zu verhindern.

Was kommen musste, das kam.

Das von 1378 bis 1417 andauernde Schisma.

Die in der Zeit von 1517 bis 1555 erfolglos stattgefundenen Konzilien führten zur endgültigen Spaltung der katholischen Kirche.

Erst Karl V. war es 1555 mit viel Geschick und noch mehr Geld des Kaufmanns Fugger im Augsburger Religionsfrieden gelungen, den Streit zwischen Katholiken und Protestanten zu schlichten.

Der Preis für diesen Pseudo-Frieden war,

die christliche Kirche ist gespalten

- in die katholische Kirche
- in die protestantische Kirche

Was ist nun die Erkenntnis aus diesem unwürdigen ‚Theater' von korrupten Kirchenmännern und macht- und geldgierigen Adelsvertretern?

- Man sollte nicht die Kirche und den Glauben verdammen, weil ein Teil des irdischen Bodenpersonals ethisch und moralisch verkommen war oder ist.
- Man sollte nicht die Kirche, besser den Glauben mit dem dekadenten Adel und dem korrupten Klerus verwechseln.
- Nicht bigottischer, sondern intelligenter, auf Fakten beruhender Glaube kann ‚Wunder' wirken.

1519 – 1556 n. Chr. → Karl V. (Enkel von Maximilian I.), Kaiser und König (Habsburger)

Bauernkrieg 1524 – 1525 / Religionskämpfe.

Das Ordensland Preußen wird weltliches Herzogtum 1525;

Ausbau evangelischer Landeskirchen in Deutschland;

Türken siegen über Ungarn und belagern Wien;

Kriege gegen Frankreichs König Franz I., Schlacht bei Pavia 1525;

Kriege gegen Türken wegen der Donauregion Ungarn, die Reformationsgedanken bei Heinrich VIII., er gründete die anglikanische Kirche 1534;

Karl V. beschloss Gewaltanwendung bei der Verteidigung des Glaubens;

Krieg gegen schmalkaldischen Bund.

Den Fürsten war Karl V. zu stark geworden, deshalb **Fürstenaufstände** 1552.

Karl V. übergab seinem Bruder Ferdinand von Böhmen das Reich und

Böhmen. Sein Sohn Philipp II. von Spanien bekam Spanien, Neapel, Sizilien, Sardinien, Mailand, Burgund, Niederlande und Länder aus Übersee. Im Augsburger Religionsfrieden von 1555 wurde das **Luthertum** anerkannt.

1556 – 1564 n. Chr. → Ferdinand I. (Bruder Karls V.), Kaiser und König (Habsburger)

Ignatius von Loyola gründet 1540 Jesuitenorden;
Beginn der Gegenreformation 1556 – 1618;
Philipp II. – Spanien (1556 – 1598) hat Weltmacht,
beherrschte neben Deutschland auch Böhmen, Frankreich, Niederlande und Länder in Übersee.
Er verlor am Schluss gegen England – Niedergang Spaniens – Aufstieg Niederlande und England.
Hugenotten von Frankreich nach Deutschland;
Religionskämpfe in England.

1564 – 1576 n. Chr. → Maximilian II. (Sohn Ferdinands I.), Kaiser und König (Habsburger)

Laufend Kämpfe gegen die Türken in Ungarn und Wien; Teile im Osten gingen an Polen; der Kaiser war zu tolerant, Fürsten wurden immer stärker und unverschämter; Fürstenaufstände; Religionskämpfe;
Polen wird Wahlkönigtum 1572.

1576 – 1612 n. Chr. → Rudolf II. (Sohn Maximilians II.), Kaiser und König (Habsburger)

Religionsstreit in Donauwörth 1609;
Liga (katholisch), Union (protestantisch) 1607;
Religionsfreiheit durch Majestätsbrief von 1609;
Streit mit seinem Bruder Mathias von Böhmen und mit vielen Fürsten;
er verlor am Schluss alles an seinen Bruder;
Russland erobert Sibirien 1581;
Philipp II. von Spanien verliert seine Armada gegen England.
Große wissenschaftliche Entdeckungen; Galilei = Pendel;
Kepler = Planetengesetze; Amerika wurde besiedelt; Rembrandt; Rubens;
Aufstieg Englands zur Weltmacht nach Vernichtung der spanischen Armada.

1580 – 1770 n. Chr.   →   Vierte Stilepoche Barock

Das Wort **Barock** ist wie jeder weiß immer positiv.

Spricht man von einem Mann, von einem ‚barocken Typ', dann weiß jeder, der Mensch ist gemütlich, ist gut gesättigt, isst gern eine Schweinshaxe und braucht hierzu eine Maß Bier.

Spricht man von der Wieskirche, dann weiß jeder Mensch, der irgendwann etwas von Kunstgeschichte gehört hat, das ist eine der schönsten Barock-Rokoko-Kirchen dieser Welt.

Damit sind wir beim Thema.

Barock ist eigentlich kunstgeschichtlich, bautechnisch, maltechnisch sowie auf Theater und Literatur bezogen der Übergang zu Rokoko.

Man kann es auch umgekehrt formulieren.

Eigentlich ist nämlich Rokoko nur die Fortsetzung von Barock.

Betrachten wir Barock aus der Perspektive der Architektur.

Barock geht zunächst von Italien aus, vom Katholizismus, und verbreitet sich schnell in Deutschland, vorwiegend im katholischen Bayern, später im Nordwesten sowie in Frankreich, vorwiegend in Paris.

Der Barock bevorzugt Rundungen. Runde Grundrisse, mehrfach rund geschnittene Fensteröffnungen, runde Türen, runde Säulen, alles ziseliert und mit Stuck versehen.

Natürlich sind die Decken mit grandiosen Gemälden und noch nicht ganz feinem Stuck verziert, die Säulen sind ziseliert und aus Marmor, überall sind irgendwelche mehr oder weniger feingliedrigen Figuren angebracht.

Wo und wann kam und kommt nun solche oftmals kaum mehr finanzierbare Kunst zur Anwendung?

Bei Kirchen, bei Schlössern, bei Palästen.

Wer kann sich so etwas leisten?

Kaiser, Könige, Herzöge, Fürsten und natürlich die Kirche.

1612 – 1619 n. Chr. → Matthias (Bruder Rudolfs II.)
            Kaiser und König (Habsburger und Böhmen)

Prager Fenstersturz 1618 durch böhmische Stände;

Dreißigjähriger Krieg

1618 – 1648 n. Chr.   →   Dreißigjähriger Krieg

Wäre der Mensch ein Abkömmling des instinktgesteuerten Affen, dann hätte es den Dreißigjährigen Krieg ebenso wenig gegeben wie die unendlich vielen anderen Kriege der Menschheit.

Hunderte von Kriegen führten die Menschen während der drei Urkulturen (Sumerer, Babylonier und Ägypter) und
während der elf Zwischenkulturen sowie bei den Griechen und Römern und in der Zeit nach Rom bis in die Neuzeit.

Der Mensch ist kein instinktiv gesteuertes Tier.
Er ist ein Wesen, welches bei jeder Gelegenheit frei und eigenständig entscheiden kann.
Seine Entscheidungen fällt er als Körper-Geist-Seele-Wesen mit Geist, mit Vernunft und gemäß seinem Gewissen.

Dieser individuelle Entscheidungsprozess des Menschen ist nicht wie beim Tier als Instinkt gentechnisch programmiert und ist deshalb nicht automatisch richtig.
Nein – der Mensch entscheidet jeweils individuell mit seinem Geist und seiner Vernunft und er handelt gemäß seinem Gewissen.
Dies ist der Grund, warum manche seiner Entscheidungen falsch sind.

Weil bei vielen menschlichen Entscheidungen, früher und auch heute, oftmals der Geist fehlt oder die Vernunft abhandenkam, kommen Entscheidungen zustande, wie früher z. B. in Rom, wie hier zum Dreißigjährigen Krieg und wie bei Trump die Trennung von Kindern und Eltern an der mexikanischen Grenze.

Weil bei Menschen sehr oft auch das Gewissen bis zur Unendlichkeit gedehnt wird, ergeben sich Katastrophen wie der Dreißigjährigen Krieg, der Einmarsch im Irak, das Morden in Syrien und die totale Unmenschlichkeit im Jemen.

Man hört immer, der Dreißigjährige Krieg sei ein Religionskrieg gewesen.

Dies ist nur die halbe Wahrheit.

Als die protestantischen Adeligen den Statthalter des böhmischen Königs und dessen Sekretär aus dem Fenster der Prager Burg warfen und diese durch Glück überlebten, weil sie auf dem Misthaufen landeten, war die ka-tholische Kirche nur Mittel zum Zweck.

Was wollten der Adel und der Klerus?

Zum einen wollte man die religiöse Gleichstellung der Protestanten mit den Katholiken.
Zum anderen wollte der Kaiser Matthias seine Macht erhalten.

Seine Wieder‚wahl‘ stand nämlich vor der Tür.
Die Stimmen von sieben Kurfürsten waren dabei wichtig.

Die von	● Brandenburg ● Sachsen ● Rheinpfalz	waren Protestanten	Gegner
Die von	● Köln ● Trier ● Mainz	waren Katholiken	Freunde
Der von	● Böhmen	war katholisch	indifferent

Also um Macht ging es.

Die Macht
- ● für den Kaiser
- ● für den Adel
- ● für den Klerus

Aus den Geschichtsbüchern ist zu entnehmen
    – die Herrschaften konnten sich nicht einigen.

Diese Meldung ist ebenso halbwahr wie viele heutige Medienmeldungen.
Fake News gab es schon damals.
Tatsache ist:
Die drei ‚Gewissenlosen‘ – Kaiser – Adel – Klerus – hätten sich schnell einigen können, aber jeder hätte etwas verloren, Macht oder Land oder Geld.

Also ‚einigte' man sich, den Zustand da oben zu belassen, Krieg zu führen, die Menschen da unten zu entrechten und weiterhin auszubeuten.

Die da oben verloren nichts oder fast nichts.

Die da unten starben im Krieg oder an Hunger oder an Pest und Cholera.

Ausgelöst hatte diese dreißigjährige Hölle der Kaiser, als er den Feldherren Wallenstein beauftragte, eine Privatarmee zu gründen und für ihn zu kämpfen. Die Bezahlung erfolgte durch das Volk, die deutschen Bauern, die Handwerker, die ‚Knechte'.

Bezüglich Privatarmee lässt die USA mit Blackwater in der Ukraine, in Syrien, im Iran, im Irak, in Afghanistan & Co. grüßen.

In Süddeutschland starben während des Dreißígjährigen Krieges ein Drittel der Bevölkerung.

Hundert Jahre dauerte es, bis die Menschen dort diese apokalyptische Katastrophe überwunden hatten.

Obwohl ganz Europa an dieser Katastrophe beteiligt war – Deutschland – Frankreich – Niederlande – Schweden – Dänemark – Spanien –, spielten sich fast alle Einzelkriege auf deutschem Boden ab.

In Deutschland waren durch den Dreißigjährigen Krieg nicht nur die Menschen die Hauptverlierer, weil hier Armut und Tod regierte.

Auch das ganze Land war Verlierer, weil Frankreich Bistümer in Lothringen und viele andere Vorteile bekam, weil Schweden große Reichsteile im Norden von Deutschland übernahm und schließlich, weil sofort die Schweiz und die Niederlande und später auch Dänemark und Belgien selbstständig wurden.

Der Dreißigjährige Krieg vom 23. Mai 1618 bis 24. Oktober 1648 war auch die Vernichtung des Heiligen Römischen Reiches Deutscher Nation. Deutschland und ganz Europa hätten jetzt gewarnt sein müssen vor Herrschaftschaftsstreit und Kleinkriegen, welche schnell zum Flächenbrand werden können.

Deutschland hätte begreifen müssen, dass wir in Mitteleuropa von vielen ‚Nachbarn' umgeben sind, die lieber unser Land als ihres für kriegerische Auseinandersetzungen nützen.

Unsere Abgeordneten in Berlin haben dies bis heute nicht begriffen!

Jeder Mensch insbesondere in Deutschland müsste seit dem Dreißigjährigen Krieg wissen, dass jeder Krieg immer Not, Elend und Leid bringt.

1619 – 1637 n. Chr. → Ferdinand II. (Vetter von Matthias), Kaiser und König (Habsburger)
Wallenstein stelle im Auftrag von Ferdinand II. ein Heer auf;
Tilly kämpfte bei Rain;
Böhmisch-Pfälzischer Krieg 1620 – 1623;
echter Kaiser gegen Winterkönig;
für die Hilfe Bayerns bekam Maximilian I. von Bayern den Titel Herzogtum, die Kurwürde und die Oberpfalz.

1619 – 1620 n. Chr. → Friedrich V. , Kurfürst, wird zum König (Winterkönig)
gewählt und von Ferdinand II. wieder abgesetzt.
Der Winterkönig wurde von Böhmern gewählt, die den in Frankfurt gewählten echten Kaiser Ferdinand II. nicht anerkennen wollten.
Niedersächsisch-dänischer Krieg 1625 – 1629;
Entlassung Wallensteins 1630;
Schwedischer Krieg 1630 – 1635.

1637 – 1657 n. Chr. → Ferdinand III. (Sohn Ferdinands II.), Kaiser und König (Habsburger)
[Die Katastrophenzeit]
Überall wurde gemordet und gebrandschatzt,
äußerer Anlass waren Religionsstreitigkeiten;
zusätzlich kommen die Franzosen und die Schweden über die Grenze,
Westfälischer Friede 1648 zwischen Kaiser – Frankreich – Schweden und den Reichsfürsten.

1648 – das Zentralreich löste sich auf.
Österreich, Brandenburg, Bayern und Sachsen wurden selbstständige europäische Mächte.
Alles war zerstört, Handwerk, Bauerntum, Bürgertum, Handel, Kultur, Städte.

Es gab keine nationale Selbstachtung mehr, man äffte alles aus Frankreich nach;
1643 – 1715 Ludwig XIV., König von Frankreich,
Absolutismus;
Kardinal Richelieu und Mazarin;
Kriege gegen Spanien 1667/68, gegen Holland und Pfalz 1672/78,
gegen Pfalz 1688/97.
Der Finanzminister von Ludwig XIV. Colbert begründet den Merkantilismus (Zollschranken, nicht mehr einführen als ausführen), alles ist auf Gewinn abgestellt.

Aufklärung 1650 – 1800 n. Chr.
Oliver Cromwell setzte in England den König ab und bildete ein Parlament 1649.
Molière schreibt Komödien;
Frankreich wird Kontinentalmacht und geistiges Zentrum der damaligen Welt.

1658 – 1705 n. Chr. → Leopold I. (Sohn Ferdinands III.), Kaiser und König (Habsburger)
Das Reich war von Ludwig XIV. laufend bedroht, ebenso von den Türken, es bestand ohnehin vorwiegend nur aus Habsburg, welches auf die Fürstentümer Brandenburg–Preußen, Sachsen und Bayern kaum Einfluss hatte.
Prinz Eugen war Retter in allen Lagen, durch ihn bekam das Reich Ungarn und Siebenbürgen.
Im Spanischen Erbfolgekrieg kämpften Österreich und Frankreich um das spanische Erbe.
Bayern war auf der Seite der Franzosen,
England auf der Seite der Österreicher.
Österreich gewann, die Donaumonarchie Österreich-Ungarn war geboren.
Seit 1663 laufender Reichstag in Regensburg.

1705 – 1711 n. Chr. → Joseph I. (Sohn Leopolds I.), Kaiser und König (Habsburger)
Joseph behandelte Bayern wie ein erobertes Land, dagegen lehnten sich die Bayern auf (Bauernaufstände).

Gegen Frankreich wurden weitere Kämpfe ausgetragen.

1711 – 1740 n. Chr. → Karl VI.,
Kaiser und König (Habsburger)

Unter Karl VI. verbündete sich England plötzlich mit Frankreich, weil es glaubte, Habsburg könnte aus dem Spanischen Erbfolgekrieg zu stark werden, damit blieben Österreich die Hände gebunden.

Nach dem Zerfall des Reiches 1648 entwickelte sich neben Österreich auch Preußen (Brandenburg) unter dem großen Kurfürsten Friedrich Wilhelm 1640 – 1688 zu einem einflussreichen unabhängigen Fürstentum;

guter Ackerbau, großes Heer, gute Verwaltung und perfekte Organisation waren Grundlagen.

Kurfürst Friedrich III. 1688 – 1713 ließ sich vom Kaiser zum König Friedrich III. krönen.

1713 – 1740 n. Chr. → König Friedrich Wilhelm I.,
der Enkel von Karl VI.

schuf ein Heer mit 90.000 Mann = **Soldatenkönig.**

1730 – 1810 n. Chr. → Fünfte Stilepoche Rokoko

Alles, was hier zu Barock gesagt wurde, gilt auch für Rokoko.

Rokoko ist aber viel feingliedriger als Barock.

Der Stuck ist bis ins Letzte detailliert, die Deckengemälde sind von großen Meistern erstellt, die Figuren sind bis ins letzte Detail von großen Könnern ausgearbeitet.

Alles ist detaillierter, exklusiver und teurer als Barock, also königlich ausgeführt.

Weil hier Extravaganz immer groß geschrieben wird, hat sich Rokoko auch in der Mode breitgemacht.

Auch die Friseure entfalteten sich als große Künstler.

Rokoko wirkte überall, wo man etwas besonders attraktiv verzieren konnte.

Ansonsten gilt für Rokoko alles, was bei Barock gesagt wurde.

1740 – 1786 n. Chr. → Friedrich II. der Große = König von Preußen

Friedrich der Große kämpfte dreimal gegen Österreich.

Friedrich der Große baute Preußen zu einem mächtigen Staat aus, er war der Widerpart zum deutschen Kaiser, also zum Hause Habsburg und zu Maria Theresia von Österreich.

1740 – 1780 n. Chr. → Maria Theresia, Königin von Österreich

1742 – 1745 n. Chr. → Karl VII. (Kurfürst von Bayern),
Kaiser und König (Wittelsbacher)
Kurfürst Karl Albert von Bayern zog in Wien ein und ließ sich in Frankfurt zum Kaiser wählen,
Karl VII. wurde von Habsburg und England bekämpft.
1740 neue Aufklärung in England, Frankreich und Deutschland.

1745 – 1765 n. Chr. → Franz I.
(Mann von Maria Theresia),
Kaiser und König (Habsburg-Lothringen)
wurde durch den Sieg Österreichs über Bayern zum Kaiser.
Zwischen dem Kaiser und Friedrich dem Großen waren laufend Kämpfe; es ging immer darum, dass Österreich Schlesien zurückhaben wollte und Preußen Teile von Böhmen wollte.
1776 Adam Smith, freier Markt entwickelt sich selbst;
1776 – 1783 Unabhängigkeitskrieg in Amerika;
1783 Friede von Versailles (Freiheitskämpfer – Europäer);
1789 USA wird ausgerufen und unabhängig.

1765 – 1790 n. Chr. → Joseph II. (Sohn von Maria Theresia)
Kaiser und König (Habsburger)
Erst nach dem Tod seiner Mutter 1780 war er selbstständig und ein ausgleichender Kaiser.

1790 – 1792 n. Chr. → Leopold II.,
Kaiser und König (Habsburger)
Durch Besonnenheit stellte er die Ruhe in den Ländern her.

1792 – 1806 n. Chr. → Franz II.
(letzter Römischer Kaiser Deutscher Nation)
König und Kaiser (Habsburger)
Er hatte große Probleme mit Napoleon und konnte diesem nicht widerstehen.

Napoleon eroberte ganz Europa und setzte den Kaiser ab.

1806 Ende des Heiligen Römischen Reiches Deutscher Nation

1806 n. Chr. → **Kaiser Franz II.** musste die deutsche Kaiserkrone ablegen; er war von nun an (1806) nur noch österreichischer Kaiser.

1806 begann nun in der alten Welt, in Europa und darüber hinaus, im gesamten Mittelmeerraum bis zu den Völkern am Euphrat und am Tigris, und um das Mittelmeer eine neue Zeit, eine neue Welt.

Dies gibt uns Anlass zurückzublicken.
Wir wollen wissen, wie es den **Menschen** nach der Römerzeit erging und wie sich die **Spezies Mensch** seit dieser Zeit entwickelt hat.

Rückblick 455 bis 1789 n. Chr.

Ergänzend zu der vorbeschriebenen geschichtlich-politischen Entwicklung in dieser Zeit ist es wichtig festzuhalten, wie es den Menschen erging und wie sie sich verhielten.

Aus den drei Urkulturen, aus den elf Ergänzungskulturen, aus den antiken Reichen – Griechenland und Rom – hat sich eine Mischkultur entwickelt, die Beleg dafür ist, dass der Mensch der absolute Höhepunkt in der Entwicklung auf diesem wunderschönen Planeten Erde ist.

Der Mensch hat sich diese Erde tatsächlich untertan gemacht, er beherrscht alle Wesen auf ihr und er beherrscht auch die Erde, soweit diese nicht ihn beherrscht.
Der Mensch ist allen Lebewesen geistig unendlich weit überlegen.
Wenn der Mensch Probleme hat, dann eigentlich vorwiegend mit sich selbst.

Schicksalsschläge, Krankheit, Tod und Naturkatastrophen sind bei dieser Feststellung ausgenommen.
Bleiben wir beim ‚Schicksal‘.

Wie ist nun die Zeit und wie sind die **Menschen** nach dem Römischen Reich, also ab 455 n. Chr. bis zur Französischen Revolution 1789 zu beurteilen? Zunächst ist nochmals kurz auf den grenzenlosen Unsinn einzugehen, dass wir Menschen evolutionsmutierte Affen seien.

Diesen Planeten beherrschen, falls er überhaupt beherrscht wird, nicht Affen, sondern Menschen.

Die Affen leben seit über 20 Millionen Jahren im Urwald auf den Bäumen oder in von Menschen gebauten Tierparks, in welchen wir Menschen sie einsperren.

Die Menschen haben sich im Verhältnis zum Urknall vor ca. 14 Milliarden Jahren und im Vergleich zu den Affen vor ca. 20 Millionen Jahren in der kurzen Zeit von 350.000 Jahren, also im Verhältnis zu 14 Milliarden Jahren, blitzschnell zum Herrscher dieser Erde durchgesetzt.

Wir Menschen sind es, welche sich anschicken, diesen einmalig schönen Himmelskörper zu erobern, um ihn dabei völlig zu ‚verschmutzen‘.
Manche sprechen von zerstören.

Wir können ihn nicht zerstören, aber er uns.
Wir Menschen müssen vorsichtig sein, dass dieser Planet nicht eines Tages, vielleicht schon bald, furchtbar zurückschlägt.
Schon einige Male tat er dies in den letzten 10.000 Jahren.
Denken wir an die großen biblischen Plagen, an die Pest, an die Cholera, an Lepra, an die Epidemien und die Pandemien, also an die vielen schlimmen unheilbaren Krankheiten und höllischen Ereignisse.
Denken wir an Asteroideneinschläge, an Vulkanausbrüche, an Tsunamis und nicht zuletzt auch an die zunehmenden Tornados usw.

Denken wir an die vielen schrecklichen Folgen apokalyptischer Ereignisse, wenn wir Menschen Fehler begehen im Umgang mit den von uns geschaffenen Entwicklungen:

- Kernenergie: Wir können ganze Erdteile vernichten.
- Chemie: Wir können die halbe Menschheit vergiften.
- Biologie: Wir können alle Menschen mit Viren und Bakterien umbringen.
- Elektrik, Elektronik, Internet und KI. Wir können die ganze Welt lahmlegen.

Es gibt noch mehrere andere furchtbare Chancen für uns Menschen, die Menschheit zu vernichten.

Blicken wir, wie vor schon angedeutet, noch einmal zurück auf die Zeit ab 455 n. Chr.

Auf der einen Seite schufen die Menschen große Kulturen und produzierten unvorstellbaren Fortschritt.

Auf der anderen Seite wurden Menschen entrechtet, verknechtet und ausgebeutet. Denken wir an

- Söldner und Landsknechte
- Lehensnehmer und Knechte
- Bürger, Arbeiter und Sklaven

Diese Verknechtung von Menschen, ja sogar von ganzen Völkern, war in der Vergangenheit landbezogen und herrschaftsabhängig, leider allzu oft Normalität.

Seit den alten Römern wurden Menschen immer wieder durch Herrscher, durch Lehensgeber und durch Sklavenhalter erniedrigt, entrechtet, verknechtet und ausgebeutet.

Völlig unschuldige Menschen wurden sogar in den Krieg gezwungen und in den Tod getrieben.

Damals geschah dies durch Individualverbrecher, heute geschieht dies durch ‚Politiker‘ in ‚Demokratien‘.

Als Söldner, als menschliche Kampfmaschinen wurden und werden Menschen benutzt.

Zum Töten von Menschen, die ihnen nie etwas zuleide getan hatten, wurden und werden sie auch in heutigen ‚Demokratien‘, gezwungen.

Wir sehen, der Mensch hat sich völlig anders entwickelt als der Affe.

Er ist Mensch und handelt aber oft wie ein Anti-Mensch.

Diese Tatsache zwingt uns, nochmals kurz über Tier und Mensch nachzudenken.

Die Affen leben wie schon gesagt seit 20 Millionen Jahren im Urwald auf den Bäumen und führen keine großen Kriege.

Der Mensch ist seit 350.000 Jahren ein mit Intelligenz, mit Vernunft und mit Gewissen ausgestattetes Wesen und trotzdem oder gerade deshalb führt er Krieg.

Der Affe war und ist seit 20 Millionen Jahren ein **Körper-Instinkt-Wesen.** Er handelt nach genetisch vorgegebenem Instinkt.
Der Mensch ist seit 350.000 Jahren ein **Körper-Geist-Seele-Wesen.**

Dieser Mensch entscheidet und handelt jeweils individuell frei und nur seinem Gewissen verantwortlich.
Weil er sein Gewissen oftmals bis zur Unendlichkeit dehnt, sind auch verbrecherische Ergebnisse keine Seltenheit.

Seit 350.000 Jahren verfügt der Mensch über ein perfekt ausgebildetes, neuronal vernetztes Gehirn, über Vernunft und über Gewissen.
Dieser Mensch vor 350.000 Jahren hatte die gleiche kognitive und intelligenzorientierte Leistungsfähigkeit wie der heutige Mensch.

Die Entwicklung der Menschen von vor 350.000 Jahren bis nach den drei Urkulturen – Sumerer, Babylonier und Ägypter – und durch die Zeit der elf Ergänzungskulturen sowie in der Zeit der Griechen und Römer bis zum Abendland ist in molekularer, also in organischer Beziehung evolutionsbedingt verlaufen.
Was nun aber die geistige, die kognitive und die mentale bzw. seelische Ausstattung anbetrifft, so wirkten hier andere Kräfte.

Der Mensch, die Menschheit, hat sich diesen Planeten, diese Erde untertan gemacht.

Stimmt diese Aussage? Ja und nein!
Ja: Weil der Mensch diese Erde großteils beherrscht.
Nein: Weil der Mensch gegen sich selbst selten gewinnt.
Der Mensch baut auf – er streitet – er führt Krieg und er zerstört viele seiner Werke wieder.

Warum? Weil er ein Körper-Geist-Seele-Wesen ist und selten instinktbezogen handelt.

Zum Aufbau, zum Fortschritt benutzt der Mensch, das Geist-Wesen, seinen Geist und seine Intelligenz.

Der Mensch, das Seele-Wesen hat aber auch Verstand und Vernunft.

Leider wird beim Mensch der Verstand oft ausgeschaltet und die Vernunft geht manchmal verloren.

Oft kommt sie erst wieder, wenn es zu spät ist.

Insofern handelt der Mensch nicht instinktprogrammiert, sondern individuell nach freier Entscheidung.

Diese ist aber nicht immer gut.

Der Mensch ist also kein instinktgesteuertes Tier, sondern ein selbstbestimmtes Vernunftwesen mit allen Vor- und Nachteilen.

Also, ein Mensch ist ein Wesen mit vielen Vorzügen, aber auch mit vernunftbezogenen menschlichen Individualfehlern.

Der Mensch ist ein komplexes **Körper-Geist-Seele-Wesen.**
- Es erbringt geistige Leistungen.
- Es macht menschliche Fehler.

Das Tier ist ein instinktgesteuertes **Körper-Instinkt-Wesen.**
- Seine Entscheidungsfreiheit ist sehr beschränkt.
- Es macht nur Fehler, wenn der Instinkt aussetzt.

Wie lebt nun der abendländische Mensch?

Die Frage ist nicht ‚digital‘ zu beantworten.

Nicht gut oder schlecht, nicht Arm oder Reich ist hier anwendbar.

Es gab Zeiten und Länder, in welchen es den Menschen gut, sogar sehr gut erging und andere, wo Not und Elend dominierten, wo Entrechtung, Knechtschaft und Sklaventum herrschten.

In der langen Zeit von 455 n. Chr. bis 1789 n. Chr., also in 1334 Jahren, war die neue-alte Welt, also das Abendland, in viele Länder aufgespalten.

In dem einen lebten glückliche Menschen, im anderen Land herrschten Hunger und das Chaos.

Die Länder wechselten sich diesbezüglich ab.

Alles in allem entwickelte sich die Menschheit im alten Europa mit viel Geist immer weiter.

Nichts konnte sie aufhalten, ihre vorhandene Kultur in allen Bereichen sowohl in guten als auch in schlechten Zeiten immer weiterzuentwickeln.

Die Menschen waren von Anfang an auf Fortschritt programmiert und sind deshalb auf diesem Weg nicht zu bremsen.

Wie begann alles?

Mit dem ersten teilweise Sesshaftwerden der Menschen begannen diese, in ihrem täglichen Leben über persönliche Erleichterungen während des Tages nachzudenken.

- Die **Walze** wurde erfunden zur Bewegung großer Lasten. Baumstämme waren die ersten Rollen.
- Durch das Abschneiden von Scheiben aus den Baumstämmen ergab sich das erste **Rad**.
- Aus zwei Rädern wurde der erste **Wagen** gebaut.
- Zum persönlichen Schutz und für die Jagd entwickelte man den ersten **Speer.**
- **Pfeil** und **Bogen** wurden erfunden.
- Das **Feuermachen** wurde gelernt.
- Durch Zufall stellte man fest, dass die gefundenen **Rohstoffe** wie **Kupfer, Zinn, Messing, Blei** und **Eisen** durch Feuer verformbar waren.
- Mit diesen Rohstoffen war es dann schnell möglich, **Pfeilspitzen, Schwerter, Beile, Äxte, Spaten** und **Pflüge** herzustellen.
- Durch die Kombination von 9:1 Teilen Kupfer und Zinn wurde **Bronze** hergestellt.
- Mit einzelnen **Rohstoffen,** insbesondere mit **Bronze,** wurden schließlich **Münzen,** also Zahlungsmittel, produziert, **Rüstungen** für Mensch und Pferd gebaut und das **Hufeisen** zum Beschlag der Pferde entwickelt.

Im Laufe der Zeit wurden die Rohstofferze zu unersetzlichen täglich nötigen Materialien.

Die Bearbeitung von Erzen und Metallen wurde immer mehr perfektioniert.

Gegenstände aller Art wurden entwickelt und aus den jeweiligen Metallen, kombiniert mit Holz und anderen Stoffen, gefertigt.

Der Bauernstand, das Handwerk, der Handel und das Militär waren die Hauptprofiteure dieser Entwicklung.

Waffen, Rüstungen, Haushaltsartikel, Werkzeuge. Wagen, Pflüge, Schaufeln usw. wurden gefertigt.

Unterkunft – Infrastruktur

Jahrtausende zogen die Menschen in Kleinfamilien, in Sippen als Nomaden von Afrika aus durch die Welt.

Diese Menschen hatten weder Haus noch Hütte noch Zelt noch irgendwelche selbst gebaute Unterkünfte.
In Höhlen suchten sie Schutz vor Hitze, Kälte, vor Regen, vor schlechtem Wetter und vor wilden Tieren.

Schnell waren die Menschen in der Lage, eigene Unterkünfte zu bauen.
Zu-nächst aus Ästen, aus Laub, Nadelzweigen, Palmwedeln usw.
Später wurden aus Lehm, Binsen, dürren Ästen zeltförmige Unterkünfte hergestellt.
Als man Feuer machen konnte, wurde Lehm gebrannt, ziegelähnliche Elemente geformt und diese mit weichem Lehm ‚vermauert'.
Die ersten selbst gebauten kleinen hausähnlichen Unterkünfte entstanden.

Ab der Ziegelzeit begann das Bauen die menschliche Kultur zu prägen.
Auch Natursteine, zunächst die weichen wie Tuffe, Sandsteine, Kalksteine und Marmor, und bald wurden auch die Urgesteine Granit, Gneis, Syenit und Basalt verarbeitet.
Schließlich wurde bei den Römern Kalkstein gebrannt und daraus Kalk, Gips und sogar Zement entwickelt.
Das Bauen wurde zur Kultur.

Bauwerke aus den Urkulturen legen heute noch Zeugnis ab über den großen und schnellen Fortschritt der Menschheit.
Tempel in beispielloser Größe und Technik prägten alle Kulturen.
Für die Ewigkeit wurde gebaut.
Spezielle bauliche Markenzeichen der drei Urkulturen waren:
- Bei den Sumerern: die Tempel
- Bei den Babyloniern: Zikkurate und der Turmbau zu Babel
- Bei den Ägyptern: Tempel, Pyramiden und die Sphinx

Das Bauen war schon immer Ausdruck für Kultur, also für Denken, für Fühlen und für Handeln der Menschen.
Besonders galt dies bei den Griechen und den Römern.

Auch das Abendland ist geprägt durch die Baustile.
Romanik, Gotik, Renaissance, Barock, Rokoko, Klassizismus, Jugendstil und die folgenden Kurzzeitstile legen Zeugnis ab für das Denken und Verhalten dieser Menschen.

Wenn man von Bauen spricht, denkt man immer sofort an Häuser, an Tempel, also an Hochbauten.
Wir müssen aber wissen, dass bereits bei den Urkulturen, bei größeren Ansiedlungen von Menschen jeweils eine komplette Infrastruktur zu schaffen war.
Die Menschen benötigten neben Häusern, also Unterkünften, auch Straßen, Wasserzuflüsse, Abwasserleitungen, Fäkalentsorgung und Heizung.

Schon bei den drei Urkulturen, natürlich auch bei den Griechen und Römern sowie auch im sogenannten Abendland wurden solche Projekte gebaut. Dies geschah aber nur, wenn der Herrscher die Finanzierung stellte. Weil dies sehr mangelhaft geschah, wurden die Fäkalien oftmals auf der ‚Straße' entsorgt und oft schlechtes Wasser getrunken.
Schwerste Krankheiten waren die Folge.

Grundversorgung, täglicher Bedarf

Im unaufhaltsamen Fortschritt, sich immer weiterzuentwickeln, schufen die Menschen, egal wo sie lebten, immer neue Strukturen zur Optimierung ihres Lebens.

Dies war so bei den Sumerern, bei den Babyloniern, den alten Ägyptern, bei allen Ergänzungskulturen, bei den Griechen, den Römern, und dies war und ist nicht anders im sogenannten Abendland.

Der Bauernstand war immer die erste Säule der Kultur, die Handwerker waren die zweite Säule, die Händler trugen schließlich als dritte Säule zur Vollendung der täglichen Grundversorgung der damaligen Menschen bei.

Zunächst lief die Versorgung der Menschen über Warentausch.

Alles geschah auf dem Land, eine Stadt gab es ja noch nicht.

Später, als größere Siedlungen und noch später Städte entstanden, verfügte man bereits über sogenannte Zahlungsmittel.

Getrocknete spezielle Früchte, Kaurimuscheln und ab der Zeit der Erze wurden Münzen verwendet.

Die tägliche Grundversorgung war ein Thema der Landwirtschaft, der Handwerker und der Händler.

Die Nahrung kam von Bauern, die Produkte von Handwerkern und die Waren von Händlern.

Allmählich entstanden Märkte und Bazare.

Am Bazar traten auch Händler auf. Sie verkauften alles, was der Bauer nicht produzierte, z. B. Salz, Gewürze, Öle, Kaffee, Tee, Südfrüchte, Alkohol, Zucker, Honig usw.

Was weder Bauern noch Händler anboten, stellten Handwerker her, z. B. Töpfe, Geschirr, Fässer, Möbel usw.

Ein ganz wichtiger Mensch war der Schmied, er konnte fast alles.

Oftmals war er sogar der Heiler im Ort.

Kleidung

Mit der Menschwerdung wurde das Thema Kleidung, nicht allmählich, sondern ganz plötzlich für diese völlig andere Spezies, also für den Menschen wichtig.

Nicht nur in kalten Ländern und in sonnenarmen Gebieten, sondern auch in warmen Gegenden, in denen Kleidung völlig überflüssig war, bekleideten sich die Neuen, die Menschen zunächst mit Fellen von Schafen, von Ziegen, von Hasen, von Füchsen und von anderen Felltieren.

Schon bald wurde das Ledermachen entwickelt.

Der Mensch legte immer mehr Wert auf Kleidung.

So erfand er zunächst aus Hanf, aus Agaven und aus anderen Pflanzen die Fertigung von Garnen, Stricken und Seilen.
Statt Hanf und Agaven verwandten die Menschen schnell Schaf- und Baumwolle und begannen daraus Garne und Fäden zu spinnen.
Das Spinnrad war eine weitere große Erfindung.
Wollfäden in beliebiger Stärke und Qualität wurden hergestellt.
Gestrickt, gehäkelt, geknöpft und gewebt wurde nun.

Rupfen, Stoffe und Teppiche wurden gefertigt.
Die Seidenfadenherstellung wurde entwickelt.
Edle Tücher und Seidenstoffe wurden produziert.
Die Zeit der Herrschaftskleidung war gekommen.
Schon die erste Urkultur, die Sumerer, prahlten mit ihrer Kleidung.

Die obersten ‚Schichten‘ der neuen Menschenwesen konkurrierten mit besten Stoffen und mit für die damalige Zeit raffiniertesten Schnitten.

Surreale Modeerscheinungen unterteilten später ganze Generationen, ja sogar Länder.

Mit wunderschönen Kleidern – Röcken – Blusen – Jäckchen und Umhangtüchern, mit traumhaften Schuhen und mit den sonderbarsten Frisuren und Hüten führten die oberen Damen der alten Ägypter ihren oft wundersamen Modekrieg.
Im Mittelalter begann die Oberschicht der Menschen allmählich ihre Dekadenz mehr zu pflegen als ihr Bewusstsein.

Manche Männer opferten sogar die Männlichkeit ihrem dummen Stolz.
Für Prunkgewänder kombinierten sie Pelze, Felle, Leder, edle Stoffe, Federn, Samt und Seide.
Statt mit Fellen protzten sie mit Pelzen aller Art.
Feudale Stoffe, weibische Schuhe, teure Öle, aufdringliche Parfüme und unmännliches Gehabe waren die Vollendung der männlichen Dekadenz.
Nichts war für die Herrschaften zu teuer und zu primitiv.

Schon damals traten Männer kurzzeitig als Deppen auf.
Gruß an die Zeit 2005 bis 2025.

Und wie kleideten sich das Volk, die kleinen Beamten, die Arbeiter, die Bauern, die Lehensnehmer, die Knechte, die Sklaven, die Handwerker und deren Mitarbeiter?

Wie wohl? Nicht in Samt und Seide.

Die Hose des Knechts ist schon viele Jahre alt und hundertmal geflickt.

Seine Jacke ist uralt und aus dem Ziegenfell einer alten Ziege.

Seine Schuhe sind sechs Jahre alt und mehrmals auf Holzsohlen genagelt.

Die Familie lebt vom Lehensnehmer.

War dieser glücklicherweise ein guter Mann, dann ging es den Knechten auch einigermaßen gut und umgekehrt.

Nach diesem nicht gerade euphorischen Rückblick stellt sich schnell für einen denkenden Vertreter der Spezies Mensch die Frage nach dem Sinn des Lebens und nach dem Menschsein.

Auch eine andere ganze wichtige Frage steht im Raum.

Wo beginnt die Hygiene, die bakterielle und die geistig-seelische und wo endet sie?

Sie endet meist im Nirwana der Ungerechtigkeit.

Bakterielle und geistig-seelische Hygiene

Wir wollen uns jetzt ganz kurz mit der bakteriellen Hygiene beschäftigen.

Wie das Essen, das Trinken, das Denken und der Lebensrhythmus, so wirkt sich auch die bakteriologische Hygiene auf die menschliche Gesundheit, auf den Alterungsprozess und auf das Wohlbefinden eines Menschen aus.

Warum wurden die Menschen in den Urkulturen im Durchschnitt ca. 45 bis 50 Jahre alt, die Menschen im alten Rom durchschnittlich 50 bis 60 Jahre und warum werden sie im Jahr 2018 durchschnittlich 76 bis 81 Jahre alt?

Die Antwort liegt auf der Hand, nicht die **Ernährung,** nicht der **Lebensrhythmus** und nicht die **Medizin** sind alleinige Ursachen für unsere gestiegene Lebenserwartung, sondern ganz erheblich auch unsere **tägliche Hygiene.**

Damals vor 100.000 Jahren, vor 10.000, vor 5000, vor 2000 Jahren hatten die Menschen eine andere, eine viel bescheidenere bakterielle Hygiene als heute im Jahre 2018.

Im Gegensatz zu den ‚Oberen‘, zu den Herrschaftsschichten, lebten die einfachen Menschen, die Arbeiterklasse, in Unterkünften ohne Wasser, ohne Abwasser, ohne Toiletten und ohne Fäkalentsorgung.

Oftmals kippten sie in größeren Siedlungen und in Städten ihre Fäkalien frühmorgens auf die Straße. Auf dem Land ging man hinter den Busch.

Der Gestank war groß, die Fliegenschwärme noch größer und die Bakterien- und Virenplage endete oftmals in völkervernichtenden Epidemien, in Pandemien, in Ruhr, Typhus, Cholera, Pest, Lepra usw.

Ganze Völker starben aus.

Die Krankenversorgung war so lange gut, als dem Körper die jeweiligen Tees, Kräuter, Warm- und Kaltbehandlungen, das Beten und anderer Medizinzauber ausreichte.

Bei wirklicher Krankheit musste man sich auf die Selbstheilungskräfte des Körpers verlassen.

Warum wird der Affe heute nicht älter als vor 20 Millionen Jahren?

Warum werden wir Menschen heute so viel älter als vor 350.000 Jahren?

Könnte es am **Klimawandel** liegen?
- Nein: Den gab es vor 350.000 Jahren auch, manchmal sogar viel stärker als heute.

Könnte es an der **Luft** liegen?
- Nein: Die ist zwar heute angeblich viel schlechter als früher.
- Sonderbar ist aber, dass Menschen selbst in Großstädten heute doppelt so alt werden wie vor 50.000 Jahren.
- Vielleicht ist die heutige, die ‚gesättigte Luft‘ gar nicht so schlecht für den menschlichen Organismus, wie manche propagieren.

Könnte es sein, dass die Umweltverschmutzung am menschlichen Körper noch nicht angekommen ist?
- Ja, so ist es: Es ist aber höchste Zeit, **weltweit alles** zu unternehmen, dass die Erde und die Meere nicht weiter mit Plastik und mit Müll versaut werden und der in Meeren schon vorhandene Müll sehr schnell beseitigt wird.

Könnte es sein, dass die seit Jahren betriebene Hormonisierung unserer Lebensmittel, die Pestizide der Landwirtschaft und die Mikroplastik unseres ‚Fortschrittes‘ bei uns Menschen noch keine allzu großen bleibenden Schäden angerichtet haben?

- Ja, so ist es: Trotzdem oder gerade deswegen ist es dringend erforderlich, dass wir Menschen **weltweit sofort alle Hormonpräparate** und analogen Ersatzstoffe zur Fütterung und Behandlung von Tieren sowie alle **Pestizide** und jegliche **Mikroplastik** verbieten.

Noch haben wir Zeit, deshalb ist zusammenfassend für die heutigen Generationen bezüglich Überlebenshygiene festzustellen:

- Die Menschheit muss schnell und total ihre geistige Einstellung zur Umwelt ändern. Nicht Populismus, nicht opportunistisches Politgeschrei, sondern wahrer, wissenschaftlich begründeter, weltweiter Umweltschutz ist dringend nötig.

Der Mensch, die Menschheit sollte begreifen, dass sie den edlen Auftrag hat, diesen einmalig wunderschönen Planeten Erde untertan, aber nicht kaputt zu machen.

Umweltschutz ist wichtig, sehr wichtig sogar, keinesfalls aber Umweltpopulismus.
Ganz schlimm wird es, wenn der Umweltschutz zum ‚Geschäftsmodell‘ für Umweltopportunismus und für Politgeschrei wird.
Es gibt Menschen und Parteien, die leben nur vom verbalen ‚Umweltschutz‘.
Diesen Leuten ist nichts heilig.

Wie US-Politiker Al Gore stopfen sie sich die Taschen voll und verbreiten Lügen nur des Geldes oder ihrer Posten und ihrer Selbstdarstellung wegen.

Schule – Ausbildung – Bildung

Die Schule, die Aus- und die Weiterbildung, also die komplexe Bildung eines Menschen, sind die Basis für unsere **geistige** und **seelische Hygiene**. Wichtig ist dies festzustellen:

Keinesfalls sollte, wie es leider bei allzu vielen Vertretern unserer menschlichen Gesellschaft gepflegt wird, **Bildung** mit **Einbildung** verwechselt werden.

Bildung wiederum ist aber nicht **Intelligenz.**

Apropos Intelligenz: Vor 10.000 Jahren und vorher gab es genauso intelligente Menschen wie heute.
Mathematiker lebten, welche sich schon damals mit Themen beschäftigten und Gleichungen lösten, mit denen sich mancher heutige Mathematiker ernsthaft beschäftigen müsste.
Astronomen von damals schufen manche Grundlage für die heutige Forschung.
Philosophen gab es schon damals, wirklich gescheite, kluge und weise Männer.

Auch andere gab es, welche wie heute oftmals leeres Stroh droschen und sich in verbaler Selbstdarstellung wichtigtuerisch als geistige Großmeister aufspielten."

Max, der erfahrene Journalist, ruft dazwischen:
„Ja, solche gibt's auch heute. Typen, die nur Köpfe haben, damit sie das Stroh nicht in der Hand herumtragen müssen."

Schorsch macht weiter und meint:
„Was aber wirklich wichtig war, ist die Tatsache, dass die menschliche Gesellschaft schon vor 10.000 Jahren Schulen unterhielt.

Schon die Sumerer lehrten Lesen und Schreiben.
Auch Zählen und Rechnen wurden vermittelt.

Für die Herrscher, für die Templer, für die Verwalter und für die oberen Beamten war es selbstverständlich, dass sie des Lesens, des Schreibens und des Rechnens mächtig waren.

Schon damals, eigentlich fast immer, von Mao und Co. abgesehen, war es in der menschlichen Gesellschaft üblich, Lesen, Schreiben und Rechnen zu lernen.

Üblich war es leider auch, dass es Frauen bis vor 100 Jahren verboten war, Schulen zu besuchen.

Frauen waren, wie in manchen arabischen und afrikanischer Staaten heute noch üblich, dem Mann gegenüber nur Menschen zweiter Klasse.

Diese 10.000 Jahre alte ‚Kulturregelung' gegen Frauen war und ist für die Spezies Mensch absolut unwürdig.

Weder unsere heutige deutsche duale Handwerkerausbildung für Mann und Frau noch die weltweiten Hochschul- und Universitätslehren für Mann und Frau sind in der Lage, diesen uralten inhumanen Kardinalfehler der Frau gegenüber zu entschuldigen.

Nicht Quotenregelung und Frauengeschrei sind hier allerdings angesagt, sondern Besinnung, Vernunft und Intelligenz sind gefordert.
Das heutige minderheitliche ‚Weiber-Theater' ist dagegen dumm und kontraproduktiv.

Gleichberechtigung und Respekt, Mann gegen Frau und Frau gegen Mann, und zwar in jeder Beziehung, ist die einzig richtige Antwort.

Recht – Gerechtigkeit – Lebensqualität für alle.

Kommen wir zum Recht und zur Gerechtigkeit, dann müssen wir Menschen feststellen, dass es das absolute Recht nicht gibt und Gerechtigkeit nur ‚im Himmel' zu finden ist.
Dies war schon immer so und dies wird immer so bleiben.

Schlimm ist es aber, dass Menschen entrechtet und jahrhundertelang unterdrückt und ausgebeutet wurden und teilweise noch werden.

Leider passiert dies schon, seit es die menschliche Gesellschaft gibt.
Je nach Herrscher, je nach politischem System hatten die Menschen ein schönes, ein lebenswertes Leben, ein auskömmliches Dasein oder ein Leben in Knechtschaft, in Not und in Leid.

In der Zeit seit 455 n. Chr., also in der Zeit nach Rom, lebten die Menschen im sogenannten Abendland, wechselweise in allen vier der folgenden Kategorien: sehr gut, lebenswert, auskömmlich und arm.

Selten ging es den Menschen in der Zeit nach Rom, in der neuen alten Welt wirklich sehr gut.

Ein Nachfolgereich von Rom gab es nicht.
Nordafrika, der Nahe Osten, das Reich der Osmanen, Griechenland, die Balkanstaaten und Europa trennten sich sehr schnell voneinander.
Teilweise spalteten sich die Länder noch weiter in Einzelstaaten auf.

Auch das heutige Europa teilte sich in viele Einzelstaaten.
Schnell kämpften sich, wie schon dargestellt, einzelne Herrscher ‚nach oben‘, führten Eroberungskriege und kürten sich zu Grafen, Fürsten, Herzögen, Königen oder Kaisern.

Auch die römisch-katholische Kirche spielte hierbei eine sehr schlimme Rolle. Fürstbischöfe, Kardinäle und Päpste herrschten wechselweise über Gebiete, Länder und Staaten.
Mit wechselnden Größen und Strukturen entstanden Länder wie Italien, Deutschland, Frankreich und Spanien und andere.
England, Schweden und die Ostgebiete wie Polen, Preußen und Russland versuchten mit zweifelhaftem Erfolg, auf die sich laufend verändernden europäischen Länder Einfluss zu nehmen.
Schon damals galt: Kleinstaaterei ist eine Quelle für permanenten Streit, einmal hier, dann dort und schließlich überall.
Und so war es und so ist es.
1334 Jahre lang wurde in Europa Krieg geführt. Von 455 n. Chr. bis zur Französischen Revolution.
Im Laufe der Zeit kämpfte jeder gegen jeden.

Und was bringt uns ein Krieg?
- Feindschaft zwischen Menschen, die sich nie etwas zuleide tun würden.
- Streit, Todfeindschaft und Vernichtung zwischen Menschen, die sich gar nicht kennen.
- Not, Elend, Leid und Tod für schuldlose Frauen und Kinder.

Zwei ‚Vorteile‘ des Krieges könnte man nennen:
– wachsender innerer Zusammenhalt
– Entwicklung und Festigung der eigenen Kultur

Auf diese ‚Vorteile' könnte man verzichten.
Ein Leben in Frieden und Zufriedenheit wäre besser.

Die vielen Kriege zwischen den Ländern innerhalb Europas waren die Hauptursache für die seit 455 n. Chr. meist vorhandene Not und für das Elend bei der Masse der Menschen.
Machtsucht und Geldgier waren meist die primitive Ursache dafür,
– dass viele unschuldige Menschen hierdurch ihr Leben verloren,
– dass viele Menschen im Krieg umgebracht wurden, zu Hause verhungerten oder von einer schlimmen, durch Not verursachten Krankheit hinweggerafft wurden.

So etwas hat der Mensch nicht verdient.

Der Mensch ist eigentlich ein edles Wesen, im Grunde leidensfähig, nachgiebig und langmütig.
Dies ist der Grund, warum er 1334 Jahre lang von wenigen Unmenschen oftmals entrechtet, geknechtet, ausgebeutet und durch die Hölle getrieben wurde und sich dies alles gefallen ließ.
Immer wieder, Generation für Generation, lässt sich der Mensch, der biedere, brave und fleißige Familienvater, die ausgemergelte und sorgenvolle Mutter mit ihren hungrigen Kindern entrechten, ausnutzen und traktieren.

Dem Bauern wurde sein Feld genommen für den Lehensgeber (weltlicher Herrscher oder kirchlicher Fürst). Er musste auf seinem eigenen Feld arbeiten und sich ausbeuten lassen.
Natürlich ging es seinen Knechten noch schlechter.
Auch dem Arbeiter, der für irgendeinen Arbeitgeber, z. B. einen Handwerksmeister tätig war, ging es nicht viel besser.

‚Der Krug geht so lange zum Brunnen, bis er bricht.'

Im Volk, bei den Bauern, bei den Arbeitern, ja sogar bei den Verwaltungsmenschen beginnt es zu rumoren. Überall erkennt man Unruhe, Unzufriedenheit und schon die ersten Zeichen von Aufstand.

Bei den Arbeitgebern, bei den Handwerkern sucht man mit Ingenieuren nach Arbeitsmethoden, nach Arbeitserleichterung, nach Möglichkeiten, wie man schneller, wie man billiger herstellen und produzieren kann.

Der tägliche Bedarf für die Menschen muss bezahlbar werden.

1750 – 1840 n. Chr.   →   **Erste industrielle Revolution**
                                 (Wasserkraft und Dampfmaschine)

Das Leben der Menschen in Europa, in Deutschland, in Frankreich, in Italien, in England und in den skandinavischen Ländern hat sich seit dem Frühmittelalter positiv entwickelt.

Nach wie vor teilt sich jedoch die menschliche Gesellschaft in ganz Europa in drei Schichten auf:

- Die herrschende Klasse (Klerus und Adel)
- Die Mittelschicht (Anwälte, Handwerker und bessergestellte Bürger)
- Die Arbeiterschaft (in Landwirtschaft, Handwerk und Manufakturen)

Sowohl die landwirtschaftlichen Erzeugnisse als auch die Produkte und Waren von Handwerk und Manufakturen sind zu teuer für die Menschen, besonders für die Arbeiterschaft.

Ein Teufelskreis entsteht. Die Arbeiterschaft braucht einen Lohn, mit dem sie leben kann.

Wird der Lohn, auch wenn er noch so gering ist, in die Produkte und Waren verrechnet, dann ist der Preis hierfür zu hoch.

Die Löhne sind für den Arbeitnehmer zu niedrig und für den Arbeitgeber zu hoch.

Die Preise sind zu teuer.

Folgerung: Dieser gordische Knoten muss gelöst werden.
Wie könnte dies geschehen?

Lösung:
Die Arbeit auf dem Lande muss durch Geräte vereinfacht werden.
Die Leistung bei Handwerkern und in Manufakturen muss durch Vorrichtungen und Maschinen erhöht werden.

Ingenieure sind nun gefragt. Und sie antworten mit Erfindungen und Entwicklungen.

Schon 400 Jahre n. Chr. wurden Wasserkraftanlagen gebaut, Bäche wurden gestaut, Wasserräder wurden angetrieben. Ab 1750 n. Chr. übertragen Transmissionen die Kräfte auf Schmieden, auf Spinnräder, auf Webstühle, in Färbereien, in Ausrüstungsbetriebe, in Nähereien usw. Manufakturen mit Werkbänken wurden errichtet für Massenhandarbeit.

James Watt erfand im Jahre 1769 die Dampfmaschine.

Diese löste viele Probleme und war der Beginn der ersten industriellen Revolution.

Die Dampfmaschine fand in der damaligen Zeit in unendlich vielen Arbeitsgebieten Einsatz.

Teilweise ersetzte sie die Wasserkraft.

Lokomotiven wurden gebaut und Eisenbahnstrecken wurden verlegt.

In der neuen, mittlerweile schnell wachsenden Textilindustrie wurde die Dampfmaschine überall eingesetzt.

Überall in der Wirtschaft war Bedarf und Nachfrage nach einer Dampfmaschine.

Die erste industrielle Revolution war der Anfang für wirtschaftlichen Aufstieg und für den Beginn von Wohlstand.

1755 – 1800 n. Chr.   →   **Frühkapitalismus**

Viele Menschen, die breite Masse, lebte im Elend, in Not und in Leid. Arbeit fehlte und wer Arbeit hatte, wurde oftmals ausgebeutet.

Warum war das so?
- Die Handwerksmeister hatten zu wenig Aufträge
- Die Arbeiter hatten kaum Arbeit und wenn, dann viel zu wenig Lohn.
- Die Handwerksmeister und die Arbeiter waren abhängig vom Auftraggeber, vom Herrscher, vom Adel und vom Klerus.

Wie konnte man das Problem lösen?
- Die Produkte, die Waren, die Handwerksprodukte und die landwirtschaftlichen Waren mussten billiger werden.

- Hierfür waren einfachere Fertigungsmethoden nötig.
  z. B. fließbandähnliche Fertigungsbänke in Manufakturen
  z. B. bessere Werkzeuge und Geräte in der Landwirtschaft
  z. B. Massenfertigung in der Textilwirtschaft.
  z. B. Mengenproduktion in der Chemie usw.

Ingenieure waren es, wie gesagt, welche die Technik hierfür entwickelten.

- Zunächst wurde die natürliche Wasserkraft genutzt, Wasserräder etc. wurden erfunden und gebaut.
- Transmissionen und Zahnradübersetzungen wurden entwickelt.
- Die Dampfmaschine von James Watt wurde in Betrieb genommen.
- Unendlich viele Erfindungen wurden angemeldet und in Benutzung gebracht.

Am Anfang der Lösungskette standen Unternehmer, welche die Inspiration und den Mut hatten, das technische und das finanzielle Risiko auf sich zu nehmen.

- Wasserkraftwerke wurden errichtet.
- Mechanische Stahlverarbeitungsfabriken entstanden
- Dampflokomotiven und Eisenbahnstrecken wurden für die Bevölkerung gebaut.
- Riesige Textilfabriken eroberten die neue Welt.
  – Spinnereien
  – Webereien
  – Färbereien
  – Ausrüstungswerke
  – Nähereien
- Fabriken für alle Massenprodukte entstanden.
- Die Landwirtschaft wurde mit Pflügen und mit Maschinen aller Art ausgestattet, sogar die ersten Dampftraktoren wurden bei ihr in Betrieb genommen.

Ein Wunder war geschehen.

- Die Preise sanken aufgrund der Massenproduktion bei allen Produkten und Waren.
- Viele Menschen bekamen über Nacht Arbeit.
- Der Arbeitslohn wurde langsam höher.

- Für viele Menschen lief der industrielle Aufschwung aber zu langsam und gar nicht in ihrem Sinn.
- Der Lohn vieler Fabrikarbeiter und Bauernknechte war oftmals nach wie vor zu gering.
- Nicht jeder Unternehmer war als solcher auch Mensch.
- Bei vielen Fabrikbesitzern und Großlandwirten – oft waren es die Herrscher selbst oder Adelige oder Kirchenfürsten – siegte die Gier über die Menschlichkeit.
- Viele Unternehmer wurden schon damals von Banken ausgebeutet.
- Manche Unternehmer beuteten aber auch ihre Mitarbeiter aus.

Zum einen begann die Wirtschaft sich großartig zu entwickeln und zum anderen begann nun die Gegensätzlichkeit von **Kapital** und **Arbeit** deutlich zu werden.
- Viele Menschen kamen in Lohn und zu Brot.
- Viele blieben aber auf der Strecke.

Die erste industrielle Revolution nährte nämlich auch die Gier.

‚Unternehmer' gab es, denen das ‚Menschsein' abhandengekommen war. Diese Typen dachten nicht an Familie, an ein harmonisches Leben oder registrierten gar Gefühle.
Für sie gab es nur Erfolg.
Kapital war ihre Gedankenwelt.
Kein Wunder, dass Marx und Engels die Bühne betraten.

1755 – 1800 n. Chr. → Aufklärung – Klassenkampf

Wir sind Menschen, deshalb sollte eigentlich der Mensch immer und überall und zu jeder Zeit im Mittelpunkt unserer Gedanken und unseres Handelns stehen.

Ist das so? – Nein, leider sehr oft nicht!

In der Zeit ‚nach Rom', also ab 455 n. Chr. bis 1755 n. Chr., waren die breite Masse, die Arbeiter und die Knechte der Bauern oftmals nur Mittel zum Zweck.

Der Mensch war unwichtig, die Arbeitskraft war eine Notwendigkeit. Kleingehalten und ausgenutzt wurden diese Menschen in ganz Europa. Zwölf Stunden Arbeit am Tag, sechs manchmal sieben Tage die Woche, kein Urlaub, kein Krankengeld, keine Altersversicherung. Die Familien der Arbeiterschaft lebten oftmals wirtschaftlich nur von der Hand in den Mund. Die Alten mussten von den Jungen versorgt werden. Manchmal ein Graus. Ärmlich, ja arm und meist in Not waren viele Menschen und dies trotz beginnender Industrialisierung.

Der Mittelschicht ging es besser. Ihr Leben war lebenswert.

Die Oberschicht – der Klerus und die Adeligen – lebte in Saus und Braus. Schriftsteller, Künstler, Studenten und Menschen, die ihren Kopf nicht nur zum Haareschneiden hatten, nahmen die mannigfaltigsten Möglichkeiten wahr, auf diese nicht mehr tragbaren Missstände hinzuweisen. Eine Art Aufklärung ging durch ganz Europa. Am radikalsten waren die Franzosen. Jean Jacques Rousseau und seine Helfer befeuerten diese neue Bewegung in Frankreich.

Klein begannen die Diskussionen um diese menschliche Tragödie. Immer lauter wurde die Kritik.

In der Stadt und auch auf dem Land beklagten sich die Menschen, versammelten sich zunächst zu kleinen, schon bald zu großen Meinungskundgebungen. Aus solchen wurden schnell große Demonstrationen. Absolutismus herrschte nicht nur in Frankreich. Die Herrscher, die Staatsgewalt, versuchten zunächst erfolgreich diese negative Stimmung kleinzuhalten. Es dauerte nicht lange, bis die Stimmung kippte.

Die da unten stehen gegen **die da oben,** war die Erkenntnis. Unversöhnlich stehen sich in Frankreich die zwei Parteien gegenüber. Mittlerweile ist bei denen da unten aus Angst und Verzweiflung Mut und Aufstandsmentalität geworden.

Meinungsverschiedenheiten wurden nicht mehr mit Worten, sondern mit allerlei Waffen ausgetragen.

Viele Menschen, ja sogar die große Mehrheit, waren zum Kampf bereit.

Was zu einer Revolution fehlte, war eine Struktur der Aufständischen und eine Organisation.

Rousseau war der wichtigste geistige Vorbereiter des Aufstandes.

Robespierre war der Kopf der Organisation und später auch der Vollstrecker.

1789 – 1799 n. Chr.   →   **Französische Revolution**

1334 Jahre hatten die Menschen diese Knechtschaft ertragen und jetzt war es nicht viel besser.

In Frankreich passierte es nun zum ersten Mal.

Die Menschen gingen auf die Straße. Sie erhoben sich gegen das Establishment. Sie begannen zu revoltieren.

Aus Einzelaktionen wurde schnell eine konzertierte breite Revolution.

Dass die Menschen nach der langen Zeit der Entrechtung, der Unterdrückung, der Ausbeutung und der Verknechtung es ganz einfach nicht mehr aushielten, dass sie sich nun, egal was passierte, aus dieser geistig, seelischen, aus dieser wirtschaftlichen Not, aus diesem Elend endlich befreien wollten, das ist verständlich.

Jahrhunderte lebten die Menschen der unteren Schicht in Frankreich und in ganz Europa in Not und in Angst. Keiner konnte es wagen aufzubegehren.

Seit zehn Jahren rumorte es im Volk.

Schon längere Zeit riefen sogenannte Aufklärer wie Rousseau, Montesquieu, Diderot und andere zur Besinnung und zum kontrollierten Widerstand gegen den König, den Adel und den Klerus auf.

Die Bourgeoisie war es schließlich, die öffentlich ihre Meinung kundtat.

Handwerksmeister, Anwälte, Ärzte, Journalisten, Schriftsteller waren es. Ihnen folgten schnell und wirkungsvoll die Bauern, die Handwerker und alsbald auch die Arbeiter und die Knechte.

Wenige davon dachten an Gewalt.

Dass es nun aber schon wieder andere Verbrecher gab, welche die gegebene Situation ausnützten und aus einer berechtigten Befreiungsaktion einen lang andauernden Massenmord inszenierten, dies konnten die Unterdrückten, das Volk, nicht ahnen.

Zunächst war das Motto – **Liberté, Egalité, Fraternité** – also **Freiheit, Gleichheit, Brüderlichkeit.**
Die Menschenrechte standen im Vordergrund, die Abschaffung des Absolutismus, Feudalismus und der Ausbeutung der Menschen waren die großen Ziele.
Eine liberal-demokratische Regierung mit einer menschlichen Verfassung wollten die Bürger realisieren.
Danton, Robespierre, Marat, Lafayette, Desmoulins, die späteren Drahtzieher der Französischen Revolution, waren aber keine Freunde der Bürger und des Volkes.
Ihnen waren die Not und die Wünsche der Bürger gleichgültig.
Was diese Verbrecher wollten, war Rache an der Obrigkeit und sich selbst als Führer einer Dauerrevolution in Position bringen.

Was sie wollten, waren Terror und apokalyptische Unmenschlichkeit.
Von wegen dem Volk helfen.

Was sie planten, das geschah.
Gemordet wurde, geschlachtet und hingerichtet.

Nicht instinktgetrieben handelten diese Verbrecher, sondern mit Geist und mit Verstand, allerdings ohne Gewissen.
Der „Teufel" war am Werk.
Nur der Mensch kann das.
Nämlich unmenschlich sein, geplant morden, sozusagen „lustmorden".

Ein Tier kann das nicht, es ist instinktgesteuert und tut nur, was ihm genetisch, also algorhythmisch vorgegeben ist.

Der Mensch ist, wenn ihn die ‚dunkle Energie' lenkt, in der Lage, sein Gewissen und seine Vernunft auszuschalten, also unmenschlich zu werden und zu morden.

So geschah es in der Französischen Revolution
und wie wir wissen, schon tausendmal in der Menschheit.
Hitler, Stalin und Mao waren Teufel in Person (später mehr).

Zehn Jahre wütete die Französische Revolution.
Die ganze Zeit wurde gerichtet, bestraft, gefoltert und hingerichtet.
Schuldige und Unschuldige wurden ermordet.
Die Rächer lebten ihre Minderwertigkeit voll aus.
Zehn Jahre Rache, Menschenverachtung und Mord.

Und was hat sie, die Französische Revolution, nun bewirkt?
Zum einen brachte sie die Menschen in fast allen Ländern zum Nachdenken. Ein neues Bewusstsein ergriff die Menschen.
Zum anderen wusste nun jeder, die Macht eines Herrschers ist nicht sakrosankt und weiterhin grenzenlos.
Und schließlich war nun jedem Menschen, auch dem sogenannten kleinen Mann klar:

- **jeder Mensch hat das Recht zu leben**
- **jeder Mensch hat eine Würde**
- **jeder Mensch hat Grundrechte**

Dieses neue Bewusstsein veränderte die Menschen.
Alle, die Mächtigen, der Mann auf dem Acker, der Mann auf der Straße, auch die Kinder in der Schule, waren nun wachgerüttelt.
Die Frau hatte ja noch nichts zu sagen.

Der Menschenrechtsbewegung 1789, der Revolution in Frankreich, folgte 1848 die deutsche Bürgerbewegung. Die deutsche ‚Revolution' verlief humaner als in Frankreich.

Im zeitlichen Vorgriff ist bezüglich der Deutschen Revolution Nachfolgendes festzustellen:
Hirn, Verstand und Vernunft waren in Deutschland, wenn es um Revolution ging, immerwährendes Regulativ.
Diese neue französische Denke in Deutschland wurde untermauert durch den gescheiten, aber äußerst arbeitsscheuen Karl Marx und seinen ebenso reichen wie weltfremden Freund Friedrich Engels.

Geistig vorbereitet wurde also die Deutsche Revolution durch Karl Marx und seinen Finanzierer Friedrich Engels.

Sein erstes der drei Bücher – ‚Das Kapital' – veröffentlichte Marx 1867.

Das kommunistische Manifest von Marx war die Vollendung seiner abgrundtiefen Verachtung gegenüber Fabrikbesitzern.

Die Zeit war nun auch in Deutschland gekommen, in welcher **„die da oben"** und **„die da unten"** nicht mehr durch unüberbrückbare Tiefen getrennt waren. Zwar konferierten die beiden Kontrahenten – Partner waren es ja noch nicht – nicht auf Augenhöhe, aber man hörte sich an, was der andere dachte und man verhandelte miteinander.

Vor diesem Hintergrund entwickelten sich in den Köpfen der Menschen, also der **einen**, welche über Geld, also die Investitionsmittel verfügten, und der **anderen**, welche über die Arbeitskraft bestimmten, immer mehr und immer stärker **etwas ganz neues**, nämlich **Fortschrittsgedanken.**

Im Vordergrund standen:

- Wie kann man mehr verdienen, als Arbeitgeber und auch als Arbeitnehmer?
  und in der Folge dieser Überlegung
- Wie kann man einfacher, schneller, mehr und billiger produzieren?

Solche Gedanken gab es schon 1769, als Wasserkraft, die Transmission und die Dampfmaschine erfunden wurden.

Es war aber nie möglich, z. B. in einer konzertierten Aktion endlich Vorteile für beide Seiten, für **die da oben** und für **die da unten** herauszuschlagen. Erst das neue Fortschrittsdenken ebnete den Weg hierzu.

Kapital und **Arbeit** standen sich nun konstruktiv gegenüber.

Seit der ersten industriellen Revolution vor 250 Jahren hatten die Ingenieure das Sagen.

Viele Erfindungen wurden gemacht, komplexe Fertigungsanlagen wurden entwickelt und die Welt begann sich zu verändern.

- Transmissionen, Wasserkraftanlagen und Dampfmaschine wurden erfunden.

- Manufakturen wurden aufgebaut.
- Massen-Handarbeit an der Werkbank von Manufakturen wurde in Betrieben eingeführt.
- Preiswerte Massenprodukte wurden entwickelt und produziert.
- Immer mehr Arbeitsplätze entstanden.
- Immer mehr Menschen erhielten Arbeit und Lohn.
- Viele Familien mussten nicht mehr hungern.
- Die Unternehmer verdienten und investierten in ihre Betriebe.
- Erfolg macht Erfolg.
- Die Lebensqualität steigt.
- Die Menschen sind zufrieden, gesund und glücklich.
- Der Staat bekam die ersten verdienten Steuern.

Die Französische Revolution war also Fluch und Segen zugleich.
Böse und Gut waren im Streit; die dunkle, die negative Energie stand gegen die positive Energie.
Der Mensch kam langsam, aber unaufhaltsam zu seiner vollen menschlichen Entfaltung.
Wir wissen, mit 49,99 Prozent negativer Energie und mit 50,01 Prozent positiver Energie ist der Mensch im Normalfall bei Geburt ausgestattet.
Mit welcher Energie er dann durchs Leben geht., dies hängt von seiner elterlichen und von seiner Selbsterziehung ab.
Beide seiner Energie-Kapazitäten, die positive und die negative, kamen bei der Französischen Revolution voll zur Geltung.
Das Ergebnis lag deshalb von Anfang an auf der Hand.
Unentschieden ist es, ganz genau gesagt mit 0,01 Prozent gewann das Gute.

Was bedeutete dies nun für den Menschen und die Menschheit?

Schluss mit der grenzenlosen Ausbeutung von abhängigen Menschen.
- **„Die da oben"** sind für **„die da unten"** nicht mehr sakrosankt, nicht mehr unantastbar, nicht mehr gottähnlich oder gar Gott.
- **„Die da unten"** sind keine Tiere.
- Beide haben Rechte und beide haben Pflichten.
- Jeder Mensch hat seine Rechte wie einst bei den Nomaden.
- Wer aber in einer menschlichen Gesellschaft lebt, hat auch gesellschaftliche Pflichten.

- So hat sich die Menschheit nun verständigt, nicht nur in Frankreich, sondern überall, wo sich Gesellschaften, also Kulturen, gebildet haben.
- Dies war schon bei den Sumerern, bei den Babyloniern, bei den Ägyptern, bei den Griechen und bei den Römern bekannt. Bei der ‚Kleinstaaterei‘ im neuen Abendland ist dies aber immer wieder vorübergehend vergessen und außer Kraft gesetzt worden.

Durch die Französische Revolution wurde das alte Bewusstsein zurückge-bracht und wieder ein neues, vernunftbegründetes, gesellschaftlich gerech-teres Verständnis geschaffen.

Der Mensch, die Menschheit lebe wohl!

Der Aufbruch in eine **neue Welt** steht nun bevor.

Zehn Jahre Revolution heißt, alles ist zerstört, die gesellschaftliche Ordnung, die Menschen in ihrer Seele und das wirtschaftliche Leben.
Eine große Chance für einen Strategen.
Napoleon hieß dieser Stratege. Körperlich klein, von der Persönlichkeit ein Riese, ein Goliath war er.

Von Französischer Revolution bis 1945

Rückblick auf die Französische Revolution

Jahrhunderte wurde die Französische Revolution ‚vorbereitet‘.

Zehn Jahre von 1789 bis 1799 dauerte sie.

Zehn Jahre war es der menschlichen Vernunft nicht möglich, die Unvernunft in die Schranken zu weisen.
Irregeleitete Menschen, unmenschliche ‚Wesen‘, welchen die Vernunft abhandenkam, waren außer Stande, gehirngesteuert zu denken und gewissenskontrolliert zu handeln, aber sie übernahmen die Herrschaft.
Was konnte, was musste geschehen, wenn das Hirn, der Verstand, die Vernunft und das Gewissen ohne Funktion sind?

Der Mensch wird in seiner Menschlichkeit schnell unmenschlich.

Die Französische Revolution steht als Beweis für obige Aussage.
Aus Menschen wurden – nein, keine Tiere –, sondern Verbrecher.
Die Kontrolle ging verloren und Chaos entstand.
Totschlag und Mord wurden zur Tagesordnung.
Apokalyptische Zustände herrschten während der Französischen Revolution.
Was hat so eine Revolution für einen Sinn?
Hatte sie überhaupt einen Sinn?

Zunächst ist festzustellen, auch wenn es vielleicht unsinnig scheint:
Alles, was auf dieser Erde geschieht, hat irgendeinen Sinn.
Selbst der Tod – er kostet das Leben.
Durch die Französische Revolution ist der Menschheit, den Menschen erstmals global bewusst geworden, dass alle Menschen kurz vor dem Tod, hinsichtlich der Unendlichkeit und im Gedanken an die Allmacht, absolut gleich sind.

In diesem Moment gibt es keine Herrscher, keine Mächtigen, keine Reichen, keine Armen.
Alle sind gleich, keiner hat irgendein Privileg.
Die läppischen, irdischen Beiwerke aller Art zählen in diesem Moment nichts, aber auch gar nichts mehr.

Die Agnostiker, die Atheisten, die Nihilisten wissen, sofern sie von Physik und Chemie eine Ahnung haben, dass auch ihre irdische Energie nicht vernichtbar ist.
Sie wissen aber nicht, was mit ihrer übrigen Energie geschieht. Natürlich wissen sie auch nicht, was mit ihrem Geist, auf den sie ein Leben lang ganz stolz waren, geschieht.
Was mit ihrer Seele, die auch sie haben, auch wenn sie diese immer verleugneten, geschieht, das interessiert sie nicht – oder doch?
Wie ist das nun bei den Allmachtgläubigen?
Sie wissen, ihre irdische Energie bleibt auch nach der Verbrennung erhalten.
Sie gehen aber davon aus, dass auch ihr Geist und ihre Seele durch die allmächtige Gerechtigkeit für ihr Verhalten hier auf Erden belohnt und bestraft werden.

Was zur Allmacht und zur Unendlichkeit zu sagen ist, dies steht in den Kapiteln 2 mit 7.

Und was hat nun die Französische Revolution sonst noch verursacht?
Durch sie ist das Thema
  – die da oben und
  – die da unten
offensichtlicher geworden.

Durch sie begann sich die menschliche Gesellschaft ganz zwangsläufig in drei Welten zu teilen.

- in die Auftraggeber
- in die Auftragnehmer = Arbeitgeber
- in die Arbeitnehmer

Das wars wieder einmal", meint Vincent.
Er greift zum Weinglas und stellt fest:
„Frank, das nächste Kapitel ist deins!"

KAPITEL 11

VON DER FRANZÖSISCHEN REVOLUTION BIS 1945

Frank, der Professor, ist wieder dran.

Nach der Französischen Revolution war fast nichts mehr, wie es war.
Dies gilt nicht nur für Frankreich, sondern für das ganze Abendland, also für alle europäischen Staaten.

Was noch war, wie es war, das veränderte nun Napoleon.

Napoleon gelang es im Guten wie im Bösen, Europa umzuwandeln. Zunächst schaffte er viele Kriegsschauplätze und schließlich eine geordnete Unordnung.

1799 – 1815 n. Chr. → Napoleon, Kaiser der Franzosen

- Krieg 1798/99 gegen Ägypten
- ab 1799 war Napoleon Erster Konsul
- Krieg 1799/1800 gegen Österreich / England / Russland / Italien / Bayern
- ab 1802 war er auf Lebenszeit Konsul
- ab 1804 war er Kaiser
- Krieg 1805 gegen Österreich / England / Russland mit Bayern / Preußen – neutral
- Bayern wurde Königreich.

Der deutsche Kaiser musste die deutsche Kaiserkrone ablegen, er blieb aber österreichischer Kaiser (1806).
Die deutschen Fürsten, die Länder und die Städte waren völlig zerstritten.
Durch Reichstagsbeschluss in Regensburg wurde auf Veranlassung Napoleons der kirchliche Besitz säkularisiert, Städte verloren ihre Reichsfreiheit, Länder wurden arrondiert und verselbstständigt.

Das war das Ende des Heiligen Römischen Reichs Deutscher Nation 1806.

Napoleon setzte überall in Deutschland, Spanien, Holland, Schweden,

Dänemark und Portugal seine Brüder und Verwandten als Herrscher ein. Der Kirchenstaat wurde aufgehoben.

Mit Alexander I. von Russland teilte Napoleon die Weltherrschaft auf dem Festland.

Neben den Kämpfen gegen die nationalen Erhebungen in Spanien, Österreich, Tirol und Preußen in den besetzten Gebieten begann er nun den Kampf gegen Russland, dort verlor er 1812 von 600.000 Mann **400.000.**

Nun führten Preußen und Österreich, Russland und Schweden einen Befreiungskrieg.

Die Völkerschlacht bei Leipzig 1813 (Heerführer: Blücher, York, Wrede, Schwarzenberg, Gneisenau, Scharnhorst, Bülow) war das Ende.

Im Anschluss an Leipzig 1813 verfolgte man Napoleon bis nach Frankreich und zwang ihn 1814 (Erster Pariser Friede) abzudanken, er wurde nach Elba verbannt.

Frankreich wurde wieder Königreich, Ludwig XVIII. bestieg den Thron.

1815 kam Napoleon zurück (Schlacht von Waterloo verlor er), er wurde nach 100 Tagen schließlich auf Helena verbannt (Zweiter Pariser Friede 1815). So wurde Deutschland von Napoleon befreit.

1814 – 1815 n. Chr. → Wiener Kongress

Wichtigste Länder: Österreich, Preußen, Bayern, Frankreich, England, Russland, Schweden u. a.

Metternich (Österreich)

Hardenberg und Wilhelm von Humboldt (Preußen)

Wrede (Bayern) (schwächster Verhandler)

Talleyrand (Frankreich)

Wellington (England)

Der Kongress sollte den Besitz in Europa verteilen und Deutschland neu ordnen.

Die Engländer wollten ein schwaches Deutsches Reich. Aus diesem Grund unterstützten sie den Zwiespalt zwischen den deutschen Stämmen.

Auch Frankreich dachte in die gleiche Richtung.

Preußen wollte Sachsen und Schlesien, Österreich war dagegen.

Die Wiener Schlussakte war ein fauler Kompromiss.

Wrede ging als ‚Sieger', Talleyrand als Verlierer **in** den Kongress.
Wrede ging als Verlierer und Talleyrand als Sieger **aus** dem Kongress.

England	bekam das Königtum Hannover/Malta und Helgoland.
Russland	bekam einen großen Teil von Ostpolen und Teile von Finnland.
Schweden	bekam Finnland und Norwegen.
Dänemark	bekam das Herzogtum Lauenburg.
Spanien und Portugal	wurden wieder Königreich.
Italien	bekam Sizilien, Toskana, Parma und Modena, der Vatikanstaat wurde hergestellt.
Österreich	bekam Tirol, Innviertel, Adria, Venetien und die Lombardei.
Preußen	bekam alle Besitzungen wie vor den Napoleonischen Kriegen und die Westalpen, Teile Sachsens, Schwedisch-Pommern, Danzig, Posen und einen kleinen Teil von Polen.
Bayern	bekam Ansbach, Bayreuth und Pfalz, aber verlor Tirol und das Innviertel.

Aus 300 deutschen Staaten vor Napoleon wurden durch Napoleon noch 39 Länder. Trotzdem konnten sich diese deutschen Länder in den nächsten 50 Jahren zu keinem einigen Deutschland zusammenfinden.
Dies war genau im Sinne Frankreichs, Englands und Russlands.

1815 – 1865 n. Chr.

Statt Deutschland entstand der **Deutsche Bund**, eine lose Vereinigung souveräner Staaten.
Jeder Staat betrachtete den anderen als Ausland (Zölle, Münzen, Gewichte, Rechtspflege und Gesetze waren verschieden).
In Frankfurt tagte der ständige ‚Bundestag'.
Das deutsche Volk war enttäuscht, das Volk der einzelnen Länder wollte einen deutschen Staat, eine einheitliche Verfassung und Anteil an der Regierung.

In den einzelnen Ländern wie Bayern, Preußen etc. ergaben sich schließlich zu unterschiedlichen Zeiten jeweils verschiedene Verfassungen und Volksvertretungen

1816 Weimar	– Fürst
1818 Bayern	– König
1818 Baden	– Fürst
1819 Württemberg	– Herzog
1820 Hessen	– Fürst
1850 Preußen	– König
1861 Österreich	– Kaiser

1815 n. Chr.
Der nationale Gedanke, also eine einige deutsche Nation war der Wunsch im Volk (Professoren, Studenten, Handwerker, Bürger und Vereine).
Die Fürsten waren aus egoistischen Gründen (in den heutigen Demokratien sprechen wir von ansonsten zerstrittenen ‚Postenerhaltungsklubs') dagegen.
Nur der bayerische Kronprinz Ludwig war aufgeschlossen;
Metternich (völlig ungeeignet) unterband alle Nationalbestrebungen durch Verfolgung (= Karlsbader Beschlüsse).

1820 – 1848 n. Chr.
Überall entstanden Freiheitskämpfe
(Spanien, Italien, Frankreich, Deutschland, USA)

1833 – 1834 n. Chr.
Erster Erfolg war der Deutsche Zollverein
(alle Schlagbäume innerhalb Deutschlands fallen weg)

1840 – 1900 n. Chr. → **Zweite industrielle Revolution**
(Elektrischer Strom)

Die zweite industrielle Revolution ist zunächst gekennzeichnet durch den elektrischen Strom und durch alle mit diesen zusammenhängende Entwicklungen.

Stellen wir uns vor –
in einer Stunde wird weltweit der Strom für ein Jahr abgestellt.

Stellen Sie sich das ernsthaft vor!
Was würden Sie tun, wenn Sie sicher wären, das käme so?

Sehen Sie –

Sie wollen sich das ganz einfach nicht vorstellen.
Es kann geschehen; aber wie wollen wir Menschen das überleben?

Vor diesem Hintergrund sollten wir nachdenken und uns die Sensation der damaligen Nutzbarmachung des elektrischen Stromes in der zweiten Hälfte des 19. Jahrhunderts in Erinnerung rufen.

Durch elektrischen Strom wurde es licht im Zimmer, gab es Energie für unendlich viele Motoren, für Telefon, für Radio, Heizung, für Straßenbahn, für Bergwerke, für Ölbohrungen, für Eisenbahn, für Fabriken usw. usw.

Mit dem elektrischen Strom begann also eine völlig neue Zeit.
Nicht ein einzelner Mensch hat diese Entwicklung verursacht.
Viele Männer waren es.
Einzelne Namen zu nennen wäre ungerecht.

Der Mensch ist genial, denkt man an die Affen, welche seit 20 Millionen Jahren unverändert im Urwald auf den Bäumen leben und an die Aussage, ‚der Mensch stammt vom Affen ab‘.
Hier sollte man Mark Twain zitieren:
‚Enttäuscht vom Affen
schuf Gott den Menschen.
Danach verzichtete er
auf weitere Experimente.‘

Die zweite industrielle Revolution, der elektrische Strom, war und ist tatsächlich eine echte, eine große, eine in jeder Hinsicht segensreiche technische Entwicklung.
Die ganze Welt hat sie verändert und zwar zum Guten.
Die Lebensqualität der Menschen ist mächtig gestiegen.
Transponieren wir unsere Gedanken bezüglich elektrischen Stroms auf heute, auf 2018, dann ist unschwer festzustellen:

Ein Leben für 7,7 Milliarden Menschen wäre auf diesem Planeten ohne elektrischen Strom nicht mehr möglich.

Also danke den ‚Elektrikern'.

1840 – 1861 n. Chr. → Friedrich Wilhelm IV., König von Preußen
sagte eine freiheitliche Verfassung und sein Eintreten in Frankfurt für ein geeinigtes Reich zu.

1847 n. Chr.
Marx und Engels
Der Aufruf von Marx und Engels (Kommunistisches Manifest) fand zunächst noch wenig Gehör, wurde dann aber schnell zur breiten Bewegung.

1848 n. Chr.
Zweite Revolution in Frankreich
Die breite Masse wollte endlich mehr Rechte und eine Republik.
Nach drei Tagen Revolution musste der König fliehen;
Frankreich wurde zum zweiten Mal Republik

1848 n. Chr.   → Erste Revolution in Deutschland
Die Stimmung von Paris heizte die Deutschen an.
Das Volk wollte
a) ein zusammengeschlossenes, einheitliches Deutschland.
b) eine freiheitliche Verfassung mit Parlament.
Die Revolution war bürgerlich,
vier Stände hatten sich mittlerweile herausgebildet
– Klerus
– Adel
– Bürger (Richter – Anwalt – Arzt – Architekt – Handwerker)
– Arbeiter (kleiner Angestellter – Fabrikarbeiter – Bauernknecht)
der vierte Stand – die Arbeiter – war noch uneins.

18.05.1848 – 1849 n. Chr. → Nationalversammlung in Frankfurt
Die erste **Nationalversammlung** in Frankfurt tagt 1848.
576 Abgeordnete bildeten das **erste deutsche Parlament**, den **Reichstag.**
Er übernahm gesetzgebende Gewalt.

Reichsverweser Erzherzog Johann von Österreich ist vollziehende Gewalt.
Die Nationalversammlung legte Grundrecht für ein deutsches Reich fest,
Diese Rechte galten bis 1933.
Das Reichsparlament sollte als Reichstag neben dem Kaiser mitregieren;
dies scheiterte, weil Preußen und Österreich sich nicht auf eine Reichs-
gründung einigen konnten.
Jeder wollte die Vorherrschaft.

**1848 – 1916 n. Chr.→ Franz Joseph I., Kaiser von Österreich, König
von Ungarn (Habsburger)**
Er versprach, einen Reichstag einzuberufen.

1849 n. Chr.
Auflösung der Nationalversammlung
Dreikönigsbündnis (Preußen, Hannover, Sachsen)

1852 n. Chr.
Der Dualismus Preußen – Österreich wurde immer stärker,
Bayern war nun auf der Seite Österreichs.
Frankreich rief seinen Präsidenten der neuen Republik, Louis (Napoleon
III.) 1852 zum Kaiser aus.

1859 n. Chr.   →   Krieg Österreich – Italien

1861 – 1888 n. Chr.   →   Wilhelm I., König (Preußen)
Er baute sein Heer mächtig aus.
(General Room, von Moltke)

1862 n. Chr.
Bismarck wurde als Minister bestellt.
Zu dieser Zeit kriselte es überall, in Italien, in Österreich, in Schleswig-
Holstein, in Dänemark, überall fanden Grenzkriege statt.
Am schlimmsten war der Streit Österreichs mit Preußen in Schleswig-Holstein.

1863 n. Chr.   →   Lassalle: Allgemeiner Deutscher Arbeiterverein

1866 n. Chr.   →   Krieg Preußen – Österreich

Bismarck hatte diesen durch Bündnisse mit Italien und Russland gründlich vorbereitet, so gewann Preußen.

1866 n. Chr.   →   Trennung Deutschland – Österreich
Auflösung der Deutschen Nation.
Österreich schied aus dem Reich aus.
Das war Bismarcks größter Fehler.
Preußen übernahm die alleinige Führung im deutschen Staatenbund.
Bismarck wurde Reichskanzler.

1866 n. Chr.
Zwischen Norddeutschland und Süddeutschland kamen Zollschranken.

1869 n. Chr.
Bebel, Liebknecht:
Gründung der Sozialdemokratischen Partei

ab 1870 n. Chr.
Die großen Gründerjahre stehen bevor.

Die Wirtschaft kommt nun immer mehr in Fahrt. Vorausdenkende und weitblickende Unternehmer sind nun gesucht.
Die Zeit der ‚Gründer‘ ist nun gekommen.
Viele Unternehmen werden gegründet.

1870 – 1871 n. Chr.   →   Krieg Preußen – Frankreich (70er Krieg)
Preußen siegte, hierdurch wurde in Frankreich der Kaiser endgültig abgesetzt. Wilhelm I. wurde Kaiser, Frankreich musste fünf Milliarden Franc zahlen und Elsass sowie einen Teil von Lothringen an Deutschland abtreten.

1871 n. Chr.   →   Reichsgründung
Bismarck konnte nun alle deutschen Staaten gewinnen und zu einem Reich einigen. Die Staaten bekamen föderalistisches Sonderrecht.
Österreich mit Böhmen blieb selbstständig.

1871 n. Chr.   →   Wilhelm I., Kaiser (Preußen)

Wilhelm I. von Preußen wird Kaiser. In Berlin wird der Deutsche Reichstag eröffnet und die Reichsverfassung verabschiedet.

Das Deutsche Reich bestand wieder, allerdings ohne Österreich.

Das Reich war föderalistisch mit 26 Staaten.
Alles war vereinheitlicht: Recht, Maße, Gewichte, Zölle, Heer.
Regierung: Kaiser, Bundesrat, Reichstag.

1878 – 1890 n. Chr.
Ausnahmegesetz 1878
Arbeiterschutzgesetze

Gefahr von Frankreich und Russland wuchs für das Reich.
Bismarck schloss deshalb Verträge mit Russland:
gegenseitige Neutralität, wenn Frankreich Deutschland angreift bzw. wenn Österreich Russland angreift.
Verträge mit Österreich:
Deutschland steht Österreich bei, wenn Russland Österreich angreift und umgekehrt.
Italien tritt bei.
Deutschlands Industrie blüht auf, großer Welthandel.
‚Made in Germany‘ wird zur Welt-Qualitätsmarke.

1888 – 1918 n. Chr.   →   Wilhelm II., Kaiser und König (Preußen)
Er war ein übertrieben selbstbewusster Mann mit wenig politischem, diplomatischem Geschick.

1890 n. Chr.
wurde Bismarck von Wilhelm II. abgesetzt.
Ab jetzt war niemand mehr da, der den Intrigen von England, Frankreich und Russland Paroli bot.

1891 n. Chr.
Auf dem Erfurter Parteitag der SPD wurde das Programm von Marx von 1847 zum Ziel.
Die Arbeiterschaft wurde immer militanter (Mordanschlag auf den Kaiser).

1900 – 1955 n. Chr. → **Dritte industrielle Revolution**
(Mechanik, Motore und Technik)

Der Mensch erobert die Welt.
350.000 Jahre sind es her, dass es ihn gibt auf dieser Erde.
Ein Wimpernschlag im Verhältnis zur Existenz des Universums.
Bekanntlich begann das Universum vor 14 Milliarden Jahren.

Mechanik, Motore, Technik, Chemie, Pharmazie, Optik und tausend andere Produkte und Techniken sind das Werk der Menschen.

Rationalisierung ist angesagt für die mittlerweile dringend notwendige Massenproduktion.
Fließband und Automatisation sind überall gefragt.
Der Werkzeugbau und die Feinmechanik wurden wichtige Industrien.
Fahrräder, Motorräder, Autos, Flieger, schnelle Züge wurden gebaut.
Die ganze Welt wurde mit schier unvorstellbarer Technik überrollt.
Technik, wohin man schaut.
Auch in der Waffenproduktion gab es technisch keine Grenzen.

Und was ist mit der Ethik? Die gibt es in dieser ‚Waffen-Welt‘ nicht mehr.
Zerstören und Töten ist das Ziel.
Weit haben wir Menschen es gebracht.

Wer nun die ethische Frage nach dem Sinn unseres Tuns stellt, der muss bei ehrlicher und gründlicher Wertung alles in allem feststellen.
Der Fortschritt bringt 80 Prozent Gutes.

Ein völlig anderes Ergebnis ergibt sich bei gleichzeitiger Bewertung der militärischen Entwicklung. 20 Prozent misst ihr Vernichtungspotenzial.

- Die Chemie sollte für den Menschen und nicht gegen ihn zum Einsatz kommen.
- Flieger sollten zum Wohle der Menschen gebaut werden und nicht zum Abwurf von Bomben.
- Raketen sollten zum Transport von Satelliten verwendet, aber ansonsten verboten sein.

Die Technik ist mittlerweile allumfassend mitten in dieser von Menschen beherrschten Welt.

Die Technik sollte den Menschen dienen, aber der Mensch nützt sie auch gegen sich selbst.

Ingenieure, lasst euch nicht benützen!

1914 – 1918 n. Chr.　　→　　**Erster Weltkrieg**

Von außen betrachtet und kleinkariert formuliert könnte man zur Aussage gelangen, Deutschland ist seit Karl dem Großen eigentlich immer irgendwie im Krieg.

Intern und extern wird gestritten. Die Kleinstaaterei innerhalb Europas und innerhalb Deutschlands führte immer wieder dazu, dass sich aufmüpfige, selbstüberschätzende, machthungrige und geldgierige Herrscher, Adelige und Kirchenfürsten auf Kosten der Bürger so quasi selbst verwirklichten. Immer siegt in solchen Fällen die negative Energie über das primitive Wesen eines kleinen oder großen Herrschers, welcher rücksichtslos seine Bürger als streitbares Eigentum benutzt und in Kriege schickt.

Menschen, die sich gar nicht kennen, sind im Krieg gezwungen, andere Menschen, die ihnen nie etwas zuleide getan hatten, zum Selbstschutz zu töten.

In den vielen Kleinkriegen innerhalb Deutschlands, in den Kriegen gegen eindringende Nachbarstaaten und in Kriegen mit Staaten, welche die Deutschen eroberten, geschahen und geschehen unvorstellbare, immer wieder grausame Unmenschlichkeiten.

All die vielen Kriege, seit es Menschen gibt, der Dreißigjährige Krieg, der 70er- Krieg, haben nicht ausgereicht, die Menschen zur Vernunft und zur intelligenten Auseinandersetzung mit dem wahren Ziel ihres irdischen Daseins auf diesem schönen Planeten Erde zu bringen.

Der unmittelbare Auslöser, aber nicht der wahre Grund für den Ersten Weltkrieg war das Attentat in Sarajewo auf den österreichisch-ungarischen Thronfolger Erzherzog Franz Ferdinand und seine Frau.

Am 28. Juni 1914 tötete ein 19-jähriger serbischer Student den österreichisch-ungarischen Thronfolger und seine Frau.

Österreich-Ungarn stellte daraufhin am 23. Juli 1914 an Serbien ein für Serbien unannehmbares 48-Stunden-Ultimatum.

Natürlich erwartete man in Österreich-Ungarn, dass Serbien dieses unerfüllbare Ultimatum nicht erfüllen konnte.

Serbien hätte aber auch erfüllbare Forderungen nicht erfüllt, weil Serbien mit Russland einen Schutzmachtvertrag geschlossen hatte und Russland schon länger daran interessiert war, seine Soldatenübermacht wenigstens kurzfristig einzusetzen.

Am 28. Juli 1914 erklärte erwartungsgemäß Österreich-Ungarn dem kleinen Land Serbien und damit automatisch auch dessen Schutzmacht Russland den Krieg.

Beide, sowohl Serbien als auch Russland, machten mobil.

Ab 30. Juli 1914 befanden sich sowohl Russland und Serbien als auch Österreich-Ungarn im Kriegszustand.

Weil das Deutsche Reich mit Österreich-Ungarn ebenfalls eine Schutzvereinbarung hatte, erklärte das Deutsche Reich am 1. August 1914 Serbien ebenfalls den Krieg.

Damit standen sich einerseits das Deutsche Reich mit Österreich-Ungarn und andererseits Serbien und Russland als Feinde, als Kriegsgegner gegenüber.

Jeder, der sich damals mit Politik beschäftigte, wusste, dies war erst der Anfang eines lange geplanten, breiten Machtkampfes.

Der Vereinigung Deutschland und Österreich-Ungarn standen Italien, die Türkei und Bulgarien nahe.

Hinter die Vereinigung von Serbien und Russland scharten sich Frankreich, England und Portugal und in der Ferne die USA.

Der von langer Hand vorbereitete Mob von Sarajewo wurde als kleiner Schalter für ein längst strategisch geplantes Verbrechen benutzt.

Insgesamt waren an diesem Ersten Weltkrieg am Ende ca. 40 Staaten beteiligt.

Es muss sich ja rentieren, wenn Machthunger und Geldgier die dekadenten Köpfe von Herrschern und geldgierigen Großkapitaleignern verwirren.

Und ob es sich ‚rentierte‘!
45 Millionen Menschen aus Europa und 25 Millionen Menschen aus Übersee standen im Ersten Weltkrieg in Waffen gegeneinander.
Europa hatte 9 Millionen Tote und 16 Millionen Verwundete zu verzeichnen.
Aus Übersee waren es 8 Millionen Tote und 12 Millionen Verwundete.
Alles in allem 17 Millionen Tote und 28 Millionen Verwundete.
Und viele Milliarden Dollar wurden verdient.
Ist das ‚menschlich‘?
Ja, morden ist typisch menschlich, Tiere können das nicht.

So gutmütig, so feinfühlig, so warmherzig und intelligent ein Mensch sein kann,
so gefühllos, so brutal, so grausam, so verbrecherisch ist er, wenn bei ihm der Geist stillgelegt und die Vernunft abhandengekommen ist.
Aus dem positiv strukturierten Wesen Mensch wird oftmals unaufhaltsam ein Unwesen, ein vernichtender Verbrecher.

Wie anders kann man das Zustandekommen und die Durchführung des Ersten Weltkrieges deuten oder erklären?
War es eine unglückliche Verkettung von negativen Zufällen?
Haben sich hier unerwarteterweise Ereignisse überlagert und dupliziert?
Haben sich die hässlichen Kleinkriege rein zufällig zur großen Katastrophe entwickelt?
Ist die große Katastrophe schließlich rein zufällig, ohne dass man es ahnen konnte, zu einem apokalyptischen Ausmaß von Not, Hunger, Verletzung und Tod mutiert?

Nein, natürlich nicht.
Wer herrscht, wer Politik macht, wer Verantwortung für ein Volk, also für Menschen trägt, der weiß, dass sich fast immer ein Kleinkrieg zum Flächenbrand und schließlich zur Katastrophe entwickelt.

Selbst ein Kleinkrieg ist eine Katastrophe.
Die Verantwortlichen wussten genau, was sie taten.

Der Mord in Sarajewo war wirklich nur der Schalter für ein Teufelsspiel.

Russland wusste, es konnte nichts verlieren außer Soldaten, die waren eh zu viel.
Für Russland war sicher:
Im Osten gewinnen nur die Russen. Im Westen lassen wir die Alliierten – Frankreich, England, USA und deren Freunde – kämpfen.
Für uns gibt es Land im Osten von Deutschland.
Ebenso wichtig für Russland war:
Deutschland wird durch diesen Krieg die wirtschaftliche Vorherrschaft in Europa genommen und das ist wichtig.

Frankreich, England, USA und Co. wiederum wussten genau:
Wir sind am Ende bei den Siegern.
Unsere Gesamtübermacht – personell und militärisch – ist so groß, dass wir nicht verlieren können.
Land wird es geben, Reparationskosten werden wir kassieren, auch wirtschaftlich werden wir ein dickes Plus schreiben durch Know-how-Enteignung, durch Übernahme der deutschen Patente, durch wichtige tech-nische Ein- und Vorrichtungen, die wir abholen.
Die Herrschaften in Frankreich, in England, in USA und Co. wussten auch, dass viele ihrer Landsleute, ihrer Mitmenschen, dieses furchtbare Spiel mit ihrem Leben bezahlen würden.
Dies war den verbrecherischen Drahtziehern in Frankreich, England, USA und Co. aber völlig egal.

Nicht viel anders wurde die Situation in Deutschland, Österreich-Ungarn, Italien und Co. beurteilt.
Auch hier spielte man mit ähnlichen Gedanken.
Man fühlte sich als Siegermacht.
Man wusste, es würde viele Tote geben und noch mehr Verletzte.
Aber wir werden erobern und am Schluss die Sieger sein.
Im Westen und noch mehr im Osten werden wir Land gewinnen.
Unser Volk wird wachsen und unsere Lebensqualität wird beträchtlich steigen.

So verkaufte man es dem deutschen Volk.

In Deutschland sind wirklich die Dümmsten am Werk.

Ein Kaiser, der an Inkompetenz nicht zu überbieten war.

Politisch und militärisch bis zur grenzenlosen Überheblichkeit unfähige Berater und hemmungslose Handlungsbeauftragte übertrafen sich in diplomatischer Dummheit.

Dieser Vorteils-Wahnsinn wurde dem Volk hüben wie drüben jeweils als beste nationale Lösung oktroyiert.

Verbrecherisch war das Denken bei den Drahtziehern, den Nutznießern. Gutgläubig und hilflos war das Volk.

Was nun ab 1914 geschah, war, wie schon angesprochen, von langer Hand geplant.

Serbien war nur Mittel zum Zweck.

Der Studentenmord war nur der kleine Schalter zum Anknipsen des grausamen Geschehens.

Menschenleben spielten bei der Planung dieser Apokalypse wie bei der Durchführung dieses grenzenlosen Verbrechens keine Rolle.

Keinen der beteiligten Verbrecher interessierte die Not, das Leid und der millionenfache Tod unschuldiger Menschen.

Die wenigen Nutznießer dieses Krieges – zwölf Gierkapitalisten sind es – planten ihn von langer Hand.

Es ist kein Geheimnis:

Die Nutznießer lebten vorwiegend in den USA, in London und in Paris.

Ölbarone, Minenbesitzer, Eigentümer großer Weltbanken, Eisenbahn und Post und einige andere Weltkapitalisten machen ihr Spiel.

Die Namen sind der Welt bekannt.

Diese Typen kalkulierten und planten die Katastrophe eiskalt.

Ihre unmittelbaren Drahtzieher, ihre nützlichen Idioten (siehe Lenin) aus Politik, Gesellschaft und Medien organisierten alle nötigen Vorbereitungen zum Krieg.

Die stupiden Militärs hatten schließlich die ‚große Ehre' die Schlachten (das Schlachten) zu schlagen.

So einfach ist das.

Bei diesen Feststellungen handelt es sich nicht
- um eine Verschwörungstheorie,
- um Schauermärchen oder
- um Stimmungsmache.

Niemand will hier die Geschichte fälschen.
Um die Wahrheit geht es hier.

Und worum geht es noch?
Um das zukünftige Wohl von Menschen.
- Niemals sollten wir Menschen uns von den Urtrieben, dem Neid, der Geldgier und Machthunger beherrschen lassen.
- Niemals sollten wir Menschen vorhandene Probleme mit Krieg lösen.
- Niemals sollten wir Menschen Politikern vertrauen, die Politik für sich und nicht für das Volk machen.
  Egal, ob es Diktatoren sind oder ‚demokratische' Jasager.

Weil es hier in diesem Werk weder um allgemeine Geschichte noch um Dokumentation von Kriegsverläufen, von Schlachten, von Schicksalen etc. geht, wird hier auf solche Darstellung verzichtet.

Wichtig ist hier aufzuzeigen, wie das Weltkapital, wie die Herrscher, wie Adelige und wie Politschranzen mit Menschen umgehen, wie sie diese manipulieren, ausnützen und schließlich in den Tod zwingen.

Wir sollten uns vergegenwärtigen:
- Krieg ist immer ein Spiel der Mächtigen auf Kosten des Volkes.
- Immer beginnen die Kriegsvorbereitungen subtil.
- Zollschranken werden aufgebaut, Fake News über andere Staaten werden lanciert, Sanktionen werden angekündigt und am Ende wird immer ein Tropfen in das volle Fass geschüttet.

Egal, wie subtil diese Maßnahmen beginnen, die Menschen sollten sofort reagieren.
Niemals abwarten, hoffen und als Gescheiter nachgeben.
Denn am Ende ist immer, der ‚Gescheite‘ der ‚Dumme‘.
Niemals auf Medien warten.
Denn diese sind im Ernstfall stumm.

Intellektuell muss man jeweils starten.
- Universitäten, Hochschulen, soziale Medien.
- Öffentliche Auftritte, Kundgebungen auf Plätzen, Straßen und bei Sportveranstaltungen.
- Aufrufe bis zum Generalstreik.
- Alle Aktivitäten müssen immer unblutig, kontrolliert und niemals in ‚Mob-Qualität‘ verlaufen.

Wer mit dem Krieg spielt, bekommt ihn. Meist kommt er darin um.
Wer kommt um? Immer die ‚Kleinen‘, nie die ‚Großen‘.

Viele Kriege gab es seit der Sesshaftwerdung der Menschen vor ca. 10.000 Jahren.
Kleine Kriege, größere, große und nun den Ersten Weltkrieg.

Bisher war dies der größte und der schlimmste Krieg, wenn man die Anzahl der Toten als Maßstab nimmt.

Jeder Krieg ist einer zu viel.

Bei jedem Krieg wirkt immer der gleiche Virus.
Geldgier und Machtsucht sind es, welche dem Wesen Mensch die Vernunft rauben und das Gehirn erweichen.

Also:
Lassen wir uns nicht verwirren durch politischen Aktionismus.
Hören wir hin, was gesagt wird (keine Allgemeinplätze und Plattitüden), mit welcher Lautstärke die Aktionisten ihre ‚Wahrheit‘ verkaufen (je lauter, je marktschreierischer und je politaggressiver, desto suspekter) und analysieren wir, was am Ende gewollt sein kann.

Immer sollten bei unserer Analyse die Klarheit, die Plausibilität und die Wahrheit siegen.

Wie können wir Krieg verhindern?
- Nicht nur mit Diplomatie.
  Mit ihr werden kleine Probleme so lange verschoben, bis aus ihnen große und unlösbare Probleme geworden sind.
- Gute Politik ist nur mit Ehrlichkeit, mit Wahrheit und mit Persönlichkeit zu machen.

Wirkliche Persönlichkeiten sind in der Politik aber selten.

Damit sind wir beim Problem unserer menschlichen Gesellschaft.

Zunächst so viel zum Ersten Weltkrieg – später mehr.

1918 – 1933   →   **Weimarer Republik**

Der Erste Weltkrieg ist zu Ende.
Unendlich viel gäbe es zu analysieren.
Es ist eigentlich nicht zu beschreiben, was geschah.
Menschen schlachten Menschen.
Grausam, bestialisch, apokalyptisch, teuflisch war das, was sich auf den ‚Schlachtfeldern‘ ereignete.
Mensch gegen Mensch, Schwerstverletzte und Tote waren die täglichen ‚Ergebnisse‘ der ‚klugen‘ Kriegsführung.

Brave Menschen, welche sich nicht kannten, welche sich nie etwas zuleide getan hatten, schlachteten sich regelrecht ab.
Aus einer solchen kurzfristigen teuflischen Vergangenheit soll nun über Nacht durch eine Unterschrift auf ein Kapitulationspapier und in der Folge durch Unterschriften unter einen sogenannten ‚Friedensvertrag‘ ganz plötzlich Frieden entstehen zwischen Völkern, also zwischen Menschen, die sich gestern noch gegenseitig umbrachten.

Welch verwirrte Welt! Welches Teufelsgeschehen!

Die zwölf lebenden Teufel lassen grüßen!

Blicken wir noch mal kurz zurück, um zu verstehen, was jetzt geschieht.

Seit der Dampfmaschine, seit der Mitte des 18. Jahrhunderts, arbeiteten sich die deutsche Nation, die Arbeiter, also die Arbeitskraft und die Unternehmer, also das Kapitel, kontinuierlich nach vorne und nach oben.

Den Menschen in Deutschland ging es vor dem Ersten Weltkrieg besser als den Menschen in allen Nachbarstaaten innerhalb Europas.

Die Arbeitskraft und das Kapital in Deutschland waren zwar keine Freunde, aber sie waren, um Erfolg zu generieren, Partner.

Der Großteil der Unternehmer war damals nicht nur kapitalistisch eingestellt, sondern auch sozial.

In vielen Klein- und Mittelstandsunternehmen waren alle zusammen eine Unternehmensfamilie. Auskömmliche Löhne wurden bezahlt, fleißig wurde gearbeitet und Qualität wurde erzeugt.

Deutschland war 1910 mit seinen Produkten hinsichtlich Preis und Qualität in ganz Europa führend.
Nirgends, in keinem europäischen Land, gab es vergleichbare Verhältnisse zwischen Arbeitnehmer und Arbeitgeber.
Die Unternehmen bauten sogar Sozialwohnungen für ihre Mitarbeiter.
Von Ausnahmen abgesehen herrschte in Deutschland sozialer Frieden.

Misserfolg bringt bekanntlich Mitleid.
Erfolg dagegen Neid.
Der Urtrieb Neid begann damals, also vor dem Ersten Weltkrieg, in ganz Europa gegenüber den Deutschen zu wuchern.
Er breitete sich aus wie die Pest von Land zu Land.

Was wurde beneidet?
Der Erfolg der Deutschen.

Dem Ersten Weltkrieg ging voraus, dass die deutschen Produkte und Waren Europa eroberten.

Um diesen Trend zu stoppen, verbreitete man in England die Devise, deutsche Waren seien Billigwaren, deutsche Waren seien schlecht.

Man glaubt, den Erfolg der deutschen Produkte und Waren dadurch zu stoppen, dass man ihnen die Bezeichnung ‚made in Germany' gab, dies sollte gleichzeitig bedeuten, Deutschland hat schlechte Produkte und Waren – kauft sie nicht.

Zur Überraschung aller wurde **‚made in Germany'** ein **Qualitätssiegel.**
Damit begann schon Jahre vor dem Ersten Weltkrieg in ganz Europa ein regelrechter Siegeszug deutscher Produkte und Waren.

Der Neid Deutschland gegenüber begann hässliche Blüten zu treiben.

Der Mord in Sarajewo, die Bestrebungen des böhmischen Kaisers und andere politische Verwicklungen waren nicht der Hauptgrund für den Ersten Weltkrieg, sie waren nur der Auslöser.

Viel wichtiger als der Mord war das wirtschaftliche Geschehen in Europa, die Dominanz deutscher Produkte und Waren gemäß ‚made in Germany'.

Dies kam den zwölf gierkapitalistischen Weltverbrechern gerade recht.
- Das größte Geschäft für uns ist ein Krieg.

Was war zu tun?

- Die deutsche Wirtschaftskraft musste innerhalb Europas gedämpft werden. So durfte es nicht weitergehen.
- Hierzu schlossen die Alliierten England, Frankreich und Co. ein Bündnis. Russland und USA waren in Wartestellung, zur rechten Zeit würden sie die Alliierten sein.

So kam es. – Bündnis gegen wen? – Gegen Deutschland.

- Deutschland hatte seinerseits mit dem sprachgleichen Österreich und dieses mit Serbien ein Bündnis.

- Ein kleiner Krieg mit Österreich würde ausreichen, um gegen Deutschland zu kämpfen und dieses mit alliierter Übermacht in die Knie zu zwingen und wirtschaftlich klein zu machen.

Was geplant war, geschah.
- Der österreichische Thronfolger wird in Serbien ermordet.
- Österreich erklärt Serbien den Krieg.
- Deutschland war damit als Bündnispartner von Österreich im Krieg gegen Serbien.
- Serbien hatte wiederum einen Schutzvertrag mit der Sowjetunion, welche gleichzeitig mit Frankreich und England und diese mit USA verbunden waren.
- Nun standen sich kriegerisch gegenüber
  – Deutschland, Österreich, Italien und Co.
  gegen
  – Serbien, Sowjetunion, Frankreich, England, USA und Co.

Wir erkennen also im Rückblick auf den ersten Weltkrieg, dass dieser nicht zufällig ausbrach, sondern von langer Hand systematisch durch ganz wenige weltweit agierende Großkapitalisten vorbereitet worden war.

Das bisher schlimmste Ereignis in der Geschichte der Menschheit war dieser Erste Weltkrieg.
Apokalyptisch war das, was geschah.

Furchtbares Leid, unendliche Not und totale Verzweiflung hinterließ er. Diejenigen, welche diesen Krieg vorbereitet und angezettelt hatten, wurden durch dieses Verbrechen noch reicher. Sie prosteten sich ohne Gewissensbisse bei gutem Champagner auf eine schöne Zukunft und auf weiteren ‚Erfolg' herzlich zu.

Keiner von diesen Verbrechern dachte an die Schwerstverletzten, an die vielen Toten und an das furchtbare Leid aus diesem Krieg.

Am 09.11.1918, also zwei Tage vor dem offiziellen Kriegsende, verkündete Max von Baden, seines Zeichens Reichskanzler von Kaiser Wilhelm, das Ende der Monarchie.

Gleichzeitig ernannte er den Sozialdemokraten **Friedrich Ebert** zum neuen Reichskanzler.

Ebenfalls am 09.11.1918 hatten sich die MSPD – Mehrheitssozialdemokratische Partei Deutschlands – und die USPD – Unabhängige Sozialdemokratische Partei Deutschlands – auf die Bildung eines ,alles Entscheidenden Kabinetts' – geeinigt.

Ein sechsköpfiges, angeblich ,paritätisch besetztes Kabinett' war es, welches sich selbst nun als Rat des Volkes beauftragte.

Das vor erwähnte ,alles entscheidende Kabinett' wird nun die Regierungsgeschäfte bis zur Wahl einer neuen Nationalversammlung führen.

Am 11.11.1918 unterzeichnete die vorerwähnte neue deutsche ,Regierung', vertreten durch den Staatssekretär Matthias Erzberger, im Wald von Compiègne einen **Waffenstillstandsvertrag.**

Dieser Vertrag war nichts anderes als eine **bedingungslose Kapitulation.**

Einen Tag nach der Unterzeichnung des Waffenstillstandes, also am 12.11.1918, wurde der sechsköpfige Rat der Volksbeauftragten in Berlin tätig.

Natürlich war dieser Rat nicht wie behauptet paritätisch besetzt, denn drei Mitglieder stellte die MSPD und drei Mitglieder die USPD ab.

Die deutsche Regierung war schon ab 09.11.1918 und auch jetzt ab 12.11.1918 eine ,reinrassige' SPD-Regierung.

Für das Jahr 1919 waren die Wahlen für die verfassungsgebende Nationalversammlung vorgesehen.

Ursprünglich sollte diese hochkarätige Veranstaltung in Berlin abgehalten werden.

Wegen beträchtlicher Unruhen im Volk, wegen Aufständen eines Teils der Bürger gegen die Sozialdemokraten, welche angeblich das deutsche Volk an Frankreich und Co. verkauft hatten, mussten die Wahlen zur Nationalversammlung von Berlin nach Weimar verlegt werden.

Ein Großteil der Bürger rebellierte gegen die bevorstehende Nationalversammlung mit der Behauptung, die beiden SPD-Parteien seien sozialistisch und nur an ihrem, aber nicht am Wohlergehen des Volkes interessiert.

Wie kam es zu dieser Meinung?

Innerhalb weniger Tage wurden der textliche Inhalt der von der SPD unterschriebenen bedingungslosen Kapitulation und die beabsichtigten Bedingungen des Friedensvertrages bekannt. Dies führte zu großem Ärger und zum Protest im deutschen Volk.

Hätte Deutschland diese Vertragsinhalte nicht unterschrieben, dann hätte es für das deutsche Volk niemals so schlimm kommen können, wie es mit dem Vertrag kam.

Völkerrechtlich war der Krieg ohnehin noch nicht beendet.
Hierzu war ein gegenseitiger Friedensvertrag notwendig.

Dieser wurde schließlich trotz viel Widerstand aus dem Volke am 28. Juni 1919 von 26 Alliierten und assoziierten Mächten einerseits und andererseits von der neuen Regierung des Deutschen Reiches unterzeichnet.

Als **Versailler Vertrag** ging er in die Annalen ein.
Ein einseitiger Vertrag war es, der von den Siegermächten ohne Hirn und Verstand diktiert und von den deutschen Verhandlungspartnern trotz Protest im Volke widerstandslos unterschrieben wurde.

Im Gegensatz zu dem großen persischen Heerführer Dareios III. und dem Makedonier Alexander dem Großen, im Gegensatz zu den großen römischen Feldherren, welche nach dem Sieg über ihre Feinde und der Eroberung deren Landes immer klug und weise die unmittelbare, die mittelbare und die weitere Zukunft politisch einplanten und den Besiegten die Möglichkeit zur wirtschaftlichen und menschlichen Erholung überließen, verordneten die 26 alliierten Siegermächte dem deutschen Volk einen 50-jährigen Untergang.
Wer diesen ‚Friedensvertrag' von Versailles liest, der kommt schnell zur Erkenntnis, dass dieser sogenannte Frieden niemals ein Frieden ist und werden wird, sondern, dass mit den Unterschriften unter diesen ‚Friedensvertrag' ein neuer Krieg zwangsläufig vorbereitet wurde.

Wer bereitet so etwas vor?

Natürlich die zwölf weltkapitalistischen Verbrecher aus USA. Die auf dieser Erde lebenden Teufel.
Nur diese zwölf ‚Gierapostel des Teufels' können so satanisch sein.

Nur sie sind in der Lage, in so einem Chaos schon gewinnbringend an den nächsten Krieg in ca. 20 Jahren zu denken.

- Deutschland wurde in Versailles gezwungen, Gebietsabtretungen mit Jahrhundertwirkung für alle Beteiligten zu akzeptieren:
  – im Westen an Frankreich,
  – im Norden an Dänemark, Holland, Belgien,
  – im Osten an Polen; an Russland, an Tschechien.
- Deutschland musste zusätzlich zugestehen, dass deutsche Gebiete von einzelnen Siegermächten auf unbestimmte Zeit besetzt wurden, linksrheinische und rechtsrheinische Gebiete.
- Deutschland musste alle Kolonien samt allen dort getätigten Investitionen, samt allen dortigen Rohstoffe an die Siegermächte abtreten.
- Sogar wichtige deutsche Flüsse wurden für lange Zukunft internationalisiert.
- Deutschland wurde gezwungen, Reparationskosten in unermesslicher Höhe mit dauerhaft vernichtenden wirtschaftlichen Folgen zu unterzeichnen:
  – riesige Reparationszahlungen wurden festgelegt,
  – ganze Fabriken in Deutschland wurden abgebaut und bei den einen oder anderen Siegermächten neu aufgebaut und modernst eingerichtet,
  – unzählige, weltweite wichtige Patente wurden von Deutschland auf die Sieger übertragen.

Noch schlimmer als die oben genannten wirtschaftlichen Folgen war die Ächtung des deutschen Volkes.
  – Jeder deutsche Bürger, ob er schuldig war oder nicht, wurde von den Siegermächten wie ein Kriegsverbrecher behandelt.
  – Im Gegensatz zu den Franzosen, Italienern, Spaniern, Engländern und anderen, welche Stolz auf ihre Nationalität sind, wurde den Deutschen ihr Nationalstolz regelrecht ausgetrieben.

Und hierzu leistete die deutsche Regierung einen großen Beitrag.

Jedem einzelnen Bürger, ob Mann oder Frau, ob Kind, ob alt und krank, jeder und jedem wurde Kriegsverbrechen unterstellt und Schuldbewusstsein eingeredet.

– Das deutsche Volk fühlte sich völlig verachtet, entehrt und es war auch total entrechtet.
– Kaum ein Deutscher war noch stolz, Deutscher zu sein. Scham wurde ihm oktroyiert.
– Viele deutsche Bürger verleugneten sogar zunächst ihre deutsche Nationalität.

Das Schlimmste war, dass diese pauschalen Schuldzuweisungen sogar von regierenden deutschen Politikern erfolgten.

All das Vorgesagte geschah bei gleichzeitiger unvorstellbarer Not und trotz unendlichem Leid, welches sich mittlerweile wie dunkler Ruß über allen Menschen in Deutschland ausgebreitet hatte.

So ein Vertrag wie der **Versailler ‚Friedensvertrag'** konnte und kann niemals als **Friedensvertrag** gesehen werden.

Wer diesen ‚Friedensvertrag' liest, der muss selbst bei geringer Intelligenz feststellen, dass es sich hierbei nicht um Frieden, sondern um eine **Folge-Kriegs-Erklärung** handelt.

Die zwölf Gierkapitalisten haben ganze Arbeit geleistet.

Diesen Versailler ‚Friedensvertrag' hat der Teufel diktiert und haben-menschliche Dummköpfe unterschrieben.

Dieser Vertrag war nichts anderes als die totale Ausbeutung und die völlige Entwürdigung und Entrechtung eines ganzen Volkes.

Jede und jeder, egal ob erwachsen, Kind oder kranker, alter Mensch wurde durch dieses Papier zum Kriegsverbrecher gestempelt und für Generationen entehrt.

Die wirklichen Kriegsverbrecher, die zwölf Verursacher und Nutznießer verdienten Milliarden und leben in Saus und Braus in den USA und in England.

1939 – 1945   →   **Zweiter Weltkrieg**

Jeder Krieg hat Gründe, er wird vorbereitet und er wird durchgeführt.
Für viele Kriege werden Gründe aufgebaut und Stück für Stück inszeniert.

Immer ist ein Krieg die Wirkung der dunklen Energie, die Wucherung der Urtriebe Geldgier und Machtsucht und schließlich die Entgleisung menschlicher Intelligenz und letztendlich ein Spiel des Teufels.

Wer den Ersten Weltkrieg erlebte, konnte sich nicht vorstellen, dass die Spezies Mensch ein zweites Mal so dumm und so unmenschlich wäre, aus den furchtbaren Ereignissen des Ersten Weltkriegs nichts, aber auch gar nichts gelernt zu haben und die gleichen Fehler nochmals zu begehen.

Die Spezies Mensch ist ein sonderbares Wesen.
Es macht extrem dumme Fehler und erbringt gigantische Leistungen.

Der Mensch hat in den letzten 150 Jahren diesen Planeten in einem Ausmaß technisch umgestaltet, ja man muss von erobert sprechen, wie es vor 150 Jahren unvorstellbar gewesen war.
Der Mensch hat sich in kurzer Zeit geistig entwickelt wie es sich selbst die größten Philosophen der alten Griechen und der Römer und Universalgenies wie Michelangelo niemals hätten vorstellen können.

Und genau dieser Mensch ist es, der sein Selbstvernichtungsgen immer aufs Neue mit Nahrung versorgt.

Zunächst erscheint es billig, wenn die Meinung verbreitet wird, der Zweite Weltkrieg ist hauptsächlich begründet
- in dem Waffenstillstandsvertrag im Walde von Compiègne vom 11. November 1918
  und
- in dem ‚Friedensvertrag‘ von Versailles vom 28. Juni 1919.

Diese Verträge waren wirklich wichtige Gründe für den zweiten Weltkrieg. Sie waren aber nicht die alleinige Ursache für dieses furchtbare Geschehen.
Diese waren nur geplante Reizspender.

Es ist keine Verschwörungstheorie, keine Märchenstunde, kein Lügengebäude und auch keine Geschichtsfälschung, wenn jemand behauptet auch zum Zweiten Weltkrieg kam es nicht per Zufall.
(Siehe Darstellung Weimarer Republik)

Tatsache war und ist nämlich ergänzend zu den beiden vorgenannten Ursachen für den Zweiten Weltkrieg, dass die Menschen in Deutschland auch nach dem Ersten Weltkrieg sehr fleißig und strebsam, auch intelligent, technisch erfinderisch und wirtschaftlich erfolgreich waren und dass dies allen Nachbarn der Deutschen ein großer Dorn im Auge war.

Die andere Tatsache war, dass die ‚vereinigten Gewinner‘ des ersten Weltkrieges 1918 absolut sicher waren, dass Deutschland nun sowohl als politischer als auch wirtschaftlicher Konkurrent in ganz Europa, ja sogar weltweit für lange Zeit eliminiert sein werde.

Die unerbärmlichen Sanktionen der Alliierten gegen Deutschland, die unmenschlichen Verhältnisse in Deutschland, das unendliche Leid und die unvorstellbare Not im deutschen Volk lässt keine andere Erkenntnis zu.

So und nicht anders mussten 1918 die Sieger bei Beurteilung der Verhältnisse in Deutschland gedacht haben.

Die Menschen in Deutschland waren 1918 arm wie Kirchenmäuse.
Niemand außer einigen Privilegierten hatten genug zu essen. Aus Mehl gemischt mit Kaffeesatz wurde Brot gebacken. Alles organisch Verdaubare wurde auf den Tisch gebracht. Hunde- und Katzenfleisch, ja sogar Vögel, Mäuse und alles, was fliegen und laufen konnte, landete in den total ausgehungerten Mägen der Menschen.
Schreckliche Not herrschte wohin man blickte.
Gebietsweise litten die Menschen in Deutschland unter mehr als 50-prozentiger Arbeitslosigkeit.

Selbstversorgung war angesagt. Selbstversorgung auch durch Diebstahl, durch Betrug und sogar durch Raub.
Die Hemmschwelle der Menschen war mittlerweile sehr niedrig.
Schlimme Verhältnisse herrschten in ganz Deutschland.

Viele Menschen im In- und Ausland sprachen ganz ohne Hemmung vom Untergang Deutschlands.

Während man im Ausland z. B. in Frankreich, in England und in Skandinavien, teilweise auch in den USA, von den ‚Goldenen Zwanzigerjahren‘ schwärmte, starben in Deutschland Kinder, alte und kranke Menschen wie Fliegen in der Kälte.

Zusätzlich zu den furchtbaren Zuständen wurden alle Deutsche im Ausland schändlich mit der ‚Moralkeule‘ geschlagen.

Schlimm war, dass deutsche Opportunisten das eigene Nest beschmutzten.
Kein Deutscher traute sich noch stolz zu sein auf sein Vaterland.

Durch den dauerhaften, nicht nachlassenden finanziellen und moralischen Druck aus dem Ausland kippte ab Ende der Zwanzigerjahre die Stimmung in Deutschland.
Die Menschen wollten nicht länger die einzig Schuldigen sein.

Trotz dieser angespannten Stimmung erholte sich die Wirtschaft.
Weitblickende Unternehmer, qualifizierte Handwerksmeister, fleißige Mitarbeiter arbeiteten sich langsam, aber stetig nach vorne und nach oben.
Arbeitsplätze wurden geschaffen.
Die Menschen kämpften sich Stück für Stück heraus aus ihrer großen Not.

Das erste neue Selbstbewusstsein im deutschen Volke schlug wieder Wurzeln.
Parallel hierzu stieg die Abneigung gegen die vom Ausland jedem Deutschen angelegte Zwangsjacke.

Die Situation der Deutschen war wie die eines in die Ecke getriebenen Raubtieres.

Was macht so ein Tier? – Es will sich befreien – wenn es keinen Ausgang gibt, dann greift es an.

Diese Situation haben die ‚vereinigten Siegermächte' erkannt.
Sie wussten, wir haben die Deutschen zurzeit noch fest im Griff.
Sie ahnten aber, wir haben mit unserer Verknechtung, mit unserer Entrechtung und mit unserer Ausbeutung überzogen.

Sie, die ‚vereinigten Siegermächte' sahen deshalb mit Unbehagen, wie sich die deutsche Wirtschaft erholte und wie die Deutschen Schritt für Schritt wirtschaftlich und moralisch wieder zu Selbstbewusstsein gelangten.

Welche Befürchtungen hatte das vereinigte Ausland ab Ende der Zwanzigerjahre?

Einen Krieg fürchtete niemand – Deutschland war zu sehr zerstört –, eine neue Wirtschaftskraft der Deutschen war aber vorhersehbar.
So unglaublich es ist, die Deutschen meldeten schon wieder weltweit die meisten Patente an.
Viele neue konkurrenzlose Produkte brachten die Deutschen auf den internationalen Markt.
Die deutsche Wirtschaft war schon wieder auf dem Vormarsch.
Im Schatten dieser wirtschaftlichen Entwicklung wuchs bei den Menschen in Deutschland der Wunsch nach neuer Anerkennung.

Man fühlte – man konnte es förmlich greifen –, wie die Menschen in Deutschland unter der im Ausland permanent praktizierten Verachtung und Hetze gegen sie litten und wie sie nach einem Ausweg aus diesem Dilemma suchten.

Ganz schlimm für viele Menschen in Deutschland war ihr Eindruck, dass sie diesbezüglich von ihrer eigenen deutschen Regierung nichts, aber auch gar nichts, nicht die geringste Unterstützung zu erwarten hatten.
Im Volk begann es zu brodeln.

Die Menschen wollten endlich Befreiung.
Woraus und wovon?

Von der Versklavung und von der Ausbeutung durch die vereinigten Siegermächte.

Die Menschen wollten wieder Menschlichkeit und Menschenwürde, also Luft zum Atmen.

Das Ausland erkannte diese Situation.

Viele wussten: Man kann ein Volk, man kann die deutschen Menschen auf die Dauer nicht so behandeln, wie wir dies seit 1918 tun.

Die verantwortlichen Politiker im Ausland wussten dies auch, aber sie wurden ja schon wieder ferngesteuert.

Ferngesteuert von wem?

Drei Mal dürfen sie raten?

Nicht vom allmächtigen Schöpfer.

Von der Allmacht des Gierkapitals, von zwölf Mega-Verbrechern, welche die Welt bestimmen, waren sie gesteuert.

Die Politiker in aller Welt, auch die in dieser Zeit für die deutsche Versklavung verantwortlichen politischen Dummköpfe realisierten diesen teuflischen Sachverhalt. Dumm und unmenschlich blieben sie.

Ihr Bestreben war es, ihr Ego zu pflegen und einen festen Platz an einer möglichst großen Futterkrippe zu behalten.

Es geschah auch diesmal, wie schon beim Ersten Weltkrieg, was geschehen musste. Die zwölf lebenden Teufel, die zwölf geldgierigen Weltkapitalisten, diese blutrünstigen Gierschlunde planten ihren nächsten Milliardencoup.

Sie wussten, mit den Deutschen müssen wir wieder ‚arbeiten‘.

‚Deutschland bringt den höchsten Ertrag‘.

Die Deutschen sind nun zehn Jahre geschlagen, entrechtet, ausgehungert und entehrt. Das Jahr 1928 schreiben wir.

Das Fass ist voll.

Die Deutschen sind jetzt scharf wie ein gereizter Hund.

Wenn jetzt zusätzlich ein Scharfmacher käme, dann könnte man die Deutschen noch einmal in die Falle locken.

Zwanzig Jahre nach 1918, also etwa 1938, wäre der richtige Zeitpunkt für eine neue Apokalypse.

Jeder, der sich mit Politik beschäftigt, weiß:
In Deutschland gibt es zurzeit einen Scharfmacher, Hitler heißt er.
Den müsste man nützen.
Ein eloquenter Redner ist er, ein Buch hat er geschrieben – ‚Mein Kampf‘
ist der Titel.

‚Dies ist unser Mann‘, so die zwölf Kapitalisten-Teufel,
Verbrecher sind es, wie's keine größeren gibt.

Und wie geht es nun weiter?

- Schon die deutsche Politik der Weimarer Republik hatte von Anfang an jedes Vertrauen der deutschen Bevölkerungsmehrheit verloren.
- Trotzdem kämpften sich die Menschen von 1918 bis 1928 wieder heraus aus der wirtschaftlichen Hoffnungslosigkeit.
- Ein bisschen Wohlstand, ein bescheidener Nationalstolz waren wieder ganz wichtige Ziele für das deutsche Volk.
- Hitler nutzte diesen mittlerweile im Volk fest verankerten Wunschkomplex.
  - Bei jeder Gelegenheit machte er mit klugen Auftritten und sehr eloquenten Reden Stimmung in dieser Richtung.
  - Die Menschen waren begeistert von ihm, denn er versprach – im Gegensatz zur herrschenden Politik – neue Arbeitsplätze, Wachstum der Wirtschaft, Wohlstand und Nationalstolz.
  - Ein neues selbstbewusstes Deutschland will er schaffen.

Niemand ahnte, welch teuflischer Verführer er war und dass er von den zwölf verbrecherischen Weltkapitalisten unterstützt wurde.

Und so geschah, was geplant war und geschehen musste.

- Am 30.01.1933 wurde Hitler als Chef der Nationalsozialistischen Deutschen Arbeiterpartei zum Reichskanzler ernannt.
- Deutschland tritt aus dem 1919 abgeschlossenen Völkerbund aus.
- Hitler und Co. begannen die Juden zu verfolgen.
- 1934 – Pakt mit Benito Mussolini.
- 1935 – Das Deutsche Reich kündigt die Bestimmungen des Versailler Vertrages.

- 1936 – Deutsche Soldaten besetzen das seit dem Ende des Ersten Weltkriegs entmilitarisierte Rheinland.
- 1938 – Die deutsche Wehrmacht marschiert unter dem Jubel der österreichischen Bevölkerung in Österreich ein.
- 1938 – Mit der Reichskristallnacht am 9. Nov. beginnt die strategische Judenverfolgung.
- 1939 – Hitler erklärt die Vernichtung der jüdischen Rasse.
- Hitler zündelt nunmehr überall, im Westen und im Osten und er bekommt immer recht.
- Chamberlain in England, Daladier in Frankreich akzeptieren viele Forderungen von Hitler. Niemand hält ihn auf.
- Die Polen blockierten die deutsche Eisenbahnverbindung von Berlin nach Danzig und machen mobil.
- Hitler lässt dann in Gleiwitz einen Kriegsgrund inszenieren. Diesen beantwortet er am 01.09.1939 mit Schüssen des Schlachtschiffes ‚Schleswig-Holstein' auf ein polnisches Munitionsdepot auf der Halbinsel Westerplatte.

Damit war Deutschland mit Polen im Krieg.

Frankreich und England erklärten als Bündnispartner von Polen nunmehr Deutschland gegenüber den Krieg.

Hitler bot die Beendigung des Krieges an, falls die ‚Alliierten' der Revision des Versailler Vertrages zustimmen.
Die Alliierten lehnten ab.

Nun war Deutschland mit Polen, mit Frankreich und mit England im Krieg.
Die USA standen wie immer bereit, wenn es Sahne gibt. Auf der Seite von Frankreich und England produzierten sich nun die USA als Hauptnutznießer.
1940 – die deutsche Wehrmacht kämpfte gemäß Hitlers Befehl an allen Fronten an der Westfront, in Afrika, in Polen und in den baltischen Staaten.

1941 im Juni fiel Deutschland mit drei Heeresgruppen in Russland ein.
So, und nun waren wir wieder so weit.
Deutschland kämpfte wieder gegen die ganze Welt.

Dies war der Anfang vom Ende.

- Damit beginnt der Zweite Weltkrieg alternativlos zu werden.
- Die Deutschen sind wiederum in die Falle der zwölf Weltkriegsverbrecher gegangen.
- Von 1939 bis 1945 wird im schlimmsten Krieg aller Zeiten zerstört, vernichtet, gemordet und geschlachtet.
- Ca. 140 Millionen Menschen sterben.

1941 war auch der Beweis dafür, dass Hitler zu diesem Zeitpunkt schon nicht mehr zurechnungsfähig war.

Noch vier Jahre wird dieser grausame Krieg wüten.
Schlachten werden geschlagen, gebombt wird, Vernichtung und Massenmorde werden zum täglichen perversen Ritual.
Menschen töten Menschen.

Die Spezies Mensch, also die Krone in diesem Sonnensystem, erniedrigt sich auf das molekulare Niveau einer Kanalratte.

Was ist eigentlich der Sinn unseres menschlichen Daseins? Dies muss man in Anbetracht solcher Unmenschlichkeit fragen.
Wir wollen diese Frage aber jetzt ebenso wenig diskutieren wie diesen furchtbaren Krieg noch weiter zu beschreiben.

Interessant wären bei dieser Gelegenheit die Beleuchtung der total entmenschlichten Verursacher eines solch apokalyptischen Ereignisses sowie die Analyse der operativ für einen solchen Massenmord und für eine so grenzenlose Vernichtung Verantwortlichen.

Diese – vor dem Krieg waren es noch zehn, mittlerweile sind es zwölf – Teufelsapostel, diese Weltkapitalverbrecher sind ebenso wenig Menschen wie ihre ‚nützlichen Idioten‘, die verantwortlichen Politiker und die Befehl gebenden ‚Frontschweine‘.

Beide Typen, die Nutznießer, also die Planer und Drahtzieher auf der einen Seite und die Vollstrecker, die Mörder und Vernichter auf der anderen Seite, sind Teufel und keine Menschen.

Steigt eigentlich die Schuld, wenn ein ‚Mensch‘ 10.000 Morde zu verantworten hat oder 100.000 oder wie Hitler 45 Mio., wie Stalin 55 Mio. und wie Mao 65 Mio. Morde?

Diese Frage könnte auch dämlicher Unsinn sein, weil für jeden einzelnen Mord ohnehin jede Strafe zu gering ist.

Dieser Krieg zeigt wie alle Kriege zuvor, dass hinter jedem Krieg der Teufel persönlich steckt.

Die Teufelsfratze der oben erwähnten mittlerweile zwölf lebenden Teufel, also der Planer und Nutznießer dieses furchtbaren Krieges, kennt man in der Welt.

Man kennt sogar ihre Namen.

Fleischgewordene Satanwesen sind es, besser gesagt der Satan selbst.

Nobel, freundlich und wie Gesalbte treten sie in der Öffentlichkeit auf.

Umschmeichelt und verehrt werden sie.

Auf Händen werden sie getragen, damit sie nicht ausrutschen auf der Schleimspur ihrer Speichellecker.

Viel Gutes tun sie, hier eine Spende, da eine Förderung, Geld für diese Sozialinstitution, eine Finanzierung für jenes Wohltätigkeitsprojekt.

Jeder Dollar, jedes Pfund und jeder Euro solcher ‚guten Taten‘ ist reines Blutgeld.

Die Medien überschlagen sich aber vor Lob.

Aber was macht das schon?

Die nähere Umgebung dieser Verbrecher ist ebenfalls korrupt und ohne Gewissen.

Und die anderen Freunde sind Opportunisten.

Und was macht das breite Volk?

Es fällt herein auf die bezahlte Hofberichterstattung der Medien.

Verehrung wird diesen millionenfachen Mördern und Verbrechern ohne Unterlass dargebracht.

Diese Massenmörder genießen ihren teuflischen Prunk und die ihnen täglich von allen Seiten entgegengebrachte Anbetung.

Vergessen wir nicht die anderen Teufel in Menschengestalt.

Jeder Mensch, der sich mit diesem Krieg beschäftigt, kommt sofort zur Erkenntnis, dieser Massenmörder Hitler, dieser Menschenschlächter, war kein normaler Mensch.

Des Teufels General, fleischgewordener Teufel war er.
Und was waren Stalin und Mao?
Sie waren Geschwister von Hitler, also auch Teufel.

Damit wir's nicht vergessen, drei weitere wichtige Figuren, drei andere verbrecherische Hochkaräter sind noch zu nennen in dieser blutigsten Auseinandersetzung der Spezies Mensch.

Für Churchill, Roosevelt und Truman waren die Menschen auf den Schlachtfeldern wie für zwei Schachspieler die Figuren auf dem Schachbrett.
Diese drei Verbrecher dachten nur an Rache und Sieg.
Menschen waren für diese Unwesen nur biomolekulare Evolutionsergebnisse.
Diesen Menschenverachtern kam das Schicksal eines Menschen nie in den Sinn.
Sie waren zwar nicht die ursprünglichen Angreifer, aber sie waren kein Jota besser als ihr Gegenüber.

Sie bombten auf Zivilbevölkerung – in Dresden sogar nach Kriegsende –, auf Kinder, Frauen, Alte, auf Kranke.

Menschenleben war für sie wie ein Fleck auf der Hose.
Wie sonst könnte man den zweifachen Atombombenabwurf auf Zivilpersonen in Hiroshima und Nagasaki verstehen.

Insofern ist es für viele Menschen unverständlich, wenn für diese Menschenverachter Denkmäler errichtet und Erinnerungs- sowie Belobigungsveranstaltungen abgehalten werden.

Ohne die drei Kategorien, die Planer, die Drahtzieher und Nutznießer auf der einen Seite und die Vernichter und Schlächter auf der anderen Seite, wäre ein Krieg, wäre dieses Massenmorden nicht möglich gewesen."

Frank blickt nun erleichtert in die Runde seiner vier Freunde, nimmt einen Schluck ‚rote Energie‘ und meint abschließend:

„Schlimmer geht es kaum:
- Erster Weltkrieg
- Weimarer Republik
- Zweiter Weltkrieg

Dies ist die negative Seite der Menschheit."

KAPITEL 12

NACH DEM ZWEITEN WELTKRIEG BIS 2018
1945 bis 2018

Nun ist Vincent wieder dran.

Sein Vortragsthema lautet: Von 1945 bis 2018.

„Der Wiederaufbau Deutschlands, die physische und psychische Regeneration der stark traumatisierten Menschen, ist nach diesem furchtbaren Ereignis, nach dem Zweiten Weltkrieg, eine übermenschliche Aufgabe.
Ob und wenn ja wie das deutsche Volk sich wieder erholt, dies wagen selbst die größten Optimisten nicht mehr vorauszusagen.
Wir werden sehen.

Ist es Wunschdenken oder frevelhaft, von einer zukünftigen wirtschaftlichen Erholung Deutschlands zu sprechen?
Ist es Träumerei oder Realismus, daran zu glauben, dass sich ein in jeder Hinsicht zerstörtes Volk wie das deutsche irgendwann wieder erholt und in Normalität lebt?

Unendlichen Schaden hat dieser Zweite Weltkrieg angerichtet, sowohl innerhalb Deutschlands als auch im Ausland.

Schlimmer als der Sachschaden ist die Zerstörung noch lebender menschlicher Wesen.
Von den unendlich vielen Toten traut sich fast niemand zu sprechen, geschweige denn zu schreiben.

In ganz Europa, in Afrika, in Skandinavien, im Balkan, in Russland bis hin nach Asien, insbesondere auch in Japan, wurde ganz großer materieller Schaden angerichtet und, was noch viel schlimmer war und ist, unmenschliches Leid geschaffen.

Am schlimmsten war es dort, wo der Krieg sich unmittelbar abspielte.

In Japan zeigten die Verantwortlichen in Amerika, dass sie moralisch nicht besser waren und sind als die Naziverbrecher.

Völlig entmenschlicht warfen sie je eine Atombombe auf Hiroshima und Nagasaki.

Die Verantwortlichen wussten, dass die Strahlung atomarer Kernenergie jegliches Leben auslöscht und dass die Tatorte so verstrahlt sind, dass gesundes Leben auf Generationen unmöglich wird.

Im Wissen dieser apokalyptischen Auswirkungen vernichteten sie Kinder, Frauen, Kranke und alle im Zentrum Hiroshimas und Nagasakis sonst noch lebenden Menschen.

Nicht nur der Verbrecher Truman war hier vom Teufel besessen, sondern auch alle wissentlich ‚mitspielenden' nützlichen Idioten.

Massenmörder waren und sind es.

Sie gehörten genauso wie Göring und Co. in Nürnberg vor ein Kriegsverbrechertribunal.

Kommen wir zu Deutschland.

Zu den Haupttätern und zu den international lebenden Verursachern des Zweiten Weltkrieges.

Der lebende Teufel Hitler und seine Naziverbrecher waren es, welche diesen alles vernichtenden Weltkrieg begonnen hatten.

Ferngesteuert mit nationaler und internationaler Unterstützung gelang es diesen Teufeln in Menschengestalt, ganz Europa in ein Flammenmeer zu versetzen.

Vorbereitet, strategisch geplant und bis ins Detail organisiert wurde dieses apokalyptische Höllenereignis durch zwölf Welt-Kapitalverbrecher, für welche ein Mensch nur sechs Buchstaben ist.

Wie bestialisch müssen die zwölf lebenden Teufel gewesen sein, welche diesen ganzen Planeten Erde mithilfe Hitlers in Brand steckten?

Wie verkommen, wie entmenschlicht muss eine Kreatur wie Hitler und Co. sein, wenn sie bewusst, also absichtlich, ein solches Verbrechen wie den 2. Weltkrieg und all die Grausamkeiten im Detail vorbereitet und ausführt?

Wie grausam und entmenschlicht muss man sein, Tag für Tag Menschen zu Hunderttausenden dazu zu zwingen, sich auf Schlachtfeldern regelrecht und wortgetreu abzuschlachten.

Wie teuflisch sind ‚demokratische‘ Politiker, wenn sie einer Politik zustimmen, gemäß dieser ganze Städte samt Zivilbevölkerung total vernichtet werden.

Dass man als Mensch mit Geist und Seele, mit Verstand, Vernunft und Gewissen völlig entmenschlicht eine ganze Rasse, nämlich die Juden, in Deutschland, in Frankreich und in Polen zu vernichten versucht und bei fünf bis sechs Millionen sogar Erfolg hatte, ist nicht mit menschlich zu bezeichnen. Auch tierisch kann man so etwas nicht nennen, es ist vielmehr ein noch nie da gewesenes barbarisches Verbrechen, es ist schlimmster Massenmord. Bestien sind dies, keine Menschen.
Es ist eine apokalyptische Entartung des Homo sapiens.

Im Zweiten Weltkrieg wurde, wenn man von der Judenvernichtung absieht, Verbrechen mit noch größeren Verbrechen beantwortet.

Wie sonst sollte man den amerikanischen und englischen Bombenterror auf zivile Städte bezeichnen?
Hier handelte es sich nicht, wie immer behauptet, um Angriffe auf militärstrategische Waffen- und sonstige Versorgungsindustrie, sondern um totale Zerstörung von Wohnbereichen, um Vernichtung der Zivilbevölkerung, also um reinen Mord an Kindern, Frauen, Kranken und Alten.

Eine der schlimmsten Taten dieser Art war nach Hiroshima und Nagasaki der englische Angriff und die totale Zerstörung von Dresden, und zwar Wochen nach Kriegsende.
Mord rechtfertigt nicht Mord.

Wir wollen uns nun aber nicht mit dem Zweiten Weltkrieg beschäftigen, sondern mit dem Geschehen nach diesem schrecklichen, nach diesem unmenschlichen Ausbruch teuflischer Gewalt.

Wir leben im Mai 1945.

Der Zweite Weltkrieg ist seit der Kapitulation am 08.05.1945 zu Ende.
Was nun aber beginnt, ist der **Kalte Krieg** zwischen den USA und der Sowjetunion.

Die Sowjetunion würde gern ihr bolschewistisches System zunächst in ganz Europa verbreiten.
Kein Mensch in Europa will das.

Die USA, also die Amerikaner, wollen dies verhindern. Ihr Ziel ist zunächst, ganz Europa zum Freund der USA zu machen.
Sie wissen genau, hierfür benötigen sie ganz dringend Deutschland. Ein neues Deutschland, ein anderes, ein demokratisches.

Die USA haben aber noch ganz andere Absichten. Die USA streben die Weltherrschaft an und genau dies will die Sowjetunion verhindern.

Der Kalte Krieg zwischen den USA und der Sowjetunion ist also kein Märchen, sondern bittere Realität.
Beide Mächte, auf der einen Seite die USA, auf der anderen Seite die Sowjetunion, misstrauen sich nicht nur, sie betrachten sich vielmehr als Feinde.

Das vereinigte Königtum, also England, unterstützt im Prinzip die Interessen der USA. Am wichtigsten ist, Deutschland kleinzuhalten.

Das von den Deutschen besiegte Frankreich – aber am Ende des Krieges bei den Siegern – unterstützt natürlich auch die Interessen der USA.
Jedoch ist Frankreich unmittelbar nach dem Krieg keine eigentliche Siegermacht. Dies war bereits im Januar 1945 abgemacht.

Vor diesem Hintergrund fand bereits im Februar 1945 die erste Konferenz der angehenden Siegermächte ohne Frankreich in Jalta statt.
Schon in Jalta war abzusehen, dass die Sowjetunion nach Beendigung des Krieges einen anderen Weg zu gehen beabsichtigt als die USA, als England und als Frankreich.
In Jalta wurde aufgrund des schon damals beginnenden Kalten Krieges der von den USA zunächst ernsthaft beabsichtigte Morgenthau-Plan verworfen.

Dieser völlig unmenschliche Morgenthau-Plan sah vor, Deutschland auf einen reinen Agrarstaat zu reduzieren. Deutschland quasi zu enteignen, zu zersplittern und so weit wie möglich als selbstständiges Land aufzulösen.

Der Morgenthau-Plan ging sogar so weit, die vorhandene deutsche Intelligenz abzusaugen und die zukünftige Intelligenz durch entsprechend reduzierte Schulbildung zu verhindern.

Eine furchtbare, eine grauenhafte Vorstellung.

Die zwölf auf diesem Planeten lebenden Teufel, die Drahtzieher für alles Übel auf dieser Welt hatten diesen Morgenthau-Plan ausgeheckt.

Unmittelbar nach Kriegsende einigten sich die Siegermächte USA, England (Frankreich) und die Sowjetunion auf eine Konferenz in Potsdam.

Dort akzeptierte man, wie vorher schon beschlossen, Deutschland in drei plus eine Zonen, also einerseits in die Zonen USA, England, Frankreich und andererseits in die Sowjetzone aufzuteilen.

Die drei westlichen Besatzungszonen sollen vom alliierten Kontrollrat überwacht werden.

Das Potsdam-Abkommen basierte auf fünf Grundsätzen:

- Entmilitarisierung
- Entnazifizierung
- Dezentralisierung
- Dekartellisierung
- Demokratisierung

Das besiegte Deutschland wurde nunmehr ab 1945 entmachtet, enteignet, entrechtet und der totalen Ausbeutung durch die Siegermächte ausgeliefert.

Alles in Deutschland war zerstört, manche Städte fast bis auf den Erdboden.

Jegliche Infrastruktur war vernichtet. Hunger, Not, Elend und Leid herrschten in Deutschland, wohin man blickte.

Bösartig könnte man sagen:

‚Den Deutschen geschieht es recht. Wie kann man so dumm und teilweise so verkommen sein, einem lebenden Teufel, einem Verbrecher wie Hitler zu folgen?'

Dies ist, wie schon erwähnt, nur die eine Wahrheit.

Die andere Wahrheit ist das Leid, das Elend und die Not, in welcher das deutsche Volk durch den ‚Friedensvertrag‘ von Versailles seit 1918 bis 1933 vegetierte.

Deutschland wurde von den Siegermächten ausgebeutet bis aufs Blut.

In Deutschland herrschte wohin man schaute unglaubliche Not und ganz großes Elend.

Es gab weder Arbeit noch Brot.

Jeder Mensch fühlte sich bis auf die Knochen entehrt.

Für einen Verbrecher wie Hitler war es ein Leichtes, in dieser Situation an die Macht zu gelangen.

Wie schon erwähnt, wurde er im Inland und leider auch aus dem Ausland auf seinem Weg an die Macht durch viel Kapital unterstützt.

Hitler war eine Marionette der zwölf Weltkriegsverbrecher.

Die Frage stellt sich:

Hätte es einen Hitler auch in Frankreich, in England und in den USA geben können oder war so etwas nur in Deutschland möglich?

Zwar gehen hier die Meinungen auseinander, aber es ist durchaus denkbar, dass die Franzosen nicht so lange wie die Deutschen leidensfähig gewesen wären.

Ein anderer, aber ebenso verbrecherischer Monsieur wäre in Frankreich in der gleichen Situation wie der damaligen in Deutschland möglich.

Ist es hypothetisch oder real, wenn man behauptet, dass in jedem Land, auch in England, in den USA etc. Teufel wie Hitler leben?

Die Frage ist:

Würde das englische Volk in gleicher Not, bei gleichem Leid und mit derselben Entehrung, wie es die Deutschen von 1918 bis 1933 ertragen mussten, einem scheinbaren Messias nachlaufen?

Natürlich ist das so. Für sie war Churchill der unfehlbare Vordenker.

Churchill hätte England ohne die USA aber ins Verderben geführt.

Welche Antwort hätten wir diesbezüglich für die USA?

In der USA wäre es sicherlich nicht hypothetisch zu behaupten, dass dort ein Verbrecher wie Hitler gleichen oder noch größeren Erfolg wie in Deutschland verbuchen könnte.

Truman und Morgenthau lassen grüßen.

Wie ging es nun in Deutschland ab 1945 weiter?

Für Geld gab es nichts mehr. Zum einen war das Geld wertlos und zum anderen waren Lebensmittel, Kleidung und alles für den täglichen Bedarf auf dem Markt spurlos verschwunden. Alle Läden waren leer.

Brot, Magermilch, ein wenig Obst usw. gab es nur auf Bezugsmarken und dies nicht immer und niemals ausreichend.

Der Tauschhandel und insbesondere der Schwarzmarkt blühten.

Wer nichts zu tauschen hatte, war am Verhungern.

Alles, was Menschen besaßen, wurde gegen Essbares getauscht.

Schon bald gab es solche, welche nichts mehr hatten und am Verhungern und Erfrieren waren, und solche, welche von ihren eingehamsterten Gütern fast erdrückt wurden.

Zu allem Übel musste innerhalb der drei westlichen Besatzungszonen das ohnehin dem früheren Deutschen Reich gegenüber stark reduzierte jetzige Deutschland noch ca. 14,5 Millionen Vertriebene aufnehmen, unterbringen und ernähren.

1945 nannte man diese Menschen Flüchtlinge. Es waren aber keine Flüchtlinge, es waren Vertriebene, Verjagte, enteignete Menschen aus Tschechien, aus Polen, aus Ostpreußen, aus Schlesien, aus den baltischen Staaten, aus Böhmen, aus Siebenbürgen, also aus den ehemaligen deutschen Ostgebieten.

Am 04.04.1945 wurde die **NATO** gegründet,
am 24.10.1945 die **UNO.**

Beides waren Institutionen, welche letztendlich im Dienste der US-Zielsetzung ‚Weltmacht USA‘ tätig werden sollten.

Am 05.06.1947 trat der sogenannte **Marshallplan** in Kraft. Auch er war nichts anderes als ein Puzzle im Zukunftsplan der US-Weltherrschaft.

Zeitlich ist jetzt festzuhalten, dass am 14.05.1948 auch der Staat **Israel** gegründet wurde.

Um den Gedankenfluss des Nachkriegsgeschehens in Deutschland nicht zu unterbrechen, wird zum Staate Israel etwas später ausführlich Stellung bezogen.

Am 20.06.1948 wurden die deutschen Menschen mit einer neuen **Währungsreform** bedient. Statt mit Reichsmark zahlte man jetzt mit Deutscher Mark (DM). Wie schon bei der Währungsreform 1923 so lag auch diesmal kein erklärbarer Umrechnungsfaktor der Neubewertung des deutschen Geldes also der Deutschen Mark vor.

Jeder deutsche Bürger erhielt ein Kopfgeld von 60 Deutscher Mark. 40 Deutsche Mark am Tag der Umstellung und zwei Monate später 20 Deutsche Mark als sogenanntes Handgeld.

Weil sich die westlichen Siegermächte USA, England und Frankreich mit der Sowjetunion bei vielen wichtigen Fragen insbesondere bei der Frage der Währung und in der Berlin-Frage nicht einigen konnten, blockierte die Sowjetunion über Nacht den Zugang zu Berlin.

Fast elf Monate – vom 24. Juni 1948 bis 12. Mai 1949 – wurde Berlin daraufhin über eine Luftbrücke (Rosinenbomber) mit Lebensmitteln und dem wichtigsten täglichen Bedarf versorgt.

Am 24.05.1949 wurde das **Grundgesetz** bekannt gegeben.

Föderal, sozial, rechtsstaatlich und demokratisch soll das neue Deutschland sein.

Am 07.10.1949 wurde die **BRD**, die **Bundesrepublik Deutschland** ausgerufen. Eine neue demokratische Republik ist sie.

Ebenfalls am 07.10.1949 begann die **DDR**, die **Deutsche Demokratische Republik.**

Bei der DDR handelt es sich um eine Parteidiktatur, gelenkt durch die Sowjetunion. Mit Demokratie hatte diese Republik nichts zu tun.

Ab 1950 begann der Wiederaufstieg Westdeutschlands, also der BRD.

Die neue Währung, das neue Grundgesetz und der schier ungebändigte Willen im deutschen Volk waren die Grundlagen für diesen **Wiederaufstieg** Deutschlands und für das ab 1958 folgende **Wirtschaftswunder.**

Am 23.07.1952 tritt die am 18.04.1951 gegründete **Montanunion** in Kraft.

Schließlich wurde 1952 die **EVG – Europäische Verteidigungsgemein-schaft –** beschlossen. Diese scheiterte allerdings 1954 im Deutschlandvertrag wieder.

Am 17.06.1953, also bereits vier Jahre nach Gründung der DDR, ging das deutsche Volk, also die Bürger der DDR, auf die Straßen. Sie demonstrierten gegen die vorhandene Diktatur, gegen den wirtschaftlichen Stillstand, rückwärts konnte es ja nicht mehr gehen.

Diesen Volksaufstand nahm die BRD, also die Bundesrepublik Deutschland, zum Anlass ab 1954 und bis 1990 den **17. Juni** jedes Jahr in der ganzen Bundesrepublik als **Tag der Deutschen Einheit** zu feiern.

Auch wenn es niemand für möglich hielt, 1954 gab es noch kein offizielles Kriegsende zwischen Deutschland und den vier Siegermächten USA, England, Frankreich und der Sowjetunion.
Die Sowjetunion erklärte deshalb 1955 den Zweiten Weltkrieg als für sie offiziell beendet.

Die Westalliierten waren hierdurch der Sowjetunion gegenüber in Zugzwang. Die Amerikaner wie auch die Engländer lockerten ihre Besatzungszone, die Franzosen, welche nie Sieger waren, aber als alliierter Partner Siegerstatus beanspruchten, mussten, obwohl sie nicht wollten, die widerrechtlich besetzten rechtsrheinischen deutschen Gebiete freigeben und nach Volksabstimmung das Saarland an die Bundesrepublik zurückübertragen.

Am 25.03.1957 wurde die **EWG**, die **Europäische Wirtschaftsgemein-schaft,** gemäß den Römischen Verträgen gegründet.
Die EWG war die Vorgängerin der **EG**, **Europäischen Gemeinschaft.**
Die EG wiederum war die Vorgängerin der **EU,** der **Europäischen Union.**
Die EWG, die EG und die EU waren also die ersten Versuche der europäischen Staaten, sich in einem freundschaftlichen Kreis mit allen anstehenden Problemen innerhalb der europäischen Staaten zu beschäftigen, diese zu diskutieren und jeweils gute Lösungen für die neue Europäische Union zu finden.

Ein großer Gedanke, eine geniale Idee, ein geistig und menschlicher Glücksmoment.

Rückblickend muss man den Herren und den Damen, die sich hierfür engagierten, großen Dank sagen.
Zum ersten Mal in der Geschichte Europas haben sich die Völker im GUTEN für die Zukunft verständigt.

Die Absicht ist, statt Kriege zu führen, die Binnengrenzen zu öffnen, die Zölle zu reduzieren, irgendwann eine eigene Währung zu haben und die Außengrenzen Europas zu sichern.
Innerhalb der Europagrenzen sollten jeder Staat, jede Nation und jede Kultur für sich bestehen bleiben. Man sollte sich verstehen, man sollte sich mögen und man sollte Handel miteinander treiben.
Ein Vorteil für jedes einzelne Land wäre dann gesichert.
So war die Idee.

Neben diesem Wunschdenken entwickelte die normative Kraft des Faktischen sehr schnell positive Resultate.
Der Außenhandel zwischen den einzelnen europäischen Staaten wuchs, die Wirtschaft in den einzelnen Ländern entwickelte sich im einen etwas besser als im anderen, die Lebensqualität verbesserte sich, der Wohlstand stieg, die Menschen verstanden sich immer besser.

Weil Deutschland innerhalb Europas den größten Bedarf an Wiederaufbau hatte, entwickelte sich hier die Wirtschaft am stärksten.
Direkt proportional zur Wirtschaft entwickelte sich natürlich auch das Ingenieur-Geschehen und das geistige Leben.
Erfindungen waren nötig und wurden auch in allen Bereichen der Wirtschaft und in jeder Technik gemacht.
Europa und darunter die BRD meldeten mit Abstand weltweit die meisten Patente an.
Eine Neuerung folgte der anderen. Alle Bereiche der Wirtschaft waren betroffen. Von der Hightechbranche über die Textilwirtschaft bis hin zum Brotbacken.
Auch die Kultur und die geistige Auseinandersetzung mit den Dingen wurden Schritt für Schritt internationaler Maßstab.

1955 – 2000   → **Vierte industrielle Revolution**

Elektronik – Digitalisierung – Plastik – Medizin

Die Spezies Mensch ist schon wieder über den eigenen Schatten gesprungen.
Kriege wurden geführt.
In zwei Weltkriegen hatten die Menschen ihr Gehirn auf gegenseitige Vernichtung eingestellt. Die dunkle Energie überstrahlte den positiven Magnetismus.
Der Teufel hat die Herrschaft übernommen.

Man kann es fast nicht begreifen, dass dieses intelligente Wesen Mensch so dumm sein kann, sich immer wieder selbst zu vernichten.
Wie ist es zu verstehen, dass ein Körper-Geist-Seele-Wesen seinen Geist ausschaltet, seine Seele stilllegt, die Vernunft über Bord wirft und sein Gewissen ins Unendliche dehnt?

Wie können die gleichen Menschen so komplizierte und so komplexe Erfindungen hervorbringen wie

- in der ersten industriellen Revolution
  - Wasserkraft und Dampfmaschine
- in der zweiten industriellen Revolution
  - elektrischer Strom etc.
- in der dritten industriellen Revolution
  - Mechanik, Motore, Technik
- in der vierten industriellen Revolution
  - Elektronik – Digitalisierung – Plastik – Medizin
- in der fünften industriellen Revolution
  - Internet – neue Medien – Handy – künstliche Intelligenz

Also kommen wir zur **vierten industriellen Revolution,**
zur Elektronik, zur Digitalisierung, zur Plastik und zur Medizin.

Die Elektronik funktioniert als ein digitales System.
Das Ein-Aus, das Ja-Nein, das 0-1 ist ein äußerst dummes und gleichzeitig ein hoch effizientes Verfahren.

Darauf muss man erst kommen.

Konrad Zuse war einer der Ersten, welcher dieses System entdeckte und es dann in den Vierzigerjahren zur Funktionsfähigkeit entwickelte.

Zuse wusste, was man mit diesem Digitalsystem entwickeln kann, aber ahnte nicht, wie schnell sich seine Idee weltweit ausbreiten und wie vielfältig und wie komplex dieses System zur Anwendung kommen würde.

Denken wir an die Computertechnik, an die Mikroelektronik, an Roboter, an alles, was heute irgendwo, auch in Haus und Küche, im Haushalt im täglichen Leben als Selbstverständlichkeit verwendet wird.

Moderne Herdanlagen, Kühlschränke, viele Küchengeräte, Staubsauger, Radio, Fernseher und vieles andere mehr.

Denken wir an Bürogeräte, an Maschinen in der Landwirtschaft, am Bau, in Fabriken. Denken wir an Autos, an Flugzeuge, an Straßen- und Eisenbahn.

Denken wir an Krankenhäuser. Nichts geht dort mehr ohne Elektronik.

Die ganze Welt funktioniert heute überall – wohin man schaut – mit und durch Elektronik.

Ohne Elektronik funktioniert heute fast nichts mehr.

Vor lauter Elektronik vergessen wir die vielen anderen Entwicklungen in der Zeit von 1945 bis zum Jahr 2000.

Tausend Dinge waren und sind es, nicht nur Elektronik.

Wichtig ist zu wissen, dass die Elektronik Voraussetzung war für die Digitalisierung.

Ebenso wichtig ist wahrzunehmen, dass ab etwa dem Jahr 2000 n. Chr. die Digitalisierung unseren ganzen Planeten überzog und in alle Bereiche unserer menschlichen Gesellschaft hineinwirkt.

Die Digitalisierung beherrscht unser Leben, also die Technik, die Wirtschaft und unser tägliches Dasein.

Eine andere ganz wichtige Entwicklung sei noch erwähnt, nämlich von **Plastik.**

Bei richtiger Anwendung bringt sie Heil und Segen – Küchengeräte – Autobau – Flugzeugbau – Fenster- und Fassadenbau usw. sind von Plastik abhängig.

Bei falscher Anwendung, z. B. wenn Plastik zu Mikroplastik ‚mutiert', dann kann dies zu großen Problemen für unsere Menschheit werden.

Hier gilt das Verständigungsbeispiel bezüglich eines Messers.
Ein Messer ist etwas Notwendiges, etwas Wichtiges, etwas Nützliches.
Mit einem Messer kann man aber auch einen Menschen erstechen.

Auch die Medizin hat sich revolutionär entwickelt.
Viele Diagnosen könnten ohne Röntgendiagnostik, CT, ohne MRT, ohne Strahlentechnik, ohne breit gefächerte Diagnosetechnik nicht gestellt werden.
Viele Krankheiten wären ohne die heutigen Geräte nicht heilbar.
Operationen, Verpflanzungen von Organen werden vorgenommen, die vor wenigen Jahren noch im Bereich der Science-Fiction angesiedelt waren.
Sogar Gene werden mit Elektronik erfolgreich manipuliert.
Die Medizin bewegt sich heute schon in der Zukunft.
Soviel zur vierten industriellen Revolution.

Die DDR

Diese unglaubliche breite technische Entwicklung in allen Bereichen unserer menschlichen Gesellschaft ging an der sogenannten DDR nahezu völlig vorbei.
Stillstand war angesagt in der sogenannten Deutschen Demokratischen Republik.

Die Menschen der DDR verließen ihr Land. Viele flüchteten gen Westen.
Die miesen Lebensbedingungen und die Zukunftsaussichten waren die Gründe hierfür.

Auch wenn es noch so abstrus erscheint, die DDR kam in Absprache mit Sowjetunion auf die Idee, eine Mauer, eine Trennmauer zwischen Berlin-Ost und Berlin-West zu bauen.

Und weil dies nicht genügte, um die Flucht der Menschen aus der DDR in die Bundesrepublik Deutschland zu verhindern, wurde entlang der gesamten Grenze zwischen der DDR und der BRD ein sogenannter ‚Todesstreifen' errichtet. Wer diesen von Ost nach West zu überwinden versuchte, war von Anfang an ein Todeskandidat.

1963 wurde der sogenannte **Élysée-Vertrag** geschlossen. Der Vertrag diente der Aussöhnung zwischen Frankreich und Deutschland.

Die 68er

Wie heißt es so schön:

Wenn sich der Esel zu wohl fühlt, dann geht er aufs Eis.

Dieser Spruch kann auch auf die deutsche Bevölkerung, auf die Masse der deutschen Bürger übertragen werden.

Wie sonst ist zu erklären, dass sich ab 1968 in ganz Deutschland das sogenannte **antiautoritäre Leben** breitmacht?

Die antiautoritäre Erziehung wurde propagiert.

Das Wort ‚Erziehung' deklariert allerdings den wahren Zustand falsch. Die Erziehung der Kinder war nur ein kleiner Bereich dieser in Verwirrung geratenen Gesellschaft.

Das Vokabular Leistung, Fleiß, Respekt, Anstand und Sitte wurde bei den Praktikanten dieser neuen ‚Philosophie' gestrichen.

Jedes Individuum, jeder Mensch hatte nach der Lesart dieser vom Hirnsausen Gequälten alle Rechte, von Pflichten wurde bei ihnen nicht gesprochen.

Unsere soziale Gesellschaft geriet fast ins Wanken, so stark waren die neuen Kräfte.

Freie Entfaltung ohne Pflicht ist doch wirklich verlockend.

Wer überlegte da noch lange?

Mitmachen ist angesagt. Kinder ohne Schulpflicht, Schulen ohne Lehrplan, freie Liebe ohne Ehering, Sex ohne Risiko, Abtreibung ist ja problemlos möglich, Leben ohne Arbeit, unsere Sozialgesetze sind ja die Lösung.

Eine solche Gesellschaft ist doch der Traum für jedermann oder jede Frau.

Auch wenn man es nicht für möglich hält, diese Bewegung dieser 68er verbreitete sich wie Schimmel im feuchten Keller.

In allen Schichten unserer menschlichen Gesellschaft fand sie bereitwillige Mitmacher. In Schulen, in Hochschulen, in Universitäten, in Medien etablierten sich die sogenannten 68er und die 68er(innen).

Pseudointellektuelle und Frauen waren die Basis, auf welcher dieser Ungeist am besten gedieh.

Schlimm wäre es, wenn später Staatsanwälte, Richter, Lehrer und Universitätsgelehrte für die Zukunft durch diesen Ungeist programmiert würden.

Ganz schlimm wäre es, wenn sie entsprechende Urteile fällten und wenn falsch motivierter Nachwuchs großgezogen und wenn die Behörden in diesem Sinne arbeiten würden.

Bis weit in die Anfänge des neuen Jahrtausends würden solche Menschen in unsere Gesellschaft negativ hineinwirken.

Und dies geschah!

Hätte unsere Wirtschaft weiterhin so geboomt wie in der Zeit von 1960 bis 1973, dann hätte sich diese abwegige Traumphilosophie für Generationen etabliert.

Obwohl eigentlich kontraproduktiv, muss man in Deutschland unter Berücksichtigung des oben Gesagten die ab 1973 beginnende Ölkrise als Gottesgeschenk betrachten.

Die von 1973 bis etwa 1978 dauernde Ölkrise bremste nämlich das Wirtschaftswachstum weltweit.

Auch Deutschland war hiervon beträchtlich betroffen.

Durch den Wirtschaftseinbruch wurde dem Ungeist die Kraft genommen.

Es ist bekannt, dass alle Lebensbereiche einer Sinuskurve folgen. Man weiß auch, dass die Wirtschaft überall und immer zyklisch verläuft. Der sogenannte Schweinezyklus ist jedermann geläufig.

1973 begann durch die Ölkrise das Wirtschaftswachstum zu stagnieren, der Wirtschaftsboom sich abzubauen und zu normalisieren.

Dies geschah weltweit. Auch in Europa und insbesondere in Deutschland verringerte sich das Wirtschaftswachstum.

Zum einen wurde die deutsche Wirtschaft durch die Weltwirtschaft negativ beeinflusst, zum anderen wirkte sich die durch den Wirtschaftsboom und durch die Überbeschäftigung entwickelte Übersättigung der Menschen in Deutschland ganz erheblich aus.

Wir wissen schon aus den Urkulturen, aus der Antike und aus den letzten hundert Jahren, dass die Menschen, wenn es ihnen längere Zeit gut oder sehr gut geht, zum Esel werden, der aufs Eis will.

Die sogenannten 68er taten dies. Sie wurden zunächst nicht ernst genommen. Ihr sehr negativer Einfluss auf unsere Gesellschaft wirkte sich dann aber massiv aus.

Von außen betrachtet wirkt die Wirtschaft zwar immer robust, sie ist aber sehr sensibel und reagiert ganz schnell auf schlechte Rahmenbedingungen. So geschah es nun auch in der Ölkrise.
Den deutschen Unternehmen liefen die Kosten davon, auch die Löhne. Viele Firmen begannen einen Teil ihrer Produktion ins Ausland zu verlagern oder Fertigungen sogar zu schließen und international einzukaufen. Arbeitsplätze wurden in Deutschland gekillt, die Stimmung in der Bevölkerung kippte und das Klima im Land verschlechterte sich.

Im Vergleich zum europäischen Ausland blieb jedoch Deutschland nach wie vor relativ solide und stabil.

Die zwei deutschen Volksparteien, die CDU und CSU auf der einen Seite und die SPD auf der anderen Seite waren im Vergleich zum europäischen Ausland immer seriöse Vertreter ihrer Wähler.
Die Gewerkschaften waren zwar immer fordernd, aber selten radikal.
Wir in Deutschland hatten Grund, zufrieden zu sein.

Nach der Ölkrise 1978 konsolidierte sich die Wirtschaft, die Sinuskurve nahm wieder Kurs nach oben.

Wiederum hatten wir in den Achtzigerjahren nahezu Vollbeschäftigung. Der 68er-Geist wirkte sich nur noch bei Gerichten, bei Behörden und überall dort, wo es nicht auf Leistung ankam, behindernd aus.

Wir befinden uns mittlerweile am Ende der Achtziger.

Deutschland hat sich aus der Nachkriegsarmut und aus der menschlichen Verachtung herausgearbeitet und zählt mittlerweile zu den führenden Volkswirtschaften auf dieser Erde.

Natürlich wird Deutschland beneidet um diesen Erfolg und um diese gute Position.

Ein ganz großes Problem ist dieser westdeutsche Erfolg, also der Erfolg in der BRD, der Bundesrepublik Deutschland, für die Menschen in Ost-Deutschland, also in der DDR, der Deutschen Demokratischen Republik. Lebten wir in der Bundesrepublik Deutschland in einer Überfluss-, Spaß-Freizeit- und Anspruchsgesellschaft, so existierte in der DDR Armut, keine Zukunftsaussicht und eine pure Leistungsverweigerungsgesellschaft.

Wofür sollte man in einem System wie dem der DDR Leistung erbringen, wenn Leistung nicht belohnt wird?

Wie schon bei den Urkulturen festgestellt wurde, ‚Kommunismus funktioniert nie‘, so zeigte sich nun auch in der DDR ganz eindeutig, Kommunismus macht arm. Anders gesprochen: Kommunismus macht gleich, er ist also gleichmäßig verteilte Armut.

Der im Jahre 1949 gegründete kommunistische Staat, die DDR, ist nun in jeder Hinsicht pleite.
Die Wirtschaft der DDR steht vor dem Konkurs, die Menschen, abgesehen von den Funktionären, sind arm und bis ins Tiefste ihrer Seele frustriert und unzu-frieden.

Wie soll ein solcher Staat noch funktionieren, wie kann ein solches Gemeinwesen leben?

Vor diesem Hintergrund ereignete sich im November 1989 der sogenannte **Mauerfall.**
Die ersten Menschen gelangen ohne Hindernis über Ungarn und Österreich nach Deutschland.
Der Drang der Menschen in der DDR nach Freiheit war zu groß. Selbst die gewissenlosen und jederzeit schussbereiten Grenzschützer, die Vopos, konnten nicht verhindern, dass die ostdeutschen Menschen die Berliner Mauer überwältigten.
Ein Land, ein Staat, eine Nation wurde 1949 getrennt und fand 1989 wieder zusammen.

Die dann 1990 folgende Wiedervereinigung war zum einen Anlass zu grenzenloser Freude und zum anderen der Beweis dafür, dass man eine Nation auf längere Zeit nicht trennen und nicht spalten kann.

Deutschland war nun wieder vereint.
Die DDR – Deutsche Demokratische Republik – wurde in die BRD – Bundesrepublik Deutschland – integriert.
England und Frankreich wollten dies mit allen Mitteln verhindern.
Die Sowjetunion, welche durch Gorbatschow zu Russland wurde, hat den Mauerfall und die Wiedervereinigung gefördert und die USA hatten ihrem Endziel ‚Weltherrschaft' folgend die BRD unterstützt.

Ein Glücksfall für Deutschland und für jeden deutschen Bürger. Eigentlich müssten alle sowohl die ehemaligen Menschen der DDR als auch die Menschen in der Bundesrepublik Deutschland mit dieser Wiedervereinigung glücklich und zufrieden sein.
Es gibt aber immer wieder Menschen, welche ohne Unzufriedenheit nicht leben können. Für sie ist es wichtig, die fünf bis zehn Prozent ungelösten Probleme über die 90 bis 95 Prozent Erfolg zu stellen.

Wir befinden uns in der Zeit von 1945 bis 2018.
Weil wir uns nicht mit Geschichtsschreibung beschäftigen wollen, sondern nur die wesentlichen Fakten für die Frage nach ‚Woher' festzuhalten beabsichtigen, kommen wir hiermit zur fünften industriellen Revolution.

Ab 2000 n. Chr. → **Fünfte industrielle Revolution**

Informatik – Internet – Handy – neue Medien – künstliche Intelligenz

Beschäftigen wir uns nun mit der Informatik, der Kommunikation und mit unserem elektromagnetischen Ersatz für unser menschliches Gehirn.

Nahezu alle Menschen lehnen eine kriegerische Revolution ab. Zu Recht! Viele Menschen stehen aber auch mit der Industrie auf Kriegsfuß.

In Anbetracht dieser Sachlage ist eine kurze Definition für ‚industrielle Revolution' nötig.

Ohne Industrie, ohne Ingenieurtechnik würde unsere heutige menschliche Gesellschaft mit 7,7 Milliarden Menschen wahrscheinlich nicht mehr funktionieren. Der Planet ist jetzt anscheinend schon übervölkert.

Wir benötigen technischen Fortschritt.

Wenn der Fortschritt sich aber an seiner menschheitsbezogenen Aufgabenstellung vorbeientwickeln würde, dann müsste er sofort in seine Schranken verwiesen werden.

Die industrielle Revolution ist wie folgt zu verstehen:
- unglaublich Großes und Positives hat der Mensch entwickelt,
- so viel in so kurzer Zeit ist revolutionär.

In der Zeit von 2000 n. Chr. bis heute ereignete sich auf dem Gebiet der Information von Mensch zu Mensch, von Mensch zur Maschine und zurück auf der Ebene des Internets, der neuen Medien mit dem Wundergerät Handy bis hin zur künstlichen Intelligenz wirklich Revolutionäres.
Noch nie in der Menschheitsgeschichte hat sich die Welt um das winzige Wesen Mensch so schnell und so umfassend verändert wie in der Zeit von 2000 bis 2018.

Dieser nahezu unbeschränkte und gleichzeitig fast zeitlose Informationsaustausch perfektioniert jegliche Kommunikation, verkürzt alle Distanzen und reduziert die Zeit auf Minuten, ja Sekunden.

Eine unbeschränkt zeitlose und nahezu fehlerfreie Information treibt die Menschheit in einen Sozialisationsprozess, von dem heute noch niemand weiß, wo dieser endet.

Was passiert in der Jetzt-Zeit?

Die Computer, die Geräte, die Maschinen, die Autos, die Flugzeuge, die Medizin und – und – und – werden immer selbstständiger, also autonom.
Dies alles ist möglich, weil die ‚Geräte' jeweils mit einem Betriebssystem, also mit einem Algorithmus versehen sind, welcher nur auf Befehle wartet, um dann zu reagieren.

Der Mensch gibt das Programm vor und erteilt Befehle.
Das Gegenüber, das Blech, das Konglomerat aus beliebigen Materialien reagiert mit Strom bzw. elektronisch gemäß Befehl.
Dies läuft aber nur so lange gut, als der Mensch die richtigen Befehle erteilt.
Macht der Mensch Fehler, reagiert unser Gegenüber falsch.

Fehler kann also nur der Mensch, niemals das Gerät begehen.
Natürlich gibt es Fehler, wenn das Gerät falsch programmiert oder wenn es defekt ist oder ihm der Strom fehlt.

Alles, was sich ab dem Moment der Befehlserteilung bis zum Ergebnis durch das Gerät bzw. die Maschine ereignet, geschieht cyberphysisch über das fast unendliche Internet.

Der Mensch bedient sich datenbasierter und automatisierter KI-gesteuerter Prozesse.
- Ist der jeweilige Prozessor fehlerfrei gebaut, so sind Fehler nur durch falsche Befehle möglich.
- Arbeitet der Mensch in der Zukunft mit kombinierten Gerätschaften, mit Elektromagnetismus und mit Biomolekularstrukturen, dann bewegt er sich ständig an der geistigen Grenze unserer heutigen menschlichen Fähigkeiten.

Wichtig ist hierbei darauf zu achten, dass die heute schon möglichen und in Zukunft allgemein üblichen Schnittstellen zwischen künstlicher Intelligenz (KI) und molekular-biologischer Gegebenheit absolut fehlerfrei sind.

Nur dann, nur wenn die Befehle stimmen, dann funktioniert die laufende Zusammenarbeit zwischen Mensch und Maschine.

Die KI (künstliche Intelligenz) eröffnet eine neue Welt:
- Was einst die Dampfmaschine für unsere Muskelkraft war,
- ist heute die KI für unsere mentale-geistige Kapazität.

Heute sind wir in der Lage, von einer Symbiose zwischen
Mensch – Maschine – Anlage – Logistik und Produkt zu sprechen.

Wir sehen:

Der Mensch, dieses unscheinbare Wesen, das angeblich von Affen abstammt, während diese seit 20 Millionen Jahren unverändert im Urwald
auf den Bäumen leben, hat diesen Planeten Erde in den letzten 120 Jahren
in einen Hightechsatelliten verwandelt.

Ob dies für ihn gut ist, wird sich zeigen.

Zum obigen immer wieder aufgebauten ‚Affenkosmos' ist festzustellen:

- Die Evolutionstheorie von Darwin stimmt, solange es sich um
  biomolekulare, organische und physiologische Entwicklungen
  bei Tier und Menschen handelt.
- Bei der endgültigen Entstehung des menschlichen Körper-
  Geist-Seele-Wesens, also bei der augenblicklichen ‚Mutation'
  vom Körper-Instinkt-Wesen zum Körper-Geist-Seele-Wesen,
  also vom Tier zum Menschen, war die Evolution nur für die
  biomolekulare Entwicklung des Körpers mit verantwortlich,
  niemals aber für den speziellen menschlichen Algorithmus für
  Geist und Seele, für Vernunft und Gewissen.

Wenn der Mensch ein mutierter Affe wäre, dann dürften die Affen heute
nach 20 Millionen Jahren nicht mehr auf den Bäumen leben.

Evolution in Ehren, wo diese Theorie stimmt, die Erkenntnis über Grau-
gänse respektieren, aber niemals

- die biomolekularen Gesetzmäßigkeiten bei Tier und Mensch verwechseln
- mit den geistig-seelischen Realitäten der Spezies Mensch.

Also zurück zum Menschen, zu den Menschen in Europa und in Deutschland.

Noch nie in der Geschichte der Menschheit ging es den Menschen in Europa so gut wie in den letzten 70 Jahren.

2018 schreiben wir.
Seit 1945 leben die Menschen in Europa ohne Krieg.

Nach der dringend notwendigen Konsolidierung in den europäischen Staaten, insbesondere in Deutschland, trug die neue Motivation der Menschen reiflich Früchte.

Aufgebaut wurde überall und saniert, sowohl die Gebäude als auch die Infrastruktur, die Straßen, die Brücken, die Schienenwege, die Abwasserkanäle, die Frischwasseranlagen, die Kläranlagen usw. wurden meist neu gebaut.

Nicht nur Materielles wurde erneuert.

Auch die Menschen erneuerten sich.

Die Menschen in Deutschland, in Frankreich und in allen anderen europäischen Ländern dachten nicht mehr an Krieg.

Heraus aus dem vorhandenen Elend war die Devise:

Die Zukunft erobern, eine bessere Lebensqualität schaffen, einen kleinen Wohlstand aufbauen waren die Ziele.

Über allem stand Freiheit, Frieden und wenn möglich auch ein kleiner Anteil ‚Glücklich sein‘.

Der Mensch ist schon ein tolles Wesen. Sofern er nicht wie die zwölf Weltverbrecher und wie Hitler, Stalin, Mao u. Co. zu lebenden Teufeln ‚mutiert‘ und diesen verfällt.

Was die Menschen in den letzten 120 Jahren geschaffen haben ist eigentlich fast unvorstellbar.

Oftmals grenzt dies an Wunder.

Die Menschen werden auch in Zukunft in der Lage sein, Probleme zu lösen, die heute als nahezu unlösbar gelten.“

Max rief dazwischen:

„Wir werden sogar die Frauenprobleme lösen!“

Alle fünf Freunde grinsen.

Vincent fährt weiter in seinem Vortrag:

Vincent meint: „Folgende Probleme stehen an.

- Verhältnis Mann zu Frau – Frau zu Mann
- Wachstum der Menschheit

- Umwelt und Klima
- Gesellschaft und Politik
- Fortschritt
- Schicksal

Über diese Themen werden wir in „WOHIN" sprechen".

Vincent beendet seinen Vortrag mit der Feststellung:

„Die Terrasse wartet."

WOHIN

KAPITEL 13

VERHÄLTNIS: MANN ZU FRAU, FRAU ZU MANN

„Wie soll ich beginnen?" fragt Max scheinheilig.
Schorsch: „Natürlich von vorne."

Max beginnt.
„Ich versuche das ganze Thema neutral und unvoreingenommen anzugehen."
Hans, der Philosoph, meint: „Wir wissen, wie schwer du dir dabei tust."
Max kommt zur Sache:
„Die Natur", meint er, „gibt doch alles vor".
„Wir sind füreinander gebaut, rein körperlich, denke ich.
Was bei der Frau fehlt, hat der Mann und umgekehrt.
Rein körperlich ergänzen wir uns also perfekt.
Auch die Veranlagung ist dem Grunde nach wie eine mathematische Gleichung. Beide zusammen, Mann und Frau, sind 100 Prozent.

In Ergänzung zum **Körperbau** und zur **Veranlagung** steht nun auch noch die **Bestimmung.**
Der Mann ist nicht dazu bestimmt, Kinder zu gebären.
Die Frau ist nicht dazu bestimmt, körperliche Schwerstarbeit zu leisten.
Der Körperbau und die damit verbundenen Vorgaben der Natur für das Wesen Mann und für das Wesen Frau sind im Normalfall von Geburt an optimal programmiert.
Die Natur hat beiden Wesen, dem Mann und der Frau, ganz klare Veranlagungen zugedacht und sie entsprechend gentechnisch versorgt.
Bei analytischer Betrachtung ist auch die Bestimmung, so vielfältig sie auch sein kann, sehr präzise und nahezu perfekt vorgegeben.

Weil aber auch die Natur nicht immer perfekt ist, sind in Ausnahmefällen gentechnische Überschneidungen möglich.
Manchmal spielen die Chromosomen verrückt.
Nur so kann man erklären, dass es Menschen gibt, welche von der absoluten Mehrheit der heterogenen Spezies abweichen.

Ob nun die männlichen Homophilen, die weiblichen Lesben zur Kategorie der ‚Normalen‘ zählen, muss in Anbetracht, dass es auch Bi- und Transsexualität gibt, eigentlich jeder Mensch für sich entscheiden.

Bekanntlich gibt es noch anders veranlagte Menschen und auch solche, bei welchen das falsche Geschlecht leider im verkehrten Körper ‚wohnt‘.

Die Regel der Natur ist jedoch, dass Mann und Frau sich körperlich perfekt ergänzen, dass sie bezüglich ihrer Veranlagung feminin oder maskulin ausgerichtet sind und dass sie gemäß diesen Voraussetzungen auch im Rahmen einer klaren natürlichen Bestimmung leben.

Noch zu erwähnen ist, dass beide, nämlich Mann und Frau, biomolekular 100 Prozent Übereinstimmung aufweisen.

Auch geistig ergänzen sich die beiden Wesen Mann und Frau zwar nie perfekt, aber meistens gut.

Wer dem einen Wesen, dem Mann oder der Frau, grundsätzlich größere kognitive Ausstattung und/oder mehr intellektuelle Fähigkeit zuordnet, liegt mit absoluter Sicherheit falsch.
Fallweise ist nämlich der Mann der Frau oder umgekehrt auch die Frau dem Mann intellektuell und geistig überlegen.

Auch die Mentalität, zum einen die männliche, zum anderen die weibliche, ist von der Natur her gesehen total unterschiedlich gedacht.
Die ‚Regel‘ ist, Männer sind, pauschal gesagt, weniger sensibel als Frauen usw., dafür aber durchsetzungsstärker, Frauen wiederum sind empathischer als Männer usw., und deswegen meist viel diplomatischer.
Aber auch hier gibt es für beide Fälle Ausnahmen, welche die Regel bestätigen.

Ein eigenes Buch könnte man schreiben über die Vorzüge der Männer, ebenso über die Vorzüge der Frauen.
Nebenbei bemerkt, Pauschalurteile sind meistens falsch.

Kommen wir von der Theorie zur Praxis.

Wer ist im Leben, im Alltag, in der Praxis das insgesamt stärkere Wesen, der Mann oder die Frau?
Hierfür hat die Natur oder die Schöpfung keine Regel vorgegeben.

Die Natur und die Schöpfung wissen, dass beide Geschlechter zu außergewöhnlich großer Leistung in der Lage sind. Aber auch zum Gegenteil.
Dies ist der Grund, warum die Natur es dem Menschen überlässt, dass beide Geschlechter für sich geeignet sind, bei außergewöhnlichem Bedarf und auch in Notfällen Aufgaben des anderen Geschlechts wahrzunehmen.

Wir wissen, dass während und nach dem zweiten Weltkrieg die Frauen ‚die Männer‘ waren.
Nicht nur die ‚Trümmerfrauen‘ gaben den Ton und den Rhythmus des Lebens vor.
In allen Zeiten, früher und heute, gab es Frauen, die stark, und Männer, die schwach waren und natürlich auch umgekehrt.

Frauen sind also nicht grundsätzlich schwach und Männer sind nicht grundsätzlich stark. Bei beiden Geschlechtern gibt es starke und schwache Vertreter ihres Geschlechtes.

In Anbetracht des Vorgesagten und der Gegebenheiten muss man die immer wieder geführten Geschlechterdebatten als populistisch, als opportunistisch und extrem dümmlich bezeichnen.

Welcher Frust, welche geistige Verwirrung muss vorliegen, wenn sich ein Mensch plötzlich der sogenannten Geschlechterdiskussion hingibt?

Auch wir müssen, selbst wenn wir es im Grunde nicht wollen, uns nun doch kurz mit diesem ominösen Thema, also der Geschlechterdiskussion beschäftigen.

Wir stellen fest.
Seit Beginn unserer Menschheit vor 350.000 Jahren sind beide Geschlechter, also der Mann und die Frau,

- im Durchschnitt kognitiv gleich ausgestattet,
- im Großen und Ganzen gleich intelligent,

- körperlich verschieden, aber ergänzend gebaut,
- mit unterschiedlichen Veranlagungen gesegnet,
- und mit partiell anderen Bestimmungen fürs Leben programiert.

Was noch ganz wichtig ist:

- **Mann und Frau sind, auch wenn dies Jahrhunderte anders war, heute in jeder Beziehung gleichberechtigt.**

Leider gilt dies nicht für Saudi-Arabien, für andere Islamländer und auch für Indien nicht.

Auch in vielen unserer Familien herrschen Widersprüche.

Eigentlich muss es verständlich sein, dass Mann und Frau sich im Leben normalerweise ergänzen.

Trotz dieser Erkenntnis setzte sich in der menschlichen Geschichte immer wieder eine sogenannte Geschlechterdiskussion durch.

Frauenrechte:

Der letzte, der jüngste Geschlechterstreit war 1968. Ein verwirrter Haufen Leistungsverweigerer war es, welcher ein neues Leben in unbegrenzter Freiheit, täglichem Spaß und grenzenlosem Glücksgefühl propagierte.

Viele ähnlich Gesinnte aus allen Schichten der Gesellschaft schlossen sich damals schnell dieser Gott sei Dank nur vorübergehenden Freizeit- und Spaßgesellschaft an.

Natürlich nutzten viele Pseudointellektuelle, Künstler, Autoren, mediale Weltbelehrer, viele sogenannte Aussteiger und die Medien die plötzlich gegebene Chance.

Raus aus dem Schatten, weg, weit weg von der Arbeit, hinein ins Vergnügen, der Sonne entgegen, war das Motto.

Missionare dieser obskuren Bewegung wurden zum Messias erkoren, angebetet wurden sie und verehrt als Vorbereiter einer neuen Zeit.

Das simple Gemüt und die Dummheit waren grenzenlos.

Viele Trittbrettfahrer und Nutznießer gab es, welche diese neue Bewegung nutzten, um sich selbst in Szene zu setzen. Das reichte nicht.

Eine neue, eine ergänzende Masche zur freien Liebe musste her! Protagonisten wie Alice Schwarzer machten sich wichtig.

Eine neue Frauenbewegung ergänzend zur 68er-Verwirrung war zu starten. Mit ihr konnte man sich profilieren. Von ihr konnte man leben.

Um die **Frauengrundrechte** ging es.

Statt in Saudi-Arabien, in den Ländern des Islams und in Armutsländern, wo die Frauen wirklich in jeder Beziehung seit Jahrhunderten verknechtet sind und ausgebeutet werden, startete man in Deutschland und in Europa eine bösartige Männerhaue, ein Männer-Bashing.

Und wer sind nun die Vertreter dieser dümmlichen Egomanie?

Frustrierte Frauen sind es. Frauen mit geringem Kontakt zu Männern. Frauen gut verdienender Männer, Frauen ohne Aufgaben, meist haben sie ja Haushälterin oder Zugehfrau und Putzfrau. Von Haushalt und Kochen keine Ahnung, aber wichtigmachen. Die als Kollateralschaden des Vergnügens entstandenen Kinder sind in der Kita oder im Internat ‚aufbewahrt‘. Eine ernst zu nehmende Arbeit belastet diese Damen nicht. Oftmals fühlen sie sich deshalb überflüssig, ungebraucht, unwichtig und leer. Sie werden unzufrieden und aufsässig.

Dieser ‚frauenfeindliche‘ Zustand muss nach der Vorstellung dieser Lebensoptimiererinnen geändert werden, dies ist ihr großes Ziel. In der Vielzahl füttern sie ihr Ego und die Welt mit dümmlichen Einlassungen bezüglich der Rechte einer Frau. Und wie es sich nach der Wahrscheinlichkeitsrechnung immer ergibt, kristallisierten sich in solchen Fällen meist ein, zwei, drei Frauen heraus, welche den Rest des dummen Haufens Gleichgesinnter führen. Über medienansässige Sinnverwandte wird dann schnell die Öffentlichkeit gesucht.

Mit Radio und Fernsehen, heute mit Internet und mit Gleichgesinnten wird schnell eine Lawine losgetreten.

Eine neue Bewegung, eine Frauenbewegung startet.
Und wie immer in der menschlichen Gesellschaft beschäftigen sich nun auch genügend ‚eierlose‘ Männer mit diesem Frauenthema.
Sie wollen ja auch mitspielen sonst haben sie ja nichts zu sagen.

Ein solches Kasperltheater wäre in Europa normalerweise nicht nötig.
Jeder durchschnittlich begabte Mensch weiß, Mann und Frau sind in jeder Hinsicht gleichwertig und gleichberechtigt.
Siehe später das Thema Frauenquote.

Beide Wesen sind vollwertige Körper-Geist-Seele-Wesen, beide, sowohl der Mann als auch die Frau, verfügen gleichermaßen über Intelligenz, über Verstand, über Vernunft und über ein Gewissen.
Sie sind im Normalfall gebildet, im Alter klug und oftmals weise.

Nur ungebildete Männer, arrogante und überhebliche Typen sind anderer Meinung. Solche Exemplare strotzen vor Dummheit und sehen in der Frau ein niedrigeres Wesen, einen zweitklassigen Vertreter unserer Spezies.
Solche Männer sind wirklich keine Männer.
Armleuchter sind es und Lachnummern.

Und wie fühlt nun eine Frau, welche sich ernsthaft mit der Frauenquote beschäftigt?
Viele Frauen gibt es, die mit ihren Männern unzufrieden sind. Viele sind dies sogar mit Recht, vielleicht, weil sie ihr Leben von Anfang an falsch kalkuliert hatten oder weil es sich nun doch anders entwickelt hatte als sie dachten oder weil sie einem Trugschluss erlegen waren.

Egal, warum sie nun plötzlich beginnen, ihren eigenen Mann umzuerziehen, immer ist dies falsch und geht gehörig schief.
Auch wenn die Umerziehungsphase der Frau immer wieder herrliche Erhabenheitsgefühle bringt lohnt sich diese Mühe nie.
Meist gelingt die ‚Umerziehung‘ nicht, und wenn sie gelingt, dann hat die Frau am Ende einen Trottel als Mann und ist jetzt zu Recht frustriert.

Diese Frauen sind nie zufrieden.
Solche Frauen fühlen sich als Nabel der Welt.

Der liebe Gott weiß viel und sie wissen aber alles besser.

Dieser Frauentyp muss – es ist deren Zwang – immer belehren. Er muss umerziehen und er muss ändern, was es gibt.

Nach ihrem Mann sind die Kinder und natürlich die Aufseherinnen in der Kita ihre nächsten Opfer.

Die Lehrer in der Grundschule folgen als tägliche ‚Sparrings-Partner‘ und die Gymnasiallehrer oder Lehrer im Internat werden so lange ‚bearbeitet‘ bis das Kind dank Mutter endgültig in der Schule durchgefallen ist.

Die Kinder werden in der diesen Frauen angeborenen Selbstherrlichkeit penetrant belehrt. obwohl man selbst in der Schule niemals mit Wissen glänzte.

Solche Kinder unterliegen ständig Befehlen und einer regelrechten ‚Dressur‘, welche noch schlimmer ist als die des Hundes.

Arme Kinder.

Eine andere erzieherische Abart ist bei mancher dieser Frauen auch zu finden. Diese praktizieren nämlich die **antiautoritäre Erziehung.**

Ihre Kinder dürfen im Supermarkt in Gegenwart der Mutter ungestraft Waren aus dem Regal schmeißen, andere Erwachsene anpöbeln und sich im Wartezimmer beim Arzt aufführen wie ein wild lebendes Tier.

Diese Frauen sind ganz einfach geboren, um zu belehren, zu dressieren und zu beherrschen, obwohl ihnen hierzu jegliche Qualifikation fehlt.

Eine Frauenbewegung dieser Art wäre bei uns in Europa nicht nötig.

Eher schon eine Bremse gegen den schnellen Abbau bürgerlicher Intelligenz. Statt Geschlechterdiskussion sollten die Frauen sich wieder so benehmen, dass ihnen der Mann wieder in den Mantel helfen und dass er ihnen wieder den Vortritt in der Türe lassen kann und dass er ihnen wieder den Platz irgendwo auf dem Stuhl anbieten darf.

Weil der ‚Haushalt‘, die Familie, weil der Mann, die Kinder und die Lehrer von diesen ‚Vorzeigefrauen‘ schnell befehlstechnisch abgearbeitet sind, wendet sich so ein vom Alltag unterfordertes, weibliches Wesen ‚BESSEREM‘ zu.

Das Ego verlangt es, die Chance muss genutzt werden.

An die Öffentlichkeit muss man endlich gehen.
Dies ist man sich schuldig und die Menschen haben es auch verdient, dass man ihnen Weisheiten, über die sie leider selbst nicht verfügen, zukommen lässt.

Die Öffentlichkeit, sprich die breite Masse, also die Menschen, welche ohne Vordenker nicht leben können, wollen nämlich leicht verdauliche Kost.
Dummes darf es auch sein.
Dies eignet sich für schnelle und weite Verbreitung neuer Erkenntnisse.
Die Massenmedien und das Internet übernehmen die Arbeit.

Also nichts wie los.
Primitives und Dämliches muss angeboten werden, sonst ist es uninteressant.

Was eignet sich ergänzend zu den Frauengrundrechten:
- **Gendern** heißt das eine Schlagwort.
  Ein Thema, welches niemanden tötet, aber mit welchem man die ganze Welt in Verwirrung bringen kann.
- **MeToo** ist ein weiteres Thema in der Richtung Mann gegen Frau.
  Mit dieser Masche kann man Weltmeister werden in charakterloser Verblödung der Menschen.
- **Frauenquote** darf nicht vergessen werden.

Leben doch in dieser Welt unendlich viele Menschen, die an so was gar nicht denken und beim ersten Mal auch nicht begreifen, worum was es geht.

Gendern ist das neue Zauberwort

Dieses Wort ist seit geraumer Zeit unterwegs, um selbst unsere solide und nüchtern denkende menschliche Gesellschaft durcheinanderzubringen.

Gendern heißt eigentlich nach der Vorstellung ihrer Vertreter nichts anderes als absolute Gleichstellung von Mann und Frau.

Weil dies im Leben der Gender-Aktivisten anscheinend nicht funktioniert, kapriziert man sich ganz einfach mal auf die Sprache und den Schreibstil.

Ganz subtil begann man die Menschen davon zu überzeugen, dass unser Umgang in Sprache und Schrift endlich geschlechtergerecht zu erfolgen hat.

Die ersten Beispiele:
- Das Vaterland ist nicht nur Vaterland, sondern auch Mutterland.
- Wenn man per Annonce einen Verwalter sucht, dann schreibt man auch Verwalterin, auch wenn man eine solche nicht will.
- Sucht man einen Hausmeister, dann auch Hausmeisterin.
- Wird ein Vorstand gesucht, so formuliert man anscheinend Vorstand – Vorständin.

Um dem Gender-Gaga und diesem krankhaften Unsinn gerecht zu werden, ein weiteres Beispiel:
- Sucht man eine Sekretärin, dann würde nach Gender-Klamauk dies heißen – Sekretärin/Sekretär gesucht – auch wenn niemals ein Sekretär eingestellt werden würde.
– Welcher normale Unternehmer, der eine Sekretärin benötigt, macht sich lächerlich und sucht einen Sekretär?
- Wenn Sie einen kräftigen Türsteher vor einem entsprechenden Lokal suchen, müssen Sie auch Türsteherin schreiben.
– Welcher Lokalbesitzer bringt sich in Gefahr, indem er statt eines kräftigen Türstehers, eine smarte, vielleicht sogar hübsche Türsteherin sucht?

Folgt man dieser wahnwitzigen Sprachverwirrung dann ergäben sich nachfolgende weitere Kuriositäten.
- Lehrer oder Lehrerinnen heißen nach dem neuen Kuriositätenstil Lehrende.
- Die Wähler heißen die Wählende.
- Die Mitarbeiter nennt man die Mitarbeitenden.

Wenn wir diesen Gender-Klamauk, diese Sprachtollerei, weiterbetreiben, ergäben sich ganz zwangsläufig auch:
- der Schneemann wird zur Schneefrau
- aus dem Trampel wird die Trampelin
- aus dem Feigling wird die Feige
- der Sündenbock heißt dann Sündenbockin.
- Wie heißen wir dann einen Depp? Vielleicht die Deppin?
- Statt Gott gibt es eine Göttin.

Diese Idiotenstrategie ist aber ernst gemeint.
Zu obigen Fehlgeburten gibt es natürlich unendlich viele dumme Alternativen.

Man kann es kaum glauben, dass ausgewachsene, normal denkende Menschen sich ohne Hirnsausen solche Verrücktheiten einfallen lassen können und diese sogar noch von anderen zu fordern trauen.

185 Lehrstühle für Genderforschung gibt es mittlerweile in der Bundesrepublik, 4000 bis 4700 Euro werden für Professoren in diesen Bereichen monatlich bezahlt.
Die Studierenden sind fast ausschließlich weiblich.
Nicht mehr nachvollziehbar ist, dass die menschliche Gesellschaft diesem Unsinn folgt und sich in diese geistigen Niederungen begibt.

Wir stellen Zehntausendejahrealte Kulturgesetze auf den Kopf.

Wir betreiben mit diesem ‚Herum-Gegender' sogar im Namen unserer seriösen Wissenschaft schädlichen Sprach-Klamauk.

Schlimm ist, dass sich innerhalb der angeblich seriösen Wissenschaft tatsächlich solche Abartigkeiten breitmachen können.

Ein Schwanenpaar hat mehr Format als alle perversen Gender-Vertreter zusammen.

Ganz schlimm ist es, dass es mittlerweile viele Städte gibt, welche in ihren Verwaltungen eigene große Abteilungen eingerichtet haben, um z. B. einen 80-seitigen Leitfaden für eine ‚geschlechtergerechte Verwaltungssprache' zu praktizieren.

Nur zwei Städte seien genannt, die Stadt Hannover und die Stadt Augsburg.
Sie sind hier als mustergültige Vorreiter unterwegs.

Geld spielt anscheinend keine Rolle, insbesondere dann nicht, wenn es populistisch und opportunistisch angelegt werden kann.

Ein mehr oder weniger primitives Beispiel sei noch erwähnt.

- Am Eingang der Fußgängerzone einer Stadt in der BRD steht ein Verkehrsschild **‚Radfahrer bitte absteigen‘**.
  Dieses Schild ist nun plötzlich über Nacht zusätzlich mit einem Aufkleber versehen. Dieser heißt **INNEN.**
  ‚Radfahrer und RadfahrerINNEN bitte absteigen‘

Mehr Unsinn ist kaum vorstellbar.
Wenn es nach diesen verbogenen Geschlechterkämpferinnen in Zukunft geht, dann werden Frauen so brutal und so lange im Boxring aufeinander losschlagen bis ihnen der künstliche Busen platzt und Männer werden Wettbewerbe ausführen im Häkeln rosaroter Unterwäsche.

Seit der ersten Urkultur der Sumerer vor ca. 10.000 Jahren lebt die Menschheit ohne verbale Geschlechterprobleme.

Wenn man von ‚Bürger‘ sprach, dann meinte man seit 10.000 Jahren Männer, Frauen und Kinder.
Heute ist es nötig ‚Bürger‘ und ‚Bürgerinnen‘ zu sagen.
Es geht aber nicht nur um männlich oder weiblich.

- Wie ist das, wenn man vom Menschen spricht?
  Nach der neuen Denke müsste man dann einerseits von ‚Mensch‘ und andererseits von ‚Menschin‘ sprechen.
- Den ‚Pfefferstreuer‘ müsste man Pfefferstreuerin nennen.

Diese neue, dämliche Gender-Masche wird in fast allen Massenmedien breitgetreten. Sachliche Aufklärung fehlt.

MeToo heißt das nächste Schlagwort.

MeToo ist für eine Person geeignet, schnell bekannt und prominent zu werden. Viel, sehr viel ist allerdings notwendig.
Man muss nämlich seinen Charakter über Bord werfen.

MeToo ist die Entgleisung seriöser Gepflogenheiten unserer menschlichen Gesellschaft und die Abkehr von Anstand, Wahrheit und Menschlichkeit.

Man beschuldigt jemand, am besten einen in der Öffentlichkeit sehr bekannten Mann, der sexuellen Belästigung bis hin zur Vergewaltigung.
Dies darf auch viele Jahre zurückliegen und Beweise sind hierfür nicht unbedingt erforderlich.
Schnell ist dieser Mensch bei der ‚Masse‘ und oftmals auch bei Gericht vorverurteilt.
Im Falle der Unschuld ist so ein Mensch gebrandmarkt und seelisch zerstört.

Wohlgemerkt: Ein derartiger Täter gehört, wenn Beweise vorliegen, schnellstens und schärfstens verurteilt. Ein solcher Unmensch hätte eigentlich früher, also damals, angezeigt, angeklagt und verurteilt gehört.
Wenn er nur deshalb damals nicht angezeigt wurde, weil man seinerzeit die Beziehung zu ihm nutzte, dann ist das ein anderer krimineller Akt.

Wir haben in allen zivilisierten Ländern Gesetze und eine Rechtsprechung.
Diese schaffen für die Gesellschaft Recht, Ordnung und Sicherheit.

Wenn also heute irgendwo in einem Rechtsstaat ein Mensch sexuell belästigt wird, hat er jederzeit und uneingeschränkt das Recht, sich gegen solche Belästigungen rechtlich zur Wehr zu setzen.

Der Belästigte kann vor Gericht gehen, kann klagen und muss aber auch Beweis führen.
Mit ordentlichem Beweis wird der Geschädigte den Rechtsstreit gewinnen und der Täter wird bestraft werden.

Dieser seriöse Sachverhalt wird heute oftmals ignoriert und der Rechtsstaat wird ausgehöhlt und ad absurdum geführt.

Unser Rechtsstaat kommt im Normalfall seiner Aufgabenstellung und Verpflichtung nach, die Straftat im Detail zu untersuchen und bei festgestellter Straftat den Täter entsprechend zu verurteilen.

Heute ist es wie gesagt oftmals, und das mit zunehmender Intensität, möglich, dass ganz plötzlich, wie aus dem Nichts, eine Frau oder ein Mann an die Öffentlichkeit geht und einen Prominenten beschuldigt, dass dieser sie oder ihn vor 20, ja sogar vor 30 Jahren sexuell belästigt habe.

Wer 20 oder gar 30 Jahre benötigt, um eine solche Tat dem Rechtsstaat zuzuführen, der kommt doch zwangsläufig in Verdacht, die Unwahrheit zu sagen.

Was soll man denken?

Oftmals sind nämlich solche Spätklägerinnen oder Spätkläger ehemalige Prominente, welche heute, gezwungen durch ihr Ego, den Versuch starten, wieder einmal ins Gespräch zu kommen oder sogar Kapital aus dieser uralten, evtl. unwahren Angelegenheit zu schlagen.

Hier stellt sich die Frage:
Wie seriös ist eine Gesellschaft, welche zulässt, dass ein Mensch nach so langer Zeit einen anderen Menschen eines Verbrechens beschuldigt, ohne dass er dies beweisen muss?

Die menschliche Gesellschaft muss sich doch vor Denunziantentum schützen und dieses nicht künstlich nähren.

Haben wir nicht gelernt, dass neben der Freiheit das persönliche Recht eines der höchsten Güter jeder Gesellschaft ist?

Recht bedarf einer unabhängigen Rechtsprechung. Rechtsprechung erfolgt auf der Basis von Beweisen.
Insofern müsste die Gesellschaft bei nicht vorliegendem Beweis die Beschuldigten schützen und den beweislosen Kläger oder Denunzianten bestrafen.

Weltweit ist festzustellen, dass Gerichte oftmals durch Massenmeinung beeinflusst werden und sind.
Wie funktioniert die Massenmeinung?
Sie geschieht, wenn ein Prominenter beschuldigt wird, egal ob zu Recht oder zu Unrecht. Meist verurteilt die Masse dann den Prominenten.

Warum auch immer, hier läuft etwas falsch in unserer Gesellschaft.

Eigentlich müssten unsere Medien aufklären und unseren Rechtsstaat und auch jeden Bürger, auch Prominente schützen. Solange er nicht durch Beweis als schuldig überführt wurde.

Und wie reagieren die Medien? In die falsche Richtung.

Frauenquote – noch ein Schlagwort der unseriösen Geschlechterdiskussion.

Auch die Frauenquote ist ein Thema, welches die Menschen in Europa, besonders in Deutschland, zurzeit bewegt.

Die Diskussion um die Frauenquote erhält ihre Nahrung immer wieder aus der angeblich völlig ungerechten Behandlung von Frauen.

Auch die angeblich ungerechte Bezahlung der Frau ist ein großer Klagepunkt.

Wie eingangs schon festgehalten wurde, sind beide Wesen, Mann und Frau, gemeinsam 100 Prozent.

Beide, Mann und Frau, sind biomolekular, geistig und seelisch absolut identisch.

Auch ihre kognitive und geistige Qualifikation und Leistungsfähigkeit sind alles in allem gleichwertig.

Die seit Jahren existierende Geschlechterdiskussion ist überflüssig wie der Borkenkäfer.

Was läuft hier eigentlich? Was sind die Fakten?

Zum einen müssen wir feststellen, dass die vorbeschriebenen **Frauenrechte,** das unleidige **Gendern** und das charakterlose **MeToo** bei dieser besonderen Rasse von Frauen nicht mehr ausreicht.

Immer weiter wird von diesen Weltbelehrerinnen an der Schraube gedreht.

Seit längerer Zeit ist nun die sogenannte **Frauenquote** Lebensinhalt dieser ewig Frustrierten.

Mit der großen Lüge, Frauen seien in unserer Männergesellschaft grundsätzlich benachteiligt, versuchen die Verfechter der Frauenquote sich persönlich in Szene zu setzen und unsere gesamte Gesellschaft zu verändern.

Unsere menschliche Gesellschaft beginnt, wenn es so weitergeht, allmählich die Orientierung zu verlieren.
Selbst jahrtausendalte menschliche Gesetzmäßigkeiten versuchen die neuen Welterklärer auszuheben.
Unsere Gesellschaft soll anscheinend grundsätzlich verändert werden.

Die Gleichstellung der Frau mit dem Mann verirrt sich in exotisch surreale Bahnen.

Bei der **Besetzung** neuer Stellen sowohl in der Wirtschaft, bei der öffentlichen Hand als auch beim Staat geht es zum einen um weibliche bzw. männliche Auswahl, zum anderen nur um die Frauenquote.
Bei der **Aufgabenzuordnung** innerhalb der einzelnen Arbeitsbereiche gilt plötzlich die Eignung und die Qualifikation nicht mehr.
Die **Bezahlung** soll nach Kopf und nicht nach Leistung erfolgen.
Schließlich geht es auch noch um das **Ansehen** von Frau und Mann.

Diese realitätsfremde, diese substanz- und geistlose **Quotenbewegung** geht tief hinein in unser tägliches Dasein.
So ein Quotendenken lenkt ab von den wahren Problemen.

Durch ein falsches Problembewusstsein bleiben wirklich wichtige Aufgaben in unserer Gesellschaft ungelöst.
Viel Energie wird nämlich für diese abnormen Hirngespinste frustrierter Weltbelehrerinnen vergeudet und geht der Gesellschaft verloren.

Ganz schlimm ist, dass durch die Abwendung der Menschen von wichtigen Themen und Hinwendung zu sinnlosen Weltverbesserungsaktivitäten viele Menschen quer durch die Gesellschaft immer mehr verweichlichen.

Hatten wir in der Nachkriegsgesellschaft Frauen wie Männer, die um die Zukunft kämpften, so müssen wir heute feststellen, dass Kämpfertypen Seltenheitswert besitzen und Weicheier zur Normalität wurden.
Ganz besonders trifft dies auf Männer zu.

445

Heute sind beispielsweise die Frauen beim Fußball viel weniger wehleidig als Männer. Die verweichlichten Männer bleiben bei jedem noch so geringen Foul minutenweise am Boden liegen. Frauen spielen weiter.
Hunderte derartige andere Beispiele gibt es.

Früher war es nicht notwendig, dass Psychologen und Psychiater schon für Kindergarten, Schulen, Sportvereine usw. fest angestellt wurden.
Auch solche Beispiele könnte man in unendlicher Reihenfolge fortsetzen.

Ein internationales Magazin steigerte sich jüngst bei der Beurteilung unserer ‚harten' Männer in ihrer Männer-Skala in folgende Wortwahl: in Jammerlappe, Weicheier, Dünnbrettbohrer und Männlein.

Gehen wir in den praktischen Alltag und versuchen die Frauenquote unvoreingenommen und ehrlich zu analysieren.
- In der BRD leben ca. 83 Millionen Menschen, davon
  ca. 41 Millionen Männer und
  ca. 42 Millionen Frauen
- Dauerstudierende pro Jahr
  ca. 1,5 Millionen Männer
  ca. 1,1 Millionen Frauen

Von diesen studierten Menschen stehen nach dem Studium
  ca. 1,4 Millionen Männer
  ca. 0,4 Millionen Frauen
der Wirtschaft zur Verfügung.

Zur Arbeitsbereitschaft der Frauen ist festzustellen, dass viele Frauen meist aus gutem Grunde dem Arbeitsmarkt entweder gar nicht, viele erst später oder nur zeitweise zur Verfügung stehen.

Sie haben für Wichtigeres Verantwortung übernommen.
Sie gebären Kinder und sind normalerweise der wichtigste Partner in der Erziehung.

Werten wir die vorgegebenen Fakten aus, stellen wir die Daten gegenüber, dann ist für jeden Betrachter ersichtlich, dass die sogenannte Frauenquote mangels zur Verfügung stehender Frauen niemals realisierbar ist.

Dies wird sich auch nie ändern, es sei denn, die Männer können in Zukunft Kinder gebären.

Gehen wir nun, um noch verständlicher zu werden, ins tägliche Leben, dann wird die Diskrepanz zwischen Quotengeschrei und Quotenmöglichkeit noch offensichtlicher.

Nach Recht und Gesetz steht in der BRD Männer und Frauen für die gleiche Arbeit gleiche Bezahlung zu.

Jeder Arbeitgeber sucht für den jeweils zu besetzenden Posten den oder die bestgeeignete Arbeitskraft.
Dies gilt sowohl für
– den Handwerksbetrieb
– den Industriebetrieb
– das Dienstleistungsgewerbe
– das Architekturbüro
– das Ingenieurbüro usw. usw.

Alle suchen doch den oder die ideale Person und bezahlen diese nach Leistung. Hier geht es nicht um männlich oder weiblich, sondern nur um Qualifikation und langfristige Mitarbeit.

Sogar beim Staat, bei der öffentlichen Hand, in öffentlichen Verwaltungen, in Dienstleistungsbetrieben aller Art, auch bei der Bahn, bei der Post ist diese Praxis normalerweise die Regel.

Weil heute für die meisten Berufe sowohl ein Mann als auch eine Frau beschäftigt werden kann, zählt ausschließlich die persönliche Leistung und die Eignung für den jeweiligen Posten.

Dies gilt sowohl für die Stellenbesetzung als auch für die Entlohnung. Auch beim beruflichen Werdegang und beim individuellen Ansehen zählt nur die persönliche Qualifikation.

Es gibt aber auch Berufe, für welche sich vorwiegend Männer oder vorwiegend Frauen eignen.

Der Mann ist mit Sicherheit besser als die Frau geeignet als Bergarbeiter, als Bauarbeiter, als Waldarbeiter, als Türsteher zu arbeiten, vielleicht gilt dies sogar beim Automechaniker.

Die Frau wiederum eignet sich ganz sicher besser als der Mann als Kosmetikerin, Näherin, Arzthelferin oder Sekretärin usw.

Viele Beispiele gibt es in diesen Extremrichtungen.

Ausnahmen bestätigen diese Regel.

Bisher sprachen wir von gleicher beruflicher Qualifikation, von gleicher Leistung, von gleicher Eignung. Wir haben hierbei an Mitarbeiter in **nicht leitenden Funktionen** gedacht.

Für alle diese Mitarbeiterinnen und Mitarbeiter gilt was oben gesagt wurde. Diese Mitarbeiter werden in der Wirtschaft und auch beim Staat, egal ob Mann oder Frau, je nach Tarifvertrag, je nach öffentlichem Recht für gleiche Leistung gleich bezahlt.

Mitarbeiter, welche bei der Ausübung ihrer Tätigkeit besondere Leistung erbringen, werden in unserer Leistungsgesellschaft befördert und höher bezahlt, egal, ob es sich hierbei um einen Mann oder eine Frau handelt.

In unserer heutigen Gesellschaft ist möglich, dass selbst in einem Konzern ein Mitarbeiter sich durch besondere Leistung, vom Lehrling bis in den Vorstand, also bis in die Spitze des Konzerns emporarbeiten kann.

Hier zählt nur Leistung und Erfolg, egal ob Mann oder Frau.

Wenn sich bei **Tarifangestellten** für eine Position zehn Männer und fünf Frauen bewerben, ist eine Frauenquote von 50 Prozent unrealistisch.

Quantitativ gilt dies auch beim leitenden Bereich der Mitarbeiter bis hin zur Geschäftsleitung und zum Vorstand.

Bei **leitenden Mitarbeitern** ist die Argumentation Frauenquote insgesamt aber völlig fehl am Platz.

Sucht eine Firma einen Leiter oder Leiterin für die Personalabteilung, für die Finanzbuchhaltung, für das Controlling und und und, dann muss die Firma in der Annonce nach heutigem Gesetz angeben männlich/weiblich/divers.

Der Personalchef hat nun die Aufgabe, die Person einzustellen, die für diesen Posten am besten qualifiziert ist, welche gesund ist und welche sehr wahrscheinlich für längere Zeit nicht ausfällt und bleibt.

Der Personalchef hat also das Problem, aus 6 ausgesuchten Bewerbern 3 Männer, 2 Frauen, 1 Divers, die richtige Person herauszufinden.

Unter der Voraussetzung, dass alle 6 Personen nach reiflicher Prüfung und Auswertung beruflich absolut gleich qualifiziert sind, wird nun wahrscheinlich

- als Erstes Divers ausscheiden, weil es in der Firma keine versteckten Diskussionen über Divers geben soll.
- Als Zweites – wird er sich nun mit den Frauen beschäftigen. Auch wenn es verboten ist, wird er schnell feststellen, ob die Frauen schwanger sind und wie ihre Familienplanung angedacht ist.

Für den Personalchef ist nämlich wichtig, dass der offene **leitende** Posten mit einer Mitarbeiterin oder mit einem Mitarbeiter qualifiziert und langfristig besetzt wird.

Bei in den nächsten Jahren zu erwartenden Kindern scheiden die Frauen, bei gleicher Qualifikation für diese Position aus, auch wenn es verboten ist. Niemals wird darüber offen gesprochen, aber es ist so.

Die Firma sucht eine qualifizierte leitende Person für lange Zeit.

Auch darüber wird nicht gesprochen, dass es in der BRD mittlerweile Gesetze ‚zum Schutz' solcher Mitarbeiterinnen gibt. Dieses Gesetz ist eine große Belastung für diese Frauen. Aus gesetzlichem Schutz für die Mitarbeiterinnen wurde je nach Situation ein Einstellungshindernis.

Wie entscheidet also der Personalchef?

Erwarten die Frauen in den nächsten Jahren Kinder, dann sind sie nicht geeignet für einen wichtigen **leitenden** Posten.

Damit stehen nur 3 Männer zur Auswahl.

Für den Fall abgeschlossener Familienplanung bei den Frauen stehen nun 2 Frauen und 3 Männer zur Auswahl.

Welche Person nun gewählt bzw. eingestellt wird, entscheidet der Personalchef nur nach den Kriterien der Qualifikation.

Oftmals wird hierbei heute das weibliche Geschlecht bevorzugt.
Man redet dann von Quotenfrau.

Egal, wer nun die Position erhält, Mann oder Frau, die Position ist geldlich dotiert und mit vielen anderen Rahmenbedingungen verknüpft.
Hier ist es einerlei, ob Mann oder Frau, die eingestellte Person erhält einen Anstellungsvertrag entsprechend der beschriebenen Position.

Wenn sich im **leitenden Bereich** für eine Position – wie in der Praxis üblich – 5 Frauen und 22 Männer bewerben, dann ist auch hier eine Frauenquote von 50 Prozent völlig illusorisch.

Viel schwieriger stellt sich nun die Frauenquote bei **Top-Positionen** dar.

Betrachten wir folgendes Beispiel.
Eine Vorstandsposition eines Großkonzerns ist neu zu besetzen.
Nach Auswertung der Angebote über Personalbeschaffungsgesellschaften und nach persönlicher Bewertung liegen 16 ausgesuchte Bewerbungen auf dem Tisch.
Der Aufsichtsrat hat nun die Aufgabe, die richtige Person für die offene Vorstandsposition auszuwählen.
12 Männer und 4 Frauen stehen zur Verfügung.
Dieses Verhältnis ist kein Sonderfall, sondern bei nahezu allen Besetzungen von Vorstandspositionen ergibt sich ein derartiges Bewerbungsverhältnis Männer zu Frauen.
Wie soll der Aufsichtsrat eine Frauenquote von 50 Prozent sichern?

50 Prozent Frauenquote ist für **Vorstandspositionen** Illusion und völlig unrealistisch. Hier fehlt das qualifizierte Angebot.

Nehmen wir ein weiteres Beispiel, das Beispiel **Aufsichtsratbesetzung.**

Nach deutschem Recht haben wir bei Großkonzernen die sogenannte Mitbestimmung.

Gleich viel Vertretern der Anteilseigner stehen gleich viel Vertretern der Arbeitnehmer gegenüber.

Die Tagesordnungspunkte werden in diesem Gremium fast immer einstimmig oder mit qualifizierter Mehrheit verabschiedet.
Im Sonderfall bei Stimmengleichheit hat der Aufsichtsratsvorsitzende eine Zweitstimme.

Auch bei der Aufsichtsratsbesetzung ist es äußerst schwierig, eine Frauenquote von 50 Prozent festzulegen.

Meist stehen nämlich als qualifizierte Anteilseignervertreter sogar nur 90 Prozent Männer und maximal 10 Prozent Frauen zur Auswahl.
Für den Betriebsrat und die Gewerkschaft, also für die Arbeitnehmerseite, sind 50 Prozent Quoten meist kein Problem. Hier zählen andere Kriterien.

Verfolgt der Aufsichtsrat den nicht änderbaren Anspruch auf qualifizierte Besetzung der Aufsichtsratposition, dann ist eine 50-prozentige Frauenquote in der Anteileignervertretung nicht qualifiziert darstellbar.
Wie soll man aus obigem Angebot 50 zu 10 eine qualifizierte Frauenquote von 50 Prozent darstellen?

Wir sehen, auch hier gilt die Regel von Angebot und Nachfrage.

Der ständige Ruf nach 50 % Frauenquote, auch und gerade für Top-Positionen in der Wirtshaft, kann nur auf Ignoranz, auf Dummheit, auf Populismus und auf Opportunismus beruhen.

Eine **qualifizierte Frauenquote** von **50 Prozent** in **Aufsichtsräten der Wirt-schaft** ist also bei **qualifizierter Auswahl nicht möglich.**

Noch eine Klarstellung: Die dauerhafte Fehlinformation, Männer würden besser bezahlt als Frauen ist nicht nur falsch, sondern die Unwahrheit.

Die Rechnung der Frauenverfechter zählt alle beschäftigten Männer und Frauen zusammen und auch deren Verdienst und dividiert durch die Köpfe. Natürlich liegt dann der Verdienst der Männer höher.

Warum, weil viele Frauen nur halbtags arbeiten und aus vorerwähnten Gründen weniger in leitenden Positionen beschäftigt sind.

Hier würde mehr Wahrheit viel Streit verhindern.

Völlig anders stellt sich die Frauenquote in der Politik dar.
Für jeden Posten sind dort etwa gleich viel männliche und weibliche Bewerber vorhanden. Die Qualifikation ist hier nämlich unwichtig.

Wir sollten endlich wieder begreifen, dass ein **Geschlechterstreit,** dass dämliches **Gendern,** dass ein charakterloses **MeToo** und dass die unsinnige **Frauenquote** recht schnell das Gegenteil von dem bewirken können, was die Besserwisser und Weltbelehrer zu erreichen vorgeben.

Wir gehen größeren Problemen entgegen.

Denken wir an die Zeit zurück als die Türken, also der Islam, schon einmal in Wien abgewehrt wurden.
Denken wir an die vielen Politiker und andere ‚Vordenker‘, welche sich populistisch auf die Bühne stellen und in ‚grenzenloser Weisheit‘ der Islam gehörte zu Deutschland verkündeten und es noch immer tun.
Natürlich ist der Islam in Deutschland zu akzeptieren, wenn er unsere Gesetze respektiert und wenn andererseits das Christentum in islamischen Ländern, ebenfalls wie bei uns der Islam, akzeptiert wird.

Weil der Islam eine völlig andere Kultur als das Christentum begründet und beide Kulturen wie Feuer und Wasser zu sehen sind, wird sich Europa in den nächsten 50 Jahren völlig verändern.

Der Islam errichtet den Gottesstaat. Dieser wird nicht, wie wir glauben, vom Imam geführt, sondern zentral von der Muslimbruderschaft. Religiös-fundamentalistische Moschee-Imperien wie DITIB in Köln und überall sonst werden zentral gelenkt und überwacht.

Im Islam leben viele Männer jeweils mit mehreren Frauen zusammen. Dies ist im Islam gesetzlich möglich.
Statt 1,3 Kinder pro Ehe zeugen islamische Großfamilien zwischen acht und 14 Kindern pro Mann (ein Mann hat zwei bis drei Frauen).

In 50 Jahren leben deshalb mehr Moslems in Deutschland als Deutsche.

Wer zweifelt da noch daran, dass unsere Multi-Kulti-Vertreter in Deutschland schon bald die Scharia in unserem Grundgesetz verankern wollen.

Wir in Deutschland sind auf dem Weg in unser gesellschaftliches Chaos.
- Wir führen ‚Geschlechterdiskussionen‘.
- Wir ‚Gendern‘.
- Wir leben mit ‚MeToo‘.
- Wir fordern die ‚Frauenquote‘.
- Wir wollen den Islam.

Auf diesem Wege zerstören wir unsere Kultur und unsere Gesellschaft.

Das Schöne an dieser Gesellschaftsvergiftung ist:

- Die **Frauenrechtlerinnen** haben die Chance, in Zukunft im Islam wenigstens die **Drittfrau** zu werden.
- Die **männlichen Weicheier** werden zum **Gärtner** befördert.

In 2050 ist die „damalige sinnlose" Geschlechterdiskussion unter **dämlich** archiviert, wenn wir nicht in letzter Minute die Kurve schaffen.

Wir müssen es kurz vor zwölf versuchen.

Beide – Mann und Frau – leben dann absolut gleichberechtigt.

Wie seit 350.000 Jahren kommen beide – Mann und Frau – ihren von der Natur zugedachten Veranlagungen und Fähigkeiten nach.
Beide – Mann und Frau – sind geistig absolut gleich fähig, gleichberechtigt und zufrieden.

Nicht Geschlechterdiskussionen haben diese Erkenntnis bewerkstelligt, sondern die kognitive Entwicklung der Menschen insgesamt.

In 2050 gibt es keine Geschlechterdiskussionen mehr.

Frauen sind gleichwertig und gleichberechtigt, aber nicht wegen Quote, sondern wegen Leistung und Persönlichkeit."

Max beendet seinen Vortrag,
nicht ohne doch noch einmal sarkastisch zu werden.

„Was muss man tun –
um die unzufriedenen Frauen zu befriedigen?“

KAPITEL 14

WACHSTUM DER MENSCHHEIT

Mittwochnachmittag, 15.00 Uhr ist es.
Vincent ist wieder dran.

Wachstum der Menschheit ist sein Thema.

„Unser Planet wird immer kleiner. Könnte man meinen.
Natürlich nur relativ.
Durch das mittlerweile beängstigende Wachstum der Bevölkerung und durch die inzwischen erreichten Hochgeschwindigkeiten bei Flugzeug, Eisenbahn, Autos etc. und nicht zuletzt durch das für viele Menschen nicht mehr erfassbare Internet wird dieser wunderschöne Planet immer kleiner.
Per Telefon und Internet sind wir in der Lage innerhalb von Minuten, teilweise sogar Sekunden, ganze Kontinente sprachlich und visuell zu überwinden.
Dauerte früher ein Brief nach Australien Wochen, so können wir heute innerhalb von Sekunden mit Freunden in Australien korrespondieren.
Wir können miteinander sprechen und wir können uns dabei sogar in die Augen schauen.
Die Menschen können Gedanken und Informationen in allerkürzester Zeit von Kontinent zu Kontinent austauschen.
Die Erde ist also wirklich sehr klein geworden.

So eine Technik, so ein Fortschritt ist nicht nur Fortschritt, sondern birgt auch Probleme und Gefahren in sich.

Auf dieses Thema werden wir später eingehen.

Übervölkerung

Kommen wir zum mittlerweile für unsere Erde beängstigenden Bevölkerungswachstum.

Heute, 2018, leben auf diesem wunderschönen Planeten ca. 7,7 Milliarden Menschen.

Im Jahre 2050 bevölkern nach Auskunft zuständiger Wissenschaftler, wenn nicht die Notbremse gezogen wird, 9,8 bis zehn Milliarden Menschen diese Erde.

Nicht diese absolute Zahl ist nun das Problem, zehn Milliarden Menschen wird diese liebe und wunderschöne Erde wahrscheinlich noch ertragen können.

Ein weiteres Wachstum der Bevölkerung wäre jedoch bedenklich.

Bedenklich ist aber schon heute, dass in Afrika zurzeit 1,25 Milliarden Menschen leben und nach Aussage von Demografen bis zum Jahre 2050 eine Verdoppelung droht.

Also allein in Afrika werden 2050 ca. 2,5 Milliarden Menschen leben.

Allein in Nigeria leben zurzeit ca. 203 Millionen Menschen, für das Jahr 2050 sind für Nigeria 440 Millionen Menschen angekündigt.

Ähnliches geschieht in Indien. Dort leben zurzeit 1,2 Milliarden Menschen und nach Angabe der Demografen werden es im Jahre 2050 ca. 1,7 Milliarden Menschen sein.

Afrika und Indien müssen in Anbetracht deren Bevölkerungswachstum als große Gefahrenquelle für die Menschheit gesehen werden.

Vor 30 Jahren waren wir Menschen bezüglich China von ähnlichem Missbehagen, was das Bevölkerungswachstum angeht, betroffen.

China hat von sich aus dieses Problem eigenständig gelöst.

Nicht nur die Lösung als solche ist hierbei bewundernswert, sondern auch die Klugheit, mit welcher China trotz rückläufigem Bevölkerungswachstum das Problem der Alterung und der damit zusammenhängenden Altersversorgung bewältigt hat.

Das Bevölkerungswachstum auf dieser Erde ist heute ein Thema, welches mit sehr viel Kraft anzugehen ist. Ein ‚muss' steht vor jeder diesbezüglichen Handlung.

Afrika, insbesondere Nigeria, **muss** das eigene Bevölkerungswachstum ganz kurzfristig stoppen.

Auch in Indien ist es dringend nötig, die Pille zu verordnen, statt Atombomben zu bauen und auf den Mond zu fliegen.

Für Europa ist heute bereits absehbar, dass der heutige Flüchtlingsstrom aus Afrika für die Zukunft nicht zu stoppen ist. Dies gilt sogar für den Fall, dass in Nigeria und in anderen afrikanischen Ländern kein weiteres Bevölkerungswachstum mehr gegeben ist.

Die Menschen in vielen Gegenden von Afrika haben gar keine Wahl. Entweder sie fliehen und versuchen ihr Glück oder sie sterben an Hunger, an Krankheit, durch Religionskämpfe oder Kriegsverbrechen.

Mit zunehmendem Bevölkerungswachstum wird die Not in Afrika immer größer und die Völkerwanderung von Afrika nach Europa überproportional zunehmen.

Eine Völkerwanderung aus Afrika nach Europa, aber auch vom Mittleren Osten z. B. Afghanistan, von Syrien ist nur zweischienig zu verhindern.

Zum einen muss das **Wachstum der Menschen** gestoppt und zum anderen die **Not** beseitigt werden.

Bevölkerungswachstum
Wie hinlänglich bekannt, ist das Bevölkerungswachstum in Afrika nur durch Aufklärung, durch Schulung, durch Bildung und durch empfängnisverhütende Maßnahmen, menschenwürdig zu reduzieren.

Es ist kontraproduktiv, wenn der Islam die Viel-Frauen-Ehe befürwortet, die weitere Islamisierung durch Kinderreichtum fordert und die christlichen Religionen die Pille verbieten.
Armut, Not und Völkerwanderung sind die Folgen.

Die Bekämpfung der Not in Afrika hat nach völlig anderen Gesichtspunkten zu erfolgen als durch westlichen Aktionismus bzw. durch populistisch und opportunistisch auftretende Politiker.

Nicht durch Milliarden-Geldgeschenke an afrikanisch diktatorisch geführte Länder, bei welchen jegliche Finanzhilfe sofort in den Taschen der Herrschenden verschwindet, kann man Afrika helfen.

Die Phrase – ‚den Menschen zu helfen sich selbst zu helfen‘ – beinhaltet eine wichtige Wahrheit, aber ‚Phrasen‘ reichen nicht.

In Kürze, in Stenoform dargestellt, heißt Hilfe für Afrika:
Jeder Mensch in Afrika braucht Grundschulbildung und einzelne Förderungswürdige Menschen sollte man fördern.
Das Geld hierfür ist allerbestens angelegt.

Weil auch gebildete Menschen ohne Arbeitsplatz wie Wasser im Wüstensand untergehen, sind auch Arbeitsplätze zu schaffen.

Wie schafft man Arbeitsplätze?
Aufbau von großen Betrieben mit dauerhaften Arbeitsplätzen ist der richtige Weg. Damit die Betriebe aber auch wirklich dauerhaft bestehen und ihre Zukunft gesichert ist, sollten sie Waren, Produkte und evtl. auch Lebensmittel fertigen und herstellen, welche in Europa gefragt und konkurrenzfähig, also verkaufbar sind.
Hierzu ist nötig, dass solche Betriebe kapitalstarke Megaunternehmen sind, welche seriöse Dauerarbeitsplätze schaffen und darüber hinaus über eine Optimalstruktur, also über einen eigenen Kindergarten, eine eigene Schule und eine eigene Krankenstation verfügen.
Nur mit den richtigen Produkten und Waren und nur mit einer solchen Infrastruktur ist so eine Firma z. B. in Europa konkurrenzfähig und in Afrika langlebig.

Schluss mit dem populistischen, dummen Gerede von Beratern, Politikern und anderen Populisten aus Europa

Schluss mit einer Entwicklungshilfe wie in den letzten 100 Jahren.
– Die Gelder kassieren nur die, welche gerade am Ruder sind.

Schluss mit Klein-Klein,
– mit Brunnen bohren,

– mit Kuh in den Stall stellen,
– mit Liefern von Pflug, Sähmaschine, Mähgerät, Traktoren etc.
Der Brunnen versiegt, wenn der Brunnen-Mensch weg ist.
Die Kuh wird geschlachtet.
Die Landwirtschaft wird spätestens nach zwei Jahren eingestellt.

Schluss mit dem Geschwätz von gestern.
‚Man muss den Menschen lernen, sich selbst zu helfen,‘
‚Keinen Fisch, sondern Angeln liefern.‘

Mehr als 100 Jahre wurden Milliarden Entwicklungsgelder nach Afrika transformiert.
Alles haben die Herrscher, die Diktatoren und die ‚Demokraten‘ für sich kassiert.
Nichts, aber auch gar nichts bekam das Volk.
Keine brauchbare und dauerhafte Infrastruktur wurde geschaffen.
Hier wurde eine Straße gebaut, die in der Wildnis endet.
Dort steht seit 20 Jahren eine Brücke, es gibt aber keine Straße.

Statt Klein-Klein müssen große Industrien mit kompletter Infrastruktur von Privatunternehmen aufgebaut und betrieben werden.

China und Israel zeigen, wie es geht.
So wie China im Vorderen Orient, in Griechenland, in Afrika und in Lateinamerika operiert, nämlich solide, langfristig und erfolgreich, so wäre der Weg, um den Menschen in Afrika wirklich aus ihrer Not zu helfen.
Solche gesunde und große Betriebe in Afrika ermöglichen dann auch – aber erst in der Folge – den Aufbau des dringend erforderlichen Mittelstands, also der Handwerks- und der Zulieferbetriebe in Afrika.
Auch die nötige Infrastruktur in Afrika ist nur auf diesem Weg realisierbar.

Warum funktionierte diese Strategie bis heute nicht?
Ganz einfach, weil die Politik das Sagen hat.

Entwicklungshilfe ist bei ihr seit 100 Jahren der große Schrei.
Unendliche Summen von Geld – Milliarden – wurden in den letzten Jahrzehnten auf diese Art in Afrika verbraten. Geholfen hat es nicht.

Die Herrscher vor Ort und sogenannte Berater aus dem Westen stopften sich die Taschen voll, das Geld verschwand und das afrikanische Volk blieb im Dreck.

Geld ist zwar für so eine Entwicklung notwendig, aber nicht über die Politik, sondern über haftende Unternehmer, über westliche Unternehmer. Diese müssten dabei durch ihr Herkunftsland oder die EU voll geschützt und unterstützt werden. Eine KfW (Kreditanstalt für Wiederaufbau) reicht hier nicht, weil der Investor, der Unternehmer ohne Staatsschutz sein eingesetztes Kapital verliert und am Schluss im Regen steht.

Viele weiße Großfarmer und Großunternehmer wurden in jüngster Zeit im Süden von Afrika ersatzlos enteignet oder sogar ermordet.
Die Betriebe wurden unentgeltlich an Schwarze übereignet.
Ein Großteil der Betriebe ist mittlerweile pleite. Das Volk leidet.

Bezüglich Bevölkerungswachstum ist zusammenfassend festzustellen:
Wenn wir verhindern wollen, dass Europa in Zukunft nicht von einem unendlichen Flüchtlingsstrom aus Afrika überschwemmt werden soll, müssen wir eine sehr schnelle, intelligente Entwicklungshilfe für Afrika ins Leben rufen.

Keine sich selbst bedienenden Berater, keine populistischen Politiker und keine Staatsgelder in bar sind mehr einzusetzen.

Stattdessen sind solide und seriöse, europäische Privatunternehmer nach Afrika zu lassen und diese durch europäische Staaten intelligent zu unterstützen.
Unterstützen heißt, die Unternehmer müssen voll abgesichert werden gegen nationale Gesetze, gegen Ausbeutung und gegen Vernichtung.
Wie kann man mit diktatorisch geführten Staaten demokratisch verhandeln? Geht nicht.

Staatliche Abtretungen aller Art und Staatsverträge sind die Lösung.
Siehe die China-Verträge.

Alles in allem wäre dann unternehmerische Direkthilfe **preiswert, menschlich** und **sofort** wirksam.

Die EU-Staaten könnten sich ab sofort die Entwicklungshilfe sparen.

Wir beschäftigten uns mit dem Wachstum der Menschheit und sprachen von Übervölkerung von Völkerwanderung und Hilfe.

Die Übervölkerung und die damit zusammenhängende riesige Völkerwanderung ist die eine Sorge, die andere ist nun die Ernährung.

Ernährung

Zehn Milliarden Menschen im Jahr 2050 müssen ernährt werden.
Was isst der Mensch?

Er isst eigentlich alles, er ist aber trotzdem kein Allesfresser.
Gemüse, Knollen, Früchte, Obst, Nüsse, Beeren, Fisch und Fleisch sind die Hauptnahrungsmittel der Menschen.

Für Gemüse, Knollen, Früchte und Obst kann man heute schon Garantie für ausreichende Versorgung von zehn Milliarden Menschen im Jahr 2050 abgeben.
Die notwendige Erdoberfläche hierfür, die notwendigen Bodenqualitäten, das jeweils erforderliche Klima samt Wasser, Wärme und Sonnenschein sind durch menschliche Intelligenz abzusichern.

Ganz anders stellt sich die Situation bei Fisch und Fleisch dar.
Was Fisch anbetrifft, so ist heute nicht mit Sicherheit zu sagen, inwieweit die Meere und sogar die Flüsse bald leer gefischt sind.
Noch größere Not kommt in unserem Denkmodell auf, wenn wir über die Verschmutzung, die Vermüllung und die Vergiftung der Meere nachdenken.

Nicht weniger problematisch stellt sich unser Denkmodell hinsichtlich Fleischversorgung der gesamten Menschheit im Jahre 2050 dar.
Schlagworte wie Massentierhaltung, CO_2-Luftverschmutzung, Methangasausstoß, Güllebeseitigung und Tierquälerei schränken uns ein bei unserer Fleischproduktion.

Die große Frage steht also im Raum: Ist es im Jahre 2050 noch möglich, auf natürliche Art und Weise die Nahrung für die Menschheit insbesondere mit Fisch und Fleisch sicherzustellen.

Immer in der Geschichte der Menschheit, insbesondere der letzten 150 Jahre, ist es dem Mensch gelungen, Probleme, welche seine Existenz bedrohten, irgendwie zu lösen und die Situation zu beherrschen.

Auch im Jahre 2050 wird die Menschheit noch in der Lage sein, sich mit Nahrungsmitteln aller Art zu versorgen und menschenwürdig zu leben.

Für die Masse der Menschen wird es allerdings notwendig sein, einen Welt-Essensplan aufzustellen und diesem zu folgen.
Nicht alle Menschen werden sich dann jeden Tag und zu jeder Zeit Fisch, Fleisch und Delikatessen aller Art leisten können.

Und wie werden die Menschen nach 2050 leben?

Wenn die Erdbevölkerung nicht bei zehn Milliarden Menschen endet, dann werden zusätzliche Maßnahmen notwendig werden, über die wir heute noch nicht gerne nachzudenken bereit sind.

Bis zu zehn Milliarden Bevölkerung gilt:

Zum einen werden die Menschen vernünftiger, also weniger und damit gesünder essen als heute. Die Ernährung wird sich ändern.

Die Menschen werden, um dem Mangel an Vitaminen und Mineralien vorzubeugen, Nahrungsergänzungsmittel zu sich nehmen.
Wohlgemerkt Nahrungsergänzungsmittel und nicht künstliche Ernährung.
Diese Ergänzungsmittel werden nicht, wie viele heute glauben, aus natürlichem Gemüse, Knollen, Früchten, Obst, auch nicht aus Fleisch und Fisch hergestellt sein, sondern aus biomolekularen Substanzen, also aus Destillation organischer Stoffe bis hin zur Steinkohle.
Auch weitere zusätzliche Nahrungsergänzung wird zur Verfügung stehen, denken wir z. B. an astronautennahrungsähnliche Stoffe.

Zum anderen sind wir Menschen schon heute und in Zukunft noch besser in der Lage, alles, was der Mensch zum Essen benötigt, in absolut gesunder Weise in Mega-Lebensmittelfabriken herzustellen.

Wenn es notwendig ist, werden in unendlich großen Gewächshäusern alle benötigten Kräuter, Gemüse, Knollen, Früchte, Obst etc. produziert bzw. gezüchtet.

Das Know-how ist vorhanden und die notwendigen Zuchtanlagen werden schnell errichtet sein.

Auch Fisch und Fleisch können in schier unendlichen Mengen in entsprechenden Zuchtanlagen gesünder als heute gezüchtet werden.

Natürlich wird in solchen Anlagen großes Know-how bezüglich Viren, Bakterien und aller anderen Schädlingen sowie hinsichtlich Antibiotika, Hormonen und Genstrategien etc. zur Verfügung stehen.
Wichtig ist hierbei auch der Tierschutz.

Man sollte diesbezüglich nicht auf die Weltuntergangsprediger hören, sondern nachfragen, warum wir heute viel älter werden als vor 100 Jahren.

Alles in allem ist bezüglich Ernährung der Menschheit im Jahr 2050 und darüber hinaus noch keine Panik angesagt.

Die Menschen werden im Jahr 2050 nicht wie heute noch in manchen Ländern üblich an Hunger sterben.

Und wie sieht es nun mit dem Wohnraum aus für zehn Milliarden Menschen und mehr?

Wohnraum

Die Unterkunft für Menschen muss als Grundrecht gesehen werden.
Die Realität ist aber oftmals eine andere.

Will man dieses Thema in der Praxis human behandeln, kommt man nicht umhin, methodisch, systematisch und ganz konsequent vorzugehen.

Zunächst haben wir sinnvollerweise das Unterkunftsbedürfnis in vier Kategorien zu unterteilen.

- Obdachlose – Dippelbrüder – Clochards etc.
- Bewohner von Favelas wie in Rio, von Homelands wie in Südafrika, von Müllhalden wie in Kairo und Menschen, die in ähnlichen, meist völlig unmenschlichen Zuständen in aller Welt hausen.
- Bewohner von unzumutbaren, menschenverachtenden Massenunterkünften in Großstädten dieser Erde z. B. Käfigzellen in Hongkong, 10 Quadratmeter große Wohnungen für vierköpfige Familien in Tokio, 20-stöckige Massenwohnblöcke in Paris, London, Berlin und in unendlich vielen anderen Städten.
- Bewohner von Sozialwohnungen und Luxusunterkünften.

Wir Menschen leben in einer ‚multisozialen Gesellschaft‘.
Um in ihr zu existieren, gibt es Rechte und Pflichten.
Dieser Grundsatz gilt für alle Menschen.

Gemäß diesem Grundsatz und der darüberstehenden Humanität muss für die Zukunft versucht werden, dieses Thema Wohnraum weltweit auf menschliche Art zu lösen.

Die Menschheit ist verpflichtet, in Not befindlichen Menschen, insbesondere Kindern, Alten, Kranken und allen, die sich selbst nicht helfen können, zu helfen.
Diese Verpflichtung gilt nicht Arbeitsunwilligen gegenüber, also nicht für Menschen, welche sich auf Kosten anderer durchs Leben schlagen wollen.
Bis zum Jahre 2050 werden sich Entwicklungsländer den Schwellen- und den Industrieländern immer mehr annähern.
Trotzdem bleibt für alle vier Wohnkategorien ein nicht unwesentlicher sozialer Unterschied.

Wie sieht nun im Jahre 2050 die weltweite Wohnraumsituation aus?

Zunächst ist festzuhalten:
Seit den Urkulturen der Sumerer, der Babylonier und der Ägypter legt der Mensch großen Wert auf ‚Wohnen im eigenen Heim‘.
Auf dem Land war dies schon vor 8000 Jahren die Regel.

In den Städten lebten die Menschen großteils in Wohnunterkünften ihrer Herrschaften, ihrer Arbeitgeber.

Heute ist die Wohnsituation und das Wohneigentum von Staat zu Staat grundverschieden.

- In allen **armen Ländern**, in Entwicklungs- und in Schwellenländern leben die Menschen auf dem Land wie früher in den Altkulturen in Hütten und in mehr oder weniger provisorischen Hausunterkünften.

  In der Stadt, insbesondere in Großstädten, wird von menschlich unzumutbaren Wohnquartieren über oft viel zu teure Sozialwohnungen bis hin zu exklusiven Luxuswohnungen jegliche Art von Wohnraum angeboten.

  Die Schere zwischen bettelarm und reich geht hier nach wie vor weit auseinander.

- In **Industrieländern** ist

  zum einen wie auch bei den armen Ländern zwischen Land und Stadt zu unterscheiden,

  zum anderen ist zwischen Mietwohnungen und Wohneigentum zu trennen.

  Wie in vielen Lebensbereichen unserer Gesellschaft, so ist auch im Bereich Wohnen das Leben auf dem Lande fortschrittlicher als in der Stadt.

  Die Landbevölkerung in Deutschland verfügt zu ca. 58 Prozent über Wohneigentum.

  Nur 42 Prozent der Menschen auf dem Land leben in Mietwohnungen. Umgekehrt stellt sich die Situation in den Städten dar. Hier leben z. B. in deutschen Städten ca. 78 Prozent der Menschen in Mietwohnungen und nur 22 Prozent der Menschen verfügen über Wohnungseigentum.

Bei dieser Erkenntnis ist bemerkenswert, dass Deutschland innerhalb Europa die mit Abstand geringste Rate für Wohneigentum aufweist.

Es scheint unwahrscheinlich, ist aber angeblich richtig, dass die Durchschnittsrate in Land und Stadt in Deutschland für Mietwohnungen bei **72 Prozent** und für Wohneigentum bei 28 Prozent liegt, wogegen in Italien die Mietwohnungen bei 41 Prozent und das Wohneigentum bei 59 Prozent liegt.

Dieses ungesunde Missverhältnis Wohneigentum zu Mietwohnung in Deutschland liegt angeblich darin, dass das Wohneigentum in Deutschland staatlich – alles in allem immer weniger – gefördert wurde als in manchen anderen europäischen Ländern.

Der Grund hierfür liegt auf der Hand:
Wohneigentum macht von der Politik unabhängiger, eigenständiger und konservativer als die Mietwohnung.
Dies wollte die stimmenabhängige deutsche Politik nicht.

Und wie sieht nun die Wohnzukunft aus?

Hierüber muss man nicht spekulieren.
Die Fakten geben Auskunft.

Dieser Planet Erde wird relativ nicht nur immer kleiner.
Er wird auch immer reicher.
Die Schere zwischen Arm und Reich geht nicht, wie immer behauptet, ständig weiter auf.
Die Öffnung wird kleiner.

Auch wenn es 2050 einzelne Personen (Multimilliardäre) geben wird, die, wie in der Menschheitsgeschichte immer nur vorübergehend, reicher sind als die anderen, so geht die Schere zwischen ‚Arm und Reich' ganz langsam, aber sicher, immer weiter zu.
Natürlich wird es in aller Zukunft Arme und Reiche geben.
Nie mehr wird es aber einen im Vergleich zum Gesamtreichtum der Welt so reiche Menschen wie einst Jakob Fugger geben.
Seine Nachkommen sind verglichen mit den heutigen Reichen arm.

Erben hilft meist nur kurzfristig. Schnell ist alles breit verteilt.

In Würdigung der komplexen Vermögensverhältnisse auf diesem Planeten Erde muss festgestellt werden:

Die Unterbringung des Menschen in humaner Weise ist auch bei zehn Milliarden menschlichen Bewohnern auf dieser Erde kein unlösbares Problem.

Ein solider Lösungsansatz für Wohlstand und für viele andere Gesell-schaftsprobleme ist **Wohneigentum.**

Die menschliche Gesellschaft, also der Staat und die Bürger, müssen ein Grundmodell entwickeln, nach welchem **niemand** mehr Miete bezahlt, sondern ab Beginn seiner ‚Wohnkarriere' statt für Miete dann für Eigentum bezahlt.

Denkt nach!
Dies ist die Lösung vieler augenblicklicher Gesellschaftsprobleme.
Viele sowohl für den Bürger als auch für den Staat bestens funktionie-rende diesbezügliche Modelle – sowohl für Singles als auch für Familien – sind möglich.

Wohnen ist ein Grundrecht.

Statt Miete bezahlen heißt es:
Eigentum schaffen und fürs Alter vorsorgen.

Nach diesem Modell gibt es in Zukunft kein unbeherrschbares Unterbrin-gungsproblem – auch nicht bei zehn Milliarden Menschen.
Wie schaffen wir mehr Wohneigentum in Deutschland?
- Zunächst muss die Politik dies wollen.
- Eigentum macht unabhängig, unabhängig von sozialer Bevor-mundung, von Politik, von Gewerkschaften und vom Staat.

Dieses tief im Mensch verankerte Unterbewusstsein nach Eigentum wird seit mehr als 100 Jahren benutzt, die Masse der Menschen gesellschafts-politisch zu manipulieren.
Menschen ohne Eigentum, z. B. ohne Wohneigentum, sind sozial abhängi-ger als Wohnungs- oder Hausbesitzer.
Solche Menschen denken mehr sozialistisch als kapitalistisch, anders ge-sprochen, solche Menschen sind wahltaktisch besser zu kanalisieren.

Auch wenn es zunächst unlogisch klingt;
dies ist der Grund, warum es in unserem Land nicht längst Gesetze zur Förderung bezahlbarer Sozialwohnungen gibt.

Schnell kommt bei bezahlbaren Sozialwohnungen die politische Feststellung:

- Dies ist Wunschdenken,
- dies rechnet sich nicht,
- dies ist nicht möglich.

Natürlich rechnet sich dies für jeden Interessenten, der Arbeit hat und Wohneigentum will und es rechnet sich auch für den Bund, das Land und die Kommune.

Wie geht das?
Der Bund oder das Land oder die Kommune legen je nach Bedarf in der Kommune sogenannte WOHNEIGENTUMSPROJEKTE auf.

Statt Miete bezahlt der Käufer, z. B. ein Single oder ein Paar, monatlich seine Hauskaufrate – keine Miete.
Der Kaufpreis, die Höhe der Kaufrate, die Abzahlungsfrist werden entsprechend dem jährlichen Einkommen und der Zahlungsfähigkeit des Käufers festgelegt.
Ebenso werden alle anderen Vertragsmodalitäten so abgefasst, dass sowohl für den Verkäufer als auch für den Käufer alle Eventualtäten geregelt sind.

Für Zweifler sei gesagt:
Es gibt zwölf Modellrechnungen als Beispiel, wie ein normaler Arbeitnehmer auf ehrliche und seriöse Art zu seinem Wohneigentum gelangen kann.
Die Vorteile liegen auf der Hand.
Jeder normale Arbeitnehmer kann sich Wohnungseigentum leisten und beschaffen.
Ein solcher Eigentümer ist normalerweise zufriedener als ein Mieter.
Dieser Eigentümer hat fürs Alter vorgesorgt.
So ein Eigentümer wird selten ein Sozialfall, er fällt dem Staat weniger zur Last als ein Mieter.

In einer solchen Staatsgesellschaft herrschen mehr Wohlstand, innere Ruhe und gesellschaftliche Zufriedenheit.

Völkerwanderung

Das Wachstum der Menschheit bis zu zehn Milliarden Köpfen wäre zu beherrschen.
Sowohl die Ernährung als auch die Wohnunterkünfte können durch die Intelligenz der Menschen sichergestellt werden.
Was aber große Probleme bereiten würde, wäre eine ungebremst zunehmende weitere weltweite Völkerwanderung.

Vor 350.000 Jahren war die erste Völkerwanderung hinaus aus Äthiopien, also von Afrika aus, in die große weite Welt heilbringend.
Die ersten Menschen begannen die Welt zu erobern.

Heute verursachen die Völkerwanderungen innerhalb Asiens, die von Mexiko nach USA und die immer größer werdende Menschenlawine von Afrika und von Mittelasien nach Europa zunehmend Schwierigkeiten.

Nicht die Ernährung und nicht der Wohnraum sind die angeblich unlösbaren Aufgaben.
Das gesellschaftliche Zusammenleben ist das Problem, es bringt die Menschen in fundamentale Verständigungsprobleme.

Über allem schwebt das große Problem der Sprache.
Ohne Verständigung ist ein dauerhaftes Zusammenleben sehr schwierig.

Fast ebenso kompliziert ist die völlig gegensätzliche Kultur der Menschen in Europa und der aus Afrika oder Asien.
Christentum und Islam sind wie Feuer und Wasser.
In Europa leben die Menschen nach abendländischen Regeln, wie beispielsweise dem Deutschen Grundgesetz, Vorschriften und Sitten.
  – Die Würde des Menschen ist unantastbar.
  – Alle Menschen sind gleichberechtigt, auch Mann und Frau usw.

In Europa wird, soweit sich die Menschen überhaupt einer Religion zugehörig fühlen, vorwiegend das Christentum praktiziert.

Für die Islamgläubigen ist der Islam, also der Koran, das Maß aller Dinge.

Der Mann kann gleichzeitig mit mehreren Frauen verehelicht sein – die Frau hat weit weniger Rechte als der Mann – als Rechtsgrundlage gilt hauptsächlich die Scharia usw.

Beide Religionen – Christentum und Islam – und damit beide Lebensgrundlagen sind unvereinbar, jetzt und in Zukunft.

Ein Zusammenleben beider Kulturen, der Christen und der Islamgläubigen, ist schwierig bis unmöglich, solange für beide Parteien ihr Glaube Lebensgrundlage ist.

Auch die Sitten und Gebräuche, die Lebensweisen und die Grundeinstellung zum Leben sind grundverschieden.

Unsere Schicki-Micki-Vertreter werden dies nicht ändern.

Ein weiteres großes Problem in Europa, besonders in Deutschland, sind die seit Beginn der Völkerwanderung nach Deutschland immer aktiver werdenden Bewegungen zur Veränderung unserer Gesellschaft.

Diese Systemveränderer versuchen im Schatten unseres Einwanderungsstreits und im Schutze unserer ‚Gefälligkeitsdemogratie' die Basis unserer Kultur- und unserer Wertegesellschaft immer mehr zu unterminieren.

Weg mit dieser Leistungsgesellschaft, hin zur Freizeit-, zur Spaß-, zur Umverteilungsgesellschaft, ist das Motto dieser Neidgesellschaft.

Weg mit dieser Kapitalismusdemokratie hin zur Freiheit (gedacht ist Freizeit), hin zu kollektivem, zu gleich verteiltem Eigentum.

Schon bei den Urkulturen, ja bei allen Kulturen der Vergangenheit sind derartige Bestrebungen nach sozialistischer Gleichheit immer total schiefgegangen. Die DDR lässt grüßen.

Jeder Mensch, der die Geschichte der Menschheit kennt, weiß

- Der Kapitalismus pur, also der **Raubkapitalismus,** wie er im Namen der Globalisierung von den USA nach Europa kam und wie er auch von ‚Deutschen-Bank-Räubern' und anderen betrieben wurde und teilweise noch wird, muss schnell und gründlich abgeschafft, besser gesagt, ausgerottet werden.

- Gier frisst Hirn – Gierkapitalismus schafft Sozialismus.
- Sozialismus brachte noch nie gleich verteilten Reichtum.
- Sozialismus schuf immer schnell gleich verteilte Armut.

Die Straßenaktivisten, die Berufsdemonstranten denken aber nicht in diesen Kategorien. Sie sind anders programmiert.
Manche sind sogar bezahlt für Demonstration, für Radikalismus, für Anarchie, für Einschlagen von Schaufenstern, für Werfen von Molotowcocktails und für Anzünden von Autos.

Die ‚Völkerwanderung' nach Europa, insbesondere nach Deutschland, ist also nicht allein Flucht aus Not und Elend, sondern auch eine von dritter Seite durchdachte, von langer Hand geplante Strategie.
Europa, insbesondere Deutschland, soll durch eine mächtige Einwanderungswelle gesellschaftlich destabilisiert werden.

Schlepperbanden vor Ort versprechen den wirklich armen Menschen das Paradies in Europa, vor allem in Deutschland. Frau Merkel macht's.

Viel Geld wird deswegen durch die Großfamilie gesammelt, um die Reise zu ermöglichen und die Schlepperbanden zu bezahlen.

Angeblich rentiert es sich, denn die in Deutschland schließlich Angelangten verdienen viel Geld. Die Zurückgebliebenen können sie dann versorgen und zusätzlich werden die Ausgewanderten dann den Weg freimachen für familiäre Nachwanderer.

Alles Lüge und ein Verbrechen.
Die Flüchtlinge werden nämlich mit seetauglichen Schiffen auf hohe See gebracht, dort in seeuntaugliche Boote umgeladen, indem man ihnen verspricht, sie würden nun von Rettungsschiffen abgeholt.
Meist kommt kein Rettungsschiff.

Hilfe von außen ist dann nötig.
Ein neues Geschäftsmodell für ‚Seerettungs-Gangster'.

Später in Kapitel 16 mehr über Völkerwanderung."

Vincent beendet seinen Vortrag mit dem Hinweis:

„Trauriger geht's nicht."

KAPITEL 15

UMWELT UND KLIMA

Ein schwieriges, ein heißes Thema steht jetzt an.

Frank, der Wissenschaftler, soll es aufschlüsseln.

Frank meint: „Eigentlich ein einfaches Thema.
Das Problem liegt in der verwirrten Gegnerschaft.
Unbelehrbare, Weltbelehrer mit Halbwissen, laut kreischende Frauen und gutgläubige Mitläufer sind es.
Beschäftigen wir uns mit Fakten."

Frank beginnt:

„Die Rettung des Planeten ist weltweit in aller Munde.
Der angeblich durch Menschen verursachte Klimawandel wird immer mehr zu einer Ersatzreligion hochstilisiert.

Müssen wir Menschen diesen Planeten retten?
Könnten wir ihn überhaupt retten?
Sind wir Menschen tatsächlich die Verursacher dieses wirklich seit Jahren stattfindenden Klimawandels?

Diesen Fragen sind wir verpflichtet nachzugehen.
Bevor wir es wagen, dieser Pflicht nachzukommen, sollten wir uns mit der Verhältnismäßigkeit der Masse und der Energie dieses Planeten zu den abrufbaren Rettungsmöglichkeiten der Menschheit beschäftigen.

Vor 65 Millionen Jahren schlug ein riesiger Meteorit mit ca. zehn Kilometer Durchmesser Steinmaterial auf unserem Planeten Erde in Mexiko ein.
Durch den Aufschlag entstand ein Krater von 200 Kilometer Durchmesser.
Die Energie entsprach fast einer Milliarde, also 1000 Millionen Atombomben, wie sie die Amerikaner auf Hiroshima und Nagasaki geworfen hatten.

Mehrere Jahrhunderte war es anschließend dunkel und eiskalt auf diesem Planeten.

Ca. 50 Prozent aller Pflanzen auf dieser Erde waren vernichtet.

Ca. 95 Prozent aller Lebewesen auf dieser Erde waren tot.

Nur 20 Arten von Säugetieren überlebten.

Dieser Planet, diese Erde überlebte ohne großen Eigenschaden.

Seit dem letzten Yellowstone-Vulkanausbruch vor 630.000 Jahren erlebte diese Erde bis heute 27 ganz gewaltige Vulkanausbrüche.

Obwohl bei jedem dieser Vulkanausbrüche jeweils unendlich große Mengen an Feinstaub und an Giftgasen, und zwar in kurzer Zeit ausgestoßen wurden (jeweils weit mehr als durch uns Menschen in den letzten 100 Jahren), hatte kein einziger dieser Vulkanausbrüche einen Klimawandel ausgelöst.

Im Jahr 1883 n. Chr. brach in Indonesien der Vulkan Krakatau aus.

Seine Energie entsprach 1300 Hiroshima-Atombomben.

Die seinerzeitige Luftverschmutzung mit Rauch, mit Feinstaub, mit Stickoxyden, mit CO_2, mit FCKWs etc. übertraf die heutige Luftverschmutzung millionenfach.

Die Erde, die Flora und die Fauna überlebten ohne Probleme.

Damit nun kein falscher Gedankengang Platz greift, sei folgende Feststellung erlaubt.

Die Hinweise auf den Meteorit und auf die Vulkane sollten den Lesern die Angst nehmen und Mut machen.

Wir Menschen können diesen Planeten niemals gefährden.

Er jedoch kann, wenn es sein soll, die Menschheit jederzeit vernichten.

Wir Menschen wiederum können aber unsere Lebensgrundlage erheblich beschädigen.

Vor diesem Hintergrund sollten wir Menschen uns schnellstmöglich darüber klar werden, wie wir weiterhin mit unserer Erde umzugehen haben.

Wir sollten uns bewusst werden, dass es sich für uns Menschen lohnt, unsere Mutter Erde wie eine Mutter zu behandeln.

Echter Umweltschutz ist nötig.

Nicht nur populistisch das Klima schützen!
Echter Umweltschutz ist nötig und zwar weltweit und wirkungsvoll.
Populismus, Opportunismus, Hetze und persönliche Vorteilssuche durch
Klimageschrei müssen unterbunden werden.
Schluss mit Hysterie und persönlicher Profilierung.

Weltweit muss schnell ein Verbotskatalog für jede Umweltgefahr aufge-
stellt und beschlossen werden.
Hohe Strafen müssen weltweit festgelegt, durchgesetzt und für jede Zuwi-
derhandlung vollzogen werden.

Eine eigenständige Umweltschutzpolizei ist weltweit zu installieren.
Dieses Thema ist wichtig, viel zu wichtig, um mit substanzlosen Behaup-
tungen und mit aufdringlichem ‚Grün-Geschwätz' persönliche Politkarri-
ere zu machen.

Wenn wir den Schutz unserer Lebensgrundlagen wirklich ernsthaft diskutieren wollen, dann müssen wir dieses Thema in

Sechs Gefahrenkategorien

unterteilen.
- Vermüllung unserer Umwelt
- Vergiftung unserer Lebensgrundlagen
- Zerstörung von Gesellschaftsstrukturen und Leben
- Ausbeutung unseres Planeten
- Luftverschmutzung
- Klima

Die Diskussion sollte sachlich, ohne Emotion und nur auf der Basis seriöser Fakten erfolgen.

1. Vermüllung unserer Umwelt

Die Vermüllung auf unserem Planeten schreit zum Himmel. Sichtbares
Plastik und noch viel schlimmer unsichtbares Mikroplastik breiten sich
auf unserer Erde aus wie im Mittelalter die Pest.

Viele Flüsse, die meisten Seen und alle Meere werden immer mehr vermüllt.

Der Mensch ist sich leider immer selbst der Nächste. Andere interessieren meistens nicht. Selbst in der freien Natur ist für jedermann sichtbar, wie auch sogenannte ‚Großdemonstrierer‘ ihre Bierflaschen, Dosen, Plastik und allen sonstigen Müll einfach in der Natur zurücklassen.

Über die Industrie, über die Verpackungswirtschaft und über die Reichen wird geschimpft und gegen sie demonstriert.

Den Demonstrierern geht es nicht um Müll, denn selbst besteht man auf billigen Plastiktaschen, kostenlosen Plastiktüten und auf schädlichen Verpackungen.

Die Politik muss dringend, und zwar weltweit und sofort, durchgreifend handeln, um nachhaltigen Schaden an den Menschen zu verhindern und um die totale Vermüllung unserer Meere zu unterbinden.

Was ist zu tun?

Die dumme Menschenmasse ist weder mit Regeln noch mit Gesetzen noch mit Verboten davon abzuhalten, unsere Erde weiter zu vermüllen, zu vergiften und auszurauben.

Also muss endlich begonnen werden zu bestrafen, und zwar drastisch.

Die Hauptmüllproduktion muss unterbunden werden. Wo gelingt diese?

Bei der Verpackung.

Zwar trifft dies eine ganze Industrie, aber unser Leben ist wichtiger.

Viele Argumente werden die Verpackungslobbyisten vortragen. Von Hygiene, von Gesundheit und von Krankheit wird gesprochen werden.

Die Politik muss Gesicht und Charakter zeigen. 90 Prozent der Verpackung müssen verboten werden.

Unser Planet wird dies der Menschheit danken.

Die nachfolgenden Generationen leben dann auf nicht vermüllter Erde.

Das Problem der Vermüllung unserer Erde ist schlimm.

Viel schlimmer ist jedoch Mikroplastik. Es ist mittel- bis langfristig tödlich für jeden Organismus.

Wenn nicht weltweit schnell gehandelt wird, vermüllen unsere Wälder,

Flüsse, Seen und Meere, vermüllt dieser Planet, überall ist Mikroplastik und alle Lebewesen, auch der Mensch, erleiden großen Schaden.
Wenn nicht sofort Maßnahmen und Strafen gegen Müll und Mikroplastik durchgesetzt werden, gibt es für jeden biomolekularen Organismus gesundheitliche Probleme und langfristige Erbschäden.

2. Vergiftung unserer Lebensgrundlagen

Hierzu ist festzustellen, dass auch dieses Thema eigentlich ein rein politisches ist.
Worum geht es bei der Vergiftung unserer Lebensmittel und unserer Umwelt?
Unsere Lebensmittel sind überall gefährdet.
In der Landwirtschaft, im Handwerk, in der Industrie und im Handel.

Die Politik müsste handeln. Sie könnte verbieten, dass in der Landwirtschaft, im Ackerbau, auf der Wiese, im Gemüsebau und im Obstbau mit Giften gearbeitet wird, welche nicht nur Unkraut und Ungeziefer vernichten, sondern unsere gesamte Umwelt zerstören.
Ein Großteil der Insekten, Vögel und Kleintiere sind schon vernichtet.
Auch viele Menschen nehmen täglich Giftpartikel aus Ungeziefer-Spritzsubstanzen in ihren Organismus auf.
Je nach individueller Veranlagung werden auch die Menschen in Bälde deswegen weitverbreitete Gesundheitsschäden zu beklagen haben.

Würden wir hier endlich politisch richtig handeln, wäre das ein Segen für diesen wunderschönen Planeten, insbesondere für uns Menschen.

Die Gifte in den Lebensmitteln würden wieder verschwinden und die Gefahr für uns Menschen wäre gebannt.

Bienen, Insekten, Schmetterlinge, Kleintiere und Vögel würden sich schnell wieder vermehren.

Die Politik könnte, ja müsste außer dem Einsatz von **Spritzgiften** auch **Antibiotika** und **Hormone** sowie die Verwendung von sinnloser **Gentechnik** verbieten und hart sanktionieren.

Bei ordnungsgemäßer und intelligenter Planung und Kontrolle in der Landwirtschaft, im Handwerk, bei der Industrie und beim Handel wären alle vier Schadstoffe ganz überflüssig.

Die Politik müsste auch die übertriebene landwirtschaftliche Vergüllung verhindern bzw. regeln.
Auch der Einsatz aller schädlichen Dünger ist zu stoppen.
Ganz wichtig ist, alle medizinisch und ethisch unpassenden Veredelungs-züchtungen zu verbieten.
Nicht nur die Landwirtschaft verwendet Gift, Antibiotika, Hormone und Gentechnik.
Auch das Handwerk, z. B. der Metzger, die Industrie, z. B. die Lebens-mittelproduzenten, die Tierzucht, die Fischfarmen, ja sogar beim Handel werden zur Frischhaltung allerlei Gifte verwendet.

Natürlich nützen solche Abwehrmaßnahmen nichts, wenn sie national be-grenzt sind. Solche Verbote müssten weltweit funktionieren und sie müss-ten streng kontrolliert und konsequent sanktioniert werden.

3. Zerstörung von Leben und Strukturen

Früher kämpften Sippen, später Völkergruppen und schließlich ganze Völ-ker und Nationen gegeneinander. Sie stritten, führten Kriege und vernichte-ten sich gegenseitig. Menschen schlachteten sich ab, Völker bekämpften sich und Nationen zerstörten sich bis zur Vernichtung, bis zum Untergang.
Menschenmassen stehen sich in Kriegen als Todfeinde gegenüber und die einzelnen Menschen wissen gar nicht, warum sie sich umbringen.

Und wer hat sie in den Tod geschickt?

Meist geldgierige, machthungrige **Einzelverbrecher,** teuflische Herrscher und Menschenverachter aus Religion, aus Adel und aus der Geld- und Machtpolitik.
Geldgierige und machthungrige Einzelverbrecher hetzen seit Jahrtausen-den ganze Völker gegeneinander auf und zwingen sie in den Tod.

Mittlerweile tun dies auch **‚Demokraten'** in Abstimmung.

Auch Volksvertreter aus demokratischen Parlamenten fassen Beschlüsse, welche nur im Krieg enden können.

Diese Herrschaften fühlen keine Schuld, sie taten es ja im Kollektiv, also demokratisch.

Solche Politiker sind nicht besser als ein kriegerischer Diktator.

Früher waren es Herrscher, Diktatoren, heute sind es ‚Demokraten‘, charakterlose ‚Politschwätzer‘ und gewissenlose ‚Mitläufer‘.

Nach Lenin: ‚Nützliche Idioten‘.

Wenn Amerika oder ein anderes Land wegen Öl, wegen Gas, wegen geopolitischer Machtgelüste internationale ‚Verteidigungs‘-Stützpunkte im Ausland z. B. in der Ukraine, in Syrien, in der Türkei, in Polen und auch in Deutschland und in vielen anderen Ländern einrichtet, und das im Wissen, dass hierdurch ernste Konflikte vorbereitet werden, auf die der andere, in diesem Fall Russland, reagieren muss und wenn dieser reagiert, dass man ihn dann mit Sanktionen belegt und viele andere Länder gleichzeitig zu analogen Sanktionen zwingt, auch wenn dort hierdurch große Probleme entstehen,

wie nennt man dann so etwas?

Jedenfalls nicht Friedenspolitik.

Wo würde sich ein hieraus entstehender Krieg zwischen Amerika und Russland abspielen: nicht in der USA, nicht in England, auch nicht in Frankreich, sondern in erster Linie in Deutschland.

Wie nennt man als Deutscher diejenigen, welche eine solche Politik unterstützen?

Dummköpfe müsste man sie nennen.

Sie nennen sich aber Volksvertreter.

Es sind aber Volksgefährder – eigentlich Vaterlandsverräter.

Sie bringen nämlich ihr eigenes Volk in große Gefahr.

Kriegshetze und Kriegsvorbereitung ist es und ein Verbrechen gegen die Menschlichkeit.

Wie einfach wären Kriege zu verhindern, wenn man einer Politik nicht zustimmt, von der man weiß, dass diese zum Streit führt und, wenn es dumm läuft, zum Krieg.

Kriege vernichten nicht nur Menschen und Tiere, sie zerstören ganze Landschaften, ganze Länder, halbe Kontinente.

Wir sprachen über Zerstörung von Leben und Strukturen.

Auch der Abbau von Urwäldern und die Anpflanzung von Ölpalmen ist die Vernichtung regionaler Lebensgrundlagen, die Zerstörung ganzer Regionen, ganzer Länder.

Zerstören heißt nicht nur, eine Kirche oder einen Tempel zerstören, auch Landschaften und Menschen, ja ganze Völker werden zerstört.

Zerstören heißt auch immer, Menschen töten diese Erde.

All dies hat die Politik zu verhindern – aber sie tut es aus Dummheit oder bewusst aus persönlichen Vorteilserwägungen und aus Eigennutz nicht.

4. Ausbeutung unseres Planeten

Was hier mit der Ausbeutung unserer Erde geschieht, hat mit Intelligenz und mit Menschlichkeit nichts mehr zu tun.

Die Kohle, eine unserer wichtigsten Ressource für Medizin, für viele Spezialtechnikbereiche, einfach gesagt für das Leben der Menschen, auch der zukünftigen Generationen, wird nach wie vor weltweit abgebaut, ausgebeutet und zur Verbrennung genutzt.

Eine Dimension der Dummheit, welche spätere Generationen nicht mehr begreifen werden.

Weltweit müsste die Politik die Verbrennung von Kohle verbieten.

Selbst die dümmsten Menschen wissen, dass der wertvolle Rohstoff Kohle endlich ist und dass er aber ganz dringend für die nächsten tausend Generationen eine wichtige Lebensgrundlage darstellt.

Wie kann man den folgenden Generationen gegenüber so ignorant und so rücksichtslos sein?

Dasselbe gilt für Holz.

Hier ist Edelholz ebenso wie Brennholz gemeint. Zwar wächst Holz immer wieder nach. Dies ist aber nur dann möglich, wenn wir die Wälder nicht industriell vernichten und anderen Nutzungen zuführen.

Die Ausbeutung dieser Erde ist eigentlich grenzenlos.
Wir fischen die Meere leer. Statt intelligenten Fischfang zu praktizieren, betreiben wir rücksichtslose Raffgier im Fischfang.
Statt nur ausgewachsene Fische zu fangen, töten wir auch den Nachwuchs.
Die Landwirtschaft beutet durch monotonen Anbau die Böden aus.
Wir vernichten die Insekten.
Wir zerstören die Wälder.
Wir zerstören, wenn wir so weiterfreveln, auch unsere Lebensgrundlage.
Wir leben in einer totalen Überfluss- und Wegwerfgesellschaft.
Unsere Verantwortungslosigkeit der Natur gegenüber ist nicht mehr zu überbieten.

Reparaturen an Gebrauchsgegenständen sind heute nicht mehr vorstellbar.
Es ist altmodisch, ja geradezu lächerlich, einen Wasserhahn, ein Küchengerät, ein paar Schuhe, ein Autoteil oder tausend andere Dinge in unserem täglichen Leben reparieren zu lassen.
Ja, wer macht denn noch so etwas? Wer ist denn noch so rückständig?

Heute wird nur noch ausgetauscht.
Das alte Teil wird weggeschmissen und durch ein neues ersetzt.
Vom Wasserhahn über Küchengerät bis zum Automotor.
Vom künstlichen Knie über Hüfte bis zum Ehepartner.

Lassen wir ihnen den Spaß!

Es ist wirklich fünf vor zwölf.
Wir können unseren Planeten nicht weiter ausbeuten, so wie der Koch die Weihnachtsgans ausnimmt.

Die Rohstoffe werden knapp und knapper und bald so teuer sein, dass reparieren sich ohnehin wieder rechnen wird.
‚Reparieren' wird bald wieder unser Vokabular bereichern.

Recyceln wird zur Zwangsalternative, wenn sich die Reparatur nicht mehr rechnet oder technisch nicht mehr möglich ist.

Gesetze muss es geben, die jegliche Vernichtung von recycelbaren Rohstoffen verbietet.
Recyceln muss zur Pflicht werden.

Und was halten wir von Lebensmittelverschwendung und -vernichtung?
Unmenschlich ist es und dekadent, was in Wohlstandsländern durch deren Überschussgesellschaft geschieht.
Millionen Tonnen von essbaren Lebensmitteln werden täglich mutwillig vernichtet durch Generationen, durch Menschen, welche noch nie Hunger litten und nicht wissen, was Not ist.
Gleichzeitig verhungern anderswo Millionen Menschen.

Solcher Frevel gehört ebenfalls sofort weltweit gesetzlich verboten.

Die Politik muss also schnell die Schranken weltweit herunterlassen.
Wir dürfen diese Erde nicht weiterhin nur ausbeuten.
Wir dürfen sie nützen.
Wir sollen sie aber hegen und pflegen und nicht traktieren.

5. Luftverschmutzung

Bevor wir uns mit dem Thema Luftverschmutzung näher beschäftigen, sei auf die Umweltpunkte a) mit f) besonders hingewiesen.

Umwelt

a) Wie entstehen Treibhausgase aller Art?

- Durch Oxidierung, durch Verbrennung, durch Verfaulung fossiler Stoffe.
- Durch Verdauung von Nahrung bei Säugetieren – besonders bei Rindern.

b) Die schlimmsten Treibhausgase sind CO_2 und Methan.
Methan wirkt 84-mal negativer als CO_2, auf 100 Jahre 26-mal.

Diese Stickoxyde und Feinstaub belasten die Atmosphäre dieses wunderschönen Planeten Erde seit vielen Millionen Jahren.
Sie sind es, welche seit Bestehen der Atmosphäre die Eiszeiten und die Warmzeiten auf dieser Erde verursachen.

c) Verursacher der Treibhausgase
- Meere, Seen, Sümpfe, Brackwässer, sogar sauerstoffproduzierende Wälder, Steppen, Grünflächen aller Art
- Die zwei Pole, die Gletscher und die Permafrostgebiete schütten seit Millionen Jahren jahreszeitabhängig riesige Mengen hoch komprimiertes Methangas aus.
- Vulkane, Geysire
- Heizung und Hausbrand
- Industrie – Wirtschaft – menschliche Gesellschaft
- Verkehr
- Großbrände (Wälder – Müllhalden)

d) Millionen Jahre alte Einflüsse auf die Erdatmosphäre hinsichtlich der Wärmeregulation unseres Planeten.

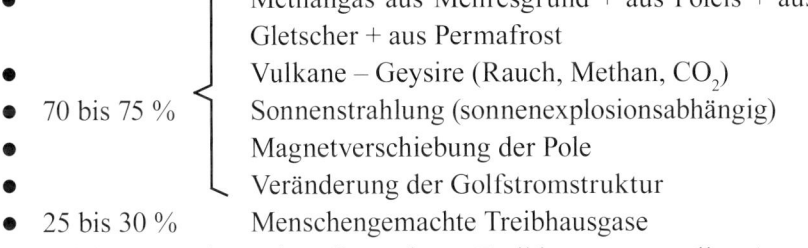

- Methangas aus Mehresgrund + aus Poleis + aus Gletscher + aus Permafrost
- Vulkane – Geysire (Rauch, Methan, CO_2)
- 70 bis 75 % Sonnenstrahlung (sonnenexplosionsabhängig)
- Magnetverschiebung der Pole
- Veränderung der Golfstromstruktur
- 25 bis 30 % Menschengemachte Treibhausgase

e) In welchem Land werden die meisten Treibhausgase – aller Art – durch die Menschheit erzeugt?

China   28 %
USA   18 %
Europa   14 %
Russland   13 % } 100 % (CO_2 + Methan + andere Treibhausgase)
Asien   10 %
Indien   7 %
Andere   10 %

- Deutschland ist an dieser weltweiten Treibhausgasproduktion mit 1,8 Prozent beteiligt.

- Der Planet Erde produziert jedes Jahr 41 Milliarden Tonnen Treibhausgase aller Art (nicht eingerechnet Vulkane etc.).

f) Daten zum Klima

- Dieser wunderschöne Planet Erde kreist genau in dem Abstand um die Sonne, in welchem die für jeden Organismus notwendige Atmosphäre entstehen kann.
  - 24 Stunden pro Tag
  - 365 Tage pro Jahr
  - Wegen der Drehung der Erde um die eigene Achse wird es bei uns Tag und Nacht.
  - Die elliptische Flugbahn der Erde schenkt uns die vier Jahreszeiten.

- Die Erde wird von einer ca. 30 Kilometer dicken Atmosphärenschicht (Treibhausgase, Ozon und viele sonstige Gase) und von einer darüber befindlichen 100 Kilometer dicken Schutzschicht umgeben.

- Die Atmosphärenschicht stellt zum einen die Grundlage für die Existenz jedes Lebens auf dieser Erde dar, die Schutzschicht schützt das bestehende Leben auf diesem Planeten vor ganz bestimmten tödlichen Sonnenstrahlen.

- Des Weiteren sind diese Atmosphäre und die Schutzschicht ein Temperaturregulativ, also Garant für optimalen Wärme- und Kälteausgleich auf diesem Planet Erde.

- Auch die Feuchtigkeit der Luft, also das Klima, auf dieser Erde ist ein Produkt der Atmosphäre.

Die Sonne ist alles – ohne Sonne ist alles nichts!

Von der Sonne kommt die nützliche, die gesunde und die schädliche Strahlung.
  - Die Sonne ist die Mutter dieser Erde.
  - Ohne Sonnenstrahlung gibt es kein Leben.

Bemerkung zur „Klimaverirrung":

Es ist bekannt, dass Deutschland weltweit nur mit max. 1,8 Prozent an der weltweiten Luftverschmutzung beteiligt ist und dass der Deutsche Einfluss auf den Weltklimawandel nahezu Null ist..
Es ist auch bekannt, dass die Natur, also diese Erde, seit Millionen Jahren Treibhausgase produziert.
Es ist bekannt, dass die produzierte Menge an Umweltgasen seit Millionen Jahren eine Temperatursinuskurve verursacht, also Eiszeiten und Warmzeiten bewirkt.

Die Treibhausproduktion durch den Menschen – durch Wirtschaft und Industrie, durch Heizung und Hausbrand, durch Verkehr (Autos – Flugzeug – Schiffe etc.) war und ist im Verhältnis zur Natur auch heute nicht klimaentscheidend.

Wir Menschen können deshalb die seit Millionen von Jahren bestehende Klimaveränderung nur etwas beschleunigen oder verzögern.

Wie das Treibhausproblem menschlicherseits zu bekämpfen wäre, das lesen sie auf den Seiten 555 bis 560.

Ein einziger mittlerer Vulkanausbruch verursacht mehr Umweltbelastung als alle menschlich in Jahren verursachten Belastungsquellen zusammen. Der Vulkanausbruch Krakatau von 1883 n. Chr. hatte wie gesagt eine Energie von 1300 Atombomben und eine Umweltbelastung wie die gesamte Menschheit in 30 Jahren.

Ganz große Luftverpestung erfolgt durch natürliche Waldbrände, durch Rodungsbrände und durch monatelange Brände in gigantischen Müllhalden in Armenhausländern.

Auch die weltweiten Feuerwerke und ähnliche Spaß- und Umweltkillerveranstaltungen verursachen beachtliche Umweltbelastungen.

Die ganz großen Verursacher von Methan sind die Meeresböden, das Schmelzeis auf den Polen, in Gletschern und in Permafrostgebieten.

Auch aus den Mägen von Wiederkäuern, aus Gülle und aus allen Faulprozessen auf dieser Erde werden riesige Mengen Methan abgesondert.

Bekannt ist auch, wie oben aufgeschlüsselt, dass die Menschen durch ihre Wirtschaft, durch Industrie, durch Hausbrand, durch Verkehr und durch viel Unsinn eine Menge Stickoxyde erzeugen.

Bekannt ist aber auch, dass die von Menschen erzeugten Stickoxyde nur 25 bis 30 Prozent der von der Natur produzierten Giftgase betragen.

Die aggressiven Töne gegen die Autos und die Autoindustrie beruhen also weniger auf Wissen und Vernunft als auf Opportunismus, auf Profilneurose, auf Selbstdarstellung und auf Abneigung gegen die Wirtschaft.

Hier wird kräftig gehetzt und Stimmung gemacht.

Im Jahr 1970 machte der Club of Rome mit seinen veröffentlichten Berichten ‚Die Grenzen des Wachstums' und der damit verbundenen Erduntergangsstimmung auf sich aufmerksam. Das Ozonloch über Australien würde sich nach dessen damaliger Prophezeiung innerhalb der nächsten 15 Jahre über den gesamten Globus ausbreiten.

Kein Mensch, auch kein Tier könnte sich mehr in die Sonne wagen. Ihr Organismus wäre in wenigen Wochen wegen fehlenden Ozons durch die lebensgefährliche Sonnenstrahlung dem Tode geweiht usw.

Wissenschaftler wie das Institut für Erd- und Umweltwissenschaften Potsdam, Irum Khan, welche diesem hetzerischen Untergangszenario des Club of Rome mit Fakten widersprachen, wurden nicht mehr gehört bzw. medial in die Ecke gestellt oder totgeschwiegen.

Die Medien veranstalteten eine regelrechte Weltuntergangsstimmung.

Zehn Jahre später gab es kein Ozonloch mehr über Australien.

Die Erde hat alles geheilt, das Ozonloch ist geschlossen.

Diese Tatsache wurde medial nahezu totgeschwiegen.

Das Vorgesagte heißt nicht, dass wir Menschen unsere derzeitige Luftverschmutzung ignorieren sollten, sondern dass wir uns mit allen uns zur Verfügung stehenden Mitteln gegen jegliche vermeidbare Luftverschmutzung wenden müssen.

Aber wir sollten aufhören, nur destruktiv zu klagen und zu hetzen, statt konstruktiv zu handeln.

Wie soll man die Politik noch für ernst nehmen, wenn die Politiker bombastische Weltklimakonferenzen abhalten und für den Straßenverkehr 40

Milligramm Stickoxidobergrenze pro 1 m³ Luft wichtigtuerisch festschreiben und für Büroräume 700 Milligramm pro 1 m³ zulassen?
Viele weitere absolut obskure Politentscheidungen hinsichtlich Luftverschmutzungen müssten aufgedeckt werden.

Was geht in deutschen Politikern vor, was verfolgen denn diese Menschen in Wahrheit, wenn sie den Amerikanern (Amerika hat 58 bis 110 mg/m³) und gewissen europäischen ‚Politikern' zustimmen, die völlig unsinnige Stickoxydgrenze von 40 mg/m³ für Autos noch weiter zu senken.
Diese Herrschaften wissen doch genau, dass diese wahnsinnige Luft- und Feinstaubpolitik nur gegen die deutsche Autoindustrie und damit gegen die deutsche Wirtschaft und damit gegen den deutschen Wohlstand gerichtet ist.

Dass diese Politiker keine Politik für die deutschen Bürger betreiben, sondern nur persönliche ‚Futtertrog-Politik', beweisen sie täglich.

Alle Länder in Europa messen, wenn überhaupt, ihre Stickoxyde ca. 15 bis 25 Meter abseits der Straßen und in vier Meter Höhe.
Unsere ‚Umweltterroristen' zwingen uns, unmittelbar an der meistbefahrenen Straße in einem Meter Höhe zu messen.
Wir messen also unmittelbar am Autoauspuff.

Das Ergebnis in Deutschland ist:
Die Hauptstraße wird für den Verkehr gesperrt – die Nebenstraßen werden dann befahren und das ganze Stadtviertel leidet wegen Stau in allen Nebenstraßen unter Stickoxyd.
So in Hamburg geschehen.

Dies ist kein Umweltschutz, sondern Hetze, persönliche Selbstbefriedigung und schließlich erzwungener Schaden für friedliche Bürger.

Die Umweltsituation ist ernst.
Wir müssen handeln, also unsere Umwelt wirklich schützen.
Wir müssen sofort konstruktiv tätig werden.

Konstruktiv handeln heißt: weltweite Festlegung realistischer Grenzwerte für Abgase aller Art und verbindliche, weltweite Strafbestimmung.

Sofort Verbote aller Brandrodungen, aller Feuerwerke, aller Müllhaldenbrände und jeglicher Verheizung von Kohle.
Sofort Verbot gegen Abholzung von Urwäldern durchsetzen. Sofort weltweit Strafen festlegen und dann auch hart sanktionieren.

Die Sanktionen bzw. die Strafen müssen dann aber auch weltweit durchgesetzt werden, nicht nur in Deutschland.

Die weltweite Politik muss dann sofort gemeinsam sachbezogen und konsequent handeln.

Die Medien sollten sofort aufhören, tendenziös nur gegen Autos und die
Wirtschaft zu berichten.

Kann man das erwarten? Kaum zu glauben.
Die bekannten Klimakonferenzen sind nämlich nur politische Luftnum-
mern und nur populistische Showveranstaltungen.

Nach dem Motto – alle denken an sich, nur ich denke an mich –
müssen wir nun unsere deutsche Wirtschaft verteidigen, sonst ist es schnell
vorbei mit unserem Wohlstand in Deutschland.

Dies wollen die Hetzer ja.

Einen Militärkrieg kann man nicht mehr gegen Deutschland führen, also
inszenieren wir einen Wirtschaftskrieg, so denken sie.
Wer denkt so? Die Weltkapitalisten, die zwölf Apostel des Teufels.

6. Klimawandel

Und schließlich kommen wir zum Klima, zur Profilierungsbühne für alle
Egomanen, für Wichtigmacher, für teilweise bezahlte Berufsdemonstrierer.
Mit dem Wort Klimaschutz kann man sogar die sonst stillschweigende Tan-
te Olga hinterm Herd und Onkel Franz von der Ofenbank hervorlocken.

Mit dem Wort Klimaschutz werden Wahlkämpfe geführt, im Volk Zwie-
tracht gesät und Kriege vorbereitet.

Kinder werden benutzt und an die ‚Front‘ geschickt.
‚Fridays For Future‘ heißt dann die ‚Masche‘.

Gekaufte und gefälschte Gutachten werden vorgelegt, es wird getrickst und gelogen. Nichts ist mehr heilig.

Pervers wird es, wenn man sogar mit Umweltzertifikaten, also mit Umweltgift handelt.

Selbst Wissenschaftler gibt es, welche sich nicht schämen, ihre Meinung zu vergewaltigen und ihre ‚Ehre‘ für ‚Geld‘ oder fürs Ego zu verkaufen. Auch heute gibt es genügend ‚Forscher‘, die uns unwichtigen Erdwinzlingen die alleinige Schuld zuschreiben, für die auf unserem Planeten Erde vor Jahren neu begonnene und seit Millionen von Jahren immer wieder abgelaufene Klimaveränderung.

Wir Menschen sind nach der Lesart dieser selbst ernannten ‚Klimaengel‘ und ‚Weltbeschützer‘ die alleinigen Verursacher des zweifelsohne seit geraumer Zeit wieder im Gang befindlichen Klimawandels.

Der sogenannte Club of Rome hat sich Anfangs der Siebzigerjahre mit einer ähnlichen Masche schlimm blamiert.

Der amerikanische Minister Al Gore und viele andere Politiker haben sich mit Pseudoumweltschutz maßlos bereichert.

Schlimm ist, dass auch viele Medien auf diese Lügenmärchen hereinfallen oder sie aus Quotengründen nutzen und diese Halbwahrheit dann noch massiv vergrößern.

Wenn diese Menschen nicht total ignorant, selbstgefällig, viele auch zu dumm und die Drahtzieher nicht so egozentrisch und geldgierig wären, dann könnte man sie ja aufklären.

Was ist nun hinsichtlich des Klimawandels wahr?
Unbestritten ist, dass dieser Planet Erde seit Bestehen schon mehrere Hundert Male sein Klima völlig verändert hat.

Wir hatten Hitzezeiten und Eiszeiten. Wir hatten Trockenzeiten und Regenzeiten.
Zeiten, in welchen die Pole fast eisfrei waren und in manchen Wüsten das Meer flutete oder Wald stand.

Europa war schon eine einzige Eiswüste und es war auch heiß wie am Äquator.
Und es gab damals keine Industrie und keinen Mensch, der Auto fuhr.

Ein einziger großer Vulkanausbruch, ein einziger Erdriss an einem Kontinentalplattenstapel wären in der Lage, auch heute, in kurzer Zeit so viel Giftgas, Rauch und Dreck auszustoßen, dass die Erde für Monate, ja sogar für viele Jahre dunkel und kalt wäre.

Ein ganz normaler Vulkanausbruch stößt so viel Umweltgifte und Feinstaub aus, wie heute alle Menschen in vielen Jahren auf der Erde produzieren.
Hier sind die weltweiten jährlichen Waldbrände und die riesigen Brände an Großmüllhalden nicht eingerechnet.

Natürlich müssen auch die weltweit stattfindenden Feuerwerke, die Brandrodungen, die monatelangen Müllhaldenbrände überall auf der Welt und die sonstigen Umweltverschmutzungsveranstaltungen sofort gestoppt werden.

Das Auto und die Wirtschaft sind aber nicht die Hauptursache für den unbestrittenen, vor vielen Jahren begonnenen Klimawandel.

Was hier und heute geschieht, ist reine Hysterie. Es ist ein umweltpolitischer Amoklauf gegen Diesel, gegen Benzinmotor, gegen SUV.
Es geht gar nicht gegen Auto, es geht gegen die Wirtschaft und gegen unser Gesellschaftssystem.
Dass man Elektroautos fordert, beruht auf der Tatsache, dass man weiß: Die Umstellung bringt die deutsche Automobilbranche fast an ihre Existenzgrenze und dies spaltet unsere Gesellschaft.

Die ‚Autogegner' wissen, dass das Elektroauto am Ende umwelttechnisch keine Vorteile bringt und in Zukunft durch Wasserstoff ersetzt wird, aber politisch große Probleme schafft.

Die Herstellung einer Auto-Elektrobatterie für Elektrofahrzeuge verursacht durch die Ausbeutung und Gewinnung und durch die Entsorgung der für die Batterien notwendigen Natursubstanzen mehr Umweltverschmutzung, als ein VW Golf in zehn Jahren Fahren produziert.

Zeitungs-Bericht FAZ

Wie kann ein E-Auto besser für die Umwelt sein, wenn allein für die Produktion der Batterien die Umwelt massiv verseucht wird? In dem Lithium-Dreieck Argentinien, Bolivien und Chile sind 10 000 km² Boden durch den Abbau verseucht. Dort werden jährlich bis zu acht Millionen Tonnen Lithium gewonnen, für eine Tonne Lithium werden 1,5 Millionen Liter Süßwasser benötigt. Dafür wird in einer der trockensten Gegenden der Welt z. B. der Grundwasserspiegel massiv abgesenkt und den dort lebenden Bauern die Lebensgrundlage entzogen. In der Republik Kongo werden durch die Kobalt-Förderung Wasser und Boden großflächig verseucht. Von den 40 000 Kindern, die in die Minen geschickt werden, ganz zu schweigen. Aber das scheint ja hier in Deutschland keinen zu interessieren. Hat nicht kürzlich so ein Wohlstandskind in New York mit weinerlicher Stimme gesagt „Ihr habt mir meine Kindheit geraubt"? Man könnte glauben, sie kam direkt aus den Kobaltminen in Afrika.
Jürgen Henze, Pironten

Trotz dieser Erkenntnis ist die Umweltbelastung zu reduzieren.

Aber der Mensch ist nicht in der Lage, den Klimawandel zu stoppen. Allenfalls kann der Mensch den Klimawandel vielleicht hinauszögern und ein bisschen mindern.

Wir Menschen sind aber gehalten und verpflichtet, alles zu tun, um unseren wunderschönen Planeten Erde sauber und gesund zu halten.

Populistisches Handeln von opportunistischen Politikern, Hetze durch grüngewickelte Weltverbesserer und Irreführung durch unseriöse Medien sollte man unterbinden.

Gesellschaftlich einseitig programmierte Gerichte, welche z. B. in Hamburg eine Hauptdurchgangsstraße für Autos wegen CO_2-Überlastung sperren, wodurch dann die Autos alle umliegenden Straßen verstopfen und erst dadurch den ganzen Stadtteil „vergiften", sollte man in die Schranken weisen. Wir Menschen sollten aber unbedingt mithelfen, den Klimawandel so weit wie möglich zu verzögern.

Wir Menschen sollten also in all den sechs Gefahrenkategorien
- **Vermüllung unserer Umwelt**
- **Vergiftung unserer Lebensgrundlagen**
- **Zerstörung von Gesellschaftsstrukturen und Leben**
- **Ausbeutung unseres Planeten**
- **Luftverschmutzung**
- **Klima**

sofort weltweit alle notwendigen Maßnahmen in allen relevanten Staaten dieses Planeten in die Wege leiten.

Ein echter, ehrlicher, dauerhafter Klimagipfel aller Staaten ist notwendig. Die Lachnummern der heutigen Klimagipfel sollten sofort gestoppt werden. Ihre Existenz ist nämlich die offizielle Genehmigung für viele heutige Umweltverbrechen.

Bei den neuen, den zukünftigen Umweltaktionen darf es keine lobbybegründeten Ausnahmen mehr geben.
Was im Einzelnen notwendig ist, darf niemals von politischen ‚Experten‘ oder Gerichten festgelegt werden, sondern von neutralen unabhängigen und wirklichen Spezialisten und echten realistischen Umweltschützern.
Keine von Interessenvertretern oder von Verbänden selbst ernannten, auch nicht von Politikern ausgewählten, sogenannten ‚Fachgutachter‘ dürfen es sein.
Auch darauf ist zu achten, dass auf unserer Erde niemals Fanatiker, ‚heilige Weltverbesserer‘, ‚grüne Wurzelsucher‘ oder sogenannte staatliche Umweltschützer das Sagen haben.
Echte qualifizierte, fachspezifische Erdbeschützer mit Wissen und Persönlichkeit müssen bestellt werden.

Nur auf diesem Wege können wir Menschen den Klimawandel verzögern und unsere Lebensgrundlage in etwa sichern.

Alle sechs Gefahrenkategorien sind gleich wichtig.
Politiker werden unsere Erde bzw. unsere Lebensgrundlage nicht retten.“

Frank beendet seine Einlassung hinsichtlich Umwelt und meint:
„Ich wollte nur versuchen, Struktur in unsere Umweltdiskussion zu brin-

gen, weil es darum geht, unseren Planeten ehrfurchtsvoll und ehrenwert zu behandeln und unsere Lebensgrundlagen zu schützen."

Vincent übernimmt nun wieder kurz das Wort.
Er meint: „Bezüglich Umwelt kann ich euch nichts Neues zum Besten geben. ‚Schluss mit dem Kulturkampf gegen das Auto und gegen die Industrie.‘ ‚Keine neue Klimareligion.‘ "

Vincent spielt nun für den Rest der Umwelt den Moderator.
„Meine Meinung", sagt Vincent, „sowie die von Schorsch und Max ist ja hier bekannt."
„Deine Einstellung zu den sechs Gefahrenkategorien sind für uns noch nebulös", spricht Vincent gezielt Hans, den Philosophen, an.
„Hans, willst du einmal kurz Stellung nehmen?"

Hans verzieht das Gesicht: „Wenn's sein muss."

„Lieber würde ich natürlich im luftleeren Raum ein bisschen philosophieren, aber ich weiß, das geht bei euch nicht. Ich verstehe aber von Umwelt relativ wenig, dies ist nicht meine Welt.
Aber so viel weiß ich, umweltstrategisch ist es fünf vor zwölf.

Zu viel Populisten und Opportunisten sind am Werk. Sie spielen sich als Erdbeschützer auf, verfolgen aber irgendwelche eigenen Interessen.

Jeder sucht nur seinen Vorteil, der eine einen Nebenjob, der andere braucht Wählerstimmen, der nächste giert nach Geld und die Schlimmsten wollen Macht.

Wir bräuchten, und zwar weltweit, eine echte Umweltpolizei.

Auch die Medien müssten sich ändern, nicht ‚bad news are good news‘, sondern Wahrheit vor Hetze.
Sie müssen sich entscheiden
     – wollen sie die Wahrheit
     – oder eine ‚gute Geschichte‘.

Die von Frank angesprochenen sechs Gefahrenkategorien teile ich voll und ganz und unterstütze sie.

Wie sich die christlichen Kirchen z. B. zehn Gebote gegeben hatten, so wäre es notwendig, für den Umweltschutz zehn oder 50 Gebote zu erlassen.

Natürlich müsste man auch die hierfür notwendigen Sanktionen, die Strafen bei Verstoß bis hin zu den letzten Maßnahmen festschreiben.
Alle Staaten müssten diese zehn oder 50 Gebote akzeptieren und auch die Sanktionen.

Dies ist meine Einlassung zum Umweltschutz", so Hans.

Frank ergreift nun wieder das Wort,
bedankt sich bei Hans und meint: „Hans, du verstehst sehr viel von diesem Thema und es ist mehr als lobenswert, was du der Welt an Rat gegeben hast.
Die Idee einer weltweiten Umweltpolizei ist der beste Vorschlag, den ich bis jetzt gehört hatte.
Wir sollten diesen Vorschlag später noch diskutieren."

Frank fährt nun weiter mit seinem Vortrag über den Klimawandel.

Zunächst weist er darauf hin, dass diese weltweite Umwelthetze schädlich ist, weil sie vom wahren Umweltschutz ablenkt.
Frank meint: „Die Medien spielen hier eine furchtbare Rolle. Oftmals sind Moderatoren und Schreiberlinge am Werk, die sich wichtigmachen wollen und die nur Emotionen wecken, aber von der Sache keine Ahnung haben und deshalb nur hetzen und abschreiben.

Beispielsweise müsste die Öffentlichkeit wissen, dass es in den letzten 900.000 Jahren mehrere große Eiszeiten und totale Klimawandel gab und dass hierbei jeweils unsere Mutter Erde und alles, was sich auf ihr befand, sehr zu leiden hatte.
Zu dieser Zeit gab es aber keine Autos, keine Wirtschaft, keine Menschen.

Auf die oben erwähnten Eiszeiten folgten immer auch große Wärmeperioden.

Warm- und Kaltzonen verschoben sich dabei von Kontinent zu Kontinent ganz erheblich.

In heutigen Wüstengebieten standen, wie schon gesagt, teilweise Urwälder oder alles war Wasser bzw. Meer.

Wissenswert ist es auch, dass vor 535.000 Jahren in Russland ein gewaltiger Vulkanausbruch halb Sibirien mit einer bis zu 1,6 kilometerdicken Lavaschicht bedeckte und dass ein pyroklastischer Feuersturm ganz Asien mit Gas und Hitze überzog.

Jahrzehnte war das Klima in Sibirien auf Kälte und Dunkelheit reduziert. Fast alle Lebewesen waren tot.

Auch heute leben wir in einem nicht ganz unbeträchtlichen Klimawandel. Dieser begann schon vor 100 Jahren.

Wärmer wurde es und es wird noch wärmer werden.

Wir Menschen, wir Erdwinzlinge und wir Wichtigmacher, haben diesen Klimawandel aber nicht hauptsächlich selbst verursacht.

Leider tragen wir hierzu aber mit bei. Durch unsere Luftverschmutzung. Durch die zusätzliche von Menschen verursachte CO_2-Anreicherung helfen wir mit, dass sich die um unseren Planeten befindliche Atmosphäre verändert und die Erde sich noch schneller erwärmt, als es die Natur ursprünglich vorgesehen hat.

Wir, die Menschen, sind aber nicht die Ursache für den Klimawandel und alleine schuld an dieser Tatsache. Mit etwas mehr Intelligenz statt mit dummem Geschrei und Hetze könnten wir zu einer etwas langsameren Klimaveränderung beitragen.

Wir könnten und wir können den Klimawandel etwas abmildern und hinauszögern, aber wir können ihn nicht verhindern.

Wir dürfen nicht nur fatalistisch zusehen, auch wenn wir wissen, dass unsere Möglichkeiten beschränkt sind.

Aber wir sollten aufhören, an den Weltuntergang zu denken.

Der nachfolgende Spruch gilt deshalb auch nur beschränkt.

Nimm das Leben, wie es kommt,
aber sorge dafür,
dass es so kommt,
wie Du es nehmen willst!

Wofür müssen wir sorgen?
Für weniger Umweltbeschädigung, für weniger Hysterie.

Nicht der Diesel ist das Problem, sondern die Menschen!

Die Ingenieure und ihre Technik – nicht die Politik – werden die Probleme lösen!

Das war's", meint Frank!

HINWEIS!

Von Seite 555 bis Seite 560 ist zu lesen:

Wie retten wir die Erde, wie retten wir das Klima?

KAPITEL 16

POLITIK UND GESELLSCHAFT
Völkerwanderung nach Europa – Deutschland

Donnerstag, 22.11.2018, 10.00 Uhr ist es.

Vincent hat dieses verzwickte Thema übernommen.

„Die Völkerwanderung von Afrika nach Europa läuft nun schon seit 2015.

Frau Merkel, die Bundeskanzlerin, hat mit ihrem – ‚Wir schaffen das‘ – und ihrer Politik danach maßgeblich zur Einwanderung nach Deutschland, ja sogar nach ganz Europa beigetragen.

Aus den ärmsten Ländern von Afrika, ja sogar aus Asien, aus Afghanistan und anderen mittelostasiatischen Ländern kommen die Menschen nach Europa, insbesondere nach Deutschland.

Wirtschaftsflüchtlinge werden sie großteils bei uns genannt.
Natürlich versuchen diese Menschen, ihrer Not und ihrem Elend, vor allem dem Tod zu entkommen. Wirtschaftsflüchtlinge wie europäische Millionäre, welche in die Schweiz, nach Irland oder sonstwohin allein der Steuern wegen die Flucht ergreifen, sind sie nicht.
Arme Menschen sind es, bedauernswerte Geschöpfe, welchen man, wenn man von der großen Masse absieht, immer helfen will.

Solche Massen aber, wie der mehrfache Lockruf der Kanzlerin Merkel ver-ursachte, sind auch für ein Land wie Deutschland nicht zu ‚verdauen‘.

Das Anfangsergebnis liegt bereits auf der Hand. Diskussion, Streit, Verwirrung und viele Probleme sind die Folgen.

Die Kosten sind das kleinere Übel.

Die Probleme in unserem Gesellschaftssystem das größere.

Die Ausländerquote in Deutschland steigt mittlerweile von Monat zu Monat. Sie hat jetzt bereits je nach Stadt bis zu 40 Prozent erreicht.

Unser Gesellschaftssystem kommt immer mehr aus dem Gleichgewicht. Mehr als 90 Prozent der Einwanderer nach Deutschland praktizieren, nicht nur oberflächlich, die islamische Religion.

Der Islam und das Christentum passen einfach nicht zusammen.

Sie gehören auch nicht zusammen.

Schon das tägliche Leben offenbart den Unterschied zwischen Islam und Christentum.

Der Speiseplan, die Kleidung, das Verhalten im Kindergarten, in der Schule und auf der Straße führt uns überall und jederzeit die Gegensätzlichkeit beider Religionen – Christentum und Islam – vor Augen.

Auch die Sitten und Gebräuche beider Religionen sind, wie schon gesagt, völlig unterschiedlich und nie vereinbar.

Selbst hinsichtlich Recht und Gesetz bestehen zwischen dem Denken islamisch geprägter Menschen und Christen beträchtliche Differenzen.

Trotz Vorgesagtem haben Moslems natürlich das Recht, bei uns nach ihrem Glauben zu leben. Sie haben aber keinen Anspruch darauf unser Gesellschaftssystem, unsere Sitten und unser Brauchtum zu ändern.

Die Christen haben in islamistischen Ländern null Rechte.

Wir sehen also, durch die zurzeit noch nicht umkehrbare Völkerwanderung besonders nach Deutschland ergeben sich bei uns unmittelbar Probbleme.

Auch mittelbar ist unsere Gesellschaft durch die Völkerwanderung belastet.

Systemveränderung

Im Nebel der vorerwähnten breiten Einwanderungsdiskussion sind in Europa, besonders in Deutschland, seit einigen Jahren mit zunehmender Intensität gefährliche Systemveränderungskräfte am Werk.

Während das breite Volk sich mit der unkontrollierten Einwanderung lauthals beschäftigt und die Medien wissentlich oder unwissentlich mehr positiv als realistisch über die Zuwanderung berichten, formieren sich deutsche, grün getarnte Selbstverwirklicher und Systemveränderer

Wenige von ihnen glauben an das, was sie predigten.
Oftmals beruflich erfolglos, drängt sie ihr Ego in die Öffentlichkeit.
Noch schlimmer sind die, welche ein anderes Deutschland wollen.

Die Erde, das Klima muss gerettet werden, so treten sie auf.
In Wirklichkeit geht es ihnen um Selbstverwirklichung und um eine neue Welt, ein anderes Deutschland.

Geregelte Arbeit, täglicher Leistungsdruck, wenig Freizeit sind doch nicht ihr Sinn des Lebens.
‚Gehen wir demonstrieren, hier kommen wir schneller nach oben‘, ist die Devise. Immer mehr Mitläufer machen ahnungslos mit.
Die konservative, demokratische, gesellschaftliche Grundeinstellung muss verändert werden.
Der Kapitalismus soll durch Sozialismus ersetzt werden.
‚Die da oben‘ werden zum Feind erklärt.

Die Kluft zwischen Arm und Reich wird gepredigt.
Der Dieselantrieb und die Autowirtschaft werden zum Schädling aufgebaut.
Die großen Autos, die SUV, werden als Teufelswerk, als Klimakiller und die Reichen als Erdschädlinge der öffentlichen Verfolgung preisgegeben.
Die Autoindustrie wird als Hauptverursacher des Klimawandels angeklagt, gemeint ist aber die gesamte Wirtschaft und unser Gesellschaftssystem.

Das Volk, die Bürger, werden durch permanent tendenzielle Medienberichte verunsichert.
Jeder und alles wird instrumentalisiert, den angeblich durch die Autos und die Wirtschaft verursachten Klimawandel zu stoppen.

Sogar Kinder und Jugendliche werden von den Weltuntergangspredigern missbraucht.
Nichts ist diesen Herrschaften heilig, gelogen wird und gehetzt.

Sogar gefälschte Gutachten werden vorgelegt.
Der Weltuntergang wird gepredigt.

Wer steckt hinter diesem Systemveränderungsdruck?
Die zwölf Apostel des Teufels sind es wieder.

Schade, dass die friedlichen Demonstranten mittlerweile auf deren Lügenmärchen hereingefallen sind.
Schlimm ist es, dass diese braven Menschen durch ihr Mitmarschieren den Schaufenster-Zertrümmerern, den Autoanzündern und den Molotow-Cocktail-Werfern Schutz bieten.

Wer bezahlt diese internationalen Straßenterroristen, welche heute ihr Unwesen in Paris, morgen in Berlin, in Moskau, in London, übermorgen in Kiew, in Teheran, in Bagdad, in Kairo usw. betreiben?

Natürlich stecken die zwölf Teufel dahinter.
Angeblich kommt Geld unter anderem vom Milliardär Soros.

Politik allgemein
Und wie verhält sich nun die Politik in diesem Geschehen?
Niemals würde sie sich einem mehrheitlichen Trend entgegenstellen.
Wenige persönliche Ausnahmen gibt es.
Populistisch, ja oftmals opportunistisch – sie wissen es ja besser – stellen sich viele Politiker in den Dienst dieser Volksverführer.
Weil die Medien den Systemveränderern teils aus Quotengründen, leider oftmals sogar auch aus Überzeugung, Schützenhilfe leisten, ist kaum ein Politiker zu finden, welcher unsere solide Gesellschaftsstruktur schützt und unsere Werte verteidigt.

Wie ist so eine Politik überhaupt noch zu verstehen?
Der Politiker in unserem demokratischen System wird jeweils durch die Mehrheit der Stimmen gewählt.
Die Mehrheit folgt hierbei dem jeweiligen Trend.
Der Trend wird von den laut auftretenden Straßenkämpfern vorgegeben.
Keine Partei stellt sich gegen den großen Trend.
Will der Politiker in seiner Partei erfolgreich sein und von ‚seinen' Wäh-

lern gewählt werden, wird er oftmals wahre Fakten ignorieren und sich im Trend bewegen.

Kaum ein Politiker ist bereit, seine Karriere zu gefährden, seinen Job zu verlieren, seine Ausschussposten abzugeben, nur um Charakter zu zeigen.

Was ist das für eine charakterlose Chaospolitik?
Jeder weiß, Churchill gab es schon zum Besten.
‚Demokratie' ist die schlechteste Regierungsform.
Es gibt aber keine bessere.

Nicht die Demokratie ist hier zu kritisieren, sondern ihre viel zu oft erbärmlichen, charakterlosen Vertreter.

Fünf vor zwölf ist es:

Wir reden jetzt nicht nur von der Politik, sondern von Europa, vom schönen Deutschland – von Demokratie, von Rechtsstaat, von Ordnung, von Freiheit und von 73 Jahre Frieden.

Es wäre wert, unser Gesellschaftssystem, unsere Demokratie zu verteidigen. Aber unsere ‚Demokraten' in Deutschland, in Frankreich, in England, in Italien usw. und ganz besonders in ‚Europa', also in Brüssel, machen unsere Demokratie unaufhaltsam kaputt.

In unserem Staat ist noch vieles, ja manchmal sogar sehr vieles zu verbessern. Viel Not gibt es in unserem Wohlfahrtsstaat.

Wir müssen sofort und nachhaltig agieren.
- Kein Rentner, keine Rentnerin, welche sich selbst nicht mehr helfen kann, darf hungern, frieren, in Not leben, medizinisch unversorgt und ohne menschenwürdige Unterkunft sein.
  Ist aber so!
- Kein alleinerziehender Elternteil, welcher Hilfe braucht, und kein Kind darf mehr in dauerhafter Not leben.
  Ist aber so!

- Auch Obdachlosen ist zu helfen, wenn sie wirklich hilflos sind.

Diese Hilfe kann und muss sich unser reicher Staat leisten.
Nicht planloses Verteilen von Geld ist angesagt, sondern intelligente und kluge Soforthilfe ist nötig.

Über obiger Hilfe muss aber der Grundsatz stehen:
- Arbeitsfähige müssen sich ihren Unterhalt **selbst erarbeiten.**
- Nullbock-Aspiranten, ‚Berufs-Hartz IV-ler‘ und alle Drückeberger müssen durch geeigneten **Zwang** zur Arbeit **gezwungen** werden.

Kann unsere heutige Demokratie diesen Grundsatz durchsetzen?

Nein, mit diesen Politikern zurzeit wohl nicht.

Die Demokratie müsste so stark sein, bei Notwendigkeit auch einmal Zwang auszuüben.

Wie kann man dem Wunsch Churchills nach einer funktionierenden Demokratie gerecht werden?

Die Antwort ist relativ einfach.
- Alle ‚demokratischen‘ Parlamente sind hoffnungslos überbesetzt.
- Alle Parlament sind kognitiv und intellektuell sowie persönlichkeitsbezogen an vielen Stellen falsch besetzt.

Statt Qualifikation zählen oftmals Spezlwirtschaft, Selbstdarstellung, Parteipolitik und Gewerkschaftszugehörigkeit.
Nur Mittelmaß macht Karriere, wirkliche Persönlichkeiten sind suspekt und nicht gewünscht. Sie werden schon unten in der Partei ausgebremst.

In der Politik zählen andere Werte:
- War ein Parlamentsmitglied mehrmals im Ausland, ist er/sie **Auslandsexperte.**
- Hat sich ein Parlamentarier dreimal zur Luftverschmutzung, zu O_2-Ausstoß oder bei Auto-Bashing geäußert, ist er/sie ein erfahrener **Umweltexperte.**

- Dasselbe gilt für die Wirtschaft, für die Finanzen, für Soziales, ja sogar für Justiz, für Kultus usw. Immer ist er/sie **Experte.**
- Wissen – Können – Leistung etc. – sind meist unwichtige **Wertmaßstäbe!**

Diese totale Überschätzung gilt in allen Parlamenten.

Heute Umwelt, morgen Soziales, übermorgen Verteidigung, dann Wirtschaft, auch Ausland oder Finanzen etc. können es sein.
Demokratische Politiker sind Universalgenies. Sie machen alles.
Können ist unwichtig.
‚Learning by doing' ist das Motto – der Staat zahlt ja.

Unsere Politiker, von Ausnahmen abgesehen, sind fachlich meist völlig unbelastet, oftmals sind sie unfähig und fast immer auf ihrem Posten inkompetent.

Und so was macht Politik, vertritt Bürger, welche auf sie vertrauen.
Bedenklich ist es, dass solche Menschen eine ganze Kommune, ein ganzes Land, ja sogar einen ganzen Staat und Europa führen.

Gäbe es hier nicht einzelne, hoch qualifizierte Persönlichkeiten mit Intelligenz, mit Vernunft, mit Profil und mit Charakter, dann wäre unsere Demokratie längst pleite.
Schlimm ist das, ganz schlimm.

Gibt es hier eine gute Lösung, eine Abhilfe?
Ja und nein.

Schluss mit der wahnwitzigen Vollversorgung unfähiger Politiker.
Nicht die Quantität, sondern die Qualität, also die Qualifikation jedes Parlamentariers muss der Maßstab für ein gesundes Parlament sein.
Egal, ob es sich um einen Gemeinderat, Stadtrat, Kreisrat, Landtag oder Bundestag etc. handelt, immer sind Profil und Persönlichkeit gefordert.

Wie sichert man sich ein qualifiziertes Parlament?
Wie bekommt man wirklich qualifizierte Persönlichkeiten in die Parlamente?

Nicht durch Parteigemauschel, durch Wählerlisten gemäß Proporz und Quoten oder Spezlwirtschaft.

Nicht solange die persönliche Qualifikation unwichtiger als andere Werte ist.

- Als Erstes müssten **alle Bürgervertretungen,** also **alle Parlamente**, um mindestens **75 Prozent verkleinert** werden.
- **Jedes Parlament** muss die Bürger repräsentativ vertreten, das ist heute nur scheinbar so.

  Hierfür sind die zu vertretenden repräsentativen Gruppen gesetzlich prozentual **richtig** festzulegen, z. B. – Arbeitnehmerschaft – Handwerk – Industrie – Landwirtschaft – Handel – Dienstleister – Berater – Öffentlicher Dienst – etc.

  Berater = Ingenieure/Architekten – Juristen – Steuerfachleute – Künstler u. a. (Regeln sind aufzustellen).
- Jedes Parlamentsmitglied muss sich **vor** der Bürgerwahl über einen speziellen Parlamentsausschuss qualifizieren.

  Hierbei spielt schon die Vita eine große Rolle.

  (Was sagt ihr zu den oftmals jämmerlichen Vitas unserer Parlamentarier?)

  Für die Bewerber müssen, wie für den Führerschein, den Fischerschein, den Jagdschein etc. klare und die richtigen Qualifizierungskriterien festgelegt werden.

  ‚Wichtigmachern' ‚Marktschreiern', ‚Dampfplauderern' und ähnlichen Kadetten sollen nicht allein durch ihre Hemmungslosigkeit und Selbstüberschätzung Volksvertreter werden können.

  Auch sogenannte Beziehungen dürfen keine Rolle spielen.
- Auch jeder Parlamentsausschuss ist klug zu besetzen.

Politik in Europa und der Welt

Die heutige ‚Demokratie' in Deutschland, in England, in Brüssel ist in großer Gefahr, den Bezug zur bürgerlichen Realität zu verlieren.

Wenn wir mit unseren Demokratien so weitermachen wie in den letzten 100 Jahren, dann zerstören wir jede Demokratie.

Die Wähler, die Bürger verlieren das letzte Vertrauen in die Politik.

Wir müssen dafür sorgen, dass die Demokratie nicht wieder die Brücke zur Katastrophe wird.

Verlassen wir gedanklich Deutschland und kümmern wir uns vorübergehend um Europa, blicken wir in die weite Welt.

England und der Brexit, Polen und das Rechtsverständnis, die EU und ihre Bürokratie, ihre ‚Solidarität‘ usw. machen Angst.

Was stellen wir fest?
Heute gibt es, abgesehen von weltweiten politischen Gangster-Systemen, drei verschiedene Regierungsformen.

    a) Die Demokratie   [mit Marktwirtschaft]
    b) Die Diktatur   [mit Planwirtschaft]
    c) Den Dritten Weg   [mit klug gelenkter Wirtschaft]
                                 eine Kombination aus a) und b)

Und wie stellt sich die Welt mittlerweile machtpolitisch dar?

- Seit 1945 besteht der ‚**Kalte Krieg**‘ zwischen USA und Russland.
- **Europa** ist nun wirklich befriedet, gleichzeitig aber als nahezu unselbstständiges Anhängsel der USA zu sehen.
- Der **Nahe Osten** ist ein geplantes politisches Minengebiet und ein gefährliches Pulverfass.
- **Afrika** muss als meist von Diktatoren, von Politgangstern und von Militärs völlig korrupt geführter Kontinent bezeichnet werden.
- In **Süd- und Mittelamerika**, also in Lateinamerika, wurden durch das Eindringen der Spanier und Portugiesen nahezu alle Altkulturen vernichtet und die Länder bis aufs Blut ausgebeutet.
  In der Folgezeit teilte sich der Kontinent in viele Völker auf.
  Heute geht es ihnen weit besser als den Völkern in Afrika.
- **Asien** ohne China ist als Vielvölkerland strukturell und politisch als total instabil und teilweise als sehr konfliktbeladen zu sehen.
- **Russland** war bisher der Widerpart zur USA. Leider gelang es Russland seit 1945 nicht, sich wirtschaftlich aus den Niederun-

gen eines Schwellenlands zu befreien. Korruption und politische Ignoranz sind die Gründe.

- **USA** wurde in der Nachkriegszeit bis Busch II. als weltweit ordnende Supermacht akzeptiert.
  Seit Busch II. ist die US-Demokratie unberechenbar geworden.
  Ihr weltweites Machtstreben nach Trump ist mittlerweile gefährlich.
- **China** ist die neue, die dritte Macht auf dieser Erde.
  Schneller, als sich die bisherigen Herrscher dieser Welt dachten, entwickelte sich China politisch, wirtschaftlich und militärisch zur führenden Supermacht.
- **Indien** wäre ohne Kastensystem ernst zu nehmen.

Nullzinspolitik

Vor 30 Jahren führte Japan, die damals weltweit zweitgrößte Wirtschaftsnation, aus übertriebenem Ehrgeiz eine ultimative Niedrigzinspolitik ein.
Der erste Rangplatz in der Weltwirtschaft war das große Ziel.
30 Jahre wirtschaftlicher Niedergang waren die Folge.
Mehrmalige Umkehrversuche misslangen.
Seit 20 Jahren befindet sich Japan nun in einer teilweise schlimmen Wirtschaftskrise.

Und was macht nun Europa?
Die europäischen Politiker demokratisieren Europa unaufhaltsam von einem friedlichen und wohlhabenden Kontinent in einen zerrütteten Staatenbund.
Natürlich leiden neben Europa auch die einzelnen europäischen Staaten unter diesen unfähigen ‚Demokraten‘.

Im Jahre 2011 übertrafen sich die vorerwähnten europäischen Demokraten in ihrer unendlichen Weisheit und mit voller Unterstützung der Bundeskanzlerin Merkel, als sie den von Anfang an sehr suspekten Italiener Mario Draghi als EZB (Europäische Zentralbank)-Präsident installierten.
‚Graf Dracula‘ wurde er in Deutschland genannt, weil jedermann wusste, er würde Deutschland zugunsten der Südländer, vor allem der Italiener, finanzpolitisch aussaugen.

Was geschah nun ab 2011 unter Draghi?

Graf Dracula alias Draghi nützte die EZB, als wäre diese seine eigene Bank und drehte so lange an der Zinsschraube, bis der Leitzins schließlich bei null Prozent ankam.

Schnell begann Draghi bzw. die EZB, auch in diesem Punkt von allen Politikern unwidersprochen, weltweit Anleihen aufzukaufen.

Alle Anleihen kaufte er und auch den letzten Schrott.

Bis heute ergibt sich ein Anleihenankaufsvolumen von 2600 Milliarden Euro, = 2.600.000.000.000 Euro.

Eine unvorstellbare Geldsumme!

Weil Kredite mit null Prozent Zinsen jeden normalen Politiker zum Schuldenmachen herausfordern, verschuldeten sich die meisten Staaten, am schlimmsten Italien, aber auch viele andere, weit über alle verantwortungsvollen Grenzen hinaus.

Sie druckten Geld in schier unendlichen Mengen und legten damit immer wieder neue Anleihen auf, welche die mittlerweile fast kriminell gewordene EZB aufkaufte und kauft.

Die Folgen waren und sind staatspolitisch nachhaltig schlimm.
- Die Staaten, die Länder sind mittlerweile völlig überschuldet.
- Das Geld, der Euro, verliert immer mehr an Wert.

Warum verliert das Geld seinen Wert?

Weil weit mehr Geld gedruckt als echter Gegenwert geschaffen wird.

Weil das Vertrauen in den Euro verschwindet und deshalb das Geld in andere Währung, in bestehende Sachwerte (neue Werte gibt es weniger als neues Geld) und außerhalb Europa investiert wird.

Außer diesen staatspolitischen Folgen erzeugten Draghi und Co. durch eine völlig rücksichtslose und durch eine unmenschliche Zinspolitik viel Not und großes Leid bei Sparern, bei alten Menschen und bei Rentnern.

Weil der Bausparvertrag, weil die Krankenversicherung, weil die Altersversorgung und die Banken keine Zinsen mehr generieren, werden die Renditen gekürzt. Die Folgen sind: Der Bausparvertrag wird ungünstiger, die Krankenversicherungsbeiträge steigen, die Altersversorgung sinkt und die Banken zahlen keine Zinsen mehr.

Wer zahlt die Hauptrechnung dieses Draghi-Desasters?
In erster Linie der deutsche Sparer, der deutsche Rentner, die kleinen Leute in Deutschland.

Viele Länder gibt es mittlerweile in Europa – man kennt sie –, welche sich durch Draghi total überschuldet haben und niemals mehr in der Lage sind, ihre Schulden zurückzubezahlen.
Solange Deutschland kann und dumm ist, wird Deutschland einen großen Teil dieser Schulden finanzieren bzw. zahlen. Merkel und Co. sei Dank.

Wer ist Deutschland?
Der deutsche Steuerzahler ist es!

Weil aber auch Deutschland niemals in der Lage sein wird, den durch die Nullzinspolitik mittlerweile angehäuften riesigen Schuldenberg jemals zu begleichen, und weil viel mehr Geld gedruckt wurde, als Werte geschaffen wurden, wird das Geld immer weniger wert.
Die Geldmenge steht nicht mehr im richtigen Verhältnis zu den vorhandenen Sachwerten.

70 Jahre nach der zweiten großen Währungsreform beginnt bei Sparern wieder die Angst vor einer dritten großen Währungsreform.

Natürlich sprechen die für dieses Desaster verantwortlichen Politiker, und vor allem die Draghi-Befürworter, bei einer solchen Feststellung nun von Brunnenvergiftung, von unverantwortlicher Weltuntergangsstimmungs-Mache, von dümmlichem Nichtverstehen und und und.

Diese Herrschaften haben vergessen, dass die EZB täglich von ihrer großen Verantwortung sprach, nämlich:

- Die EZB hat den Euro zu verwalten.
- Sie hat die Währung und die Wirtschaftspolitik zu überwachen.
- Sie ist verantwortlich für Preisstabilität.
- Sie muss für permanentes Wirtschaftswachstum sorgen.
- Ihr obliegt auch die Verantwortung für Arbeitsplätze.

Diese Menschenverachter haben nicht nur vergessen, sie haben anscheinend auch kein Verantwortungsgefühl für Sparer, für Alte und für Hilfsbedürftige.

Diese Herrschaften nehmen auch nicht wahr, dass sie dieser oben aufgezählten Verantwortungen zu keiner Zeit gerecht wurden.

Ihnen ist scheinbar auch gar nicht bewusst, in welche Situation sie die Menschen in Europa, insbesondere die Sparer gebracht haben.

Diese verdammte EZB-Politik wurde nur für Schuldenländer wie z. B. für Italien gemacht.

Ohne die Nullzinspolitik hätte Italien die letzten Jahre wirtschaftspolitisch gar nicht überlebt.

Die deutschen ‚Möchtegern-Demokraten‘ hätten ohne die Nullzinspolitik der EZB ihre ‚Schwarze-Null-Politik‘ vergessen können.

Unverantwortlich selbstgefällig und arrogant belehrt die EZB nach wie vor die Bürger mit pseudowissenschaftlich aufgebauten Plattitüden.

In fiskalpolitischer Ausdrucksweise sorgt sie dafür, dass ihnen viel zu viel gutgläubige Bürger auf den Leim gehen, an ihre Versprechungen glauben und deswegen nicht wirklich ernsthaft vorsorgen oder sich zur Wehr setzen.

Warum ist so eine nahezu kriminelle EZB-Politk möglich?
Weil diese Herrschaften nicht bestraft werden können.

Und wie schützt die deutsche Politik ihre Bürger? Gar nicht!

Die deutschen Sparer werden also ihr Erspartes großteils verlieren, die Rentner werden weit weniger Rente erhalten, als ihnen vorgerechnet wurde, die alleinerziehende Mutter interessiert diese Herrschaften nicht.

Der Euro, die Währung, die sie hüten sollten, wird immer weniger wert.

Wann es zum währungspolitischen Schwur kommt, kann noch niemand voraussagen, aber dass es dazu kommt, steht fest.

Wie wollen die EZB-Strategen ab 2020 die dann ‚fallende‘ Wirtschaft wieder ankurbeln (dies kann man nur mit Zinssenkung), wenn sie schon seit 2016 ganz Europa mit einem Leitzins von null Prozent ‚beglücken‘?

Ein trauriges Kapitel ist das, und wer bezahlt die Rechnung dafür?
Wie immer der ‚kleine Mann‘ in Deutschland.
Wie ignorant oder wie dumm viele Politiker sind und wie bewusst falsch die Medien die Bürger informieren, ist daran zu erkennen, dass von ihnen Draghi, welcher den Euro aufweichte wie Butter, nun sogar als Retter des Euro gepriesen wird.

Wie könnte man die weltpolitische Zukunft beschreiben?

Das ‚Büro‘ für Propheten, für Hellseher und für Wahrsager ist zurzeit nicht besetzt.
Wir versuchen trotzdem, die augenblicklichen Gegebenheiten auf das Jahr 2050 zu prognostizieren.

Prognosen sind wie in der Mathematik, bei der Stochastik, also mit der Wahrscheinlichkeitsrechnung zu beginnen.
Nach Wertung der heute gegebenen Daten und nach gründlicher Analyse der persönlichen Entwicklung von Menschen in Führungsnationen ergibt sich folgendes, sehr wahrscheinliches Bild.

Der Kalte Krieg: Weder die USA noch Russland werden ihn gewinnen. China wird der Sieger sein.
Dumm gelaufen.

Europa ohne Russland: Die Menschen in Europa leben seit 73 Jahren in Frieden, mehrheitlich in Wohlstand, oftmals sogar in Übersättigung.
Wie die Menschheitsgeschichte bestätigt, führt ein solcher Zustand allmählich zu fatalistischer Gleichgültigkeit, zum Übermut, zu Unzufriedenheit.

In Europa, besonders in Deutschland, haben sich im Schatten dieser verdeckten Gesetzmäßigkeit die Männer stark verweiblicht und die Frauen eine beachtliche Dominanz aufgebaut.
Die femininen Männer sind ein Trauerspiel und eine Entwicklungsbremse.
Die sich immer maskuliner benehmenden Frauen haben nicht begriffen, dass sie sich – von Ausnahmen abgesehen – über kurz oder lang als Quotenfrauen ‚totlaufen‘. Sie hätten dies nicht nötig.

Dieser dämliche Geschlechterkampf verbraucht viel positive Energie.
Diese fehlt im Alltag.
Die Systemveränderer und der Islam haben den Nutzen.

Europa verliert vor diesem Hintergrund immer mehr und weltweit an gesellschaftlichem, politischem und wirtschaftlichem Einfluss.
Europa war zweitausend Jahre weltweit, **gesellschaftlich, politisch** und **wirtschaftlich** führend.

Europa wird im Jahre 2050 weltweit in keinem der drei Bereiche weiterhin eine führende Rolle spielen!

Übersättigung, Verweichlichung, Selbstgefälligkeit und ein unbegrenzter Selbstzerstörungswahn sind die Gründe hierfür.

Ein weiterer Grund ist der alles überwuchernde europäische Bürokratismus in Brüssel.
Unendlich viele Details wären zu nennen.
Nahezu alle Länder sind unzufrieden.
Großbritannien ist nur der Anfang.

Europa muss aber sein. Europa **könnte** Glück für die Menschheit bringen.

Kein Sozialismus, kein Kommunismus, keine Gleichmacherei.
Kein Gierkapitalismus,
sondern soziale Marktwirtschaft.

Kein Nazionalismus, kein nationales Machtstreben,
sondern Erhalt nationaler Kulturen, Sitten und Wohlstand.

Noch kein vereinigtes Europa, kein europäischer Bundesstaat,
sondern ein kluger europäischer Staatenbund.

Ein europäischer Einheitsstaat ist evtl. dann möglich, wenn **alle** 27 Nationalstaaten einig sind:
- Kein Nationalstaat hat Anspruchsrechte gegen einen anderen.
- Die nationalen Vorteile müssen geschützt bleiben.

- Kultur, Sprache, Sitten usw.
- Wirtschaftskraft – Finanzkraft
- Eigentum und Wohlstand
- Vermögen – staatlich und individuell
- Alle Staaten müssen symmetrische Sozialleistungen (Arbeitszeiten, Renteneintritt etc.) praktizieren.
- Kein Finanzausgleich zwischen Nationalstaaten
- Deutschland darf nicht
  - zum Zahlmeister Europas,
  - als Melkkuh für Leistungsverweigerer benutzt werden.

Mit dieser Struktur **könnte** Europa zum Vereinigten Europa mutieren.

Naher Osten: Dieser ist für sich und für die Welt ein großes Problem. Aus der Historie wissen wir, dass die Engländer und Franzosen 1917 das Land um Jerusalem und auch osmanische Gebiete besetzten. Ihr Spätziel war, das Osmanische Reich aufzuteilen, ganz Palästina zu besetzen und das Land mit jüdischen Bauern und Handwerkern zu bevölkern.

Woher kam die Idee hierfür – ursprünglich von dem Zionisten Theodor Herzl und dann strategisch von Rothschild und Co.

Nichts lief per Zufall.

Die **zwölf Weltherrscher,** die **Menschenverachter** und **Giermonster** lassen grüßen!

Diese zwölf Apostel des Teufels sind kein Hirngespinst, kein erfundenes Komplott und entstammen keiner Verschwörungstheorie.

Die Araber, also die Palästinenser, aber auch die Israelis liefen gegen diesen Wahnsinn Sturm. Jeder wusste: Araber und Israelis kann man nicht zusammenleben lassen. Dies ging schon fast 4000 Jahre lang schief.

Das Arabische Komitee sagte als oberste Instanz der Palästinenser ‚Nein'.
Auch die Israelis waren dagegen.

Alle Beteiligten wussten, dies würde schief gehen.

Am 25. April 1920 erhielt England in der Konferenz von San Remo den Auftrag, Palästina zu verwalten.

Am 24.07.1922 bestätigte der Völkerbund diesen Auftrag.

Ab nun wurden Juden in Palästina, besonders im Großraum Jerusalem angesiedelt.

1922 lebten dort 11 Prozent Juden und 89 Prozent Araber/Palästinenser.

1945 waren es 30 Prozent Juden und 70 Prozent Araber/Palästinenser.

Der Bevölkerungszuwachs auf israelischer Seite stieg ab 1933 rasant.

Diese Steigerung ist allein damit zu begründen, dass sehr viele Juden, um ihr Leben vor dem Wahnsinnsterror in Deutschland zu retten, auch nach Palästina flohen. Auch aus Spanien und Italien flohen sie.

Endgültig verursacht wurde dieses heutige Chaos 1948 durch die Engländer und Franzosen. Diese sind gemeinsam in Absprache mit den USA verantwortlich für diese absichtlich menschenverachtend durchgeführte einseitige Gründung des Staates Israel.

Das israelische Volk hatte große Bedenken.

Die Araber liefen damals immer wieder Sturm gegen dieses unmenschliche Vorgehen.

Sie wollten ebenfalls einen eigenen selbstständigen Staat.

Alle Mühe war zwecklos.

Durch den Druck der USA genehmigte die UN-Vollversammlung am 15.04.1947 diesen für ca. 100 Jahre vorgesehenen Terrorplan.

Hätte man zwei Staaten gegründet, wäre zwar vor Ort Frieden gewesen, aber den zwölf Aposteln des Teufels wären viele große Geschäfte entgangen.

Das am 14. Mai 1948 mittags abgelaufene englische Mandat zur Verwaltung von Palästina und der schon am Nachmittag desselben Tages von David Ben-Gurion ausgerufene Staat Israel war für die Juden mehr als die Wiedervereinigung für die Deutschen.

Wenige Tage danach marschierten ‚Soldaten' aus Transjordanien, Syrien, Irak, Libanon und Palästina in das neue Israel ein.

Mithilfe aus dem Westen und mit Waffen aus Tschechien wurden diese wieder vertrieben.

Ab jetzt war Kriegszustand.
Ganz schlimm ist es für die Araber, für die Palästinenser.
Sie lebten nun auf ihrem eigenen Land, hatten aber keinen eigenen Staat.
Der ewige Krieg zwischen den Juden und den Palästinensern war damit inszeniert und für lange Zeit vorprogrammiert.

Wer sind die Leidtragenden? Die Menschen vor Ort.

Die Menschen, sowohl die Juden als auch die Palästinenser, waren und sind völlig unschuldig an diesem nahöstlichen Politchaos, an diesem auf Dauer geplanten Verbrechen.

Sie, die Menschen vor Ort sind es, welche den Streit, den Terror, den Krieg nun auszubaden haben.

Die Juden, die Israelis, diese Menschen wollten Frieden und benötigten endlich eigenes Land und einen eigenen Staat.
So weit ist die Staatsgründung Israels 1948 in Ordnung.

Den Arabern hätte man aber ebenfalls gleichzeitig ein eigenes Land und einen eigenen Staat zuordnen müssen.

In diesem Fall hätten aber die zwölf Weltverbrecher viele Geschäfte von 1948 bis heute verloren.

Die Juden errichteten ab 1948 eine Demokratie, strukturierten ihr neues Land, organisierten ihren Staat und begannen schnell ihre Lebensgrundlagen zu schaffen.

Kibbuze wurden errichtet, große Wüstenflächen wurden fruchtbar gemacht, eine moderne Landwirtschaft wurde aufgebaut, das Handwerk folgte und eine neue Industrie wuchs schneller, als man dachte.

Schnell, sehr schnell entwickelte sich Israel zu einem modernen Staat.

Korrekterweise ist darauf hinzuweisen, dass die ganze Welt insbesondere die USA, hierfür große Unterstützung aller Art leisteten.

Und wie ging es den Arabern, den Palästinensern?
Diese lebten, wie schon gesagt, auf ihrem eigenen Land und hatten keinen Staat.
Dies war so gewollt. Von wem? Von den Nutznießern dieser Situation, von den zwölf Aposteln des Teufels.

Die Macher, die USA, die Engländer und die Franzosen, die ‚Diener' der zwölf, wussten genau, was jetzt und für lange Zeit geschehen würde.

Kriege würde es geben natürlich in Israel, aber auch im Irak (zweimal), in Libyen, in Ägypten, Iran, Jemen, Syrien, in der Ukraine.
An Kriegen ist das meiste Geld zu ‚scheffeln'.
Und in Palästina wird gemordet, gestorben, werden Mauern gebaut und das Feuer ständig geschürt.
Die Israelis hatten schnell einen gesunden Staat aufgebaut.

Die Palästinenser werden ohne Unterstützung untergehen.
Ihnen fehlen nicht nur die finanziellen Mittel, sie sind ohne Hilfe auch mental unfähig, ihre Zukunft aufzubauen.

Die Araber lebten nun in Not. Arbeit fehlt, kein Einkommen, miserable Unterkünfte, Mangel an Lebensmittel, schlechte Kleidung, und was das Schlimmste war, das Wasser würde immer weniger, die Israelis nutzten es für den Aufbau ihres Staates.
Was geschieht in solcher Not?

Mit dem Ärger beginnt es, die Wut wächst, Hass bildet sich und die Verzweiflung treibt schlimme Blüten.
Die Menschen werden radikal. Einzelne Terroristen bilden Gruppen.
Der Terrorismus wächst von Tag zu Tag.
Die Kinder wachsen im Terrorismus auf.
Ganz langsam, aber unaufhaltsam, wird die Mehrheit einer solchen Gesellschaft zu Tätern bis hin zu organisierten Terroristen.
Wer sind die Feinde? Natürlich die Israelis.

Geraubt wird, geschossen, gebombt und gemordet.

Die Israelis müssen sich verteidigen.
Dies tun sie, indem sie zurückbomben und Mauern bauen.
Hinzu kommt, dass das israelische Volk schneller wächst, als gedacht.
Der Grund und Boden, also die Bauflächen werden knapp.
Wo ist Land? Natürlich auf palästinensischer Seite.
Gesiedelt wird nun und gebaut.
Wo? Natürlich auf dem Land, welches die Palästinenser bewohnen.

Der Mauerbau und der israelische Siedlungsbau, alles auf palästinensischem Land, erzeugt schließlich bei den Palästinensern grenzenlosen Hass.
Kinder, Jugendliche, Erwachsene und Alte, selbst kranke Palästinenser denken in ihrer Verzweiflung nur noch an Rache.

Diesen schrecklichen Zustand haben die zwölf Teufel in Menschengestalt, haben die USA, haben die Engländer und Franzosen 1948 mit ihrer bewussten **Ein-Staaten-Lösung** wissentlich verursacht.

So dumm konnte kein erwachsener Politiker sein, um diese Katastrophe nicht vorherzusehen.

Das Schlimme ist, dass dieser Status quo nach wie vor aufrechterhalten wird.
Vorher war es Scharon, heute ist es Netanjahu.
Diese Typen waren bzw. sind keine normalen Menschen, furchtbare Krieger und Kampfmaschinen waren bzw. sind sie.

Warum bekam Rabin den Friedensnobelpreis, warum musste Rabin sterben. Weil seine Mörder jeglichen Frieden verhindern wollten.

Die Leidtragenden sind, wie schon gesagt, die Menschen vor Ort.
Die Israelis und noch viel mehr die Palästinenser sind die Opfer.
Die Israelis haben einen Staat, haben Militär und ihnen wird weltweit geholfen. Sie führen Krieg und können nicht verlieren.
Die Palästinenser leben in abgrundtiefer Armut, in unsagbarer Not, in Verzweiflung und in purem Hass.

Sie haben keinen Staat und bekommen im Vergleich zu Israel nahezu keine Unterstützung und sie sehen keine Zukunft.

Dieser Zustand muss so schnell wie möglich beendet werden!

Wie kann dies geschehen?

Ein Palästinenserstaat muss gegründet werden, und zwar sofort, aber nicht in und um Israel.
Land gibt es genügend.

Die Palästinenser benötigen ebenfalls weltweite Unterstützung und Hinführung zu einer menschlichen Demokratie und zu einem Leben in Würde.

Ab dann wäre es rein völkerrechtlich möglich, ausländischen Schutz zu geben, Schutz für den Zeitraum von einer oder sogar zwei Generationen, nur um Terror zu verhindern und schließlich Krieg mit allen Mitteln zu unterbinden.

Ein solcher Schutz darf dann nur durch eine starke **neutrale** Militärmacht (nicht israelische Selbstverteidigung) übernommen werden.

Diese Schutzmacht muss mit einem absolut robusten Mandat ausgestattet sein.

Es kann dann davon ausgegangen werden, dass selbst Feinde wie die Israelis und die Palästinenser zunächst zwangsweise und später freiwillig friedlich nebeneinander leben werden.

Voraussetzung für diese Hoffnung ist, dass endlich die zwölf Weltverschwörer und die Amerikaner aufhören, den Nahen Osten weiterhin als selbst gemachten Unruheherd bzw. so quasi als gewinnbringendes Geschäftsmodell, also als Selbstbedienungsladen zu nutzen.

Die Welt muss den zwölf teuflischen Kapitalverbrechern die Möglichkeit nehmen, ihre weltweit immer wieder alles zerstörende Kriegsmaschine in Betrieb zu halten.

Die zwölf sich immer wieder ergänzenden Teufel entstammen, wie gesagt, keiner Verschwörungstheorie, sondern 120 Jahre Realität.

Es reicht nun!

Die Menschen in Europa und der Welt müssen endlich begreifen, was hier geschieht.

Wie können sie aber begreifen, wenn die Medien in ganz Europa und weltweit immer nur die sogenannte amerikanische Wahrheit berichten?

Schweizer Nachrichten müsste man hören.

Wirtschaftlich muss sich Europa sehr anstrengen, bis 2050 nicht unter die Räder der drei Großmächte zu kommen.

Politisch wird sich Europa bis 2050 zu einem halbwüchsigen Debattiermitglied herabdemokratisiert haben.

Afrika macht Europa nicht nur Sorgen, sondern droht mit Problemen.

Die ersten Menschen kamen vor 600.000 Jahren aus Afrika.

Es war zwar keine Völkerwanderung, aber eine Wanderung der Menschen raus aus Äthiopien, raus aus Afrika, hinaus in die Welt.

Das war kein Problem, das war der Beginn der Menschheit.

Afrika ist heute ein Problem für Europa, aber auch für Afrika selbst.

Für Europa ist Afrika deshalb ein Problem, weil sich das Bevölkerungswachstum in Afrika zurzeit weltweit am aggressivsten darstellt.

Heute leben in Afrika ca. 1,25 Milliarden Menschen. Im Jahre 2050 beträgt die Bevölkerung angeblich nach ernst zu nehmender Berechnungen ca. 2,5 Milliarden. Also doppelt so viel.

Dies wird für Europa ein ganz großes Problem, aber auch Afrika steht durch sein Wachstum vor großen Schwierigkeiten.

Für den Fall, dass die Geburtenrate in Afrika nicht reduziert wird und die Strukturprobleme in Afrika nicht gelöst werden können, wird die Auswanderungs- bzw. Fluchtrate der Menschen aus Afrika nach Europa immer größer werden.

Nicht Hunderttausende Menschen, sondern viele Millionen Menschen werden versuchen, Afrika in Richtung Europa zu verlassen.

Auch für die Nachbargebiete der Türkei, für Afghanistan und Co., für alle Islamstaaten gelten die gleichen Regeln wie für Afrika.
Die Lockrufe von Frau Merkel in 2015 – ‚Wir schaffen das' – wirkten nicht nur 2015, sondern auch heute und in Zukunft mit zunehmender Intensität in Afrika, im Nahen und im Mittleren Osten.
Wenn Europa nicht untergehen will, muss es demzufolge in Bälde die Tore schließen, das heißt, die Grenzen für Flüchtlinge aus Afrika und Co. unpassierbar machen und das Schlepperwesen unterbinden.

Natürlich ist das aus afrikanischer Sicht unmenschlich, aber es wäre ansonsten in wenigen Jahren für Deutschland eine menschliche Katastrophe.

Wie kann man nun diese in die Unendlichkeit wachsende Flüchtlingslawine stoppen?

Nur in Afrika selbst.

Afrika kann man nicht helfen mit europäischem Populismus und mit in der Politik mittlerweile fast überall praktiziertem Opportunismus.

Wir müssen schnell begreifen, dass in Afrika fast jedes Land diktatorisch bestimmt wird, auch wenn es sogenannte ‚Demokratien' sind.

Wir müssen wissen, dass dort überall, beim Volk beginnend, bei der Polizei, im Militär, im Beamtentum, bei den sogenannten demokratischen Parlamentariern und ganz besonders bei der präsidialen Herrschaft totale Korruption herrscht.
Wenn wir diese Tatsache der letzten 100 Jahre nicht endlich zur Kenntnis nehmen, dann werden wir die nächsten 50 Jahre in Afrika ebenso sinn- und erfolglos Entwicklungshilfe platzieren wie in der Vergangenheit.

Wir Europäer und die Welt müssen aufhören, die Afrikaner demokratisch zu belehren und dann zu glauben, jetzt entwickelte sich Afrika entsprechend unseren Vorschlägen.

Machtstreben, Geldgier und Korruption in Afrika kann man nicht demokratisch wegdiskutieren.

Welche Möglichkeit gibt es sonst?
- Keine Kolonisation wie im 18. und 19. Jahrhundert.
- Keine heute übliche Entwicklungshilfe mehr.
- Keine weiteren Demokratieversuche aus Berlin, Paris, London oder Brüssel.
- Kein Glauben – Hoffen – und Beten.

Es gilt: **schulen, ausbilden, finanzieren, befehlen und handeln.**
Die Chinesen machen es weltweit vor.

Klar ist: Mit diesem Vorschlag weckt man sogar den letzten schlafenden ‚Demokraten‘ in der hintersten Parlamentsbank auf.
Jetzt kann er/sie markige Plattitüden, auswendig gelernte Allgemeinplätze hinsichtlich Demokratie von sich geben. Jetzt kann er/sie sich wichtigmachen.

Bei diesem Thema wird der faulste Parlamentarier wach, der profilloseste Politiker beginnt sich laut zu äußern. Er wird zwar nur ‚Stroh dreschen‘, aber er hat ja etwas gesagt.
Dies ist gewollt. Von wem? Von den Nutznießern.

Die Pseudodemokraten posaunen jetzt lauthals:
Nazimethoden, Kriegspolitik, Besatzungsterror, Kolonialstrategie.
Sie haben immer noch nicht begriffen, dass man in Afrika seit 150 Jahren die Verbrecher finanzierte und dadurch Krieg, Mord, Raub und Armut unterstützte.

Alle Entwicklungsvorschläge der letzten 100 Jahre gehören in die Mottenkiste.
Neues Denken, humanes, uneigennütziges, bei Bedarf auch hartes Handeln sind nun endlich notwendig.
200 Jahre lang ist es den politischen Pseudodemokraten in ihren westlichen Demokratie-Parlamenten nicht gelungen, Afrika menschenwürdig zu gestalten.

Millionen von Toten waren und sind die Folge falscher Politik.

Trotzdem faseln die ach so edlen parlamentarischen Gutmenschen nur von Demokratie, von Humanität und von Menschenwürde.
Diese von ihnen kaputtdemokratisierte Demokratie ist für sie viel wichtiger als Millionen Menschenleben.

Bei der obigen Forderung – **schulen – ausbilden – finanzieren – befehlen – handeln** – sagt jeder dieser politischen Populisten, noch besser dieser Opportunisten, so geht es nicht.
Keiner dieser Weltverbesserer realisiert den 150-jährigen Entwicklungsfehlschlag in Afrika.

Wie es geht, das sagt keiner dieser Besserwisser.

Auch viele der gleichgeschalteten ‚Edel-Medien‘ werden jetzt demokratisieren und versuchen Quoten zu schreiben.
Die Weltverbesserer werden aus allen Löchern kommen.
‚Ohne Demokratie geht nichts‘ – wird ihr Credo sein.
Die Millionen Toten in Afrika sind nicht wichtig, aber ihre ‚Demokratie‘ muss gerettet werden.

Die Demokratie muss wirklich gerettet werden.

Wie? – Mit **solchen** Politikern jedenfalls nicht.

Wie schon oben erwähnt, kann Afrika nur mit einer konzertierten humanen, bei Bedarf erzwungenen Aktion gegen Korruption, mit freiem Unternehmertum und echtem Staatsschutz in einen menschenwürdigen Kontinent nachhaltig verwandelt werden.

Bis diese Aktion abgeschlossen ist, muss dort die Demokratie warten.
Statt reiner Demokratie sind in Afrika zunächst **Humanismus** und **Menschenwürde** angesagt.

Der Mensch in Afrika, seine Menschenrechte, seine Würde müssen immer über allen Handlungen stehen.

Bei konsequenter Abwicklung der obigen – konzertierten Aktion – wäre Afrika in einer Generation ein gesunder Kontinent und es wäre die Flucht aus Afrika nach Europa sofort beendet,

- weil Korruption und Terror vorbei sind,
- weil die Afrikaner berechtigte Hoffnung in die Zukunft hätten,
- weil der Weg nach Europa zu ist.

Europa müsste sich nicht weiter vor einer nicht zu bewältigenden Flüchtlingswelle fürchten.

Süd- und **Mittelamerika, also Lateinamerika** ist nun das Thema.
Dieser Kontinent leidet sehr unter dem in nahezu all seinen Ländern immer wieder generationsweise auftretenden Sozialismus.
Die eine Generation baut als konservative Gesellschaft ein Land mit guter Struktur und dem ersten Wohlstand auf.

Die nächste Generation wird übermütig, ihre Ansprüche steigen, die Leistungsbereitschaft sinkt, eine andere Politik muss her, das Ganze wird zum Proleten-Straßentheater.
Die Medien bereiten nun den Weg ins Unglück.
Sehr schnell beherrscht der Sozialismus die Szene.

Was folgt nun?
Natürlich wirtschaftlicher Niedergang, Arbeitslosigkeit und Armut.
Dies geschieht schneller, als man glaubt.
Venezuela, Brasilien und eine ganze Reihe lateinamerikanischer Staaten grüßen die Welt!

Die ganze Welt wird nun für die neue Not schuldig gesprochen.
‚Die Kapitalisten beuten uns aus,
die Reichen sind das Übel in unserer Gesellschaft,
die Kluft zwischen Arm und Reich geht immer weiter auf‘.

Dies sind nur einige Pseudoargumente der Verursacher dieser immer und immer wieder selbst gemachten Not- und Elendszustände.
Es ist nicht zu glauben, dass der Mensch weder aus der Geschichte noch aus seinen eigenen Fehlern lernt.

Lateinamerika wird in Zukunft den Sozialismus überwinden und ein Kontinent werden, in dem – wie man so schön sagt – Milch und Honig fließen.

Asien: Dieser Kontinent wird in Zukunft auch ohne China wahrscheinlich einer der weltweit erfolgreichsten Kontinente sein.

Die Menschen dort sind – trotz teilweise noch vorhandener Analphabeten – überdurchschnittlich intelligent und jederzeit leistungsbereit.
Wo es Arbeit gibt, arbeiten die Menschen dort fleißig, mit viel Engagement, sehr erfinderisch und immer erfolgsorientiert.
In Asien ist es auch möglich, genügend qualifizierte Mitarbeiter einzustellen, sogar genügend Arbeiter, welche in der Lage sind, in allen Hightech-Bereichen gut zu arbeiten.

Asien ist ein Vielvölkerstaat, welcher trotz verschiedener Religionen über eine wohltuende Grundstruktur verfügt.
Auch die Kulturen in Asien sind zwar oftmals verschieden, aber selten Ursache, das Zusammenleben der Menschen zu verhindern.

Asien – selbst Indien – ist mittlerweile in der Lage, sein Bevölkerungswachstum zu regulieren.

Trotz der Vielvölkerstruktur wird der asiatische Kontinent schon in der übernächsten Generation eine führende Rolle im weltweiten Wirtschaftsgeschehen einnehmen.
Asien verfügt aufgrund der großen Bevölkerung wirtschaftlich über eine extrem hohe Binnennachfrage und ist deshalb in der Lage, viele Jahre ohne Exportdruck wirtschaftlich zu überleben.
In Asien wird der Export nie zum Problem werden.
Asien ist aber heute schon in der Lage, eine fast unendliche Menge von preiswerten Waren und hochwertigen Produkten aller Art dem Weltmarkt anzubieten.
Der Kontinent Asien wird innerhalb der nächsten zehn Jahre den Weltmarkt wirtschaftlich in große Bedrängnis bringen.

Russland pflegt seit vielen Jahrhunderten in der Weltgeschichte ein nie verstandenes Staatswesen.

Schon vor und während der Zarenzeit und auch danach bei den Revoluzzern, bei Lenin und Co., bei den Bolschewiken, den Stalinisten und ihren Nachfolgern lebte Russland immer in einer Art Sonderrolle.
Immer wurden die Menschen gedemütigt und ausgebeutet.

Die Oberschicht, also früher die Zaren, dann die Bolschewiken und die stalinistischen Diktatoren lebten immer in Saus und Braus und das breite Volk darbte. Großteils lebte es sogar in bitterer Not und in großem Elend. Das Herrschaftssystem der Russen funktionierte also seit vielen Jahrhunderten nach dem System: wir da oben, ihr da unten.

Und was geschah nun rückblickend nach 1945?
Zum einen brach der Kalte Krieg zwischen Russland und dem Westen aus. Hierbei war allerdings nicht nur Russland schuld, auch die USA und deren Satelliten drehten stark an den Schrauben des Kalten Krieges.

Die USA und der Westen profitierten vom Kalten Krieg, den Russen schadete er enorm.
Der russischen Regierung war es auch nie möglich, ihr Land, ihren Staat so zu strukturieren und zu organisieren, dass er auch funktionierte.

Was sollte funktionieren?
Die Strukturen des Landes und die Gesellschaft.

Nichts funktionierte. Russland war weder imstande, Ordnung in seine Infrastruktur zu bringen noch gelang es, die Gesellschaft sozial zu gestalten, eine Industrie, Gewerbe und soliden Handel aufzubauen und Arbeitsplätze zu schaffen.

Der öffentliche Verkehr – auch die Straßen, die Brücken, die Schienen, die Kläranlagen, die Wasser- und Abwasserleitungen, die Bausubstanzen der Häuser (fast alles staatlich) usw. – sind in schlimmem Zustand.

Arbeit fehlt, wohin man schaut.

Die Arbeitslosenunterstützung, die Krankenversorgung, die Alterspflege, das Versicherungswesen etc. sind völlig inhuman.

Auch die Gesellschaftsstruktur der Menschen ist von unten bis oben gestört. Nichts funktioniert, alles ist korrupt, vom Bürger über Diener der öffentlichen Hand, von der Polizei bis zum Militär, ja sogar von der Justiz bis zu den ‚Parlamentariern‘.

Russland pflegt seit vielen Generationen einen extremen Kommunismus, gemäß welchem Grund und Boden, insbesondere Immobilien, im Eigentum der öffentlichen Hand lagen und liegen.
Die Folge ist: Die Häuser wurden nie gepflegt, nicht saniert und sie verfallen immer mehr.

Das Angesicht russischer Städte, abgesehen von repräsentativen Stadtzentren, ist deprimierend, traurig und gefühlstötend.

Menschen ohne Eigentum sind nicht motiviert.

Menschen mit negativem Gefühl, mit zu geringem Lohn, mit schlechter Lebensqualität verweigern jegliche persönliche Anstrengung.
Das Volk gerät in Lethargie und wird in seiner Gesamtheit arm und ärmer.

Nur wenige Privilegierte profitieren von diesem System.

Dieser Trend begann schon am Ende der Zarenzeit und er erreichte durch die Bolschewiken schnell seinen Höhepunkt.
Unter Stalin und seinen ‚Sklaventreibern‘ verstärkte sich diese Menschenverachtung.

Alle, jeder und jede sollten gleich werden.
Alle wurden gleich, nämlich gleich arm.
Das ganze Volk darbt und die Funktionäre leben mit Kaviar und Schampus in einer anderen Welt.

Der Kalte Krieg mit dem Westen veranlasste Russland zu massiver Aufrüstung.
Hier arbeitete sich Russland bis an die Spitze der obersten Hightechindustrie.
Rüstungstechnisch, was also die militärische Kampfkraft anbetrifft, steht Russland auf der gleichen Stufe wie die USA.

Wirtschaftlich hat Russland trotz guter menschlicher und großer natürlicher Ressourcen den Status eines besseren Schwellenlandes.

Der erste russische Präsident in der Geschichte der Russen, bzw. der Sowjetunion, welcher begriffen hat, was Menschsein heißt, war Gorbatschow.
Heilig müsste man ihn eigentlich sprechen.
Er wollte ein menschliches Regime in Russland.
Er war ein Gegner der Korruption und des Kalten Krieges.
Er wollte, dass die Menschen all ihre Menschenrechte zurückbekamen und er wollte, dass sich die Menschen selbst halfen.
Eigentum, ein ganz kleines, wollte er ihnen zunächst übertragen,
Jeder sollte sich dann auf dem Land selbst versorgen können und in den Städten wollte er Strukturen aufbauen, wie sie in den westlichen demokratischen Staaten seit mehr als 100 Jahren praktiziert wurden.
Kleine selbstständige Handwerker und ihre Mitarbeiter sollten die Basis bilden für eine aufstrebende Wirtschaft.

Gorbatschow musste gehen, die russischen Apparatschiks, die vielen noch immer vorhandenen Stalinisten und die Kommunisten verteidigten ihre individuellen und globalen Machtbereiche.
Statt Erneuerung der menschlichen Gesellschaft war Bewahrung der oberen, der unmenschlichen Machtverhältnisse angesagt.

Was ganz schlimm war und ist, sind die Folgen aus der Vertreibung von Gorbatschow.
Aus mittelschweren Staatsbetrügern in Russland entwickelten sich nach Gorbatschow eine Gruppe von Oligarchen. Sie sind es, welche den russischen Staat total ausrauben.

Die Oligarchen sind heute das Krebsgeschwür in Russland. Sie beuten den Staat total aus.
Alles was wertvoll ist in der Sowjetunion, gehört irgendwie den Oligarchen.
Vieles, was früher staatlich war, ist heute großteils im Eigentum weniger korrupter Oligarchen.
Ehemalige Politbonzen oder Verwandte von ihnen sind es meist. Grenzenlose Gangster und Typen, kaum besser als die zwölf Teufel in den USA.

Viele Menschen hofften nun auf Putin.

Er war ein Neuer, ein anderer, ein Fixstern am Himmel der russischen Präsidenten.
Die Hoffnung in Russland und in der ganzen Welt war groß, dass Putin die allmächtige Korruptionsgesellschaft abschafft.
Dies gelang ihm nicht.
Es gibt Stimmen, die Putin selbst in die Reihe der Oligarchen flüstern.
In Anbetracht seiner langen Regierungszeit dürfte diese Aussage aber nicht die Wahrheit sein.
Putin ist zwar auch reich, aber wenn er Oligarch wäre, würde er längst sein Leben altersgemäß in Reichtum genießen.

Seine königliche Privatunterkunft ist kein Argument für obige Unterstellung.

Putin macht seinen Job weit menschlicher als seine Vorgänger, abgesehen von Gorbatschow. Ihm, Putin, muss aber vorgehalten werden, für die Wirtschaft in Russland relativ wenig erreicht zu haben.
Die russische Wirtschaft bewegt sich, trotz gewaltiger Ressourcen an Öl, Gas, Gold, Erzen aller Art und unendlichen Mengen seltener Erden in erbärmlichen Niederungen. Man tut sich schwer, Russland wirtschaftlich nicht als Schwellenland zu bezeichnen.

Warum Putin es nicht gelingt, in Russland, einem Land mit unendlichem Reichtum an Bodenschätzen, eine gut funktionierende Wirtschaft aufzubauen, bleibt sein Geheimnis.
Bedroht die Korruption sein Leben?
Ist er nur Präsident und am Leben aus Gnade der allmächtigen Korruption?

Was man Putin aber zugutehalten kann und muss, ist, wie für jedermann nachvollziehbar, sein Friedenswille, ja Friedenswille!

Alle russischen Militärgänge unter Putin dienten fast immer nur dem Zweck, schlimmere Kriege zu verhindern.
Sogar der Konflikt auf der Krim.
Ja, ihr habt richtig gehört.

Ohne die ‚Krimheimholung' hätten wir in Europa Krieg.

Kein Staatsführer dieser Welt hätte sich und seine Militärmacht einsperren lassen.
Ohne die ‚Krimzurückholung' der Russen wäre Russland durch die Annäherung der Ukraine an den Westen und durch die NATO militärisch aber eingesperrt gewesen.

Hätte Russland die Krim nicht eingenommen, wäre heute die NATO auf der Krim.

Ohne Putin hätten wir in Europa längst Krieg.
Wer wäre der Leidtragende?
Deutschland natürlich.
Hier haben die amerikanischen Kampftruppen ihren europäischen Hauptstützpunkt und eine Menge Atomwaffen gegen Russland in Stellung gebracht.

Wie dumm muss ein deutscher Politiker sein, wenn er dieses Spiel der zwölf Teufel in USA nicht durchschaut?

73 Jahre leben wir in Europa nun in Frieden.
Das letzte Jahrzehnt Frieden wäre ohne Putin nicht gelungen.
Nach den einschlägigen Verträgen, nicht nur denen des Warschauer Paktes, sollten die ehemals aus der Sowjetunion ausgegliederten Staaten auf lange Dauer einen Neutralitätsstatus behalten. Sie sollten nicht in die NATO eintreten und sich nicht gegen Russland militärisch oder sonst wie ausrichten oder benutzen lassen.
Gorbatschow ist Zeuge.

Und was geschah?

Viele ehemalige Sowjetstaaten sind mittlerweile als eigenständige Staaten in der EU, in vielen ehe-maligen Sowjetstaaten sind westliche, vor allem amerikanische Militärs stationiert, Raketen gegen Russland aufgebaut und permanent wird europaweit gegen Russland öffentlich ‚gehetzt'.
Manche ehemalige Länder der Sowjetunion sind längst Mitglied der

NATO und nahezu alle ehemaligen Sowjetstaaten verhalten sich heute so, als würden sie morgen von Russland bekriegt und erobert werden.
Die treibende Kraft hierfür ist, wie jeder weiß, Amerika.

Die Engländer marschieren in Treue nebenher und die ‚Anderen' betrachten Russland ebenfalls als gefährlichen Feind, sogar Deutschland spielt dieses unverantwortliche Spiel mit.

Anscheinend weiß kaum ein deutscher Politiker, dass, wenn es – Gott bewahre uns davor – zwischen Russland und Amerika Krieg gäbe, sich dieser Krieg dann zwangsläufig, weil ganz Europa mit den USA verbunden ist, in Mitteleuropa, also in allererster Linie in Deutschland abspielen würde.
Schließlich sind im deutschen Rammstein und Co. mehr amerikanische Atombomben gelagert als in ganz Europa.

Die Vernichtung von Deutschland wäre im Falle eines Krieges zwischen Russland und Amerika nicht zu verhindern.

Man muss kein Freund von Russland sein, dafür gab es die letzten 100 Jahre für Deutschland auch keinen Grund, aber dämlich sollte man auch nicht sein.
Die Amerikaner waren immer unsere Freunde, nicht die Russen.
Seit Bush II. und mit Trump ist das vorbei.
Aber Russland als Feind, dies muss nicht sein.
Jeder deutsche Politiker sollte diesen unwiderlegbaren Sachverhalt begreifen und sein Vaterland durch dümmliche Politik gegen Russland nicht in Gefahr bringen.

Nur dank der Besonnenheit von Putin und durch das militärische Abschreckungspotenzial blieben sowohl Europa als auch die Welt bisher ohne den alles vernichtenden Dritten Weltkrieg.

Deutschland ist zwar eine mächtige Wirtschaftsnation, aber wir müssen uns nicht kriegspolitisch betätigen.
Deutschland sollte die Angst vor amerikanischen Wirtschaftssanktionen ablegen und unser weltwirtschaftliches Geschehen in die Hände qualifizierter deutscher Unternehmer legen.

Keinesfalls sollte man den vielen eingekauften DAX-Vorständen und DAX-Aufsichtsräten, welche ohnehin vorwiegend ausländisches Kapital vertreten, das Vertrauen schenken.

Jeder weiß, wie ein ebenso arroganter wie unqualifizierter Josef Ackermann (Dt. Bank) die wirtschaftlich völlig ahnungslose Bundeskanzlerin Angela Merkel hereingelegt hatte.

Und wo steht nun Russland im Jahre 2050?

Wenn Russland gesellschaftspolitisch und rechtsstaatlich nicht in der Lage sein wird, die im Land alles überwuchernde Korruption total auszumerzen, dann wird Russland,

- trotz beachtlichem intellektuellem Niveau in der Oberschicht,
- trotz bedeutender Technik,
- trotz einer gewaltigen Militärmaschinerie und
- trotz riesiger natürlicher Ressourcen

als weltweite Führungsnation untergehen.

Russland wird flächenmäßig als das größte Land der Welt, wirtschaftlich und politisch wahrscheinlich als viertgrößter Player hinter China, hinter Asien, hinter USA die Welt mit Gas, mit Erzen und mit seltenen Erden versorgen, aber ansonsten keine wichtige Rolle mehr spielen.

Die russisch-militärische Stärke wird völlig unwichtig sein, weil jeder jeden vernichten kann.

Sollte Russland seine oben beschriebenen Probleme lösen, wäre es je nach den Entwicklungen in China, in Asien und in den USA für Russland sogar möglich, der führende Player dieser Erde zu werden.

Was ist mit Nordamerika?

Die **USA,** die Vereinigten Staaten von Amerika, hatten einen langen Marsch von den eingewanderten Siedlern bis zur Vereinigung, bis zu ihrer Verfassung und bis zu einer stabilen Demokratie.

Am 04.07.1776 erklärten die 13 britischen Kronkolonien in Amerika ihre Unabhängigkeit.

Mit ihrem Staatenbündnis sagten sie sich von Europa los.

Der neue Staat, die USA, auf Deutsch – die Vereinigten Staaten von Amerika – bekamen schnell am 17.09.1787 eine heute noch gültige Verfassung.

Ihr erster Präsident war George Washington (1789–1797).

Sofort wurde die Sklaverei abgeschafft und ehrliche Demokratie praktiziert.

George Washington war also der Vater der ersten US-Demokratie.

Die US-Demokratie hat sich seit 17.09.1787 bewährt.

Erst als Amerika begann – zunächst subtil und allmählich immer robuster –, Machtpolitik im eigenen Staat und später auch darüber hinaus zu betreiben, veränderte sich ihre parlamentarische Demokratie immer mehr zur bipolaren Interessenvertretung.

Schon das 19. Jahrhundert war aus amerikanischer Sicht dahingehend geprägt.

‚Wir, die USA, sind in jeder Hinsicht die stärkste Nation auf dieser Erde und wir müssen deswegen die politische Führung übernehmen‘
war das Motto.

Ganz zwangsläufig wurden die USA durch den Ersten Weltkrieg 1914 bis 1918 politisches Regulativ für alle Staaten dieser Welt.

Die USA waren ab 1918 nicht nur Regulativ, sondern sehr schnell bestimmendes Organ in Europa und überall auf dieser Erde.

Im Zweiten Weltkrieg 1939 bis 1945 bestimmten die USA schließlich maßgeblich das Geschehen in der westlichen Hemisphäre.

Auch danach, als mit Zutun der USA der Kalte Krieg zwischen dem Westen und Russland ausbrach und lange anhielt, waren die USA auf der einen Seite mitverantwortlich für die belastende Stimmung in der Welt, auf der anderen Seite prägten die USA ab 1945 durch ihren Marshallplan das Geschehen in Europa positiv.

Ab 1945 waren die USA und Europa, insbesondere Deutschland gute Freunde.

Natürlich hängt dies maßgeblich damit zusammen, dass die USA im Rahmen des Kalten Krieges gegen Russland Deutschland als amerikanischen Stützpunkt insbesondere in militärischer Hinsicht benötigte.

Die Beziehung USA – Deutschland war also seit 1945 sehr positiv.

Amerika bestimmte nicht nur Deutschland, auch ganz Europa folgt den USA. Meist war das Verhalten der USA und ihr Vorgehen in ganz Europa verbindlich und erträglich.

Die USA, die Vereinigten Staaten von Amerika, waren seit Bestehen der USA immer in irgendeiner Weise ein Freund Europas, auch ein Freud Deutschlands.
Nach dem Zweiten Weltkrieg, also ab 1945, begann eine ausgesprochen freundschaftliche Beziehung zwischen den USA und Deutschland.

Statt des von Morgenthau für Deutschland entwickelten teuflischen ‚Morgenthau-Plans' praktizierten die USA nach 1945 den Marshallplan.
Durch diesen war es Deutschland möglich, das Land langsam wiederaufzubauen.
Die USA hatten nun die Chance, sich mitten in Europa, also in Deutschland, mit dem größten Militärstützpunkt außerhalb Amerikas zu etablieren.

Amerika und Deutschland wurden von 1945 bis Bush II. echte Freunde.
Bush II. trieb den ersten Keil zwischen diese Freundschaft.

Erst mit Bush II. etablierte sich ganz urplötzlich in den USA eine Herrschsucht und eine Bestimmungs- und Befehlsmentalität, die weltweit zunächst nur Missstimmung und später totale Ablehnung hervorrief.

Bush II. entpuppte sich als totale Fehlbesetzung im Präsidentenamt der USA. Als ‚Leichtmatrose' agierte er.
Ein dummer Krieger war er, der die USA nicht im Plural sah, sondern bei jeder passenden und unpassenden Gelegenheit von sich selbst als Amerika sprach und schlussendlich Krieg führte.
Bush II. war ein großer Störenfried.
Er wusste alles besser und war nur ein primitiver Krieger.

Sein Krieg im Irak offenbarte seine Planlosigkeit.
Als er in den Irak eindrang, wusste er zwar, dass die USA nicht verlieren könnten, aber er machte sich nicht einmal Gedanken darüber, was danach im Irak und im gesamten Nahen Osten geschehen würde.

Eine Katastrophe verursachte er im Irak und Chaos im ganzen Nahen Osten. Seine politische Dämlichkeit war nicht zu überbieten.

Amerika bzw. die USA waren nach Bush II. ein anderes Amerika.

Die USA waren zwar vor und auch nach Bush II. die größte und mächtigste Wirtschaftsnation auf diesem Planeten, aber sie verloren durch Bush II. ganz erheblich an politischem und gesellschaftlichem Ansehen.
Auch wirtschaftlich gab es eine Delle.

Die USA selbst überlebten einen Bush II., die Wirtschaftskraft der Amerikaner war stark, die Welt orientierte sich immer wieder nach den USA.

Wer ohne Rücksicht auf Gefahr alles will, der kann auch alles verlieren. Bush II. war also für die USA kein präsidiales Aushängeschild.

Mit der Politik nach Bush II. konnte die Welt leben.
In Amerika selbst hatte sich aber das Gefühl für geeignete Präsidenten verschoben.

Mit wenigen Ausnahmen waren bisher die US-Präsidenten Männer mit Geist und Persönlichkeit.

Doch was nun geschah, das war schlimm. Trump wurde Präsident.

Donald Trump – manche sehen in ihm einen Unternehmer, dies ist er nicht – ist nur ein großer Spekulant und der wurde Präsident der USA.
- ‚America first' ist sein Hauptslogan,
- und den Flüchtlingen aus Mexiko will er den Weg in die USA versperren.

Diese beiden Versprechen wirkten bei der dummen Wählermasse – und viele wollten aber auch Frau Clinton verhindern.

Trump wurde Präsident.

Dieser Mann, dieser Mensch ist als Präsident völlig ungeeignet, er ist als solcher völlig überfordert und als Präsident total inkompetent.

Vom ersten Tag seiner Präsidentschaft ist er weniger mit Regieren beschäftigt als mit Twittern, mit Wahlkampf und mit schlimmen Entscheidungen. Eine Entscheidung nach der anderen führte zu Missverständnissen, zu Streit und zu Personalwechsel.

Trump droht allen und jedem, egal ob es Personen sind oder Staaten. Handelsstreit beginnt er überall. Mit Zöllen, mit Sanktionen, ja sogar mit Vernichtung droht er in der ganzen Welt.

Freundschaft kennt Trump anscheinend nicht.

Trump züchtet Gegner. Er baut Handelsschranken auf, gegen China – Iran – Europa und die ganze Welt.

Er zwingt China zum starken autarken Wettbewerber.

Er verteuert Importe nach USA und wird bald Probleme mit seinen eigenen Bürgern bekommen.

Trump hat keine Ahnung von volkswirtschaftlichen Zusammenhängen.

Noch nie hat er von Jean-Babtiste Colbert (Merkantilismus) oder von Frédéric Bastiat (wenn nicht die Waren die Grenzen überschreiten dürfen, dann tun es die Soldaten) etwas gehört.

Trump sammelt Fehlentscheidungen wie andere Briefmarken. In dieser Disziplin liegt er weit in Führung.

Sein größter politischer Fehler dürfte der Handelsstreit mit China sein. Dieser wird Amerika noch große Sorgen bereiten und viel Geld kosten.

So einen Chef des Capitols hat Amerika nicht verdient.

Mit weltweiter Machtpolitik will er herrschen, dümmliche Provinzpolitik betreibt er. Trump entwickelte sich relativ schnell zu einer Art Zirkusdirektor, noch besser gesagt, zum Kasperl eines Kasperltheaters. Amerika muss sich schämen.

Solche Figuren wie Bush II. und Trump dürfen in so einem herrlichen Land, bei so einer Nation wie Amerika, niemals in die Nähe eines Präsidentensessels gelangen.

Wie sieht nun die Zukunft Amerikas, also der stolzen USA aus?

Sollten die USA mit der von Trump zurzeit praktizierten paranoiden Politik weiterhin die Welt bedrohen, wird Amerika in Bälde gezwungen sein, eine beachtliche Rechnung der Weltgemeinschaft begleichen zu müssen. Eine einerseits derart arrogante und andererseits äußerst dümmliche Politik, wie Amerika sie zurzeit praktiziert, schadet der ganzen Welt, auch den USA.

Die Welt belehren, den einzelnen Ländern mit Zöllen, mit weiteren Sanktionen und sogar mit wirtschaftlicher Vernichtung zu drohen, ist keine Politik für Menschen mit Hirn und Verstand.
Merkantilismus à la Colbert ist out.
Mit ‚Komikerpolitik' kann man nur Lachsalven ernten.
Schlimm für Amerika, für die USA, für die Vereinigten Staaten ist, dass sie mit ihrer ‚America first-Politik' ihre guten Beziehungen zu allen Ländern allmählich kappen.

Noch schlimmer für Amerika war und ist, dass es den Aufstieg der Chinesen verschlafen hat.

China wird in naher Zukunft die USA wirtschaftlich und wirtschaftspolitisch vom Thron der Weltherrschaft stoßen und für lange Zeit weltweit die Führung übernehmen.
Handelspolitisch ist die USA gegen China ohne Chance.
Gesellschaftspolitisch werden sich die Vereinigten Staaten von Amerika mit den anderen Führungsnationen arrangieren müssen.
Auch ihr Anspruch auf alleinige Führungsmacht in der Welt ist für die USA ein für alle Mal verspielt.
Die militärische Stärke der USA zählt nicht mehr, denn heute kann militärisch niemand mehr gewinnen.

So schlimm diese Aussage sich anhört, so segensreich wird sie vielleicht für die Menschen in Zukunft sein.

Die Kernwaffen, die biologischen Waffen, die Giftchemie und die Internet- und KI-Technik verbieten eigentlich für die Zukunft jegliche weltweite kriegspolitische Auseinandersetzung.

Die Erkenntnis dieser Sachlage müsste eigentlich sein:
Wir Menschen sollten in Zukunft auf diesem Planeten unbedingt versuchen, in **Frieden** nebeneinander, noch besser miteinander zu leben.

Ein Miteinander in der Zukunft wird es nicht mehr ohne China geben.
China wird, soweit es nicht heute schon die mächtigste Wirtschaftsnation auf dieser Erde ist, diese Führungsrolle kurzfristig bzw. in absehbarer Zeit unaufhaltsam einnehmen.

Schon vor über 3000 Jahren war China einmal mächtig.
Ihre Kaiser hatten die Geschicke Asiens maßgeblich bestimmt.
Harmonie war im damaligen China immer und überall das angebliche Ziel.
In Wirklichkeit lebten die Menschen immer in erzwungener ‚Harmonie‘.
Mao Tse-tung rief am 1. Oktober 1949 die Volksrepublik China aus.
Gemäß seiner kommunistischen Zwangsvorstellung enteignete er alle Menschen in seinem Staat, nicht nur von Gütern, sondern auch von allen persönlichen Rechten.
Er kollektivierte alles und jeden.
1966 folgte seine alles vernichtende tödliche Kulturrevolution.
Am 9. September 1976 erlöste er die Welt von seinem irdischen Dasein.

Ein kleiner Mann, angeblich 1,54 Meter groß, aber ein riesiger Geist, ein Gigant von Mensch, Deng Xiaoping hieß er, übernahm 1978 die Führung in China.
Er war es und sonst niemand, welcher die kommunistische Einheitspartei in China davon überzeugte, dass China mit fünf Modernisierungsschritten wieder zur bedeutenden Großmacht werden könne.

Die fünf Modernisierungen waren:
- Landwirtschaft
- Industrie
- Wissenschaft

- Technik
- Verteidigung

1982 überschritt die chinesische Bevölkerung die exorbitante Grenze von einer Milliarde Menschen. Heute, 2018, sind es 1,38 Milliarden.

Auch dieses in China überbordende Bevölkerungswachstum bremste Deng Xiaoping durch seine Ein-Kind-Politik in Städten.

Deng Xiaoping war überzeugt, dass es neben der **Diktatur** und deren Planwirtschaft und neben der **Demokratie** und deren Marktwirtschaft einen **dritten Weg** für die Führung einer Nation gibt.

Mit dieser inneren Überzeugung und durch seine äußere Überzeugungskraft gewann er die kommunistische Einheitspartei in China für seinen Plan.

Mit dem sogenannten dritten Weg, also Kommunismus im gesamten Volk, anders gesprochen, das Kollektiv steht immer über dem Individuum und einer gelenkten ‚Marktwirtschaft' (keine reine Planwirtschaft), gelang es Deng Xiaoping, sein China bis zu seinem Tod am 19. Februar 1997 wirtschaftlich und politisch in Richtung Weltspitze zu führen.

Die Nachfolger von Deng Xiaoping arbeiteten ohne Abweichung von Dengs Plan sehr erfolgreich am neuen ‚chinesischen Traum'.

2012 gab der neue, ebenso intelligente wie mächtige Staatschef Xi Jinping seine Vision für die Zukunft von China bekannt.
Die neue Seidenstraße, neue Handelswege zwischen China und dem sonstigen Asien, zwischen China und Europa sowie zwischen China und Afrika sollten aufgebaut werden.

Heute, in 2018, wird aufgrund des mittlerweile gewaltigen Fortschrittes in Sachen Seidenstraße niemand mehr daran zweifeln, dass China dieses gigantische Ziel erreichen wird.

Schon heute nach 30 Prozent Fertigstellung dieser neuen Seidenstraße steht China wirtschaftlich mit USA mindestens gleichrangig an der Spitze der Weltökonomie.

Wer sich mit diesem Thema beschäftigt, ist schnell überzeugt, dass China in Zukunft die Weltwirtschaft unaufhaltsam bestimmen wird.

Der sogenannte dritte Weg nach Deng Xiaoping ist also möglich, er führt zu einem gigantischen Erfolg der Chinesen.

Rückblickend ist schlimm an dieser Situation, dass der ‚Westen‘, also sowohl die USA als auch Europa, diesem Geschehen zu lange nur dümmliche Arroganz entgegenbrachten.

Die Frage ergibt sich allerdings:
Wird dieser sogenannte dritte Weg auch weiterhin von Erfolg gekrönt sein?

Wir wissen, zwei große Gefahren lauern darauf, den weiteren Aufstieg Chinas zu verhindern oder gar kaputt zu machen.
Die Weltwirtschaften, also die USA, Europa und das sonstige Asien sind auf absehbare Zeit keine Gefahr.

Die erste Gefahr ist das Individuum Mensch, der Mensch in seiner Struktur und Veranlagung.
Wir wissen, wenn es dem Menschen längere Zeit gut oder sogar sehr gut geht, dann verändert er sich.
Er wird unzufrieden, aufsässig, seine Leistung lässt nach oder verschwindet ganz, die Null-Bock-Mentalität greift immer mehr um sich, er beginnt zu diskutieren, sich zu verweigern, zu rebellieren und schon ist es passiert.
Wenn sich diese Individualentwicklung auf die Bürger, also auf das Volk überträgt, dann gibt es je nach Umständen kleine bis große Probleme.

Die weite Gefahr besteht in der Abkehr von Deng Xiaopings Strategie.
Deng Xiaoping wollte, dass es den Menschen in China jeden Tag etwas besser geht und dass sie begleitend zu ihrer täglichen materiellen Verbesserung auch ganz langsam rechtliche Zugeständnisse erhalten.
Die derzeitige Regierung in China reduziert aber die individuellen Rechte, indirekt proportional zum individuellen materiellen Zuwachs.

Jeder Mensch in China soll nun angeblich zentralstaatlich überwacht, benotet und bewertet werden. Entsprechend diesem Ergebnis wird er dann bei öffentlichen Angelegenheiten bevorzugt oder benachteiligt.

Solange es den Menschen jeden Tag ein bisschen besser geht und die Hoffnung auf weitere Besserung besteht, wird die Mehrheit der Menschen diese persönliche Einschränkungen hinnehmen.
Wenn aber keine Verbesserung mehr in Aussicht steht, ist zu erwarten, dass die Menschen gegen eine solche individuelle Behandlung rebellieren.
Natürlich werden intellektuelle Kreise schon früher zu rebellieren beginnen.

Unabhängig von dieser geistig-seelischen Entwicklung wird China jedoch ab morgen wirtschaftlich und politisch die weltweite Führung der Industrienationen übernehmen.

Schlussbemerkung zur Weltpolitik

Die Weltpolitik ist wieder aus den Fugen geraten.
Von multiplem Versagen der Politik muss gesprochen werden.

Im Westen wird die beste Regierungsform, die Demokratie, zu Tode demokratisiert.
– Die Bürokraten ersticken das Land durch Vorschriften.
– Die Egomanen und die Profilneurotiker zerreden in ihrer Einfältigkeit jeden guten politischen Gedanken.
– Die Populisten und die Opportunisten zerstören, nur ihrer eignen Vorteile wegen, nahezu alle guten Politikideen.
– Und solche Menschen wie Trump, Johnson, Erdogan und Co. killen die Basis jeder Demokratie.

Unsere heutigen Demokratien in Brüssel, Berlin, London und Co. geben sich durch völlig unqualifizierte Parlamentarier/innen der Lächerlichkeit hin und gefährden selbst die bestfunktionierenden Staatswesen.
Folgende Fragen stehen im Raum.

● Ist es in der heutigen Zeit und in Zukunft möglich, ein Land oder gar die Welt mit einer **reinen Demokratie** in Frieden zu führen?

- Könnte es gelingen, Menschen bzw. ein Volk mit einer **intelligenten, menschlichen Diktatur** zu beherrschen?
- Kann man heute und in Zukunft ein Land, ein Volk mit einer **Einheitspartei**, mit **geplanter Wirtschaft** und mit **persönlicher Bewertung** lenken?

Die Antwort auf die drei oben gestellten Fragen liegt nach menschlicher Erkenntnis auf der Hand.

Eine **Demokratie** mit Marktwirtschaft funktioniert auf Dauer nur mit wenigen, mit humanen und mit profilierten Führungspersönlichkeiten.

Eine **Diktatur,** auch wenn sie intelligent und menschlich ist, wird auf Dauer nie funktionieren, weil der Diktator nur Mensch und kein Heiliger ist. Eine **Einparteiendemokratie** mit befohlener Wirtschaft, mit individueller Personenbewertung funktioniert nur so lange, wie es den Menschen jeden Tag etwas besser geht.

Wie wird die Welt in Zukunft geführt?

Nicht mit den Methoden der letzten 150 Jahren.

In Zukunft, in 2050, ist die Mehrheit der Menschen **gebildeter** als heute, auch wenn man heute der Jugend fälschlicherweise einseitige und dümmliche ‚I-Phone-Bildung‘ prophezeit.

Eine kleine Minderheit ist in 2050 **höchst intelligent.**
Diese arbeitet mit KI und gibt der Politik vor, was wichtig ist.

Im Jahre 2050 sind die Menschen im Durchschnitt auch **vermögender** als heute, von Minderheiten abgesehen.

Ein **Krieg** ist von **niemand** mehr **zu gewinnen,** weder mit Atomwaffen noch mit modernsten biologischen oder chemischen Waffen und auch nicht mit Cybertechnik und KI.

Ein **ganz anderes Denken**, ein völlig anderer Politikstil ist nötig.

Demokratie im herkömmlichen Stil mit Wählerstimmen der nur fordernden Masse mit populistischen und opportunistischen Antisachentscheidungen ist **nicht mehr praktikabel.**

Nur intelligente und kluge Politik, **Demokratie** unter profilierten Persönlichkeiten wird den Menschen Frieden und Wohlstand sichern.

Wer beherrscht diesen Planeten in Zukunft?

Drei Mächte stehen sich in Zukunft ab 2050 auf dieser Erde gegenüber. China – USA – Russland werden sich um die weltweite Führung bemühen. Im Hintergrund werden zum einen **Europa**, zum anderen **Asien** ohne China, aber mit Indien und Japan die Begleitmusik für diese Megaveranstaltung der drei Machtblöcke spielen.

Je nach Perspektive, von welcher man die zukünftige machtpolitische Struktur der drei Weltmächte USA – China – Russland – beurteilt, ergeben sich nachfolgende Möglichkeiten:

Erster Fall:
- Die USA werden die alleinige Weltherrschaft, sowohl wirtschaftlich als auch politisch anstreben.
- In diesem Fall wird China ebenfalls im Alleingang die Macht für sich reklamieren.
- Im Bedarfsfall wird China mit Russland kooperieren.

Zweiter Fall:
- China strebt die alleinige Weltherrschaft an.
- In diesem Fall wird Russland niemals mit USA kooperieren, sondern
  als Einzelspieler auftreten oder
  mit Indien ein Weltmachtsduo bilden.

Dritter Fall:
- Indien und Japan und das sonstige Asien versuchen die Welt zu beherrschen.
- In diesem Fall wäre eine wirtschaftliche Vorherrschaft dieses

Dreierbündnisses mittelfristig denkbar, aber niemals gesellschaftspolitisch oder militärisch möglich.

Keiner der drei Machtblöcke – auch keine andere Macht – kann heute und in Zukunft einen Krieg gewinnen.

Dankbar müssen wir Menschen heute feststellen:

- Frieden werden wir Menschen haben.
  Nicht, weil wir so gute Menschen geworden sind, sondern, weil über uns die Angst vor unseren eigenen Waffen schwebt.
- Dank verdienen deshalb in erster Linie die Ingenieure.

Aufgrund dieser vorgenannten Realitäten wird es in Zukunft nicht mehr möglich sein, ein Volk, die Menschen auf diesem Globus mit den Methoden von gestern zu beherrschen.

In nicht allzu ferner Zukunft können die Menschen nur noch von Menschen mit Charakter, mit Intelligenz, mit Persönlichkeit und mit politischem Format geführt werden.

Weil solche Persönlichkeiten rar und nicht mit dem Lasso auf politischen und gewerkschaftlichen Massenveranstaltungen einzufangen sind, müssen die Demokratien völlig anders aufgebaut und strukturiert sein.

Was ist zu ändern?

- Demokratische Parlamente müssen personell auf 25 bis 30 Prozent der heutigen Parlamente reduziert werden.
- Parlamente sind nur noch mit wirklich qualifizierten Persönlichkeiten, welche **vor** der Wahl getestet wurden, zu besetzen.

Friedliche, intelligente und wirtschaftlich zufriedene Menschen wollen intelligente und kluge Führung, keine **Straßenpolitiker.**

Also weg mit den ‚Polit-Schwätzern und -Schwätzerinnnen‘.

Schon Friedrich Schiller, welcher nie verdächtig war, ein ‚Rechter‘ zu sein, sagte bezüglich Regierenden:

‚Man sollte die Stimmen wägen und nicht zählen.‘“

Es ist Donnerstag, der 22.11.2018, Spätnachmittag.

Vincent beendet seinen ausführlichen Vortrag.

KAPITEL 17

TECHNIK UND FORTSCHRITT

Freitag, 23.11.2018, 10.00 Uhr schlägt die Zirbeluhr.

Vincent hält den Vortrag.

„Der Mensch, ein Universalgenie?
Immer wieder sind wir fasziniert bei der Gegenüberstellung von Tier und Mensch. Seit 20 Millionen Jahren lebt der Affe nun im Urwald und auf den Bäumen.
In dieser langen Zeit hat er sich, auch durch die Evolutionsbrille gesehen, nahezu nicht verändert.

Der Mensch dagegen hat in ca. 350.000 Jahren nahezu unvorstellbare Leistungen vollbracht.
Leistungen des Gehirns und Ergebnisse der Intelligenz sind es.
Auf allen Algorithmus-basierten Gebieten wurde erfolgreich entwickelt.
Der Erfolg beruht hierbei nicht auf 350.000-jährigem Lernen, sondern hauptsächlich auf der Nutzung der von Anfang an vorhandenen neuronalen Struktur, also auf Intelligenz.
Dazulernen ist nicht Intelligenz, sondern nur Neues speichern, also das vorhandene Programm erweitern.

Kein Normalbürger ist in der Lage, die 350.000-jährigen Entwicklungen oder gar die der letzten 160 Jahre komplex zu erfassen.

Vergleichen wir aus kognitiver und intellektueller Sicht den Menschen nun mit dem Affen.
Niemals werden wir einen einheitlichen Nenner finden.

Trotz dieser Erkenntnis wird oftmals in fast abergläubischem Wahn die Evolutionstheorie auch für Geist, für Seele, für Vernunft und für Gewissen als zuständig erklärt.
Ohne Zweifel ist für alles, was sich in diesem Universum, in den Galaxien,

in allen Sonnensystemen und auch hier auf dieser Erde entwickelt, unstreitig die Evolution verantwortlich, nicht aber für Geist und Seele.

Weil dieser Biologie-Grundsatz nicht wegzudiskutieren ist, bestreiten die Vertreter des Affenkosmos die Existenz von Geist und Seele.

Vor diesem Hintergrund wird dann schließlich der Mensch zum Nachfolger des Affen erklärt.

Anders gesprochen, der Mensch ist nach Erkenntnis der Affenanbeter ein Affe.

Arme Geister!

Allgemein gilt: Geiz frisst Hirn!
Für die Affologen gilt: Arroganz zerstört Verstand!
Nicht die Affen haben unseren Fortschritt geschaffen.
Nicht die Affen führen die Menschheit in die Zukunft.
Der Mensch ist es.

Die Zukunft wird vom Menschen und nicht vom Affen gestaltet.
Fortschritt ist 90 Prozent Technik.

Technik und Fortschritt entstehen nicht durch Zufall.
Technik und Fortschritt erreichen wir nicht durch Schwafeln, durch Gefasel, durch wichtigtuerisches Gerede, auch nicht durch Philosophie.

So schön es ist, so gut es tut, zu philosophieren.
Der Fortschritt unserer Menschheit beruht auf den Grundlagen der Naturwissenschaften und kommt zustande durch höchstentwickelte Technik.

Die Geisteswissenschaften und die Kultur werden nach wie vor und immer die Menschen beglücken, ihnen schöne Stunden bescheren, sie mit schönen Gefühlen erfüllen.
Sie werden die Menschheit in höhere Sphäre entführen und ihr ein angenehmes, vielleicht sogar glückliches Leben ermöglichen.
Geist und Seele machen glücklich oder unglücklich.

Auch die Politik kann, wenn sie die vorbeschriebenen Grundsätze befolgt, maßgeblich zum Wohlergehen der Menschheit beitragen.

Der Fortschritt jedoch ist Technik.

Wenn man den Propheten glaubt, welche schon bei den alten Griechen sowie bei den Römern die Jugend für zukunftsuntauglich hielten, wenn man unseren ach so weisen Jugendkritikern folgen würde, gemäß denen in Zukunft niemand mehr rechnen, mehr schreiben, nicht einmal mehr geradeaus denken kann, weil die I-Phones etc. unseren Nachkommen den Verstand vernebeln, dann müssten wir in der Zukunft auf jeden Fortschritt verzichten.

Fortschritt basiert nämlich **ganz wenig** auf **Zufall,** sondern auf **Begabung, auf Intelligenz,** auf **Methode** und **Strategie** und schließlich auch auf einem starken und ausdauernden **Willen.**

Nur mit diesen Eigenschaften ist es möglich, intelligent und erfolgreich zu forschen, zu entwickeln und in die Zukunft zu planen.

Fortschritt basiert also immer auf einem Produkt geistiger Kapazität mit systematischer Arbeit einzelner Menschen.

Oft werden durch sinnvolle Forschung neue Dinge entdeckt.
Die Entdeckung reicht aber nicht.
Die meisten Entdeckungen müssen nämlich erst systematisch entwickelt und clever realisiert werden.

Viele großen Entdecker waren und sind nach wie vor in Deutschland zu finden.
Die Entwickler und die Unternehmer, welche aus einer Entdeckung, aus einer Erfindung ein für die Menschen brauchbares ,Produkt' entwickeln, gehen wegen unserer Bürokratie in die USA.
Dies ist der Grund, warum viele in Deutschland angemeldete Patente in den USA und nicht in Deutschland große Erfolge feiern.

Für Fortschritt sind unternehmerische Zukunftsvision, Vertrauen in die Sache, ein starker Wille und die richtigen Rahmenbedingungen ausschlaggebend.

Die Politik und unsere Neidgesellschaft sind die Ursache für obige Fehlentwicklung.

Viel, unendlich viel hat dieses kleine Wesen Mensch allein in den letzten 160 Jahren geschaffen.
Beschäftigt man sich mit diesem Thema, dann finden wir Millionen Entwicklungen, von denen man kaum glauben kann, dass sie von irdischen Wesen kreiert wurden.
Nicht ein einzelnes Menschengehirn, sondern viele waren an den bisherigen Entwicklungen beteiligt.
Ein einziges Gehirn kann die vielfältigen verschiedenartigen Entwicklungen niemals mehr beherrschen.

Die Komplexität der gesamten menschlichen Entwicklung ist heute so weit fortgeschritten, dass kein einzelner Mensch alles verstehen kann.

Aus heutiger Sicht kann es also kein Universalgenie mehr geben.

Wie sieht nun die Zukunft der Menschheit aus?

Der Tempel der Hellseher und Wahrsager ist geschlossen.
Also versuchen wir es ganz irdisch.
Entgegen vielen inhaltslosen Prophezeiungen und untergründigen Unkenrufen entwickelt sich der Mensch, insbesondere sein Geist, weiterhin sehr positiv.
In Anbetracht dieser Tatsache sollten wir unsere berechtigten Bedenken hinsichtlich der negativen Globalisierungswelle, vorwiegend aus den USA, überwinden.
Weder die Multi-Kulti-Welle noch der Islam noch andere Gespenster werden die Grundfesten unserer westlichen Kultur zerstören.

Technik heute und in Zukunft

Die Technik kennt fast keine Grenzen.
Was der Mensch in 350.000 Jahren, insbesonders in den letzten 160 Jahren an Entwicklung vollbracht hatte, ist für ein normales Menschengehirn nicht erfassbar.

Mit dem Feuermachen fing es an, der Span folgte, die Fackel, das Öl, das Petroleum, die Kerze, und dann war der Strom da.
So kamen wir zum heutigen Licht.

Die Wasserkraft, die Dampfmaschine, der Elektromotor, der Benzinmotor, der Dieselmotor, die Kohle, das Naturgas und die Kernenergie waren die andere Schiene. Energieerzeugung war das Ziel.
Die vierte industrielle Revolution war das Ergebnis.

Aus der dualen Welt sind wir in den digitalen Kosmos vorgedrungen. Dual und binär sind für uns heute eine Welt von gestern.
Konrad Zuse begann vor 70 Jahren mit einem Rechner so groß wie ein kleines Haus und einer Rechnerkapazität mit ca. einem Hundertstel eines heutigen Handys.
Zurzeit gehen wir davon aus, in Bälde über Quantencomputer zu verfügen.
Diese werden so quasi die digitale Schwerkraft aufheben und mit Qubits als atomaren Schaltern, werden solche Rechner in der Lage sein, gleichzei-

tig die Werte ‚null‘ und ‚eins‘ anzunehmen. Hierdurch sind solche Geräte in der Lage, Rechenprobleme, die heute noch als unlösbar erscheinen, zu lösen.

Wer über diesen Rechner als ‚Erster‘ verfügt, wird die digitale Welt beherrschen.

Energieversorgung

Beschäftigen wir uns kurz mit erneuerbaren Energien.

Sonnenkollektoren, Photovoltaik, Biogas-, Wasser- und Windanlagen sollen nach Ansicht der ‚Grün-Spartakisten‘ in Zukunft die Welt mit Strom versorgen.

Weil selbst der Dümmste weiß, dass dies so wenig möglich sein wird wie ein Waldbrand in Venedig, ist es dringend erforderlich, dass wir uns sofort mit realistischen Energieversorgungstechniken beschäftigen.

Welche Möglichkeiten stehen zur Auswahl bzw. könnten realisierbar werden?

Weil die schon seit langer Zeit einer Profilierungsneurose ausgelieferte Kanzlerin Merkel, so quasi über Nacht, als sie den Ausstieg aus der Kernenergie bekannt gab, eine totale Energiewende eingeleitet hatte, haben wir in Deutschland heute große Probleme mit der Energie.

Wir haben mit der Kernenergie eine sehr wichtige High-Technik über Bord geworfen und dem Ausland überlassen.

Wir werden bald große Probleme in unserer Wirtschaft und mit dem Elektroauto bekommen.

60 Prozent Energie werden fehlen, den Strom kaufen wir dann im Ausland und der Strompreis wird in Deutschland ins Unendliche steigen.

Die deutschen Kernkraftwerke (die sichersten der Welt) wurden und werden geschlossen.

Rings um Deutschland, meist an unserer Grenze zu

– Frankreich, Holland, Belgien, Dänemark, Polen, Tschechien, Österreich, Schweiz

werden teils viel unsicherere Kernkraftwerke betrieben und sogar neu gebaut.

Unsere ‚Energiewende' war und ist reiner politischer Populismus. Opportunismus und Dummheit siegten über Sachverstand.

Wie sichern wir in der Zukunft unseren Energiebedarf?

- Alle Kohlekraftwerke müssen trotz Energiebedarf schnellstmöglichst abgeschaltet und geschlossen werden.
- Gaskraftwerke, Müllverbrennungsanlagen, Abwärme aus Zement-, Stahl-Aluminium-Werken und aus ähnlichen Bereichen müssen bis auf Weiteres genutzt und ausgebaut werden.
- Alle erneuerbaren Energiequellen müssen weiterentwickelt, ausgebaut und benützt werden.

Mehr ist nach augenblicklicher Energieplanung nicht vorgesehen.

Aus heutiger Sicht stehen dann Deutschland energietechnisch aber nur noch – Wasserkraft – Wind – Biogas – Photovoltaik – Sonnenkollektoren sowie Überschusswärme aus der Wirtschaft zur Verfügung. Das sind 40 Prozent der dann nötigen Energie.

Weil diese Energiequellen auch weltweit mittel- bis langfristig nicht reichen, unseren Energiebedarf für acht bis zehn Milliarden Menschen, für die Wirtschaft und für den auf Elektro umgestellten Verkehr zu decken, und weil nicht dann, wenn wir Strom benötigen, der Wind weht und die Sonne scheint, muss dringend eine zusätzliche nachhaltige Energiebasis geschaffen werden.

Wie sieht diese aus?

- Sofort, nicht später, sind die notwendigen Energietransportwege (Strom): Nord-Süd und West-Ost mit ausreichenden Dimensionen und mit neuen Leitern für die nächsten 30 Jahre herzustellen.

- Die oben aufgeführten erneuerbaren Energien müssen so weit wie möglich ausgebaut werden.

- Deutschland muss schnell eine neue und absolut sichere Kernenergie entwickeln, installieren und wenigstens vorübergehend nutzen.

- In naher Zukunft sind in Afrika große zukunftsorientierte Sonnenkraftwerke aufzubauen.
  - Zum einen mit modernster Photovoltaik-Technik, also zur direkten Stromerzeugung
    (jedoch mit chemisch erzeugten Basiselementen),
  - zum anderen mit Spiegel-Technik, welche die komprimierten Sonnenstrahlen über Satelliten-Technik direkt an den Ort der Stromerzeugung überträgt.
    Diese Stromerzeugung kann dann über verschiedene Techniken, z. B. über Turbinen aller Art jeweils vor Ort erfolgen.

- Eine andere ebenfalls völlig umweltbelastungsfreie Energiegewinnung ohne Kapazitätsgrenzen ist wie folgt möglich und nötig.
  - Die Hochtemperatur im Erdinneren wird angezapft.
  - Durch Großbohrung ins Erdinnere bis zur passenden Temperatur wird entweder die hohe Temperatur nach oben geholt, um dann mit den bekannten Verfahren Strom zu erzeugen
    oder
  - das nötige Wasser (z. B. aus Seen oder Flüssen) wird ins Erdinnre gebracht und der entstehende Dampf oben zur Stromerzeugung verwendet.

Mit den obigen Verfahren ist weit mehr umweltfreundliche Energie zu gewinnen, als die Menschheit benötigt.

Weil mit den oben beschriebenen drei neuen Verfahren **ständig,** also **ununterbrochen** so viel Energie wie nötig erzeugt werden kann, ist keine vorratsbedingte Energiemassenspeicherung erforderlich.
  - Dies hat den unschätzbaren Vorteil, dass man auf jegliche Batterieherstellung und Batterieendlagerung verzichten kann.

Nach wie vor wird jedoch auch in Zukunft die Energieverteilung große Probleme darstellen, wenn wir nicht sofort handeln.
  - Dies ist aber kein technisches Thema, sondern ausschließlich ein ‚menschliches‘, ein politisches Problem.
  - Bürgerbegehren und Politfeigheit sind der Pferdefuß.
Den Schaden haben die vernünftigen Bürger.

Zurück zur Stromverteilung:

- Die Stromverteilung kann wie heute oberirdisch oder unteririsch erfolgen.
- Sie geschieht in Zukunft allerdings mit modernen Fernleitungen.
  Hochleistungskabel aus völlig neuen Elementen werden es sein.
  Ihr elektromagnetischer Widerstand wird viel geringer sein als bei heutigen Materialien.
  Der Energieverlust wird dabei auf ein absolutes Minimum reduziert.

Der Strompreis wird dann alles in allem viel günstiger werden als heute.

Die Technik für die oben geschilderten neuen Methoden der Energiegewinnung ist heute schon vorhanden.
Die Realisation solcher Projekte hängt einzig und allein vom politischen Willen und dessen Persönlichkeiten ab.

Wir werden sehen:
Wir Menschen werden niemals unter Energiemangel leiden.
Allerdings nur dann, wenn Ingenieure das Sagen haben.

Schluss mit der grün gefärbten Volksverdummung
- durch bezahlte Demokratiefeinde,
- durch nach Wählerstimmen gierenden Politiker aller Parteien,
- durch völlig verwirrte Medien.

Wo endet nun der Amoklauf gegen das Auto und unsere Wirtschaft?

Aus Vorgesagtem ist zu entnehmen, dass der nahezu ungebändigte öffentliche Angriff auf das Auto in erster Linie unserer Wirtschaft und damit unserer Gesellschaftsordnung gilt.
Die dummen laut schreienden ‚Grünen‘ aus allen Schichten unserer Gesellschaft sind zwar schädlich, aber diese Herrschaften sind im wahrsten Sinne nur ahnungslose ‚nützliche Idioten‘, welche unter ihrer Profilneurose oder unter beruflichem Misserfolg leiden.

Gemeint sind die gefährlichen Systemveränderer. Sie wissen nämlich:

Schädigen wir die deutsche Autoindustrie dann beschädigen wir den Gesamt-Deutschen-Wohlstand und bringen damit große Unruhe in das deutsche Bürgertum.

Ein gesellschaftlicher Ruck nach links oder rechts ist damit gesichert.

Wer will so etwas?

Unsere weltweite Wirtschaftskonkurrenz und besonders die in Europa.

Was geschieht nun mit dem Verkehr und dem Auto?

Der Flugverkehr, die Eisenbahn und der Schiffsverkehr werden, soweit nötig und möglich, optimiert werden.

Im Autoverkehr wird zunächst der Diesel zerstört, dann die SUV´s und schließlich alle Autos mit Verbrennungsmotor.

Ihnen folgt das Elektroauto.

Die Wirtschaft, die Arbeitsplätze, der Wohlstand leiden.

Warum folgt das Elektroauto?

Alles geschieht angeblich zum Schutz der Umwelt.

Niemand weiß, zumindest tun die Hetzer so, dass ein Elektroauto mit 3 ½ Jahren Laufzeit von der Herstellung der Elektrobatterie, dem Bau des Autos selbst, dem Fahrbetrieb von 3 ½ Jahren und der Verschrottung **viermal mehr** die Umwelt belastet, als ein Golf samt 3 ½ Jahren Fahrzeit.

Von den Umweltproblemen abgesehen, „kaufen" wir Deutschen durch den Elektrowahn eine weitere ganz dicke Schwierigkeit ein.

Uns fehlen ca. 60 % Strom.

Mit erneuerbarem Strom aus Windrädern, aus Photovoltaik, aus Wasserkraft, aus Biogas, aus Wärmepumpen können wir wie gesagt nur bis max. 40 % unseres Strombedarfs decken.

Wir kaufen dann Strom von ausländischen Kernkraftwerken, welche an unseren deutschen Grenzen arbeiten, und bezahlen hierfür mehr als den doppelten Preis.

Politische Dummheit im Quadrat.

Den Marktschreiern, den Autofeinden sei gesagt, egal welcher Antrieb die Autos bewegt, die Autos werden niemals mehr abgeschafft.

Die Autos der Zukunft werden die Innenstädte nicht mehr verstopfen.

Sie werden nämlich in großen 50m-tiefen Parkleitsystemen unter der Stadt verschwinden.
Die Genehmigung für Patente hierfür sind weltweit erteilt.

Weil bei der Politik die Würfel gefallen sind, statt Fakten siegte Populismus, verschwinden nun die Verbrennungsmotoren und das E-Auto kommt.
Wie bei der Kernkraft haben wir Deutschen wieder die falsche Entscheidung getroffen.
Wir verwechseln uns mit China, welches jetzt E-Autos einführt, aber schon das Wasserstoffauto plant.
Wir werden durch unsere dumme Politik nun auch die deutsche Autoindustrie stark beschädigen, unseren Wohlstand erheblich reduzieren und Probleme in unserer bürgerlichen Gesellschaft bekommen.

Die Folgen werden sein:
- Wir schädigen unsere Umwelt.
- Wir müssen Strom aus dem Ausland kaufen.
- Der deutsche Strompreis steigt beträchtlich.
- Wir gleiten in eine wirtschaftliche Rezession.
- Das Elektro-Auto wird durch das Wasserstoff-Auto abgelöst.
- Die Hetzer haben über die Dummheit gesiegt.

Wie retten wir die Erde, wie retten wir das Klima?

Das Wichtigste, was hierzu zu sagen ist, ist in diesem Werk im Kapitel 15 geschrieben.

Seit Millionen von Jahren verzeichnet dieser Planet Erde Warmzeiten und Kaltzeiten, Überhitzung des Planeten und Vereisung.

Gemäß einer seit Millionen von Jahren sich immer weiter abschwächenden Sinuskurve wurden die Warmzeiten immer kühler und die Kaltzeiten immer milder.
Schraubenwirkung: Warm macht warm und kalt macht kalt, jeweils bis zum Kipppunkt.
Der im Augenblick seit über 100 Jahren zunehmenden erneuten Erwärmung der Erde können wir Menschen nur ganz wenig entgegenwirken.

Was können wir tun?

- Reduzierung der von Menschen erzeugten Umweltgifte, insbesondere Methan und CO_2 sowie Feinstaub aller Art
- Optimierung jeglicher Heizungen und Wärmedämmung aller Baukörper

Mehr können wir Menschen nicht tun.

Diese unsere Maßnahmen werden, selbst wenn wir alle Umweltgifte und Feinstäube verhindern, die bestehende Erderwärmung aber nicht stoppen.

Bisher gelang es den Menschen nicht, den seit Millionen von Jahren immer wieder bestehenden Wärme- oder Kältezuwachs zu reduzieren.

Was eventuell gelingen könnte, ist, den Wärmezuwachs zu verlangsamen.

Wieso erwärmt sich unsere Atmosphäre?

Der Planet Erde ist von einer ca. 30 Kilometer dicken Erdatmosphäre und von einer 100 Kilometer dicken Schutzschicht umgeben. Zwischen der Erde und 30 Kilometern besteht unsere Lebensatmosphäre. Die Schutzschicht befindet sich zwischen 30 und 130 Kilometern über der Erde und besteht aus fast allen uns bekannten Gasen und teilweise auch aus Feinstaub.

Die Erde selbst produziert seit Millionen von Jahren die obigen Atmosphären.

Methan 84-mal stärker als CO_2 wird in unendlichen Mengen aus Faulstoffen am Meeresboden, an der Erdoberfläche und in den Verdauungsorganen von Tier und Mensch sowie im tauenden Gletscher, im Poleis und in Permafrostgebieten produziert.

Warm macht warm und kalt macht kalt. Schraubenwirkung.

Auch durch Vulkane, durch Erdspalten an Kontinentalplattenstößen sowie durch Geysire rund um die Erde werden fallweise all diese Gase und eine Menge Feinstaub sowie CO_2 erzeugt.

Auch die menschliche Gesellschaft produziert CO_2 und Feinstaub. Die Hauptmenge resultiert aus dem Hausbrand, aus der Industrie und aus dem Verkehr.

Der Verkehr ‚leistet‘ im Verhältnis zur gesamten Umweltvergiftung einen relativ bescheidenen Beitrag.

Alles in allem sind die vom Mensch produzierten Umweltbelastungen für die die Erde umgebende Atmosphäreschutzschicht verhältnismäßig gering.

Erdatmosphäre: Welchen Sinn hat nun die Erdatmosphäre und welchem Zweck dient diese 30 Kilometer dicke atmosphärische Schutzschicht?

Erst nachdem die Erdatmosphäre vor ca. drei Milliarden Jahren eine bestimmte Qualität aufwies begann Leben auf dieser Erde.
Die Erdatmosphäre ist nämlich eine der Voraussetzungen für alles Leben.

Die bereits genannte 100 Kilometer starke Schutzschicht hat zwei wichtige Aufgaben:
- zum einen schützt sie alle Organismen auf dieser Erde vor den für das Leben gefährlichen Sonnenstrahlen,
- zum anderen sorgt sie für den für Mensch, Tier und Pflanze notwendigen Temperaturausgleich auf dieser Erde.

Die für die Erde wichtigen Wärmestrahlen durchdringen die Schutzschicht. Überflüssige Wärmestrahlung wird von der Erdoberfläche reflektiert und kehrt im Normalfall durch die Schutzschicht ins Weltall zurück.
Hierdurch bleiben die Atmosphäre und die Temperatur um die Erde lebenssideal.
Je dichter, je undurchlässiger die Schutzschicht ist, je weniger reflektierte, überflüssige Wärmestrahlung kann durch die Schutzschicht zurück ins Weltall entweichen.

Die Erde wird wärmer.

Die seit Millionen von Jahren immer wiederkehrenden Warm- und Kaltzeiten ergaben sich auch durch immer wiederkehrende Sonneneruptionen und durch zyklische Verfaulungsperioden auf der Erde.
Diese Schutzschicht, man kann sie auch Schutzhülle bezeichnen, wird immer wieder nach Jahrhunderten dichter, also strahlen- bzw. wärmeundurchlässiger oder weniger dicht, also wärmedurchlässiger.

Hierdurch ergeben sich auf der Erde Warm- oder Kaltzeiten.

Die Übersättigung der Schutzschicht erfolgt immer durch ansteigende Faulgase, also durch Methan, durch CO_2 und durch Feinstaub.

Es wird dann warm.

Wenn dann schließlich auf der Erde der jeweilige manchmal Jahrhunderte dauernde Faulzyklus beendet ist, dann wird die Schutzhülle wieder durchlässiger, die Überwärme verschwindet.

Es wird dann kalt.

Auch ein großer Vulkanausbruch oder ein mächtiger Meteorit sind in der Lage, die Schutzschicht der Erde zu verdichten, ja sogar völlig zu überfüllen, allerdings nicht mit Faulgasen, sondern mit anderen Giftgasen und mit Feinstäuben.
Die Folge ist Verdichtung der Schutzschicht und Erwärmung der Erde oder totale Verdunklung und Kälte.

Auch unsere Sonne hat dann und wann großen, außerordentlichen Einfluss auf unsere Erde.
Immer wieder nach Jahrhunderten ereignen sich an der Oberfläche oder im Inneren der Sonne gewaltige Eruptionen. Diese haben jeweils starken Einfluss auf unsere Erde und auf unser Klima.

Die von Menschen durch Hausbrand, Industrie und Verkehr verursachten Mengen an Methan, an CO_2 und an Feinstaub sind im Verhältnis zur von der Natur, also vom Planeten Erde, erzeugten Giftstoffe unbedeutend.
Der Mensch kann zwar seine Städte verpesten und gebietsweise für vergiftete Luft, auch für Vermüllung und sonstige Gefahren sorgen.

Er kann aber auf diesem Planeten keinen Klimawandel erzeugen.

Mit Dieselverbot, mit Flugpreiserhöhung und mit veganer Ernährung ringen wir unserem schönen Planet Erde nur ein ‚mildes Lächeln‘ ab, aber keine Reduktion der Erderwärmung.

Große Bewunderung verdienen deshalb die ‚Grünen aller Klassen', weil sie glauben, mit Demos, auch mit lautem Theater die Sonne und die Meere, die Pole, die Permafröste und die Vulkane ausschalten zu können.

Kann der Mensch nun gegen die seit Millionen von Jahren immer wiederkehrende Überwärmung der Erde etwas tun?

Selbst wenn der Mensch die Wärme-, die CO_2- und die Feinstauberzeugung durch Hausbrand, durch Industrie und durch den Verkehr (Auto, Flugzeug, Schiffe etc.) reduzieren oder sogar ganz abstellen würde, könnte er den Millionen Jahre alten Wärmezyklus nur gering abmildern, etwas verzögern, aber niemals verhindern.

Der vorwiegend durch Methan, durch CO_2 und durch andere Gase erzeugte in 30 bis 130 Kilometern um die Erde vorhandene Isoliermantel müsste zur Verminderung des Wärmezyklus stellenweise durchbrochen bzw. geöffnet werden, damit die überschüssige Wärme ins All abfließen kann.
In den letzten drei Milliarden Jahren verrichtete dies die Erde selbst, allerdings nicht immer zum richtigen Zeitpunkt.

Zwar gibt es heute noch keine sicher wirkende Methode, diesen Isoliermantel wenigstens stellenweise zu öffnen oder nachhaltig durchlässig zu machen.

Es wird aber nicht mehr allzu lange dauern und wir werden Methoden praktizieren, mit welchen wir die Erdatmosphäre kontrollieren können.

Es wird in nicht allzu ferner Zukunft möglich sein, Gase zu erzeugen, mit denen man die Stärke und Dichte der Isolierschicht, also der Schutzschicht, um die Erde reduzieren kann.

Es wird in Zukunft Möglichkeiten geben, mit denen man stellenweise die benannte Isolierschicht öffnet.
Sei es mit spezieller Chemie,
sei es mit Druckwellen,
sei es mit Hitze z. B. durch Kernenergie,
sei es mit Raketentechnik.

Der seit Millionen von Jahren immer wiederkehrende Klimawandel findet auf dem ganzen Planeten Erde statt.

Die von Menschen erzeugte Zusatzbelastung in großen Städten ist nicht durch Klimaschutz, sondern nur durch Luftreinigung in diesen Städten zu beseitigen.

Besser wäre es, die Luftverunreinigung zu verhindern.

Hierfür gibt es heute bereits erfolgreiche Techniken.

Es ist in Zukunft möglich, mit großen **Molekularwandlern** das CO_2-Gas und den Feinstaub aus der verunreinigten Luft abzusaugen und diese mit anderen Gasen zu für den Menschen hochwertigen Stoffen umzuwandeln.

Auch das anscheinend unlösbare Problem der Mikroplastik steht vor der Lösung.

Die ältesten Lebewesen auf dieser Erde werden uns Menschen helfen.

Bakterien sind es, spezielle Bakterien, welche sich ausschließlich von Plastik ernähren. Wir werden sie züchten.

Wie wir wissen, können sich Bakterien nahezu unendlich vermehren, wenn ihre Bedingungen stimmen.

Also wir haben auch das Mikroplastikproblem im Griff, sofern wir handeln.

Der Mensch wird bald in der Lage sein, die Luft in Großstädten und sogar die Erderwärmung zu kontrollieren.

Nicht bösartige Autoverfolgung oder Wirtschafts-Bashing sind der richtige Weg.

Nur Ingenieure und ihre Technik bringen die Lösung.

Die Sonne mit ihren Explosionen im Inneren sowie an ihrer Oberfläche wird auch unsere beste Technik nicht beeinflussen können.

Unabhängig von dieser Sachlage ist es aber ganz wichtig und dringend notwendig, dass die Menschheit die in diesem Werk besonders in Kapitel 15 beschriebenen Schutzmaßnahmen für unsere wunderschöne Erde berücksichtigt, durchsetzt und praktiziert.

Geben wir der Erde die Chance, uns zu verschonen.

Zerschlagung der Megakonzerne, Internet, Banken, Versicherungen

Soeben dachten wir über die Erdatmosphäre nach.
Nun beschäftigen wir uns ganz kurz mit unserer menschlichen Gesellschaft, mit unserem Zusammenleben.

Was hat das mit Atmosphäre zu tun?
Viel, sehr viel.
Mit endlosem Kapital ist jede menschliche Atmosphäre totzukriegen.
Endloses Kapital kann endlose Gefahr sein, diese muss vermieden werden.
Kapital kann aber auch fast endlose Zukunft sein.

Wir beschäftigen uns also kurz mit unserer menschlichen Gesellschaft und ihrer übergeordneten Struktur.
Vor der Sesshaftwerdung der Menschen lebten diese in kleinen Familien, in Sippen und in größeren Clans.
Später folgten Siedlungen, Ortschaften und Städte.
12.000 Jahre lang war es kein allzu großes Problem, die Menschen vor Geld zu ‚schützen‘.
Die Gefahr für die Menschen waren hauptsächlich immer Machtgelüste.

Heute leben wir in einer **Kapitalwelt.**
Schon die Großmutter sagte: 'das Geld bestimmt die Welt.'
Heute bestimmt das Kapital nicht nur die Welt, heute wurde aus Kapital unaufhaltsam ‚Gierkapitalismus‘.
Der Gierkapitalismus hat sich durch Banken, Versicherungen und mittlerweile auch über Mega-Konzerne ausgebreitet und über die Menschheit gelegt wie im Mittelalter die Pest.

Die Digitalisierung, die Technik, Hightech hat dies alles ermöglicht.

Unser Gesellschaftssystem ist mittlerweile völlig aus dem Ruder gelaufen.

Egal ob Demokratie, Diktatur oder Demokratur, alle drei Systeme werden dominiert durch die Macht des Gierkapitals.

Heute gibt es die Möglichkeit, dass einzelne weltweit agierende Mega-

Konzerne in der Lage sind, z. B. **alle** deutschen Dax-Unternehmen auf einmal zu kaufen und aus der Portokasse zu bezahlen.

So ein Gesellschaftssystem war von niemand je gewollt, so ein Gierkapitalismus kann nicht nur vernichtend sein, sondern es würde irgendwann hierzu kommen.

So ein apokalyptisches Gesellschaftssystem darf auf die Dauer nicht erhalten bleiben. Es darf niemals Zukunft werden.

Welche Regierung, welches Parlament auf dieser Welt hätte im Ernstfall eine Chance, sich gegen die Aktionen eines solchen Konzerns zu wehren?

Kein Parlament dieser Welt, kein Staat, auch kein Land und sei es noch so aufgerüstet, hätte die Möglichkeit, einen ‚Krieg‘ gegen so viel Kapitalmacht zu gewinnen.

Was will der Mensch, was benötigt die menschliche Gesellschaft?

- Der Mensch will Frieden.
- Der Mensch will ein humanes Leben in Freiheit.
- Der Mensch will ein bisschen Wohlstand.
- Der Mensch will sein individuelles oder familiäres Glück.

Um diese obigen Ziele zu erreichen, ist es notwendig, eine humane, eine menschliche Gesellschaftsordnung und eine demokratische, nicht bürokratische Regierung zu sichern.

Um dieses unabdingbare Ziel der Menschheit zu sichern, ist es in Zu-kunft dringend notwendig, und es wird geschehen auch wenn es heute niemand für möglich hält, dass derartige Mega-Konzerne wie beschrieben kapitalmäßig aufgespalten und führungstechnisch völlig getrennt werden.

Wie gesagt, diese Bewegung wird in absehbarer Zeit beginnen.

Noch ein Wort zu den **Mega-Erbvorgängen** in unserer Kapitalwelt.

Hier ist festzustellen, dass im Augenblick kein sozialistischer Handlungs-bedarf hinsichtlich Enterbung besteht, weil alle Erbmassen, und seien sie noch so gigantisch, spätestens in der dritten oder vierten Generation sich weit verdünnen und im Laufe der folgenden Zeit pulverisieren, ja sogar ato-misieren. Außerdem besteht die Gefahr, dass die Erben vor sozialistischer Verfolgung ins geeignete Ausland verschwinden.

Das Leben und die Gesundheit der Menschen

Das Leben und unsere Gesundheit hängen unmittelbar und mittelbar von der Technik, vom Ingenieurwesen ab.

Die fast unvorstellbaren Fortschritte in der Medizin sind das Ergebnis fa-kultativ übergreifender, leidenschaftlicher Zusammenarbeit von Medizi-nern, Naturwissenschaftlern und Ingenieuren.
Die medizinische Entwicklung der letzten 150 Jahre grenzt manchmal an Zauberei.
In der **Diagnose** kommen heute hoch komplizierte und -komplexe techni-sche Geräte und Maschinen zum Einsatz.
Alles begann mit dem Röntgengerät.
Dies wurde ergänzt durch hochempfindliche, sehr exakt arbeitende Com-putertomographen (CT).
Diese wiederum wurden ergänzt durch Magnetresonanztomographen (MRT).
Diesen folgten Elektronenbeschleuniger und Protonenbestrahler sowie an-dere spezielle hochspezifische Strahlengeräte.

Mit diesen weit verfeinerten Geräten und mit KI sind die Mediziner in Zukunft in der Lage, jedes Lebewesen komplett auf dem Bildschirm darzustellen.

Der molekulare Zellenaufbau, die Knochen, jedes einzelne Organ, das Gefäßsystem, die Adern und die Haut können im Detail dargestellt und von erfahrenen Medizinern beurteilt bzw. diagnostiziert werden.
Auch das Blut ist viel weiter als heute in alle seine mikroskopisch kleinen Bestandteile zerlegbar und hierdurch entsprechend zu diagnostizieren.
Selbst die Gene sind zu entschlüsseln und mittels Genschere Crispr/Cas9 zu schneiden.

Auch die Digitalisierung und die Künstliche Intelligenz (KI) haben sich in der Medizin etabliert.

In der heutigen modernen und fortschrittlichen Medizin ist die Technik nicht mehr wegzudenken.

Die KI ist nichts anderes als eine elektromagnetische Kopie des neuronalen Netzwerks eines menschlichen Gehirns.

Trotz dieses großen Fortschritts wird die KI weder heute noch in Zukunft in der Lage sein, den Menschen, in diesem Fall den Arzt zu ersetzen.

Die KI wird immer nur das von sich geben, wofür sie vom Menschen programmiert ist bzw. ihren Algorithmus erhielt.

Das Eigenlernprogramm der KI ist immer kanalisiert auf bestimmte Themen.

Das Leben und die Gesundheit der Menschen stehen auch in Zukunft an erster Stelle unseres Daseins.

Insofern wird das jeweilige Gesundheitssystem immer wichtiger. Auch dies funktioniert heute nur noch mit Technik, mit Hightech, mit KI.

Der Vorteil der KI und ihres Systems besteht darin, dass sie geeignet ist, nahezu unendlich viele Zahlen, Daten und Fakten zu speichern, daraus die richtigen Schlüsse zu ziehen und diese dann sofort abrufbar bereitzustellen.

Der Mediziner, der Arzt kann dann relativ schnell und sicher seine ganz persönliche Diagnose stellen.

Vieles, sehr vieles wäre zu berichten über dieses komplexe Thema Medizin und Technik.

Wir wissen, wir stehen heute eigentlich erst am großen Beginn der Medizintechnik.

Viel, sehr viel hat die Medizin die letzten 150 Jahre erreicht.

Der vergangenen Medizin stand die heute nutzbare Medizintechnik nicht zur Verfügung.

Es ist davon auszugehen, dass mit den zukünftigen Möglichkeiten die Medizin bald in der Lage sein wird, Heilungen zu vollbringen, die vor geraumer Zeit noch unter Wunderheilung registriert wurden.

Viele Menschen sprechen für die Zukunft von Gerätemedizin, von Computerbehandlung.
Ausdrücklich sei hierzu festgestellt, dass auch in Zukunft der körperliche Arzt, also der Mensch den Menschen heilt.

Trotz dieser Erkenntnis sollte niemand davon ausgehen, dass wir Menschen in Zukunft ewig leben.
Alle organischen Zellen haben nämlich eine von der Natur gegebene begrenzbare Lebenszeit.
Der eine Organismus verfügt über Zellen mit etwas längerer Lebensfähigkeit, der andere über geringere.

Dass wir heute im Durchschnitt älter werden als vor 200 Jahren, hängt zum einen mit der genetischen Fortschreibung zusammen und zum anderen mit der Lebensweise und der Nahrungsaufnahme.
In Zukunft wird das Lebensdurchschnittsalter allerdings nicht mehr wesentlich steigerungsfähig sein.
Völlig anders ist dies mit der Gesundheit und der Heilung.
Der Mensch der Zukunft wird durch den Fortschritt der Medizin von Krankheiten geheilt werden können, an welchen er in der Vergangenheit unabdingbar sterben musste.

Aus dem Vorgesagten dürfen wir aber nicht den Schluss ziehen, dass der Mensch schließlich dann irgendwann gesund stirbt.

Krankenbehandlung: Zunächst wird jedes Individuum, jeder einzelne Mensch nahezu jeder Patient über ein persönliches ‚Gesundheits-Handy‘ verfügen.
Über dieses Handy ist er in der Lage, seine Gesundheit täglich zu überprüfen.

Vom Blutdruck über den Sauerstoffgehalt in seinen Zellen, die Blutwerte mit Referenzwerten bis hin zu Diagnosen im Fall von Schmerz oder sonstigen Problemen.

Natürlich wird hierdurch der Arzt nicht überflüssig.
Allerdings besteht die Gefahr, dass ganz Schlaue sich selbst zu behandeln versuchen.

Geht der Mensch, der Patient zum Arzt, so wird er zukünftig in jeder fortschrittlichen Praxis zu Beginn der Besprechung von einem ‚**Check-up-Computer**' getestet.
Dieser stellt die technische Vorabdiagnose.
Der Arzt wird diese in Ruhe sichten, auswerten und seine persönlichen diagnostischen Schlüsse ziehen.
Nun folgen das Arztgespräch und die Behandlung.

Im Falle eines Krankenhausbesuches ereignet sich Ähnliches, allerdings mit einem sehr komplexen Checkup-Computer, aus dem sich alle erdenklichen Diagnosemöglichkeiten ergeben.
Auch im Krankenhaus erfolgt das ärztliche Gespräch erst nach der ‚Maschinen-Diagnose'.
Alles in allem wird der Patient in Zukunft keinesfalls schlechter behandelt als heute.
Die Frage ist jedoch, in wieweit verändert sich die persönliche Beziehung des Arztes zum Patienten und umgekehrt.

Diesbezüglich ist sowohl an die ambulante als auch an die stationäre Behandlung zu denken.
Ist der Arzt mehr abhängig von der Krankenversicherung als seinem ärztlichen Eid verpflichtet?
Hier ist Handlungsbedarf.
Der Kranke, der Patient steht über dem Versicherungsmoloch.

Betrachten wir das komplexe Gesundheitsthema ausschließlich aus der Perspektive der Menschen, in diesem Fall der Kranken, dann müssen wir feststellen:

- Unser deutsches Gesundheitssystem ist, verglichen mit allen anderen Gesundheitssystemen dieser Welt, überlegen bis überragend und trotzdem gibt es viel Korrekturbedarf.
- Weltweit befinden wir uns oftmals in einem Gesundheitsversorgungsvakuum.

Selbst bekannte und erfolgreiche Industriestaaten waren bis jetzt nicht in der Lage, für sich ein menschliches Gesundheitssystem einzuführen.

Diesbezüglich müssen die Menschen weltweit umdenken.
Jeder Mensch in einem staatlichen Sozialsystem hat Anspruch bei Krankheit angemessen versorgt zu werden.
Jeder Mensch in einem solchen Sozialsystem ist aber auch verpflichtet, seinen persönlichen Beitrag hierfür zu leisten.
Faulenzer, Drückeberger, Sozialsystem-Schmarotzer müssen in Zukunft zur Arbeit und zu ihrem Sozialbeitrag gezwungen werden; natürlich nicht wirklich Kranke.

Vertrauensärzte sind wieder einzuführen.

Nur auf diesem Weg werden sich in Zukunft die Staaten ein gesundes, ein seriöses und ein gerechtes Sozialsystem und natürlich auch ein gutes Krankensystem leisten können.

Welche Behandlung erfahren nun die Menschen in Zukunft?

Heilung: Egal, ob ambulant oder stationär, jede Art von Heilung sollte ganzheitlich beginnen.
Für die Zukunft ist ärztliches Vakuum dringend zu verhindern. Dies kann nur geschehen, wenn jeder Patient fakultativ übergreifend behandelt wird.
Hierfür sorgt, wie oben schon erwähnt, zunächst immer, egal ob ambulant oder stationär, der **Check-up-Computer.**

Dieser gibt unmissverständlich vor, welche Art von Arzt oder Ärztin beim jeweiligen Patienten tätig sein sollte.
Der Check-up-Computer präsentiert jeweils die Diagnose, wenn notwendig mit Alternativfragen, und er übermittelt auch eine oder mehrere alternative Behandlungsmethoden.
Der oder die Ärzte entscheiden dann über die endgültige Art der Behandlung des einzelnen Patienten.
Die Krankenkassen müssen zur Zahlung dieser Kosten verpflichtet werden.

Meist sind die zukünftigen Behandlungskosten durch weniger Leerlauf sogar günstiger als zurzeit und in der Vergangenheit.

Was viel wichtiger ist als die Kosten ist die Tatsache, dass der Patient ab Beginn der Behandlung die richtige Behandlung erfährt. Nicht zunächst, wie oftmals praktiziert, von einem Facharzt zum anderen überwiesen wird, Fehlbehandlungen über sich ergehen lassen muss und schließlich immer kränker wird.

Von Anfang an bekommt jeder Patient das richtige Medikament. Er wird nicht mit Antibiotika gegen Bakterien behandelt, wenn er in einer Virus-erkrankung steckt und umgekehrt.
Beim Bedarf einer Spezialbehandlung, Spezialmedikamenten, Gentech-nik, Stammzellen würde er diese von Anfang an erhalten und nicht erst dann, wenn es ohnehin schon fast zu spät ist.
Für zukünftige Spezialbehandlungen stehen den Patienten neben geeig-neten Fachärzten hoch komplizierte Geräte zur Verfügung:

- Elektromagnetische Influenzapparate
- Hoch komplizierte Bestrahlungsgeräte aller Art
- Modernste Lasermaschinen
- Behandlungscomputer mit Leistungsfähigkeiten, die ein Mensch niemals zu erbringen in der Lage ist.
- Roboter für ganz spezielle Eingriffe.

Krankheiten, welche weder elektromagnetisch noch durch Bestrahlung behandelt werden können, sondern nur medikamentös durch spezielle Chemie und durch spezifische Kombinationen aus vorgenannten Metho-den, werden in Zukunft durch den Check-up-Computer entdeckt und dann die Behandlung gewissenhaft und meist erfolgreich durchgeführt.

Impfungen gegen einen Großteil der heute noch unheilbaren Krankheiten wird es geben.

Operationen werden in Zukunft mit den modernsten Methoden, Syste-men und Geräten durchgeführt.
Mit Gentechnik und Stammzellen wird behandelt.

Nur in Ausnahmefällen wird ein Arzt persönlich als Chirurg mit Skalpell am Körper des Patienten tätig werden.

Minimalinvasiv wird operiert, dies ist aber nichts Neues, warum wird es dann betont?

Weil die meisten zukünftigen Operationen durch computer- und bildschirmgesteuerte Robotikgeräte oder Roboter und unter Einsatz von KI-Strategien erfolgen.

Kein Mensch kann derart präzis operieren wie ein vorher exakt programmiertes Robotikgerät oder Roboter.

Fast jede Operation wird mit viel weniger Blutverlust durchgeführt, verläuft exakt und nahezu ohne chirurgische Nebenwirkungen, alles geht schneller, der Patient ist viel geringer z.B. durch Narkose etc. belastet und der Krankenhausaufenthalt ist kürzer.

Die Kosten für das Sozialsystem werden günstiger.

Der Staat kann sich also ein wertvolles, humanes Gesundheitssystem leisten.

Wem kommt so etwas zugute? Dem Patienten.

Auch der **Organersatz** eines Menschen wird in Zukunft immer wichtiger.

Wie bisher wird auch in Zukunft versucht, von lebenden oder gerade verstorbenen Menschen Ersatzorgane zu bekommen.

Diese werden dann, wie oben schon beschrieben, mit Robotertechnik transplantiert.

Solche Operationen werden in Zukunft mit großer Sicherheit und relativ wenigen Nebenwirkungen verlaufen.

Auch die Nachbehandlung wird aufgrund spezieller Check-up-Computer nahezu perfektioniert verlaufen.

Voraussetzung; Der Patient hält sich an die Vorschriften und Anweisungen.

Weil am ‚Markt‘ schon heute nicht mehr genügend Ersatzorgane zur Verfügung stehen, wird es in Zukunft, auch wenn es im Augenblick unglaublich erscheint, möglich sein, neue zum jeweiligen Menschen passende Organe herzustellen.

- Zum einen werden menschliche Organe in tierischen Embryos wachsen und dann dem jeweiligen Patienten zur Verfügung stehen.
- Zum anderen wird aus patienteneigenen Stammzellen das jeweilige Organ gezüchtet.
- Und schließlich laufen gerade Versuche auf biomolekularer Basis über dreidimensionale Drucker die nötigen Organe aufzubauen.

Statt gleich ganze Organe auszutauschen, wird es in Zukunft auch Spezialpflaster für Organe geben.

Ein abgestorbener Herzmuskel ist organisch unheilbar defekt; statt das Herz auszutauschen, wird ein Spezialpflaster auf die defekte Stelle des Herzmuskels geklebt.

Dieses Pflaster strukturiert sich selbst um und entwickelt sich zu einem neuen, gesunden Herzmuskel.

Was mit dem Organ Herz geschieht, ist auch bei anderen Organen möglich.

Die obigen Aussagen sind nicht das Resultat von Wachträumen, sondern realistische Zukunftsstrategien.

Ein bedeutender Hinweis ist noch wichtig.

Ent- und Rematerialisierung

Wie hinlänglich bekannt ist, hat der Mensch mittlerweile die Gene entschlüsselt.

Wir sind in der Lage, für fast jeden Organismus die Desoxyribonukleinsäurekette bis ins Detail darzustellen und somit die Genstruktur eines jeden Organismus, auch die eines Menschen, zu verändern, zu korrigieren und auch zu verbessern.

Mit dieser Methode wird es in Zukunft möglich sein, nahezu alle Erbkrankheiten von Beginn eines Lebewesens an auszuschalten.

Dies bedeutet aber nicht neues Leben zu schaffen, sondern ein vorhandenes Leben zu verbessern oder zu optimieren.

Die Beurteilung dieser Fähigkeiten und der hierdurch praktizierten Maßnahmen ist eine ethische Frage.

Wie damit in Zukunft umgegangen wird, ist zu diskutieren, wahrscheinlich auch gesetzlich zu bestimmen.

Noch ein wichtiger Hinweis ist hier angebracht.
Nach dem Naturgesetz ‚Energie ist nicht vernichtbar, Energie ist aber auch nicht herstellbar' gibt es die Überlegung und den Wunsch, in Zukunft Organismen zu entmaterialisieren und diese auch wieder zu rematerialisieren.

Wenn es möglich ist, einen Organismus z. B. auch eines Menschen zu entmaterialisieren, dann ist auch möglich, einen solchen Organismus vom Standpunkt A ‚beispielsweise München' zum Standpunkt B ‚beispielsweise Sydney' innerhalb einer Sekunde zu beamen.

Wenn eine solche Entmaterialisierung gelingt, dann muss auch die Rematerialisierung möglich sein, ob dies nun in München oder in Sydney geschieht, spielt keine Rolle.

Entmaterialisierung eines Menschen wäre nichts anderes, als einen organischen Körper, also seine biomolekulare Struktur, in seine Moleküle und seine Atome aufzulösen.

Rematerialisierung wäre nur die Umkehrung.

Wenn die molekulare Ent- und Rematerialisierung gelingt, bleibt noch das Problem des Lebens.
Dies kann zwar ausgelöscht, aber bis heute nicht mehr hergestellt werden.

Warum? Weil das Leben völlig unabhängig von jeder Materie, also vom Organismus existiert.

Bei einer solchen Ent- und Rematerialisierung würde es sich also immer nur um den Organismus, um Moleküle und Atome handeln, nicht aber um das Leben.

Wenn die Evolutionstheorie so wirkt, wie sie die Evolutions-Apostel propagieren, also wenn sie auch für Geist, für Seele, für Vernunft und für Gewissen zuständig ist, dann müsste es rein evolutionstheoretisch problemlos möglich sein, alles Irdische, also alle Organismen, aber auch das Leben zu ent- und zu rematerialisieren.

Sollte jedoch eine Ent- und Rematerialisierung von Organismus und Leben grundsätzlich nicht möglich sein, dann muss es eine Allmacht, also einen Schöpfer, geben."

Vincent endet mit der Feststellung:

„Wir sollten endlich erkennen:

**Der Mensch weiß viel,
aber das meiste nicht!"**

KAPITEL 18

SCHICKSAL

Samstag, der 24.11.2018 ist es.

Vincent spricht nun auch über das Schicksal.

Unser Schicksal liegt nicht in den Sternen, sondern hier auf diesem Planeten.
Also sollte man sich keinesfalls dem Fatalismus hingeben.
Planen ist angesagt und kämpfen um jedes einzelne wichtige Ziel.

Es gilt ein bekannter Spruch:
> ‚Nimm das Leben, wie es kommt,
> aber sorge dafür,
> dass es so kommt,
> wie du es nehmen willst‘

Gut ist es, wenn man die Geschicke lenkt, oft gelingt dies jedoch nicht, man ist dem Schicksal ausgeliefert.
Wenn das Schicksal zuschlägt, ist man machtlos. Trotzdem sollte man sich dem Schicksal nicht einfach nur hingeben.
Manchmal muss man sich mit dem Schicksal arrangieren.
Manchmal lohnt es sich aber auch, zu kämpfen.
Manchmal, so meinen viele, ist das Schicksal vorherbestimmt.
Manchmal aber bestimmt der Mensch auch selbst sein Schicksal.

Wer die obigen Kapitel gelesen hat, der weiß, dass es im Universum zwei gegensätzliche Energien gibt.
Die positive und die negative, die allgegenwärtige und die dunkle.
Diese Energien sind es, welche das Geschehen bestimmen.
Das einzige Wesen, welches auf sein Geschehen einen beschränkten Einfluss hat, ist der Mensch mit seinem Geist, seiner Seele, seiner Vernunft und seinem Gewissen.

Warum dreht sich das Wasser, wenn sie den Stöpsel in einem Wasserbecken ziehen, immer im Uhrzeigersinn?

Weil hier eine Energie wirkt, z. B. die elektromagnetische Kraft der Pole, des Nord- und des Südpols.

Auf der Nordhälfte der Erdkugel dreht sich das Wasser rechts, in der südlichen Erdhälfte links herum.

Viele solche Phänomene gibt es auf diesem Planeten.

Alle sind abhängig von den beiden vorhandenen Energien.

Alles ist aus dem Chaos geboren.

Alles könnte auch wieder im Chaos enden.

Das Universum, die Galaxien, die Sonnensysteme, die Erde und das menschliche Individuum.

In das Schwarze Loch könnte alles dank der Gravitationskraft aufgesogen werden.

In der Unendlichkeit des Raumes könnte sich alles durch eine Explosion oder durch die Zentrifugalkraft auflösen.

Wer weiß?

Herausforderung

Es klingt makaber, aber es ist leider Realität. Die Menschheit fühlt sich hauptschuldig an der zurzeit wiederum bestehenden Klimaveränderung.

Weltweit wurde und wird den Menschen diese Schuld eingeredet.

Ganz schlimm ist dieser Trugschluss in Europa, am allerschlimmsten in Schweden und in Deutschland.

Es ist erwiesen, dass es seit Millionen von Jahren immer wieder Warmzeiten und Kaltzeiten (Eiszeiten), also Klimaveränderungen auf diesem Planeten Erde gab.

Dieser Klimawechsel ereignete sich seit Millionen von Jahren immer unabhängig von der Menschheit.

Es ist richtig, dass die Menschheit, ihre Industrie, ihr Verkehr und ihre Heizungen und sie selbst mit dazu beitragen, die atmosphärische Schutzschicht um die Erde durch Methan, CO_2 und Feinstaub zu verdichten.

Dieser menschliche Beitrag hierfür ist im Verhältnis zur Umweltgiftproduktion durch die Erde selbst relativ bescheiden.
Wir Deutschen leisten hierzu weltweit einen Beitrag von 1,8 Prozent.
Wir verhalten uns aber so, als würden wir 95 Prozent Schaden verursachen.

Es ist zu befürchten, dass wir vor lauter Weltklimarettung das über uns und überall und jederzeit gegenwärtige, vielfältige Schicksal vergessen.

Krankheit als Schicksal

Mit Krankheit im Allgemeinen können wir umgehen, meist ist die Medizin in der Lage, Krankheiten zu heilen.

Wenn wir hier bezüglich Schicksal allgemein von Krankheit reden, dann denken wir nicht an die üblichen Krankheiten, sondern an schicksalhaftes Geschehen auf dieser schönen Erde.

Bei schlimmer, bei schwerer, bei unheilbarer Krankheit verschwindet schnell jedes Gefühl für schön.
Plötzlich wird alles grau und die Erde verdunkelt sich.
Das individuelle Schicksal hat zugeschlagen.

Wenn wir hier und jetzt unter der Überschrift Schicksal von Krankheit sprechen, dann reden wir von einem speziellen, von einem einmaligen, von einem höllischen, von einem apokalyptischen Ereignis auf dieser Welt.

Wir denken an die Möglichkeit, dass durch einen Laborversuch ganz gefährliche und unvernichtbare Viren an die Öffentlichkeit gelangen und diese sich in einer Art Epidemie, in einer Pandemie, über die Menschen ausbreiten und ein Großteil der Menschheit in wenigen Tagen vernichten.

Laborunfall – Terroranschlag

Statt um einen **Laborunfall** könnte es sich auch um einen **Terroranschlag** oder eine plötzliche, furchtbare Virusexplosion handeln.

In allen Fällen wäre es eine menschengemachte Superkatastrophe.

So ein apokalyptisches Ereignis ist in Zukunft aber durchaus möglich.

Ein menschlicher Fehler oder abgrundtiefer Hass kann auch der Auslöser sein.
Das Thema ist brisanter, als wir glauben.

Alle Fälle sind für uns im Moment rein theoretisch, total akademisch und von uns unendlich weit entfernt.

Wie wir in Vorkapiteln schon angedacht hatten, ist es oft der Mensch selbst, der sich und seine Existenz auf diesem Planeten, auf dieser wunderschönen Erde in Ausrottungsgefahr bringt.

Es ist empfehlenswert, sich dieses Themas nicht mit schmunzelnder Miene, mit komödiantenhaftem Getue und mit dem Hinweis ‚unmöglich‘ zu entledigen.
Viel zu ernst ist die Situation.

So ein schicksalhafter Unfall ist in der heutigen Welt täglich möglich.

So ein Laborunfall, so ein Terroranschlag ist viel wahrscheinlicher als ein Autounfall und viel gefährlicher als die Reihenzündung von tausend Atomsprengköpfen.

Was sich mit Viren ereignen kann, könnte unter Umständen auch mit Keimen, mit gegen alles resistenten **Bakterien** geschehen.
Alle Großkliniken sind Herbergen solcher Menschenkiller.

Besondere Brisanz erhält dieses Thema, wenn man noch zusätzlich bedenkt, dass es mittlerweile Keime gibt, gegen welche nur noch ein oder zwei wirksame Antibiotika zur Verfügung stehen.
Ganz schlimm, fast hoffnungslos wird die Situation, wie man in einem Land in Asien jüngst feststellen musste, dass eines dieser letzten Zaubermedikamente massenhaft vermehrt und in der Viehzucht verwendet wurde.

Schreien könnte man in Anbetracht solchen Wahnsinns, aufschreien müsste man.

Verheimlicht wurde alles.

Gefährlich ist es, sehr gefährlich, vernichtend kann es sein, was wir jahraus, jahrein in medizinischen Hightechlaboren betreiben. Alles mit dem Ziel, die Vernichtungswirkung und die Empfindlichkeit solcher ‚Tierchen‘ festzustellen.

Was soll's – wir müssten aber forschen.

Was sich durch einen Laborunfall entwickeln kann, könnte auch durch einen medizinischen Terroranschlag oder durch eine apokalyptische Entgleisung eines Virus oder eines Keimes geschehen.

Natürlich wird sich nun genügend medizin-wissenschaftliche Energie entfalten, mit der die gerade geschilderte Ausrottung der Menschheit für unmöglich erklärt wird.
Leider kann man sich darauf aber nicht verlassen.
Mag sein, dass einzelne Menschen ein solches apokalyptisches Ereignis überleben.

Die Katastrophe wäre aber trotzdem furchtbar.

Hier, mit diesen Zeilen, sei nur darauf hingewiesen, dass wir diesbezüglich nicht nur mit dem Feuer spielen, auch nicht nur mit der Existenz milliardenfachen Lebens, sondern mit der Möglichkeit der Ausrottung der Menschheit.

Der Mensch, die Menschheit ist also in der Lage, sich selbst auszurotten. Auch dieser Planet Erde verfügt über viele Methoden, sich in ganz kurzer Zeit unserer menschlichen Gegenwart zu entledigen.

Schicksal nennen wir dies dann.

Auch andere Gefahren drohen unserer Menschheit auf diesem wunderschönen Planeten Erde.

Das **Schicksal** hat ein ganzes Arsenal an Gefahren für uns.

Erdenergie und Weltall als Schicksal

So herrlich diese Erde auch sein kann und ist, so bedrohlich und gefährlich wird sie, wenn ihre unendliche Energie fallweise zum Ausbruch kommt.

Wo immer auch die verschiedenen Kontinentalplatten aufeinanderstoßen und sich reiben, ob im Pazifischen Feuerring oder im Yellowstone-Gebiet oder sonst wo, immer besteht die Gefahr einer gewaltigen Öffnung unserer relativ dünnen Erdkruste.
Eine solche Öffnung wäre furchtbar.
Rauch, Feinstaub, Urgesteine bis hin zum schwermetallhaltigen, dünnflüssigen Magma dränge dann aus dem tiefen Erdinneren, wie einst in Sibirien, an die Oberfläche.

Je nach Ausmaß einer solchen Erdöffnung kann es sich um eine kleine bis mächtige, alles Leben zerstörende Eruption mit den üblichen Folgen oder um ein alles, auch die Menschheit, vernichtendes Schicksal handeln.

Viele mächtige Explosionen hat diese Erde in den letzten fünf Milliarden Jahren schon überstanden.

Wir registrieren, dass unsere Erde in der Vergangenheit oftmals auch durch sich selbst in Probleme geriet.
Fast immer waren es Kernspaltungsvorgänge aus dem Inneren unseres Planeten.
Die Kalt- und die Warmzeiten an unserer Erdoberfläche waren und sind hierdurch mitbegründet.
Meist ist unser Klima aber das Resultat gewaltiger Verfaulungsprozesse an der Erdoberfläche, auf den Meeresgründen, im Permafrost und allen sonstigen Eisschmelzen.
Der Schraubenmechanismus – Wärme bringt Wärme und Kälte bringt Kälte – war und ist immer beteiligt.

Alles läuft jeweils bis zum Kipppunkt.

Auch aus dem Universum, aus dem All drohen vernichtende Gefahren für die Erde und die Menschheit.

Vor 65 Millionen. Jahren hätte wahrscheinlich kein Mensch auf dieser Erde den Einschlag eines riesigen Asteroiden in Mexico überlebt. Dieser Asteroid hatte mit seinem Einschlag auf unserer Erde die unglaubliche Energie von einer Milliarde Hiroshima-Atombomben freigesetzt.

Wir ‚Menschlein' können die Erde so wenig vernichten, wie wir den Klimawandel abzuschaffen in der Lage sind.

Ein solches Mega-Ereignis, so ein Schicksal kann uns auf dieser Erde jeden Tag überraschen.

Ein solcher fehlgeleiteter **Asteroid** mit ausreichend Masse wäre auch heute durchaus in der Lage, durch einen Einschlag auf dieser Erde alles Leben auf ihr auszulöschen.

Wir sollten wissen, das Schicksal ist allgegenwärtig.

Sonne als Schicksal

Auch die Sonne kann zur schicksalhaften Gefahr werden. Die Sonne versorgt uns nicht nur mit Licht, mit Wärme und mit den für alles Leben notwendigen Strahlen.
Die Sonne produziert auch **‚Fehlzündungen'.**

Wie wir wissen, finden in der Sonne immer wieder schier unendliche Eruptionen statt. An der Sonnenoberfläche wie auch im Inneren verursachen Kernspaltungen und oder Kernfusionen unvorstellbare Energien.

Im einen oder anderen Fall sind davon auch ihre sie umkreisenden ‚Kinder', Merkur, Venus, Erde, Mars, Jupiter, Saturn, Uranus, Neptun, betroffen.
Ob Stern, ob Planet oder Mond, alle bekommen immer wieder sozusagen etwas ab.
Die Energien, die elektromagnetischen Felder, die Atmosphäre, das Klima der ‚Kinder' werden dann und wann mehr oder weniger beeinflusst.

Unter solchen ‚Fehlzündungen' hatte und hat natürlich auch im Laufe von Jahrmillionen unsere liebe schöne Erde zu leiden.

Bisher war unsere Sonne immer gnädig zu ihren ‚Kindern'.

Jede Art von Strahlung, von mikro-, kurz-, langwellig- etc. von UV-Röntgen-Kernstrahlung usw. sendet die Sonne aus.
Strahlung für und gegen Organismen, Strahlung für und gegen unser technisiertes, erdumfassendes, elektromagnetisches Spannungsfeld.
Strahlung ist es, ohne die unser gesamtes Kommunikationssystem dieser Erde nicht möglich wäre.
Unsere Sonne bedient die Erde seit fünf Milliarden Jahren mit Strahlungen, mit elektrischen und mit elektromagnetischen Energien.
Ohne diese Energien würde keine Technik funktionieren. Das Navi, das Internet, die Cloud, die gesamte Informationstechnik, einfach alles funktioniert auf der Basis dieser ominösen Urenergien.

Die Sonne könnte stören.

Stellen Sie sich vor, die Sonne hätte nur für kurze Zeit ‚Fehlzündungen'.

Stellen Sie sich vor, die Sonne würde im Konglomerat des erdumfassenden, elektromagnetischen Gesamtsystems einen Kurzschluss verursachen.
Das gesamte weltweite Spannungs-, das Elektro- und das Magnetfeldsystem wären außer Funktion.

Schicksal wäre es für uns heutigen Menschen, wenn wir urplötzlich für einen Tag, für einen Monat, für ein halbes Jahr keinen, wirklich überhaupt keinen **Strom** mehr hätten.

Was würde geschehen?

Wir hätten kein Licht, der Kühlschrank würde warm, die Gefriertruhe würde tauen, das Telefon, das Radio, der Fernseher verstummten, alle Haushaltsgeräte wären unbrauchbar. Kein Küchengerät ginge mehr.
Der Herd bliebe kalt.
Die Wasserleitungen lieferten kein Wasser mehr. Das WC ist tot.
Kein Aufzug würde mehr fahren, auch nicht in das 10. oder 20. Stockwerk.
Die Heizung, die Be- und Entlüftungen von Gebäuden wären außer Funktion.

Die Abwasserleitungen einschließlich Kläranlagen wären voll.

Die Straßenlaternen würden dunkel, die Straßenbahnen, die U-Bahnen, die Eisenbahnen stünden still.

Die Tankstellen machten zu.

In den Baumärkten, in speziellen Fachgeschäften und sogar in Supermärkten herrschten Hochbetrieb, jeder würde auf Vorrat kaufen – nicht lange.

In Krankenhäusern, Altersheimen, Hotels und in Großunternehmen und in allen Spezialbereichen würden zu Beginn die Dieselaggregate auf Hochtouren laufen und Notstrom liefern, dann stünden auch diese still.

Die Taschenlampen, die Handys und viele andere Elektrogeräte funktionierten nur noch ein bis zwei Tage.

Kein Computer, kein Internet würde mehr funktionieren.

Spätestens nach einem Monat wären alle Batterien und Akkus leer und die Diesel- und Benzinkraftstoffreserven verbraucht.

Die Supermärkte und Kaufhäuser würden schließen.

Die Signalanlagen, die Eisenbahnschranken funktionierten nicht mehr.

Die Notaggregate blieben stehen.

Die verderblichen Waren würden verderben.

Die Menschen auf den Intensivstationen von Krankenhäusern würden sterben.

In Altersheimen herrschte Verzweiflung.

Tohuwabohu, unvorstellbares Chaos herrschte, wohin man blicken würde.

Die Menschen wären verzweifelt und hoffnungslos und wüssten sich überhaupt nicht zu helfen.

Der einzige Gedanke jedes Menschen wäre nur noch auf Überleben projiziert.

Wie würden nun die Alleswisser, die Weltbelehrer, die Klimaretter argumentieren?

Die oben beschriebenen Zustände herrschten schon nach einem Monat.

Und wie wäre das Befinden der Menschheit nach einem halben Jahr totalen Stromausfalls?

90 Prozent der Menschen wären schon nach kurzer Zeit zum Tode verurteilt.

Das Überleben in Großstädten ohne Strom ist unmöglich.
Selbst auf dem Lande ist es für Menschen der heutigen Zeit äußerst schwierig, in mitteleuropäischen Klimazonen ohne Strom zu überleben.

Wir müssten zurück, wir, die in der Natur überlebensunfähigen Menschen müssten zurück in Zeiten wie vor dem elektrischen Strom.
Die Menschen müssten sich von Früchten und allem, was ohne ihr besonderes Zutun wächst, ernähren.
Die Menschen müssten versuchen, wieder Ackerbau zu betreiben. Sie müssten versuchen, Gemüse, Getreide, Kartoffel etc. selbst anzubauen und Nahrung zu erzeugen, wie die Menschen dies vor 200 Jahren taten.

Dies mit zehn Milliarden Menschen durchzuführen, ist völlig unmöglich.
Dies ist für Menschen der heutigen Zeit kaum vorstellbar.
Die Menschen würden wie Fische ohne Wasser sterben.

Wie viele Menschen würden überleben?

Wenige wären es, und nur dort würde ihnen Überleben gelingen, wo die Natur, wo das Klima zwölf Monate Überleben zuließe.

Die Menschheit müsste, wenn noch welche überlebten, von vorne beginnen.

So viel zu einem nicht unrealistischen Schicksal.
Nur totaler Stromausfall.

Eine Reihe anderer Schicksale wäre denkbar.

Das Universum droht.

Die Erde kann gefährlich werden.

Schlimm wird es,

    – wenn der Mensch einem Wahn erliegt.

Ganz schlimm wird es dann,

    – wenn die Masse ihm folgt.

Schon Schiller warnte in seiner Glocke:

Gefährlich ist's, den Leu zu wecken,
verderblich ist des Tigers Zahn,
jedoch der schrecklichste der Schrecken,
das ist der Mensch in seinem Wahn.

NACHWORT

Demokratie

Seit 1945, also seit 73 Jahren leben wir in Europa in Frieden. Alle Länder hier in Europa entwickelten sich, das eine mehr, das andere weniger positiv.

Die Menschen sind im Großen und Ganzen mit sich, mit ihrer Umwelt und mit ihrem Land zufrieden. Sie sind stolz auf sich, auf ihr Brauchtum, auf ihre Kultur und auf ihr Land.

Leider gibt es auch noch große Not.

Seit 2015 beginnt, wie damals 1968, eine kleine Minder-heit, die Mehrheit der Menschen zu verunsichern, sie zu belehren, zu mani-pulieren, umzu-erziehen und unser demokratisches System zu verändern.

Damals, 1968, wurde der Mehrheit der Menschen einzureden versucht, dass sie ausgebeutet würden, dass tägliche Arbeit nicht der Sinn des Lebens sei und dass sie Recht auf viel mehr Freizeit und Anspruch auf wesentlich höheren Lohn hätten und vieles mehr.

Heute tritt eine winzig kleine Minderheit mit zweifelhafter wissenschaftlicher Unterstützung, aber mit aller Macht der Massenmedien in der Öffentlichkeit auf wie eine große Mehrheit.

Diese kleine Minderheit belehrt die große Mehrheit der Menschen und vermittelt ihnen das Gefühl, Hauptschuldiger zu sein an dem zurzeit wieder stattfindenden Klimawandel.

Die Menschen werden immer mehr verunsichert und beginnen an der Politik und an unserer Gesellschaft zu zweifeln.

Die Politik in Berlin, in Paris, in London und vor allem in Brüssel geht wie immer den Weg des geringsten Widerstands und demokratisiert mit den Medien unsere Demokratie zu Tode.

Keine wirklich fach- und sachgerechte politische Klimastrategie liegt vor.

Wie schon bei der opportunistischen Energiewende 2011, wie beim „Flüchtlingslockruf" 2015, so murkst Merkel, die deutsche Kanzlerin, nun auch mit dem Klimawandel populistisch weiter.

Die von ihrem Ego getriebene „Rautenkanzlerin" wird damit zur teuersten Kanzlerin der Nachkriegszeit.

Merkel macht „Merkel-Politik", aber keine Deutschlandpolitik.

Ihr Ausstieg aus der Kernenergie war ein Jahrhundertfehler.

Warum schützt sie nicht die deutschen Sparer und die Rentner vor der Nullzinspolitik der EZB, warum macht sie keinen Gebrauch von ihrer Richtlinienkompetenz und schützt die deutsche Autoindustrie und damit die deutsche Wirtschaft und damit das bisschen Wohlstand der deutschen Bürger?

Den Dummköpfen der deutschen Autowirtschaft müsste dringend geholfen werden, nicht aus Mitleid mit diesen Antiunternehmern, sondern

- weil die Autos nicht die Hauptverursacher des Klimawandels sind,
- weil durch eine zerstörte und kranke Autoindustrie viele Arbeitsplätze verloren gehen,
- weil unser bisschen Wohlstand verschwindet,
- weil unsere Demokratie in Gefahr gerät.

Unsere Demokratie ist in großer Gefahr.

Seit 100 Jahren sind unsere „Demokraten" in Europa nicht in der Lage, ehrliche, von persönlichen Interessen unabhängige und für das Volk gute Politik zu machen.

Unsere „Demokraten" demokratisieren die Demokratie zu Tode.

Die Mehrzahl der Parlamentarier in Europa geben Churchill recht – der da sagte:

> „Die Demokratie ist die schlechteste Regierungsform,
> aber es gibt keine bessere."

Retten wir Deutschen trotzdem wenigstens unsere Demokratie!

Europa

Retten wir unser Europa!
Der 73 Jahre alte Frieden in Europa ist, wie wir alle wissen, nicht das Ergebnis guter Politik.

Vielmehr ist in Europa 73 Jahre Frieden,
- weil die Menschen Angst haben vor einem Atomkrieg,
- weil die Menschen in Deutschland, in Italien, in Frankreich, in Holland, Spanien, in England und in anderen Ländern Europas sich mittlerweile mehrheitlich mögen,
- weil die Menschen begriffen haben wie charakterschwach, wie eigeninteressiert und wie profillos ein Großteil der Politiker ist.

Unser Europa, welches wir retten sollten, ist aber nicht das Europa der Bürokraten in Brüssel.
Nicht die Bürokratie in Brüssel sollten wir retten, sondern
- ein gerechtes Europa, ein gleichberechtigtes, ein wirtschaftlich gesundes, ein Europa in Frieden
muss es sein und werden.

Wir wollen kein Europa,
- in welchem die Deutschen mit 70 Jahren in Rente gehen und Menschen in anderen Ländern mit 55 Jahren.
- in welchem die Schulden aller Länder in Europa in einen Topf gegossen werden und Deutschland am Ende die Schulden bezahlt.
- in welchem am Ende – vielleicht schon in 30 Jahren – von der deutschen Kultur, vom deutschen Brauchtum, von Deutschland nichts mehr übrig ist.
  Für Frankreich, Italien und Spanien besteht diese Gefahr nicht, weil dort genügend natürlicher Stolz auf das eigene Land vorhanden ist. Deutschland dagegen hat ab 1918 und nach 1945 durch ausländischen Druck und durch eigene Politik den Stolz auf das eigene Land abgelegt und ist dabei, sich angelsächsisch zu verwirklichen.
- Wir wollen (noch) keine **Vereinigten Staaten von Europa**, also keinen **Bundesstaat-Europa.**

Wir wollen
- zunächst einen friedlichen **Staatenbund Europa.**
- ein Europa mit einheitlicher Behördensprache z. B. Englisch, in welchem aber die vorhandene Nationalsprache, z. B. Deutsch, Französisch, Italienisch, Spanisch usw. erhalten bleibt.
- ein Europa, in welchem die nationalen Kulturen und Gebräuche jedes einzelnen Landes erhalten und bewahrt werden.
- ein Europa mit einer einheitlichen Währung, welche aber jährlich für jedes Land so lange bilanziert wird, bis in Europa gerechte Währungsgleichheit herrscht. [Jährlicher Bilanzaqusgleich]
- ein Europa mit eigenem Wirtschaftsplan und Staatshaushalt, welcher aber jährlich für jedes Land so lange bilanziert und auszugleichen ist, bis in Europa gerechte wirtschaftliche Gleichheit herrscht. [Jährlicher Bilanzausgleich]
- ein Europa mit einer einzigen Armee.
- ein Europa mit einer dichten, sicheren Grenze um ganz Europa.

Abschied

Beim letzten Gang – beim Gang in den Tod passt „Auf Wiedersehen„ nicht,
vielleicht Tschüss – vielleicht Ade – vielleicht Servus?

Wo es hingeht, weiß keiner, noch nie kam jemand zurück.

Ist nun alles vorbei – oder geht es irgendwie weiter?

Das Tier, das **Körper-Instinkt-Wesen** wird geboren und erhält bei der Geburt den **Körper** und ein **Leben.**
Nun lebt das Tier entsprechend seinem ihm genetisch vorbestimmten Algo-rithmus, anders gesprochen gemäß seinem genetischen Programm bzw. seiner von der „Natur" bestimmten Vorgabe, also großteils vorherbestimmt und am Ende stirbt es.
Hierbei verliert das Tier zunächst sein Leben, dann löst sich sein biomolekular aufgebauter Körper wieder in alle Moleküle und schließlich in seine Atome auf.

Der Mensch, das **Körper-Geist-Seele-Wesen,** beginnt ebenfalls mit der Geburt sein Dasein.

Bei der Geburt erhält der Mensch wie das Tier einen **Körper** und sein **Leben.**

Damit er aber zum Menschen wird, erhält er noch **Geist,** eine **Seele** und ein

Gewissen.

Wie beim Tier, so ist auch beim Menschen der Körper genetisch und algorithmisch strukturiert.

Der Mensch lebt jedoch nicht vorher- und fremdbestimmt, sondern kann und muss dank seines Geistes, seiner Seele und seines Gewissens bei all seinen Taten individuell und frei und selbstbestimmt entscheiden.

Das Wesen Mensch ist ein völlig anderes Wesen als alle anderen Lebewesen auf dieser Erde.

Der Mensch ist die Krönung aller „Geschöpfe".

Damit ergeben sich die Fragen:

- Ist das Universum, die Galaxien, die Erde aus der Natur, also aus sich selbst entstanden?
- Ist das Leben des Tieres und des Menschen gleichermaßen ein Ergebnis der Evolution?
- Ist der Mensch eine volutionstechnischer Nachkomme des Affen?

  oder

- Gibt es eine höhere Instanz, einen Schöpfer, eine Allmacht?

Hierüber ist in diesem Werk ausführlich diskutiert worden.

Prof. Dr. h. c. Dipl. Ing. Ignaz WALTER

November 2018